Winning COM.-PASS
ウィニング　コンパス

JN096398

世界史の整理と演習

◀◀◀ **はじめに** ▶▶▶

　　2023年度からはじまった「世界史探究」では，歴史に対する問いが設けられ，歴史に当事者意識をもって臨む姿勢が求められている。そこで重視されるのが，**史資料に対する読み解き**である。ここでいう史資料とは，歴史に関わる文字史料・歴史地図・図版・統計グラフ・絵画などを指している。

　　この特集では，「世界史探究」に先駆けて学ぶ科目「歴史総合」の大学入学共通テストサンプル問題をもとに，史資料の読み解きや，問題の解法を学んでいく。

◀◀◀ **ポイント①　教科書の記述を正しく理解する** ▶▶▶▶▶▶▶▶▶▶▶▶▶▶▶▶▶▶▶▶▶▶▶▶▶▶▶▶▶

　　近年の大学入試では，初見の史資料を用いた問題が多くみられる。未知の史資料の読み解きにおいて何よりも重要なことは，教科書の記述の正確な理解である。まずは，サンプル問題の大問1をみてみよう。

令和7年度大学入学共通テスト「歴史総合」サンプル問題　　※掲載スペースの関係上，一部改変・省略をおこなった

大問1　「歴史総合」の授業で，「東西冷戦とはどのような対立だったのか」という問いについて，資料を基に追究した。次の会話文を読み，後の問いに答えよ。（資料は，省略や現代語訳などをおこなった部分がある。）

　　先生：第二次世界大戦が終わるとまもなく，冷戦の時代が始まりました。**資料1**は，冷戦の時代のヨーロッパで撮影された写真です。
　　山本：なぜ，「自由への跳躍」という題名が付けられているのですか。
　　先生：ここに写っているのは，ベルリンの壁が建設されている最中の1961年に，警備隊員が有刺鉄線を跳び越えて亡命しようとしている瞬間の様子で，写真の解説には「　ア　」とあります。その後，この写真は，①二つの体制の間の競争の中で，亡命を受け入れた側にこそ政治や思想・表現の自由があると主張するために使われて，有名になったのです。

資料1　「自由への跳躍」

　　問1　会話文中の空欄アに入れる文あ・いと，冷戦の時代の初期におけるヨーロッパでの下線部①の対立を表した図Ⅰ・Ⅱの組合せとして，正しいものを，後の①〜④のうちから一つ選べ。

対立を表した図（■■と■■に分かれて対立）

Ⅰ

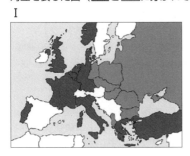

Ⅱ

あ　西ドイツの警備隊員が東ベルリンへ亡命した
い　東ドイツの警備隊員が西ベルリンへ亡命した

①　あ―Ⅰ　　②　あ―Ⅱ
③　い―Ⅰ　　④　い―Ⅱ

　　問1を解くには，戦後のヨーロッパ分割（米英仏ソ）や，ベルリンの置かれた特殊性といった，**歴史的事実の正確な理解**が欠かせない。そのためには，以下のように，**教科書の記述（文脈）**から歴史の流れを正しく把握し，**歴史地図の読み取りをおこなう**ことを意識しよう。　　※例はいずれも独自に作成したもののため，実際の教科書の内容とは異なる。

教科書の記述例

・敗戦国ドイツの戦後処理については，ドイツとその首都ベルリンが米英仏ソの4カ国によって分割占領された。
・1948年6月，ソ連がベルリン封鎖を行うと，東西の対立は激しさを増し，東西ベルリンは分断され，ドイツ連邦共和国（西ドイツ）とドイツ民主共和国（東ドイツ）が建てられた。
・1961年には東ベルリンから西側への脱出者を阻止するために，「ベルリンの壁」が築かれた。

教科書の歴史地図例

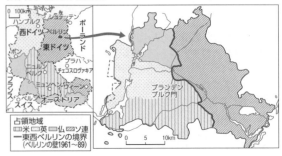

地図の読み取り

・ソ連占領下の東ドイツ地区の中にベルリンがあり，そのベルリンも米英仏ソに分割管理されていた。

◀◀◀ **ポイント②　「読み解く」ための視点を活用する** ▶▶▶▶▶▶▶▶▶▶▶▶▶▶▶▶▶▶▶▶▶▶▶▶▶▶▶

　また，史資料の読み解きには，もう一つ，右に示したような**視点の活用**が求められる。視点をもとに，史資料が示す情報をどのように整理し，まとめるべきか，意識する習慣をつけることが重要である。

　続く問4を読み，扱われている史資料に対して，どの視点があてはまるか，判断してみよう。

視　点	要　　素
時系列的視点	時期・年代
推移的視点	展開・変化・継続
比較的視点	類似・差異
関係的視点	背景・原因・結果・影響・相互依存
評価的視点	意味・意義

豊田：「冷戦」とは実際には戦争が起こらなかったことを意味していると思いますが，東西冷戦の時代には，②実際の戦争は起こらなかったのですか。

先生：資料3を見てください。戦争が起こらなかったのはヨーロッパだけのことであって，世界中では，冷戦の影響の下で多くの戦争が起こりました。また，東西両陣営は，軍事力だけでなく経済面においても，他方に対する優位を確保しようと競い合ったのです。

問4　下線部②に疑問を持った豊田さんは，先生が示した**資料3**を基に追究し，分かったことを次の**メモ**にまとめた。**メモ**中の空欄**ウ**に入れる語句お〜きと空欄**エ**に入れる文X・Yとの組合せとして正しいものを，後の①〜⑥のうちから一つ選べ。

資料3　第二次世界大戦後に国家が関与した
武力紛争による地域別の死者数

(Peace Research Institute Oslo, The Battle Deaths Dataset version 2.0, Yearly Total Battle Deaths より作成)

メモ

> 　**資料3**中，[　**ウ**　]における死者数の多くは，ある地域の紛争に対し，アメリカが北爆によって本格的な軍事介入を始めた戦争によるものと思われる。この戦争で，米ソは直接衝突していない。また，この戦争は日本にも影響を及ぼし，[　**エ**　]。

ウに入れる語句
　お　aの時期のアジア
　か　bの時期のアジア
　き　cの時期の中東

エに入れる文
　X　国内でこの戦争に反対する運動が広がる一方，米軍基地の継続使用を条件として，沖縄の施政権がアメリカから返還された
　Y　国際貢献に対する国内外の議論の高まりを受けて，国連平和維持活動等協力法（PKO協力法）が成立した

①	ウ─お	エ─X	②	ウ─お	エ─Y
③	ウ─か	エ─X	④	ウ─か	エ─Y
⑤	ウ─き	エ─X	⑥	ウ─き	エ─Y

　まずは，**ウ**に入れる語句を考えよう。資料3のグラフでは，年代と死者数の変化が示されている。上の視点の表と照らすと，それぞれ**時系列的視点**と**推移的視点**にあてはまると分かるだろう。これらの視点での読み解きと，a・b・cの時期にそれぞれどのような紛争が起きたか，という知識をあわせれば，正答を判断できる。

　加えて，選択肢お・か・きには，下記のような教科書の記述と結びついている。先ほどの**ポイント①**（教科書の正しい理解）は，前提知識としてだけでなく，正しい選択肢を選ぶためにも，必要となるのである。

教科書の記述例

・1950年朝鮮民主主義人民共和国（北朝鮮）軍が大韓民国（韓国）に攻め込んだ朝鮮戦争が始まった。国際連合は，アメリカを中心とする国連軍を派遣。北朝鮮軍を中国国境付近まで追い込んだ。しかし中国が人民義勇軍を派遣。国連軍を38度線付近まで押し戻した。
・アメリカは，ベトナムに対する本格的な軍事介入を行い，1965年からは北爆（北ベトナムへの爆撃）を開始した。
・1979年にイランでは革命がおこり，宗教指導者ホメイニを中心にイスラームを国家原理におく，国づくりがスタートした。隣国イランは，1980年に国境紛争を理由にイラン＝イラク戦争を開始した。

　また，**エ**に入れる文の選択肢X・Yには，「米軍基地」「国際貢献」などの用語が登場している。これらは，中学3年次の**公民科目で学ぶ最低限の知識**であるため，容易に関連づけることができるはずだ。これらの世界史知識を正しく理解したうえで，X・Yの各時期において，日本がどのように世界とかかわりを持っていたのかを関連づけて理解できるかが，問4では問われているといえるだろう。

◀◀◀ **おわりに** ▶▶

　これまでの大学入試においては「世界史の事項暗記」が大学合格への近道であった。しかし，これからの世界史の学習は，問題を通してみてきたとおり，地理・歴史・公民などの中学で身につけた社会科の知識，さらに「歴史総合」で培う学習方法を有機的・総合的に結びつけ深める力が求められる。〈自身の持つ知識を総動員して史資料を「読み解き」，答えを導き出す〉，新しい世界史の学びは，そこに主眼が置かれているのである。

① 文明の誕生

自然環境の変化と人類の変化がどのように関わるかを考えよう。

◀◀◀ ポイント整理 ▶▶▶▶▶▶▶▶▶▶▶▶▶▶▶▶▶▶▶▶▶▶▶▶▶▶▶▶▶▶▶▶▶▶▶▶▶

1 先史の世界　概観

実年代（年前）	地質年代	考古年代	人類の進化 ／ 道具・文化	社会・経済
700万	新生代第3紀		3_____ ： 4_____ （「南方の猿」の意） ・5_____ （礫石器）を使用：石を割った簡単な石器	**獲得経済** ・食料は自然から調達 ［手段］
240万		（1 ）時代	6_____ ： ホモ＝ハビリス，ホモ＝エレクトゥス， 　7_____（ジャワ島で発見）， 　8_____（周口店の洞穴で発見） ・握斧（ハンドアックス）など石核石器の発達 ・9_____・言語を使用	13_____：野生動物 漁労：魚介類 14_____：野生植物 ・群（ホルド）社会 ・移動生活
60万	更新世（洪積世）		10_____ ： 11_____ 　＊現代人と同等の脳容積 ・石刃など剝片石器の発達 ・死者を12_____する風習	・4回の15_____ と3回の16_____ が交替する不安定な自然環境
20万			17_____（現生人類）： 18_____， 　グリマルディ人，周口店上洞人など ・剝片石器の精巧化 ・19_____を使用（銛・釣り針など） ・20_____…ラスコー（フランス） 　アルタミラ（スペイン）	
1万	新生代第4紀 完新世（沖積世）	中石器時代	・女性裸像…呪術的な信仰か？ ・細石器（木などの柄にはめ込んで使用） ・弓矢の使用	＊15が終わり，温暖化し，自然環境は大きく変化
9000		（2 ）時代	・21_____石器を使用 ・貯蔵や調理用として，22_____を使用 ・竪穴住居，織物の製作 ・巨石記念物の建設	**生産経済** ・28_____・_____の開始 ジャルモ遺跡（イラク） イェリコ遺跡（パレスチナ）
5000		金属器時代	・23_____器の使用 ・24_____の発明 ・都市国家を形成 　⇨文明の成立	・氏族社会：血縁中心に ・29_____農業で生産力が向上 ・都市の発生

●環境に適応する中で現生人類の分化がすすむ
①25_____：皮膚・毛髪・目の色など身体の特徴で分類
②26_____：言語・宗教・習慣など文化的特徴で分類
③27_____：言語系統で分類

(1) 約9000年前に，人類は狩猟・採集の30_____経済から，農耕・牧畜の31_____経済に移った。これを食料生産革命という。人類は不安定な生活から解放され，**定住化**し，集落を形成した。

(2) 初期の農耕は雨水にたよる乾地農法であり，肥料を施さない略奪農法であった。やがてオリエントなどの大河のほとりで32_____農業がはじまると，生産力が飛躍的に高まった。

(3) 生産力の向上は人口の増加につながり，**余剰食料**を増加させ，交易もさかんになり33_____が発生した。また，支配する者とされる者との間に34_____が生じ，神官や戦士など農業に従事しない特権階級もうまれた。こうして多数の人間を支配する35_____という政治システムが生じ，高度な36_____が発達していった。

(4) 政治や商業の記録の必要から，37_____が発明され，人類は**先史時代**から歴史時代に入った。

ことばの探究　文化（culture）：英語の culture には「耕作，栽培，飼育」の意味もある。農耕・牧畜の開始によって生まれた生活のゆとりから「文化」が発展したことがうかがえる。

◀◀◀ 演 習 問 題 ▶▶

1　　　　　　　　　　正誤でチェック！基礎知識

次の各文の下線部には1か所ずつ誤りがある。その番号を指摘し，正しい語句に訂正せよ。

A　①スペインのアルタミラ洞窟や②ドイツのラスコー洞窟には，③旧石器時代の絵画が描かれている。

B　民族とは，①宗教や②言語，③皮膚の色などによって分類した集団のことである。

2　[人類の進化と文明の発達]　　　　　　　　(19 駒澤大学・名城大学より作成)

人類と類人猿との違いはどこにあるのか。発達した脳容積や複雑なコミュニケーション能力など様々な要素が指摘されうるが，最大の違いは(①)だと考えられている。これによって人類は樹上生活から地上での生活へと移行し，前足を自由に利用することが可能となった。

現状の化石人骨の研究では，約700万年前のアフリカにいたサヘラントロプス＝チャデンシスが最も古い人類だと考えられている。サヘラントロプス属やアルディピテクス属・　A　属などの古い人類は猿人と総称され，石を単純に打ち欠いて作った(②)石器を用いるものもあったとされている。ホモ属に分類される人類は約240万年前のアフリカで出現した。なかでも　B　はハンドアックスなどの特徴的な石器を利用し，東アジア・南アジアへも進出したことが知られている。約60万年前から出現する旧人のなかで代表的なものが，ヨーロッパを中心に分布した　C　人である。C人の遺跡からは(③)がなされたことが明らかになっており，死者を悼む彼らの精神文化をうかがうことができる。

現生人類は約20万年前にアフリカで出現した。②石器の加工方法を発達させ，石刃技法に代表されるような(④)石器などを作り出し，釣針や銛として(⑤)を用いて漁撈活動を盛んに行っていたことも知られている。新人の精神性はすぐれた(⑥)絵画として表現されており，アルタミラ洞窟の動物絵画がよく知られている。

おおよそ1万年前に(⑦)が終了し，地質年代としては完新世と呼ばれる時代がはじまった。大きな環境の変化が起こったこの時代に，人類は長い時間をかけて自らの生活を変化させていったと考えられている。定住性集落の増加，容器としての(⑧)の発明，(⑨)石器の利用開始などとともに，a農耕・b牧畜による食料の生産がはじまった。食料生産を中心とする様々な社会変化をうけて，それ以降の時代は(⑩)時代と呼ばれる。⑩時代には交易・宗教・政治の中心として各地に(⑪)が出現し，⑪内部では階層分化がすすんで権力が形成されはじめた。

問1　文中の空欄①〜⑪に適語を入れよ。

問2　文中の空欄A〜Cに入る適語を次の語群からそれぞれ選べ。

〔アウストラロピテクス　クロマニョン　ホモ＝エレクトゥス
　ホモ＝ハビリス　　　　ネアンデルタール〕

問3　下線部a，bについて次の各問いに答えよ。

a　初期の農耕は収穫が少なかったものの，灌漑農業が始まることで生産力が向上した。この「灌漑農業」とはどういった農業か。20字程度で述べよ。

b　「牧畜」とはどういった食料生産手段か。30字以内で述べよ。

1

番号	正しい語句
A	，
B	，

2

問1①
②
③
④
⑤
⑥
⑦
⑧
⑨
⑩
⑪
問2 A
B
C
問3 a

b

2 古代オリエント文明とその周辺

古代オリエント文明発展の経緯と，文明が世界に与えた影響について考えよう。

◀◀◀ **ポイント整理** ▶▶▶

1 オリエント世界の概観

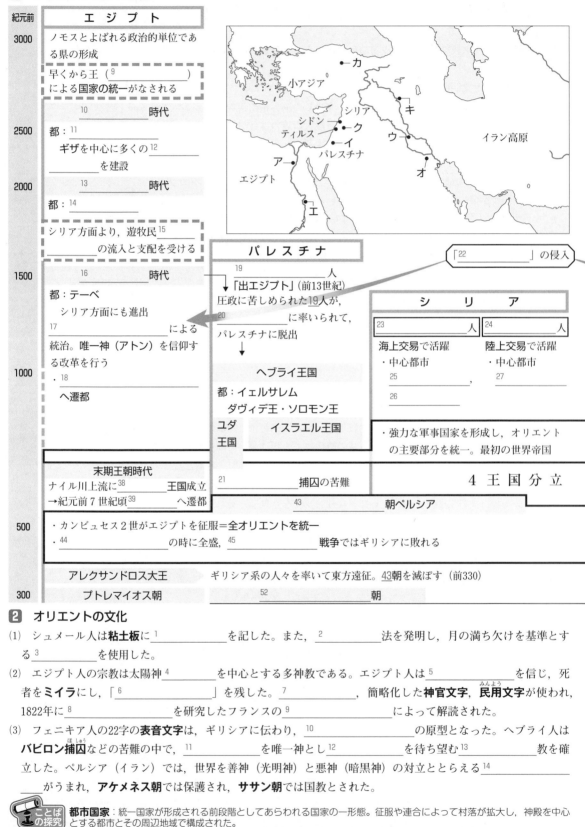

エジプト

紀元前	
3000	ノモスとよばれる政治的単位である県の形成
	早くから王（⁹ ____ ）による国家の統一がなされる
2500	¹⁰ ____ 時代 都：¹¹ ____ ギザを中心に多くの¹² ____ を建設
2000	¹³ ____ 時代 都：¹⁴ ____
	シリア方面より，遊牧民¹⁵ ____ の流入と支配を受ける
1500	¹⁶ ____ 時代 都：テーベ シリア方面にも進出 ¹⁷ ____ による統治。唯一神（アトン）を信仰する改革を行う
1000	・¹⁸ ____ へ遷都

パレスチナ

¹⁹ ____ 人
「出エジプト」（前13世紀）
圧政に苦しめられた19人が，²⁰ ____ に率いられて，パレスチナに脱出

↓

ヘブライ王国
都：イェルサレム
　ダヴィデ王・ソロモン王

ユダ王国	イスラエル王国

²¹ ____ 捕囚の苦難

「²² ____ 」の侵入

シリア

²³ ____ 人	²⁴ ____ 人
海上交易で活躍	陸上交易で活躍
・中心都市	・中心都市
²⁵ ____ ，	²⁷ ____
²⁶ ____	

・強力な軍事国家を形成し，オリエントの主要部分を統一。最初の世界帝国

4 王 国 分 立

末期王朝時代
ナイル川上流に³⁸ ____ 王国成立
→紀元前7世紀頃³⁹ ____ へ遷都

⁴³ ____ 朝ペルシア

500	・カンビュセス2世がエジプトを征服＝全オリエントを統一 ・⁴⁴ ____ の時に全盛，⁴⁵ ____ 戦争ではギリシアに敗れる

	アレクサンドロス大王	ギリシア系の人々を率いて東方遠征。43朝を滅ぼす（前330）
300	**プトレマイオス朝**	⁵² ____ 朝

2 オリエントの文化

(1) シュメール人は**粘土板**に¹ ____ を記した。また，² ____ 法を発明し，月の満ち欠けを基準とする³ ____ を使用した。

(2) エジプト人の宗教は太陽神⁴ ____ を中心とする多神教である。エジプト人は⁵ ____ を信じ，死者を**ミイラ**にし，「⁶ ____ 」を残した。⁷ ____ ，簡略化した**神官文字**，**民用文字**が使われ，1822年に⁸ ____ を研究したフランスの⁹ ____ によって解読された。

(3) フェニキア人の22字の**表音文字**は，ギリシアに伝わり，¹⁰ ____ の原型となった。ヘブライ人は**バビロン捕囚**などの苦難の中で，¹¹ ____ を唯一神とし¹² ____ を待ち望む¹³ ____ 教を確立した。ペルシア（イラン）では，世界を善神（光明神）と悪神（暗黒神）の対立ととらえる¹⁴ ____ がうまれ，**アケメネス朝**では保護され，**ササン朝**では国教とされた。

ことばの探究 **都市国家**：統一国家が形成される前段階としてあらわれる国家の一形態。征服や連合によって村落が拡大し，神殿を中心とする都市とその周辺地域で構成された。

●都市の位置を左の地図で確認しよう。
・メンフィス：<u>1</u>
・テ　ー　ベ：<u>2</u>
・ボアズキョイ：<u>3</u>
・ウ　　　ル：<u>4</u>
・ニ ネ ヴェ：<u>5</u>
・ダ マ ス ク ス：<u>6</u>
・イェルサレム：<u>7</u>
・バ ビ ロ ン：<u>8</u>

小　ア　ジ　ア

<u>28</u>　　　　　王国
都：ボアズキョイ
<u>29</u>　　　　武器を最初に使用して強大になり，33王朝を滅ぼす

メ ソ ポ タ ミ ア

<u>30</u>　　　　　人
・ウル・ウルクなどの<u>31</u>　　　　　を形成

<u>32</u>　　　　　人の王国
サルゴン1世が統一

アムル人

<u>33</u>　　　　　王朝
都：バビロン，<u>34</u>　　　　　王
がハンムラビ法典を発布

<u>35</u>　　　　　　　<u>36</u>
王国　　（北部）　人の王国
　　　　　　　　　　　　　　（南部）

<u>37</u>　　　　　王国
都：ニネヴェ

・重税や圧政など，過酷（かこく）な支配を行ったため，短命に終わる

<u>40</u>
最古の金属貨幣を使用

<u>41</u>
ユダ王国を滅ぼす

年表中の民族・国家について，民族（言語）系統で分類してみよう。
・エジプト語系
・セム語系
・インド=ヨーロッパ語系
・民族系統不明

イ ラ ン 高 原

インド=ヨーロッパ語系
民族の侵入

<u>42</u>　　　　　王国

都：<u>46</u>　　　　　・西はエーゲ海北岸から，東は<u>47</u>　　　　　川流域の広大な領土
・帝国を20州に分け，<u>48</u>　　　　　という知事をおいて統治
・<u>49</u>　　　　制を整備し，「<u>50</u>　　　　　」とよばれる国道をつくる
・<u>51</u>「　　　　　」・「　　　　　」とよばれる監察官を巡回させ，中央集権化をはかる

中 央 ア ジ ア

<u>53</u>　　　　　…アムル川上流にギリシア人が独立して建国

<u>54</u>
遊牧イラン人族長<u>55</u>　　　　　が建国　　都：クテシフォン
・ローマと争いクラッススの軍を撃破
・東西貿易の利益を独占して繁栄。中国名は<u>56</u>

<u>57</u>　　　　　朝ペルシア
・アルダシール1世がイラン系農耕民をまとめて建国
・2代皇帝<u>58</u>　　　　　（3世紀）がシリアでローマ軍を破る
　→皇帝ヴァレリアヌスを捕虜とした
・最盛期は<u>59</u>　　　　　の時代（6世紀）で，突厥と連合し中央アジアの遊牧民<u>60</u>　　　　　を滅ぼす
・ニハーヴァンドの戦いで，イスラーム勢力に敗れる

紀元前
3000
2500
2000
1500
1000
500
300

1章

◀◀◀ 演 習 問 題 ▶▶▶▶▶▶▶▶▶▶▶▶▶▶▶▶▶▶▶▶▶▶▶▶▶▶▶▶▶▶▶▶▶▶▶▶▶▶

1　　　　　　　　　　　　　　　　　正誤でチェック！基礎知識

次の各文の下線部には1か所ずつ誤りがある。その番号を指摘し，正しい語句に訂正せよ。

A　紀元前1200年頃のシリア・パレスチナ地方では，①アラム人が②ダマスクスを中心に内陸貿易で活躍し，③ヘブライ人は④シドンなどを拠点に地中海交易を独占した。

B　ササン朝最盛期の王①ホスロー1世は，東ローマ皇帝②ユスティニアヌスとの戦いを有利に展開し，さらに③突厥と同盟を結び，6世紀半ばに④大月氏を滅ぼした。

2　[古代エジプト]　　　　　　　　　　　　　　　（20　上智大学より作成）

「エジプトはナイルのたまもの」とは，（①）の言葉である。エジプトでは，ナイル川の大規模な治水と灌漑に住民の共同労働と強力な指導者が必要であったため，前3000年頃，王（ファラオ）による統一国家がつくられた。とくに繁栄した時代を古王国・中王国・新王国の3期に区分する。古王国の時代は（②）を都とし，クフ王らが王の絶大な権力を示す（③）をつくった。中王国時代には（④）に都が置かれ，シリアやクレタ島と交易を行ったことが知られる。末期には（⑤）が流入して混乱したが，⑤が撃退されると，新王国が成立した。新王国の都は主に（④）に置かれたが，この都市の守護神アモンの神官団をおさえるために ₐ宗教改革を行った（⑥）により，一時，ᵦ都がうつされた。

古代エジプトでは多様な神々が崇拝されており，霊魂の不滅を信じてミイラをつくり，「死者の書」を残した。文字は 。神聖文字や，（⑦）草からつくった一種の紙に書かれた民用文字（デモティック）があった。

問1　文中の空欄①〜⑦に適語を入れよ。
問2　下線部a〜cについて次の各問いに答えよ。
　a　⑥の人物が行った宗教改革について45字以内で説明せよ。
　b　新都で生まれた自由で写実的な芸術を何というか。
　c　この文字の解読につながった，ナポレオンのエジプト遠征中に発見された石柱を何というか。

3　[メソポタミアと小アジア]　　　　　　　　　　（20　学習院大学より作成）

メソポタミアでは前3500年ごろから人口が急増して大規模な集落が生まれ，前3000年ごろには南部では（①）・ウルク・ラガシュなどの多くの（②）人都市国家が成立した。前24世紀頃に②人による都市国家はセム語系（③）人の王サルゴン1世によって征服され，メソポタミア最初の統一国家が樹立された。ₐこの王朝で用いられた③語は，古代オリエント地域の共通語として長く用いられることになった。前18世紀には，アムル人による（④）が（⑤）王の下でメソポタミアを統一し，このᵦ⑤王は法典を編纂，発布したことで知られている。前16世紀初め，④はアナトリア地方に建国していたインド゠ヨーロッパ語系の（⑥）によって滅ぼされた。この後，メソポタミア南部のバビロニアには，民族系統不明の（⑦）人が東方のザクロス山脈方面から侵入した。一方，北部メソポタミアでは（⑧）王国が成立して西方のシリア地方へと勢力を拡張していた。その後，ミタンニ王国は⑥の攻撃を受けて衰退した。

問1　文中の空欄①〜⑧に適語を入れよ。
問2　下線部a，bについて次の各問いに答えよ。
　a　古代メソポタミアの諸文明では，粘土板上に葦で作った尖筆で刻み込んだ文字が用いられていた。この文字の名称を答えよ。
　b　この法典の刑法の特徴を簡潔に説明せよ。

1

番号	正しい語句
A	，
B	，

2

問1①

②

③

④

⑤

⑥

⑦

問2 a

b

c

3

問1①

②

③

④

⑤

⑥

⑦

⑧

問2 a

b

4 [地中海東岸（シリア・パレスチナ）]　　(22　杏林大学より作成)

　前1200年頃大国のはざまにあって日の目を見ることが少なかったシリア・パレスチナにセム語系の小国家と文化が誕生した。（①）人は，地中海商業に従事して繁栄し，a各地に商業拠点を建設した。彼らの文字は，（②）の起源となった。
　（③）人は，（④）を拠点に内陸都市を結ぶ中継貿易によって栄えた。
　遊牧民であった（⑤）人は，前1500年頃，パレスチナに定住し，その一部はエジプトに移住した。しかし，新王国の圧政に苦しみ，前13世紀頃，指導者（⑥）のもとパレスチナに脱出した。ヘブライ人は，前10世紀頃に王国をつくり栄えたが，b国は南北に分裂し滅ぼされ，南の国の住民の多くは強制移住させられた。約50年後帰国した彼らは，イェルサレムに神殿を再建し，民族的な宗教であるcユダヤ教を確立した。

問1　文中の空欄①〜⑥に適語を入れよ。
問2　下線部a〜cについて次の各問いに答えよ。
　a　主要な拠点を2つあげよ。
　b　南の国の住民が征服国の都であるバビロンに連れ去られた出来事を何というか。
　c　ユダヤ教の教典を何というか。

5 [オリエントの統一とイラン諸国家の興亡]　(22　成蹊大学・愛知教育大学より作成)

　オリエント地域を初めて統一するのが，前9世紀以降に台頭した（①）である。しかし，その属州支配は多くの反発と反乱をまねき，①は前7世紀末に滅亡した。その後，アナトリアの（②），新バビロニア，aエジプト，イラン高原の（③）の4王国が分立したが，いずれも（④）朝により征服され，オリエントは再び統一された。
　b④朝のオリエント支配は比較的長く続いたが，前5世紀前半のギリシア征服戦争（（⑤）戦争）に失敗し，さらに前4世紀後半には，マケドニアの（⑥）大王に攻め込まれて，終焉を迎えた。⑥大王没後のオリエント世界では，西アジアの領土は（⑦）朝に引き継がれた。
　紀元前3世紀半ば，⑦朝からアム川上流域のギリシア人が独立して（⑧）を建てると，イラン高原ではアルサケスが⑦朝から独立して（⑨）を開いた。⑨は前2世紀半ばにイラン全土を統一し，c東西交易で栄えたが西暦224年頃に（⑩）朝によって滅ぼされた。
　⑩朝は第2代皇帝（⑪）のもと，東西交易を掌握し，260年にはローマ皇帝を捕虜にするなど隆盛を誇った。その後5世紀後半になると⑩朝は遊牧民（⑫）の侵入に苦しみ，一時混乱したが，531年に即位した（⑬）は，東方では（⑭）と結んで⑫を滅ぼし，西方ではビザンツ帝国と抗争するなど全盛期を迎えた。d⑩朝では西方の文化と東方の文化が混じり合い，交易の要衝として国際的な文化が花開き，東西文明に大きな影響を与えた。⑩朝は（⑮）教を国教とし，⑬はその教典（⑯）を編纂させた。3世紀には⑮教と仏教・キリスト教が融合した（⑰）教が生まれた。
　⑩朝は7世紀になるとイスラーム勢力の侵入に苦しみ，642年に滅亡した。④朝と⑨，そして⑩朝もイラン系の王朝であり，この地にはイラン人を中心とした伝統が形成され，後世にも多大な影響を残した。

問1　文中の空欄①〜⑰に適語を入れよ。
問2　下線部a〜dについて次の各問いに答えよ。
　a　新王国滅亡後のエジプトで，ナイル川上流に前8世紀頃成立した王国は何か。
　b　④朝では全国を州に分けて統治した。各州の政治を監察する目的で行った政策について，これを始めた君主の名を挙げながら30字以内で説明せよ。
　c　中央アジアを経由した中国との交易で栄えた⑨は，中国名で何と呼ばれたか。
　d　日本の法隆寺に所蔵されている，オリエント様式の狩猟の図柄を持つ錦を何というか。

4
問1①
②
③
④
⑤
⑥
問2 a　　　　　・
b
c

5
問1①
②
③
④
⑤
⑥
⑦
⑧
⑨
⑩
⑪
⑫
⑬
⑭
⑮
⑯
⑰
問2 a
b

c
d

1章

*南アジアの古代文明は 8 節にまとめている。 ▶p.20

③ 中国の古代文明

「中国」・「中華」として世界の中心を自認する帝国
の成立過程をまとめよう。

◀◀◀ ポイント整理 ▶▶

❶ 文明の発生～春秋・戦国時代まで

【黄河文明 （前6000年頃～）】

・黄河中流域で農耕がはじまる。アワなどの 1 _____ を栽培，豚や犬を家畜化した

　…長江中・下流域→稲作を基盤とする農耕文化が成立 （例： 2 _____ 遺跡）

　…遼河流域（東北地方）→狩猟・採集＋雑穀の栽培

前半	3 _____ 文化 ～前4000年頃	・黄河中流域に展開。 4 _____ （彩文土器）を使用
後半	5 _____ 文化 前3千年紀	・黄河下流域に展開。 6 ____（ろくろで成形）や 7 ____（日常用）を使用

【 9 _____ （前2千年紀）】

・最古の実在王朝（伝説では，前に 10 _____ 王朝がある）

　都：商（大邑商）＝その遺跡 11 _____（河南省安陽市）

・祭政一致の神権政治：神意を占って政治をすすめる

・占いの結果記録に 12 _____（漢字の原型）を使用

・祭器や武器として，高度な 13 _____ を使用

> ・ 8 _____ とよばれる氏族共同体が成立。周囲を樹木や土壁で囲み，集落を形成
>
> ・邑制国家：強力になった大邑の商が盟主として周辺の 8 をまとめあげた連合国家

【 14 _____ （前11世紀～）】

・ 15 _____ 流域からおこり， 9 を滅ぼす

　都： 16 _____（現在の西安付近）

・「 17 ____ 」体制：一族・功臣に封土（領地）を与えて，世襲の 18 ____ とし，貢納と軍役を義務づけ地方の支配をまかせる。血縁関係を重視

・ 19 _____ の制定：祖先の祭祀で団結する支配者階級（宗族）の守るべき規範

> ・易姓革命：孟子らが唱えた王朝交替の理論。有徳者が天命を受けて新たな天子となる

20 _____ 時代（前770年～）	21 _____ 時代（前403年～）

・中国西北辺境民 22 _____ の侵入→都を 23 _____ にうつす（14の東遷）

　衰えた14王にかわって，有力諸侯（： 24 _____ ）が国をまとめる

　…「 25 _____ 」を唱えて覇権を争う

・ 26 _____ …斉の桓公・晋の文公など

● ・有力諸侯の晋が臣下によって三分される

　　→封建的秩序は崩壊し，実力の時代に（下剋上）

・各有力者は王を自称し，領土拡大に努める

　 27 _____ 策を推進　　思想界も活性化

・ 28 _____

　斉・楚・秦・燕・趙・魏・韓の七大諸侯の国

【社会変動】

29 _____ ・ _____ の普及
→生産力の向上

商工業の発達

・ 30 ____ 貨幣の流通

　刀銭・布銭
　円銭・蟻鼻銭

文字の記録

木簡・竹簡

氏族共同体（邑）の崩壊

・家族が社会の単位となる

・土地の私有化

↓

豪族の出現

●諸子百家

31 _____	32 _____	仁と礼により周代の社会秩序の構築をめざす	37 _____	38 _____	君主の定めた法にそって人民を厳しく統治する信賞必罰を説く
	33 _____	性善説を説く		39 _____	
	荀子	性悪説を説く	兵家	孫子	戦略・戦術を論じる
34 _____	墨子	兼愛（無差別の愛）を説く	40 _____	蘇秦	合従策を主張
35 _____	36 _____	人為を廃し，自然の変化に従う無為自然を説く		張儀	連衡策を主張
	荘子		陰陽家	鄒衍	陰陽五行説を説く

※道家思想→ 41 _____ の思想（君主が社会に干渉しないことが理想）に影響

ことばの探究　**氏族制度**：共通の祖先を持つと考える人々の集団が氏族。氏族への帰属によって，居住・協力関係・婚姻・財産相続・地位継承などが規制を受けるような社会体制が氏族制度。中国・朝鮮で発達した。

◀◀◀ 演 習 問 題 ▶▶

1　　　　　　　　　　　　　　　　　　　　**正誤でチェック！基礎知識**

次の各文の下線部には1か所ずつ誤りがある。その番号を指摘し，正しい語句に訂正せよ。

A　殷の時代には，祭祀用の酒器や食器に，複雑な文様を持つ①鉄器が用いられた。また，春秋戦国時代には文字を記録するために②木簡や竹簡が用いられた。

B　司馬遷の『史記』は①武帝の時代に編纂され，②編年体で記された歴史書である。

C　後漢には，①ローマ皇帝大秦王安敦の使者が，②南海郡に到達した。また後漢の皇帝は倭の③奴国の王を封建するなど，のちの冊封の原型が形成された。

D　前漢時代，①班超により西域の事情が徐々に判明し，②大月氏との接触も図られた。匈奴への攻撃も強まった。

2　[中国文明の発生と殷・周の成立]　　(19　関東学院大学・21　皇學館大学より作成)

紀元前6000年ころまでに黄河流域ではアワなどの（①），長江流域では稲を中心とした農耕が始まっていた。前5000年紀には黄河中流域に彩文土器を特色とした（②）文化がおこった。前3000年紀には黄河下流域を中心に，黒陶を特色とする（③）文化が成立し，相互の交流にともなう争いは，それぞれの地域で政治的な統合をうながした。

現在確認できる中国最古の王朝は（④）である。20世紀初めの（⑤）の発掘によって，（⑥）文字を刻んだ獣骨・亀甲や，王の墓や宮殿と思われる遺構が発見された。この王朝は多数の氏族集団が連合し，王都に多数の（⑦）が従属する都市国家であった。前11世紀頃になると，渭水流域におこった（⑧）が殷を倒し，（⑨）（現在の西安付近）に都をおいた。⑧は，「封建」とよばれる支配体制をつくりあげた。これは，周王が一族・功臣，各地の首長に領地を与えて（⑩）とし，主従関係を結ぶものである。また，王や⑩に仕える（⑪）などの家臣にもそれぞれの地位と領地を与えて世襲させた。

問1　文中の空欄①〜⑪に適語を入れよ。

問2　下線部について，のちにこれは孟子によって「易姓革命」として正当化された。どのような考え方か簡潔に説明せよ。

3　[春秋・戦国時代／諸子百家]　　(19　東洋大学・21　駒澤大学より作成)

紀元前8世紀前半に，周は西方の遊牧民を避けて都を（①）に移した。これ以前を西周時代，以後を東周時代という。東周時代は前半が（②），後半が戦国時代ともよばれる。この時代には，（③）のスローガンを掲げて周王の権威を尊ぶ斉の（④）や晋の文公をはじめ，（⑤）とよばれる覇者があらわれた。戦国時代には，周王の権威はさらに低下し，斉・（⑥）・秦・燕・韓・魏・趙など，自ら諸侯を自称する（⑦）とよばれる諸国がおこった。この時代は分裂の時代であったが，各地に中央集権的な政治体制が成長するなど，のちの統一帝国の基礎がつくられたという点で重要な時代であった。またこの時代は経済・文化の面でも大きな変革がおこった。このころ（⑧）製の農具が普及し，農業生産力が高まったとともに，青銅貨幣が用いられた。主に燕で流通した（⑨）が有名である。また，諸子百家と総称される多くの思想家が登場し，仁や礼といった道徳意識を重視して理想的な社会秩序の実現を目指す儒家や，非攻や博愛という無差別の愛を説いた（⑩），法による秩序維持を重視した法家，外交による策略を講じた（⑪），無為自然を説いて大道への回帰を説いた（⑫）など，数多くの学派が生まれた。法家の（⑬）は秦の孝公につかえて国力の増強に成功しており，新たな思想的潮流の出現とその実践が社会に及ぼした影響は大きかった。

問1　文中の空欄①〜⑬に適語を入れよ。

1

	番号	正しい語句
A	，	
B	，	
C	，	
D	，	

2

問1①

②

③

④

⑤

⑥

⑦

⑧

⑨

⑩

⑪

問2

3

問1①

②

③

④

⑤

⑥

⑦

⑧

⑨

⑩

⑪

⑫

⑬

4 南北アメリカ文明

アメリカ大陸の先住民文化にはどのような特徴があるかを整理しよう。

◀◀◀ ポイント整理 ▶▶

1 概観

		紀元前1200 800 600 400 200 紀元 200 400 600 800 1000 1200 1400
アメリカ文明	メキシコ中央高原	1_____文明 / 2_____文明 トルテカ文化 / 4_____王国
	メキシコ湾周辺	
	ユカタン半島	3_____文明
アンデス文明	ペルー北海岸	モチカ文化
	ペルー中央高地	5_____文化 / ワリ文化 / 6_____帝国
	ペルー南海岸	パラカス文明 ナスカ文化
	ペルー・ボリビア国境	ティアワナコ文化

(注) 各文明・文化の始まり・消滅時期は上の概念図ほど明確ではない。

2 アメリカ大陸の先住民とその文化

(1) のちに「インディアン」，「1_____」とよばれるアメリカ大陸の先住民は，ベーリング海峡がアジアと陸続きとなっていた氷期に渡来した2_____（黄色人種）系と考えられる。

(2) 北アメリカでは，3_____・_____を中心とする文化が広まった。

(3) メソアメリカ（4_____と中央アメリカ）では，乾燥に強い5_____を栽培する独自の農耕文化が発展した。

(4) 南アメリカの6_____高地では，5や7_____が栽培され，リャマやアルパカなどの家畜化が進んだ。

(5) アメリカ大陸の文明は，ユーラシア大陸の文明とは別に発展していったが，16世紀の大航海時代以降にヨーロッパ人をとおして世界各地に広まり，5・サツマイモ・7・トマト・タバコなどの産物は各地の食生活を大きく変えた。

---, 青字は現在の国境, 国名

3 メソアメリカ文明

(1) 前1200年頃1_____に成立した**オルメカ文明**は，トウモロコシを主とする焼畑農耕で栄えたアメリカ最古の文明である。暦・文字・肉食獣ジャガーへの信仰など，メソアメリカ文明の源流となった。

(2) 前1世紀頃メキシコ高原に2_____文明が成立した。ピラミッド状の神殿など宗教都市遺跡が残されている。

(3) 4世紀頃から9世紀にかけて，3_____半島では**マヤ文明**が繁栄期を迎えた。ピラミッド状の建造物，二十進法の数字表記，精密な4_____，マヤ文字などが発達した。

(4) 14世紀には，メキシコ高原のテスココ湖上にあった5_____を都に**アステカ王国**が成立した。市場には露店が並び，各地からの商品が取引され繁栄したが，1521年にスペインのコルテスによって征服された。

4 アンデス文明

(1) 前1000年頃1_____のアンデス高地に成立した**チャビン文化**は，灌漑農耕を行い，アンデス文明の源流となった。その後，アンデス高地の各地には，さまざまな王国，文化が成立した。ナスカには動物や幾何学模様を描いた地上絵が残されたが，何のために描かれたかは不明である。

(2) 15世紀なかばには，コロンビアからチリにおよぶ広大なインカ帝国が都の2_____を中心に成立した。文字をもたず，縄の結び方で情報を伝える3_____によって記録を残した。石造建築に優れ，標高2400mの高地4_____にも遺跡が残されている。1533年にスペインのピサロに征服され，滅びた。

ことばの探究 **インディオ**：コロンブスが新大陸に到達したとき，彼はインディアス（現在のインド・中国・日本などを含む東アジア地域の総称）に着いたと考え，その先住民をインディオとよんだ。

5 中央ユーラシア—草原とオアシスの世界

内陸アジアの遊牧民や定住民の活動がどのように関係しあい，変化したのかを整理しよう。

◀◀◀ ポイント整理 ▶▶▶▶▶▶▶▶▶▶▶▶▶▶▶▶▶▶▶▶▶▶▶▶▶▶▶▶▶▶▶▶▶▶

1 内陸アジアの自然

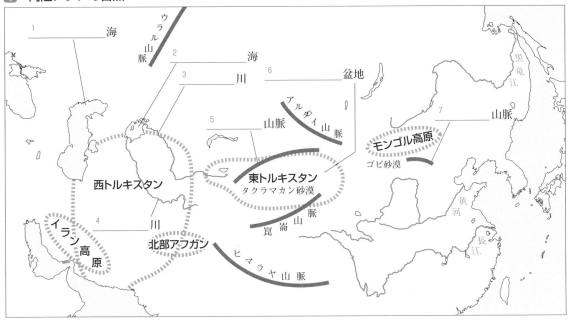

2 遊牧騎馬民族の活動

(1) ユーラシア大陸中央部（¹_____）の草原地帯では，遊牧民が羊やヤギ，馬などを家畜とし，遊牧と狩猟による生活を営んでいた。

(2) 前7世紀頃，南ロシアの草原地帯に現れた²_____は，青銅製の馬具や武具を使用し，機動力に富んだ最初の³_____の国家（⁴_____）となった。

(3) 前4世紀末モンゴル高原で活動した⁵_____は，前3世紀末の⁶_____のとき最盛期となり漢を圧迫した。しかし，前漢の武帝の遠征によりゴビ砂漠以北に退き内陸貿易の利を失って衰え，前1世紀には東西に，後1世紀には南北に分裂した。さらに，後漢の班超の攻撃を受け，一部は西方に移動した。

(4) 匈奴の崩壊後，モンゴル高原で強力となった⁷_____は，3世紀中頃に中国北部へ移住し，4世紀末に**北魏**を建国して華北を支配した。モンゴル高原では柔然が勢力を伸ばし北魏と対立した。また，西部では，4世紀から5世紀に⁸_____がヨーロッパへと進出した。

(5) 6世紀中頃におこったトルコ系の⁹_____は，最盛期にはモンゴル高原から西トルキスタンにいたる大領域を支配したが東西に分裂し，唐の攻撃を受けて衰退した。また，彼らは北方遊牧民として初めて文字をつくった。

(6) 8世紀モンゴル高原では，トルコ系のウイグルが強大となった。唐は**安史の乱**（755〜763）の鎮圧に彼らの力を借りた。9世紀中頃に遊牧民キルギスの攻撃を受け四散し，一部は西方に移動しオアシス諸国に定住した。

3 オアシス定住民の活動

(1) 内陸アジアのオアシスは集約的な農業が営まれ，交易の拠点でもあった。**タリム盆地**周縁部には敦煌・クチャ・ホータン・カシュガルなどのオアシス都市が点在し，¹_____の中継地となった。こうしたオアシス都市の間に²_____が形成された。ここでは絹などが交易されたため，³_____とも呼ばれる。交易ではサマルカンドを中心にイラン系のソグド人が活躍し，中国では「胡人」とよばれた。

(2) オアシス地帯には統一国家はうまれにくいが，1世紀後半に大月氏の支配を脱してイラン系のクシャーナ朝が成立し西北インドまで支配を伸ばした。8世紀にアラブ人のムスリム軍がオアシス地域に進出し，751年には**タラス河畔の戦い**で唐の軍を破った。9世紀後半にはイラン系イスラーム国家**サーマーン朝**のもとで，定住化したトルコ人のイスラーム教への改宗がすすんだ。イスラーム化したトルコ人は，10世紀に**カラハン朝**を建てた。

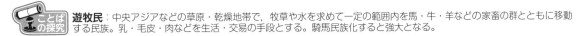

ことばの探究 **遊牧民**：中央アジアなどの草原・乾燥地帯で，牧草や水を求めて一定の範囲内を馬・牛・羊などの家畜の群とともに移動する民族。乳・毛皮・肉などを生活・交易の手段とする。騎馬民族化すると強大となる。

⑥ 秦・漢帝国

「中国」・「中華」として世界の中心を自認する帝国の成立過程をまとめよう。

◀◀◀ **ポイント整理** ▶▶▶

1 秦・漢

[1 _____]（前221〜前206年）

・七雄の一つ，1 王政が中国全土を統一，「皇帝」と称す…　[2 _____]（位前221〜前210）

都：3 _____ （現在の西安付近）

中央集権化	＊法家の 4 _____ が丞相として活躍 ① 5 _____ 制：中央から官吏を派遣して地方を直轄支配 ② 6 _____ ・_____ ：儒家などの思想統制・言論統制策 ③ 7 _____ ，8 _____ ，度量衡を統一

・ 9 _____ を修築して，10 _____ の侵入に対抗
・華南を征服，南海など 3 郡をおく

→民衆に重い負担となり，前209年に 11 _____ の農民反乱勃発→各地に波及→ **滅亡へ**

・楚の武将 12 _____ と農民出身 13 _____ の争い

[14 _____]（前202年〜）

高祖 (13)　　都：15 _____

・16 _____ 制：5 制と封建制を併用する
・諸侯権力を抑圧→やがて 17 _____ の乱(前154)へ発展，鎮圧へ

[18 _____ 帝]　中央集権体制が確立，最盛期

・儒学を官学化：董仲舒の献策により 19 _____ を設置
・官吏登用法：20 _____
・経済政策：21 _____ ・_____ ・酒の専売や
　22 _____ ・_____ の施行により，再建をはかるも失敗
・外戚や宦官の権力争いで衰退

【積極的な外征（領土拡大）】

西 ・ 23 _____ を大月氏に派遣，匈奴を討伐し，24 _____ 以下 4 郡を設置
・ 25 _____ （フェルガナ）遠征，汗血馬を得る

東北 ・衛氏朝鮮を滅ぼし，26 _____ 以下 4 郡を設置

南 ・南越国を滅ぼし，27 _____ 以下 9 郡を設置（ほかに交趾など）

【銅銭の発行】

秦の始皇帝…半両銭
前漢の武帝…五銖銭

[28 _____]（ 8 〜23年）

・外戚の 29 _____ が帝位を奪う
・周代を理想とする復古主義→実情に合わず混乱，30 _____ の乱により滅亡

[31 _____]（25〜220年）

32 _____ 帝（劉秀）　　都：33 _____

・大土地所有が進展し，地方では豪族が自立化
　→豪族と外戚・宦官との対立が深まる
⇨官僚・学者に対する弾圧（：38 _____ ）

冊封体制：皇帝と周辺諸国支配者との君臣関係
・ 34 _____ （日本）の使者に，「漢委奴国王」の金印を授ける

対外関係
・ 35 _____ が西域都護として活躍
・ 36 _____ を大秦（ローマ帝国）に派遣
・ 37 _____ の使者が日南に来航

政治的混乱で衰退
農民… 39 _____ （張角が創始） ⎫
　　　 40 _____ （張陵が創始） ⎬宗教結社
・39 を母体に 41 _____ の乱がおこる（184）→群雄割拠に陥り，滅亡（220）

●漢代の文化

儒 学	・前漢の武帝の時代に，42 _____ の献策で官学とされ，五経（『易経』『書経』『詩経』『礼記』『春秋』）の教授と普及を任務とする五経博士が設置された。 ・後漢では，古典を整理し注釈する 43 _____ 学がさかんとなり，44 _____ らが活躍した。
書 物	・前漢では 45 _____ が『史記』を著し，太古から武帝期までの歴史をまとめた。 ・後漢では，46 _____ が『漢書』を著し，前漢一代の歴史をまとめた。帝王の年代記と重要人物の伝記を中心とする，47 _____ が以後の中国正史の標準形式となった。
技 術	・文字の記録（木簡・竹簡）に加え，後漢時代には「紙」が登場し，製紙法が確立。

◀◀◀ **演 習 問 題** ▶▶▶

1 [秦・漢の興亡]　　　　　　　　　　　　　（18　國學院大學より作成）

　戦国諸侯の中で最も西方に位置する秦は，（①）が前221年に全国を統一し，中国初の統一国家の君主の称号として「皇帝」を創始した。彼は，法家の（②）を登用したほか，実用書以外の書物を焼却する（③），多くの学者を穴埋めにする（④）を行ったとされる。a 中央集権的な（⑤）制によって全国を統一支配しようとしたが，春秋戦国時代の長期にわたる分裂を統合するのは容易ではなく，始皇帝の没後まもなく秦は滅亡した。

　秦末に起こったb 陳勝・呉広の農民反乱などの混乱の中で，当初は楚の将軍の家系の（⑥）が優勢であったが，最終的には農民出身の（⑦）が前202年に長安を都として漢王朝を樹立し（前漢），皇帝となった。廟号は（⑧）である。しかし，（⑨）のもと強大化したモンゴル高原の匈奴に苦しめられ，屈辱的な和平を取らざるを得なかった。前漢は，初期には郡県を設置すると同時に皇室一族や功臣層を諸侯として立てる（⑩）制を実施したが，前154年に封地の削減等に反対する（⑪）が起こった。しかし，反乱平定後はかえって皇帝の権威が確立し，（⑫）（在位前141～前87）以後の前漢には，始皇帝以来の⑤制が行き渡ることとなった。

　彼は，匈奴を武力で撃退したほか，ベトナムや広東に勢力を誇った（⑬），朝鮮半島を支配下に置いていた（⑭）を武力で制圧した。また，地方長官の推薦で官吏を登用する（⑮）を採用したほか，（⑯）の専売やc 物価調整策を実施するなど，経済政策にも力を入れた。社会が安定するにつれて，秩序維持の思想は，法家から（⑰）が取って代わることとなった。

　前漢も末期になると，各地の豪族の勢力も強まり，皇后一族の外戚が権力に近づく機会も増えた。後8年から23年まで，外戚の（⑱）が新を建てて周代を理想とする統治を試みた。しかし，現実と乖離した政策によって社会は混乱し，（⑲）と呼ばれる農民反乱などがおこり，新は短命に終わった。その後，劉氏出身で有力豪族の（⑳）が漢王朝を再建したが，後漢では各地で豪族の勢力が伸長した。

　後漢の朝廷では，外戚が権力を握り，その後は外戚を倒した宦官が政治の実権をにぎり，政治の腐敗をもたらした。学者や官僚がこれを批判すると，逆に宦官がこれを弾圧する（㉑）がおこるなど，政治は混乱した。3世紀に起こった農民反乱である（㉒）をきっかけに後漢は四分五裂に陥り，220年に後漢は滅亡した。

　漢代初期には，ゆるやかな体制に適合する（㉓）の政治思想が重視されたが，のちに武帝に仕えた（㉔）の献策によって儒学が重視されるようになった。当時重んじられた儒学の経典である『易経』『五経』『詩経』『礼記』『（㉕）』は，五経とよばれ，特に重視された。これに伴い，経典の字句を解釈する（㉖）が鄭玄らによって発達した。

問1　文中の空欄①～㉖に適語を入れよ。

問2　下線部a～cについて次の各問いに答えよ。

　a　始皇帝が発行した全国的な青銅貨幣を次から1つ選べ。

　　ア　半両銭　　イ　五銖銭　　ウ　蟻鼻銭　　エ　刀銭

　b　陳勝の「王侯将相いずくんぞ種あらんや」の意味するところを，簡潔に説明せよ。

　c　貯蔵した作物の価格が上がると売りだし，下がると買い入れて物価の水準を保つ政策を次から1つ選べ。

　　ア　均輸　　イ　平準　　ウ　青苗　　エ　保甲

1

問1①

②

③

④

⑤

⑥

⑦

⑧

⑨

⑩

⑪

⑫

⑬

⑭

⑮

⑯

⑰

⑱

⑲

⑳

㉑

㉒

㉓

㉔

㉕

㉖

問2 a

b

c

7 中国の動乱と変容

中国の分裂期には周辺民族・国家が活性化する。3
～6世紀の東アジア世界について整理しよう。

◀◀◀ ポイント整理 ▶▶

1 魏晋南北朝時代の王朝の変遷

黄巾の乱・赤壁の戦い（208）などの混乱の中 1＿＿＿＿＿が滅亡

天下三分の形勢 → 三国時代へ

[朝 鮮]　[日本]
中国の支配が弱まる

三国時代

[華 北]
2＿＿ 220～
都：洛陽
建国者：3＿＿＿＿
※遼東半島の公孫氏政権を滅ぼす（238）
・九品中正，屯田制など採用

[四 川]
4＿＿ 221～
都：5＿＿＿
建国者：6＿＿＿
・宰相 7＿＿＿が活躍

[江 南]
8＿＿ 222～
都：建業
建国者：9＿＿
・江南の開発がすすむ

高句麗 28 29 弁韓（南部）30
（西南）（南東）

263
265～ 280
10＿＿
都：11＿＿＿
・2 の将軍 12＿＿＿＿が帝位を奪い建国し，中国を統一
・戸調式，占田・課田法を採用し，大土地所有を制限した
・13＿＿ の乱：帝位をめぐる争い。周辺の遊牧諸民族を兵力とする
　→結果的に周辺遊牧民が勢力を増し，侵入を招く
・316 14＿＿＿＿ の侵入により滅亡

五胡（と総称される）
＝14・15＿＿
・　・
の侵入

16＿＿＿＿ 時代
・小国が分立する混乱期
・戦乱により華北は荒廃
→漢民族が江南へ大量移住

17＿＿ 317～
都：18＿＿
建国者：19＿＿
・長江中・下流域の開発がすすむ

31 32 伽耶（小国連合）
（　）（　）

北朝

20＿＿ 386～ 華北統一 439～
都：平城
・鮮卑の 21＿＿＿＿が建国
・6代の 22＿＿＿＿帝は都を洛陽に移し遊牧民の習慣を捨て，服装や言語を中国風にするなど 23＿＿＿政策をすすめ，均田制・三長制を施行
・六鎮の乱…23政策への反発。20は分裂

都：漢城 都：慶州

南朝

26＿＿ 420～
都：建康
（南朝の都に）

斉 479～

27＿＿ 502～

陳 557～

三国時代

ヤマト政権による統一がすすむ

西魏
25＿＿
24＿＿
北斉

隋（楊堅が建国）

◆　　◆　　◆

(1) **黄巾の乱**など混乱の中で220年に後漢は滅亡し，33＿＿＿＿の子，**曹丕**が 34＿＿＿を都に**魏**を，四川地方には 35＿＿＿＿を都に**劉備**が蜀を，江南地方には 36＿＿＿＿を都に**孫権**が**呉**を建国し，三国時代となった。

(2) 豪族の勢力を抑えようと，魏では漢代の**郷挙里選**にかわって，中央から任命された中正官が地方の人材を9等級に評定する 37＿＿＿＿＿＿という官吏登用法を施行した。しかし，中正官と豪族が結びつき，「**上品に寒門なく，下品に勢族なし**」といわれたように，豪族の中央進出をまねいた。

ことばの探究　**均田制**：国家が農民に土地を公平に貸し与え，安定した生産を確保して，農民から租税や労役を徴収する土地制度。この画期的な制度は，北魏から北周・北斉・隋・唐に受け継がれ，日本にも影響を与えた。

(3)　魏の将軍³⁸＿＿＿＿＿＿は晋を建国し，280年に呉を滅ぼして中国を統一した。しかしまもなく一族の争いが
おこり，兵力に利用された周辺遊牧民族が勢力を増し，316年に³⁹＿＿＿＿＿の侵入によって晋は滅亡した。

(4)　晋の滅亡後，一族の⁴⁰＿＿＿＿＿＿は江南に逃れ，**建康**を都に**東晋**を建国した。江南には東晋の後，短命な
⁴¹＿＿＿＿＿民族の王朝が交替した。これらを**南朝**という。

(5)　439年に華北の混乱を統一したのは⁴²＿＿＿＿＿族の**拓跋氏**がたてた北魏であった。北魏の**孝文帝**は，年齢や性
別に応じて農民に土地を貸す⁴³＿＿＿＿＿制を実施し，村落には戸籍調査や徴税のため⁴⁴＿＿＿＿＿制を施行。しか
し奴婢や耕牛も給田の対象になり，豪族に有利なしくみが残された。

(6)　北魏は⁴⁵＿＿＿＿＿をきっかけに，534年に⁴⁶＿＿＿＿＿と**東魏**に分裂し，さらにそれぞれ**北周**と⁴⁷＿＿＿
＿＿にかわった。やがて北周の軍人の**楊堅**が国を奪い**隋**をたて，589年に南朝の**陳**を滅ぼし中国を統一した。

② 地図でみる魏晋南北朝時代

●三国時代（3世紀）　　●五胡十六国・東晋時代（4世紀）　　●南北朝時代（5世紀）

＊1，2は国名。　　＊3，4は民族名。

朝鮮半島　7＿＿＿＿
（国名）　　8＿＿＿＿
　　　　　9＿＿＿＿

③ 魏晋南北朝時代の文化

(1)　この時代は戦乱が続き，社会不安が増大した。儒教の権威は低下し，知識人たちの間では，**老荘思想**にもとづき，世俗を超越して哲学的論議をする¹＿＿＿＿＿が流行した。**阮籍**ら7人の学者を「²＿＿＿＿＿＿＿」とよぶ。

(2)　後漢時代に西域から伝わった仏教は，4世紀後半に広まった。西域〔亀茲（クチャ）〕出身の³＿＿＿＿＿（**ブドチンガ**）や⁴＿＿＿＿＿（**クマーラジーヴァ**）が華北での布教や仏典の漢訳で貢献した。東晋の僧⁵＿＿＿＿はインドに行って仏教を学び，旅行記『**仏国記**』を著した。仏教は国家の保護を受けて**石窟寺院**の造営も行われた。西域への入口にあたる⁶＿＿＿＿，北魏の都であった平城（大同）付近の⁷＿＿＿＿，洛陽の⁸＿＿＿＿などが有名である。

(3)　仏教の普及に刺激されて，中国固有の宗教である⁹＿＿＿＿＿が成立した。民間信仰や仙人や不老不死を信じる神仙思想や道家の思想など，さまざまな要素が融合した現世利益的性格が強い宗教である。北魏の¹⁰＿＿＿＿は新天師道をひらき，教団を確立した。

(4)　南朝では，優雅な貴族文化（**六朝文化**）が栄えた。詩では**謝霊運**や**帰去来辞**で有名な¹¹＿＿＿＿がいる。四六駢儷体という華麗な文体が流行し，梁の¹²＿＿＿＿＿は『**文選**』を編纂した。絵画では『**女史箴図**』で有名な¹³＿＿＿＿，書では『**蘭亭序**』で有名な¹⁴＿＿＿＿がいる。

④ 朝鮮・日本のうごき

(1)　中国東北地方の南部におこった¹＿＿＿＿＿は，南下して313年に²＿＿＿＿郡を滅ぼし，朝鮮半島北部を支配した。半島南部は**馬韓・辰韓・弁韓**の3つに分かれていたが，4世紀には³＿＿＿＿が馬韓を，⁴＿＿＿＿が辰韓を統一し，朝鮮は三国が争う時代となった。

(2)　3世紀の日本は小国分立状態が続いていたが，⁵＿＿＿＿＿の女王**卑弥呼**が魏に朝貢して親魏倭王の称号を与えられたという。4世紀には⁶＿＿＿＿＿による統一がすすみ，5世紀には南朝にたびたび使者をおくったことが『**宋書**』などの史書に記されている。

◀◀◀ **演 習 問 題** ▶▶

1　　　　　　　　　　　　　　　　　正誤でチェック！基礎知識　**1**

次の各文の下線部には1か所ずつ誤りがある。その番号を指摘し，正しい語句に訂正せよ。

番号	正しい語句
A	，
B	，
C	，

A　北魏は①太武帝によって，三長制と呼ばれる村落制度を創始した。また北魏では国家が土地を給付・回収する②均田制が実施された。

B　北魏では，漢化政策がとられたが，こうした政策は①赤眉の乱をまねき，王朝は東魏と②西魏に分裂した。

C　北朝では西魏に代わって①東魏が建てられた。これをのちに倒すのが②隋である。

2　[魏晋南北朝期の興亡]　　　　　(21　関西学院大学・22　学習院大学より作成)

後漢が魏の（①）によって滅ぶと，成都に都をおく（②），建業に都をおく（③）も相次いで建国され，三国鼎立の時代を迎える。この鼎立の時代をおさめて最終的に全国を統一したのは（④）の建てた晋であった。ところが晋は帝位をめぐる王族の争いである（⑤）によって混乱した。この内乱は，鮮卑，匈奴などの遊牧諸民族の介入を招き，晋は（⑥）とよばれる戦乱によって滅んでしまった。以後，華北では遊牧諸民族の建てた短命な王朝が興亡する（⑦）時代に突入する。一方，晋の王族の一人によって江南では（⑧）を都とする東晋が建国された。この時代になると仏教が一般に普及してくる。仏教は早くも後漢の頃に西域経由で伝来していたが，その頃はまだ一般にはあまり浸透していなかった。東晋の僧（⑨）はインドに渡って仏教を学んだ。また⑦では，西域から来た僧によって仏典の漢訳が進められている。ところが，5世紀前半に華北を統一した（⑩）の太武帝は，新天師道という道教教団を開いた（⑪）を信任し，仏教に対して激しい弾圧を加えた。道教は，不老長寿を求める思想であり，（⑫）思想やさまざまな民間信仰，さらに道家の思想が結合してできたものである。

北魏はもともと（⑬）系の民族であり，（⑭）氏によって建てられた。北魏は華北を統一したが，まもなく分裂する。北魏滅亡後の混乱から北周による統一までの諸王朝を（⑮）という。華北の戦乱を避けて多くの人々が移住した江南に再興された東晋も権臣に帝位を奪われ，420年に（⑯）が建てられた。江南ではその後，斉，（⑰），陳と，4つの王朝（これらを（⑱）という）が興亡を繰り返すことになる。この魏晋南北朝時代は戦乱の世ではあったが，a 華北では異民族的な要素を加えた文化が，江南ではb 六朝文化と呼ばれる貴族文化が開花した時期でもあった。対句を用いる文体である（⑲）が発達した。また，世俗を超越した哲学的議論である（⑳）が流行した。

問1　文中の空欄①〜⑳に適語を入れよ。

問2　下線部aについて，華北の文化に関する記述として**誤っているもの**を1つ選べ。

　ア　地理書『水経注』が酈道元によって著された。

　イ　農業技術書『斉民要術』が賈思勰によって著された。

　ウ　『仏国記』が亀茲出身の鳩摩羅什によって著された。

　エ　道教を大成した寇謙之が北魏の皇帝によって重用された。

問3　下線部bについて，六朝文化に関する記述として**誤っているもの**を1つ選べ。

　ア　絵画「女史箴図」は顧愷之によって描かれたとされる。

　イ　書跡作品「蘭亭序」が王羲之によって書かれた。

　ウ　詩文集『文選』が梁の昭明太子によって編纂された。

　エ　「長恨歌」や「琵琶行」が謝霊運によって作られた。

問4　魏の時代から用いられた人材登用法である九品中正によって，どのような変化が起きたか，簡潔に説明せよ。

2

問1①＿＿＿＿＿＿＿

②＿＿＿＿＿＿＿

③＿＿＿＿＿＿＿

④＿＿＿＿＿＿＿

⑤＿＿＿＿＿＿＿

⑥＿＿＿＿＿＿＿

⑦＿＿＿＿＿＿＿

⑧＿＿＿＿＿＿＿

⑨＿＿＿＿＿＿＿

⑩＿＿＿＿＿＿＿

⑪＿＿＿＿＿＿＿

⑫＿＿＿＿＿＿＿

⑬＿＿＿＿＿＿＿

⑭＿＿＿＿＿＿＿

⑮＿＿＿＿＿＿＿

⑯＿＿＿＿＿＿＿

⑰＿＿＿＿＿＿＿

⑱＿＿＿＿＿＿＿

⑲＿＿＿＿＿＿＿

⑳＿＿＿＿＿＿＿

問2＿＿＿＿＿＿＿

問3＿＿＿＿＿＿＿

問4＿＿＿＿＿＿＿

③ **[朝鮮半島と日本]** （20　早稲田大学・21　駒沢大学・22　大阪経済大学より作成）

　a朝鮮半島では前漢の時代に（①）が西北部に建国された。前漢の武帝はそれを滅ぼし，そこに（②）郡など4郡がおかれた。3世紀になると公孫氏政権によって②の南半分に（③）郡を分置されたが，4世紀にツングース系の（④）によって滅ぼされた。b4世紀になると，朝鮮半島南部では，東に（⑤），西に（⑥）が勢力を強めた。現在の日本はcこの時代（⑦）と呼ばれ，3世紀には（⑧）の女王であった卑弥呼が，三国時代の（⑨）に使節を送っている。4世紀頃の⑦の様子は詳しくわかっていないが，4世紀頃台頭した（⑩）が，④と交戦したことが（⑪）に記されている。dヤマト政権で5世紀に活躍した王（大王）は（⑫）と呼ばれ，朝貢によって中国の権威を利用し，朝鮮半島への勢力拡大をねらっていたことが，『宋書』「倭国伝」によって読み取ることができる。

問1　文中の空欄①～⑫に適語を入れよ。

問2　下線部a～dについて次の各問いに答えよ。

　a　朝鮮半島の歴史について述べた文として，正しいものを次から1つ選べ。

　　ア　高句麗・新羅・百済が並び立った時代は，三国時代と呼ばれる。

　　イ　新羅は，のちに百済に滅ぼされた。

　　ウ　倭は，高句麗を服属させた。

　　エ　卑弥呼は3世紀に，朝鮮半島に設置されていた楽浪郡に朝貢した。

　b　魏晋南北朝時代におこった出来事として，正しいものを次から1つ選べ。

　　ア　王建が高麗をたてた。

　　イ　朝鮮半島の最南部が伽耶（加羅）諸国となった。

　　ウ　百済が唐と新羅によって滅亡した。

　c　この時代の朝鮮・日本の説明として，**誤っているもの**を次から1つ選べ。

　　ア　渡来人は大陸の高度な文化・技術を倭に伝え，古代国家の発展に貢献した。

　　イ　辰韓諸国があった朝鮮半島の東南部に新羅が形成された。

　　ウ　朝鮮半島南部の伽耶（加羅）は，鉄の生産によって一時発展した。

　　エ　卑弥呼は倭の五王による混乱を収拾し，親魏倭王の称号を授けられた。

　d　ヤマト政権の倭の五王が活躍していた時期の出来事として，正しいものを次から1つ選べ。

　　ア　三国時代に突入し，魏が優勢を誇っていた。

　　イ　柔然が北魏を圧迫していた。

　　ウ　北周が隋によって滅亡した。

　　エ　晋によって中国が統一された。

問3　北魏で採用された均田制が，豪族に有利だった理由を簡潔に説明せよ。

③

問1①＿＿＿＿＿

②＿＿＿＿＿

③＿＿＿＿＿

④＿＿＿＿＿

⑤＿＿＿＿＿

⑥＿＿＿＿＿

⑦＿＿＿＿＿

⑧＿＿＿＿＿

⑨＿＿＿＿＿

⑩＿＿＿＿＿

⑪＿＿＿＿＿

⑫＿＿＿＿＿

問2 a＿＿＿＿＿

b＿＿＿＿＿

c＿＿＿＿＿

d＿＿＿＿＿

問3
＿＿＿＿＿＿＿

2章

8 東アジア文化圏の形成

隋・唐の諸制度とその変遷を整理してみよう。
隋・唐と近隣諸国の関係をおさえよう。

◀◀◀ ポイント整理 ▶▶

1 隋の統一

```
1 _____ (581〜618)        都：大興城
```

```
2 _____ (楊堅) (位581〜604)
```

- ●北周の外戚であった楊堅が建国，2 として即位
- ・3 _____ の建設に着手   584 広通渠，587 山陽瀆
- ・589 南朝の 4 _____ を滅ぼし，中国を統一

・土地制度：5 _____	北魏の制度を継承したものだが，奴婢・耕牛への支給は停止
・税　　制：6 _____	租＝粟　調＝絹布　庸＝力役など
・兵　　制：7 _____	西魏の制度を継承。兵農一致の徴兵制
・官吏登用制：8 _____	九品中正をやめ，学科試験による官吏の選抜を開始

※これらの諸制度は，すべて次の唐代にも引き継がれた

```
9 _____ (位604〜618)
```

- ・3 の建設が本格化   605 通済渠，608 永済渠，610 江南河
  - ⇨華北と江南が結ばれ，中国の経済的統一がすすむも，建設事業は農民に多大な負担を強いた
- ・3 度にわたる 10 _____ 遠征が失敗   これをきっかけに各地で農民反乱がおこり，滅亡

2 唐の盛衰

```
1 _____ (618〜907)        都：2 _____
```

```
3 _____ (李淵) (位618〜626)
```

- ●隋末の混乱に乗じて挙兵した李淵が建国，3 として即位

```
         皇帝
  ┌──────┬──────┬──────┬──────┐
中書省   門下省   尚書省      9
                吏・戸・礼・兵・刑・工
```

```
4 _____ (李世民) (位626〜649)
```

- ・玄武門の変を経て即位

```
  5 _____ とよばれる安定した治世を現出
```

- ・6 _____ 国家の建設　＝律・令・格・式の法制にもとづく国家体制の樹立
  - ⇨そのための 7 _____ (中書・門下・尚書)・8 _____ (吏・戸・礼・兵・刑・工)・
    - 9 _____ (行政監察機関) を中心とした中央官制の設立
- ・均田制 (寡婦以外の女子への支給は停止)，租調庸制，府兵制，科挙を継承

```
10 _____ (位649〜683)
```

- ・最大領域を実現，征服地には6つの 11 _____ が設置され，羈縻政策とよばれる間接統治が行われた

```
12 _____ (位690〜705)
```

- ●10の皇后であった武后が即位し (中国史上唯一の女帝)，国号を 13 _____ と改める
- ・科挙官僚を積極的に任用

```
14 _____ (位712〜756)
```

- ●李隆基が帝室内の混乱をおさめて14として即位

```
  15 _____ とよばれる中興期を現出
```

- ・一方で，人口の増加や商業の発達にともない貧富の差が拡大
  - ⇨没落・逃亡する農民が増え，均田制・租調庸制の実施もしだいに困難に
- ・辺境の防備のために 16 _____ をおき，かれらに傭兵をもちいる権限もあたえたため，府兵制
  から 17 _____ への切り替えもすすむ

ことばの探究　藩鎮：地方軍団の長である節度使がその地方の行財政をも掌握して軍閥化したものをいうが，基本的には節度使と同義語であると考えてよい。

- 751 ___¹⁸___ の戦いでアッバース朝に大敗　　このとき製紙法が西伝
- 755〜763 ___¹⁹___ の乱
　…玄宗に寵愛された楊貴妃の一族が要職についたことなどを不満とし，16の安禄山と部将の史思明が反乱
　⇨ ___²⁰___ の援軍で何とか鎮圧…中央の軍事力の限界を露呈
　　以後，16は内地にもおかれ，地方の行財政も掌握して ___²¹___ とよばれた
- 780 徳宗の宰相，楊炎の建議により，租調庸制にかわって ___²²___ が実施される
　…現実に所有している土地に応じて夏・秋2回に分けて税を徴収
　⇨税の納入が銅銭によって行われるようになったため，中小農民が貨幣経済に取り込まれ，かえってその没落がすすむ
- 875〜884 ___²³___ の乱…塩の密売人による大反乱。荘園を荒らしまわり，貴族は没落
- 907 16の ___²⁴___ によって唐は滅ぼされる

3 唐の社会・文化

【社　会】
○科挙が実施された一方で，蔭位（事実上の官位の世襲）が認められていたため，高級官位は貴族が独占
　→三省の中でも，詔勅の内容を審議して決定する ___¹___ 省には有力貴族が集まった。また，高級官僚には大土地所有が認められていたため，広大な ___²___ をもつ貴族が社会・経済を支配

○安史の乱を境に 節度使（藩鎮）が台頭　　／　○黄巣の乱により 貴族は没落

○海外からの留学生も集まった首都長安の人口は100万を超え，国際色豊かな文化がうまれる
　港市の発展…海路中国にいたるアラブ・イラン系の ___³___ 商人も増え，___⁴___ ・___⁵___ など華中・華南の港市が発展

【文　化】

分　野	人　物　・　概　要
儒　学	孔穎達…太宗の命により，『 ___⁶___ 』を編纂
唐　詩	王維…自然詩を完成 ___⁷___ …「詩仙」と称された。自由奔放でロマン性に満ちた作風 ___⁸___ …「詩聖」と称された。思索的で憂愁に満ちた作風。「春望」が有名 ___⁹___ …玄宗と楊貴妃のロマンスをうたった「長恨歌」が有名
散　文	___¹⁰___ ・柳宗元…いずれも唐宋八大家にかぞえられる
書　道	___¹¹___ …唐中期の書家。剛直な楷書
絵　画	___¹²___ …山水画に秀でる
工　芸	___¹³___ とよばれる三色（緑・赤・白）の陶器がつくられる。貴族の副葬品など

【宗　教】
仏　教：帝室や貴族の保護を受けて栄える
・___¹⁴___ …インド（ヴァルダナ朝）から経典を持ち帰り，『 ___¹⁵___ 』を著す
　法相宗の祖となり，明代に小説『西遊記』の主人公として描かれる
・___¹⁶___ …インドとの間を海路往復し，帰路スマトラ島（シュリーヴィジャヤ）に立ち寄る
　そこで大乗仏教が信仰されていたことを滞在中『 ___¹⁷___ 』に著す
・___¹⁸___ …日本へ渡り，唐招提寺をひらく
道　教：老子（李耳）と李姓が一致するため，帝室の保護を受ける
・武宗による仏教の弾圧（会昌の廃仏　845年）

複数の外来宗教が長安・広州などで流行
___¹⁹___ ＝ゾロアスター教，摩尼教＝マニ教
___²⁰___ ＝ネストリウス派キリスト教（「大秦景教流行中国碑」が有名）｝唐代の三夷教
・ムスリム商人を通じて清真教（のちの回教）＝イスラーム教も伝わる

4 唐と近隣諸国

唐が冊封関係（唐の皇帝が周辺諸国の君主を封じ，一種の君臣関係を結ぶこと）をもった国

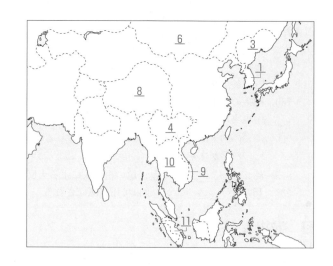

- 1_____…7世紀後半に百済・高句麗を滅ぼし朝鮮半島を統一
  2_____制とよばれる氏族的な身分制度に社会の基盤をおく
  首都・慶州に仏国寺を建設
- 3_____…7世紀末に靺鞨人らを従え大祚栄が建国。仏教を国教とし，日本とも交流
- 4_____…チベット＝ビルマ語族の国

義理の父子や兄弟の関係を約束するなど，家父長的な関係が適用された国（冊封体制に組み込めなかった強力な国家）

- 5_____…トルコ系。6世紀後半に大遊牧国家を形成したが，その後東西に分裂
- 6_____(回紇)…トルコ系。8世紀に5にかわり強大化。はじめマニ教を信仰していたが，やがて
  7_____教（かれらの中国名にもとづき「回教」）に改宗
- 8_____…7世紀にソンツェン＝ガンポが建国

唐に対して朝貢貿易や遣使を行った国

- 日本…遣唐使（630〜894）を通じて唐の制度や文化を取り入れる
  ⇨平城京の建設，天平文化の形成，律令体制や土地分配制度（班田収授法）の導入など。
  また，玄宗に仕えた留学生阿倍仲麻呂は有名
- 9_____(林邑，環王)，10_____(真臘)，11_____(室利仏逝)

5 五代の分裂時代

907年に朱全忠が唐を滅ぼし，1_____を建国。以後，華北には2_____とよばれる5つの王朝が興亡し，地方には10の小国が乱立【五代十国】

五 代

王朝	建国者	首都	事項
後梁（907〜923）	朱全忠	3____	五代最初の王朝。後唐に滅ぼされ，短命に終わる。
後唐（923〜936）	李存勗	洛陽	五代で唯一洛陽に都を置いた。後晋にとってかわられる。
後晋（936〜946）	4____	開封	建国時に援助を受けた遼（キタイ）に5_____を割譲。▶p.68
後漢（947〜950）	劉知遠	開封	五代で最も短命な王朝。
後周（951〜960）	郭威	開封	第2代の世宗は名君とされる。武将だった趙匡胤が，宋を建国。▶p.68

・五代の各王朝は有力な節度使が建てたもので，その支配の本質は武断政治。これと結びついて新たに土地の所有者となった地主層（形勢戸）が，荘園を失い没落した貴族にかわって台頭し，経済力をのばした。

◀◀◀ **演 習 問 題** ▶▶▶▶▶▶▶▶▶▶▶▶▶▶▶▶▶▶▶▶▶▶▶▶▶▶▶▶▶▶▶▶▶▶▶▶▶▶

1 ［唐代の国際交流］　　　　　　　　　　　　　（22　学習院女子大学より作成）

　618年に隋を滅ぼして唐をたてた（①）は，現在でいえば西安にあたる地域に位置する長安を都とした。_a多くの王朝が都とした長安は，唐の時代に最も栄えたといわれている。当時の長安はバグダードとともに，世界最大の都市の一つだった。イラク平原の中心に円形に造営されたバグダードとは異なり，長安は皇帝の住む宮城から南に延びている大通りを軸に各種の施設が東西対称に配置された都市で，その都市計画は周辺諸国に大きな影響を与えた。たとえば_b奈良時代の平城京も長安の影響を強く受けて建設された都の一つである。

　最盛期に約100万の人口を抱える大都市となった長安には，周辺諸国から多くの人々が集まり，国際色豊かな文化が花開いた。長安には周辺諸国から商人や留学生，そして朝貢使節が集まり，キリスト教一派の景教や，_cマニ教の寺院もつくられた。また7世紀半ばにイラン人のササン朝が，アラブ人（諸部族）によって征服されて滅びると，多くのイラン人が長安に移住してポロ競技のようなイラン系風俗が流行した。このイラン系風俗は，緑・褐色・白などの彩色をほどこした（②）といわれる陶器にも影響を及ぼした。

　当時，唐の帝室・貴族の保護をうけて栄えた宗教が仏教であった。唐からインドに旅した（③）は，ヴァルダナ朝をおこして北インドの大半を支配したハルシャ王の保護下，ナーランダー僧院で仏教を学び，のちに『大唐西域記』を書いた。また7世紀後半にインドを訪れ，『南海寄帰内法伝』を書いたことで知られる（④）もナーランダー僧院で仏教を学んだ。

　このように国際的な唐の文化は，さまざまな周辺地域に大きな影響を及ぼしていた。しかし_d唐が衰退して滅亡すると，アジア周辺諸国に対する中国の文化的影響力の範囲は縮小し，それぞれの地域が独自の文化を形成した。朝鮮半島では新羅にかわって王建が高麗をたて，千年以上も中国の支配を受けていたベトナムでも独立国家がつくられて，各地域で特色のある文化が形成された。日本でも9世紀末に遣唐使が停止されたのち，仮名文字や大和絵などに代表される独特の（⑤）文化がさかえ，一方で律令体制は弱体化していった。

問1　文中の空欄①〜⑤に適語を入れよ。
問2　下線部a〜dについて次の各問いに答えよ。
　a　この地域に都をおいた王朝を次から1つ選べ。
　　ア　前漢，西魏，隋　　イ　後漢，北魏，隋
　　ウ　前漢，晋，北宋　　エ　後漢，呉，北宋
　b　この時期の日本でみられた，唐などの影響を受けた国際色豊かな文化は何か。
　c　この宗教に関する記述として正しいものを，次から1つ選べ。
　　ア　ゾロアスター教にキリスト教や仏教的要素を融合し，善悪二元論を特徴とした。
　　イ　ササン朝で国教とされ，ローマに対抗する民族精神の高揚に活用された。
　　ウ　ヤハウェを唯一神とし，選民思想や戒律主義を特徴とした。
　　エ　『アヴェスター』を教典とし，整った教会組織を確立した。
　d　この国に関する記述として正しいものを，次から1つ選べ。
　　ア　悪化する財政状況を克服するため，両税法にかわって租庸調制を採用した。
　　イ　8世紀に安史の乱がおこり，中央政府の地方に対する統制力が弱体化した。
　　ウ　唐代後半から貴族の勢力が増し，科挙制度は徐々に崩壊した。
　　エ　10世紀の初めに節度使の黄巣によって滅ぼされた。

1

問1　①

　　②

　　③

　　④

　　⑤

問2　a

　　b

　　c

　　d

2章

24

② ［唐の盛衰と周辺諸国］

（22　成城大学より作成）

　唐は第2代皇帝太宗の時に基礎が固められ，第3代皇帝高宗の時にその版図は最大となった。しかし，高宗の皇后であった（①）が実権を握ったうえ，国号を周として帝位に就く事件がおこり，唐は混乱した。やがて①は退位し唐が復活した後に即位し再び唐を安定させたのが玄宗である。玄宗の治世は唐の最盛期をもたらしたとされ，「（②）の治」と呼ばれる。しかし玄宗は，晩年に妃であった（③）を寵愛し，その一族を重用したことで政治に乱れが生じた。これに反発した（④）と史思明は反乱をおこし，都の長安を占領した。反乱軍を避けるため，玄宗は南方の四川に向かうが，その途中で③は殺され，玄宗は退位することになる。この反乱を契機として，玄宗の治世は一変した。政治的な激変に留まらず，玄宗の治世は唐の社会にとっても転換点となる時代であった。唐の財政的な基盤は，成年男子に一定の土地を支給する均田制を基礎に，それを基に税を課す租庸調制によっていた。また兵制も，成年男子を選抜して兵役を課す，（⑤）制が採用された。しかし，玄宗の治世から貧富の差が広がり，逃亡する農民も多くなり，均田制，租調庸制，⑤制は維持できなくなっていった。特に辺境地帯では，周辺の諸民族の自立が進み，戦乱が絶えなかったこともあり，玄宗の時に兵士を募集する募兵制が始まり，やがて⑤制は廃止された。この辺境における軍隊の指揮のために設置されたのが節度使である。節度使は単に軍団の指揮だけではなく，管轄地域の民政や財政にも強い権限を持った。先に反乱をおこした④もこの節度使として勢力を蓄えていった。④や史思明の反乱に対応して，節度使は内地にもおかれるが，やがて自立傾向を強めていき，唐の統治を不安定なものとしていった。財政では，租調庸制が維持できなくなったことで，新たな税制の導入が必要になった。そこで徳宗の宰相（⑥）により導入されたのが，両税法である。両税法は租調庸など従来の税目を統一して徴収するもので，現住地の資産で税額が決まり，銭納を基本とした。

　このように玄宗以降の唐は，改革を行いながらも，不安定な存在となっていった。また周辺民族の活動が活発化し，領土も縮小していった。そのなかで，塩の密売人であった（⑦）がおこした反乱により，唐の衰退は決定的なものとなり，やがて（⑧）により滅ぼされることになる。

問1　文中の空欄①〜⑧に適語を入れよ。

問2　下線部について，このように自立性を高めた節度使を何と呼んだか。

③ ［唐の変質］

（22　同志社大学より作成）

　8世紀以降，唐では人口の増加と商業の発達にともない，貧富の差が開いて没落する農民が増え，諸制度のゆきづまりが明らかになってきた。財政難におちいった唐は，780年に_a_新たな原則にもとづく税法を採用したが，この税法の施行は一面で小農民を貨幣経済にまきこみ，その没落を加速させることにつながった。そして9世紀後半におこった_b_大規模な反乱をへて，唐は10世紀はじめに_c_節度使の一人によって滅ぼされるのである。

問1　下線部aの名称を答えたうえで，その原則について簡潔に記せ。

問2　下線部bを率いた人物名を答えたうえで，その人物はどのような人（何をした人）であったか，具体的に記せ。

問3　下線部cの人物名を答えたうえで，節度使とは何か，簡潔に説明せよ。

---

②

問1 ①
　　②
　　③
　　④
　　⑤
　　⑥
　　⑦
　　⑧

問2

③

問1

問2

問3

⑨ 古代インドの変遷とインド世界の成立

7世紀までのインドでは，どのように王朝が変遷し，どのような文化や宗教がみられるかを考えよう。

◀ ◀ ◀ ▶ ポイント整理 ▶

❶ 古代インドの変遷

前2600頃

1 ＿＿＿＿＿＿＿文明が成立（35系）

代表的遺跡：2 ＿＿＿＿＿＿＿（インダス川中流）

：3 ＿＿＿＿＿＿＿（インダス川下流）

特　　徴：①高度に計画された 4 ＿＿＿＿＿＿＿づくりの都市

②インダス文字（未解読）・青銅器・彩文土器

前1800頃 衰退し滅亡（原因は不明）

前1500頃 6 ＿＿＿＿＿＿＿人の進入（7 ＿＿＿＿＿＿＿峠を越えて西北インドへ）

→先住民を征服，8 ＿＿＿＿＿＿＿地方に定住

前1000頃 9 ＿＿＿＿＿＿＿川上流域に進出。10 ＿＿＿＿＿＿＿製農具の使用により生産力向上

| ヴェーダ時代 | →多くの都市国家が分立 |

【ヴァルナ制の成立】

| 11 ＿＿＿＿＿＿＿（司祭） |
| 12 ＿＿＿＿＿＿＿（武士） |
| 13 ＿＿＿＿＿＿＿（農民・商人） |
| 14 ＿＿＿＿＿＿＿（隷属民） |

→のちに複雑化し 15 ＿＿＿＿＿＿＿制度形成

前6世紀 ガンジス川中・下流域に有力国家出現

・コーサラ国

・19 ＿＿＿＿＿＿＿国で武士・商人が台頭　─支持→

23 ＿＿＿＿＿＿＿大王の進出

前317頃

24 ＿＿＿＿＿＿＿朝（インド最初の統一王朝）

建国者：25 ＿＿＿＿＿＿＿王　都：26 ＿＿＿＿＿＿＿

最盛期：27 ＿＿＿＿＿＿＿王（阿育王，前3世紀）

28 ＿＿＿＿＿＿＿（法）による政治を行う

前1世紀

1世紀

31 ＿＿＿＿＿＿＿朝

民族：クシャーン人（イラン系）

都：プルシャプラ

最盛期：32 ＿＿＿＿＿＿＿王（2世紀）

・東西交易で繁栄

・33 ＿＿＿＿＿＿＿との交易が活発

3世紀 ・29保護・第4回30

34 ＿＿＿＿＿＿＿朝

民族：35 ＿＿＿＿＿＿＿系

・デカン高原が中心

・中・南インドを支配

・北インドと文化交流

・33との海上交易で繁栄

320頃

38 ＿＿＿＿＿＿＿朝

建国者：チャンドラグプタ1世　都：パータリプトラ

最盛期：39 ＿＿＿＿＿＿＿（超日王，4～5世紀）

・インド古典文化の完成

・叙事詩：『40 ＿＿＿＿＿＿＿』『41 ＿＿＿＿＿＿＿』

・戯曲：『シャクンタラー』（42 ＿＿＿＿＿＿＿作）

・十進法，43 ＿＿＿＿＿＿＿の概念が確立

550頃 ・38様式の美術（アジャンター石窟寺院）

7世紀

47 ＿＿＿＿＿＿＿朝

建国者：48 ＿＿＿＿＿＿＿王（戒日王，7世紀）

・北インドを一時統一

インド文明の源流

・のちのシヴァ神の原型となる像も出土

・5 ＿＿＿＿＿＿＿を神聖視する

自然崇拝の多神教

・神々への賛歌や儀礼をまとめた 16 ＿＿＿＿＿＿＿が成立，『17 ＿＿＿＿＿＿＿』（最古）

18 ＿＿＿＿＿＿＿の成立

・16を根本聖典とする

・のちに祭式万能の形式主義に陥る

18の変化と新宗教

・20 ＿＿＿＿＿＿＿哲学（内面の思索を重視）

・仏教（開祖：21 ＿＿＿＿＿＿＿）

・ジャイナ教（始祖：22 ＿＿＿＿＿＿＿）

29 ＿＿＿＿＿＿＿の保護と布教

・第3回30 ＿＿＿＿＿＿＿の結集

・スリランカ（セイロン島）に布教

29の新展開

・衆生の救済を目的とした 36 ＿＿＿＿＿＿＿仏教が成立

→中国・朝鮮・日本へ伝播

・37 ＿＿＿＿＿＿＿美術

ヘレニズム文化の影響で仏像が製作される

44 ＿＿＿＿＿＿＿が社会に定着

・18と民間信仰が融合したインド独自の宗教

・『45 ＿＿＿＿＿＿＿法典』（生活規範）

・29は学問研究中心になる

・46 ＿＿＿＿＿＿＿僧院

【中国僧の来印】

・49 ＿＿＿＿＿＿＿（『仏国記』）

・50 ＿＿＿＿＿＿＿（『大唐西域記』）

・51 ＿＿＿＿＿＿＿（『南海寄帰内法伝』）

ことばの探究

輪廻転生：過去の行い（カルマ，業）によって影響を受けながら，人間を含めた生物が永遠に生死をくりかえすという考え。ウパニシャッド哲学や仏教は，この苦しみから脱却する道を求めた。

2 各時代の社会と文化

【アーリヤ人の進入】

(1) 前1500年頃，1＿＿＿＿＿＿＿＿＿＿＿語系のアーリヤ人が西方から進入し，先住民を征服してパンジャーブ地方に定住した。彼らは火や雷などの自然を神として崇拝しており，バラモン（司祭）を中心とする身分的上下観念である 2＿＿＿＿＿＿＿制が形成された。また，世襲的な職業集団である 3＿＿＿＿＿＿＿＿（カースト）集団も生まれ，両者が組み合わさって複雑なカースト制度が形成された。

【新宗教運動とその背景】

(1) **鉄製農具の普及**などで生産力が高まり商工業が発達し，都市国家が統合されはじめ，前6世紀にはガンジス川中流域に 4＿＿＿＿＿国や 5＿＿＿＿＿国などの有力国も現れた。

(2) **祭式万能の形式主義に陥っていたバラモン教**でも，内面の思索を重視して，輪廻転生(りんねてんせい)の苦悩から解脱(げだつ)する道を求める 6＿＿＿＿＿＿＿哲学がおこった。

(3) シャカ族の王子であった**ガウタマ＝シッダールタ**は，29歳で出家し35歳で悟りを開き，7＿＿＿＿＿とよばれ仏教の開祖となった。彼は，生老病死という人間の苦への正しい認識方法（四諦）と，苦から解脱する正しい実践の方法（八正道(はっしょうどう)）を説いた。

(4) 同じ頃，ヴァルダマーナは厳しい苦行と徹底した 8＿＿＿＿＿＿主義の実践で悟りにいたり，9＿＿＿の始祖となった。仏教もジャイナ教も，身分を否定し誰でも悟りにいたることができるとする新宗教であった。

【マウリヤ朝】

(1) **アレクサンドロス大王**の進出の影響を受けて，10＿＿＿＿＿＿＿＿＿＿＿王がマガダ国のナンダ朝を倒して北インドを統一し，11＿＿＿＿＿＿＿＿＿を都にマウリヤ朝を開いた。

(2) 第3代の 12＿＿＿＿＿＿＿王は，南端部を除く全インドを統一した。彼はあつく仏教に帰依(きえ)しダルマによる統治の精神を磨崖碑(まがいひ)・石柱碑(せきちゅうひ)に刻ませた。王は 13＿＿＿＿＿＿＿＿を行い，息子をスリランカに派遣して布教したとされる。

【クシャーナ朝】

(1) 1世紀には 14＿＿＿＿＿＿系遊牧民クシャーン人が西北インドを支配し，2世紀の 15＿＿＿＿＿＿王の時に最盛期を迎えた。この王も仏教の保護者として知られる。

(2) この王朝のもとで**ヘレニズム文化**の影響を受けて 16＿＿＿＿＿がつくられるようになった。これを**ガンダーラ美術**という。

(3) 17＿＿＿＿＿信仰を中心に万人の救済をはかろうとする 18＿＿＿＿＿仏教が成立し，竜樹(りゅうじゅ)（ナーガールジュナ）などによって教理が整えられた。この仏教は絹の道（シルク＝ロード）を経て中国・朝鮮・日本に伝わった。一方，出家して修行することで自己の解脱をめざす従来の仏教を上座部仏教という。こちらはスリランカから東南アジアに伝わった。

【グプタ朝以後】

(1) 4世紀に北インドを支配したグプタ朝では，第3代の 19＿＿＿＿＿＿＿＿＿＿＿＿の時に，アーリヤ人の**古典文化の復興・黄金期**となった。

(2) バラモンの言葉である 20＿＿＿＿＿＿＿＿語が公用語とされ，バーラタ族の戦闘をあつかった『21＿＿＿＿＿＿＿＿＿＿』とラーマ王子の活躍を描いた『22＿＿＿＿＿＿＿＿＿』の二大叙事詩が完成した。

(3) バラモン教と民間信仰が融合した 23＿＿＿＿＿＿教が社会に定着した。この宗教は**シヴァ神**や 24＿＿＿＿＿＿**神**などの神々を崇拝する多神教で，特定の教義や聖典を持たず生活や思考の全体にかかわる宗教である。また，各ヴァルナの義務や生き方を細かく規定した『25＿＿＿＿＿＿＿＿＿＿』も成立した。

(4) グプタ朝滅亡後の北インドは，7世紀に 26＿＿＿＿＿＿＿＿＿が成立，7世紀半ばに26が滅亡すると，27＿＿＿＿＿＿＿＿＿が分立する時代となった。

3 南インドとインド洋交易

(1) 南インドには 1＿＿＿＿＿＿系の人びとが住み，タミル語による文芸活動がさかんだった。ヒンドゥー教の神々への熱烈な信仰を説く 2＿＿＿＿＿＿運動のなかでも吟遊詩人(ぎんゆう)が生まれた。

(2) 南インドは，地中海から紅海やペルシア湾を通り，アラビア海をわたり，東南アジアから中国にいたる「3＿＿＿＿＿＿＿」を中心として繁栄した。インドと西方のローマとの交易では，1世紀頃からギリシア系商人が活躍した。『4＿＿＿＿＿＿＿＿＿＿＿＿＿』には，インド洋沿岸の港市や交易品が詳しく記録されている。

(3) 南インドには，さまざまな小王国が成立したが，5＿＿＿＿＿＿＿朝は10〜11世紀に最盛期を迎え，スリランカや東南アジアに軍事遠征を行い，中国（北宋）に商人使節を派遣した。

◀◀◀ 演 習 問 題 ▶▶

1 　正誤でチェック！基礎知識

次の各文の下線部には1か所ずつ誤りがある。その番号を指摘し，正しい語句に訂正せよ。

A　仏教を創始した①ヴァルダマーナは，人生を②苦ととらえ，苦の原因から離脱する正しい認識と正しい実践の方法を説いた。

B　①小乗仏教では衆生救済のために修行に励む者が②菩薩として信仰され，2世紀頃に③竜樹（ナーガールジュナ）が「空」を説き，その理論を体系化した。

C　①唐からインドに旅した玄奘は，②ナーランダー僧院で仏教を学び，③『南海寄帰内法伝』を記した。

1	番号	正しい語句
A	，	
B	，	
C	，	

2 ［南アジアの古代文明］　(21　京都府立大学より作成)

前1500年ころ，かつてインド最初の文明であるa インダス文明が栄えていたインダス川流域に北方からインド＝ヨーロッパ語系の牧畜民である＿＿＿人が進入し，やがてガンジス川流域へと広がっていく。□人と先住民はまじわりながら定住農耕社会を形成する過程で，b ヴァルナ制とよばれる身分的上下観念をうみだした。この時代は，c バラモン教の聖典である各種ヴェーダが編まれたことからヴェーダ時代ともよばれる。

問1　文中の＿＿＿に適語を入れよ。
問2　下線部aについて，インダス文明を代表する都市遺跡の名称を1つ答えよ。
問3　下線部bについて，その内容を簡潔に説明せよ。
問4　下線部cについて，多神教的な世界観を知ることのできるバラモン教最古の聖典の名は何か。

2	
問1	
問2	
問3	
問4	

3 ［3世紀までのインド］　(18　中央大学・20　同志社大学より作成)

前7世紀ごろ，ガンジス川流域は稲作農業や手工業が発展し，商業活動が活発になり，城壁のある都市を持つ国家が数多くつくられた。前6世紀ごろにはマガダ国や（①）国が勢力をのばした。こうした社会的・経済的状況を背景に，インド世界を代表する新しい哲学・思想が生み出された。その一つが内面の思索を重視したa ウパニシャッド哲学である。また，ガウタマ＝シッダールタやヴァルダマーナらが自身の教えを広め，彼らの新しい教えは，多くの信者を得て広まっていった。

前4世紀になると，マケドニアの（②）大王がアケメネス朝を滅ぼし，さらに西北インドにまで進出した。前4世紀の終わりには，マガダ国の武将（③）が都（④）を奪ってb マウリヤ朝をたてた。第3代c アショーカ王の時代に，マウリヤ朝は最盛期に達し，王は征服活動の際に多くの犠牲者を出したことを悔い，しだいに仏教に帰依するようになった。つづいてイラン系遊牧民が西北インドに進出し，紀元後1世紀になると今度はバクトリア地方から（⑤）人がインダス川流域にはいって（⑥）朝をたてた。この時代には，出家者の解脱を中心とする仏教教団に対抗し，在家者をふくむ万人の救済を目的とする（⑦）仏教がおこった。⑦仏教は，（⑧）地方を中心とする仏教美術とともに各地に伝えられ，d カニシカ王はこれを厚く保護した。⑥朝はササン朝ペルシアの圧迫により3世紀に衰亡した。

問1　文中の空欄①～⑧に適語を入れよ。
問2　下線部aについて述べた次の文中のア～ウに適語を入れよ。

> ウパニシャッド哲学では，生命は死と再生を永遠に繰り返し，来世は現世の行い（（ア））により決定されると考えられ，宇宙の根本原理（（イ））と個人の根源（（ウ））は究極において同一であると悟ることで，輪廻から解脱できると説かれている。

3	
問1①	
②	
③	
④	
⑤	
⑥	
⑦	
⑧	
問2ア	
イ	
ウ	

問3　下線部 b について，マウリヤ朝が巨大な帝国を形成した，その領域として正
　　　しいものを次から1つ選べ。

　ア　東はガンジス川上流域，南はデカン高原

　イ　東はガンジス川中流域，北はチベット高原

　ウ　東はガンジス川中流域，南はデカン高原

　エ　東はガンジス川下流域，北はチベット高原

　オ　東はガンジス川下流域，南はデカン高原

問4　下線部 c について，アショーカ王の時代にかかげられた，人間として守るべ
　　　き倫理規範は何というか。

問5　下線部 d について，この時代において，インドに大量の金をもたらした貿易
　　　の相手国はどこか。

問3	
問4	
問5	

4　[グプタ朝の成立]　　　　　　　　　(18　中央大学・20　同志社大学より作成)

　4世紀はじめ，マガダ地方で(①)が a グプタ朝をたてた。グプタ朝は，(②)のと
きに最盛期を迎え，北インドの統一に成功した。(③)教からヒンドゥー教への展開
がすすんだころ，③をおもな担い手とする諸学問も発展した。グプタ朝は，中央ア
ジアの遊牧民(④)の進出により西方との交易が打撃をうけたことや，地方勢力の自
立が強まったことにより衰退し，6世紀半ばに滅亡した。7世紀前半に(⑤)がナウ
ジを都として，一時，北インドの大部分を統一したが，彼の死後帝国は瓦解した。
以後，デリーにイスラーム政権が樹立されるまでの約600年間のインドでは，小王
国の群雄割拠がつづいた。この時代は(⑥)時代とよばれる。

　グプタ朝時代以降，ヴァルナ制度の枠のなかで，職業の世襲化・固定化がすすみ，
ヒンドゥー教とむすびついた(⑦)制度が確立した。一方，仏教は都市の商工業者の
没落によって経済的支援を失い，やがて b ヒンドゥー教のなかに吸収されていった。

問1　文中の空欄①〜⑦に適語を入れよ。

問2　下線部 a に関連して，この時期の特徴として**誤っているもの**を次から1つ選べ。

　ア　東晋の法顕は，仏典を求めてグプタ朝の最盛期にインドを訪れた。

　イ　天文学や医学などの諸学問が発展し，数学では数字の表記法やゼロの概念が
　　　うみだされた。

　ウ　『マヌ法典』は，ヴァルナごとに人々の生活規範を定めたもので，この時期
　　　に影響力を持った。

　エ　カーリダーサにより，戯曲『マハーバーラタ』がつくられた。

問3　同じく下線部 a について，グプタ朝で公用語として使われていた言語は何か。

問4　下線部 b について，7世紀ごろ，仏教やジャイナ教に対する攻撃をおこない，
　　　ヒンドゥー教の神々への絶対的帰依を説いた宗教運動が広がった。この運動は
　　　何か。

4	
問1①	
②	
③	
④	
⑤	
⑥	
⑦	
問2	
問3	
問4	

5　[南インドとインド洋における東西交易]　　　(21　津田塾大学より作成)

　古代インド洋は，(①)風を利用した東西交易の要衝だった。夏に南西から，冬に
北東から吹く①風を利用した交易は紀元前後にはじまっており，紀元1〜2世紀に
ギリシア人航海者が著したとされる『(②)』は，この①風をヒッパロスの風と呼んだ。

　インドと東方の中国を結ぶ航路も紀元前後よりひらけていて，インド洋交易の活
性化は南インドの諸王国の発展を支えた。デカン高原に成立した(③)朝は，2世紀
末までに南インドの東西両海岸を支配下におさめてインド洋交易に参入した。また，
インド半島南端部では，(④)朝や(⑤)朝が海上交易を基盤として長く栄えた。

問1　文中の空欄①〜⑤に適語を入れよ。

5	
問1①	
②	
③	
④	
⑤	

10 東南アジア世界の形成と展開

インドと中国を結び，双方の強い影響を受けた東南アジア世界についてまとめよう。

◀◀◀ ポイント整理 ▶▶▶

1 東南アジアの諸国家

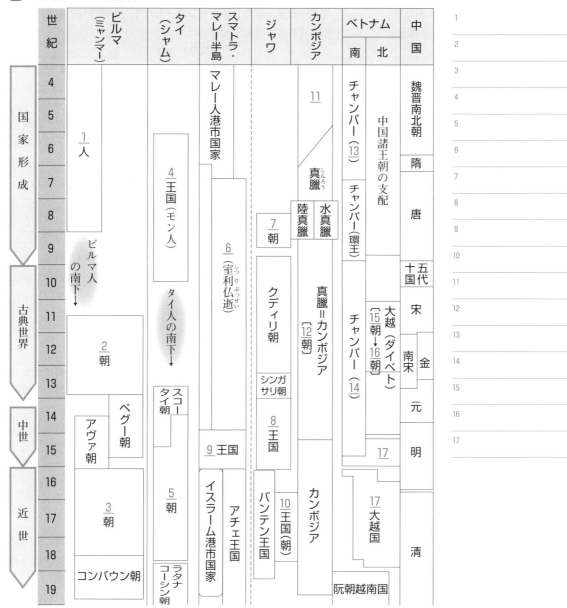

世紀	ビルマ（ミャンマー）	タイ（シャム）	スマトラ・マレー半島	ジャワ	カンボジア	ベトナム 南	ベトナム 北	中国	
4	国家形成　1 人		マレー人港市国家		11 / 真臘	チャンパー（13）	中国諸王朝の支配	魏晋南北朝	1
5									2
6		4 王国（モン人）						隋	3
7					陸真臘　水真臘	チャンパー（環王）		唐	4
8			6（室利仏逝）	7 朝					5
9	ビルマ人の南下↓	タイ人の南下							6
10	古典世界			クディリ朝	真臘＝カンボジア（12 朝）	十国 五代	大越（ダイベト）15 朝→16 朝	宋	7 / 8 / 9 / 10
11	2 朝					チャンパー（14）			11
12									12
13		スコータイ朝		シンガサリ朝				南宋　金	13
14	アヴァ朝　ペグー朝		9 王国	8 王国			17	元	14
15	中世							明	15 / 16
16	3 朝	5 朝	イスラーム港市国家　アチェ王国	バンテン王国	10 王国（朝）　カンボジア		17 大越国	清	17
17	近世								
18	コンバウン朝	ラタナコーシン朝				阮朝越南国			
19									

8世紀　南詔　唐　真臘　A　B　C（林邑・環王）　D（室利仏逝）　シャイレンドラ朝

13世紀　南宋→元　パガン朝　G（大越国）　E　C（占城）　F　D（三仏斉）　H

地図中の国名

A : ___18___
B : ___19___
C : ___20___
D : ___21___
E : ___22___
F : ___23___
G : ___24___
H : ___25___

ことばの探究　**港市国家**：海上交易の中継港や内陸物産の積出港に成立した都市国家のこと。シドンやティルス（地中海東岸），オケオ（インドシナ半島南部），パレンバン（スマトラ島）などが典型。

3章

2 東南アジア諸国家の形成

(1) 前4世紀からベトナム北部で、中国の影響を受け、**銅鼓などの青銅器を特色とする** [1]＿＿＿＿＿＿＿＿文化が栄えた。また、1世紀末にメコン川下流に建国された [2]＿＿＿＿＿＿は海上交易で栄え、**港市国家オケオの**遺跡からはローマの金貨やインドの神像が発掘されている。

(2) 2世紀末にベトナム中部では、[3]＿＿＿＿＿＿＿人が後漢から独立し**チャンパー**をたて、中継貿易で栄えた。この国は中国では [4]＿＿＿・環王・[5]＿＿＿＿＿＿とよばれ、17世紀まで続いた。

(3) 6世紀にメコン川中流に、[6]＿＿＿＿＿＿人によってカンボジア（真臘）が成立し [7]＿＿＿＿＿＿教を国教とした。8世紀に一時分裂したが9世紀には [8]＿＿＿＿＿＿＿朝によって再統一された。12世紀には最盛期の王スールヤヴァルマン2世が、大規模な寺院 [9]＿＿＿＿＿＿＿＿＿＿を建設した。この寺院はヒンドゥー教寺院であったが14世紀頃から仏教寺院になった。

(4) ビルマ（ミャンマー）では1〜9世紀に、イラワディ川下流に [10]＿＿＿＿＿＿（驃）人の国があった。11世紀には [11]＿＿＿＿＿＿朝が成立し、スリランカとの交流から [12]＿＿＿＿＿＿仏教が広まった。一方、タイのチャオプラヤ川下流では、6世紀頃に先住民 [13]＿＿＿＿人の [14]＿＿＿＿＿＿＿王国が成立し、ビルマ（ミャンマー）と同様に仏教がさかんに信仰された。

(5) 島嶼部では、7世紀に [15]＿＿＿＿＿＿島東南部の**パレンバン**を中心に [16]＿＿＿＿＿＿＿＿＿＿がおこり、海上交通の要衝である**マラッカ海峡**をおさえて発展し、中国では三仏斉とよばれた。唐の僧義浄はインドから帰国の途中にこの国に立ち寄り、[17]＿＿＿＿仏教がさかんであったことを記録している。

(6) ジャワ島中部では8世紀に [18]＿＿＿＿＿＿＿朝が成立し、9世紀には16と連合したともいわれるこの王朝は、17仏教を保護し [19]＿＿＿＿＿＿の仏教遺跡を残した。しかし、その後はヒンドゥー教の勢力が強くなり、10世紀の [20]＿＿＿＿＿＿朝では、『**マハーバーラタ**』がジャワ語に翻訳され**影絵芝居（ワヤン）**が行われるなど独自の文化がうまれた。

3 三つの海域世界（交易圏）の成立

(1) 唐末の混乱で外国商人の多くが中国から撤退したため、10世紀には中国から東南アジアにいたる交易に大きな変化がおこった。[1]＿＿＿＿＿＿＿船を操る**中国商人**が陶磁器や銅銭を香辛料と交換し、南シナ海交易の主役となった。

(2) インド洋交易では8世紀から**ムスリム商人**が活躍していた。三角帆をつけた [2]＿＿＿＿＿船で東方の物産をペルシア湾岸や紅海沿岸に運び、陸路で地中海東岸に運んだ。

(3) 閉鎖的な農業地域にとどまっていた西ヨーロッパも、11世紀には商業が復活し地中海交易がさかんになった。その中心となったのはヴェネツィアやジェノヴァなどの [3]＿＿＿＿＿＿諸都市の商人であった。

4 13世紀の変動とイスラーム化・ヨーロッパ人の進出

(1) 13世紀にユーラシア大陸の陸路を征圧した [1]＿＿＿＿＿＿人は、元の [2]＿＿＿＿＿＿＿＿の時に海域世界にも進出しようと各地に遠征軍を送った。目的は達成できなかったが、ビルマ（ミャンマー）のパガン朝が滅ぼされるなど、大きな社会変動をもたらした。

(2) 13世紀にインドがイスラーム化されると、交易を通して密接な東南アジアもイスラーム化が進んだ。14世紀末にマレー半島西南部に建国された [3]＿＿＿＿＿＿王国は、東南アジア最初のイスラーム教国である。

(3) 13世紀に元の侵略を受けた [4]＿＿＿朝大越国では、漢字をもとにした [5]＿＿＿＿＿＿＿＿が作り出された。

(4) 16世紀に [6]＿＿＿＿＿＿がムスリム勢力と戦いながら東南アジアに進出した。1511年には [7]＿＿＿＿＿を占領し、インドの**ゴア**、中国の**マカオ**、日本の**平戸**を結ぶ直航ルートをつくりあげた。[8]＿＿＿＿＿＿＿もフィリピンに拠点の**マニラ市**を建設し、メキシコ銀と中国の絹などを交換した。

(5) 17世紀前半には [9]＿＿＿＿＿＿がジャワの**バタヴィア**を拠点に東南アジアに進出した。7をポルトガルから奪い、**アンボイナ事件**を機に [10]＿＿＿＿＿＿を駆逐し、ジャワ島の [11]＿＿＿＿＿＿＿王国を滅ぼし、モルッカ産の香辛料を独占した。

◀◀◀ **演 習 問 題** ▶▶▶

1　　　　　　　　　　　　　　　　　　　　　　　**正誤でチェック！基礎知識**

次の各文の下線部には1か所ずつ誤りがある。その番号を指摘し，正しい語句に訂正せよ。

A　10世紀から15世紀ころまで，マラッカ海峡地域の港市国家群である①室利仏逝が繁栄した。これらは②宋に朝貢し，海上交易を活発に行っていた。

B　4世紀から5世紀にかけて，東南アジアでは「①インド化」とよばれる諸変化が起こり，のちにジャワ島に興ったヒンドゥー教国の②シャイレンドラ朝につながった。

C　東南アジア初の本格的イスラーム王朝は，14世紀末に建国された①マタラム王国であった。しかし，16世紀に②ポルトガルによって占領された。

2　**［ジャワ島・スマトラ島・マレー半島の歴史**（主に現インドネシア，マレーシア）**］**

(21　駒澤大学より作成)

7世紀以降，島嶼部でもいくつかの国家が出現する。7世紀半ばにはスマトラ島のパレンバンを中心に（①）が成立し，8世紀半ばにはジャワ島で（②）が成立した。これらの国家では，宗教上は（③）が栄え，その隆盛はジャワ島の仏教寺院（④）の威容からうかがい知ることができるだろう。一方で，ヒンドゥー教の大寺院であるプランバナンもほぼ同時期に造営されており，当時のジャワ島では仏教文化とヒンドゥー文化が融合した独自の文化が成立していた。10世紀に成立したクディリ朝のもとでは『（⑤）』などのサンスクリット文学が（⑥）語に翻訳され，のちに（⑦）と呼ばれる伝統的影絵芝居の題材として取り入れられていった。

13世紀末，ジャワ島に侵攻した元軍を巧みに排除するかたちで（⑧）が成立する。インドネシア海域に強い影響力を及ぼした⑧は15世紀中葉まで米や香辛料・香木などの交易で大いに栄えたが，やがて東西交易の拠点がマレー半島南部のイスラーム国家である（⑨）へ移るなかで次第に衰退した。15世紀末にはスマトラ島で（⑩）王国が，16世紀後半にはジャワ島で（⑪）がそれぞれイスラーム国家として成立している。

16世紀以降，ヨーロッパ諸国がアジアに進出するなかで，最初に武力制圧を行ったのは（⑫）である。彼らは，インドのカリカットを制圧してまもなく，16世紀初頭にはイスラーム国家である⑨を占領した。その後，インドネシア海域に重心を置いたのが（⑬）であった。1602年，東インド会社を設立し（⑭）に拠点を置くと，⑪と良好な関係を築き，ポルトガル商人を排除しつつ香辛料貿易の独占を目指した。

問1　文中の空欄①〜⑭に適語を入れよ。

問2　下線部について，東南アジアでイスラーム化が進んだ背景を簡潔に答えよ。

3　**［インドシナ半島の歴史**（主に現ベトナム北部）**］**　　　(18　中央大学より作成)

前1000年紀後半，ベトナム北部には中国の青銅器文化の影響を受けた（①）文化が生まれ，その後国家形成の胎動が見られたものの，前3世紀以降は秦の官僚が建国した（②）や漢などに支配された。前2世紀末，漢の武帝は，ベトナムの北部に交趾郡，中部に（③）を置いて南海交易の拠点にした。紀元前後，海の道を通じて東西交易が始まると，2世紀半ばには a 大秦王安敦の使者を名のる者が③を訪れた。前漢時代以来，北部ベトナムは中国に服属していたが，唐末の混乱に乗じて10世紀から自立を強め，11世紀初頭には紅河デルタを中心に（④）大越国が成立した。

続く， b （⑤）大越国の時代には，3度にわたる元軍の侵攻を退ける一方で，中部の沿岸地域への勢力拡大を試みた。15世紀初頭，ベトナムは一時的に明に併合されるが，その後（⑥）大越国が，独立を回復するだけでなく，チャンパーを征服するな

1

	番号	正しい語句
A	，	
B	，	
C	，	

2

問1①

②

③

④

⑤

⑥

⑦

⑧

⑨

⑩

⑪

⑫

⑬

⑭

問2

3

問1①

②

③

④

⑤

⑥

ど対外的にも勢力を拡大させた。しかし，16世紀に内乱が発生すると，その後支配は名目化し，実質的に南北に分裂した。メコンデルタにまで勢力を伸ばした南部の領域は(⑦)ともよばれるが，あまりの苛政ゆえに(⑧)をまねき，ここから農民反乱が全土に広がった。この反乱で勢力を伸ばした西山政権が南北統一を果たし，1789年に黎朝を滅ぼした。その後，西山政権で滅ぼされた阮氏の子孫の(⑨)が西山政権を倒し，フランス人宣教師などからの支援を受けて全国統一を成し遂げ，1802年に阮朝を建国した。彼は国号を改め(⑩)とした。

問1　文中の空欄①～⑩に適語を入れよ。

問2　下線部a，bについて次の各問いに答えよ。

　a　この人物の使者が東南アジアに来航した時期のローマの政治として，正しいものを次から1つ選べ。

　　ア　共和政　　イ　元首政　　ウ　専制君主政　　エ　立憲君主政

　b　この時期のベトナムで使用された独自の文字を何というか。

4　[その他の東南アジア王朝（現カンボジア，ベトナム中南部，タイ，ミャンマー）]

(19　大阪学院大学より作成)

　東南アジアは複雑な地形で構成されており，大きく大陸部と島嶼部の2つに分けられた。大陸部においては，古くは1世紀頃，メコン川流域のクメール人（もしくはマレー人）によって(①)が建国された。この国の外港であった(②)からはインドの神像・仏像，ローマの金貨なども発見されており，広大な交易ネットワークが確立されていた。しかし，同じクメール人が6世紀に建てた(③)が勢いを増した結果，7世紀に滅びた。ベトナム中部においては，チャム人が(④)を建国した。この国は中国では時代によってさまざまな呼び方をされ，たとえば，2～8世紀頃には(⑤)と呼ばれていた。④は2世紀末から17世紀まで存続したが，しばしば海上貿易の利権をめぐって争った。

　現在のタイのチャオプラヤ川流域では，7世紀頃にモン人が(⑥)を建てた。その後，中国の雲南地方にいたタイ人が，13世紀になると_aモンゴル人の雲南侵入で南下し，13世紀半ばにタイ人最初の王朝である(⑦)を建国した。第3代ラームカムヘーン王のときに全盛期を迎え，宗教では(⑧)が保護され，寺院や塔，仏像などの仏教文化が花開いた。しかし，その後は1351年に建てられた同じタイ人の(⑨)が急速に勢力を拡大させ，カンボジアやタイ北部一帯を併合すると同時に，コメの生産や中国・日本・ヨーロッパ諸国との商業活動によって大いに栄えた。現在のミャンマーでは，9世紀頃からイラワディ川流域に南下・定住したビルマ人が(⑩)人やモン人らを駆逐・吸収することでこの地域の一大勢力へと成長した。11世紀半ばには，ビルマ人の最初の統一王朝である(⑪)が建国され，都には寺塔で埋め尽くされるほどの仏教寺院が建造された。しかしこうした出費は国力を大いに消耗させ，13世紀後半に_b元のクビライの遠征軍が侵入したことにより衰退し，間もなく滅亡した。

問1　文中の空欄①～⑪に適語を入れよ。

問2　下線部a，bについて次の各問いに答えよ。

　a　これによって滅ぼされた国を答えよ。

　b　このほかに元軍と交戦した東南アジア王朝で**誤っているもの**を次から1つ選べ。

　　ア　大越（ダイベト）　　イ　チャンパー

　　ウ　マジャパヒト王国　　エ　クディリ朝

---

⑦　_____

⑧　_____

⑨　_____

⑩　_____

問2 a

b

4

問1 ①　_____

②　_____

③　_____

④　_____

⑤　_____

⑥　_____

⑦　_____

⑧　_____

⑨　_____

⑩　_____

⑪　_____

問2 a

b

11 ギリシア人の都市国家

ギリシア人はどのような社会をつくりあげていったのだろう。

◀◀◀ ポイント整理 ▶▶▶▶▶▶▶▶▶▶▶▶▶▶▶▶▶▶▶▶▶▶▶▶▶▶▶▶▶▶▶▶▶▶▶▶▶▶▶

1 エーゲ文明

オリエント世界

1 ＿＿＿＿＿＿＿文明　（前2000年頃〜・クレタ島）

・民族系統不明の先住民がきずく

ギリシア人の南下

・エーゲ海を中心に栄えた青銅器文明

・クレタ島の 2 ＿＿＿＿＿＿＿に代表される宮殿
　建築が特徴

7 ＿＿＿＿＿＿＿文明
　（小アジア西岸）

・写実的，海洋的な文化をもち，絵文字や線文字A
　（未解読）を使用

・5 が発掘し，8 ＿＿＿＿＿
　＿＿＿＿＿の叙事詩の世
　界の実在を証明した

・発掘者は 3 ＿＿＿＿＿＿＿＿（英）

4 ＿＿＿＿＿＿＿文明　（前1600年頃〜・ギリシア）

・ギリシア人（アカイア人）がきずく

・4 やティリンスなどに巨石城塞を建て，戦闘的な文化をもつ

・発掘者は 5 ＿＿＿＿＿＿＿（独）

・使用されていた 6 ＿＿＿＿＿＿＿をヴェントリス（英）が解読

⇨ 暗黒時代へ
　（前1200年頃〜）

破壊と混乱の時代に入ったが，9 ＿＿＿＿＿が普及していった
人びとが定住地を求めて移動した結果，
民族は 10 ＿＿＿＿＿＿＿人・11 ＿＿＿＿＿＿＿人・ドーリア人に分かれた

バビロン第1王朝

ヒッタイト王国

2 古代ギリシア世界（ポリス社会）

成立期

多数の 1 ＿＿＿＿＿＿＿を形成　前8世紀頃〜

・有力貴族の指導のもと，2 ＿＿＿＿＿＿＿を中心に集住

・政権は貴族が独占（貴族政治）。3 ＿＿＿＿＿＿＿とよばれる
　広場で市場や集会が開かれる

◆植民活動の活発化

・地中海，黒海沿岸各地に 6 ＿＿＿＿＿＿＿を建設

・商工業の発達から，平民が富裕化。平民も武具を自費で購入し，防衛に参加

⇨平民の 7 ＿＿＿＿＿＿＿部隊が主力，8 ＿＿＿＿＿＿＿を組んでたたかう

【強い同一民族意識】

・みずからを 4 ＿＿＿＿＿＿＿，
　異民族を 5 ＿＿＿＿＿＿＿と
　よび，言語や宗教を共有した

ヘブライ人

アラム人

フェニキア人

アッシリア

4王国分立

発展期

アテネ民主政の発展　前7世紀〜

①ドラコンが慣習法を成文化

②9 ＿＿＿＿＿＿＿の改革（前6世紀初頭）

・10 ＿＿＿＿＿政治：財産により参政権など定める

③11 ＿＿＿＿＿＿＿の僭主政治
　（前6世紀なかば）

・平民勢力を背景に武力で貴族を倒し独裁者に

④12 ＿＿＿＿＿＿＿の改革（前6世紀末）

・13 ＿＿＿＿＿＿＿の制度により僭主を防ぐ

スパルタの国制

・リュクルゴスの国制（軍国・鎖国的制度）を採用

スパルタ市民

14 ＿＿＿＿＿＿＿

（商工業に従事）

15 ＿＿＿＿＿＿＿

（農業に従事する
大量の奴隷）

支配

16 ＿＿＿＿＿＿＿戦争（前500〜前449）◀━━

＊ミレトスなどのイオニア植民市がアケメネス朝に反抗し，アテネが支援

17 ＿＿＿＿＿＿＿の戦い（前490）：アテネの7軍が勝利

サラミスの海戦（前480）：18 ＿＿＿＿＿＿＿が率いるアテネ海軍が勝利

無産市民が 19 ＿＿＿＿＿＿＿として活躍

20 ＿＿＿＿＿＿＿の戦い（前479）：アテネ・スパルタ連合軍がペルシア軍を撃破

・16の再侵攻に備えて 21 ＿＿＿＿＿＿＿を結成し，アテネが盟主として繁栄

全盛

・22 ＿＿＿＿＿＿＿の時代 …23 ＿＿＿＿＿・評議員会・民衆裁判所を確立 ⇨ アテネ民主政の完成

＊23は市民全員が参加する 24 ＿＿＿＿＿＿＿がとられた

アケメネス朝ペルシア

ことばの探究 　**民主政治（democracy）**：市民が主導権を握った政治。demos（民衆）のkratia（支配）というギリシア語が語源。
支配者と被支配者が同一であるという原則にたつ政治体制。↔ 君主制，神権政治など

衰退期	25 _____戦争（前431〜前404） ＊21 と ペロポネソス同盟の覇権争い ・アテネは扇動政治家（デマゴーゴス）に惑わされ，衆愚政治に陥る ・勝利したスパルタも崩れる ・スパルタに代わり 26 _____が台頭するも，ポリス間の争いが絶え間なく続く	【ポリス社会の崩壊】 長期間の内戦により疲弊し，市民間の貧富の差が増大 ↓ 市民皆兵の原理が崩れ，軍隊は雇われて働く傭兵に依存するように

アケメネス朝ペルシア

❸ ヘレニズム時代

ヘレニズム時代

北方の 1 _____の台頭　前4世紀後半

2 _____ 2世：ギリシア文化やファランクスによる戦法を導入して強大に

・3 _____の戦い（前338）で，アテネ・テーベ連合軍を破り，全ギリシアを制圧
・4 _____同盟を結成，1 が盟主として覇権を確立

5 _____大王：父の暗殺により，20歳で即位

・東方遠征に出発（前334〜）●
・6 _____の戦い（前333）で，アケメネス朝・ダレイオス3世の軍を撃破
・エジプトを制圧し，ファラオに即位。アレクサンドリア市を建設

前330　アケメネス朝ペルシアが滅亡

・イラン高原，中央アジア，西北インドを制圧
　　　↓大王の病死（前323）↓
・7 _____（後継者）による戦争
　その一つ，イプソスの戦いでヘレニズム世界（5 帝国）の分裂が決定的となる

8 _____朝マケドニア
・ギリシア本土を支配

9 _____朝エジプト
・都：10 _____ ・ヘレニズム世界の商業・文化の中心地として繁栄 ・アクティウムの海戦に敗れ，クレオパトラが自殺

11 _____朝シリア
・都：セレウキア→アンティオキア ・のちに 12 _____と 　13 _____が独立

❹ ギリシア文化・ヘレニズム文化

※ □ はヘレニズム文化

	人物と作品・業績など		人物と作品・業績など
文学	ホメロス 『1 _____』 　　　　『オデュッセイア』 2 _____『労働と日々』 3 _____女性叙情詩人	自然哲学	11 _____万物の根源は水 12 _____万物の根源は数。「12 の定理」を発見 13 _____「万物は流転する」 デモクリトス　万物の根源は 14 _____
歴史	ヘロドトス 4 _____戦争を記述 5 _____ペロポネソス戦争を記述	哲学	15 _____「人間が万物の尺度」 16 _____客観的真理の実在を説く 17 _____イデア論，哲人政治 18 _____諸学問を体系化
演劇	6 _____『アガメムノン』 7 _____『オイディプス王』 エウリピデス 『メデイア』 8 _____『女の平和』		ゼノン 19 _____派 エピクロス　エピクロス派
美術	9 _____ パルテノン神殿再建工事を監督〈ドーリア式〉	自然科学	20 _____『幾何学原本』 アリスタルコス　地球の公転と自転，太陽中心説
（彫刻）	「10 _____」「サモトラケのニケ」 「瀕死のガリア人」「ラオコーン」など		21 _____浮力・てこの原理など 22 _____地球の円周を計測

◀◀◀ **演 習 問 題** ▶▶▶

1 　　　　　　　　　　　　　　正誤でチェック！基礎知識

次の各文の下線部には1か所ずつ誤りがある。その番号を指摘し，正しい語句に訂正せよ。

A 　①スパルタの重装歩兵軍が，マラトンの戦いで勝利し，サラミスの海戦では②テミストクレスが③アケメネス朝を破った。

B 　マケドニアの①フィリッポス2世が，②カイロネイアの戦いで，③スパルタを破り，ギリシアを統一した。

C 　ギリシア連合軍を率いて①アレクサンドロス大王が，②ガンジス川流域まで遠征した。

1

番号	正しい語句
A	，
B	，
C	，

2 **［エーゲ文明］** 　　　　　　　　　　　（22　法政大学より作成）

紀元前3000年頃から，エーゲ海地域に生まれた青銅器文明は，（①）文明と呼ばれる。紀元前2000年頃から（②）島で栄えた②文明（ミノア文明）は，ₐクノッソス宮殿が代表的な遺跡である。一方，ギリシア本土には北方からインド=ヨーロッパ語族系のギリシア人の一派アカイア人が移住し，①文明の中心は♭ミケーネ文明に移った。しかし，ミケーネ文明は紀元前1200年頃滅亡した。原因は不明であるが，「海の民」など外部勢力の侵入もその一つとされている。

その後400年ほどの間，ギリシア世界は残された史料の乏しさから「（③）」と呼ばれる混乱の時代になった。人口が減少して交易も途絶え，この地域に定住していた（④）人とアイオリス人の一部は小アジア沿岸へ移住した。彼らより遅れて南下してきた（⑤）人は，ペロポネソス半島やクレタ島に定住していった。

問1　文中の空欄①〜⑤に適語を入れよ。

問2　下線部a，bについて次の各問いに答えよ。

　a　この遺跡を発掘した人物を答えよ。

　b　ミケーネ文明で使用された線文字Bを解読した人物を答えよ。

2

問1①

②

③

④

⑤

問2 a

b

3 **［ポリスの形成と発展］** 　　　（19　学習院大学・21　佛教大学より作成）

前8世紀になると，人々は（①）（城山）を中心に（②）（シノイキスモス）し，ポリスとよばれる都市国家を形成した。各ポリスは独立した国家で，対立・抗争を繰り返して統一されることはなかったが，共通の言語やₐ神話を持ち，♭同一民族としての意識を保った。ポリスにはそれぞれさまざまな特徴があった。（③）人が建設したスパルタは，商工業に従事するペリオイコイをスパルタ市民と区別し，さらに，多数の被征服民を奴隷身分の（④）として農業に従事させた。1万人に満たない市民が，はるかに多数の隷属農民を支配するために，｟スパルタでは特殊な社会と政治の体制がつくられ，スパルタ市民団はきびしい軍国主義的規律に従って生活し，ギリシア随一の陸軍団となった。

一方，アテネでは，前6世紀初めに貴族と平民の争いを調停するために（⑤）による改革が実施され，財産額の大小によって市民を4階級に分けて，それに応じた参政権を与える（⑥）政治が行われた。その後，（⑦）による僭主政治を経て，前508年にₔ（⑧）の改革によって民主政治の基礎が固められた。

問1　文中の空欄①〜⑧に適語を入れよ。

問2　下線部a〜dについて次の各問いに答えよ。

　a　ギリシア人がその神託を参考にした，アポロン神殿があるポリスはどこか。

　b　ギリシア人が異民族を軽蔑して用いた呼び名は何か。

　c　市民団内部の結束を強めるため，スパルタで実施された制度は何か。

　d　僭主の出現を防止するための，この改革を何というか。

3

問1①

②

③

④

⑤

⑥

⑦

⑧

問2 a

b

c

d

4 ［ペルシア戦争とヘレニズム時代］　　　　　　　　　(22　法政大学より作成)

　オリエントを統一して大帝国となった（①）朝ペルシアは，小アジアに勢力を伸張していった。それに対し，（②）を中心としたギリシア人植民市が反乱をおこし，アテネなどが反乱を支援した。そのため，ペルシア王はギリシア侵攻を開始し，約50年間にわたるペルシア戦争が始まった。マラトンの戦いでアテネ軍はペルシア軍を破り，紀元前480年の（③）の海戦でもアテネの（④）率いるギリシア艦隊がペルシア艦隊を破り，翌年の戦いでギリシア軍の勝利は決定的となった。戦争後，エーゲ海周辺の諸都市は，ペルシアの再侵攻に備え，アテネを盟主とする（⑤）同盟を結成した。

　ペルシア戦争を通じて，ₐアテネでは戦争に参加した無産市民の発言力が高まった。これを背景に，紀元前5世紀半ば頃に（⑥）の指導の下でᵦアテネの民主政は完成された。強大化するアテネに対し，スパルタは脅威を感じ，両者は対立を強めていった。そして，紀元前431年に（⑦）戦争に突入した。アテネでは，戦争の間に⑥が死去し，その後，煽動政治家（デマゴーゴス）たちが指導権を握ってアテネは政治的混乱に陥り，ペルシアの支援を得たスパルタに敗北した。その後，スパルタの隆盛がしばらく続いたが，やがて（⑧）が覇権を握った。しかし，⑧も衰退し，ポリス間の争いは続いた。そして紀元前4世紀後半，マケドニアは（⑨）が王の時にポリスの連合軍との戦争に勝利し，全ギリシアを制圧した。その後，後を継いだその息子（⑩）は東方遠征へ出発し，紀元前331年の（⑪）の戦いに勝利して①朝ペルシアを滅ぼし，さらに軍を進め，東西にまたがる大帝国を築いた。しかし彼の急死後，その領土はいくつかの国に分裂した。東方遠征から，分裂した国のうち最後まで存続した（⑫）が滅亡するまでの約300年をᵧヘレニズム時代と呼ぶ。

問1　文中の空欄①〜⑫に適語を入れよ。
問2　下線部a〜cについて次の各問いに答えよ。
　a　下線部aについて，無産市民の発言力が高まった背景を簡潔に述べよ。
　b　下線部bについて，**誤っているもの**を次から1つ選べ。
　　ア　成年男性市民の全体集会である民会が多数決で政策を決定した。
　　イ　将軍など一部を除いて，役人は市民から抽選された。
　　ウ　代議制ではなかった。　　エ　参政権がなかったのは，女性と奴隷だけであった。
　c　下線部cについて，ヘレニズム時代の文化や人物**ではないもの**を次から1つ選べ。
　　ア　アルキメデス　　イ　エウクレイデス
　　ウ　エラトステネス　　エ　ヘラクレイトス

5 ［ギリシア文化］　　　　　　　　　(18　成城大学より作成)

　ギリシア人の宗教は，（①）12神を中心とする多神教であった。ギリシアの文学は，神々と人間とのかかわりをうたったホメロスや（②）の叙事詩から始まった。アテネでは悲劇や喜劇が盛んに上演され，喜劇作家の（③）などが活躍した。また，人間と自然現象を合理的に考察する態度は，前6世紀に（④）の自然哲学にみることができる。その開拓者（⑤）は，万物の「根源」を水に求めた。また前5世紀のアテネでは，（⑥）と呼ばれる職業的教師が活躍した。その代表者（⑦）は，「万物の尺度は人間」と説いたが，それに対して（⑧）は，絶対的な真理の存在と「無知の知」を語った。ヘレニズム時代になるとポリスが衰退し，それは哲学にも反映された。（⑨）は，内面的な幸福に最高の快楽を見いだした。一方，ゼノンが創始した（⑩）派は欲望を抑えて理性的に生きる克己的な生を理想とした。

問1　文中の空欄①〜⑩に適語を入れよ。
問2　下線部について，この頃フェイディアスが再建に携わったとされるアテネのドーリア式神殿は何か。

4
問1　①
　②
　③
　④
　⑤
　⑥
　⑦
　⑧
　⑨
　⑩
　⑪
　⑫
問2　a

　b
　c

5
問1　①
　②
　③
　④
　⑤
　⑥
　⑦
　⑧
　⑨
　⑩
問2

12 ローマと地中海支配

ローマが都市国家から地中海を統一する大帝国に発展できたのはなぜだろうか。

◀◀◀ ポイント整理 ▶▶

1 都市国家ローマからイタリア半島統一へ

王政

・1_____人（イタリア人の一派）がティベル河畔（かはん）にローマを建設（前753, 伝説）
・2_____人の王を追放し，3_____政となる（前509）

貴族共和政から民主共和政へ

4_____（パトリキ）と 5_____（プレブス）の対立

● 4 が官職を独占
　　6_____（執政官）（しっせいかん）　2名：最高官職
　　7_____：最高の決定機関で300名の 4 で構成
　　独裁官（ディクタトル）：戦時など非常時の臨時職

身分闘争の結果 { 8_____［5 保護の役職・拒否権をもつ］と，
　　　　　　　　9_____［その議決は 5 のみを拘束］が設けられる

①ローマ最古の成文法 10_____
②11_____法（前367）
　　・コンスルの1人を 5 から選出
③12_____法（前287）
　　・平民会の議決が，元老院の承認なしに国法となる
　　　⇨ 4 と 5 は政治上対等に

● 5 はローマ発展の原動力
　中小農民が 13_____として国防に重要な役割をはたす

イタリア半島の統一
北の 14_____人，
南の 15_____人を征服
サムニウム（中部）を平定
タレントゥムを占領（前272）
　　↓ 16_____統治
権利・義務の差を設ける

2 格差の増大と地中海への領土拡大

ローマ社会の変質

● 中小農民は没落，支配層は富を拡大
＊4_____（イタリア半島以外のローマ征服地）の拡大

・奴隷（戦争捕虜）を使った大土地所有制：5_____により大農園を経営

〔中小農民の没落〕
・長期の従軍による疲弊（ひへい），安価な穀物の流入
・土地を失い「パンと見世物（みせもの）」を要求する遊民に

6_____の改革：大土地所有を制限し，没落した自由民に再分配をはかるも失敗

1_____戦争　前264〜前146
＊カルタゴとの西地中海の覇権争い
第1回…2_____島を獲得（前241）
第2回…カルタゴの将軍 3_____がイタリアに侵入（前218）
　　・ザマの戦いで勝利（前202）
　　地中海世界を征服
第3回…カルタゴを滅ぼす（前146）

東地中海に進出
地中海を囲む大帝国に発展

3 内乱の1世紀

・同盟市戦争（前91〜前88）：イタリアの全自由民がローマの市民権を要求
・1_____（閥族派）（ばつぞく）と 2_____（平民派）の争い
・3_____の反乱（剣奴の反乱）（けんど）（前73〜前71）

三頭政治（さんとう）　武力によって混乱を鎮め，3人で他の有力者を抑えて権力を握る

第1回	4_____	→	スペインを征服
（前60〜前53）	5_____	→	6_____（フランス）を征服
	7_____	→	パルティア遠征で戦死

5 が独裁者に。インペラトル（凱旋将軍）（がいせん）の称号を受ける

第2回	8_____	→	11_____の海戦（前31）
（前43）	9_____	→	9 VS
	10_____		8，プトレマイオス朝の女王 12_____
（前36失脚）			13_____朝は滅ぼされ，ローマの属州となる

4章

ことばの探究　**共和政（制）**：複数の人間が合議で政治をすすめる政体。古代ローマでは，貴族たちが異民族の王を追放したので貴族共和政に，やがて平民も対等の権利をもつ民主共和政に発展した。

4 **帝政時代**

前期帝政　元首政（プリンキパトゥス）

オクタウィアヌスの [1]＿＿＿＿＿＿＿＿＿＿　前27〜

- [2]＿＿＿＿＿＿＿＿＿＿＿（尊厳者）の称号を得る
- 元老院など，共和政の伝統を尊重し，
  [3]＿＿＿＿＿＿＿＿＿＿（第一の市民）と自称

[4]＿＿＿＿＿＿　時代　96〜180

① ネルウァ帝
② [5]＿＿＿＿＿＿＿帝：領土最大に
③ ハドリアヌス帝
④ アントニヌス＝ピウス帝
⑤ [6]＿＿＿＿＿＿＿＿＿＿＿＿＿＿＿＿＿＿＿＿帝
　…ストア派の哲人皇帝とよばれ，『自省録』を著す。
　　『後漢書』の大秦王安敦とされる

- 212　[10]＿＿＿＿＿＿＿＿帝がアントニヌス勅令により，帝国内の全自由民にローマ市民権を与える

「ローマの平和」〜パクス＝ロマーナ〜

属州支配と奴隷制による，繁栄と平和の時代

- ラティフンディアの発達
- ローマ風の都市を各地に建設
  - [7]＿＿＿＿＿＿＿＿＿＿（のちのロンドン）
  - ルテティア（のちのパリ）
  - [8]＿＿＿＿＿＿＿＿＿＿（のちのウィーン）
- 商業活動も発達し，季節風貿易によりインド・中国・東南アジアと交易，香辛料や [9]＿＿＿＿＿＿が珍重された

混乱と衰退

軍人皇帝の時代　235〜284

● 各地の軍隊によって皇帝が次々に擁立され，政治が混乱
- 北から [11]＿＿＿＿＿＿＿人の侵入，東では [12]＿＿＿＿＿＿朝ペルシアとの争い
- 軍事力増強のため，都市は重税を課されて疲弊
- 征服が終わることで奴隷不足が生じ，かわりに没落した自由農民を [13]＿＿＿＿＿＿＿（小作人）として使用
  （＝ [14]＿＿＿＿＿＿＿＿＿＿）

後期帝政（[15]＿＿＿＿）政（ドミナトゥス）

[16]＿＿＿＿＿＿＿＿帝の[15]政（位284〜305）

- [17]＿＿＿＿＿＿＿＿（テトラルキア：帝国を東西二分し，正副2人の皇帝をおく）を採用
- 皇帝を神として崇拝させ，専制君主として支配　キリスト教徒を迫害

[18]＿＿＿＿＿＿＿＿帝（位306〜337）

- [19]＿＿＿＿＿＿勅令布告（313），迫害されてきたキリスト教を公認，帝国の統一をはかる
- [20]＿＿＿＿＿＿＿（325）：教義統一のために召集，「[21]＿＿＿＿＿＿説」を正統に
- 首都をビザンティウムに移し，[22]＿＿＿＿＿＿＿＿と改称
- 財政基盤強化：職業，身分の世襲化。13の移動を禁止して税収入を確保

● ゲルマン人の大移動（375〜）により混乱

[23]＿＿＿＿＿＿＿＿帝（位379〜395）

- キリスト教を国教化（392），他の宗教を禁止

西ローマ帝国　←分裂→　東ローマ帝国
（395〜476）　　　　（395〜1453）

● **イタリア半島統一前**

- [24]＿＿＿＿人
- [26]＿＿＿＿人
- [25]＿＿＿＿人
- ローマ
- カルタゴ

● **帝国の最大領域（2世紀後半）**

- [28]＿＿＿＿＿
- [27]＿＿＿＿＿
- サルマティア
- ダキア
- ヒスパニア
- ローマ
- アルメニア
- パルティア
- ヌミディア
- キレナイカ

5　キリスト教の成立と発展

前1世紀～　パレスチナ〔ローマの属州〕で貧困に苦しむ民衆は，苦難の中で ¹＿＿＿＿＿＿＿ を待ち望む

| 1世紀初め　　²＿＿＿＿＿＿ の出現（前7頃／前4頃）と布教 |

- ・形式的に律法の遵守を強調するユダヤ教の指導者層（³＿＿＿＿＿＿ 派）を批判
- ・万人に区別のない神の絶対愛と ⁴＿＿＿＿＿＿ を説く

| 30頃　　2の処刑とキリスト教の成立 |

- ・2はローマに対する反逆者として ⁵＿＿＿＿＿＿ にかけられ処刑
  - ⇨弟子たちはイエスの復活を確信 "2こそ真の1" → 2の死は人間の罪をあがなう行為という信仰が成立

| 1世紀～　　⁶＿＿＿＿＿ たちによる伝道と迫害 |

- ・⁷＿＿＿＿＿ や ⁸＿＿＿＿＿ らがローマ帝国各地に布教　→　奴隷・下層市民など社会的弱者に広まる
  - → ⁹＿＿＿＿＿（信徒の団体）が成立，『¹⁰＿＿＿＿＿』が成立
- ・キリスト教徒はローマの神々を認めず，¹¹＿＿＿＿＿ を拒否　→　激しい迫害を受ける
  - ┌ ¹²＿＿＿＿＿ 帝による迫害（64）…7，8 も殉教したとされる
  - └ ¹³＿＿＿＿＿ 帝による大迫害（303）

| 4世紀～　国教化と教義の確立 |

- ・313　¹⁴＿＿＿＿＿ を布告：コンスタンティヌス帝がキリスト教を公認
- ・325　¹⁵＿＿＿＿＿…コンスタンティヌス帝が開催。**教義を統一**
  - ¹⁶＿＿＿＿＿ 派：神・キリスト・聖霊は同質とする ¹⁷＿＿＿＿＿ 説【正統】
  - ¹⁸＿＿＿＿＿ 派：キリストの人間性を強調【異端】→ ゲルマン人に広まる
- ・392　¹⁹＿＿＿＿＿ 帝がキリスト教を国教化
  - アウグスティヌスら**教父**たちが正統教義を深める。『神の国』（『神国論』），『告白録』
- ・431　²⁰＿＿＿＿＿ 公会議
  - …²¹＿＿＿＿＿ 派：キリストの神性と人性を分離して考える【異端】→ペルシア・中国（唐）へ
- ・451　カルケドン公会議…単性論派：キリストの神性のみを強調【異端】→コプト教会（エジプト），アルメニア教会へ

6　ローマの文化

┌─**【特徴と意義】**─────────────────────────────────────
△高度な精神文化では，¹＿＿＿＿＿ の模倣に終わる
○広大な帝国支配を通じて地中海世界一帯にギリシア・ローマ文化が広まり，ヨーロッパ世界の**古典文化**となる
○実用的文化では，後世に大きな影響を与えたものが多い
- ・アーチを多用した土木・建築…²＿＿＿＿＿（円形闘技場），水道橋など
- ・ローマ法…ローマ市民だけに適用→帝国内のすべての人びとに適用される ³＿＿＿＿＿ に発展
  - 『⁴＿＿＿＿＿』（6世紀）：ユスティニアヌス帝が編纂させる
- ・⁵＿＿＿＿＿ 暦…カエサルがエジプトの太陽暦をもとに制定
└───

文学	・⁶＿＿＿＿＿：弁論家，『国家論』　・ウェルギリウス：『⁷＿＿＿＿＿』（ローマ建国叙事詩） ・⁸＿＿＿＿＿：『叙情詩集』
歴史・地理	＊⁹＿＿＿＿＿：『歴史』，政体循環史観　・¹⁰＿＿＿＿＿：『ローマ（建国）史』 ・カエサル：『¹¹＿＿＿＿＿』　・¹²＿＿＿＿＿：『ゲルマニア』，『年代記』 ＊プルタルコス：『¹³＿＿＿＿＿』（英雄伝）　＊¹⁴＿＿＿＿＿：『地理誌』
哲学	・¹⁵＿＿＿＿＿：『幸福論』，ストア派哲学者 ・¹⁶＿＿＿＿＿：『自省録』，ストア派哲学者
自然科学	・¹⁷＿＿＿＿＿：『博物誌』 ＊プトレマイオス：『天文学大全』，地球中心の ¹⁸＿＿＿＿＿ を説く

＊…ギリシア人

◀◀◀ 演 習 問 題 ▶▶

1　　　　　　　　　　　　　　　　　　　正誤でチェック！基礎知識

次の各文の下線部には1か所ずつ誤りがある。その番号を指摘し，正しい語句に訂正せよ。

A　古代ローマでは王政期には，一時，①エトルリア人の王が存在した。その後，王を追放して②共和政となり，③平民（プレブス）が，要職を独占した。

B　オクタヴィアヌス（オクタウィアヌス）は①ポンペイウスと同盟し，第2回三頭政治を行った。しかし，やがて①ポンペイウスは，エジプトの②クレオパトラと結んで③オクタヴィアヌスと対立した。

C　①ディオクレティアヌス帝は，ローマ市民権を帝国内の②全自由民に与えた。

2　[共和政のローマ]　　　　　　　　　(21　駒澤大学・22　日本女子大学より作成)

紀元前6世紀に（①）人の王を追放して（②）政となったローマは，当初貴族から選出された最高公職者である二名の（③）が，貴族の議会であった元老院の指導のもと貴族以外の平民を支配していたが，（④）として国防を担うようになった平民は，貴族による公職独占に対して身分闘争を開始した。紀元前5世紀初め，平民が政治参加を訴えると，従来の貴族中心の官職や機関の決定に拒否権を行使できる平民出身の（⑤）と，平民だけの民会である（⑥）が設置された。紀元前5世紀半ば，aそれまでの慣習法がはじめて成文化された。紀元前367年には（⑦）により③のうち一人は平民から選出されるようになったのである。紀元前287年にはbホルテンシウス法が定められ，これにより身分闘争は終了し，貴族と平民とは法的に平等となったのである。

問1　文中の空欄①〜⑦に適語を入れよ。

問2　下線部a，bについて次の各問いに答えよ。

　a　ローマ最古の成文法を何というか。

　b　この法はどのようなことを定めていたか簡潔に述べよ。

3　[地中海征服と内乱の1世紀]　　　　(18　関西大学・22　高知工科大学より作成)

前3世紀前半にローマはaイタリア半島を統一し，その後，フェニキア人植民地の（①）とのbポエニ戦争に勝利して西地中海の覇権を握った。対外戦争によってローマは（②）を獲得したが，②から安価な穀物が流入したことなどによりローマ本国の中小農民は没落した。一方，富裕者は土地を買い集め，c戦争捕虜を奴隷として使役する大土地所有制が広まった。中小農民の没落に危機感を抱いた（③）兄弟は改革を行ったが失敗し，ローマは「内乱の1世紀」とよばれる混乱期に突入した。有力者たちは閥族派と平民派に分かれ，私兵を率いて争った。なかでも，閥族派の（④）と平民派の（⑤）の争いは有名である。前60年からはカエサル・ポンペイウス・（⑥）による第1回三頭政治が行われたが，（⑦）に遠征したカエサルが権威を高め，前46年に事実上の独裁者となった。しかしこれが理由となって，彼は前44年に共和派の（⑧）らに暗殺された。カエサルの養子であるオクタウィアヌスは第2回三頭政治で頭角をあらわし，前31年の（⑨）で（⑩）朝エジプトの女王クレオパトラと結んだアントニウスを破った。これによりローマは地中海世界の統一を成し遂げることになった。オクタウィアヌスは前27年に元老院から（⑪）の称号を与えられ，事実上の帝政が始まった。

問1　文中の空欄①〜⑪に適語を入れよ。

問2　下線部a〜cについて次の各問いに答えよ。

　a　ローマが征服都市を支配するために用いた統治法は何か。

　b　イタリア半島に侵入してローマを脅かした敵将は誰か。

　c　この大土地所有制を何というか。

1

番号	正しい語句
A	，
B	，
C	，

2

問1 ①

②

③

④

⑤

⑥

⑦

問2 a

b

3

問1 ①

②

③

④

⑤

⑥

⑦

⑧

⑨

⑩

⑪

問2 a

b

c

4　**[ローマ帝国]**　(19　東海大学・國學院大學より作成)

　地中海世界を統一後，オクタウィアヌスは，（①）を自称して_a元老院など共和政の制度を尊重する政治を行ったが，実質的には帝政であった。これ以降，_b五賢帝時代までの約200年間は（②）（パクス＝ロマーナ）と称され，ローマの繁栄は絶頂に達した。また212年の（③）帝の治世には帝国の全自由人にローマ市民権が与えられた。

　しかしローマ帝国は3世紀には統一が崩れはじめ，皇帝が即位しては短期間に殺されることの続く（④）の時代になった。また，ゲルマン人や（⑤）朝ペルシアなどの異民族も国境に侵入し，戦乱が続いた。こうした状況で都市は衰えはじめ，従来の奴隷制大農場経営に変わり，（⑥）と呼ばれる大所領経営が現れた。

　こうした混乱状態を収束し，政治秩序を回復したのがディオクレティアヌス帝であった。_c彼はさまざまな改革を実施し，政治体制は（⑦）へと移行した。その後の一時的混乱を経て帝国をまとめたのが（⑧）帝である。彼はキリスト教を公認した。しかし彼の死後は，皇帝間の争いや属州反乱が続き，さらにゲルマン人の大移動もあって，395年（⑨）帝は帝国を東西に分割して二子に受け継がせた。そして西ローマ帝国は（⑩）によって皇帝が退位させられ滅亡した。

問1　文中の空欄①〜⑩に適語を入れよ。
問2　下線部a〜cについて次の各問いに答えよ。
　a　この政治体制を特に何というか。
　b　ローマ帝国の領土が最大となったときの皇帝は誰か。
　c　この人物が行った政策として**適切でないもの**を次から1つ選べ。
　　ア　キリスト教の公認　　イ　四帝分治制　　ウ　徴税の強化

5　**[キリスト教の成立と発展]**　(18　関西大学・20　早稲田大学より作成)

　キリスト教は属州ユダヤとしてローマに支配されていた（①）の地に生まれた。イエスはローマの支配に苦しむ民衆に神の救済を説いた。彼の処刑後，イエスが復活したという信仰が広まり，使徒の（②）などにより伝道活動が始まった。②は晩年ローマに赴き，のちローマ教皇の初代とされる。（③）はイエスの直接の弟子ではなかったが，神の愛はユダヤ人以外の異邦人にもおよぶとして，ローマ帝国各地で布教を行った。しかし，ローマ在来の宗教との軋轢からローマの一般民衆はキリスト教に反感を抱き，それは例えばタキトゥスの（④）にも示されている。②も③も，ある伝承によれば，後64年ごろ，キリスト教を迫害した（⑤）帝の時代に殉教したとされる。

　最も苛烈で長期の弾圧はディオクレティアヌス帝の統治下で生じた。けれども，それは帝国による最後のキリスト教弾圧となった。_aキリスト教は迫害を受けながらもローマ帝国内に広がり，（⑥）帝が（⑦）勅令を発し313年に公認するに至った。その後，組織が拡大するにつれて，教義をめぐる対立が生じた。_b神とキリストを同一視するアタナシウス派が325年の（⑧）公会議で正統とされることになった。そして，キリスト教の正統教義の決定に帝国も大きく関わり，ついに（⑨）帝の下でキリスト教は正式にローマ国教となった。

問1　文中の空欄①〜⑨に適語を入れよ。
問2　下線部a，bについて次の各問いに答えよ。
　a　迫害を受けたキリスト教徒たちが，避難所・礼拝所として利用した地下墓地を何というか。
　b　この説はのちに何という教えとして確立したか。
　c　エフェソス公会議で異端とされたネストリウス派は，中国に伝わり，何と呼ばれたか。

4
問1①
②
③
④
⑤
⑥
⑦
⑧
⑨
⑩
問2 a
b
c

5
問1①
②
③
④
⑤
⑥
⑦
⑧
⑨
問2 a
b
c

⑥ [ローマ文化]

（19　駒澤大学より作成）

　紀元79年 8 月24日にヴェスヴィオ火山の噴火にともなう火砕流と降り注ぐ軽石が主な原因で埋もれてしまった南イタリアの古代都市ポンペイは，「歴史のタイムカプセル」と称されるように，考古学史上最高の資料のひとつとして知られている。a石畳で作られた道路，剣闘士たちの戦った巨大な（①）（円形闘技場），悲劇喜劇が上演された劇場，人々の集った娯楽施設であった公共浴場などは，b古代ローマ時代の都市生活とはいかなるものであったのかを示してくれている。

　しかしながらこのポンペイに関する情報は発掘によるものだけではない。小プリニウスが，『ゲルマニア』の著者である歴史家（②）に宛てた書簡によれば，（③）の著者として知られ，艦隊司令官でもあった彼の伯父である大プリニウスが市民を船で救助するために現地に向かったが死亡したこと，火砕流や津波のような現象が起こっていたことなども記されていた。

　c古代ローマでは，あらゆる出来事を文字で記述することが盛んとなり，dその後の世界に多大な影響を与えてきたのである。なかでもラテン文学はギリシア文化の影響のもと，数多くの詩人を生み出した。ローマ最大の詩人と称された（④）の著したラテン文学の最高峰（⑤）は，ローマ建国の英雄の冒険譚を描いたものであった。哲学や弁論術に関する著書を擁する（⑥）は，『国家論』のなかで，ローマの政体は王政・貴族政・民主政の長所を取り入れた混合政体が最もふさわしいと論じた。（⑦）はアウグストゥスの加護のもと，ローマ建国から紀元前 9 年までを記録した『ローマ建国以来の歴史』を著した。

　自然科学分野も盛んで，ギリシア人地理学者の（⑧）は，イベリア半島からインドまでを旅行し，ギリシア語で『地理誌』をまとめ上げた。アレクサンドリアで活躍した（⑨）は『天文学大全』を著し天動説を唱えた人物である。「哲人皇帝」と称された五賢帝最後の皇帝（⑩）は，ギリシア語で（⑪）を著した。

問 1 　文中の空欄①〜⑪に適語を入れよ。

問 2 　下線部 a 〜 d について次の各問いに答えよ。

　a　下線部 a について，**誤っているもの**を次から 1 つ選べ。

　　ア　コロッセウムは古代ローマ最大の円形闘技場である。

　　イ　アッピア街道はローマ最古の軍用道路である。

　　ウ　南フランスにあるガール水道橋はローマの高い土木技術を示している。

　　エ　パルテノン神殿はアグリッパが建立し，ハドリアヌスが改築した。

　b　ローマ風の都市から発展した都市として，**誤っているもの**を次から 1 つ選べ。

　　ア　パリ　　イ　ロンドン　　ウ　ケルン　　エ　モスクワ　　オ　ウィーン

　c　6 世紀に東ローマ皇帝のユスティニアヌス帝がトリボニアヌスらに編纂させたものは何か。

　d　グレゴリウス暦のもととなった，カエサルが制定した暦は何か。

⑥

問 1 ①＿＿＿＿＿＿＿

　　②＿＿＿＿＿＿＿

　　③＿＿＿＿＿＿＿

　　④＿＿＿＿＿＿＿

　　⑤＿＿＿＿＿＿＿

　　⑥＿＿＿＿＿＿＿

　　⑦＿＿＿＿＿＿＿

　　⑧＿＿＿＿＿＿＿

　　⑨＿＿＿＿＿＿＿

　　⑩＿＿＿＿＿＿＿

　　⑪＿＿＿＿＿＿＿

問 2 a＿＿＿＿＿＿

　　b＿＿＿＿＿＿

　　c＿＿＿＿＿＿

　　d＿＿＿＿＿＿

1 ［地図でみるユーラシア大陸］

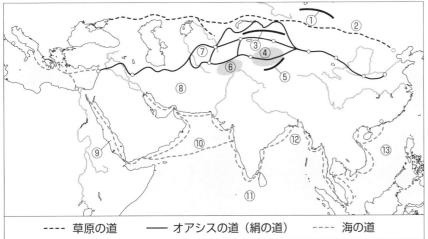

---- 草原の道　—— オアシスの道（絹の道）　---- 海の道

問1　地図中の①〜⑬にあてはまる自然地名を入れよ。

2 ［前2〜2世紀頃の東西交流］

　ユーラシア大陸の東西交流では，黒海・カスピ海北岸の草原で最初の遊牧国家を築いた（①）人，その影響を受けて騎馬民族化したユーラシア大陸北部のステップ地帯の遊牧民族が，その担い手となった。この東西交流のルートを「（②）」とよぶ。

　前2世紀，パミール高原の東西にオアシス都市を経て，メソポタミア・地中海にいたるルートが開かれた。東西交易の主要路はこの「オアシスの道」に移り，ソグディアナ地方のオアシス都市に暮らしたイラン系の（③）人が隊商交易に活躍した。とくに中国産の絹が重要な交易品だったことから「（④）」とよばれた。

　オアシス都市は周辺の大規模国家の支配下に入ることが多く，東西交易の利を得ようとする国家間の争いや，草原地帯の遊牧国家と中国王朝の争いが続いた。前2世紀にはモンゴル高原の騎馬民族（⑤）が強大となり，（⑥）の時代には，中継貿易で利益をあげていた（⑦）を攻撃してオアシス地帯を勢力下に入れ，前漢を圧迫した。前漢は初め和親策をとったが，前2世紀後半の7代（⑧）はこの勢力を北にしりぞけ，西域（タリム盆地一帯）を確保し敦煌など4郡を設置した。

　同じ頃イラン高原を支配していたのはパルティア王国である。前2世紀にはメソポタミアに進出し東西交易の利益で繁栄したこの国の名は，中国では「（⑨）」として知られていた。

　1〜2世紀に地中海世界ではローマ帝国が最盛期を迎え東方にも勢力をのばし，パルティアは衰退した。中央アジアでは大月氏の支配下からイラン系の（⑩）人が独立して，西北インドまでを支配した。この王朝ではヘレニズム文化の影響を受けて仏像をつくる（⑪）美術がうまれ，この頃興隆した人々の救済を重視する（⑫）とともに「オアシスの道」を通して中国へ伝わり，日本にもおよんだ。東アジアでは後漢が西域を再確保した。西域都護として活躍した（⑬）は，部下の甘英をローマ帝国に派遣した。彼は「オアシスの道」を旅して条支国（シリア）にいたったという。

　1世紀頃には季節風を利用して紅海からアラビア海を結び，インド洋沿岸からマレー・スマトラ・インドシナ半島を経て中国にいたる「（⑭）」も開かれた。ローマ帝国とインド洋方面を結ぶ海上交易では（⑮）系商人が活躍し，南インドでは（⑯）朝が交易で栄えた。インドシナ半島南部のメコン川下流に栄えた（⑰）の外港オケオの遺跡からは，仏像・ヒンドゥーの神像，漢の鏡，ローマの金貨などが出土し，当時の海上交易の広がりを示している。『後漢書』西域伝には，166年に大秦王安敦の使者が象牙など南海の産物を持って（⑱）郡に来航したという記録がある。

問1　文中の空欄①〜⑱に適語を入れよ。

世紀別の演習

1

問1 ①　　　　　山脈

②　　　　　高原

③　　　　　山脈

④　　　　　盆地

⑤　　　　　山脈

⑥　　　　　高原

⑦　　　　　地方

⑧　　　　　高原

⑨　　　　　　海

⑩　　　　　　海

⑪　　　　　　洋

⑫　　　　　　湾

⑬　　　　　　海

2

問1 ①

②

③

④

⑤

⑥

⑦

⑧

⑨

⑩

⑪

⑫

⑬

⑭

⑮

⑯

⑰

⑱

王朝・治世年表 I

*＿＿には国または王朝名，民族名，＿＿には人名が入る。

世紀	西ヨーロッパ	東ヨーロッパ	西アジア

カルタゴ　ローマ　　　　　　　　ポリスの発展　　　　　　　4 王国分立

前6
- （ 1　　　　　）人の王が支配
- 市民も（ 4　　　　）歩兵に
- タレスの（ 5　　　　）哲学
- （ 8　　　　　　　　）朝ペルシア（前550
- （ 9　　　　　）

（ 2　　　　）ローマ

前5
- 平民が（ 3　　　　　）として活躍　→民主共和政に
- （ 6　　　　）戦争
- アテネの民主政
- （ 7　　　　　　　）戦争
- 中央集権的大帝国に
- クセルクセス 1 世

前4
- （ 19　　　　　　　　　）法（前367）
- ダレイオス 3 世
- （ 24　　　　　　）
- アレクサンドロス大王の東方遠征　（前334〜前324）

前3
- （ 20　　　　　　）法
- 第 1 回（ 21　　）戦争　（前287）
- 第 2 回21戦争
- イタリア半島統一完成
- アンティゴノス朝マケドニア
- （ 25　　　　　　）朝エジプト
  - ヘレニズム文化が栄える
- （ 26　　　　　　）朝シリ
- （ 27　　　　　）

前2
- （前146）
- （前168）
- （ 22　　　　　）の改革失敗（前133〜前121）
- 西地中海を征圧
- 「内乱の 1 世紀」
- メソポタミアに進出

前1
- （ 23　　　　　）の独裁（前46〜前44）
- 東地中海を征圧
- クレオパトラ女王
- （前63）
- 帝政ローマ（前27〜395）：（ 36　　　　　　　）がアウグストゥスの称号を受ける

1
- 元首政
- イエスが十字架に→キリスト教成立
- （ 37　　　　　），パウロらによる伝道活動

「（ 40　　　　　）」
パクス＝ロマーナ

2
【五賢帝時代】
- （ 38　　　　）帝：領土最大に
- （ 39　　　　　　　　）帝：哲人皇帝

3
- 【（ 48　　　　）の時代】
- 皇帝ウァレリアヌスが捕虜に
- （ 55　　　　）朝ペルシア
- （ 56　　　　）
- （ 49　　　　　　　　）帝：専制君主政（ドミナトゥス）で帝国の再建をはかる

4
- （ 50　　　　　　）帝
- （ 51　　　　）(313)　キリスト教を公認
- （ 52　　　　　　　　）に遷都（330）
- （ 53　　　　　　）帝：キリスト教を国教化
- （ 54　　　　）人の大移動はじまる

西ローマ帝国（395〜476）　　東ローマ［（ 66　　　　）］帝国（395〜1453）

5
- （ 65　　　　）王国
- フランク王国
- 東ゴート王国
- 一時衰退

6
- （ 67　　　　　　　　　）大帝
  - 西地中海に進出，ローマ帝国の再興
- （ 68　　　　　）
- ランゴバルド王国
- 最盛期

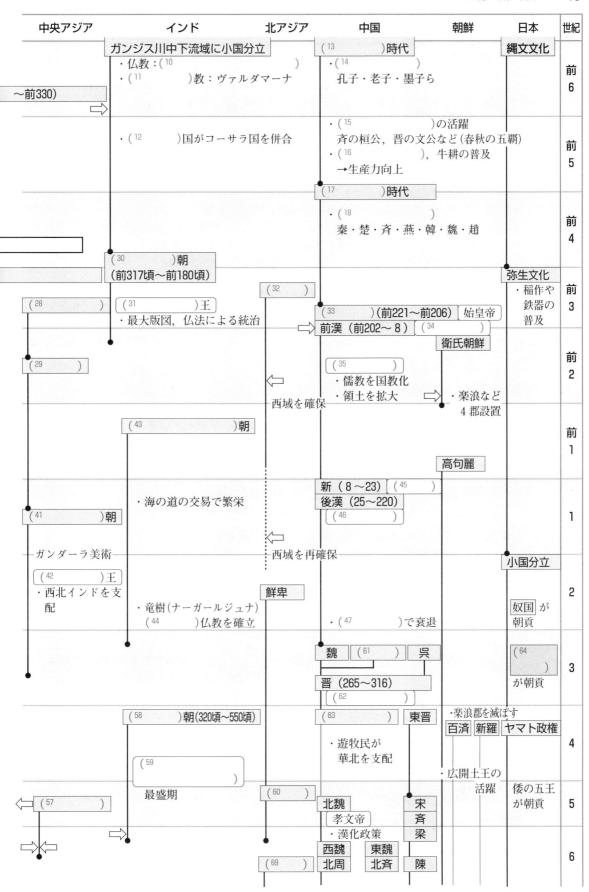

王朝・治世年表

中央アジア	インド	北アジア	中国	朝鮮	日本	世紀
	ガンジス川中下流域に小国分立		(13 　　　)時代		縄文文化	
	・仏教：(10 　　　　　　　)		・(14 　　　　　　)			前6
～前330)	・(11 　　　)教：ヴァルダマーナ		孔子・老子・墨子ら			
	・(12 　　　)国がコーサラ国を併合		・(15 　　　　　　　)の活躍			前5
			斉の桓公，晋の文公など(春秋の五覇)			
			・(16 　　　　　　)，牛耕の普及			
			→生産力向上			
			(17 　　　)時代			前4
			・(18 　　　　　　)			
			秦・楚・斉・燕・韓・魏・趙			
	(30 　　　)朝	(32 　　)			弥生文化	前3
(28 　　　)	(前317頃～前180頃)				・稲作や鉄器の普及	
	(31 　　　　)王		(33 　　　)(前221～前206) 始皇帝			
	・最大版図，仏法による統治		前漢(前202～8) (34 　　　)			
				衛氏朝鮮		
(29 　　　)			(35 　　　)			前2
			・儒教を国教化		・楽浪など	
		西域を確保	・領土を拡大		4郡設置	
	(43 　　　　　　)朝					前1
				高句麗		
			新(8～23) (45 　　)			1
	・海の道の交易で繁栄		後漢(25～220)			
(41 　　　)朝			(46 　　　)			
ガンダーラ美術		西域を再確保			小国分立	
(42 　　　)王						2
・西北インドを支配		鮮卑			奴国が朝貢	
	・竜樹(ナーガールジュナ)		・(47 　　　　　)で衰退			
	(44 　　　)仏教を確立					
			魏 (61 　) 呉		(64 　　　)	3
			晋(265～316)		が朝貢	
			(62 　　　)			
	(58 　　　)朝(320頃～550頃)		(63 　　　) 東晋	・楽浪郡を滅ぼす		4
			・遊牧民が華北を支配	百済 新羅 ヤマト政権		
	(59 　　　　　　)			・広開土王の活躍		
(57 　　　)	最盛期	(60 　　)	北魏	宋	倭の五王が朝貢	5
			孝文帝	斉		
			・漢化政策	梁		
			西魏 東魏			6
		(69 　　)	北周 北斉	陳		

⑬ イスラーム世界

拡大したイスラーム世界と諸王朝は，世界にどのような変化と影響を及ぼしたのか探求しよう。

◀◀◀ **ポイント整理 ①** ▶▶▶▶▶▶▶▶▶▶▶▶▶▶▶▶▶▶▶▶▶▶▶▶▶▶▶▶▶▶▶▶▶▶▶▶

❶ イスラーム世界の形成

○イスラーム以前…ビザンツ帝国×ササン朝〈抗争激化〉→東西交易路が途断
　　　　　　　　↓アラビア半島西部（ヒジャーズ地方）経由の交易がさかんに
　　　　　　　　＊中継地として 1＿＿＿＿＿＿ が繁栄

イスラーム創始期（610〜632）

・610頃　クライシュ族の商人 2＿＿＿＿＿＿ が，唯一神 3＿＿＿＿＿＿ の啓示(けいじ)を受けたと確信
　　→ 多神教と偶像崇拝を否定してイスラーム教をはじめる
　　　　　　　　（イスラームとは，「アッラーへの絶対的帰依」の意）
・622　迫害を受け，1から 4＿＿＿＿＿＿ へ移住 ＝ 5＿＿＿＿＿＿（聖遷(せいせん)）→共同体＝ 6＿＿＿＿＿＿ を設立
・630　2が1を無血征服し 7＿＿＿＿＿＿ 神殿の偶像を破壊，イスラーム教の聖殿とする
●632　2の死後，アブー＝バクルが初代の 8＿＿＿＿＿＿（後継者）に選出される

9＿＿＿＿＿＿ 時代（632〜661）	・8指導のもと，ジハード（聖戦）により領土拡大

①アブー＝バクル（〜634）
②ウマル　　　（〜644）
③ウスマーン　（〜656）
④アリー　　　（〜661）

・8指導のもと，ジハード（聖戦）により領土拡大
　　→シリア・パレスチナ（含イェルサレム）・エジプトへ進出
　　　　10＿＿＿＿＿＿ の戦い(642)ではササン朝を撃破
・聖典『11＿＿＿＿＿＿』の編纂(へんさん)（650頃）…アラビア語で記される

「アラブ帝国」（ウマイヤ朝）の時代（661〜750）

・661　第4代カリフ 12＿＿＿＿＿＿ の暗殺
　　→シリア総督(そうとく)の 13＿＿＿＿＿＿ が 14＿＿＿＿＿＿ 朝〔首都：ダマスクス〕をひらき，カリフを世襲
　　「第4代アリーの子孫だけが 6 を指導する資格がある」と主張する人びとは
　　　　15＿＿＿＿＿＿ 派を形成（対スンナ派）

・・・・・・・・・ ※イスラーム教二大宗派とその対立のはじまり ・・・・・・・・・

・711　西ゴート王国を滅ぼし，その領土は 16＿＿＿＿＿＿ 半島まで拡大
・732　17＿＿＿＿＿＿ の戦いでフランク王国に敗れ，進撃がとまる

「イスラーム帝国」（アッバース朝）形成・発展の時代（750〜9世紀後半）

・750　アブー＝アルアッバースが14朝を打倒し，18＿＿＿＿＿＿ 朝をひらく
　　・第2代マンスールのもとで新都 19＿＿＿＿＿＿ を建設 ↕〔政治的に対立〕
　　・ウマイヤ家はイベリア半島に逃れ，20＿＿＿＿＿＿ 朝〔首都：コルドバ〕をひらく（756）
・751　21＿＿＿＿＿＿ の戦いで唐を破る

唐の捕虜を通じて 22＿＿＿＿＿＿ が西アジアに伝わる

●第5代の 23＿＿＿＿＿＿（位786〜809）の時代に最盛期を迎える

税制などの違い		
ウマイヤ朝	土地税＝ 24＿＿＿＿＿＿ と人頭税＝ 25＿＿＿＿＿＿ は非アラブ人・異教徒が負担 ＊アラブ人による異民族支配　＝「アラブ帝国」とよぶべき本質をもつ	
アッバース朝	非アラブ人ムスリムの25が廃止され，アラブ人も24を負担 ＊ムスリムの平等が実現　＝「イスラーム帝国」の成立	

　　・また，9世紀以降は 26＿＿＿＿＿＿ とよばれる奴隷軍人（多くはトルコ系）が重用される

［都市名］
a：27＿＿＿＿＿＿ …7神殿の所在地
b：28＿＿＿＿＿＿ …622年にムハンマドと信者が移住をした地
c：29＿＿＿＿＿＿ …ウマイヤ朝の首都
d：30＿＿＿＿＿＿ …後ウマイヤ朝の首都

ことばの探究　スンナ：「ならわし」という意味だが，具体的には伝承（ハディース）によって伝えられたムハンマドの言行をさす。スンナ派とは「スンナに従う正しい信者」の意味で，多数派イスラームの自称である。

イスラーム帝国分裂の時代（9世紀後半〜10世紀後半）

- ・875　アッバース朝領内に [31] ＿＿＿＿＿＿＿＿朝（イラン系スンナ派）がおこる
- ・909　チュニジアに [32] ＿＿＿＿＿＿＿＿朝（シーア派）がおき，君主がカリフを自称
- ・929　後ウマイヤ朝の君主（アブド＝アッラフマーン3世）もカリフを自称
→ ……アッバース朝（東カリフ国）・[32]朝（中カリフ国）・後ウマイヤ朝（西カリフ国）に分裂……
- ・946　[33] ＿＿＿＿＿＿＿朝（イラン系シーア派）がバグダード入城，
　　　 [34] ＿＿＿＿＿＿＿＿＿に任じられ，アッバース朝カリフを実質支配

❷　イスラーム世界の発展（諸地域のイスラーム化）

〈イベリア半島〜北アフリカ〉　〈エジプト・チュニジア〉　　　〈西アジア〉　　　　　　〈アフガニスタン〉

後ウマイヤ朝
（756〜1031）

- ・北アフリカでは
　[3] ＿＿＿＿＿＿＿人
　の改宗がすすむ

ムラービト朝
（1056〜1147）

ムワッヒド朝
（1130〜1269）

ファーティマ朝
（909〜1171）

- [4] ＿＿＿＿＿＿＿を首都に
　（969）

[5] ＿＿＿＿＿＿＿朝
（1169〜1250）

- ・建国者 [6]
- ・エジプトにスンナ派を回復させる
- ・第3回十字軍を撃退

ナスル朝
（1232〜1492）

- ・首都 [9]

[8] ＿＿＿＿＿＿＿朝
（1250〜1517）

- ・アッバース朝のカリフを保護
- ・十字軍やモンゴル軍を撃退

アッバース朝　（750〜1258）

[1] ＿＿＿＿＿＿＿朝

- ・創始者トゥグリルベクがアッバース朝カリフから
　[2] ＿＿＿＿＿＿＿
　（支配者）の称号を得る
　（1055）

アッバース朝滅亡（1258）
モンゴル　| （イル＝ハン国（フレグ＝ウルス）） | の支配
[10] ＿＿＿＿＿＿＿がイスラーム教に改宗

ガズナ朝
（977〜1187）

ゴール朝
（1148頃〜1215）
　↓
- ・将軍 [7] ＿＿＿＿＿＿＿が
　インドに侵入
　⇨奴隷王朝成立（1206）

10世紀

A：[11] ＿＿＿＿＿＿＿朝　（東カリフ国）
B：[12] ＿＿＿＿＿＿＿朝　（中カリフ国）
　シーア派。建国当初よりカリフを自称
C：[13] ＿＿＿＿＿＿＿朝（西カリフ国）
D：[14] ＿＿＿＿＿＿＿朝　イラン系シーア派

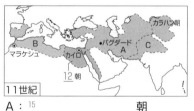

11世紀

A：[15] ＿＿＿＿＿＿＿朝
　トルコ系スンナ派。
B：[16] ＿＿＿＿＿＿＿朝　ベルベル人の王朝
C：[17] ＿＿＿＿＿＿＿朝

12世紀

A：[18] ＿＿＿＿＿＿＿朝（首都カイロ）
　クルド人のサラディンが建国。スンナ派
B：[19] ＿＿＿＿＿＿＿朝
　ベルベル人の王朝
C：[20] ＿＿＿＿＿＿＿朝

13世紀

A：[21] ＿＿＿＿＿＿＿朝（首都カイロ）
　スンナ派。イスラーム世界の中心的王朝
B：[22] ＿＿＿＿＿＿＿朝（首都グラナダ）
C：[23] ＿＿＿＿＿＿＿国　モンゴル系のちにイスラームに改宗
D：[24] ＿＿＿＿＿＿＿王朝　ゴール朝の[7]が建国

❶ インド・東南アジア・アフリカのイスラーム化

インド

○10世紀後半以降…トルコ系の ¹_____朝, イラン系の ²_____朝がアフガニスタンから侵入

・1206 <u>2</u>朝の将軍アイバクが北インドに侵入, ³_____を創始　**インドのイスラーム化のはじまり**

　→以後, 北インドには ⁴_____を首都とするイスラーム王朝 (= ⁵_____朝) が続く

> | ⁵朝 | ・<u>3</u> (1206〜90) | ・サイイド朝 (1414〜51) |
> |---|---|---|
> | | ・ハルジー朝 (1290〜1320) | ・ロディー朝 (1451〜1526) |
> | | ・トゥグルク朝 (1320〜1414) | |

※ロディー朝のみアフガン系,
ほかはトルコ系

東南アジア

○古くから「海の道」(海のシルク=ロード) の経由地として開ける：各地から商人が進出

・広州をめざすムスリム商人 (8世紀以降), ⁶_____船に乗った中国商人 (10世紀以降) が往来

・13世紀末　ジャワ島に建国されたヒンドゥー王朝の ⁷_____王国

　14世紀末　マレー半島に建国された ⁸_____王国　}　ともに交易で栄える

　→<u>8</u>王国は, イスラームに改宗してムスリム商人との関係を強化

　　→以後<u>8</u>を拠点として, マレー半島, 島嶼部のイスラーム化がすすむ

> イスラーム王朝：⁹_____王国 (スマトラ, 15世紀末〜), ¹⁰_____王国 (ジャワ, 16世紀末〜)

アフリカ

○ナイル川上流

> ¹¹_____王国　前920頃〜 (首都メロエの名をとってメロエ王国ともいう)

　・メロエ文字 (未解読) を使用。首都メロエにピラミッドを建設

> ¹²_____王国　紀元前後頃〜 〔エチオピア〕

　・<u>11</u>王国を滅ぼし, コプト派キリスト教を受容

　・10世紀以降, エジプトがイスラーム化するが, エチオピアにはキリスト教の王国が存続

○ニジェール川流域 (西アフリカ)

> ¹³_____王国　7世紀頃〜13世紀なかば頃

　…サハラ越えの砂金の交易 (岩塩と砂金を交換) で繁栄

　　⇨11世紀後半にムラービト朝の攻撃を受け衰退。以後, サハラ以南のイスラーム化がすすむ

> ¹⁴_____王国　13〜15世紀　＊「黄金の国」とよばれる

　・ニジェール川の交易で栄えた黒人のイスラーム王国 (14世紀のマンサ=ムーサ王の時代が最盛期)

> ¹⁵_____王国　15〜16世紀

　・<u>14</u>王国を滅ぼし, ニジェール川の交易で栄えた黒人のイスラーム王国

　・交易都市として栄えた ¹⁶_____は, イスラーム学問の中心地に発展

○東アフリカ海港都市

・モガディシュ・マリンディ・モンバサ・ザンジバル・キルワなどの都市にムスリム商人が居住

　⇨¹⁷_____船を駆使したインド洋交易 (銅や奴隷を中国産の陶磁器など
　　と交換) の拠点として繁栄

・アラビア語の影響を受けた ¹⁸_____語を使用

○ザンベジ川流域

・15世紀を中心に ¹⁹_____王国が繁栄。ムスリム商人とも交流

　…大ジンバブエ (グレート=ジンバブエ) の建設

> アイユーブ朝やマムルーク
> 朝時代に, 地中海・紅海・イ
> ンド洋を結んで活発な商業活
> 動を展開したムスリム商人
> = ²⁰_____商人

2 イスラーム文明

【イスラーム文明の特色】

①イスラーム諸国は古くから文明が栄えていた地域（メソポタミア・シリア・エジプトなど）にまたがって成立
　⇨それぞれの文化遺産とアラブ人がもたらしたアラビア語・イスラーム教・都市文明などが融合した**融合文明**

②イスラーム世界の拡大とともに、各地の地域的・民族的特色が加わって、多様さを増していった
　⇨**イラン=イスラーム文化**、トルコ=イスラーム文化、インド=イスラーム文化など

【イスラームの社会・経済】

(1) キリスト教世界のような教会や聖職者は存在しないが、『コーラン』にもとづいて**イスラーム法**＝[1]＿＿＿＿＿＿＿
　　＿＿＿＿＿を解釈する学者（知識人）＝[2]＿＿＿＿＿＿＿＿＿が実質的な指導者層を形成。

(2) バグダード・カイロなどの大都市には、信者が集団礼拝を行うための礼拝堂＝[3]＿＿＿＿＿＿＿＿＿がいくつも建ち
　　並び、付近では**市場**（アラビア語で**スーク**、ペルシア語で[4]＿＿＿＿＿＿＿＿＿）が開かれる。

(3) 布教においては、[5]＿＿＿＿＿＿＿＿＿とよばれるイスラーム神秘主義者とその教団が大きな役割をはたした。

(4) 軍人に封土とともにその土地の徴税権を与える[6]＿＿＿＿＿＿＿＿＿**制**が実施された（ブワイフ朝ではじめられ、
　　セルジューク朝時代以降、西アジアのイスラーム諸政権に継承された。

【イスラーム文化】

(1) 9世紀初頭から、アッバース朝カリフの主導により、ギリシア語・ペルシア語などの文献が**アラビア語に翻訳**
　　される。
　　⇨「**外来の学問**」（言語学・神学・法学などのアラブ**固有の学問**に対して異民族起源の学問をいう）が発展。
　　　なかでも、[7]＿＿＿＿＿＿＿＿＿の**哲学**（とくに**アリストテレス**）・**医学・地理学・幾何学・天文学**や、
　　　[8]＿＿＿＿＿＿＿の**数学**（**十進法**による表記・**ゼロの概念**）が大きな影響をあたえた

(2) 各地に**マドラサ**（学院）が建設され、高度な教育・研究水準をほこった。
　　⇨セルジューク朝の宰相[9]＿＿＿＿＿＿＿＿＿＿＿＿＿が建設した**ニザーミーヤ学院**はとくに有名

分　野		概　　　要
固有の学問	神　学	[10]＿＿＿＿＿＿＿＿…哲学研究を離れ、神秘主義（スーフィズム）へ
	歴史学	[11]＿＿＿＿＿＿＿…年代記形式の世界史（『預言者と諸王の歴史』）を編纂
		[12]＿＿＿＿＿＿…『世界史序説』（為政者や社会の批判）
		[13]＿＿＿＿＿…イル=ハン国に仕え、ガザン=ハンの命により『**集史**』を編纂
外来の学問	医　学	[14]＿＿＿＿＿＿＿＿（ラテン名アヴィケンナ） …著書『医学典範』はヨーロッパで近代まで医学の教科書だった
	哲　学	[15]＿＿＿＿＿＿＿（ラテン名アヴェロエス） …アリストテレス哲学の注釈で中世ヨーロッパにも影響
	数　学	[16]＿＿＿＿＿…アッバース朝で活躍し、代数学を発展させる
	天文学	占星術から太陰暦の暦法が発達し、元の授時暦に影響をあたえる [17]＿＿＿＿＿＿…太陽暦のジャラリー暦を作成（数学者としても知られる）
	地理学	[18]＿＿＿＿＿＿＿…モロッコ出身、インド・中国（元）を巡り『**旅行記**』を著す **イドリーシー**…ヘレニズム文化から地球球体説を継承、「世界図」を完成
文　学		『[19]＿＿＿＿＿＿』（アラビアン=ナイト）…長い年月をかけ、各地の説話を集成 [20]＿＿＿＿＿＿＿…ガズナ朝に仕えたイラン系詩人。民族叙事詩『**シャー=ナーメ**（王の書）』 を完成 [17]…セルジューク朝時代のイラン系詩人。『四行詩集』（『ルバイヤート』）で知られる
建築・美術		ミナレット（光塔）や**ドーム**（円屋根）を特色とする**モスク**（礼拝堂） …偶像崇拝が禁止されているため、[21]＿＿＿＿＿＿＿＿（幾何学文様）が発達 写本に[22]＿＿＿＿＿＿（ミニアチュール）の挿し絵が施される [23]＿＿＿＿＿＿＿＿＿…ナスル朝の首都グラナダに建築

5章

◀◀◀ 演 習 問 題 ▶▶

1 　　　　　　　　　　　正誤でチェック！基礎知識

次の各文の下線部には1か所ずつ誤りがある。その番号を指摘し，正しい語句に訂正せよ。

A　ムハンマドとその信者は西暦①622年に②メッカに移住した。このできごとを③ヒジュラという。

B　ムハンマドが病没<small>びょうぼつ</small>したのち，イスラーム共同体＝①ウンマの指導者に選ばれた②ムアーウィヤを最初とする4人のカリフを③正統カリフという。

C　①ウマイヤ家によるカリフ位の支配がはじまると，②アリーの子孫にのみイスラーム共同体を指導する資格があると主張する人々は③スンナ派を形成し，これと対立した。

D　イスラームへ改宗した者を①マワーリーというが，彼らに課されていた人頭税＝②ハラージュは③アッバース朝時代に廃止された。

E　10世紀にはいると，チュニジアに①ムラービト朝が建国されたり，イラン系の②ブワイフ朝がバグダードを占領したりと，③シーア派の王朝が権勢を示した。

F　①12世紀初めに②ゴール朝の将軍アイバクが北インドに侵入して王朝を開くと，以後③デリーを首都とするイスラーム王朝が④3世紀にわたって存続した。

G　①ナスル朝の首都②コルドバには③アルハンブラ宮殿が建てられた。

1

番号	正しい語句
A	，
B	，
C	，
D	，
E	，
F	，
G	，

2 ［イスラーム世界の成立と発展］　　　(19　慶應義塾大学より作成)

イスラーム教は，ユダヤ教やキリスト教と並んで西アジアで生まれたもう一つの一神教であり，7世紀の初め，ₐアラビア半島の町メッカの商人であったムハンマドによって創始された。ᵦ彼は多神教を信じるメッカの人々の迫害を受けてメディナに移住したが，のちにメッカを征服し聖地とした。ムハンマド亡き後，イスラーム勢力はメソポタミアやイラン高原をおさめていた（①）朝を滅ぼし，シリアやエジプトをビザンツ帝国から奪い，勢力を拡大した。

その版図を引き継いだ。ᵪウマイヤ朝では，少数の（②）人ムスリムが支配者となり，免税など多くの特権を享受した。非ムスリムは人頭税（＝（③））や土地税（＝（④））を支払うことで各々の信仰を保障されたが，彼らがイスラーム教に改宗したとしても支配層と同等の特権は与えられなかった。

問1　文中の空欄①～④に適語を入れよ。

問2　下線部a～cについて次の各問いに答えよ。

　a　下線部aについて，このように，神の言葉を預けられた人物を何というか。

　b　下線部bについて，この出来事をイスラーム教では何というか。

　c　下線部cについて，以下の各問いに答えよ。

　　i　この王朝を開いた人物は誰か。

　　ii　この王朝の成立に不満をもつ人々は，「4代目正統カリフ，アリーの子孫のみがウンマを指導する資格がある」と主張した。この一派は何か。

　　iii　アッバース朝はこの王朝と比較して，「イスラーム帝国」と呼ばれる。その性格を，税制に着目して簡潔に説明せよ。

2

問1①

②

③

④

問2 a

b

c i

ii

iii

③ ［イスラーム世界の分裂・イスラーム諸王朝］　（22　学習院大学より作成）

　ウマイヤ朝を倒したアッバース朝は、イスラームのもとでの平等を原則としたため、アラブ人以外のムスリムが軍事、政治、学問の各分野で活躍した。第2代カリフのマンスールの時代に建設された中心都市（①）は、政治、経済そして文化の中心地として栄えた。この都市には第7代カリフのマームーンが設立した（②）と呼ばれる施設がおかれ、ギリシア語文献などがさかんに翻訳された。イスラーム文化の特徴は、アラビア語による神学・法学などとともに、a ギリシア、インド、ペルシアなど多彩な文化圏の伝統を受け継いだ数学、b 医学、天文学などが発展した点にあった。

　中央アジアから北アフリカに広がる広大な領土を支配するようになったアッバース朝は、しだいに解体していった。9世紀には中央アジアでイラン系イスラーム国家の（③）朝が成立し、10世紀には c 北アフリカにシーア派の（④）朝が成立するなど、カリフのもとに統一されていたイスラーム帝国の分裂があきらかになった。アッバース朝のカリフはその後も存続したが、10世紀にブワイフ朝の大アミールによって実権を奪われ、11世紀にはブワイフ朝を倒したトルコ系民族が建国したセルジューク朝が、（⑤）を称してカリフの権威のもとで統治をおこなうようになった。セルジューク朝の解体後は（⑥）がアイユーブ朝を建てた。セルジューク朝からアイユーブ朝の時代にかけて、イスラーム教徒は西から攻め入ってきた d 十字軍と戦った。

　トルコ系イスラームの躍進は、中央アジアにもみられた。トルコ系遊牧集団が建てた（⑦）朝は、10世紀にイスラームを受容し、③朝を倒してオアシス地域にも進出した。その後この地域は「e トルコ人の土地」を意味する（⑧）と呼ばれた。

問1　文中の空欄①〜⑧に適語を入れよ。
問2　下線部a〜eについて次の各問いに答えよ。
　a　これに起源をもつ説話が集成された説話集は何か。
　b　『医学典範』を著した人物は誰か。
　c　④朝の都はどこか。
　d　この目的の一つは、聖地の奪回であった。その聖地はどこか、答えよ。
　e　この民族は、騎馬技術に優れ、イスラーム圏では奴隷軍人として用いられた。
　　彼らを何と呼ぶか。
問3　エジプトにおける初の独立イスラーム王朝は何か。

④ ［インド・東南アジアのイスラーム化］　（22　学習院大学より作成）

　イスラームの拡大には、征服によるものと交易によるものとがあった。前者の例は、13世紀から16世紀にかけて a 北インドに成立した（①）朝と呼ばれる諸王朝である。交易による拡大の例としては東南アジアがあげられる。インド洋から b 東南アジアにかけての海域では多数の（②）が活動していたが、15世紀頃から現地の支配者がイスラームを受け入れ、各地で布教がすすんだ。

　イスラームを受容する地域が各地に広がると、世界各地の交易ネットワークが結びつけられた。陸上では、中国、ヨーロッパ、ロシア、アフリカと各方面の交易品がイスラーム世界を中継して取引された。海上では、三角帆を特徴とする（③）を操る②がインド洋から南シナ海にかけて活躍した。

問1　文中の空欄①〜③に適語を入れよ。
問2　下線部a、bについて次の各問いに答えよ。
　a　下線部aでの拡大は、奴隷王朝から始まる。この王朝を創始した人物は誰か。
　b　下線部bについて、**イスラーム王朝ではない国**を次から1つ選べ。
　　ア　マジャパヒト王国　　イ　マラッカ王国
　　ウ　アチェ王国　　　　　エ　マタラム王国

③

問1①
②
③
④
⑤
⑥
⑦
⑧
問2 a
b
c
d
e
問3

④

問1①
②
③
問2 a
b

5 ［アフリカのイスラーム化］　　　　　　　　　（19　大東文化大学より作成）

　西アフリカでは4世紀ごろラクダがサハラ砂漠の横断に利用されるようになると，地中海方面と結ばれるようになった。西アフリカ産の金・象牙・奴隷などが地中海の物資やサハラ砂漠の岩塩と取引されるようになった。この交易を基盤として8世紀以前から_aガーナ王国が栄えていたが，8世紀以降はムスリム商人がこの交易をになうようになった。14世紀には_bマリ王国，15世紀後半にはソンガイ王国が，セネガル川・（①）川上流の金の産地を支配しムスリム商人と交易したため，支配階級はイスラームを受容した。①川中流域のトンブクトゥは交易都市として栄え，ソンガイ王国時代にはモスクやマドラサが建ち並ぶ宗教・学問の都市としても栄えた。

　一方，東アフリカのモガディシュ以南のアフリカ東海岸地域では，10世紀以降に_c海港都市にムスリム商人が住みつき，アフリカ内陸部の金や象牙を取引するインド洋交易の拠点として繁栄した。この海岸地域では（②）が共通語として用いられた。さらに南方の（③）川とリンポポ川に挟まれた地域では，11世紀からショナ人が都市文化を形成し，15世紀には_dモノモタパ王国が金の輸出をはじめとするインド洋交易によって栄えた。

問1　空欄①・③にはいる語句の組合せとして正しいものを次から1つ選べ。
　ア　①ニジェール　③ザンベジ　　イ　①ニジェール　③コンゴ
　ウ　①コンゴ　　　③ザンベジ　　エ　①ザンベジ　　③ニジェール
問2　空欄②に適語を入れよ。
問3　下線部a〜dについて次の各問いに答えよ。
　a　この王国を11世紀後半に攻撃した王朝を次から1つ選べ。
　　ア　ファーティマ朝　　イ　ムラービト朝
　　ウ　ムワッヒド朝　　　エ　ナスル朝
　b　この王国の14世紀前半の最盛期の君主を答えよ。
　c　この都市として**誤っているもの**を次から1つ選べ。
　　ア　マリンディ　イ　モンバサ　ウ　キルワ　エ　メロエ
　d　この王国の中心都市として栄えた，「石の家」を意味する都市遺跡を次から
　　1つ選べ。
　　ア　アカプルコ　　イ　テノチティトラン
　　ウ　ティルス　　　エ　大ジンバブエ

6 ［イェルサレムの歴史］　　　　　　　　　　　（06　中央大学より作成）

　_a7世紀の初頭にイスラーム教がおこり，それを信仰するアラブ人が支配領域を拡大し始めると，イェルサレムもアラブ人によって占領されることになった。とはいえ，ユダヤ教徒もキリスト教徒も，イスラーム教徒と同じ唯一神を信じる人びとだった。そのため，イスラーム教徒は，彼らを「（①）」とよび，その信仰の維持を認めた。

　11世紀に入り，この地域を支配下におさめた（②）朝が，（③）を圧迫しはじめると，③の皇帝は，ローマ教皇に救いを求めた。これを受けてローマ教皇は，聖地イェルサレムをイスラーム教徒から奪い返すために最初の（④）を派遣した。そして，1099年，④は，イェルサレムをイスラーム教徒から奪還し，この地にイェルサレム王国を建てた。しかし，イスラーム教徒は，_b1187年に（⑤）朝のもとでこの地を奪回し，以後数百年ここを支配した。

問1　文中の空欄①〜⑤に適語を入れよ。
問2　下線部a，bについて次の各問いに答えよ。
　a　7世紀末にイェルサレムに建てられたイスラーム最古の建造物は何か。
　b　このときの⑤朝の君主は誰か。

5

問1
問2
問3 a

　　 b

　　 c

　　 d

6

問1 ①
　　②
　　③
　　④
　　⑤
問2 a
　　 b

7 ［イスラーム文明］ （22　中京大学より作成）

　イスラームの学問は，まず言語学・神学・法学から発達した。また，ムハンマドの伝承を集める過程で歴史学も発達した。これらは固有の学問といわれる。イスラーム世界最高の歴史家といわれ，14世紀にチュニスで生まれた（①）は，『世界史序説』を著し，都市と遊牧民との関係を中心に歴史発展の法則を論じた。また，イスラーム学者（②）を育成する a 高等教育機関が各地に設けられた。

　しかし，イスラーム教徒の学問が飛躍的に発達したのは，むしろ，外来の学問から多くを学び，それをさらに発展させることができたからであろう。その点で，9世紀にギリシア語文献が体系的に b アラビア語に翻訳されたことの意義は大きい。ギリシアの自然科学を学んだイスラーム世界の学者らは，臨床や観測・実験によってそれをさらに発展させた。実験によって物質の要素を追求するイスラームの錬金術が，近代科学の出発点になった。また，インドから（③）を取り入れた。これはやがてヨーロッパにも伝わり，現在広くもちいられているアラビア③へと受け継がれていった。代数学と三角法も（④）（780年頃〜850年頃）などのイスラーム教徒によって開発されたのである。また，『四行詩集（ルバイヤート）』を著したことでも知られる（⑤）は数学・天文学にも精通し，太陽暦の作成に関わった。

　イスラーム教徒はギリシア哲学，とくに（⑥）（前384〜前322年）の哲学をよく学び，それをヨーロッパに伝えた。コルドバ生まれの医学者・哲学者（⑦）は，アヴェロエスというラテン語名でヨーロッパ人に親しまれたが，それは彼の⑥研究が中世ヨーロッパ哲学に大きな影響を与えたからである。また，イラン系の医学者・哲学者の（⑧）もアヴィケンナというラテン語名で親しまれた。彼がギリシア・アラビア医学を集大成して著した『（⑨）』は，16〜17世紀頃までヨーロッパでも使用された。

　文学作品としては，（⑩）が完成させたペルシア語文学の最高傑作の1つとされる古代英雄叙事詩で『シャー=ナーメ（王の書）』や，各地の起源の説話を集め，16世紀までにカイロでほぼ現在の形にまとめられた『千夜一夜物語』が有名である。また，（⑪）は旅行記として『三大陸周遊記（旅行記）』を残した。

問1　文中の空欄①〜⑪に適語を入れよ。

問2　下線部a，bについて次の各問いに答えよ。

　a　高等教育機関としては，ファーティマ朝が建設したアズハル学院などがあった。こうした学院のアラビア語での名称を，カタカナで答えよ。

　b　アッバース朝時代のバグダードに設立され，おもにギリシア古典のアラビア語訳に従事した機関の名称を，4字で答えよ。

問3　メヴレヴィー教団に代表される，神との神秘的合一を目指すイスラーム神秘主義は何か。カタカナで答えよ。

問4　ナスル朝によってグラナダに建造された宮殿は何か。

問5　問4の内装に施される，幾何学文様は何か。カタカナで答えよ。

7

問1①

②

③

④

⑤

⑥

⑦

⑧

⑨

⑩

⑪

問2 a

b

問3

問4

問5

14 東西ヨーロッパ世界の成立

東西ヨーロッパ世界の成立と東西キリスト教会の関係に留意して，その成立過程をまとめてみよう。

◀◀◀ **ポイント整理** ▶▶▶▶▶▶▶▶▶▶▶▶▶▶▶▶▶▶▶▶▶▶▶▶▶▶▶▶▶▶▶▶▶▶▶▶▶

1 ゲルマン人大移動期の西ヨーロッパ

・4世紀後半 1＿＿＿＿＿＿人がアジアから侵入 ―圧迫→西ゴート人…2＿＿＿＿＿＿川を越えてローマ帝国領内へ
⇨約200年間におよぶゲルマン人の大移動がはじまる

・476年 西ローマ帝国の傭兵隊長 3＿＿＿＿＿＿が同帝国を滅ぼして王となる
⇨ 4＿＿＿＿＿＿大王に率いられた東ゴート人によって滅ぼされ，西ヨーロッパでは混乱が続いた

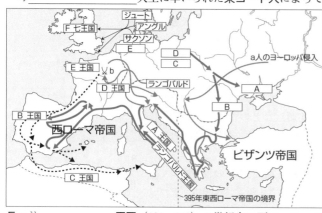

a：1人の侵入 5＿＿＿＿＿＿王がパン
ノニアに大帝国を建国し，さらに西進
⇨b：6＿＿＿＿＿＿の戦い（451）
で西ゴート・西ローマ連合軍に敗北

A：7＿＿＿＿＿＿王国（493〜555）
ビザンツ帝国に滅ぼされる

B：8＿＿＿＿＿＿王国（418〜711）
ウマイヤ朝に滅ぼされる

C：9＿＿＿＿＿＿王国（429〜534）
ビザンツ帝国に滅ぼされる

D：10＿＿＿＿＿＿王国（443〜534）
フランク王国に滅ぼされる

E：11＿＿＿＿＿＿王国（481〜843）8世紀末に西ヨーロッパを統一　F：12＿＿＿＿＿＿七王国

2 フランク王国の歩み

> 1＿＿＿＿＿＿（位481〜511）

・481 フランク王国（2＿＿＿＿＿＿朝）を建国
・496 他のゲルマン諸族がアリウス派を信仰していたのに対し，3＿＿＿＿＿＿派のキリスト教に改宗
⇨ローマ教会との関係が強まる
・534 ブルグンド王国を滅ぼし，ガリア一帯を支配
・732 宮宰の4＿＿＿＿＿＿が5＿＿＿＿＿＿の戦いでウマイヤ朝軍に勝利

> 6＿＿＿＿＿＿（位751〜768）

・751 4の子である6＝小ピピンが王となり，7＿＿＿＿＿＿朝をひらく
・756 北イタリアの8＿＿＿＿＿＿王国を討ち，9＿＿＿＿＿＿地方をローマ教皇に献上
＝「ピピンの寄進」：このとき献上された領土が，10＿＿＿＿＿＿の起源

> 11＿＿＿＿＿＿（位768〜814）

・8王国を滅ぼし，アヴァール人を撃退…西ヨーロッパをほぼ統一
・各地に「伯」をおき，巡察使に監視をさせる
・800 教皇12＿＿＿＿＿＿から西ローマ帝国の帝冠を授かる。いわゆる「13＿＿＿＿＿＿」
⇨ 教皇を宗教上の，皇帝（フランク国王）を政治上の最高指導者とする中世西ヨーロッパ世界の成立

その後，14＿＿＿＿＿＿条約（843），15＿＿＿＿＿＿条約（870）を経て，王国は分裂

①16＿＿＿＿＿＿王国（フランス）
：カロリング朝断絶後，ユーグ＝カペーが王となり，17＿＿＿＿＿＿朝成立（987）
②18＿＿＿＿＿＿王国：カロリング朝断絶後，分裂状態に
③19＿＿＿＿＿＿王国（ドイツ）：10世紀初めにカロリング朝が断絶

ことばの探究 シャルルマーニュ：カール大帝のことをフランス語でこういう。ちなみに「カール」（ドイツ語）は，フランス語では「シャルル」，英語では「チャールズ」と発音する。

3　フランク王国の分裂～外部勢力の侵入

・カール大帝の死後，その孫らの相続争いによりフランク王国は分裂，各国でカロリング朝は断絶

　　→有力者にローマ帝国の復活を託す考えは消えず，ドイツ王（ザクセン朝）の¹＿＿＿＿＿＿＿＿＿＿がマジャー

　　　ル人を撃退するなど名声を高め，962年教皇から帝冠が授けられる… ²＿＿＿＿＿＿＿＿帝国のはじまり

・以後，皇帝位はドイツ王が兼ねる

　　⇨歴代の皇帝は³＿＿＿＿＿＿＿政策に熱心なあまり本国の統治をおろそかに　→　国内の統一は乱れがちに

● ノルマン人の展開

・フランク王国の分裂と前後して，北方ゲルマンに属する⁴＿＿＿＿＿＿＿人の活動が活発化

　　【優れた造船・航海の技術】→　ヨーロッパ各地に海上遠征を展開。ときに海賊・略奪行為を行うなどして，

　　　　　　　　⁵＿＿＿＿＿＿＿＿＿＿＿の名でおそれられた

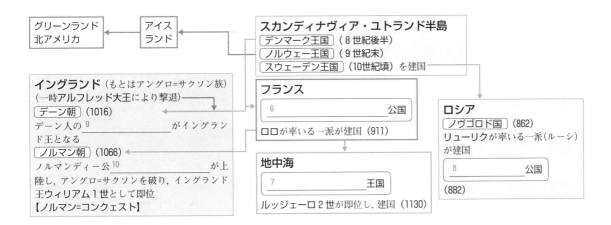

```
┌─────────────┐    ┌──────┐        ┌──────────────────────────────┐
│グリーンランド  │ ←─ │アイス │ ←───── │スカンディナヴィア・ユトランド半島          │
│北アメリカ     │    │ランド │        │ ┌デンマーク王国┐（8世紀後半）            │
└─────────────┘    └──────┘        │ ┌ノルウェー王国┐（9世紀末）             │
                                    │ ┌スウェーデン王国┐（10世紀頃）を建国       │
┌──────────────────────────┐       └──────────────────────────────┘
│イングランド（もとはアングロ=サクソン族）│   ┌──────────────────┐
│（一時アルフレッド大王により撃退）      │   │フランス            │          ┌──────────────────┐
│ ┌デーン朝┐（1016）                 │   │ ┌6          公国┐ │          │ロシア            │
│ デーン人の<sup>9</sup>＿＿＿＿＿＿がイングラン│   │                    │          │ ┌ノヴゴロド国┐（862）│
│ ド王となる                        │   │ □□が率いる一派が建国（911）│      │ リューリクが率いる一派（ルーシ）│
│ ┌ノルマン朝┐（1066）              │   └──────────────────┘          │ が建国            │
│ ノルマンディー公<sup>10</sup>＿＿＿＿＿が上  │   ┌──────────────────┐          │ ┌8          公国┐ │
│ 陸し，アングロ=サクソンを破り，イングランド│   │地中海              │          └──────────────────┘
│ 王ウィリアム1世として即位           │   │ ┌7          王国┐ │          （882）
│【ノルマン=コンクェスト】            │   └──────────────────┘
└──────────────────────────┘   ルッジェーロ2世が即位し，建国（1130）
```

4　封建社会の成立

¹＿＿＿＿＿＿＿＿＿＿関係

①国王や諸侯はみずからの領地を防衛するため，多数の騎士と契約を結んで主従関係を形成

　　⇨主君と家臣の双方に契約を守る義務〔双務的契約〕がある

　　　　主君が契約に違反すると家臣には服従を拒否する権利があり，複数の主君と契約を結ぶことも可能

②ローマの²＿＿＿＿＿＿＿制度とゲルマンの³＿＿＿＿＿＿＿制が起源

　　・<u>2</u>制度＝有力者に土地を献上して保護下に入り，有力者からその土地を改めて貸与してもらう制度

　　・<u>3</u>制＝自由民の子弟が，有力者に保護してもらうかわりに，忠誠を誓ってその従者となる制度

荘園

・上は国王・大諸侯から，下は一介の騎士まで，領地をもつ者はすべて領主であり，その所有地は荘園とよばれた

　　⇨領主は荘園と農民を直接支配（領主制・荘園制）

・荘園には，領主の直営地と農民の保有地があり，そのほかに牧草地や森などの共同利用地があった

　　⇨農民はそれぞれの保有地で生産に励んだが，

　　　・領主の直営地で労働する義務＝⁴＿＿＿＿＿と，生産物を領主に納める義務＝⁵＿＿＿＿＿を負った

　　　・移動の自由は認められず，結婚や相続の自由も制限され，結婚税や死亡税の支払いが義務づけられていた

　　　　（このような不自由で制約の多かった農民のことを⁶＿＿＿＿＿＿という）

・領主は国王やその役人が荘園に立ち入ったり課税したりするのを拒否する権利＝⁷＿＿＿＿＿＿（インムニ

テート）をもち，⁸＿＿＿＿＿＿＿によって農民を裁いたり処罰することができた

　　⇨国王の権力は個々の領地にまで及ばず（国王も諸侯の一人に過ぎない），封建社会は概して地方分権的だった

6章

5 ビザンツ帝国（東ローマ帝国）

ビザンツ帝国：ゲルマン人の大移動の影響をほとんど受けず， 1_____（旧ビザンティウム）を首都として存続したが， 7世紀以降はイスラーム勢力の圧迫を受ける

歴史的意義
①ギリシア・ローマの伝統や文化を継承・保存し，ルネサンスに影響を与えた
②ギリシア正教をスラヴ民族に広め，東ヨーロッパ世界の形成に中心的役割を果たした

2_____大帝（位527〜565）

- ・ヴァンダル王国（アフリカ），東ゴート王国（イタリア）を滅ぼし，地中海支配を再興
- ・3_____朝ペルシア（ホスロー1世）と抗争
- ・トリボニアヌスらに命じて，『4_____』を編纂
- ・首都1に5_____聖堂を建設：6_____様式の建築，ドームと**モザイク壁画**が特色

ヘラクレイオス1世（位610〜） この頃から公用語がラテン語から7_____語に

- ・7世紀後半，8_____制（帝国をいくつかの8に分け，その司令官に行政の権限も与える）がしかれ，中央集権化がすすむ

レオン3世 9_____を出す… ローマ教会との対立のはじまり

バシレイオス2世 10世紀後半，帝国最盛期

- ・11世紀後半の10_____朝侵入により，**十字軍**の派遣が決定
- ・第4回十字軍により，首都陥落，ラテン帝国を建国 1453 11_____帝国の攻撃により，滅亡

● 東ヨーロッパ諸民族の状況

6世紀，カルパティア山脈北方に現住する12_____人が周辺に拡大

西スラヴ人		東スラヴ人	
ポーランド	チェコ・スロヴァキア	ロシア	
13_____人	14_____人	ロシア人	
カトリックへの改宗がすすむ	カトリックに改宗	ノヴゴロド国　862〜	
ヤゲウォ朝　1386〜	ベーメン王国　10c初〜	キエフ公国　882〜	
リトアニアとの連合王国を形成	11世紀に神聖ローマ帝国に編入	15_____ がギリシア正教に改宗	**イヴァン3世が初めて** 16_____（皇帝）の称号を採用
		キプチャク=ハン国	
		モスクワ大公国　1328〜	

東ヨーロッパの非スラヴ人		南スラヴ人	
ハンガリー	ブルガリア	セルビア	フロアティア
17_____人	18_____人	ギリシア正教を受容	ローマ=カトリックを受容
ハンガリー王国　10c末	第1次ブルガリア帝国　7c		

◀◀◀ 演 習 問 題 ▶▶▶

1 ［ゲルマン諸族の興亡］　　　　　　　　　　　　　（21　北星学園大学より作成）

　　4世紀後半，ローマ帝国が東西に分裂したのとほぼ時を同じくして，アジア系の
（　ア　）人が西に進み，ゲルマン系の一派である　A　人の大半を征服，　B　人
を圧迫したことから，B人は375年に南下をはじめ，翌年にはドナウ川を越えて
ローマ帝国内に移住した。これをきっかけに，他のゲルマン諸部族も大規模な移動
を開始する。これがいわゆるゲルマン人の大移動である。

　　B人は，410年にローマを略奪した後，ガリア南東部とイベリア半島に建国した。
ドナウ川中流域に定住していた　C　人は，イベリア半島を経て北アフリカに入っ
て建国した。ライン川東岸に定住していた　D　人は，ガリア北部に進出して建国
した。

　　E　人はブリテン島にわたり，9世紀までの間に七王国（ヘプターキー）を建
てた。また（ア）人の支配から脱したA人は，イタリア半島に移動して，オドアケ
ルの王国を倒して建国する。568年には，　F　人によ
る王国が北イタリアに建てられ，民族大移動の波は一応
の終息をみた。

問1　空欄アに適語を入れよ。

問2　地図は，ゲルマン諸部族の移動と建国の様子を表
　　　している。これを参考に，空欄A〜Fに入る語句を，
　　　次から1つずつ選べ。

　　①ヴァンダル　　②西ゴート　　　③東ゴート
　　④デーン　　　　⑤ランゴバルド　⑥ブルグンド
　　⑦ノルマン　　　⑧アングロ＝サクソン　⑨フランク

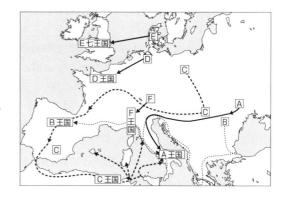

1

問1

問2 A

　　 B

　　 C

　　 D

　　 E

　　 F

2 ［外部勢力の侵入］　　　　　　　　　　　　　　　（21　明治学院大学より作成）

　　いわゆる北欧と呼ばれる地域が世界史の舞台に登場するのは8世紀後半からであ
る。スカンディナヴィア半島や現在のデンマークの国土にあたる（①）半島にはゲル
マン人の一派である（②）人が住んでいて，ヨーロッパ各地に海上遠征をおこないは
じめた。彼らはすぐれた造船・航海技術をもちいた略奪行為により，周辺の諸民族
に恐れられた。彼らは北方系②人の総称で「入り江の人」という意味だともされる
（③）とも呼ばれたが，10世紀前後にはその首領（④）が率いるグループが北フランス
に上陸して公国を樹立し，さらにそこから分かれたとされる一派は，ルッジェーロ
2世のもとで1130年に地中海に（⑤）王国を建国した。

　　一方，これもゲルマン人の一派である（⑥）人とアングル人はブリテン島南部に7
つの王国を建てていたが，彼らも②人の侵入に悩まされていた。その一派で①半島
一帯に住んでいた（⑦）人は11世紀に入ると，国王スヴェンの息子（⑧）とその後継者
のもとでブリテン島（イングランド）をしばし支配した。その後，アングロ＝⑥系
の王家が一時復活するが，北フランスに樹立されていたノルマンディー公国の首長
である（⑨）が1066年にイングランドに攻め込み，②朝を樹立した。

　　また，ドニエプル川流域には，ロシアの古名であり，スラブ人地域に進出したス
ウェーデン系②人の呼称でもある（⑩）という人々が進出してきた。その首領である
（⑪）が9世紀なかごろにその地に建てたのがノヴゴロド国である。さらに⑪の後継
者オレーグが率いる②人がドニエプル水系を南下した地に建てた国が（⑫）公国であ
るが，これがのちのロシアの礎となったとも考えられている。

問1　文中の空欄①〜⑫に適語を入れよ。

2

問1①

　　②

　　③

　　④

　　⑤

　　⑥

　　⑦

　　⑧

　　⑨

　　⑩

　　⑪

　　⑫

6章

3 [ローマ教会とフランク王国]
(19 同志社大学より作成)

　ゲルマン人が大移動をするきっかけとなったのは，内陸アジアからの騎馬遊牧民族である（①）人の西進であった。そのうちで着実に領土を広げ，以降の西ヨーロッパ世界の形成に大きな役割を果たしたのはガリア北部に進出したフランク人であった。5世紀末に（②）家の（③）は領土を拡大し，分立していたフランク人を統一してフランク王国を建て，496年にキリスト教に改宗しローマ＝カトリック教会の支持を受けるようになった。フランク王国は分裂と統合を繰り返したが，8世紀初頭に宮宰（④）が，ピレネー山脈を越えて侵攻してきたウマイヤ朝のイスラーム勢力を西南フランスで撃退し，西ヨーロッパのキリスト教世界を防衛した。その子ピピン（小ピピン）が751年にローマ教皇の承認を得て②朝を廃し（⑤）朝を開いた。ピピンはイタリア半島の（⑥）王国を破り，ラヴェンナをローマ教会に寄進してフランク王国とローマ教会の関係がいっそう強まった。ビザンツ帝国では，皇帝がギリシア正教会を支配する関係にあったが，西ヨーロッパでは，教皇が王に権威を与え，王が教皇とキリスト教世界の防衛を引き受けるという関係が生じた。

　ピピンの子カール1世（カール大帝，シャルルマーニュ）は，⑥王国を征服し，東のアヴァール人，南のイスラーム勢力を撃退し，西ヨーロッパの主要部分を統一したことによりフランク王国はビザンツ帝国とならぶ強大国となった。800年にローマ教皇（⑦）がカールに帝冠を授け，「西ローマ帝国」の復活を宣言した。ここにローマ以来の古典古代文化とキリスト教，そしてゲルマン人が融合した西ヨーロッパ中世世界の基礎が築かれた。カールの死後，「西ローマ帝国」は，843年のヴェルダン条約と870年のメルセン条約によって東・西フランクとイタリアの三王国に分裂した。東フランク王国では10世紀の初めに⑤家が途絶え，ザクセン家の（⑧）がノルマン人やマジャール人の侵攻を食い止め，北イタリアを制圧して962年に教皇ヨハネス12世により戴冠されて，これが神聖ローマ帝国の起源となった。西フランク王国でも10世紀末に⑤家が途絶え（⑨）が王位につきフランス王国が成立した。

問1　文中の空欄①〜⑨に適語を入れよ。
問2　下線部について，カール大帝がイングランド（ブリタニア）から招き，宮廷学校の校長となって文化事業の指揮をとった人物は誰か。

4 [封建社会の成立]
(22 札幌大学より作成)

　聖職者以外の有力者の間においては，自らの地位と所領を確保して秩序を維持するため，互いに義務を負う（①）契約によってa封建的主従関係が結ばれた。すなわち，主君が家臣に（②）を与えて保護する代わりに，家臣は主君に忠誠を誓って軍事的奉仕の義務を負った。契約は託身と宣誓からなる臣従礼によって成立したが，家臣の立場は強く，契約事項をこえて主君に従う必要はなかった。b大小さまざまな領主の所領は，荘園を単位として構成されていた。荘園では，耕地は領主直営地と領主が農民に貸与した農民保有地からなっていた。農民は（③）と呼ばれる不自由身分で，（④）の自由が制限され，結婚税や死亡税を領主に納める義務を負い，さらに，領主直営地で労働する義務である（⑤）や，農民保有地からあがる収穫物を地代として納める（⑥）の義務が課されるなど，有力者間の契約関係に比して様々な制約を受けた。

問1　文中の空欄①〜⑥に適語を入れよ。
問2　下線部aについて述べた次の文中のあ・いに適語を入れよ。

> 封建的主従関係は，ローマの（あ）制度とゲルマンの（い）に起源を持ち，封建諸侯が自立的支配権を主張して，国家の求心力は失われる傾向があった。

--- 右欄 ---

3
問1① ____
　② ____
　③ ____
　④ ____
　⑤ ____
　⑥ ____
　⑦ ____
　⑧ ____
　⑨ ____
問2 ____

4
問1① ____
　② ____
　③ ____
　④ ____
　⑤ ____
　⑥ ____
問2あ ____
　い ____

問3　下線部bについて，荘園領主がどのようにして荘園と農民を支配したのか。次の語句を用いながら80字以内で説明せよ。〔 不輸不入権　　領主裁判権 〕

5 **[ローマ=カトリック教会の発展]**　　　　　　　　(20　東北学院大学より作成)

　（①）年の東西両教会の分裂の後，クリュニー修道院に関係の深い教皇（②）は，ローマ=カトリック教会の改革運動を推進した。彼は教皇レオ9世の改革を継承し，聖職者の妻帯や俗人叙任を問題視した。これはドイツ国王（神聖ローマ皇帝）（③）と _a厳しい争いを生んだ。その過程で教皇が国王を破門するに至って，（④）年に③は涙ながらに赦免をこうた。この事件は「（⑤）」と呼ばれ，教皇権が王権に優越した瞬間とされる。しかし，教皇と国王との対立は続き，ようやく _b1122年に成立した協約で争いは終結した。これらのことがらは教皇権と王権との争いであったが，教会側からは救済に至る道を模索する動きと考えることができるだろう。13世紀になると，教皇（⑥）はイングランド国王を破門し，また第4回十字軍をおこなうなど教皇権は絶頂となった。その一方で，民衆は自ら救いを希求し，ある者は巡礼に，またある者はさまざまな異端運動の主体となった。またこの時期には _c托鉢修道会が設立され，それは学問研究の中心となるとともに，異端審問を行って教皇権を支えた。

問1　文中の空欄①～⑥に適語を入れよ。

問2　下線部aの争い，下線部bの協約をそれぞれ何と呼ぶか答えよ。また，下線部cについて，13世紀に設立された托鉢修道会の具体的な名称を1つ挙げよ。

6 **[ビザンツ帝国（東ローマ帝国）の盛衰]**　　　　　　(19　國學院大學より作成)

　ビザンツ帝国はテオドシウスの子アルカディウスに始まるが，（①）が初期の最盛期を実現した。彼はニカの乱を皇后テオドラとともに鎮圧し，帝位を固めると，将軍ベルサリオスらを西地中海に派遣し，_aローマ帝国の旧領を回復し，東方ではササン朝最盛期の王（②）と戦って，地中海の制海権を確保した。その後，彼はトリボニアヌスに命じて『（③）』を編纂させた。また彼はコンスタンティノープルにビザンツ様式を代表する（④）を再建したことをはじめとして，多くの教会堂を建設した。また，彼は内陸アジアから（⑤）を導入し，産業を振興した。①の死後，ビザンツ帝国は対外危機にさらされたが，（⑥）は新たな王朝を興し，ササン朝からシリア・エジプトを一時回復し，アヴァール人を破った。この王朝のもとで _b軍事・行政制度が整備されていった。中期ビザンツ帝国は，シリア朝を興した（⑦）の即位で始まるが，この王朝は聖像崇拝論争によって特徴づけられ，⑦は聖像崇拝を禁止した。女帝イレーネ治世下で聖像崇拝は復活したものの，論争はその後も続き，843年になってようやく聖像崇拝が正統とされ，論争は終止符を打った。次の王朝は軍事的に強力で，南イタリア・クレタをイスラーム勢力から奪回し，第1次ブルガリア帝国を滅ぼした。

　こうして，帝国は，平和と古典文化の復興を享受したが，その背後では，自由農民は没落し，大所領を持つ貴族が勢力を拡大して，帝国は混乱した。この混乱の中で興った新しい王朝は，貴族たちに軍事奉仕を条件に国有地の管理をゆだねる（⑧）制を導入して，帝国内は相対的に安定した。

問1　文中の空欄①～⑧に適語を入れよ。

問2　下線部aについて，20年に及ぶ戦争の結果，555年に倒されたイタリアのゲルマン人王国の名称を，次から1つ選べ。

　ア　ヴァンダル王国　イ　西ゴート王国　ウ　東ゴート王国　エ　ブルグンド王国　オ　ランゴバルド王国

問3　下線部bについて，この制度の名称を，次から1つ選べ。

　ア　マンサブダール制　イ　テマ（軍管区）制　ウ　ティマール制　エ　屯田兵制　オ　イクター制

問3

5

問1①

②

③

④

⑤

⑥

問2 a

b

c

6

問1①

②

③

④

⑤

⑥

⑦

⑧

問2

問3

15 西ヨーロッパ中世世界

> 十字軍の影響により，西ヨーロッパ各地がどのように変化したか，共通点をまとめてみよう。

◀◀◀ **ポイント整理** ▶▶

❶ ローマ=カトリック教会の発展

教会の成立

〔[1＿＿＿＿＿] ・ [2＿＿＿] ・イェルサレム・アンティオキア・アレクサンドリア〕
の5教会＝**五本山**とよばれ権威も高かった　　　　→この3都市は7世紀以降イスラーム勢力の支配下に入る

1と2二つの教会がヨーロッパの西と東を代表する二大教会となった

教会制度の確立

ローマ教会…教皇を頂点とする聖職者の階層制度を確立，西ヨーロッパのキリスト教世界を指導
- 布教の推進：教区ごとに建てられた教会が洗礼・結婚・埋葬などの儀式や日曜ミサを介して布教
- 領主的一面：有力者から土地を寄進されたほか，農民に対して [3＿＿＿＿＿＿＿＿] を課す

聖像崇拝論争

ローマ教会…ゲルマン人への布教の手段として聖像を用いる
💥→ビザンツ皇帝で東方教会の首長でもある [4＿＿＿＿＿＿] が [5＿＿＿＿＿] (726) を発布し干渉
⇨1054　双方を破門し合い，[6＿＿＿＿＿＿＿＿] と [7＿＿＿＿＿＿＿＿] に分裂
　　　　　　　　　　　　　　　　（ローマ教皇を最高指導者とする）　　　（ビザンツ皇帝を首長とする）

修道院運動／叙任権闘争

- 6世紀　[8＿＿＿＿＿＿＿＿＿] が修道院をひらく
  イタリアのモンテ=カシノに創設→聖職者の養成機関となり，以後各地に建設される
  ～教会の世俗化（世俗君主による聖職者の任命，聖職売買）がすすむ～
- 11世紀　フランスの [9＿＿＿＿＿＿] 修道院を中心とした改革運動の高まり

　教皇 [10＿＿＿＿＿] による大改革

　…聖職売買や聖職者の結婚を禁止，叙任権（聖職者の任命権）をわがものにしようと，
　　神聖ローマ皇帝 [11＿＿＿＿＿] と対立【**叙任権闘争**】，屈服させた
　　＝ [12＿＿＿＿＿] (1077)　このできごとが教皇の権威を世に示すこととなる

- 1122　[13＿＿＿＿＿＿＿] により叙任権闘争は一応の決着をみるが，教皇の権威は高まり続ける

教皇権の絶頂

- 13世紀初め　教皇 [14＿＿＿＿＿] ：**教皇権絶頂期**（「教皇は太陽，皇帝は月」）

　[15＿＿＿＿＿] 修道会や [16＿＿＿＿＿] 修道会などの**托鉢修道会**も創設，庶民への布教がさらにすすむ

❷ 十字軍とその影響

	封建社会の安定	西ヨーロッパ世界の膨張	ローマ教会の思惑
背景	・気温の温暖化（11世紀～） ・農業技術の進歩 　[1＿＿＿＿＿] 制の普及など →人口増加と耕地不足	・修道院による開墾運動 ・[2＿＿＿＿＿]（エルベ川以東） ・[3＿＿＿＿＿]（イベリア半島） ・聖地巡礼の流行	・教皇権の皇帝権に対する優位確立 ・東西教会統一への気運
展開	1095　ローマ教皇 [4＿＿＿＿＿] がクレルモン宗教会議開催（聖地回復の十字軍提唱） 1096　第1回十字軍（～99）で聖地奪回（のちに失う）→ [5＿＿＿＿＿] 王国（～1291）建国 1147　第2回十字軍（～49）が失敗に終わる 1189　第3回十字軍（～92）で神聖ローマ皇帝，仏王，英王が参加。[6＿＿＿＿＿] と対決するも失敗 1202　第4回十字軍（～04）が [7＿＿＿＿＿] を占領←ヴェネツィア商人の経済的利害優先 　　　　　　　　　　　　　　　　　　　　　　　（[8＿＿＿＿＿] 帝国建設） 1228　第5回十字軍（～29）・第6回十字軍（1248～54）・第7回十字軍（1270）はいずれも失敗		
影響	**東西教会の衰退** ・十字軍の失敗→教皇の権威失墜 ・幾度も戦場に→ビザンツ帝国の衰退 **都市の発達** ・十字軍の輸送と [10＿＿＿＿＿] 商業圏を獲得 → [11＿＿＿＿＿] 諸都市の繁栄	**封建社会の変質** ・諸侯・騎士階級の没落 ・[9＿＿＿＿＿] は高まり，中央集権化がすすむ **文化の交流** ・東方のイスラーム，ビザンツ帝国の文化が流入 → [12＿＿＿＿＿] へ影響	

(1)　ヨーロッパ世界の膨張の具体例としては，6世紀，[13＿＿＿＿＿＿] にはじまる**修道院**を中心とした
開墾運動やドイツ騎士団の**東方植民**，そしてイベリア半島の**国土回復運動（レコンキスタ）**などがあげられる。

🔭 **ことばの探究**　**ブルク・ブール・グラード**：王侯や領主の石造居城，城壁の意味。ドイツ語でブルク，フランス語でブール，ロシア語でグラードという。この城壁の中に住む人々はブルジョワとよばれた。

(2) ____14____朝による聖地**イェルサレム**の占領は，ヨーロッパ社会に大きな衝撃をもたらし，ビザンツ皇帝の救援要請に応じた教皇**ウルバヌス2世**は 15 _____宗教会議を開き，十字軍が開始された。

(3) 遠征は前後 16 ___回におよび，聖地回復に一時的に成功したが，**第4回十字軍**では**コンスタンティノープル**を占領しラテン帝国を建てるなど，経済的目的が重視されるも結局は失敗。その間ドイツ騎士団等の 17 _____が各地で活躍した。

❸　商業の復活と中世都市

封建社会の安定と余剰生産物の交換 ➡ 中世都市の形成

・● 1 _____経済の再生（ローマ帝国以来）
・●商業圏の誕生とそれを結んだ 2 _____貿易の発達
・　・地中海商業圏が香辛料の取引きで繁栄
・　・北ヨーロッパ商業圏が各地の物産で繁栄

【中世都市の特徴と自治都市】
・皇帝や国王・封建領主より 3 _____を得て，自治権を獲得＝脱領主支配→ 4 _____都市形成

都市の内部
・ 5 _____（同業組合）の形成
→大商人の政治独占に手工業者が不満
→ 6 _____の形成（ツンフト闘争・徒弟制度）

多様な発展
・北イタリア…自治都市（コムーネ）へ成長
・ドイツ…皇帝直属の自由（帝国）都市へ成長
・都市同盟…北イタリア 7 _____同盟
　　　　　ドイツ 8 _____同盟

(1) 封建社会の安定と十字軍の遠征に伴い都市や商業が発展した。北イタリアでは， 9 _____・ジェノヴァ・ピサなどの都市がアジアからもたらされる**香辛料**などで繁栄，**地中海商業圏**を形成した。またハンブルク， 10 _____・ブレーメンなどは海産物・木材・穀物などを取引，**北ヨーロッパ商業圏**を形成した。さらに 11 _____地方の都市は毛織物，フランスの 12 _____地方は定期市で栄えた。

(2) 自治権を獲得した都市の政治は，大商人や 13 _____で商人に対抗した手工業者が独占した。それら上層市民たちのなかには，フィレンツェの 14 _____やアウクスブルクの 15 _____のように皇帝や教皇に匹敵する力を持つものさえ現れた。

❹　封建社会の変質

貨幣経済の浸透	封建社会の危機	農　民　一　揆
・古典荘園の変質　生産物地代から 1 _____で地代をおさめさせるように　・農民の富裕化・自立　→イギリスで 2 _____（独立自営農民）が形成される	・寒冷化と凶作・飢饉の発生　・ 3 _____（ペスト）の流行　↓　人口減少	・人口減と農民の自立→農民地位向上　→荘園領主が農民を束縛（封建反動）　→ 4 _____の乱（フランス，1358）　 5 _____の乱（イギリス，1381）

❺　教皇権の衰退

ローマ教皇 ― 教皇権の盛衰　教皇権の失墜と宗教改革への先がけ

（十字軍を契機に）ヨーロッパ全土におよんだ権威→各国の王権の伸張により動揺

1 _____事件　1303
・教皇 2 _____…イギリス・フランス国王と聖職者への課税をめぐり争う
・フランス国王 3 _____…教皇を監禁，憤死
　→その後フランス国王 3 は，教皇庁を 4 _____に移し，支配下におく
　　：「 5 _____」（1309〜77）→7代69年間続く

6 _____　1378〜1417
・教皇庁がローマに戻るも，4 にも別の教皇がたてられ，両者が正当性を主張し対立→教皇と教会の権威が失墜

影響
・教会の堕落や腐敗を改革する運動の展開
・ローマ教会は， 7 _____や魔女裁判により締めつけを強化

【教会の改革運動】

- ・ 8＿＿＿＿＿＿＿＿（英）：聖書が信仰の最高権威として，聖書の 9＿＿＿＿訳を行う（ルターの宗教改革の先駆者）
- ・ 10＿＿＿＿＿＿（ベーメン）：8の説に共鳴し，教皇からの破門を受けながらも教会を批判

| 11＿＿＿＿＿＿＿＿＿＿＿　1414〜18 | ・神聖ローマ皇帝の提唱により開催。事態の収拾へ |

決定
- ・教皇の正当性を認める
- ・10を異端と認定し，火刑に　→ 12＿＿＿＿＿＿戦争（ベーメンの10派の反乱）
　　　　　　　　　　　　　　　　→宗教改革への道筋がつくられる

6 イギリスとフランス

イギリスとフランス　王権の伸張と中央集権化への道

背景：王権強化をめざす各国の王は 1＿＿＿＿＿＿＿＿＿＿を開き，国内の統一をはかる
　　　　　　　　　　　　　　　　　　…イギリス議会やフランスの 2＿＿＿＿＿＿＿＿など

【イギリス】― 王と貴族・市民の対立（イギリス立憲政治への道）

| 3＿＿＿＿＿＿＿＿＿＿朝　1154〜1399 |

・比較的王権の強かったノルマン朝に代わり，フランスから王が迎え入れられた

ヘンリ2世　・フランスの広大な領土を領有するイギリス王の出現… 両国の複雑な対立関係へ

| 4＿＿＿＿＿＿王 | （ヘンリ2世の子）の失敗

・フランスの 5＿＿＿＿＿＿＿＿＿＿（カペー朝）と争い，フランス領土の半分を失う
・教皇インノケンティウス3世とカンタベリ大司教の任免権をめぐって争う　→　破門
・国内に重税を課す→貴族の反発：1215　大憲章（6＿＿＿＿＿＿＿＿＿＿）を王に認めさせる

　　　【内容】…課税には，高位聖職者と大貴族の会議による 7＿＿＿＿＿＿が必要（課税協賛権）⋯⋯

・8＿＿＿＿＿＿＿＿＿＿＿の乱でさらに王に譲歩させ，　　　　　　　　　　　イギリス立憲政治
　高位聖職者と大貴族の会議に州と都市の代表を加える（1265）⋯⋯⋯⋯⋯⋯⋯の基礎となる
・1295　エドワード1世により，9＿＿＿＿＿＿＿が召集される

⇒
【二院制議会へ発展】
上院：高位聖職者・大貴族で構成
下院：州と都市の代表者で構成

【イギリス社会の変質】
騎士階級→ 10＿＿＿＿＿＿＿＿＿（郷紳）となり，
　　　　下院の大勢力へ

【フランス】― 王権の強化へ

| 11＿＿＿＿＿＿朝（987〜1328）…王権の強化に成功

- ・ 12＿＿＿＿＿＿＿＿＿：4と争い，国内のイギリス領を奪う
- ・ 13＿＿＿＿＿＿＿＿＿：14＿＿＿＿＿＿＿＿＿＿（カタリ派）を征服
- ・ 15＿＿＿＿＿＿＿＿＿：16＿＿＿＿＿＿＿＿＿＿＿を開催して聖職者・貴族・平民の代表者の支持を得る
　　　　　　　→　アナーニ事件，「教皇のバビロン捕囚」をおこす

7 百年戦争とバラ戦争

| 1＿＿＿＿＿＿＿＿＿＿　1339〜1453 |

背　景	イギリスとフランスの複雑な領土関係，フランドル地方（毛織物の産地）をめぐる争い
きっかけ	カペー朝が断絶→ 2＿＿＿＿＿＿朝の成立　→イギリス国王 3＿＿＿＿＿＿＿＿＿が王位継承権を主張
経　過	前半・クレシーの戦い：4＿＿＿＿＿＿＿＿＿＿の活躍でイギリス軍が優勢 　　　・黒死病の流行やジャックリーの乱により，国土は荒廃 後半・5＿＿＿＿＿＿＿＿＿＿＿の活躍，オルレアンの包囲を解放し，フランスの危機を救う 　　　→フランスの勝利。カレーを除く全土からイギリス軍を駆逐
影　響	【フランス】さらなる王権の伸張 【イギリス】6＿＿＿＿＿＿＿＿＿＿家と 7＿＿＿＿＿＿＿＿＿家の争いに貴族が加わり，内戦へ

8 スペインとポルトガル

・8世紀よりイベリア半島をイスラーム勢力が占拠

→ | 約800年にわたり国土回復運動（¹＿＿＿＿＿＿＿＿＿＿）を展開 |

〔中心〕：カスティリャ王国／アラゴン王国／ポルトガル王国

²＿＿＿＿＿＿＿＿＿（カスティリャ女王）
³＿＿＿＿＿＿＿＿＿（アラゴン王子） ｝結婚→ ⁴＿＿＿＿＿＿＿＿＿王国が成立　国土回復運動をすすめる

・1492　⁵＿＿＿＿＿＿陥落（イスラーム最後の拠点）

＊同年²が支援した⁶＿＿＿＿＿＿＿＿＿がアメリカ航路を開拓

【ポルトガル】

・⁷＿＿＿＿＿＿＿＿＿が王権を強化。インド航路の支援を行い，大航海時代へ

9 ドイツ・スイス・イタリアと北欧

ドイツ（神聖ローマ帝国）	イタリア
・政治的不統一が強まる ・歴代皇帝が¹＿＿＿＿＿＿＿＿＿のため国内を留守にしがち。大諸侯・自由都市の勢力が台頭 ⇩ 　²＿＿＿＿＿＿（政治混乱の末の皇帝不在） ・1356　カール4世が「³＿＿＿＿＿＿＿＿」を発布し，一応決着（皇帝選出の手続きと**七選帝侯**を定める）	・多くの国・教皇庁・諸侯・都市に分裂 ・神聖ローマ皇帝の介入により，さらに混迷 　⁴＿＿＿＿＿＿（ゲルフ）｝互いに争い， 　⁵＿＿＿＿＿＿（ギベリン）｝国内統一が困難に
スイス	北 欧
・13世紀末　農民が独立闘争 ・1499　神聖ローマ帝国から独立	・14世紀　⁶＿＿＿＿＿＿同盟で同君連合へ …デンマーク・スウェーデン・ノルウェー 　デンマーク女王が主導

10 中世の文化

| ローマ=カトリック教会の絶大な権威が人々に浸透 |

・¹＿＿＿＿＿：信徒に儀式を授け，魂の救済の場として絶大な権威をもつ

・²＿＿＿＿＿：世俗を離れた修業の場として文化的な役割を果たす。6世紀にモンテ=カシノに³＿＿＿＿＿＿＿が開いた²の「清貧・純潔・服従」の厳しい戒律で各地に広がる

・「哲学は神学の婢」：学問は⁴＿＿＿＿＿が最高の学問であるとされ，哲学や自然科学はその下におかれた

＊当時の学者・知識人は聖職者であり，学問の共通語は⁵＿＿＿＿＿＿＿であった

神学・スコラ学	⁶＿＿＿＿＿＿ カロリング=ルネサンスの中心人物 ⁷＿＿＿＿＿＿実在論をとなえる ⁸＿＿＿＿＿＿唯名論をとなえる ⁹＿＿＿＿＿＿ 『神学大全』，神学論争の調停 ¹⁰＿＿＿＿＿＿ 唯名論の強化 ¹¹＿＿＿＿＿＿ 自然科学者，実験・観察を重視	建築	¹⁷＿＿＿＿＿＿様式 半円アーチを多用，ピサ大聖堂 ¹⁸＿＿＿＿＿＿様式 尖塔アーチ，美しいステンドグラス ケルン大聖堂・ノートルダム大聖堂・シャルトル大聖堂　など
大学	¹²＿＿＿＿＿＿大学…法学 ¹³＿＿＿＿＿＿大学（仏）…神学 ¹⁴＿＿＿＿＿＿大学…医学 ¹⁵＿＿＿＿＿＿大学（英）…神学 ¹⁶＿＿＿＿＿＿大学（英）…神学	文学	¹⁹＿＿＿＿＿＿騎士の武勲と恋愛を描く 『²⁰＿＿＿＿＿＿』 　…ケルト人の英雄を中心とした19 『²¹＿＿＿＿＿＿』 　…ゲルマンの英雄叙事詩 『²²＿＿＿＿＿＿』 　…カール大帝時代の騎士の武功と友情・恋がテーマ

6章

◀◀◀ **演 習 問 題** ▶▶▶▶▶▶▶▶▶▶▶▶▶▶▶▶▶▶▶▶▶▶▶▶▶▶▶▶▶▶▶▶▶▶▶▶▶

1 [十字軍とその社会的影響]　　　　　　　　　　（18　中京大学より作成）

　西ヨーロッパで封建社会が安定しキリスト教が普及すると，聖地巡礼が盛んに
なった。巡礼地の１つであるイェルサレムはイスラーム勢力の支配を受けており，
1095年の（①）宗教会議で聖地回復のための遠征軍の派遣が提唱され，翌年から十字
軍が組織された。また聖地の保護や巡礼者の保護のために宗教騎士団が結成された。
しかし十字軍が聖地奪回の目的を果たせたのは第１回のみであった。その後，アイ
ユーブ朝をおこした（②）の反攻によってイェルサレムが陥落すると，西ヨーロッパ
諸侯らが総力をあげて第３回十字軍を組織して参戦したが聖地奪還は成功しなかっ
た。この十字軍では，イギリス（イングランド）王（③）の活躍が知られている。第
４回十字軍では，（④）商人に利用されて，ビザンツ帝国の首都コンスタンティノー
プルを陥落させて（⑤）を建国するなど，当初の目的から全く外れてしまった。1270
年の第７回十字軍では，フランス王（⑥）が，アフリカのチュニスを攻撃したが失敗
に終わった。その後は遠征軍が組織されることはなく，約２世紀にわたる十字軍運
動は幕を閉じた。

　十字軍をきっかけに，東西間での交流が発達し遠隔地貿易も盛んになった。商業
の発達に伴い，交通や交易の要衝では都市が発達した。とくに地中海商業圏に属す
るイタリアは，東方貿易によって栄えた。代表的な都市としては④のほか，④と覇
権を争った北西部の（⑦），中西部のピサなどの海港都市があった。そして中部の
フィレンツェや北部のミラノなど，内陸都市も繁栄した。北イタリアの諸都市は，
ミラノを中核にして（⑧）同盟を結んで共通の利益を追求した。一方北ヨーロッパ商
業圏は，北海・バルト海交易を担って繁栄した商業圏である。交易で栄えた北ドイ
ツ諸都市は共通の利害のために，リューベックを盟主として（⑨）同盟を結成した。
こうしたドイツの有力な都市は（⑩）から特許状で裁判権などを認められ，名目上⑩
に直属して諸侯と同じ地位にたち，納税や軍役をもまぬがれる自由都市となった。

　このような自治都市では，ギルドと呼ばれる同業組合が自治運営の基盤となった。
はじめは裕福な商人を中心とした商業ギルドが市政を独占していたが，やがて手工
業の親方たちも同職ギルドすなわち（⑪）を結成して，市政参加権を獲得していった。

問１　文中の空欄①〜⑪に適語を入れよ。

2 [十字軍に対する思惑]　　　　　　　　　　（21　高崎経済大学より作成）

　十字軍の大義はキリスト教の聖地奪回であったが，関係者の思惑は多様であっ
た。教皇，諸侯，民衆，商人それぞれの思惑がわかるように，80字以内で説明
せよ。

3 [王権の伸張]　　　　（18　同志社大学・19　成城大学・22　広島修道大学より作成）

　王権と諸身分との二元的な構造は，各国で多様に展開された。イングランドでは，
（①）朝の王ジョンの専制に貴族層が抵抗し，1215年，新たな課税に際しては聖職者
と貴族の会議の同意を必要とすることなどを定めた文書（②）を王に認めさせた。そ
の背景には，フランスと戦ってノルマンディー，アンジューなど大陸内の所領を失
い，聖職叙任権をめぐり教皇と争って屈服するといったジョンの失政があった。そ
の後，高位聖職者・大貴族に州の騎士と都市の代表も加えた1265年の議会を経て，
1295年にはのちに（③）と呼ばれる身分制議会がエドワード１世によって招集され，
14世紀には，議会は高位聖職者と大貴族からなる貴族院と，州と都市の代表からな
る庶民院の二院制となった。それ以降イングランドでは，議会が王権を制限する統
治様式の伝統が次第に形成されていった。

1

問1 ①

②

③

④

⑤

⑥

⑦

⑧

⑨

⑩

⑪

2

3

問1 ①

②

③

　これに対してフランスでは，（④）朝のフィリップ2世が，13世紀初頭にイングランド王ジョンから大陸内の所領を奪い，統治機構を整えて王権の基礎を固めた。その後，国王（⑤）は中央集権化を推し進め，聖職者への課税をめぐって教皇（⑥）と対立したため，1302年に聖職者・貴族・市民代表をパリの集会に招集し，その支持を得た。これが（⑦）の起源である。翌年，王は教皇をローマ近郊のアナーニで捕らえて憤死させ，まもなく教皇庁をローマから南フランスの（⑧）に移転させた。

　神聖ローマ帝国の成立した10〜13世紀には，いわゆる（⑨）に皇帝が熱中する傾向が続き，ドイツ地域への政策には注意が欠落しがちであった。こうした状況の中でシュタウフェン朝が断絶したことによって，「（⑩）」と呼ばれる混乱の時代が訪れた。この時代の後に即位した（⑪）が1356年に発布した，七選帝侯による皇帝選挙・選出の制度を定めた（⑫）や，15世紀以降よりハプスブルク家が帝位を世襲するといった取り組みもあったが，地方政治においては大諸侯などによる領邦が強い影響力を行使するようになっていった。15世紀末には，アラゴンの王子（⑬）とカスティーリャの女王（⑭）が結婚して（⑮）が成立し，1492年には，⑮がイベリア半島最後のイスラーム王朝であるナスル朝の首都（⑯）を陥落させ，（⑰）は終結した。

問1　文中の空欄①〜⑰に適語を入れよ。

4 ［英仏百年戦争］　　　　　　　　　　　（20　藤女子大学より作成）

　百年戦争がおきた政治的要因は，フランス王位継承問題である。987年からつづいたフランスのカペー朝が1328年に断絶すると，カペー家傍系のフィリップ6世が王位を継承し，ヴァロワ朝が成立した。しかし，イングランド王（①）は，母親がカペー家の出身であることを理由にフランス王位を要求した。また，イングランド王がフランスに保持したギュイエンヌ地方をめぐっても，両王の対立がつづいていた。百年戦争の経済的要因には（②）地方をめぐる対立がある。②地方は毛織物業がさかんで，原料となる羊毛はイングランドから輸入していた。そのため，この地方はイングランドと緊密に結びつき，フランス王に対抗していたのである。a ローマ教皇による英仏両王の和平調停も失敗し，1339年，イングランド軍が北フランスに侵入したことで，百年戦争がはじまった。戦争の前半はイングランドの優勢で展開した。1346年の（③）の戦いでは，長弓兵の活躍によりイングランド軍が勝利をおさめた。また，1356年のポワティエの戦いでは，①の息子（④）がフランス王ジャン2世を捕虜にした。この後，イングランドとフランスは1360年に和解した。この和解後，英仏両国では国内の対立が生じた。イングランドでは，b リチャード2世が諸侯や議会の反発により廃位され，かわってランカスター朝が成立した。しかし，神のお告げを受けたと信じる農民の娘（⑤）が現れ，情勢が変化した。彼女はイングランド軍に包囲されていた，王太子シャルルの拠点（⑥）を解放した。さらにランスを奪還し，王太子がシャルル7世として戴冠式をあげることを実現した。⑤はその後，敵側に捕らえられ処刑されるが，シャルル7世の優勢はつづいた。シャルル7世はブルゴーニュ派とアラスの和約を結んで和解した。フランス軍はイングランド軍に対して勝利をおさめ，海港都市（⑦）を残してイングランドの勢力をフランスから排除し，1453年に百年戦争は終結した。長期にわたった戦争は，英仏両国の結びつきを絶ち，さらに両国の社会や政治にも大きな影響を与えた。百年戦争中には，c 14世紀半ばにおきた黒死病の流行などにより封建社会が衰退していった。また，フランスではこの戦争により諸侯や貴族が没落し，シャルル7世は中央集権化をすすめた。一方，イングランドでは戦後，ランカスター家とヨーク家が王位をめぐって争う（⑧）戦争がはじまり，1485年にヘンリ7世が（⑨）朝を創始するまでつづいた。

問1　文中の空欄①〜⑨に適語を入れよ。

④ ＿＿＿＿＿＿＿＿＿

⑤ ＿＿＿＿＿＿＿＿＿

⑥ ＿＿＿＿＿＿＿＿＿

⑦ ＿＿＿＿＿＿＿＿＿

⑧ ＿＿＿＿＿＿＿＿＿

⑨ ＿＿＿＿＿＿＿＿＿

⑩ ＿＿＿＿＿＿＿＿＿

⑪ ＿＿＿＿＿＿＿＿＿

⑫ ＿＿＿＿＿＿＿＿＿

⑬ ＿＿＿＿＿＿＿＿＿

⑭ ＿＿＿＿＿＿＿＿＿

⑮ ＿＿＿＿＿＿＿＿＿

⑯ ＿＿＿＿＿＿＿＿＿

⑰ ＿＿＿＿＿＿＿＿＿

4

問1 ① ＿＿＿＿＿＿＿

② ＿＿＿＿＿＿＿＿＿

③ ＿＿＿＿＿＿＿＿＿

④ ＿＿＿＿＿＿＿＿＿

⑤ ＿＿＿＿＿＿＿＿＿

⑥ ＿＿＿＿＿＿＿＿＿

⑦ ＿＿＿＿＿＿＿＿＿

⑧ ＿＿＿＿＿＿＿＿＿

⑨ ＿＿＿＿＿＿＿＿＿

6章

問2　下線部aについて，百年戦争前後のローマ教皇に関するア～エの出来事を，古いものから年代順に正しく配列せよ。

ア　教会大分裂（大シスマ）が始まった。

イ　「教皇のバビロン捕囚」が始まった。

ウ　コンスタンツ公会議が始まった。

エ　教会を批判したベーメンのフスが処刑された。

問3　下線部bについて，この王の時代に戦費調達のために増税が行われたことなどへの反発から，1381年にイングランドで農民がおこした反乱を答えよ。

問4　下線部cについて，封建社会の衰退の説明として**誤っているもの**を次から1つ選べ。

ア　領主は貨幣を獲得するため，直営地を分割して農民に貸与し，地代を貨幣などでおさめさせるようになった。

イ　農業人口が減少したことを背景に，領主は労働力を確保するため，農奴をより一層酷使するようになった。

ウ　イングランドでは農奴身分から解放されたヨーマンとよばれる独立自営農民が現れた。

エ　傭兵の使用や火器の使用により戦術が変化したことが一因となり，騎士の地位は低下し，没落していった。

5　[中世文化]　　　　　　　　　　　　（10　中京大学より作成）

　神学は，初めのうちは『神の国』を著した（①）などの教父の著述を読む程度であったが，十字軍以後はイスラームなどからギリシアの哲学〔とくに（②）の哲学〕を取り入れてキリスト教の信仰・教義を哲学的に体系化したスコラ学に発展した。なかでも（③）は，主著『神学大全』（1265年から執筆）を著して信仰と理性の調和・統合をはかった。彼は，②哲学をキリスト教思想に調和させて（④）論争を一応，解決した。また，神学と哲学の結合に努めたので，スコラ学の大成者とされている。

　ヨーロッパ中世の美術は，教会建築とそれに付随する絵画・彫刻を中心に発達した。教会建築では，初めハギア＝ソフィア聖堂に代表される（⑤）様式が模倣されていたが，11～12世紀にかけては（⑥）様式がさかんとなった。その特色はドーム型のアーチとその重みを支える重厚な石壁にあった。窓が小さいために内部は薄暗く，広い壁面は壁画で飾られていた。斜塔で有名な（⑦）大聖堂やヴォルムス大聖堂などがその代表例である。そして教会の権威の増大と新興市民階級の経済力の上昇を背景として，12世紀後半から，尖塔アーチと広い窓を特色とする（⑧）様式が教会建築の主流となり，全ヨーロッパに普及した。この様式の普及は教会の大規模化を促し，聖堂の多くは天に向かってそびえ立つ大小の尖塔を備え，その広い窓はステンドグラスで飾られ彫刻も以前の様式より写実的になった。パリの（⑨）大聖堂，北フランスのアミアン大聖堂，ランス大聖堂，シャルトル大聖堂やドイツ最大の（⑩）大聖堂などがその代表例である。

　中世の文学を代表するのは騎士道物語である。騎士道物語は英雄的騎士にまつわる伝説や騎士道を題材としている。カール大帝の対イスラーム戦を舞台にしたフランスの『（⑪）』，ケルト人の伝説的英雄を中心としたイギリスの『（⑫）』，そして英雄ジークフリートの活躍などを描いたドイツの『（⑬）』などがその代表作である。これらは初め口語で吟誦され，のちに文字で書かれた物語である。宮廷などで，（⑭）が武勲詩や騎士の恋愛詩を朗唱した。

問1　文中の空欄①～⑭に適語を入れよ。

問2　　　→　　　→　　　→

問3

問4

5

問1①

②

③

④

⑤

⑥

⑦

⑧

⑨

⑩

⑪

⑫

⑬

⑭

地図を見て，あとの各問いに答えよ。

1 ［7～8世紀］

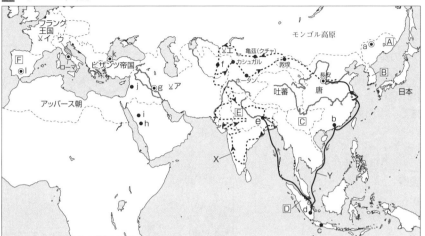

問1　a・d・g・j・k・l それぞれの都市名を答えよ。

問2　①7世紀前半，仏典を求め，Xの経路でインドのE朝を訪れた人物は誰か。
　　　②7世紀前半に繁栄したインドのE朝（606～647）の名称を答えよ。
　　　③7世紀後半，Yの経路でインドを訪れた人物は誰か。
　　　④地図中eにある，上記①，③の人物が学んだ仏教学院を何というか。

問3　①8世紀なかば，唐の辺境防衛にあたる節度使がおこした反乱を何というか。
　　　②上記反乱の首謀者安禄山はソグド人であった。ソグド人の居住するソグディ
　　　　アナ地方の中心都市fを何というか。

問4　唐代にムスリム商人との貿易で繁栄し，市舶司のおかれた都市bを答えよ。

問5　6世紀中頃から7世紀にモンゴル高原に大帝国を建設したトルコ系民族は何か。

問6　8世紀中頃モンゴル高原で勢力を強め，後にキルギスに滅ぼされた民族は何か。

問7　7世紀末，大祚栄が高句麗遺民とともに建国したAの国名を答えよ。

問8　676年，唐を撃退して朝鮮半島の大部分を統一したBの国名を答えよ。

問9　8世紀前半に雲南地方を統一したチベット＝ビルマ系国家Cの名称を答えよ。

問10　①7世紀以降，スマトラ島を中心に海上交易で繁栄したD国の名称を答えよ。
　　　②8世紀なかば以降，ジャワ島に繁栄したシャイレンドラ朝がcに建立した大
　　　　乗仏教の寺院を何というか。

問11　7世紀にイスラーム教を創始したムハンマドの生地hの都市名を答えよ。

問12　622年，hでの迫害を避けて移り住んだiの都市名を答えよ。

問13　地図中アで，642年イスラーム教アラブ軍がササン朝を倒した戦いは何か。

問14　①711年にウマイヤ朝に征服された，イベリア半島のゲルマン人国家は何か。
　　　②732年，ピレネー山脈を越えてフランク王国に侵入したウマイヤ朝軍がフラ
　　　　ンク王国に撃退された地図中イの戦いを何というか。
　　　③イの戦いでフランク王国軍を指揮した宮宰は誰か。
　　　④8世紀なかば，フランク王国のピピンがランゴバルド王国を討って獲得した
　　　　地図中ウの領域は，その後何の起源になったか。

問15　①751年にアッバース朝軍と唐軍が戦った地図中エの戦いを何というか。
　　　②エの戦いで，イスラーム文明圏に伝わった中国の技術は何か。
　　　③8世紀なかば，ウマイヤ朝の一族がイベリア半島に建てたFの王朝は何か。

問16　①7世紀前半，ビザンツ帝国で国土防衛のために実施された軍事的地方統治制
　　　　度を何というか。
　　　②726年，ビザンツ皇帝レオン3世がイスラーム教徒への対抗から発布した法
　　　　令は何か。

1

問1 a

　　d

　　g

　　j

　　k

　　l

問2 ①

　　②

　　③

　　④

問3 ①

　　②

問4

問5

問6

問7

問8

問9

問10①

　　②

問11

問12

問13

問14①

　　②

　　③

　　④

問15①

　　②

　　③

問16①

　　②

16　アジア諸地域の自立化と宋

唐の滅亡後に大きく変化する東アジア諸地域の情勢について整理して学ぼう。

◀◀◀ **ポイント整理** ▶▶▶▶▶▶▶▶▶▶▶▶▶▶▶▶▶▶▶▶▶▶▶▶▶▶▶▶▶▶▶▶

1 東アジア諸地域の変化

年	東アジアの勢力交替
916	東モンゴルで 1＿＿＿＿＿族が建国（のちのキタイ）
918	朝鮮に 2＿＿＿＿＿建国（建国者：**王建**，首都：**開城**）
926	1 が 3＿＿＿＿＿を滅ぼし，中国東北部を支配
935	朝鮮で新羅が滅亡
936	2 が朝鮮半島を統一
	1 が五代の 4＿＿＿＿＿の建国を援助した代償に
	5＿＿＿＿＿を獲得
937	雲南に 6＿＿＿＿＿建国

●**10世紀の東アジア**

2 宋

1＿＿＿＿＿（960～1127）	都： 2＿＿＿＿＿

3＿＿＿＿＿（位 960～976）

- ●後周の武将であった 4＿＿＿＿＿が 3 として即位
  - ・節度使の解体に着手（欠員が出た場合，文官を補充）
  - ・科挙の最終試験として 5＿＿＿＿＿を創始

> 【6＿＿＿＿＿主義】
> （武断政治にかわって，科挙官僚を重用）
> - ・科挙に合格した官吏たちは 7＿＿＿＿＿とよばれ，彼らを輩出した一族，すなわち 8＿＿＿＿＿は栄華をほこった
> - ・その多くは，没落した貴族にかわって土地を手に入れた新興の地主層＝ 9＿＿＿＿＿であり，彼らは小作人＝ 10＿＿＿＿＿に土地を貸し出して経済力を伸ばした

11＿＿＿＿＿（位 976～997）

- ●●残存していた地方政権を平定して中国を統一
  - ・6 主義の徹底
  - ・キタイ（契丹）から燕雲十六州の奪回をはかるも失敗
    逆に圧迫を受け，不利な内容の和約を結ぶ
    - 1004 12＿＿＿＿＿：宋が毎年大量の銀・絹をキタイへ贈与
  - ・加えて西夏の圧迫も受ける
    - 1044 慶暦の和約：宋が銀・絹・茶を西夏へ贈与
    - ↓ 国家財政を圧迫 ↓
- ●1069 第6代神宗の宰相 13＿＿＿＿＿による新法改革開始

富国策	14＿＿＿＿＿…中小農民へ資金や種子の低利貸し付け
	15＿＿＿＿＿…各地の産物を政府が買い上げ，流通させる
	16＿＿＿＿＿…中小商人へ低利の融資をする
	17＿＿＿＿＿…免役銭を徴収し，それを財源に労務者を雇用
強兵策	18＿＿＿＿＿…農村を組織化して農閑期に軍事訓練を行う
	19＿＿＿＿＿…農耕馬兼軍馬の育成を奨励

⇨大地主や大商人などが反発

20＿＿＿＿＿らが旧法党を組織して新法党に対抗。改革は成果をあげられず，党争により国力は弱まった

●宋に圧迫を加えた北方諸国

21＿＿＿＿＿（916～1125）

- ・モンゴル系契丹族
  - 建国者： 22＿＿＿＿＿
- 23＿＿＿＿＿体制をとる
  - ┌ 遊牧民（契丹人）
  - │　→部族制（北面官）
  - │ 農耕民（漢人）
  - └　→州県制（南面官）
- 24＿＿＿＿＿文字を使用

25＿＿＿＿＿（1038～1227）

- ・チベット系タングート族
  - 建国者： 26＿＿＿＿＿
- 25 文字を使用

27＿＿＿＿＿（1115～1234）

- ・ツングース系女真族
  - 建国者： 28＿＿＿＿＿
- ・二重統治体制
  - ┌ 猛安・謀克（部族制）の維持
  - └ 華北では州県制
- 29＿＿＿＿＿文字を使用

 ことばの探究　**行と作**：おもに宋代以降，都市の商人たちが営業独占や相互扶助を目的として形成した組合を行，同様に，手工業者が業種別に形成した組合を作という。

> 徽宗（位　1100～25）

- ・ __30_____ と結んでキタイの挟撃をはかる→キタイは滅ぶが，かわって30が華北へ侵入
- ・1126～27 __31_____：徽宗や欽宗が30の捕虜となり，北宋は滅亡

> __32_____（1127～1279）　　　　都：__33_____（現在の __34_____）

> __35_____（位　1127～62）

- ●欽宗の弟である35が江南に逃れて宋を再建
- ・岳飛ら主戦派と秦檜ら和平派の対立→和平派が勝利
  【1142　金と和議成立（紹興の和議）】
  ①32が金に対して臣下の礼をとり，毎年銀・絹を贈与
  ②__36_____を両国の国境とする…金の華北支配が確定

········· 13世紀に入り，モンゴル（元）の侵攻がはじまる ·········

- ・1276　首都33が陥落　→1279　崖山の戦いでモンゴルに敗れ，滅亡

❸ 宋代の社会・文化

(1) 唐代には長安の一画でしか認められていなかった __1_____ が全国的に活発になり，都市が発達
　　→首都開封の繁栄…「__2_____」（北宋，張択端 作）に描かれる
　　各地に __3_____・**鎮**とよばれる商業の中心地がうまれる

(2) 貨幣経済がさらに進展…銅銭のほか，__4_____・_____ とよばれる紙幣が流通

(3) **陶磁器・茶・絹**などの特産品生産が各地でさかんになる　→ __5_____（江西省）は陶磁器の名産地に

(4) 南宋の成立とともに，__6_____**の開発**がさらにすすむ
　　→長江下流域が稲作（**占城稲**）の中心地に…「**蘇湖（江浙）熟すれば天下足る**」

(5) 唐代以来の**広州**のほか**明州・泉州**などの港市が栄え，__7_____（海上貿易の統括官庁）がおかれる

(6) 宋以前に朝鮮半島を統一した高麗では仏教が国教とされ，『__8_____』が刊行されたほか，__9_____
　　活字の発明や，**宋磁**をもしのぐとされる __10_____ がつくられるなど，独自の文化が発展

儒　学	経典の字句解釈を重んずる訓詁学にかわり，哲学的に万物の本質にせまる __11_____ がおこる →北宋の周敦頤に始まり，南宋の __12_____（朱子）により大成される：朱子学 経典の中では，__13_____（『大学』・『中庸』・『論語』・『孟子』）が重視される
歴　史	司馬光が編年体の通史である『__14_____』を記す
散　文	__15_____（『新唐書』などの歴史書も記す）・蘇軾ら唐宋八大家が活躍
絵　画	__16_____（風流天子といわれた徽宗が有名）と水墨などを用いた __17_____ がさかんに
工　芸	白磁・__18_____ などの単色の磁器が好まれる＝宋磁
技　術	木版印刷の普及，__19_____ や __20_____ の実用化（イスラーム世界経由でヨーロッパへ）

7章

❹ 地図でみる宋代の東アジア

【国名】
A：__1_____
B：__2_____
C：__3_____
D：__4_____
E：__5_____

（注）統一王朝としての吐蕃は，9世紀後半に分裂して衰えたが，中国では宋代にもチベット地域に対し吐蕃の表記が用いられた。

◄◄◄ **演 習 問 題** ►►►

1 ［宋と北方民族］ (22 慶應義塾大学より作成)

　モンゴル高原を支配したウイグルが内紛により衰退したのにともない，キタイ（契丹）が勢力を拡大して中国の華北に版図を拡大した。936年，キタイは後晋の建国を援助した見返りとして，農耕地帯である（①）を獲得した。その後，宋はこの地域の奪回をはかり攻撃をしかけるが，それを退けたキタイは，国境を維持したうえで宋から多額の銀や絹を贈らせるという条件で，1004年に（②）を結んだ。キタイは遊牧民の民政・軍政を担当する ア 官と，農耕民の民政を担当する イ 官を置くことにより，遊牧民の ウ 制と漢族の エ 制を取り込む二重統治体制を構築した。民族独自の文化や制度の維持をはかりつつ，漢族の統治機構も取り入れるというキタイの方針は，国号にキタイを用いる時期と，947年以降は中国風に改めた（③）を用いる時期とがあったことからも窺い知ることができる。

　12世紀前半，長らくキタイの支配下にあったツングース系の（④）が太祖と諡される（⑤）のもとで台頭し，1115年にキタイから独立して金を建国した。金は宋と結んでキタイを滅ぼした後，華北に攻め込み宋の都の開封を占領した。（⑥）と呼ばれるこの争乱によって，宋の上皇の オ と皇帝の カ は北方に連れ去られ，皇帝の弟が南方に逃れて高宗として帝位につき南宋を再興した。南宋の朝廷では，金に対して和平策を講じる キ と抗戦を主張する ク が激しく対立したが，和平派が主導権を握ったことにより，黄河と長江の間を東西に流れて黄海にそそぐ（⑦）を境界として国境を定め，宋が金に対して臣下の礼をとるという条件で金と和議を結んだ。

　金は④・キタイの統治に対しては⑦制に基づく猛安・（⑧）の制度を適用し，漢族には工制を採用して，キタイ同様に二重統治体制を採用した。また文化面でもキタイが契丹文字を作ったのにならい④文字を制定するなど，民族固有の文化の維持をはかった。

問1　文中の空欄①～⑧に適語を入れよ。

問2　空欄ア～エに適する語句の組合せとして正しいものを，次から1つ選べ。
　①　ア　南面　イ　北面　ウ　州県　エ　部族
　②　ア　北面　イ　南面　ウ　州県　エ　部族
　③　ア　南面　イ　北面　ウ　部族　エ　州県
　④　ア　北面　イ　南面　ウ　部族　エ　州県

問3　空欄オ～クに適する語句の組合せとして正しいものを，次から1つ選べ。
　①　オ　徽宗　カ　欽宗　キ　岳飛　ク　秦檜
　②　オ　欽宗　カ　徽宗　キ　岳飛　ク　秦檜
　③　オ　徽宗　カ　欽宗　キ　秦檜　ク　岳飛
　④　オ　欽宗　カ　徽宗　キ　秦檜　ク　岳飛

2 ［宋の社会・経済］ (22 法政大学より作成)

　中国の再統一は10世紀の後半に成し遂げられた。a趙匡胤が（①）を首都として宋を建国した後，その弟である（②）が北漢を滅ぼして中国主要部を統一した。趙匡胤は文人官僚を重用した政治をおこなったが，これに伴いb科挙制が整備された。科挙制は一定の社会的流動性を生み出したが，勉学にかかる費用がかさむため主に（③）とよばれる新興地主層の子息が合格し官僚となり，その勢力を一層強めることになった。宋は，活発化する商品流通を支えるため ア を大量に鋳造した。また当初は民間の手形だったものを紙幣に転じた イ も発行した。これは世界最古の紙幣とされる。貨幣経済が進む中で，土地の売買を通じて地主層と（④）と呼ばれる小作人の分化も進んだ。またc地域間交易が活発化し，港のあった広州，泉州，明

1

問1　①　_____
　　　②　_____
　　　③　_____
　　　④　_____
　　　⑤　_____
　　　⑥　_____
　　　⑦　_____
　　　⑧　_____

問2　_____

問3　_____

2

問1　①　_____
　　　②　_____
　　　③　_____
　　　④　_____

州が繁栄した。長江以南の江南では農業がさらに発展したが，生産品目の中には［ウ］も含まれていた。［ウ］は江南に限らず各地で生産されたが，とりわけ福建省は環境に恵まれ宋代における生産の中心となった。［ウ］は唐の時代に庶民の食文化にまで浸透していたが，宋代には周辺民族や朝鮮半島と日本にも広まった。［ウ］は塩などと並んで専売制の対象となり，国家財政を支えた。［ウ］の普及は，［エ］・［オ］に代表される陶磁器生産の発展とも連動した。［エ］の名産地として知られるのが浙江省の越窯や竜泉窯であり，［オ］では河北省の定窯や江西省の景徳鎮などが挙げられる。中国で宋代までに実用化された重要な発明品として，［カ］が挙げられる。唐末以降に武器への転用が進められていた［カ］は，宋の時代になってますます需要を増していった。その原料の1つである火山性の硫黄は，国内での供給が難しかったため d 日宋貿易の対象となった。軍事面では傭兵を中心としていたこともあり，周辺民族からの防衛に経費がかさんだ。軍事費は，多数の文人官僚の人件費と併せて，宋の財政を圧迫した。11世紀になり，神宗が皇帝の時に宰相となった(⑤)は，財政・経済や軍事・治安の諸問題を改善するために新法と呼ばれる様々な改革を行った。しかし既得権益層の反発を招き，e 派閥間の対立からやがて国力を弱めることになった。

問1　文中の空欄①～⑤に適語を入れよ。

問2　空欄ア～カに適する語句を，次から1つずつ選べ。

A　赤絵	B　会子	C　火薬	D　交子	E　交鈔	F　五銖銭
G　砂糖	H　青磁	I　染付	J　タバコ	K　茶	L　銅銭
M　白磁	N　半両銭	O　木版印刷	P　羅針盤		

問3　下線部a～eについて次の各問いに答えよ。

a　この人物に関する記述として正しいものを，次から1つ選べ。
　ア　後晋の武将だったが，放伐によって皇帝の位につき，節度使を重用した。
　イ　後晋の武将だったが，放伐によって皇帝の位につき，士大夫を尊重した。
　ウ　後周の武将だったが，禅譲を受けて即位し，節度使の権限を奪った。
　エ　後周の武将だったが，禅譲を受けて即位し，士大夫を弾圧した。

b　科挙制に関する記述として正しいものを，次から1つ選べ。
　ア　隋で始まり，清の末期に廃止された。
　イ　唐で始まり，中華民国の成立とともに廃止された。
　ウ　宋でさかんに行われたが，元代以降は行われなくなった。
　エ　宋や明ではさかんに行われたが，清代に入るとまもなく廃止された。

c　下線部に関連する文章として正しいものを，次から1つ選べ。
　ア　交易の拠点には鎮とよばれる税関が置かれた。
　イ　交易を管理したのは行とよばれる特許商人の団体だった。
　ウ　海上交易を管理するための市舶司が各地の港市に置かれた。
　エ　「清明上河図」は各地の港市の繁栄ぶりを描いた一大絵巻である。

d　下線部に関連して，日宋貿易が行われていた頃の日本の有力者として正しい人物を，次から1つ選べ。
　ア　菅原道真　　イ　平清盛　　ウ　北条時宗　　エ　足利義満

e　下線部に関連して，改革に反対した保守派勢力の中心で，編年体の通史『資治通鑑』を編纂した人物を答えよ。

3　**［宋の文治主義］**　(22　中央大学より作成)

宋の文治主義について，次の3つの語句を用いて50字以内で記述せよ。

〔 科挙　　殿試　　中央集権 〕

⑤
問2ア
イ
ウ
エ
オ
カ
問3 a
b
c
d
e

3

特集 内陸アジア世界のまとめ

内陸アジアの遊牧民と王朝の変遷をまとめてみよう。

【内陸アジア世界の外観】（　　）に民族名,〔　　〕・＿＿＿に王朝名を入れてみよう。

民族系統 モンゴル系 イラン系 トルコ系 漢民族 その他　青字はイスラーム王朝

地域 ［南ロシア］［イラン高原］［北部アフガン］［西トルキスタン］［東トルキスタン］［モンゴル高原］　　　　［中国］

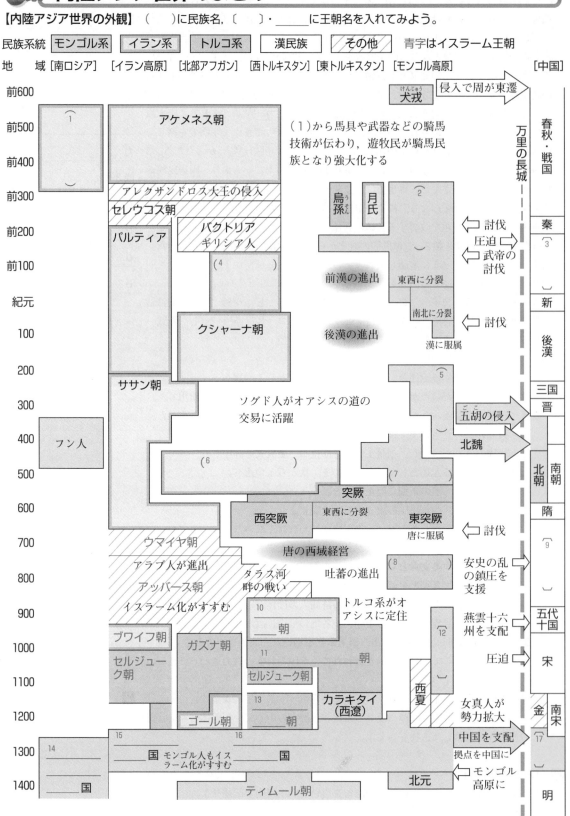

*ティムール朝については20節にまとめている。▶p.81

17 モンゴルの大帝国

13世紀にユーラシア大陸を圧倒的な力で制圧するモンゴル人についてまとめよう。

◀◀◀ ポイント整理 ▶▶▶▶▶▶▶▶▶▶▶▶▶▶▶▶▶▶▶▶▶▶▶▶▶▶▶▶▶▶▶▶▶▶▶▶▶

１ モンゴル帝国の形成

遊牧民の世界を征圧

1 ＿＿＿＿＿＿＿＿（位1206～27）

・テムジンが 2 ＿＿＿＿＿＿（部族長の集会）にて「カン」の称号を得る（1206）→ **大モンゴル国の形成（モンゴル帝国）**
　→「オアシスの道」沿いに征服をすすめる
・ナイマン（トルコ系）を征服，西トルキスタンの 3 ＿＿＿＿＿＿＿＿＿朝（トルコ系）を征服
・中国の西にあった 4 ＿＿＿＿＿（タングート族）を征服

5 ＿＿＿＿＿＿＿＿（位1229～41）

・6 ＿＿＿を征服（1234）→ 淮河以北の中国を支配
・都を 7 ＿＿＿＿＿＿＿に定める
・8 ＿＿＿＿＿＿＿の戦い（1241）
　└▶ 9 ＿＿＿＿＿率いる軍がヨーロッパに遠征し，ドイツ・ポーランド諸侯連合軍を破る

グユク＝ハン （位1246～48）
＊教皇インノケンティウス4世の使者 10 ＿＿＿＿＿＿＿＿＿がカラコルムに到着

モンケ＝ハン （位1251～59）
＊フランス王ルイ9世の使者 11 ＿＿＿＿＿＿＿がモンケと面会
・クビライ（フビライ）がチベットと雲南の 12 ＿＿＿を征服
・13 ＿＿＿＿＿が西アジアに遠征
　→ アッバース朝を滅ぼす（1258）
・朝鮮半島の 14 ＿＿＿＿＿がモンゴル帝国に服属

遊牧世界・農耕世界・海の道の結合へ

15 ＿＿＿＿＿＿＿＿（位1260～94）

・都を 16 ＿＿＿（現在の北京）にうつす
・17 ＿＿＿＿＿の乱（1266）：15の即位に対し，
　オゴデイの孫が反乱をおこす（～1301）
・国号を元と改める（1271）
・日本（文永の役），ベトナム（陳朝大越国），ジャワ，チャンパーなどへ遠征
＊日本との国交はなかったものの，**日元貿易**が展開された
＊イタリアの商人 22 ＿＿＿＿＿が16に到着
・23 ＿＿＿＿＿を滅ぼす（1279）→ 中国全土を支配
・日本に2度目の遠征（弘安の役）→ 失敗
・ビルマの 24 ＿＿＿＿＿朝を征服
・15が死去　以後は政治が混乱

ここから15世紀に分立したDがクリミア＝ハン国

●元と各ハン国の分立

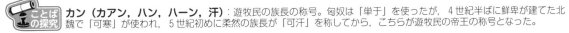

ロシア	A：18 ＿＿＿＿＿国（ジョチ＝ウルス） 9 が建国　都：サライ ビザンツ帝国やマムルーク朝と通交
中央アジア	B：19 ＿＿＿＿＿国（チャガタイ＝ウルス） 都：アルマリク 絹の道（シルク＝ロード）の富で繁栄
西アジア	C：20 ＿＿＿＿＿国（フレグ＝ウルス） 13がイランに建国 13世紀末に 21 ＿＿＿＿＿＿＿がイスラーム教を国教化

●元の中国支配

＊科挙は軽視され，一時中断

実力重視の人材登用

登用 ─ モンゴル
　　　25 ＿＿＿ ── 西アジア・中央アジア・ヨーロッパ人
　　　26 ＿＿＿（旧金支配下の人々）
　　　27 ＿＿＿（旧南宋支配下の人々） ── 税の主な担い手

商業重視の政策
① 駅伝制（28 ＿＿＿＿＿）を整える
　→ムスリム商人の隊商により，陸路交易がさかんになる
② 29 ＿＿＿＿＿を改修し海運が発達，江南の物資を都に輸送する
③ 30 ＿＿＿＿＿（紙幣）を発行，のち乱発で経済が混乱

衰退

・31 ＿＿＿＿＿（1351～66）：白蓮教徒を中心とした農民反乱
・元が滅亡（1368），32 ＿＿＿＿＿が明を建国
　　元をモンゴル高原に退かせる → 北元

ことばの探究 カン（カアン，ハン，ハーン，汗）：遊牧民の族長の称号。匈奴は「単于」を使ったが，4世紀半ばに鮮卑が建てた北魏で「可寒」が使われ，5世紀初めに柔然の族長が「可汗」を称してから，こちらが遊牧民の帝王の称号となった。

7章

2 東西交流と元の文化

(1) ___1___ 商人の隊商が陸路貿易に活躍した。海上交易も発達し，杭州・___2___・広州などが繁栄。

(2) イタリアの商人マルコ=ポーロが見聞をまとめた『___3___』はヨーロッパで大きな反響をよんだ。また，14世紀には『旅行記』（『三大陸周遊記』）を著した ___4___ も元を訪れた。

(3) クビライはチベット仏教の教主である___5___にモンゴル語を表記する文字をつくらせたが，しだいにすたれてウイグル文字でモンゴル語を書き表すことが普通となった。

(4) 13世紀末に___6___が大都に派遣されて大司教となり，初めてカトリックを中国に布教した。

(5) イスラームの天文学の影響を受けて郭守敬がつくった暦の___7___はのちに日本に伝わり，江戸時代の貞享暦となった。

(6) ___8___とよばれる演劇が発達。代表的な作品は，『___9___』・『漢宮秋』・『___10___』など。

◀◀◀ 演 習 問 題 ▶▶▶▶▶▶▶▶▶▶▶▶▶▶▶▶▶▶▶▶▶▶▶▶▶▶▶▶▶▶▶▶▶▶▶▶▶

1 正誤でチェック！基礎知識

次の各文の下線部には1か所ずつ誤りがある。その番号を指摘し，正しい語句に訂正せよ。

A ①ラシード=アッディーンは各地の情報を収集し『集史』を完成させた。モンゴル帝国では，金の支配下にあった女真人・契丹人を含む華北の人々を②南人として支配した。

B 元の時代には，フランス王ルイ9世が①モンテ=コルヴィノをモンゴルに派遣した。また，支配者層には②チベット仏教が重んじられた。

C 元の染付は，①草原の道を経て，世界に輸出された。14世紀には，キプチャク=ハン国は，②ティムールの攻撃を受けて衰退した。

1	番号	正しい語句
A	，	
B	，	
C	，	

2 ［内陸アジアの興亡］ （22 國學院大學より作成）

紀元前7世紀ごろ，黒海北岸の草原地帯に，文献上初めて遊牧国家を建設したのが，イラン系騎馬民族の（①）である。彼らは，先住のキンメリア人を駆逐して，西アジアにも勢力を拡大した。紀元前5世紀にギリシア人の歴史家ヘロドトスが著した（②）には，①の風俗習慣について記されている。

紀元前4世紀ごろには，内陸アジア東部でも騎馬民族の活動が活発化し，紀元前3世紀を過ぎると，モンゴル高原西部から甘粛・タリム盆地に進出した（③），陰山山脈北方のモンゴル高原に勢力を持った（④）などが現れた。しかし，彼らは前漢の武帝の攻撃を受けて以降は分裂を繰り返し，衰えた。

2世紀の半ばに，④にかわりモンゴル高原を支配したのが，五胡の中で強大化した（⑤）である。彼らは，3世紀半ば以後に内モンゴルや華北に入り，4世紀には北魏を建国した。彼らが南下してモンゴル高原から離れると，この地は（⑥）の支配下に入った。6世紀になると，モンゴル高原の⑥を倒したトルコ系騎馬遊牧民の（⑦）が現れて勢力を拡大し，552年に国を建てた。彼らはまもなく東西に分裂するが，西突厥は8世紀の初めまで中央アジア方面を本拠地として勢力を維持し，東突厥は（⑧）に一時服属してその支配下に置かれたが，7世紀末に復興を果たして再びモンゴル高原に勢力を保った。8世紀には，⑦に服属していた鉄勒諸部の一つ，（⑨）が台頭する。彼らは⑧に軍事支援を行って影響力を強め，⑧に対して（⑩）貿易を強制するなど，強勢を誇った。しかし，やがて同じトルコ系の（⑪）の侵入をうけて840年に滅び，その支配下にいた人々の多くが，天山山脈の南に点在するオアシスに移住したため，彼らの民族系統から，この地を（⑫）という。このうち，西トルキスタンは中央アジアとほぼ同じであり，トルコ系の人々は，イラン系のサーマーン朝のもと（⑬）として戦場に供給された。やがてこの地で力をつけ，中央アジア初のトルコ系王朝である（⑭）を建国した。8世紀以前の内陸アジアにおける遊牧国家の発展

問1 ① ___
② ___
③ ___
④ ___
⑤ ___
⑥ ___
⑦ ___
⑧ ___
⑨ ___
⑩ ___
⑪ ___
⑫ ___
⑬ ___
⑭ ___

に寄与したのが，(⑮)人商人の活躍である。彼らは中央ユーラシア一帯におよぶ商業ネットワークを形成し，外交上，文化上も重要な役割を果たしたが，8世紀にソグディアナがアラブ人に征服されると，その役割は(⑯)商人が担っていった。

　⑨の衰退で，北東アジアに勢力を拡大させたのが，(⑰)人である。彼らは916年にモンゴル東部から中国東北地方に広がるキタイを作り上げ，宋との澶淵の盟によって(⑱)と呼ばれる領土を割譲させた。だがキタイは，ツングース系の(⑲)族が1115年に建国した金と，宋の同盟軍によって滅亡した。これに伴い，キタイの王族であった耶律大石は，中央アジアへ移って1132年に(⑳)を建国した。

問1　文中の空欄①～⑳に適語を入れよ。

問2　下線部について，ウイグルが軍事支援を行った唐の内乱の名称を答えよ。

3　[朝鮮半島と日本]　　　　　　　　　　　　(20　東海大学より作成)

　13世紀初頭にカンに選ばれたチンギス=カンは，急激な征服活動を展開し，中央アジアを抑えていたトルコ系の(①)や，タングート系の(②)を滅ぼし，勢力を拡大させた。次いでオゴデイは，南宋と結んで(③)を征服し，孫のバトゥを西方に派遣し，(④)の戦いでポーランド・ドイツ軍を破ってヨーロッパに脅威を与えた。また，彼はロシアなどの征服地に(⑤)=ハン国を建てた。モンケ=ハンのときにはクビライが雲南地方の(⑥)を滅亡させ，(⑦)は西アジアのアッバース朝を滅ぼすと同時に，エジプトの(⑧)とも交戦した。

　次のクビライは国号を_a元としてモンゴル・中国を領有し，朝鮮の(⑨)を服属させるとともに，南宋を滅ぼした。さらに日本・_b東南アジアへも侵攻し，各地に変動を起こさせた。こうしてユーラシアの大半を支配するモンゴル帝国が成立したが，その支配は各地の実情に応じたものであった。

　イル=ハン国は，(⑩)のもとでイスラーム教を国教とし，キプチャク=ハン国，チャガタイ=ハン国の支配者もイスラーム化した。元は様々な宗教を尊重して実務を優先する姿勢をとった。南宋出身者を南人，イラン・中央アジア出身者を(⑪)として財務官僚に登用したが，その中にはイスラーム教徒が多数含まれていた。またローマ教皇が派遣した(⑫)が大都でカトリックを布教することも容認した。

　またモンゴル帝国は(⑬)と呼ばれる駅伝制を整え，港湾・大運河の整備による海運の発展も促進したため，海を結ぶ交易が発展し，銀と兌換できる紙幣である(⑭)が流通したし，利用価値が低下した銅銭は，(⑮)を介して日本へ輸出された。文化的には，ムスリム商人の活動に伴いスーフィズムの影響が広まり，東南アジアへのイスラーム教の浸透が進んだ。そうした中でイスラームの天文学に刺激を受けた(⑯)は授時暦を作成した。庶民の間では，元曲の『琵琶記』『(⑰)』が流行した。またユーラシアを旅した(⑱)の『世界の記述』，イブン=バットゥータの『(⑲)』など，東西交流を示す旅行記が残された。しかし，東西交易の活性化は疫病の伝播をも促し，14世紀にヨーロッパへ(⑳)がもたらされ，死者が大量に現れた。

問1　文中の空欄①～⑳に適語を入れよ。

問2　下線部a，bについて次の各問いに答えよ。

　a　元の支配についての説明として，**誤っているもの**を次から1つ選べ。

　　ア　中国文化を重視し，科挙によって能力のあるものを登用する政策を推進した。

　　イ　海上交通で繁栄していた杭州・泉州・広州などが元の支配下にはいった。

　　ウ　ムスリム商人とモンゴルの富裕層が手を組み，利益を分け合う仕組みが生まれた。

　　エ　元は塩の専売制を実施した。

　b　元の東南アジア侵攻について，以下の各問いに答えよ。

　　ｉ　これを契機にジャワ島で成立した国を答えよ。

　　ｉｉ　元の侵略を受けたが，撃退したベトナムの王朝名と国を答えよ。

⑮

⑯

⑰

⑱

⑲

⑳

問2

3

問1①

②

③

④

⑤

⑥

⑦

⑧

⑨

⑩

⑪

⑫

⑬

⑭

⑮

⑯

⑰

⑱

⑲

⑳

問2a

bⅰ

ⅱ

*東アジアの新興勢力についてはテーマ史演習で扱う。▶p.203・204

18 アジア交易世界の興隆

東アジア世界に広大な支配領域を形成した明王朝の歴史を学び，中華帝国の実態を理解しよう。

◀◀◀ **ポイント整理** ▶▶▶▶▶▶▶▶▶▶▶▶▶▶▶▶▶▶▶▶▶▶▶▶▶▶▶▶▶▶▶▶▶▶

1 中華帝国の拡大－明

明の政治

元末の混乱
・宮廷の奢侈→交鈔の濫発から，インフレの進行
・飢饉の多発

1351　白蓮教徒による[1]＿＿＿＿＿＿＿の発生

●1368　[2]＿＿＿＿＿（洪武帝）：南京で即位，明の成立…元はモンゴル高原へ（北元）

洪武帝（1368～98）
・[3]＿＿＿＿＿を廃止（君主独裁体制）　・里甲制（村落組織）制定
・[4]＿＿＿＿＿（租税台帳）作成　・魚鱗図冊（土地台帳）作成
・[5]＿＿＿＿＿（民衆の教化）の発布　・衛所制（兵制）設立　・海禁政策（朝貢貿易）
●[6]＿＿＿＿＿（1399～1402）…洪武帝の死後，2代建文帝に→燕王が挙兵

[7]＿＿＿＿＿（1402～24） として即位

・内閣の設置（皇帝の補佐）→独裁体制の強化
・[8]＿＿＿＿＿に遷都　　→北方民族への抑え
・[9]＿＿＿＿＿の南海遠征　→南海諸国の朝貢を促す

混乱と衰退
・[10]＿＿＿＿＿（北からのモンゴル，南からの倭寇の活動）

万暦帝（1572～1620）
・[11]＿＿＿＿＿の改革（**一条鞭法の実施**）…一時的に成功
・対外遠征　⇒　政治混乱（党争の激化＝東林派と非東林派）
・1644　[12]＿＿＿＿＿の乱により北京が占領され，明は滅亡

周辺諸国のうごき

北元

オイラト［エセン＝ハン］

タタール［アルタン＝ハーン］

モンゴル高原遠征 →

1449　土木の変 ←

◆　　　◆　　　◆

(1) **元**の支配下の中国では，飢饉が多発するなか，宮廷の奢侈やラマ教への狂信から，[13]＿＿＿＿＿が濫発され，インフレが進行した。そのため社会は混乱し，**紅巾の乱**が発生，この反乱に身を投じて頭角をあらわした**朱元璋**が江南で自立，やがて[14]＿＿＿＿＿を都に中国統一に成功した。

(2) 皇帝の位についた**洪武帝**は，中書省を廃止し，[15]＿＿＿＿＿を皇帝直属として支配体制を整えると，**賦役黄冊**（租税台帳）や[16]＿＿＿＿＿（土地台帳）を作成，農村に**里甲制**をしくなどして支配を強化した。軍政では，唐の**府兵制**に習った[17]＿＿＿＿＿を創設し，**海禁（政策）**により朝貢貿易を促すなど国家体制の整備を行った。

(3) 洪武帝の死後，1399年に燕王が諸王抑制策に反抗して反乱をおこす[18]＿＿＿＿＿がおこり，新たに**永楽帝**として即位した。永楽帝は都を北京にうつし，政治の最高機関として[19]＿＿＿＿＿を設置して支配体制を強化した。彼は5回におよぶモンゴル親征やベトナム遠征，さらに，**鄭和**に命じて[20]＿＿＿＿＿を行うなど，国威高揚に努めた。

(4) モンゴル高原で，15世紀にエセン＝ハンのもと強盛を誇った[21]＿＿＿＿＿部は，明との抗争をくり返し，1449年の[22]＿＿＿＿＿では明の正統帝を捕虜とする事件をおこした。また，16世紀にアルタン＝ハーンのもと強盛を誇った[23]＿＿＿＿＿部は，さかんに明に侵入をくり返した。これら北方からの侵入は，中国沿岸で活動した海賊[24]＿＿＿＿＿とともに明を苦しめる外患となった。これらを[25]＿＿＿＿＿とよんでいる。

(5) 外患に悩まされた明ではあったが，[26]＿＿＿＿＿の時に**張居正**が現れ改革を断行し，[27]＿＿＿＿＿を実施して，各種の税と徭役を**銀**に一本化するなど税制の安定化がはかられた。しかし，後半は[28]＿＿＿＿＿の朝鮮出兵に対する遠征や党争の激化など，混乱をきわめた。

2 明代の社会と文化

●**明代の社会**…新たな穀倉地帯の発展

経済発展　「[1]＿＿＿＿＿天下足る」…穀物生産地帯が，長江下流域から中流域へ

ことばの探究　**靖難の役**：永楽帝がおこしたクーデタ。1399年燕王（のちの永楽帝）は「君側の奸を除き，皇室の難を靖んず」と称して挙兵したことから，この名がつけられた。

商 工 業 の 発 達	税 制 改 革
・綿工業，絹工業，<u>　　　2　　　</u>に代表される陶磁器の生産 ・山西商人（山西省），徽州（新安）商人などの<u>　3　</u>の活動 ⇨ 会館・公所の設置	・<u>　4　</u>の流通から， <u>　　　5　　　</u>の実施 ↓ 各種の税や徭役を銀で一本化

● 明代の文学

作品名	内容
『<u>　6　</u>』	孫悟空らの活躍
『<u>　7　</u>』	宋末の義賊の活躍
『<u>　8　</u>』	三国時代の壮大な抗争
『<u>　9　</u>』	明末の風俗小説の代表

● 明代の文化

儒教・儒学の隆盛

①永楽帝の編纂事業…『<u>　　　10　　　</u>』（百科事典）・『四書大全』・『五経大全』・『性理大全』
②朱子学の官学化・<u>　　　11　　　</u>の普及（王陽明が実践を重んじることを説く）
③科学技術への関心の高まり…数々の実用書：『本草綱目』・『農政全書』・『天工開物』
④宣教師の活動　<u>　　　12　　　</u>（利瑪竇）：「坤輿万国全図」（漢訳版世界地図）

◀◀◀ 演 習 問 題 ▶▶▶

1 [明国の盛衰]　　　　　　　　　　　（19　愛知学院大学・20　青山学院大学より作成）

　朱元璋は，1368年に（①）で皇帝に即位し，明朝を樹立した。そして，（②）を廃止して，六部を皇帝直属とした。農村では，全国的人口調査を基礎に徴税事務や治安維持を目的とする連帯責任制度の（③）を実施し，土地台帳である魚鱗図冊，および租税台帳である（④）を整備した。なお，政府管理の（⑤）貿易を推し進め，その範囲は東アジアからインド洋に及ぶ広範囲なものであった。特に現在の沖縄である（⑥）は，15世紀に中山王によって統一されており，貿易の1つの中心となった。また，明朝は民衆教化のため，六カ条の教訓である（⑦）を定めた。洪武帝の死後，建文帝が諸王の勢力を削減しようとしたため，燕王のクーデタがおこった。これが（⑧）である。このクーデタによって即位した皇帝が（⑨）である。その後，首都を（⑩）に移した。⑨は活発な外交政策を展開し，宦官の（⑪）に命じ，東南アジアからアフリカに至る南海大遠征をおこなわせた。それを契機にマレー半島南西部の（⑫）王国も東南アジア最大の貿易拠点となった。14世紀末，李成桂が朝鮮王朝を樹立し，（⑬）（現在のソウル）に都をおいた。朝鮮の第4代国王世宗は，朝鮮の国字（⑭）を制定し，1446年に同名の条例で公布した。朝鮮の科挙官僚は文官と武官を総称して（⑮）と呼ばれるが，事実上独占した家柄や支配階級の身分をあらわすものとなった。

　明代には「<u>a湖広熟すれば天下足る</u>」といわれたほど穀倉地帯として発達したが，その一方で，「<u>b人のために佃づくる者は十分の九</u>」と呼ばれる状況を背景に，貧富差が拡大した。15世紀以降は明朝の支配体制が揺らぎ始めるようになった。1449年，明の正統帝がオイラトの指導者（⑯）との戦いに敗れて捕虜になる事件が起きた。明朝は万里の長城を越えて襲来するモンゴル族と南方沿海の倭寇に悩まされていた。万暦帝の初期，（⑰）が10年間にわたり首席内閣大学士として大権を握って中央集権的な財政再建を行ったが，かえって地方の郷紳層の反発を招いてしまった。政治的混乱や民衆の反乱により明朝はその体制を維持できず，（⑱）の朝鮮出兵の際，朝鮮半島に援軍を派遣したが，これも結果的には明朝が衰退する一因となった。

問1　文中の空欄①～⑱に適語を入れよ。
問2　下線部a，bについて次の各問いに答えよ。
　a　生産量が拡大した穀倉地帯を，次から1つ選べ。
　　ア　黄河下流域　　イ　黄河中流域　　ウ　長江下流域　　エ　長江中流域
　b　これはどのような社会的背景を表す言葉か，簡潔に述べよ。

1

問1 ①
　　②
　　③
　　④
　　⑤
　　⑥
　　⑦
　　⑧
　　⑨
　　⑩
　　⑪
　　⑫
　　⑬
　　⑭
　　⑮
　　⑯
　　⑰
　　⑱

問2 a

　　b

8章

19 大航海時代

大航海時代が，ヨーロッパ近代国家形成にもたらした影響について考えよう。

◀◀◀ ポイント整理 ▶▶▶▶▶▶▶▶▶▶▶▶▶▶▶▶▶▶▶▶▶▶▶▶▶▶▶▶▶▶▶▶▶▶▶▶▶▶▶

❶ 大航海時代

背景

① 宗教的情熱	② 技術改良	③ 東方への憧れ	④ 経済的利益
・国土回復運動の進展 （キリスト教世界の拡大）	・1＿＿＿＿の改良 ・快速帆船の普及	・『2＿＿＿＿』 （マルコ=ポーロ）	・3＿＿＿＿の直接 入手への野心

動向 探検者たちの活動 ─ ポルトガルの動き → 東廻りでアジアへの航路を求める
└ スペインの動き → 西廻りで結果的にアメリカへの航路を開拓

影響

① 4＿＿＿＿	ヨーロッパ経済が，アジア・アフリカと結びつき，広域化
② 5＿＿＿＿	ヨーロッパ経済の中心が地中海から6＿＿＿＿に移動
③価格革命	新大陸のポトシ銀山などから大量の銀が流入 ⇒ 物価の高騰から，領主層に打撃

⇨ 資本主義経済の発展

●アメリカ大陸と世界への影響

・スペインよりおくり込まれた7＿＿＿＿＿＿（征服者）

8＿＿＿＿	［アステカ帝国を滅ぼす（1521）］
9＿＿＿＿	［インカ帝国を滅ぼす（1533）］

*アメリカ大陸からもたらされたもの

生活革命 ⇒ ジャガイモ・トウモロコシ・トマト・タバコ

【アメリカ社会の変容】
・10＿＿＿＿制で先住民を強制労働
・インディオの人口減少
・11＿＿＿＿の批判と救済
・アフリカからの12＿＿＿＿の輸入

(1) ポルトガルは早くから東廻りでのインドへの航路開拓を進めていたが，「航海王子」13＿＿＿＿がその事業を拡大し，**1488年**には14＿＿＿＿がアフリカ南端の喜望峰に到達した。さらに**1498年**には15＿＿＿＿がインドのカリカットに到達，インド航路が開拓された。

(2) スペインでは**1492年**，天文学者**トスカネリ**の説を信じ，16＿＿＿＿が現在のアメリカ大陸に到達した。その後ポルトガル人の17＿＿＿＿が**ブラジル**に漂着，さらにイタリア人の18＿＿＿＿が南アメリカを探検した結果，この大陸がアジアではなく新大陸であることが明らかになった。

(3) スペイン王の命で19＿＿＿＿は西廻りでアジアをめざした。彼はフィリピンで戦死したが，彼の志を部下が引き継ぎ，**1522年**史上初の20＿＿＿＿に成功した。

(4) スペインの征服事業の中心となったのはコンキスタドールとよばれた「征服者」であった。1521年21＿＿＿＿はアステカ帝国を，1533年22＿＿＿＿はインカ帝国を滅ぼした。彼らの征服活動の結果，アメリカの社会は大きく変えられていった。

(5) 新大陸からもたらされる文物，例えば**銀**は物価高騰をもたらし，領主層に打撃を与える価格革命をおこした。また商業の中心が**大西洋地域**に移ることで，新たなる商業圏の形成と**世界の一体化**を促す23＿＿＿＿がはじまり，**資本主義経済発達**の地固めとなった。

◀◀◀ **演 習 問 題** ▶▶▶▶▶▶▶▶▶▶▶▶▶▶▶▶▶▶▶▶▶▶▶▶▶▶▶▶▶▶▶

1　　　　　　　　　　　　　正誤でチェック！基礎知識

次の各文の下線部には1か所ずつ誤りがある。その番号を指摘し，正しい語句に訂正せよ。

A　①人文主義思想のもと，②ペトラルカは，14世紀にヨーロッパに流行した③黒死病（ペスト）から避難した人々が10日間で100話語る形式の小説④『デカメロン』を著した。

B　1490年代，①コロンブスは②スペインの援助をうけ，アメリカ大陸に到達した。その直後，スペインと③イタリア両国が勢力範囲を定めた④トルデシリャス条約が締結された。

2　[大航海時代]　　　　　　　　　（18　関西大学・上智大学より作成）

ヨーロッパ諸国でいちはやくインド航路を開拓したのはポルトガルである。ポルトガル商人は15世紀初頭からアフリカ西岸の探検に乗り出していたが，「航海王子」（①）がこの事業をさらに推進した。1488年には（②）が喜望峰に到達し，1498年には（③）がインド西岸の（④）に到達した。ポルトガルは1510年にインドの（⑤）を占領し，ここを拠点にアジア貿易を展開した。さらに東アジアに進出すると，1557年には明朝から（⑥）への居住権を認められた。

他方，スペインでは，女王イサベルが（⑦）の地球球体説に基づいて大西洋経由でアジアに到達できると主張する（⑧）の提案を聞き入れた。⑧の船団は1492年にサンサルバドル島に到達し，以後アメリカ大陸への進出と支配が始まる。（⑨）は，この地がアジアではなく未知の「新大陸」であると唱え，アメリカの呼び名の起源となった。1519年には（⑩）が香料諸島を目指して出帆し，南アメリカ南端を回って太平洋を横断した。⑩自身は1521年にフィリピンで現地人との戦いで死亡したが，彼の部下たちは喜望峰を回ってスペインに帰国した。

⑩が戦死した1521年は，コンキスタドールの一人であった（⑪）が，アステカ王国を征服した年でもあった。スペイン人の征服者たちは征服した地域にa農場を開き，先住民を使役し始めた。その後16世紀後半にスペインがフィリピン諸島も征服すると，ルソン島の（⑫）はメキシコと（⑬）船によって太平洋を越えて結ばれることになった。

アメリカ大陸からの銀の流出が世界経済に与えた影響も甚大であった。1540年代にポトシやサカテカスで銀鉱山が発見されると，ヨーロッパに銀が大量に流入し，bヨーロッパにおける商業の中心地は地中海沿岸から大西洋沿岸地域へと移った。銀はさらにマニラ経由で中国に大量に流入し，アジアの経済にも影響を及ぼした。

問1　文中の空欄①〜⑬に適語を入れよ。

問2　下線部a，bについて次の各問いに答えよ。

　a　先住民をキリスト教に改宗させることを条件に労働力として使役することが認められた制度は何か。

　b　この変化を何と呼ぶか。

1
番号	正しい語句
A	，
B	，

2
問1①
②
③
④
⑤
⑥
⑦
⑧
⑨
⑩
⑪
⑫
⑬
問2 a
b

20 イスラーム諸王朝の繁栄

中国で明・清が栄えた頃にイスラーム世界に君臨していた王朝についてまとめてみよう。

◀◀◀ ポイント整理 ▶▶▶▶▶▶▶▶▶▶▶▶▶▶▶▶▶▶▶▶▶▶▶▶▶▶▶▶▶▶▶▶▶▶▶▶▶▶

❶ トルコ・イラン世界の発展

| 1 _____ 帝国（1300頃～1922）　　首都：ブルサ

- ●1300頃　オスマン1世がルーム＝セルジューク朝領内のアナトリアで自立し，建国
- ・1366　ムラト1世が 2 _____ を奪い，首都とする（エディルネと改称）

| 3 _____（位1389～1402, 通称「稲妻」）

- ・1396　4 _____ の戦いでヨーロッパの連合軍を破る
- ・1402　5 _____ の戦いで20朝に大敗
- ・3の死により帝国は一時中断したが，その後，メフメト1世のもとで再興

| 6 _____（位1444～46, 51～81, 通称「征服者」）

- ・1453　7 _____ 帝国を滅ぼし，コンスタンティノープルを 8 _____ と改称，首都に
- ・ハギア＝ソフィア聖堂をイスラームのモスク（礼拝堂）とし，また，トプカプ宮殿を完成させる

| 9 _____（位1512～20, 通称「冷酷者」）

- ・1514　チャルディラーンの戦いでサファヴィー朝の騎馬軍団（キジルバシュ）に圧勝
- ・1517　マムルーク朝を滅ぼし，メッカ・メディナ両聖都の保護権を獲得
  - →オスマン帝国のスルタン（皇帝）がイスラーム世界の最高者であることを示す
  - ＝ 10 _____ 制の成立（スルタンの権威を強化するために18世紀以降そう喧伝された）

| 11 _____（位1520～66, 通称「壮麗者」「立法者」）

- ・1526　12 _____ の戦いでハンガリー王ラヨシュ2世を破り，ハンガリーの大半を領有
- ・1529　13 _____ 包囲戦（第1次）
- ・1536　フランス王フランソワ1世と同盟を結び，フランス人に領内の居住や通商を認める
  - …14 _____ とよばれ，1569年に正式に承認
- ・1538　15 _____ の海戦でスペイン・ヴェネツィアなどの連合艦隊を破り，東地中海を制圧
- ・1571　16 _____ の海戦でスペインに敗れたが，その後すぐに東地中海の制海権を回復

オスマン帝国の統治

①帝国内の異教徒（キリスト教徒やユダヤ教徒）に対し，その共同体＝ 17 _____ の存在を認め，納税
　の義務を課すかわりに自治を承認＝17制
②イクター制を継承し，トルコ人騎兵に封土とそこからの徴税権＝ 18 _____ を与える＝18制
③バルカン半島などの征服地から徴集（デヴシルメ）したキリスト教の青年たちをスルタン直属の歩兵軍団
　＝ 19 _____（「新軍」の意）として編成

| 20 _____ 朝（1370～1507）　　首都：21 _____

| 22 _____（位1370～1405）

- ●14世紀なかば頃にチャガタイ＝ハン国が東西に分裂→その西部で自立して同王朝を建国
- ・東西トルキスタンを統一
- 1402　23 _____ の戦いでオスマン帝国（3）を破る
- 1405　24 _____ への遠征途上，オトラルで病死

シャー＝ルフ（位1409～47）

- ・ヘラートに遷都し，学芸を奨励（息子の第4代ウルグ＝ベクが建設した天文台は有名）
- ・15世紀後半，東西に分裂
  - →16世紀初めトルコ系の 25 _____ 族によりそれぞれ滅ぼされる

 ことばの探究　ミッレト：トルコ語で宗教共同体のこと。オスマン帝国では，ユダヤ教徒やキリスト教徒などに納税の義務を負わせるかわりに，それぞれのミッレトにおける自治を認めた。

※<u>20</u>朝の歴史的意義
> イル=ハン国のもとで成熟した**イラン=イスラーム文化**がこの王朝の統一により中央アジアに伝えられ，**トルコ=イスラーム文化**として発展
> ⇨①イラン文学のほか，トルコ語の文学作品が登場
> 　②すぐれた細密画（<u>26　　　　　　　　　　　</u>）の数々がつくられる

<u>27　　　　　　　　　　</u>朝（1501～1736）　　　首都：タブリーズ

　<u>28　　　　　　　　　　　</u>（位1501～24）

- ●<u>20</u>朝衰退後のイランで，イスラーム神秘主義教団を従えて同王朝を建国
- ・イラン伝統の<u>29　　　　　　　</u>（王）の称号を用いる
- ・<u>30　　　　　　</u>派（とくに**十二イマーム派**）を国教とする

　<u>31　　　　　　　　　</u>（位1587～1629）…王朝の最盛期

- ・オスマン帝国からアゼルバイジャンなどを奪う一方で，ポルトガル人をホルムズ島から追放
- ・<u>32　　　　　　　　　</u>へ遷都（1597）

  ⇨ 「イマームのモスク」の建設など，「<u>32</u>は世界の半分」といわれる繁栄をもたらす。また，建築・美術・工芸などにおける**イラン=イスラーム文化**はさらなる熟成をとげる

- ・その後はアフガン人の侵入などにより，徐々に衰える
- 1736　ナーディル=シャーが<u>27</u>朝を滅ぼし，アフシャール朝建国

② インド世界

　<u>1　　　　　　　</u>帝国（1526～1858）

　　<u>2　　　　　　　　</u>（位1526～30）

- ●ティムールの6代子孫として中央アジアで頭角をあらわす
- …1526　<u>3　　　　　　　　　</u>の戦いでロディー朝を打倒して建国（首都：<u>4　　　　　　　</u>）
- ・1540　第2代の**フマーユーン**がスール朝に敗れ一時亡命（～55）

　　<u>5　　　　　　　</u>（位1556～1605）…実質的な建国者

- ・<u>6　　　　　　</u>へ遷都し，中央集権体制を確立
- ・異教徒への<u>7　　　　　　</u>を廃止し，ヒンドゥー教の<u>8　　　　　　　　　　</u>族などと和解

　シャー=ジャハーン（位1628～58）

- ・<u>6</u>に<u>9　　　　　　　</u>を建設（首都は再び<u>4</u>に）

　　<u>10　　　　　　　</u>（位1658～1707）…帝国の最大領域を実現

- ・異教徒への<u>7</u>を復活し，<u>8</u>族などの反乱を招く

ムガル帝国の統治
> ①<u>5</u>は文官・武官に位階（マンサブ）とともに給与地（ジャーギール）とそこからの徴税権を付与
> ＝<u>11　　　　　　　　</u>制
> ②地方には自立傾向の強い部族が多かったが，<u>10</u>による<u>7</u>復活後，離反傾向が強まる
> 　・<u>8</u>族…西北インドの熱烈なヒンドゥー種族。ラージプート絵画を残す
> 　・<u>12　　　　　　　　</u>王国…17世紀後半に**シヴァージー**が建国したヒンドゥー教国
> 　　　　　　　　　　　王国解体後も政治的連合（マラーター同盟）を維持
> 　・<u>13　　　　　</u>教…16世紀に**ナーナク**によって始められた一神教的宗教。パンジャーブ地方に広まる
> ③公用語であるペルシア語をもとに<u>14　　　　　　</u>語（現パキスタンの国語）がうまれ，広まる

○南インドの状況

　<u>15　　　　　　　　　</u>王国（1336～1649，首都名：ヴィジャヤナガルは「勝利の町」の意）

- ・トゥグルク朝の支配を脱して成立したヒンドゥー教国。16世紀初めに最盛期を迎える
- ・ポルトガル人とも活発に貿易を行うなどしたが，16世紀後半以降，北インドのイスラーム勢力の攻撃を受け衰退

● 地図でみる16世紀末の情勢

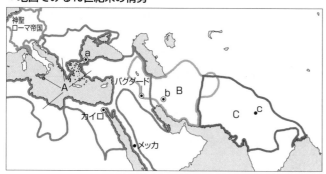

国　名A： <u>16</u>　　　　　　　帝国

　　　 B： <u>17</u>　　　　　　　朝

　　　 C： <u>18</u>　　　　　　　帝国

都市名a： <u>19</u>

　　　 b： <u>20</u>

　　　 c： <u>21</u>　　　　　　　（<u>18</u>帝国第5代皇帝

　　　　　　　シャー＝ジャハーンが <u>22</u>

　　　　　　　　　　　　を建造）

❸　東南アジア世界

ビルマ	タイ	マレー半島・スマトラ島	ジャワ島
1531　<u>3</u>　　　　 ____朝が成立 ・米の生産・貿易により繁栄	1351　<u>2</u>　　　　 ____朝が成立 ・豊かな米の生産を背景に海上貿易で利益をあげた	14世紀末　マレー半島西南部に <u>4</u>　　　　　王国が成立 ・イスラームに改宗し，ヨーロッパとの香辛料貿易で栄えた ・貿易の利益を奪おうとする <u>5</u>　　　　　によって滅ぼされる（1511）	1293　<u>1</u>　　　　 ____王国 ・ヒンドゥー教国 ・イスラーム勢力の進出を受けて衰退

※タイ・ビルマとも信仰されていたのは**上座部仏教**であり，両王朝とも「イスラーム諸王朝」ではない（ビルマ・タイ欄内）

ムスリム商人たちが活動の拠点を転々とさせ，スマトラ北部の <u>6</u>　　　　　王国やジャワ中部の <u>7</u>　　　　　王国の港市が新たに繁栄（マレー半島・スマトラ島欄内）

・16世紀後半〜　<u>8</u>　　　　　　　がフィリピンへの侵略を開始

　　→拠点として建設した <u>9</u>　　　　　　　を舞台として世界的な規模の貿易を展開

【銀が結ぶ世界】

<u>8</u> が多くの地域を植民地化していたアメリカ大陸で採掘された銀（採掘地の名から <u>10</u>　　　　　　とよばれる）をアカプルコ港からガレオン船に乗せて <u>9</u> に運び込み，中国産の <u>11</u> や陶磁器，インド産の綿布などと交換（アカプルコ貿易）

「世界の一体化」がすすむ

<u>10</u>は，ポルトガルの拠点であった**マカオ**などを経由して中国（明）に流入し，税の納入が銀で行われるようになる（一条鞭法）など，社会・経済に大きな変化をもたらす

ヨーロッパに流入した銀は，「価格革命」とよばれる物価の高騰を引きおこし，社会・経済に大きな変化をもたらす

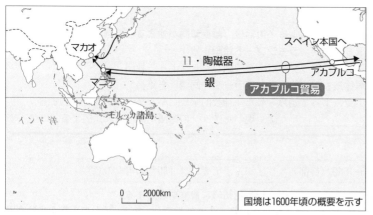

↑ガレオン船でにぎわうアカプルコ港

◀◀◀ 演 習 問 題 ▶▶

1　　　　　　　　　　　　　正誤でチェック！基礎知識

次の各文の下線部には1か所ずつ誤りがある。その番号を指摘し，正しい語句に訂正せよ。

A　オスマン帝国は1402年の①アンカラの戦いで②ティムール朝に敗れて一時中断したが，その後復興を遂げ，1453年には③スレイマン１世のもとで④ビザンツ帝国を征服した。

B　モハーチの戦いで①ハンガリーを破ったオスマン帝国は，さらに北上して②ウィーンを包囲するなどヨーロッパ諸国の脅威となり，1538年の③レパントの海戦ではスペイン・ヴェネツィアの連合艦隊を破るに至った。

C　①シーア派を国教とするサファヴィー朝はスンナ派の②オスマン帝国と対立したが，16世紀後半に即位した③アッバース１世のもとで最盛期を迎え，その首都となった④イスタンブルの栄華は「世界の半分」とうたわれた。

D　①ティムールの末裔である②バーブルによって建国されたムガル帝国は，ヒンドゥー教徒の多いインドに成り立った③イスラームの国家で，④デリーに建設されたタージ＝マハルはその象徴的な建造物である。

2　[オスマン帝国の繁栄]　　　　　　　　　　（22　法政大学より作成）

13世紀頃，アナトリアの西北部はルーム＝セルジューク朝が支配していたが，十字軍やモンゴルの侵入を受けて衰退し，さまざまな部族集団の侯国が覇を競い合った。そのなかで，13世紀末以降，アナトリアの西北端に（①）率いるトルコ系遊牧民を中心とする集団が小国家を独立させ，ビザンツ帝国領を徐々に奪って勢力を拡大させていった。①がオスマン帝国の建国者・初代君主とされる人物である。スルタンの称号を用いた第３代君主のムラト１世は，（②）をビザンツ帝国から奪って1366年に首都とした。ムラト１世以降の外征を支えた軍事力は，「新しい兵士」の意味を持つ（③）と呼ばれる兵士たちの常備軍であった。

その後，オスマン帝国は1389年には（④）の戦いでバルカン諸国軍を破り，第４代スルタンの（⑤）は1396年に（⑥）の戦いでジギスムント率いるキリスト教国連合軍を破り，ドナウ川下流域の支配を確立した。

また，オスマン帝国はアナトリアの東方にも勢力を伸張した。その結果，中央アジアからイラン・イラクを支配下に収め，勢力を拡大していたティムール朝と衝突し，1402年に（⑦）の戦いで大敗した。この戦いで⑤は捕虜になり，オスマン帝国は一時的に衰退を余儀なくされた。

しかし，その後30年ほどで帝国は威容を取り戻した。第７代スルタン（⑧）は，のちに「征服王」と呼ばれ，1453年にビザンツ帝国を滅ぼした。このとき，コンスタンティノープルに首都が定められ，以降（⑨）の呼称が一般化した。⑨はオスマン帝国の政治と宮廷の中枢となり，⑧はのちに（⑩）と呼ばれる新宮殿を建設した。

1512年に第９代スルタンとなった（⑪）は父バヤジット２世を退位させたことで死後「冷酷王」と畏怖され，その短い治世（８年間）のほとんどを戦争に費やした。1514年には，イラン高原に本拠を置く新興の（⑫）朝をチャルディラーンの戦いで破って東方に領土を拡大し，1517年にはアッバース朝カリフの子孫を保護していたエジプトの（⑬）朝を滅ぼして両聖都（メッカ・メディナ）の保護権を手に入れた。

第10代スルタンの（⑭）は，西洋人からは「壮麗王」，オスマン帝国の人々からはのちに「立法王」と呼ばれた。⑭の時代は，オスマン帝国の全盛期とされる。

⑭は「世界の王」であるという自意識を強く持ち，ヨーロッパ遠征に乗り出して，1526年に（⑮）の戦いでラヨシュ２世率いるハンガリー軍を撃退し，1529年には（⑯）

1
番号　　正しい語句
A　　，
B　　，
C　　，
D　　，

2
問1①
②
③
④
⑤
⑥
⑦
⑧
⑨
⑩
⑪
⑫
⑬
⑭
⑮
⑯

9章

を包囲し，ヨーロッパ諸国に大きな衝撃を与えた。さらに，地中海方面にも進出し，1538年には(⑰)の海戦でスペイン・ヴェネツィアの連合艦隊を破り，地中海の制海権を獲得した。

　次の第11代スルタンである(⑱)の時代は，父である⑭の治世の継続であるといってよい。⑱がキプロス島を占領し，東地中海を制圧すると，危機感を募らせたスペインはヴェネツィア・ローマ教皇などと連合艦隊を編成，オスマン帝国海軍と1571年に(⑲)の海戦で衝突し，オスマン帝国海軍に勝利した。これはキリスト教世界にとって大きな勝利であったが，その後オスマン帝国は地中海の制海権を回復しており，依然として強大な力を持ち続けていた。

　他方でオスマン帝国は，領内の_aキリスト教徒やユダヤ教徒などの異教徒の共同体に対して自治を認め，(⑳)の商人に対しては_b領内での居住と通商を公に認める特権を与えた。この特権はのちに他のヨーロッパ諸国にも与えられ，皮肉にも18世紀以降，ヨーロッパ諸国の中東地域への進出の際に利用されるのだった。

問1　文中の空欄①〜⑳に適語を入れよ。

問2　下線部a，bをそれぞれ何というか。

③ ［サファヴィー朝の隆盛］　　　　　　　　　(22　慶應義塾大学より作成)

　15世紀半ば，カスピ海西部の　ア　に拠点を置いていたサファヴィー教団は，　イ　と呼ばれるトルコ系遊牧民に多くの信徒を獲得していた。ティムール朝の衰退に伴って，教主(①)は彼らを率いて挙兵し，1501年にサファヴィー朝を建国した。

　かくして，サファヴィー朝はイラン高原の支配権を確立したが，西方のイラク方面ではオスマン帝国という大国を前に，その進撃が阻止されることになる。1514年，オスマン帝国とサファヴィー朝の両軍は　ウ　において激突し，イを主力とする騎馬軍団が，大量の鉄砲で武装した　エ　に大敗を喫した。

　16世紀末に即位した(②)は中央集権制を整え，(③)に遷都して商工業を育成し，遊牧国家からの脱却を図った。1622年には，(④)島を征服してポルトガル人を追放し，国際的な商業活動を行っていた　オ　商人を保護するなど，海上交易にも力を注いだ。

問1　文中の空欄①〜④に適語を入れよ。

問2　空欄ア〜オに適する語句を，次から1つずつ選べ。

　A　アゼルバイジャン　　B　アルメニア　　　　C　イェニチェリ
　D　キジルバシュ　　　　E　シパーヒー　　　　F　チャルディラーン
　G　ティマール　　　　　H　トルコマンチャーイ　I　ホラサーン

問3　ティムール朝の首都で，ティムールの一族が建てた青タイルの壮麗な建造物が立ち並ぶ都市はどこか。

問4　②の人物など，サファヴィー朝の歴代の君主はムガル帝国と温和な関係を維持したことで知られるが，17世紀後半にデカン高原で王国を興し，ムガル帝国に抵抗した人物とその王国を答えよ。

⑰

⑱

⑲

⑳

問2 a

b

③

問1 ①

②

③

④

問2 ア

イ

ウ

エ

オ

問3

問4 人物

王国

4 ［イスラーム諸王朝］ (22　早稲田大学より作成)

　14世紀にモンゴル帝国が弱体化すると，チャガタイ゠ハン国出身の軍人ティムールはモンゴル帝国の再興を意図して1370年にティムール朝を建国した。ティムールは，西トルキスタンからイランやイラク，さらにはアナトリアにも攻め入り，1402年に（①）の戦いで_aオスマン帝国軍を破った。

　ティムール朝は16世紀初頭に滅亡するが，ティムールの子孫（②）は，中央アジアから北インドに進出し，1526年に（③）の戦いでロディー朝を破り，ムガル帝国を建国した。

　ムガル帝国の第3代皇帝（④）は，_b支配階級の組織化や税制改革をおこなうとともに，_cヒンドゥー教徒とイスラーム教徒の融合をはかる宗教政策を進め，支配の基盤を固めようとした。

問1　文中の空欄①～④に適語を入れよ。

問2　下線部aについて，16世紀のオスマン帝国におけるカピチュレーションとはいかなるものか，30字以内で説明せよ。

問3　下線部bについて，すべての文官・武官にはその位階に応じて給与と保持すべき騎馬の数が決められたが，この制度を何というか。

問4　下線部cについて，以下の各問いに答えよ。

　i　この宗教政策の内容を具体的に記せ。

　ii　この宗教政策はその後どのようになっていったか，また，それに伴って両教徒の関係はどのように変化したか，具体的に記せ。

問5　ムガル帝国に関する記述として，正しいものを次から1つ選べ。

　ア　公用語であるサンスクリット語をもとにしてウルドゥー語が作られた。

　イ　首都デリーにタージ゠マハルが建設された。

　ウ　シヴァージーがシク教を開いた。

　エ　インド南部にはヒンドゥー教のヴィジャヤナガル王国が存在した。

問6　イスラーム教はインドよりもさらに南の赤道直下や南半球の島々にも広まったことを踏まえ，以下の各問いに答えよ。

　i　15世紀末にスマトラ島北部に成立したイスラーム王国は何か。

　ii　16世紀後半にジャワ島中・西部に成立したイスラーム王国は何か。

　iii　この地域のイスラーム化の端緒となった国で，香辛料貿易により栄えながらも，16世紀はじめにポルトガルによって滅ぼされた王国は何か。

4

問1 ①

　　②

　　③

　　④

問2

問3

問4 i

　　ii

問5

問6 i

　　ii

　　iii

21 清代の中国と隣接諸地域

東アジア世界に広大な支配領域を形成した清王朝の歴史を学び，中華帝国の実態を理解しよう。

◀◀◀ **ポイント整理** ▶▶▶▶▶▶▶▶▶▶▶▶▶▶▶▶▶▶▶▶▶▶▶▶▶▶▶▶▶▶▶▶▶▶▶

1 中華帝国の拡大－清

清の政治

中国支配に乗り出す
- 1644　李自成の乱で明滅亡 ◀━━━━━━━━━━

順治帝　…北京に入城し，華北をおさえる
- 降伏した 2 _____ らを利用し中国統一へ／鄭成功らが台湾占領

康熙帝（1661～1722）
- 3 _____ の乱を鎮圧（1681），鄭氏一族を降伏させて 4 _____ を平定（1683）
- ロシアと 5 _____ 条約（1689）を結ぶ

雍正帝（1722～35）
- 6 _____（諮問機関）設置
- ロシアと 7 _____ 条約（1727）を結ぶ

8 _____（1735～95）

- 大規模な外征　東トルキスタン全域を占領し「新疆」とした

アイシン	・ヌルハチが建国（1616）軍事組織＝八旗の整備
清	・第2代の 1 _____ が国号を清と改める

国境画定

●清の統治方法

直轄地（中国・満洲）		藩　部
懐柔策： 9 _____ 制（満洲人と漢人を中央官庁で同数採用）		理藩院が統括
威圧策：辮髪令・文字の獄		外モンゴル・青海・新疆など

◆　　◆　　◆

(1) 清の全盛期は，**康熙・雍正・乾隆**の3代に築きあげられた。康熙帝は，**呉三桂**ら南に封じられていた藩王たちがおこした 10 _____ を鎮圧，次いで台湾に因った**鄭氏**一族を征服，さらにロシアの 11 _____ と**ネルチンスク条約**を結び国境を画定した。雍正帝は，国政の最高機関である 12 _____ を設置，ロシアと 13 _____ 条約を結ぶなどした。**禁書**や 14 _____ によって反清思想を弾圧する一方，乾隆帝は**ジュンガル部**を討ち，新たに**藩部**を広げ，そこを 15 _____（新たなる領土）と称した。

(2) 清の中国統治は，懐柔策と威圧策の両面で行われた。懐柔策としては，『16 _____』（漢字字書），『**古今図書集成**』，『**四庫全書**』などの大規模な編纂事業で学者を優遇，中央官制は**満漢を同数とする**など配慮した。威圧策としては，女真族の風習である 17 _____ を強制するなどした。

(3) 宣教師がさかんに中国を往来するようになると，中国の伝統的儀礼とキリスト教の布教をめぐって軋轢が生じてきた。布教にあたって，孔子の崇拝や祖先の祭祀を認めるかどうかで論争になった 18 _____ である。

2 清代の社会と文化

●清代の社会…支配体制の安定から海禁を解除

→ 1 _____（東南アジアに移住した中国人）の広がり

経済政策
①保護貿易政策
　…外国との貿易は，広州1港に制限。管理は特権商人である 2 _____ に限られ，2 が組織する特権組合である 3 _____ によって独占された。
②税制改革… 4 _____ 制の導入（人頭税を土地税にくりこみ銀納）

●清代の文学

作品名	内容
『紅楼夢』	貴族の栄枯盛衰をたどる
『儒林外史』	科挙を風刺，官吏の腐敗を描く

●清代の文化

中国文明と西洋文明
①国家的大編纂事業…『康熙字典』・『古今図書集成』・『四庫全書』
②宣教師の活躍 5 _____：『崇禎暦書』 6 _____・レジス：「皇輿全覧図」（実測地図）
　　　　　　7 _____：西洋画法を紹介，円明園を設計

ことばの探究 **円明園**：雍正帝の時代に着工された清代の庭園（離宮）。歴代の皇帝によって拡張され，宮殿の西洋館設計にはカスティリオーネなども携わった。第2次アヘン（アロー）戦争の際に英仏が破壊・略奪したことでも有名。

◀◀◀ 演 習 問 題 ▶▶

1 　　　　　　　　　　　　　　正誤でチェック！基礎知識

次の各文の下線部には1か所ずつ誤りがある。その番号を指摘し，正しい語句に訂正せよ。

A　清では，漢人などへの威圧策として，満洲族の習慣である①纏足を強制した。また，②文字の獄とよばれる思想統制を行った。

B　清では，百科事典である①『四書大全』，康熙帝の時代に編纂された②『康熙字典』などの編纂事業がすすめられた。

C　清では①乾隆帝の頃に外国との貿易を1港に限定した。これは，②泉州である。

2 [清帝国の隆盛]　　　　　　　　　　　　　　　　（22　西南学院大学より作成）

明の勢力が衰えると，（①）が女真（のちに満洲と改称）を統一し，1616年に建国して国号をアイシンと定めた。彼は兵制面では（②）を組織し，文化面では満洲文字を作るなどし，統一の強化に努めた。第2代の太宗（③）は，内モンゴルのチャハルを従えると，1636年に皇帝と称し国号を清と改めた。1644年に李自成の反乱によって明が滅びると第3代皇帝順治帝は北京に遷都し，中国全土の支配を進めた。まだ国力の弱かった清は，降伏した明の武将（④）ら3名を雲南・広東・福建に配置し，藩王として優遇したが，後に清がこれらの藩の撤廃を図ると，彼らは三藩の乱を起こした。第4代皇帝（⑤）は三藩の乱を平定するとともに，（⑥）を拠点に反清活動を行っていた鄭氏政権をも遷海令を発するなどして圧力をかけ，屈服させた。17世紀以降，清朝の支配領域は大きく広がり，a北方ではロシアと戦い国境を定めた。第5代（⑦）の時代には，諮問機関である（⑧）の設置やb新たな税制の普及により，内政を整えて支配を固めた。第6代（⑨）の時代には，タリム盆地を支配していたジュンガルを滅ぼして東トルキスタン全域を占領し，これを（⑩）とよんだ。清朝の領地は広大であったが，その領地をすべて直接統治したわけではなく，直轄領とされたのは，中国内地・東北地方・⑥であり，モンゴル・青海・cチベットなどを藩部として（⑪）に統轄させた。文化の面では，明末清初の混乱を経験した（⑫）や黄宗羲などの学者が，社会秩序を回復するには事実に基づく実証的な研究が必要だと主張した。実証を重視する主張は清代中期の学者に受け継がれ，儒学の古典の校訂や言語学的研究を行う（⑬）に発展した。清代には，小説の刊行が活発になり，科挙を風刺し官吏の腐敗ぶりを暴露した『儒林外史』や，貴族の家の栄華から没落にいたる過程を描いた曹雪芹による『（⑭）』などが有名である。ヨーロッパから宣教師が中国を訪れたが，清朝は（⑮）をきっかけとしてキリスト教の布教を禁止したが，ブーヴェやレジス，西洋式の庭園（⑯）を設計したカスティリオーネなど，宣教師は，実用的知識をもたらす技術者として重用された。

問1　文中の空欄①〜⑯に適語を入れよ。

問2　下線部a〜cについて次の各問いに答えよ。

a　1689年にロシアのピョートル1世と結んだ条約と調印者の組合せとして正しいものを次から1つ選べ。

ア　キャフタ条約：康熙帝が調印　　イ　ネルチンスク条約：乾隆帝が調印
ウ　キャフタ条約：雍正帝が調印　　エ　ネルチンスク条約：雍正帝が調印

b　18世紀初頭に採用された税制はどれか。次のア〜エから1つ選べ。

ア　一条鞭法　　イ　両税法　　ウ　地丁銀制　　エ　租庸調制

c　この地で信仰された仏教の指導者・称号と宗派の組合せとして正しいものを次から1つ選べ。

ア　ダライ=ラマ：黄帽派　　イ　ダライ=ラマ：紅帽派
ウ　ツォンカパ：黄帽派　　エ　ツォンカパ：紅帽派

1

番号	正しい語句
A	，
B	，
C	，

2

問1①
②
③
④
⑤
⑥
⑦
⑧
⑨
⑩
⑪
⑫
⑬
⑭
⑮
⑯

問2 a
b
c

9章

22 ルネサンスと宗教改革

ルネサンス，宗教改革が，ヨーロッパ近代国家形成にもたらした影響について考えよう。

◀◀◀ ポイント整理 ▶▶▶▶▶▶▶▶▶▶▶▶▶▶▶▶▶▶▶▶▶▶▶▶▶▶▶▶▶▶▶▶▶

1 ルネサンス （フランス語で「再生」の意味）

特徴
- ①基本的思想：¹＿＿＿＿＿＿＿（人文主義＝人間らしい生き方を追求する），「²＿＿＿＿＿」を理想とする
- ②担い手：商業貴族・王，一部の知識人，著述家，美術家

波及
- イタリア → 大西洋地域へ ［ネーデルラント・イギリス・スペイン・フランスなど］
- ・フィレンツェの財閥³＿＿＿＿＿家などがイタリア＝ルネサンスの保護者として知られ，その後教会，王，貴族，大商人など権力者の保護のもと，各国に広がった。

応用
- ・科学技術の発展 ／ ・世界観への挑戦：天動説→⁴＿＿＿＿＿（提唱者：⁵＿＿＿＿＿＿＿＿＿）
- ・火器，羅針盤，⁶＿＿＿＿＿＿＿（グーテンベルク）などの改良
  - ┗━▶従来の戦術を一変させ，騎士の没落をもたらす （⁷＿＿＿＿＿＿＿＿）

●ルネサンス期の文芸と芸術　＊伊：イタリア，ネ：ネーデルラント，英：イギリス，仏：フランス，独：ドイツ，西：スペイン

文芸			美術・建築		
⁸＿＿＿＿	（伊）	『神曲』	¹⁵＿＿＿＿	（伊）	サンタ＝マリア大聖堂
⁹＿＿＿＿	（伊）	『デカメロン』	¹⁶＿＿＿＿	（伊）	「ヴィーナスの誕生」
¹⁰＿＿＿＿	（ネ）	『愚神礼賛』	¹⁷＿＿＿＿	（伊）	「最後の晩餐」
¹¹＿＿＿＿	（仏）	『ガルガンチュアとパンタグリュエルの物語』	¹⁸＿＿＿＿	（伊）	「最後の審判」
¹²＿＿＿＿	（西）	『ドン＝キホーテ』	¹⁹＿＿＿＿	（伊）	聖母子像，「アテネの学堂」
¹³＿＿＿＿	（英）	『ユートピア』	²⁰＿＿＿＿	（伊）	サン＝ピエトロ大聖堂
¹⁴＿＿＿＿	（英）	『ハムレット』	²¹＿＿＿＿	（ネ）	「農民の踊り」

2 宗教改革

背景
- ① ルネサンスの成果
  - ・エラスムスの教会批判
  - ・ロイヒリンらの聖書研究
- ② 封建社会の変質
  - ・市民，農民の成長
- ③ ローマ教会の動き
  - ・教皇レオ10世が¹＿＿＿＿＿販売（サン＝ピエトロ大聖堂の建設資金調達のため）

ルターの宗教改革

- 1517　²＿＿＿＿＿＿発表，一般教徒と聖職者の区別撤廃を主張（＝³＿＿＿＿＿＿）
- 1521　ヴォルムスの帝国議会で神聖ローマ皇帝⁴＿＿＿＿＿に説の撤回を求められるが撤回せず
  - ＊『新約聖書』の⁵＿＿＿＿＿訳を完成
- 1524　⁶＿＿＿＿戦争開始
  - ＊ルターは社会変革を嫌い，弾圧を肯定
- 1530　新教諸侯らがシュマルカルデン同盟を結成
  - →戦争へ（1546～47）
- 1555　⁷＿＿＿＿＿＿の和議成立

⁸＿＿＿＿＿・カルヴァンの宗教改革

- 1523　⁸がスイスのチューリヒで改革を開始
- 1536　カルヴァンが『キリスト教綱要』を出版
  - ＊「⁹＿＿＿＿＿」を説く→ジュネーヴで布教
  - ＊信徒が長老を選出する¹⁰＿＿＿＿主義を確立
- ⇨フランス，ネーデルラント，イギリスなど，各地の商工業者に普及，呼称は国によって異なる

イギリスの宗教改革

- 1534　ヘンリ8世，¹¹＿＿＿＿＿発布
  - ¹²＿＿＿＿＿の成立
- 1559　エリザベス1世，¹³＿＿＿＿＿発布
  - 12が確立
  - ＊カルヴァン主義をとりながらも，儀式は旧教的

対抗宗教（カトリック）改革【カトリックの巻き返し】

- 1534　¹⁴＿＿＿＿＿会結成
  - （¹⁵＿＿＿＿＿，¹⁶＿＿＿＿＿ら）
- 1545～　¹⁷＿＿＿＿＿＿開催
  - ＊海外への積極的布教と教皇至上権の確認

ことばの探究　ルネサンス：フランス語で「再生」の意味。その概念の原型は16世紀のイタリアの美術家ヴァザーリがその著書「芸術家列伝」で用い，19世紀フランスの歴史家ミシュレが歴史学用語として使用して，広く普及した。

◀◀◀ **演 習 問 題** ▶▶

1 [ルネサンス]　　　　　　　　　　　　　　　　(22　同志社大学より作成)

　14世紀から15世紀にかけての西ヨーロッパでは，旧来の価値観にとらわれずに現世の生き方を模索し，人間の理性や感情をより重視する文化運動であるルネサンスが展開した。特にいち早くルネサンスが開花したのは，中世から毛織物工業や金融業によって繁栄し，(①)家に代表される大富豪が芸術家や学者を保護した(②)であった。文学においては，詩人(③)が，ラテン語ではなく，トスカーナ地方の俗語によって『(④)』を書き，(⑤)は『デカメロン』によって伝染病流行下の社会における人間の欲望や偽善を風刺した。美術では，「ヴィーナスの誕生」を描いた(⑥)，「ダヴィデ像」を制作した(⑦)，多くの聖母子像を描いた(⑧)，サンタ=マリア大聖堂のドームを設計した(⑨)も②で活躍した。

　ルネサンスはイタリア以外のヨーロッパの地域にも広く伝播した。ネーデルラントでは，(⑩)が『愚神礼賛』で教会の腐敗を痛烈に批判した。美術の分野では，(⑪)兄弟が油絵の技法を完成させ，(⑫)が農民の生活をいきいきと描いた。ドイツでは，(⑬)が緻密な版画を制作し，ホルバインが⑩の肖像画を描いた。

問1　文中の空欄①～⑬に適語を入れよ。

2 [宗教改革]　　　　　　　　　　　　　　(20　高知工科大学・高崎経済大学より作成)

　16世紀初め教皇は，サン=ピエトロ大聖堂建設費用を集めるために(①)をドイツで販売した。これを拝金主義として非難した人物の一人がドイツのヴィッテンベルク大学神学教授(②)だった。②は，1517年に「(③)」を発表して教皇庁を批判し，魂の救いは善行によらず，聖書に基づく信仰のみによると説いた。1521年，神聖ローマ皇帝(④)が②に教説の撤回を求めたが，応じることはなかった。②の考えは大きな反響をよび，1524～25年には農民たちが(⑤)の指導のもと_aドイツ農民戦争をおこしたが，諸侯によって鎮圧された。その後，ドイツの宗教改革は諸侯と結びついて進展し，1555年の(⑥)で妥協が成立した。スイスでも宗教改革が進展し，ジュネーヴで活動した(⑦)の(⑧)説は西ヨーロッパの商工業者を中心に広がっていった。イギリスでは，国王(⑨)の離婚問題からローマ教皇と対立して宗教改革が始まり，イギリス国教会が成立した。その後(⑩)の治世には統一法が制定され，イギリスはプロテスタント国家となった。

　_bこうしたカトリック教会への批判に対して，カトリック教会の側でも，腐敗を改め，教義を明確化することで勢力を盛り返そうとする動きが生まれた。宗教改革以降，ヨーロッパでは旧教徒と新教徒の対立が激化し，「(⑪)」が盛んにおこなわれた地域もあった。

問1　文中の空欄①～⑪に適語を入れよ。
問2　下線部a，bについて次の各問いに答えよ。
　a　②の人物がドイツ農民戦争に反対の立場をとった理由について25字以内で説明せよ。
　b　このような動きは何と呼ばれるか。

1

問1 ①
　　②
　　③
　　④
　　⑤
　　⑥
　　⑦
　　⑧
　　⑨
　　⑩
　　⑪
　　⑫
　　⑬

2

問1 ①
　　②
　　③
　　④
　　⑤
　　⑥
　　⑦
　　⑧
　　⑨
　　⑩
　　⑪

問2 a

　　b

10章

23 主権国家体制の成立

ヨーロッパで主権国家体制を確立した国とできなかった国を比較してみよう。

◀◀◀ ポイント整理 ▶▶▶▶▶▶▶▶▶▶▶▶▶▶▶▶▶▶▶▶▶▶▶▶▶▶▶▶▶▶▶▶▶▶▶▶▶▶

1 主権国家と主権国家体制

| 1_____ 戦争 ［フランス王家 対 ハプスブルク家］ | 戦争の長期化と規模拡大…軍事費の拡大 |

↓

徴税機構などの行政組織が整備され，2_____ や 3_____ が国王を支えた ＝ 4_____ 体制の成立：君主のみが国を代表する体制
※スペイン・イギリス・フランスでは 5_____ がうまれた

2 スペイン・オランダ・イギリス

スペイン	オランダ	イギリス
（1479 スペイン王国成立） ・スペイン＝ハプスブルク家の成立	［15世紀以来ハプスブルク領 毛織物工業が発展	（1485 テューダー朝成立） **ヘンリ8世** （位 1509〜47） ・1534 首長法を発布 ⇨イギリス国教会の成立 ［イギリス国王が，イギリス 国教会の唯一最高の首長

スペイン
- 1_____（位1516〜56）
  - 2_____ として神聖ローマ皇帝も兼任
  - 東方よりオスマン帝国が進出 プレヴェザ海戦で敗北（1538）
- 3_____（位1556〜98）
  - オランダの新教徒を弾圧 → 弾圧
  - 4_____ の海戦でオスマン帝国海軍を破る
  - ポルトガル王位を継承し，アジアの植民地も獲得
  - 「太陽の沈まぬ帝国」を実現
  - オランダ独立を支援したイギリスに 5_____（アルマダ）をおくるも敗北（1588）

オランダ
- 6_____ 戦争（1568〜1609）
  - 南部10州は戦争を離脱し，スペイン支配下にとどまる
  - 北部7州は 7_____ 同盟を結成し，8_____ を指導者として抵抗を続ける
  - 1581 9_____ 連邦共和国の独立を宣言
  - バルト海での中継貿易，東インド会社の設立などで国力を高める
  - 1609年に休戦：事実上の独立を達成

イギリス
- 10_____（位 1558〜1603）
  - 1559 11_____ を発布
  - ⇨イギリス国教会体制の確立
  - 支援 → オランダ独立運動を支援
  - 5を撃破（1588）

◆ ◆ ◆

(1) スペイン王**カルロス1世**は 12_____（カール5世）を兼任したため，ハプスブルク家はスペイン・オランダ・ミラノ・シチリア・オーストリア・新大陸など，広大な地域を支配した。

(2) **フェリペ2世**の即位によって，ハプスブルク家は 13_____ 系と 14_____ 系に分裂した。

(3) フェリペ2世がポルトガル王位を継承し，そのアジアの植民地を獲得したことで，その領域は「15_____」とよばれた。

(4) 16_____ 戦争はフェリペ2世の迫害（都市の自治剥奪，カトリック化政策の強要）で発生した。

(5) 16でカトリック教徒が多い南部10州はスペインに復帰したが，**カルヴァン派**＝ 17_____ が多い北部7州はユトレヒト同盟を結成して戦争を継続した。

(6) オランダは1602年に 18_____ を設立し，アジアとの貿易を積極的に行った。また，オランダの首都である 19_____ は国際金融の中心地として繁栄した。

(7) イギリスは議会政治が発達し，大地主階級の 20_____ が下院で活躍した。

(8) イギリスは第1次 21_____ がきっかけとなって 22_____ 工業が発達した。また，1600年に**東インド会社**を設立し，アジアとの貿易も積極的に行った。

 ことばの探究 **ゴイセン**：オランダ語で「乞食」の意味。もとはオランダのカルヴァン派に対して反対勢力がつけたあだ名。

❸　フランス・神聖ローマ帝国（ドイツ）

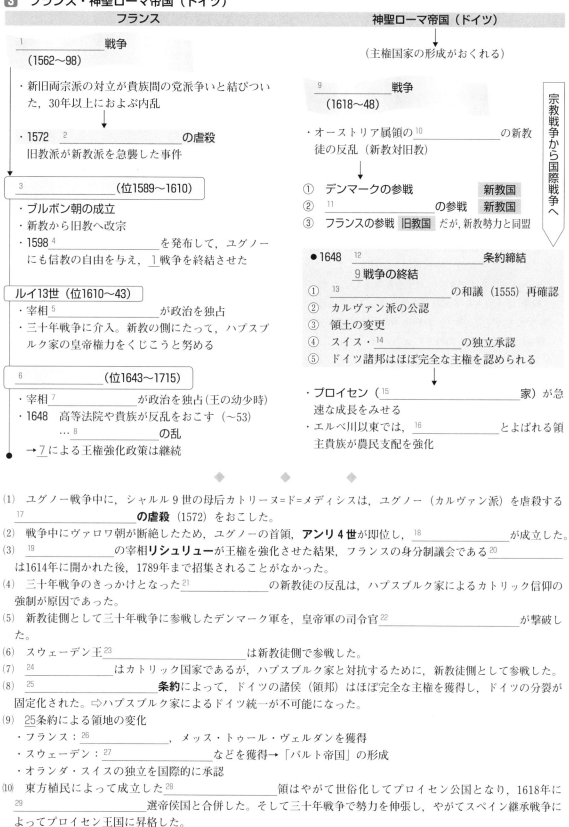

フランス	神聖ローマ帝国（ドイツ）

[1]＿＿＿＿＿＿戦争
（1562〜98）

- ・新旧両宗派の対立が貴族間の党派争いと結びついた，30年以上におよぶ内乱
- ・1572　[2]＿＿＿＿＿＿＿＿＿＿の虐殺
  旧教派が新教派を急襲した事件

[3]＿＿＿＿＿＿＿＿（位1589〜1610）

- ・ブルボン朝の成立
- ・新教から旧教へ改宗
- ・1598 [4]＿＿＿＿＿＿＿＿を発布して，ユグノーにも信教の自由を与え，1戦争を終結させた

ルイ13世（位1610〜43）

- ・宰相 [5]＿＿＿＿＿＿＿＿が政治を独占
- ・三十年戦争に介入。新教の側にたって，ハプスブルク家の皇帝権力をくじこうと努める

[6]＿＿＿＿＿＿（位1643〜1715）

- ・宰相 [7]＿＿＿＿＿＿＿が政治を独占（王の幼少時）
- ・1648　高等法院や貴族が反乱をおこす（〜53）
  …[8]＿＿＿＿＿＿＿の乱
  →7による王権強化政策は継続

（主権国家の形成がおくれる）

[9]＿＿＿＿＿＿戦争
（1618〜48）

- ・オーストリア属領の[10]＿＿＿＿＿＿の新教徒の反乱（新教対旧教）

① デンマークの参戦　**新教国**
② [11]＿＿＿＿＿＿＿の参戦　**新教国**
③ フランスの参戦　**旧教国**だが，新教勢力と同盟

- ● 1648 [12]＿＿＿＿＿＿＿＿条約締結
  9戦争の終結

① [13]＿＿＿＿＿＿＿の和議（1555）再確認
② カルヴァン派の公認
③ 領土の変更
④ スイス・[14]＿＿＿＿＿＿の独立承認
⑤ ドイツ諸邦はほぼ完全な主権を認められる

- ・プロイセン（[15]＿＿＿＿＿＿＿家）が急速な成長をみせる
- ・エルベ川以東では，[16]＿＿＿＿＿＿とよばれる領主貴族が農民支配を強化

宗教戦争から国際戦争へ

10章

◆　　　　◆　　　　◆

(1) ユグノー戦争中に，シャルル9世の母后カトリーヌ＝ド＝メディシスは，ユグノー（カルヴァン派）を虐殺する[17]＿＿＿＿＿＿＿＿の虐殺（1572）をおこした。

(2) 戦争中にヴァロワ朝が断絶したため，ユグノーの首領，**アンリ4世**が即位し，[18]＿＿＿＿＿＿＿＿＿が成立した。

(3) [19]＿＿＿＿＿＿＿の宰相**リシュリュー**が王権を強化させた結果，フランスの身分制議会である[20]＿＿＿＿＿は1614年に開かれた後，1789年まで招集されることがなかった。

(4) 三十年戦争のきっかけとなった[21]＿＿＿＿＿＿＿の新教徒の反乱は，ハプスブルク家によるカトリック信仰の強制が原因であった。

(5) 新教徒側として三十年戦争に参戦したデンマーク軍を，皇帝軍の司令官[22]＿＿＿＿＿＿＿＿＿＿が撃破した。

(6) スウェーデン王[23]＿＿＿＿＿＿＿＿＿は新教徒側で参戦した。

(7) [24]＿＿＿＿＿＿＿はカトリック国家であるが，ハプスブルク家と対抗するために，新教徒側として参戦した。

(8) [25]＿＿＿＿＿＿＿**条約**によって，ドイツの諸侯（領邦）はほぼ完全な主権を獲得し，ドイツの分裂が固定化された。⇨ハプスブルク家によるドイツ統一が不可能になった。

(9) 25条約による領地の変化
- ・フランス：[26]＿＿＿＿＿＿＿，メッス・トゥール・ヴェルダンを獲得
- ・スウェーデン：[27]＿＿＿＿＿＿＿などを獲得→「バルト帝国」の形成
- ・オランダ・スイスの独立を国際的に承認

(10) 東方植民によって成立した[28]＿＿＿＿＿＿＿領はやがて世俗化してプロイセン公国となり，1618年に[29]＿＿＿＿＿＿＿＿選帝侯国と合併した。そして三十年戦争で勢力を伸張し，やがてスペイン継承戦争によってプロイセン王国に昇格した。

◀◀◀ **演習問題** ▶▶

1 　　　　　　　　　　　　　　　　　正誤でチェック！基礎知識

次の文の下線部には1か所誤りがある。その番号を指摘し，正しい語句に訂正せよ。

A　三十年戦争において，①イギリスはカトリック国家であったが，②ハプスブルク家に対抗するため③プロテスタント側として戦争に参加した。

B　ユグノー戦争の最中に①ヴァロワ朝が断絶し，ブルボン朝が成立した。初代のアンリ4世は②ナントの王令を発し，内乱を終結させた。次のルイ13世の宰相③マザランは貴族の力を抑え，王権を向上させた。

2 ［ドイツ］　　　　　　　　　　　　　　　（22　名古屋学芸大学より作成）

13世紀後半，ハプスブルク家はオーストリアの地に王権を確立した。その後，a ハプスブルク家は抵抗を受けながらも勢力範囲を拡大し，1438年以降，b 神聖ローマ帝国の皇帝位を世襲した。1519年に神聖ローマ皇帝となった人物は，ヨーロッパ全体の統一を積極的に試みた。しかし，多数の領邦の自立化やオスマン帝国の脅威などによって，失敗に終わった。1618年，オーストリアの属領であった（①）の貴族たちが，ハプスブルク家に対する反乱を起こした。これをきっかけに始まった c 三十年戦争は，「カトリック対プロテスタント」の宗教戦争から「ハプスブルク家対（②）（いずれもカトリック）」の覇権争いへと性格を変化させながら，全ヨーロッパ規模の戦乱となった。この戦争により，オーストリアを含む神聖ローマ帝国は混乱したが，皇帝位は引き続きオーストリアのハプスブルク家が維持した。その後，オーストリアは，17世紀後半から18世紀初頭にかけて，ハンガリーや d 南ネーデルラントなどに領土を拡張した。e 18世紀には啓蒙専制君主の統治下で，政治・文化の両面において存在感を発揮したが，その統治は多民族国家ゆえの困難にも直面した。

問1　文中の空欄①・②に適語を入れよ。

問2　下線部aについて，15世紀末にハプスブルク家から事実上の独立を果たしたスイスのその後を述べた次の文A・Bの正誤の組合せとして正しいものを，下のア～エから1つ選べ。

A　スイスで，ツヴィングリやカルヴァンが宗教改革をおこなった。

B　スイスは，ウィーン会議において永世中立国となった。

ア　A－正　B－正　　イ　A－正　B－誤
ウ　A－誤　B－正　　エ　A－誤　B－誤

問3　下線部bについて，次の系図を説明した下の文中のA～Cに適語を入れよ。

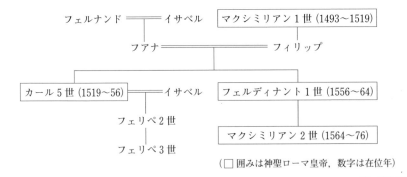

（□囲みは神聖ローマ皇帝，数字は在位年）

オーストリアのハプスブルク家は，神聖ローマ皇帝マクシミリアン1世の A と初代 B 王の娘との結婚によって， B の王室との間に血縁関係を結び，その王位を継承した。 C の退位後，ハプスブルク家は，オーストリア系と B 系に分かれた。

1

番号	正しい語句
A	，
B	，

2

問1 ①＿＿＿＿＿

　　 ②＿＿＿＿＿

問2 ＿＿＿＿＿

問3 A ＿＿＿＿＿

　　 B ＿＿＿＿＿

　　 C ＿＿＿＿＿

問4　下線部 c について，三十年戦争の講和について述べた文として正しいものを，
　　　次から1つ選べ。

ア　ユトレヒト条約が締結された。

イ　スウェーデンが西ポンメルンを失った。

ウ　ドイツの諸侯の主権が否定された。

エ　アウクスブルクの和議が再確認された。

問5　下線部 d について，南ネーデルラントはおもに現在のどの国に該当するか。

問6　下線部 e について，18世紀のオーストリアについて述べた次の文A・Bの正
　　　誤の組合せとして正しいものを，下のア～エから1つ選べ。

A　マリア＝テレジアは，オーストリア継承戦争でシュレジエンを獲得した。

B　ヨーゼフ2世は，サンスーシ宮殿を建てた。

　　　ア　A－正　B－正　　　イ　A－正　B－誤

　　　ウ　A－誤　B－正　　　エ　A－誤　B－誤

問4	
問5	
問6	

3 ［スペイン］　　　　　　　　　　　　　　　　(20　大東文化大学より作成)

　15世紀後半以降，a ハプスブルク家は b ネーデルラントにつづいてスペインを相
続する。同家出身のスペイン王カルロス1世は1519年にフランス王　　　をおさえ
て神聖ローマ皇帝（カール5世）に選出され，広大な領土を支配する大帝国を実現
した。カルロス1世の退位後，スペイン＝ハプスブルク家を継いだ c フェリペ2世
のもとでスペインは全盛期を迎えるが，d 17世紀はじめにはその国力は衰えていく
ことになる。

問1　文中の　　　に適語を入れよ。

問2　下線部 a が領有したことがある地域を次から1つ選べ。

　　　ア　アイルランド　　イ　スウェーデン　　ウ　ハンガリー　　エ　リビア

問3　下線部 b の説明として正しいものを次から1つ選べ。

ア　北部7州は1581年にネーデルラント連邦共和国として独立を宣言した。

イ　南部10州はオーストリア継承戦争の際にベルギーとして独立した。

ウ　審査法をきっかけとして1651年にイギリス＝オランダ（英蘭）戦争がはじ
　　　まった。

エ　王が権利の請願を否定したことにより，独立戦争がはじまった。

問4　下線部 c の説明として**誤っているもの**を次から1つ選べ。

ア　1580年にはポルトガルの王位も継承した。

イ　レパントの海戦でオスマン帝国の海軍をやぶった。

ウ　教皇の権威を否定したフスを火刑に処した。

エ　イングランドに侵攻するため，無敵艦隊（アルマダ）を派遣した。

問5　下線部 d について，この時期にスペイン社会を風刺する『ドン＝キホーテ』
　　　を著した人物は誰か。

問6　16世紀，オランダ独立戦争が起きた背景のうち，宗教的要因について，この
　　　当時のスペイン王の名を明示しつつ，30字以内で説明せよ。

3	
問1	
問2	
問3	
問4	
問5	
問6	

10
章

王朝・治世年表 Ⅱ

*____には国または王朝名，民族名，____には人名が入る。

世紀	イギリス	フランス・ドイツ	ローマ教会	ビザンツ帝国・ロシア
	449〜(1)時代	481〜(2)朝	*グレゴリウス1世	610〜ヘラクレイオス朝
7				ヘラクレイオス1世 ・(3)制 の開始 ・トルコ系(4)人侵入
8		・宮宰 カール=マルテル ・732 トゥール・ポワティエ 間の戦い 751〜カロリング朝 ピピン3世 ・756 ピピンの寄進→(14)の起源 カール大帝 ・ランゴバルド王国を滅ぼす ・800 (15)の帝冠を授けられる	 *教皇(16)3世	717〜イサウリア朝 レオン3世 ・717 ウマイヤ朝撃破 ・726 (17) 発布 東西教会の対立すすむ
9	イギリス王国 ・829 ウェセックス王 (29)が 七王国統一 アルフレッド大王 (位871〜899)	・(30)=ルネサンス ヨーロッパ各地に(31)の侵入 （〜11世紀まで） ・843 (32)条約 東・西フランク王国・ロタール王国 ・870 (33)条約→ロタール王国東西分裂		(ロシア) ・リューリク, ノヴゴ ロド国建国 (862) 867〜マケドニア朝 (ロシア) ・(34) 建国
10		・911 (38)公国成立 東フランク王国 ・919 ザクセン朝オットー1世, (41)撃退 西フランク王国 ・962 教皇, オットー1世に ・カロリング家断絶 (42)戴冠 987〜(39)朝 (43)帝国 (40)		 ウラディミル1 世の時に最盛期 ・(41), ハンガリー王国 建国
11	1016〜デーン朝 ・デーン人(54) イングランド王に即位 1066〜(55)朝 ・(56)の戦い ・ノルマン人の征服 (57)即位	 1024〜ザリエル朝 *教皇グレゴリウス7世 皇帝ハインリヒ4世 ・1077 (58)の屈辱 ・1095 クレルモン ・教皇(59) 宗教会議 が十字軍を提唱 1096〜99 第1回十字軍 ・1122 ヴォルムス協約		1054 (60)分裂 ・ギリシア正教会の成立 1081〜コムネノス朝 ・1095 アレクシオス 1世が十字軍派遣要請
12	1154〜プランタジネット朝 ヘンリ2世 リチャード1世	 1138〜シュタウフェン朝 1147〜49 第2回十字軍 ・エルベ川以東, ドイツ の(67) フリードリヒ1世 フィリップ2世 1189〜92 (68)		・(69)制の 導入 →帝国の封建化

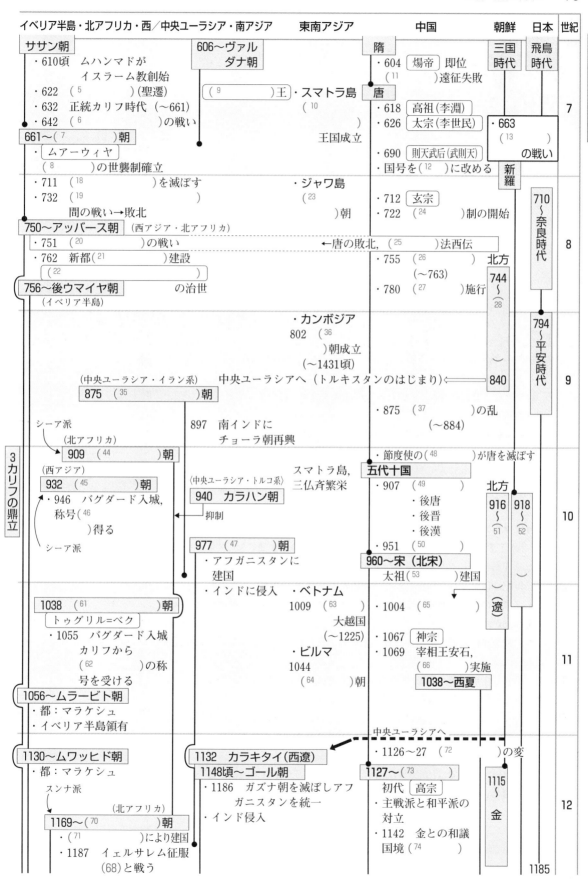

イベリア半島・北アフリカ・西／中央ユーラシア・南アジア	東南アジア	中国	朝鮮	日本	世紀

サ...ン朝
- 610頃　ムハンマドが
　　　　イスラーム教創始
- 622　(5 　　　　)(聖遷)
- 632　正統カリフ時代（〜661）
- 642　(6 　　　　)の戦い

661〜(7 　　　　)朝
- ムアーウィヤ
　(8 　　　)の世襲制確立

**606〜ヴァル
ダナ朝**

(9 　　　　)王　・スマトラ島
(10
　　　　　　　　　　)
　　　王国成立

隋
- 604　煬帝　即位
　(11 　　　)遠征失敗

唐
- 618　高祖（李淵）
- 626　太宗（李世民）
- 690　則天武后（武則天）
- 国号を(12 　)に改める

**三国
時代**

**飛鳥
時代**

- 663
　(13 　　　)
　　　の戦い

7

- 711　(18 　　　　　　)を滅ぼす
- 732　(19 　　　　)
　　　間の戦い→敗北

750〜アッバース朝（西アジア・北アフリカ）
- 751　(20 　　　)の戦い　　　←唐の敗北，(25 　　　)法西伝
- 762　新都(21 　　　)建設
　(22 　　　　　　　　　　)

756〜後ウマイヤ朝
（イベリア半島）

・ジャワ島
(23
　　　)朝

- 712　玄宗
- 722　(24 　　　)制の開始
- 755　(26 　　　)
　　　（〜763）
- 780　(27 　　　)施行

新羅

北方
744
〜
28

710
〜奈良時代

8

・カンボジア
802　(36
　　　)朝成立
　（〜1431頃）

中央ユーラシアへ（トルキスタンのはじまり）

840

794
〜平安時代

9

（中央ユーラシア・イラン系）
875　(35 　　　)朝

897　南インドに
　　　チョーラ朝再興

- 875　(37 　　　)の乱
　　　（〜884）

3カリフの鼎立

シーア派
（北アフリカ）
909　(44 　　　)朝

（西アジア）
932　(45 　　　)朝
- 946　バグダード入城，
　　　称号(46
　　　　　)得る
シーア派

〈中央ユーラシア・トルコ系〉
940　カラハン朝
抑制

977　(47 　　　)朝
- アフガニスタンに
　　建国

スマトラ島，
三仏斉繁栄

・節度使の(48 　)が唐を滅ぼす

五代十国
- 907　(49 　　　)
　・後唐
　・後晋
　・後漢
- 951　(50 　　　)

960〜宋（北宋）
太祖(53 　　)建国

北方
916
〜
51

**918
〜
52**

10

1038　(61 　　　)朝
トゥグリル＝ベク
- 1055　バグダード入城
　カリフから
　(62 　　)の称
　号を受ける

1056〜ムラービト朝
- 都：マラケシュ
- イベリア半島領有

・インドに侵入
1009　(63 　　　)
大越国
（〜1225）
・ビルマ
1044
(64 　　　)朝

・ベトナム

- 1004　(65 　　　)
- 1067　神宗
- 1069　宰相王安石，
　(66 　　　)実施

1038〜西夏

**(　)
（遼）**

11

中央ユーラシアへ

1130〜ムワッヒド朝
- 都：マラケシュ
スンナ派

（北アフリカ）
1169〜(70 　　　)朝
- (71 　　　)により建国
- 1187　イェルサレム征服
　(68)と戦う

1132　カラキタイ（西遼）
1148頃〜ゴール朝
- 1186　ガズナ朝を滅ぼしアフ
　　ガニスタンを統一
- インド侵入

- 1126〜27　(72 　　　)の変

1127〜(73 　　　)
初代　高宗
- 主戦派と和平派の
　対立
- 1142　金との和議
　国境(74 　　　)

**1115
〜
金**

1185

12

世紀別の演習 Ⅲ ⇨ ⑬, ⑮, ⑯, ⑱

地図を見て，あとの各問いに答えよ。

1 [13世紀の世界]

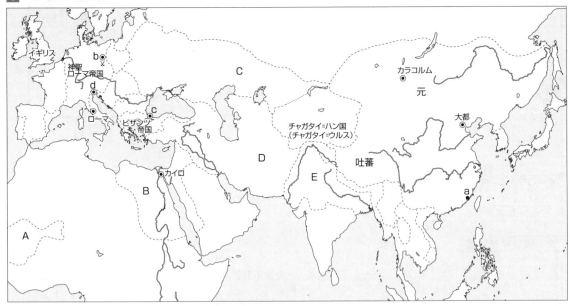

問1 次の各文が示す国名・王朝名を答え，その領域を地図中のA〜Eから選べ。

① バトゥがヨーロッパ遠征の帰途建国した。

② フラグにより建国され，元朝とは友好関係を保ち，Cやチャガタイ=ハン国と対立した。

③ ゴール朝の軍人奴隷アイバクが建国した。

④ 軍人奴隷により建国され，モンゴル軍の侵入を撃退し，都カイロは国際交易の中心として繁栄した。

⑤ トンブクトゥを中心に北アフリカとの交易やメッカ巡礼の経由地として繁栄した。

問2 aはマルコ=ポーロの『世界の記述』（東方見聞録）の中でその繁栄ぶりが記され，「ザイトン」とよばれている。この都市の名称を答えよ。

問3 bで行われたドイツ・ポーランド連合軍とモンゴル軍の戦いを何というか。

問4 13世紀にはヨーロッパから多くの使者がモンゴル，中国を訪れた。

① 十字軍への協力を要請するため，ルブルックをカラコルムに派遣したフランス王は誰か。

② ローマ教皇の命で大都にいたり，大都大司教としてカトリックの布教を行った人物は誰か。

問5① 第4回十字軍が占領したビザンツ帝国の都cを何というか。

② cを攻撃，占領することを要求したイタリアの都市dを何というか。

問6 イギリスでは，ジョン王の失政に対して，1215年貴族が反抗し，課税の際には貴族と高位聖職者の会議の承認を必要とすることなどを認めさせた。これは何という文書か。

問7 神聖ローマ帝国では13世紀のなかば，事実上皇帝が不在の時期があった。この時代を何というか。

1

	国名・王朝名	記号
問1①		，
②		，
③		，
④		，
⑤		，
問2		
問3		
問4①		
②		
問5①		
②		
問6		
問7		

2 [15世紀の世界]

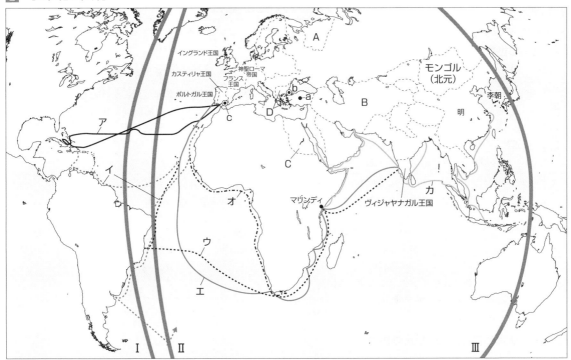

問1　A～Dの国名，王朝名を答えよ。

問2　次の短文が説明している人物を答え，その航路をア～オから選べ。

① ポルトガル王ジョアン2世の治世にアフリカ南端の喜望峰（きぼうほう）に到達した。

② 1498年，インド西岸のカリカットに到達し，インド航路を開拓した。

③ 1492年，西廻りでインドに向かい，サンサルバドル島に到達した。

④ 4回にわたる新大陸の探検で，アジアではないことを報告し，この大陸の名前の由来となった。

⑤ 1500年，ブラジルに漂着し，南アメリカ唯一のポルトガル領が確保された。

問3① スペインとポルトガルの間で1494年に定めた植民地の境界はⅠ～Ⅲのうちどれか。

② ①の境界線を何というか。

問4　カは永楽帝の命により行われた南海大遠征の航路である。指揮官は誰か。

問5　次の各文に該当するa～cの地名を答えよ。

① aでは1402年BとDの戦いが行われ，Bが勝利を収め，Dは一時滅亡状態になった。

② bは1453年に陥落し，以後Dの都となった。Dの都になってからの名称を答えよ。

③ cはイスラーム勢力の最後の拠点であったが，1492年に陥落し，国土回復運動（レコンキスタ）が完成した。

問6　15世紀前半以降，神聖ローマ帝国の皇帝位を世襲したのは何家か。

問7① 1453年英仏間の戦争がフランスの勝利によって終わった。この戦争を何というか。

② この際活躍したフランスの少女は誰か。

問8　朝鮮では李朝の世宗によって，文字が作られ普及した。この文字を何というか。

2

問1 A		
B		
C		
D		

	人物	記号
問2①		，
②		，
③		，
④		，
⑤		，

問3①

②

問4

問5①

②

③

問6

問7①

②

問8

24 ヨーロッパの海洋進出とアメリカ大陸の変容

ヨーロッパのアジア・アフリカ・アメリカへの進出と，植民地支配をめぐる対立を整理しよう。

◀◀◀ ポイント整理 ▶▶

1 各国の世界進出

	アジア	新 大 陸
ポルトガル	・1510 ___1___（インド），1511 マラッカ占領 　…香辛料貿易を独占していたムスリム商人と 　　競合 ・1557 ___2___ に居住権獲得 　…対中国貿易の拠点とする	・提督カブラルの漂着がきっかけとなり， 　___3___ を植民地とする
スペイン	・___4___（フィリピン）建設 　…アジア貿易の拠点→メキシコと貿易	・ブラジル以外のラテンアメリカを植民地化，鉱山 　を開発→金・銀の独占
オランダ	・___5___（ジャワ島）を根拠地に， 　___6___ がアジア貿易を行う ・1623 ___7___ 事件 　…イギリスをインドネシアから排除 ・台湾にゼーランディア城を建設し，中国・日本と貿易	・1625 ___8___ を建設 　（1664年にイギリスが征服し，ニューヨークと改称）
		アフリカ
		・1652 ___9___ 植民地を建設

2 イギリスとフランスの植民地戦争

	【イギリス】	【フランス】
インドの 根拠地	___1___（現コルカタ）・マドラス（現 チェンナイ）・ボンベイ（現ムンバイ）	___4___ ・ポンディシェリ
北米の 根拠地	___2___ 植民地（東岸） ニューイングランド植民地（イギリスで迫害され たピューリタンが移住し，基礎を築く） ➡東岸に ___3___ の植民地を形成	ケベック・ルイジアナ

【北　米】	【ヨーロッパ】
ウィリアム王戦争（1689～97）	ファルツ継承戦争（1688～97）
アン女王戦争（1702～13）	___5___ 継承戦争（1701～13）

＊ ___6___ 条約（1713）…フランスとスペインの合同を禁止。[フランスからイギリスへ] ア
　　　　　　　　　　　　　カディア・ハドソン湾地方・ニューファンドランド植民地

ジョージ王戦争（1744～48）	オーストリア継承戦争（1740～48）
フレンチ=インディアン戦争（1755～63）	___7___ 戦争（1756～63）

＊ ___8___ 条約（1763）… [フランスからイギリスへ] カナダ・ミシシッピ川以東のルイジアナ・セネ
　　　　　　　　　　　　ガル・ドミニカを含む西インド諸島など
　　　　　　　　　　　　[スペインからイギリスへ] フロリダ
・ ___9___ の戦い（1757）…イギリス東インド会社の書記 ___10___ 率いる軍が，フラ
　ンス・ベンガル諸侯軍に勝利→イギリスによるインド支配の礎が確立

＊一連のイギリス・フランス間の植民地戦争は，ナポレオン戦争まで続いたため，第2次百年戦争ともよばれて
　いる。

 ことばの探究　リヴァイアサン：『旧約聖書』に出てくる海の怪物の名前で，強力な権力を持つ絶対王政をたとえる言葉としてホッブズが使用した。

●三角貿易

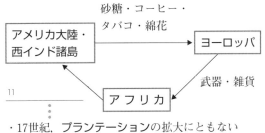

●各国の領土（18世紀なかば）

- 17世紀，プランテーションの拡大にともない大量に求められるようになった

3 17～18世紀のヨーロッパ文化

政治思想	1　　　　　　説…王の権力は神から授与されたと主張：ボーダン（仏）・ボシュエ（仏）	
	自然法………………自然法思想を適用し国際法の制定を主張：2　　　　　　（蘭）	
	社会契約説…………絶対王政を擁護：3　　　　　　（英）『リヴァイアサン』	
	革命権を主張：4　　　　　　（英）『統治二論』	
	5　　　　思想………理性を重視。迷信・不合理な慣習などを批判。君主・貴族・6　　　　　　（市民）ら知識人の著作により 7　　　　　　を形成	
	8　　　　　　（仏）『法の精神』・ヴォルテール（仏）『哲学書簡』	
	9　　　　　　（仏）『社会契約論』	
	10　　　　　　（仏）・11　　　　　　（仏）『百科全書』を編纂	
経済思想	12　　　　主義………国家による経済統制［重金主義・貿易差額主義］	
	13　　　　主義………経済の自由放任を主張，農業生産を重視：ケネー（仏）『経済表』・テュルゴー（仏）	
	14　　　　　…自由貿易を主張：15　　　　　　（英）『諸国民の富』	
	16　　　　　　が広がる……宗教的迫害や対立は収束	
哲学	イギリス経験論………帰納法を重視する経験論を主張：17　　　　　　（英）	
	大陸合理論…………演繹法による合理論を主張：18　　　　　　（仏）	
	ドイツ観念論…………経験論と合理論を統合：19　　　　　　（独）	
美術	バロック様式…………20　　　　　　（蘭）「夜警」・エル＝グレコ（西）「受胎告知」	
	ロココ様式…………21　　　　　　（仏）「シテール島の巡礼」・フラゴナール（仏）「ぶらんこ」	
	バロック様式…………22　　　　　　宮殿（仏）	
	ロココ様式…………23　　　　　　宮殿（独）	
音楽	バロック音楽…………24　　　　　　（独）「マタイ受難曲」・ヘンデル（独）「水上の音楽」	
	古典派音楽…………ハイドン（墺）「天地創造」・モーツァルト（墺）「フィガロの結婚」	
文学	ピューリタン文学……25　　　　　　（英）『失楽園』・バンヤン（英）『天路歴程』	
	イギリス風刺文学……26　　　　　　（英）『ガリヴァー旅行記』・デフォー（英）『ロビンソン＝クルーソー』	
	フランス古典主義……27　　　　　　（仏）『人間嫌い』・コルネイユ（仏）・ラシーヌ（仏）	
科学	物理学…………28　　　　　　（英）：万有引力の法則を発見	
	化　学…………29　　　　　　（仏）：質量不変の法則を発見	
	医　学…………30　　　　　　（英）：種痘法を開発	
	31　　　　　　…17世紀に自然科学の研究が発展	

(1) 王権神授説は 32　　　　　王政を理論づける思想として，おもにイギリスやフランスで唱えられた。

(2) 三十年戦争の惨禍から，グロティウスは『33　　　　　　　　　　』を発表し，**国際法の祖**とよばれた。

(3) 『リヴァイアサン』を発表して絶対王政を擁護した 34　　　　　　　　　に対して，革命権を主張したロックの思想は 35　　　　　　　独立宣言にも影響を与えている。

(4) 啓蒙主義者のヴォルテールは，プロイセン国王の 36　　　　　　　　　　　　と親交があったことでも知られる。

10 章

◀◀◀ **演 習 問 題** ▶▶▶

1 　　　　　　　　　　　　　　　　正誤でチェック！基礎知識

次の文の下線部には１か所誤りがある。その番号を指摘し，正しい語句に訂正せよ。

1757年に行われた①シク戦争で，②イギリス東インド会社の軍隊は③フランスと
ベンガル諸侯の連合軍に勝利した。

2 ［ヨーロッパ諸国のアメリカ進出］　　　　　　(16　愛知学院大学より作成)

（①）主義のもとでは国外市場が重視されたため，イギリスやフランスは植民地の
拡大にも力を入れた。その結果，18世紀に入ると，英仏両国の間で激烈な植民地闘
争が展開された。たとえばスペイン継承戦争を終わらせた1713年の（②）条約におい
て，フランスはカナダのハドソン湾地方やニューファンドランドなどの領有権を
失った。さらにフランスは，七年戦争に並行して北アメリカでおこった戦争にも敗
れ，1763年のパリ条約において，カナダとミシシッピ川以東の（③）植民地などを奪
われ，ここにイギリスの海上覇権が確立した。

問１　文中の空欄①～③に適語を入れよ。

問２　下線部について，この戦争の名称を答えよ。

3 ［ヨーロッパ諸国のアジア進出］　　　　　　(22　中央大学より作成)

オランダは1602年に東インド会社を設立してアジアに進出し，　Ａ　を根拠地に
香辛料貿易の実権を握った。さらにaアンボイナ事件を経て，のちのオランダ領東
インドの基礎を固めた。1600年に東インド会社を設立したイギリスは，　Ｂ　やボ
ンベイ，カルカッタを基地としてインド経営に力を注いだ。３回のイギリス＝オラ
ンダ戦争（英蘭戦争）を通じて17世紀末には世界貿易の覇権争いで優位に立った。

フランスは，一時活動を停止していた東インド会社を1664年に再建してインドに
進出し，　Ｃ　やシャンデルナゴルを基地としてイギリスと対抗した。ムガル帝国
が内紛におちいると，フランスとイギリスは地方の豪族をまきこんだ勢力争いを展
開した。最終的には，イギリスの東インド会社がbフランスやインドの内部勢力と
の抗争を勝ち抜き，19世紀半ばまでにインド全域を制圧して植民地化を完成させた。

問１　文中の空欄Ａ～Ｃに入る地名を次のア～オのなかから１つずつ選べ。

　　ア　マドラス　　　　　イ　バタヴィア　　ウ　マラッカ

　　エ　ポンディシェリ　　オ　マニラ

問２　下線部ａに関する記述として**誤っているもの**を，次のア～エから１つ選べ。
　　なお，該当するものがない場合はオと答えること。

　　ア　事件はモルッカ諸島のアンボイナ島で起きた。

　　イ　イギリス商館員多数をオランダ人が虐殺した事件である。

　　ウ　イギリス商館の日本人雇用者はこの事件に巻き込まれなかった。

　　エ　事件を契機にイギリスはインドネシアから撤退してインドに拠点を移した。

問３　下線部ｂについて，植民地支配を完成させるまでのイギリス東インド会社の
　　抗争に関する記述として**誤っているもの**を，次のア～エから１つ選べ。なお，
　　該当するものがない場合はオと答えること。

　　ア　プラッシーの戦いでフランスをやぶった。

　　イ　マイソール戦争に勝利し，南インド支配を確立した。

　　ウ　マラーター戦争に勝利し，デカン高原西部を支配した。

　　エ　シク戦争に勝利し，カーナティック地方を併合した。

問４　18世紀半ば，ヨーロッパの七年戦争に連動して起こった北米大陸におけるイ
　　ギリスとフランスの戦いの名称とその勝敗について30字以内で説明せよ。

1

番号　　正しい語句

　　　　　，

2

問１①

　②

　③

問２

3

問１Ａ

　Ｂ

　Ｃ

問２

問３

問４

4 [17〜19世紀の文化（音楽・演劇）]　　　（21　愛知学院大学より作成）

　17〜18世紀の芸術は_a君主の宮廷生活との結びつきが強く，_b演劇や音楽も宮廷の娯楽として発展した。ドイツではバッハや後にイギリスに帰化し，「水上の音楽」を作曲した（①）がバロック音楽を大成させ，ハイドンや「魔笛」「フィガロの結婚」で知られるオーストリアのザルツブルク出身の（②）らによって古典派音楽が完成された。しかし，_cフランス革命は政治的・社会的領域はもとより，文化領域にも大きな変化をもたらし，宮廷文化にかわって，19世紀になると市民文化が主流となった。そして，合理的な知を重んじる（③）主義にかわって，人間の個性や感情，想像力を重視するロマン主義が台頭した。『歌の本』，『ドイツ冬物語』を著したドイツの詩人（④）や『レ＝ミゼラブル』を著したフランスの作家（⑤）が有名である。音楽においてもロマン主義音楽が広まり，古典派音楽を大成したドイツのベートーヴェンがその先駆者となり，さらに歌曲の王と呼ばれたオーストリアの（⑥）や，ポーランド出身でピアノの詩人と呼ばれた（⑦）が活躍した。

問1　文中の空欄①〜⑦に適語を入れよ。

問2　下線部aについて，プロイセン王フリードリヒ2世がポツダムに建てた宮殿を答えよ。

問3　下線部bについて，『人間嫌い』『守銭奴』などを代表作とするフランス古典主義の喜劇作家を答えよ。

問4　下線部cで処刑されたフランス王を答えよ。

5 [17〜18世紀の文化（美術・建築）]　　　（22　関西大学より作成）

　17世紀から18世紀初めにかけて，西欧では躍動的で劇的な表現を特徴とする（①）様式が広がった。なかでもフランドル派の画家（②）は，三十年戦争に参戦したフランス王　A　の母后マリ＝ド＝メディシスの宮殿を飾る，彼女の一代記を制作するなど，国際的に活躍した。外交官としても活動した②は，「女官たち」などの作品で知られるスペインの宮廷画家（③）とも親交をもった。②の門弟で，肖像画家として名を高めたのが（④）である。彼はイギリスに渡って宮廷画家となり，1649年に議会派によって処刑されることになる　B　などの肖像画を多数描いた。

　18世紀前半からフランス革命にかけて，フランスを中心に展開したのが繊細優美な（⑤）様式である。雅宴画を確立した（⑥）が代表的画家である。建築では，　C　家のプロイセン王フリードリヒ2世がポツダムに建てたサンスーシ宮殿が名高い。『哲学書簡（イギリス便り）』を書いた思想家　D　は，フリードリヒ2世に招かれ，サンスーシ宮殿で過ごしている。

問1　文中の空欄①〜⑥に適語を入れよ。

問2　文中の空欄A〜Dに適語を入れよ。

4

問1 ①

②

③

④

⑤

⑥

⑦

問2

問3

問4

10章

5

問1 ①

②

③

④

⑤

⑥

問2 A

B

C

D

25 科学革命と啓蒙思想

イギリス革命の経過とフランスの繁栄と衰退，そして啓蒙専制君主を出した東欧3カ国の発展を整理しよう。

◀◀◀ ポイント整理 ▶▶

1 イギリス（イングランド）の革命

1 ＿＿＿＿＿＿＿＿＿＿朝断絶後

2 ＿＿＿＿＿＿＿＿＿＿（位1603〜25）が即位し，3 ＿＿＿＿＿＿＿＿＿＿朝が成立

・王権の絶対性を主張する 4 ＿＿＿＿＿＿＿説をとなえ専制政治を行う→議会と対立し，批判が高まる

5 ＿＿＿＿＿＿＿＿＿＿（位1625〜49）

・専制政治を行い議会と対立
　→議会は 6 ＿＿＿＿＿＿＿＿＿（1628）を国王に提出→イングランドには議会制の伝統があったが，国王はこれを無視し，議会を解散（1629）

・スコットランドでの反乱鎮圧のため議会を招集（1640）
　→国王と議会の対立ですぐに解散：7 ＿＿＿＿＿＿＿＿

・再び議会を招集：8 ＿＿＿＿＿＿＿＿（1640〜53）→王党（宮廷）派と議会（地方）派が対立し内乱に発展

9 ＿＿＿＿＿＿＿＿＿革命（イギリス革命）（1640〜60）

・議会内独立派の 10 ＿＿＿＿＿＿＿＿が 9 中心の鉄騎隊を率いて王党派と戦う
　→ネーズビーの戦いで議会派が勝利（1645）

・国王 5 を処刑
　→立憲王政を主張する 11 ＿＿＿＿＿＿派を議会から追放し，共和政を開始（1649）

・急進的改革を求める 12 ＿＿＿＿＿＿派も弾圧

・領土の拡大：13 ＿＿＿＿＿＿＿＿＿やスコットランドを征服して事実上の植民地に

・1651 14 ＿＿＿＿＿＿法制定→オランダの貿易に打撃，15 ＿＿＿＿＿＿＿＿政策を推進
　→第1次のイギリス=オランダ（英蘭）戦争（1652〜54）が勃発

・10 が護国卿に就任（1653）し，軍事独裁を開始
　→死後，まもなく共和政は終了

16 ＿＿＿＿＿＿＿＿＿＿（位1660〜85）…17 ＿＿＿＿＿＿＿（3朝の復活）

・専制政治とカトリックの擁護で議会と対立
　→議会は 18 ＿＿＿法（1673）・19 ＿＿＿＿＿＿法（1679）の制定により専制政治・カトリック復活の阻止をはかる

　2つの党派の誕生
　国王の権利を尊重する 20 ＿＿＿＿＿＿党…のちの保守党
　議会の権利を主張する 21 ＿＿＿＿＿＿党…のちの自由党

22 ＿＿＿＿＿＿＿＿＿＿（位1685〜88）

・カトリックと絶対王政の復活を企てる→議会と対立

23 ＿＿＿＿＿＿革命（1688〜89）

・議会はオランダ総督（統領）ウィレム夫妻に国王即位を要請→22 は亡命
・権利の宣言を承認して 24 ＿＿＿＿＿＿と 25 ＿＿＿＿＿＿として王位につく（1689）
　→議会は権利の宣言を 26 ＿＿＿＿＿＿として法制化（1689）

アン女王（位1702〜14）

・イングランドとスコットランドが合併し，27 ＿＿＿＿＿＿＿王国が成立（1707）

28 ＿＿＿＿＿＿＿＿＿＿（位1714〜27）が即位し，29 ＿＿＿＿＿＿＿朝が成立

○「王は君臨すれども統治せず」の原則が形成

・21 党出身の首相 30 ＿＿＿＿＿＿＿の時代に，内閣が議会に対し責任を負う責任内閣制が成立

ことばの探究 **名誉革命**：1688年におこった革命で，ジェームズ2世を退位に追い込んだ。革命がほぼ無血で行われたことからついた名前。

2　フランス，プロイセンとオーストリア，ロシア

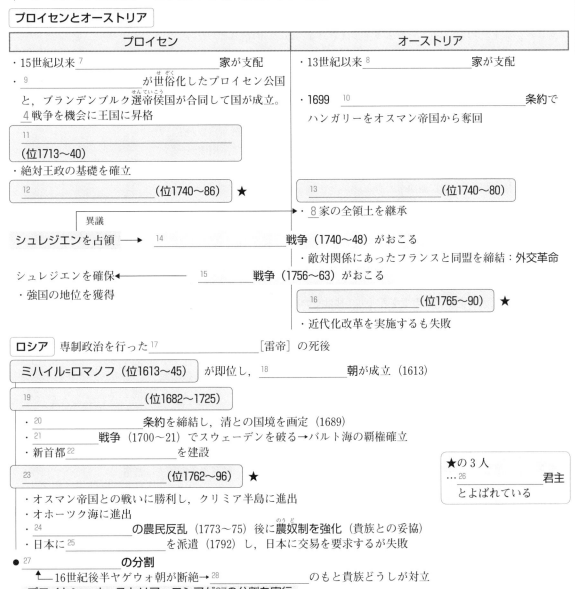

フランス

| 1 _____ （位1643〜1715）|：太陽王

・成人してから親政（しんせい）を開始→典型的な**絶対王政**が成立
・財務総監に 2 _____ を起用し，重商主義政策（2 主義）を実施
・3 _____ 宮殿の建設
・**東インド会社を再建**
・ルイ14世の孫フェリペ 5 世のスペイン王位継承問題
　→ 4 _____ 戦争（1701〜13）が勃発，5 _____ 条約（1713）により，スペインとフランスが合同しないことを条件に王位継承が承認される
・6 _____ の廃止（1685）→ユグノーの商工業者が多数亡命

ルイ15世（位1715〜74）

・**オーストリア継承戦争・七年戦争**に参戦→財政がさらに悪化

プロイセンとオーストリア

プロイセン	オーストリア
・15世紀以来 7 _____ 家が支配	・13世紀以来 8 _____ 家が支配
・9 _____ が世俗化（せぞく）したプロイセン公国と，ブランデンブルク選帝侯国（せんていこう）が合同して国が成立。4 戦争を機会に王国に昇格	・1699 10 _____ 条約でハンガリーをオスマン帝国から奪回
11 _____ （位1713〜40）	
・絶対王政の基礎を確立	
12 _____ （位1740〜86） ★	13 _____ （位1740〜80）

・8 家の全領土を継承

異議

シュレジエンを占領 ──→ 14 _____ 戦争（1740〜48）がおこる

・敵対関係にあったフランスと同盟を締結：**外交革命**

シュレジエンを確保◀────── 15 _____ 戦争（1756〜63）がおこる

・強国の地位を獲得

16 _____ （位1765〜90） ★

・近代化改革を実施するも失敗

ロシア　専制政治を行った 17 _____ ［雷帝］の死後

| ミハイル=ロマノフ（位1613〜45）| が即位し，18 _____ 朝が成立（1613）

19 _____ （位1682〜1725）

・20 _____ 条約を締結し，清との国境を画定（1689）
・21 _____ 戦争（1700〜21）でスウェーデンを破る→バルト海の覇権確立
・新首都 22 _____ を建設

23 _____ （位1762〜96） ★

・オスマン帝国との戦いに勝利し，クリミア半島に進出
・オホーツク海に進出
・24 _____ の農民反乱（1773〜75）後に農奴制を強化（のうど）（貴族との妥協）
・日本に 25 _____ を派遣（1792）し，日本に交易を要求するが失敗

●27 _____ の分割
　┗16世紀後半ヤゲウォ朝が断絶→28 _____ のもと貴族どうしが対立
　プロイセン・オーストリア・ロシアが27の分割を実行
　〔第 1 回（1772）・第 2 回（1793）・第 3 回（1795）〕
　┗29 _____ が率いる義勇軍が抵抗するも失敗

★の 3 人
…26 _____ 君主
とよばれている

◀◀◀ **演習問題** ▶▶▶

1　　　　　　　　　　　　　　　正誤でチェック！基礎知識　　**1**

次の文の下線部には1か所誤りがある。その番号を指摘し、正しい語句に訂正せよ。

A　プロイセンの①フリードリヒ2世は②オーストリア継承戦争に勝利し、③フランスから④シュレジエンを獲得した。

B　イギリスの①チャールズ2世が専制政治を行ったため、議会は対抗して②審査法や③統一法を制定した。

	番号	正しい語句
A	,	
B	,	

2　[イギリス市民革命]　　　　　　　　(17　青山学院大学より作成)

ジェームズ1世は、絶対王政を正当化する(①)を信奉して、議会を無視したために議会との対立を深めた。次のチャールズ1世も絶対主義的政策をとり続けた結果、1628年に議会は王に(②)を提出した。1649年にチャールズ1世は処刑されて(③)が打ち立てられ、1660年の王政復古までイギリス史上で唯一国王が不在の時期となった。このピューリタン革命で王を支持したグループと敵対して戦ったのは(④)であった。④はさらに分かれ、クロムウェルはそのうちの(⑤)の指導者となった。クロムウェルは1653年には終身の(⑥)となった。1651年に発布した(⑦)は、イギリスの植民地貿易から外国船を排除したために(⑧)の中継貿易に打撃を与えた。

名誉革命で政治的混乱を克服したイギリスは、1603年以来、同君連合の関係にあった(⑨)と1707年に合同して(⑩)となった。1714年に王統が絶えたため、ドイツから(⑪)がむかえられた。このころから議会の多数派から閣僚を選ぶ習慣が生まれはじめ、1721年に最初の首相となった(⑫)のウォルポールのもとで、内閣が(⑬)ではなく(⑭)に対して責任を負う責任内閣制が成立した。

問1　文中の空欄①〜⑭に適語を入れよ。

2

問1①
②
③
④
⑤
⑥
⑦
⑧
⑨
⑩
⑪
⑫
⑬
⑭

3　[フランス絶対王政]　　　　　　　　(20　神戸学院大学より作成)

近世・近代のフランスの歴史に関する次の文章を読み、下の各問いに答えよ。

a フランス王は年をとっている。わが国の歴史にはこんなに長いあいだ統治した君主の例はない。噂によれば王様は人を服従させる才能をきわめて高度に備えているとのことだ。同じ天賦の才をもって、彼はその家族、その b 宮廷、その国家を治めている。……思うに、君主として望みうる以上の富貴をほしいままにしながら、同時に、c 一個人としてなら耐えきれぬほどの貧困にさいなまれたのは、いままでにこの王様のほかにはなかったことだ。……王様は豪勢だ、とりわけその建造物においてしかりだ。d 彼の宮殿の庭には、大都会の市民より数多くの彫像がある。

(「ペルシア人の手紙」『世界の名著28　モンテスキュー』中央公論社)

問1　下線部aの人物は、フランス絶対王政の象徴として「太陽王」と呼ばれ、「朕は国家なり」と語ったともいわれる。この人物は誰か。

問2　下線部bについて、この王によって財務総監に任じられ、重商主義政策をとった人物は誰か。

問3　下線部cは、この王が遂行したいくつもの戦争の戦費が莫大であったことを指しているが、彼に率いられてフランスが、イギリス・オランダと連合したオーストリアと戦った戦争を、次から1つ選べ。
　ア　三十年戦争　イ　スペイン継承戦争　ウ　オーストリア継承戦争　エ　七年戦争

問4　バロック様式の一つであり、下線部dに該当する建造物は何か。

問5　下線部aの人物はカトリック政策を強化するために、1685年、ナントの王令を廃止した。これによるフランスの経済への影響を30字以内で説明せよ。

3

問1
問2
問3
問4
問5

4 [ロシアの絶対王政]　　　　　　　　　　　　（20　中央大学より作成）

　14世紀には，モンゴルの支配下でロシア諸侯国の徴税をゆだねられ，内陸河川交通路の交易拠点をにぎった◻︎◻︎◻︎国が台頭した。◻︎国はイヴァン3世のときに諸侯国を併合してロシアを統一すると，1480年にはモンゴルの支配から脱した。彼はビザンツ最後の皇帝の姪と結婚すると，ビザンツ帝国の後継者としてツァーリを自称した。

　18世紀に入ると，ロシアはピョートル1世のもとで一大帝国に発展した。彼はバルト海の覇権を握っていた強国 _aスウェーデンに対して_b北方戦争を起こした。当初は劣勢だったが，ポルタヴァの戦いで圧勝すると，念願のバルト海地域を手中にした。完全な内陸国家であったロシアは，このときはじめて海への出口を確保した。ネヴァ川の河口に建設されたペテルブルクは，ロシア・東ヨーロッパの文化と西欧風の文化の一大融合地になり，ヨーロッパで最も繁栄し，最も華やかな都の一つとなった。

　ピョートル1世に引き続き対外的な拡張政策を大々的に実行したのが_cエカチェリーナ2世である。彼女はオスマン帝国との戦争を経験し，この戦争の和平をプロイセンとオーストリアが仲介したのをきっかけとして，両国とともに_dポーランド分割を行った。

問1　文中の◻︎◻︎◻︎に適語を入れよ。

問2　下線部aについて，当時のスウェーデンの国王を答えよ。

問3　下線部bについて，北方戦争が行われていたのとほぼ同時期に西ヨーロッパで行われていた戦争を次から1つ選べ。

　ア　オーストリア継承戦争　　イ　スペイン継承戦争　　ウ　三十年戦争

　エ　プファルツ（ファルツ）継承戦争　　オ　七年戦争

問4　下線部cについて，エカチェリーナ2世に関する説明として**誤っているもの**を，次から1つ選べ。

　ア　ヴォルテールらの助言によって学芸の保護や法律の整備などの改革を行った。

　イ　プガチョフの農民反乱を弾圧し，農奴制と貴族の特権を強化した。

　ウ　クリミア半島（クリミア＝ハン国）を併合した。

　エ　大黒屋光太夫と面会した。

　オ　ベーリングに命じてカムチャツカ半島やアラスカ方面を探検させた。

問5　下線部dについて，ポーランドの3回にわたる分割とその直後の状況の説明として**誤っているもの**を，次から1つ選べ。

　ア　選挙王政であり，国王の権力は弱く不安定だった。

　イ　フランス革命の混乱に乗じて，オーストリアとロシアが第2回分割を行った。

　ウ　コシューシコ（コシチューシコ）が義勇軍を率いて武装闘争を行った。

　エ　ナポレオンはポーランドをワルシャワ（大）公国という名前で復活させた。

26 産業革命

産業革命が，なぜイギリスではじまったのか，またその結果どのような社会が生まれたのかを探求しよう。

◀◀◀ ポイント整理 ▶▶▶▶▶▶▶▶▶▶▶▶▶▶▶▶▶▶▶▶▶▶▶▶▶▶▶▶▶▶▶▶▶▶

1 イギリス産業革命の展開

背景	オランダ・フランスとの植民地戦争に勝利 ↓ 広大な [1]_____ の獲得	三角貿易の隆盛，毛織物業における，[2]_____ の発達 ↓ [3]_____ の蓄積	[4]_____ で人口増加 第2次[5]_____ で土地を失った農民が都市に流入 ↓ 安価で豊富な労働力	恵まれた資源（鉄・石炭）	市民革命による，自由な経済活動 ↓ ギルドなど封建的制約の除去

展開	綿工業・製鉄・動力における技術革新		交通革命	
	1709	[6]_____ のコークス製鉄法→鉄工業の発展に貢献	1804	トレヴィシックが [15]_____ を発明
	1712	[7]_____ が蒸気ポンプを実用化	1807	[16]_____ （米）が蒸気船を発明
	1733	[8]_____ が飛び杼を発明	1814	[17]_____ が蒸気機関車を製作
	1764	[9]_____ がジェニー（多軸）紡績機を発明	1830	[18]_____ ・[19]_____ 間
	1769	[10]_____ が水力紡績機を発明		でロケット号の営業運転がはじまる
	1779	[11]_____ が蒸気機関を改良		
	1779	[12]_____ がミュール紡績機を発明		
	1785	[13]_____ が力織機を発明		
	1793	[14]_____ （米）が綿繰り機を発明		

影響		社会構造の変化とその結果生じた産業革命の「光」と「影」	
	イギリス国内	[20]_____ 体制の確立	
		[21]_____ 自由主義的諸改革	
		労働力↑↓賃金	
		労働者 【労働問題・社会問題の発生】	【労働運動の展開】
		・手工業者の失業から，[22]_____ 運動がおこる ・劣悪な労働条件，婦女子の過重労働	・解決をめざす，社会主義思想も誕生→空想的社会主義者オーウェンは労働者の待遇改善をとなえた
	国外	イギリス 「[23]_____ 」世界経済の再編成	
		↓ 植民地化，不平等条約	
		インド 綿工業衰退→綿花をイギリスへ，アヘンを中国へ輸出	
		中国 茶の貿易で赤字。イギリスは自由貿易要求（アヘン戦争へ）	
		中南米 不平等条約締結→プランテーション強化	

(1) 産業革命とは，道具から [24]_____ への生産技術の変化とそれにともなう産業，経済，社会の大変革をいう。

(2) ノーフォーク農法の普及と穀物増産を目的とする第2次 [25]_____ により，資本主義的農業経営が成立したことを [26]_____ という。

(3) 製鉄に必要な木炭の不足に対し，[27]_____ はコークス製鉄法を開発し，鉄の大量生産を可能とした。

(4) アメリカの [28]_____ は綿繰り機を発明し，アメリカ南部の綿花栽培を増大させ，イギリスへの十分な原綿供給を可能にした。

◀◀◀ 演習問題 ▶▶▶▶▶▶▶▶▶▶▶▶▶▶▶▶▶▶▶▶▶▶▶▶▶▶▶▶▶▶▶▶▶▶▶▶

1

正誤でチェック！基礎知識

次の各文の下線部には1か所ずつ誤りがある。その番号を指摘し，正しい語句に訂正せよ。

A ①スティーヴンソンによる蒸気機関車の発明や，②フルトンによる蒸気船の試作により，③18世紀には交通革命がおこった。

B ①バーミンガムは奴隷貿易の，②マンチェスターは綿工業の中心地となった。この2都市を結んだ旅客鉄道は③ロケット号である。

C ①ニューコメンは炭鉱の排水ポンプを動力として，②蒸気機関を実用化した。その後，③ダービーが熱効率を改善，あらゆる機械の動力とすることを可能にした。

1

	番号	正しい語句
A	__,	_____
B	__,	_____
C	__,	_____

2 [産業革命]　　　　　　　　　　　　　　　　　(19　日本大学より作成)

　18世紀後半のイギリスでは，世界に先がけて工場における生産の機械化と動力化が開始され，産業革命がおきた。まず，綿工業の分野において，（①）が発明した飛び杼（梭）により，綿織物の生産量が増大した。綿織物の生産量の増大にともない綿糸が不足するようになると，a紡績機があいついで発明され，良質の綿糸が大量に生産されるようになった。綿糸の生産量が拡大すると，さらに織物機械の改良がうながされ，（②）が，蒸気機関を動力源として利用した力織機を発明した。綿工業分野などにおけるこうした機械化と動力化の進行は，機械を製造する機械工業，機械の素材となるb鉄をつくる鉄鋼業，蒸気機関や溶鉱炉で使われる石炭を生産する石炭業を発展させた。大規模な機械制工業が発達すると，大量の原料，製品，石炭などをはやく安く輸送するために，交通機関の改良がすすめられた。（③）が1825年に実用化させた蒸気機関車は，c1830年には旅客鉄道としてもちいられ，これ以降，鉄道は公共の陸上輸送機関として急速に普及した。

　産業革命をとおして，イギリスは農業中心の社会から工業中心の社会に移行した。大規模な機械制工場がうまれると，工場を経営するための資本をもつ（④）が経済活動を支配するようになった。他方で，大量生産で安価な商品が供給されはじめると，手工業者は没落し，（⑤）のために土地を失った農民とともに，工場などで賃金をもらって働く（⑥）となる者もあった。こうして，資本をもつ④が⑥を雇用して商品を生産し，利潤を追求する（⑦）体制が確立した。

　また，産業革命期には，⑥が増加し，都市に人口が集中した結果，バーミンガムやリヴァプールのような商工業都市がうまれた。工場で働く⑥は，工場では安い賃金で長時間労働をしいられ，また生活面では劣悪な住環境におかれていた。他方で，機械制工場の発展によって生活をおびやかされていた手工業者たちは，機械制工場に反対して，19世紀初頭には各地で（⑧）をおこした。このように深刻な労働問題・社会問題が発生するなかで，dオーウェンは⑥の待遇改善のための活動を展開した。

問1　文中の空欄①～⑧に適語を入れよ。

問2　下線部a～dについて次の各問いに答えよ。

　a　下線部aに関して，次のア～ウの紡績機の発明者をそれぞれ答えよ。

　　ア　ジェニー紡績機　　イ　水力紡績機　　ウ　ミュール紡績機

　b　下線部bについて，ダービーが開発した製鉄法はなにか。

　c　下線部cの旅客鉄道は，iイギリスの綿工業の中心都市とiiその「外港」として栄えた都市を結んだ。この2つの都市名を答えよ。

　d　下線部dに関する記述として正しいものを，次から1つ選べ。

　　ア　オーウェンは，臨時政府に加わり，失業者救済のための国立作業場の設置に尽力した。

　　イ　オーウェンは，相互扶助を掲げて国家の廃止を訴え，無政府主義の先駆となった。

　　ウ　オーウェンは，労働組合や協同組合の設立に尽力し，また，共産社会建設も試みた。

　　エ　オーウェンは，『共産党宣言』によって万国の労働者の団結を訴え，革命による社会主義の実現を説いた。

問3　当時世界最大の工業生産国となったイギリスは何と呼ばれたか。

問4　1830年代，イギリスについで2番目に産業革命を達成した国はどこか。

2

問1 ①

　②

　③

　④

　⑤

　⑥

　⑦

　⑧

問2 a ア

　イ

　ウ

　b

　c i

　ii

　d

問3

問4

11章

27 アメリカ合衆国の独立と発展

アメリカが独立に至る原因と経過，成立した国家の特色はどのようなものか。アメリカ合衆国の領土拡大と南北対立はどのように関連し，南北戦争後の発展はどのように進んだのだろうか。

◀◀◀ **ポイント整理** ▶▶▶▶▶▶▶▶▶▶▶▶▶▶▶▶▶▶▶▶▶▶▶▶▶▶▶▶▶▶▶▶▶

❶ 北アメリカ植民地の形成～アメリカの独立

13植民地の成立と英仏の抗争

年　代	植　民　地	イ ギ リ ス	
1607	イギリスが ¹_____ 植民地建設。エリザベス１世にちなんで命名 →1619　イギリスの議会政治の伝統にならい，最初の ²_____ が開設される	1664	オランダ植民地ニューアムステルダムを奪い，⁴_____ と改称
1620	信仰の自由を求め，ピルグリム=ファーザーズがメイフラワー号でプリマスに上陸 →多くの ³_____ が移住し，ニューイングランド植民地の建設がはじまる	1713	ユトレヒト条約 …フランスからハドソン湾地方，ニューファンドランド，アカディアを獲得
1732	ジョージア植民地設立…⁵_____ 植民地がそろう 北部：自営農民，自営の商工業者 南部：おもに奴隷を用いて，タバコ・米・藍などを栽培する ⁶_____ を形成		
⁷_____ 1763	⁸_____ 戦争（イギリスでは七年戦争）　　＊イギリスは重商主義政策を強化 ⁹_____ 条約により，北アメリカでのイギリスの覇権が確立 →イギリスはフランスから ¹⁰_____，ミシシッピ川以東の ¹¹_____ を獲得 ＊植民地人の移住は，アパラチア山脈以東に限定		

本国との対立

	植民地の抵抗　　　　　　イギリスの重商主義政策	
1765	「¹³_____｜◀── ¹²_____ 法の制定 を掲げる反対運動	
1773	¹⁵_____ 事件 ◀── ¹⁴_____ 法により東インド会社に販売独占権	
1774	第１回 ¹⁶_____ 開催 ◀── ボストン港閉鎖，自治権剥奪 （フィラデルフィア）本国の不当課税拒否	

独立戦争

¹⁷_____	コンコードでの武力衝突，¹⁸_____ の戦いで独立戦争がはじまる →第２回16で，ヴァージニアのプランター（農場主）出身の ¹⁹_____ が植民地軍総司令官に任命される
1776	²⁰_____ が『²¹_____』（『常識』）を発表 …独立の正当性と共和国樹立の必要性を平易な文章で説き，独立への世論を盛り上げた .7.4　独立宣言発表（²²_____ らが起草）：基本的人権・革命権を主張
1777	サラトガの戦いで植民地軍がイギリスに勝利
1778	植民地の駐仏大使フランクリンの努力により，²³_____ がアメリカ・スペイン・オランダと同盟を結び，参戦（79年にスペイン，80年にオランダが参戦）
1780	²⁴_____ を結成…ロシア皇帝エカチェリーナ２世の提唱 ＊独立戦争には，フランスの ²⁵_____ や，ポーランドのコシューシコらも義勇兵として参加
1781	²⁶_____ の戦いでアメリカ・フランス連合軍がイギリス軍に大勝
1783	²⁷_____ 条約：アメリカの独立承認，ミシシッピ川以東の11を割譲

ことばの探究
義勇兵：徴兵によらず，みずから進んで応募する兵。
フロンティア：もともとは「国境」を意味する言葉だが，アメリカでは文明の地と未開の地の境を意味するようになった。

1787	1777年制定のアメリカ連合規約に替え，²⁸＿＿＿＿＿＿＿＿を制定
	…大統領・連邦議会・最高裁判所を根幹とする三権分立国家
	中央政府の権限強化を支持する²⁹＿＿＿＿＿派 ⎱対立
	各州の自治権尊重を主張する³⁰＿＿＿派 ⎰
1789	³¹＿＿＿＿＿＿＿が初代大統領に就任

2 南北アメリカの発展（環大西洋革命）

●ラテンアメリカ諸国の独立

・ハイチ革命
・フランス植民地サン=ドマング（イスパニョーラ島）
・18世紀末　奴隷解放運動がはじまる（指導者：トゥサン=ルヴェルチュール）
・1804　¹＿＿＿＿＿がフランスから独立

1810〜20年代の独立運動

＊独立運動の主体
³＿＿＿＿＿
（植民地生まれの白人）

・北部〔大コロンビア，ボリビア，ペルーなど〕…指導者：²＿＿＿＿＿
・南部〔アルゼンチンなど〕…指導者：サン=マルティン

アメリカ合衆国の発展

1801	第3代大統領に⁴＿＿＿＿＿が就任
1812	イギリスの海上封鎖をめぐり，⁵＿＿＿＿＿戦争が勃発，アメリカ人としての自覚高まる
	→イギリス製品の輸入が途絶えたため，合衆国の工業化が促進→19世紀末に世界一の工業国に
1820	⁶＿＿＿＿＿協定：北緯36度30分以北には奴隷州を設けないことを定める
1823	⁷＿＿＿＿＿宣言
	…ラテンアメリカ諸国の独立に対するウィーン体制諸国の干渉を排除するため
1829	最初の西部出身の大統領，⁸＿＿＿＿＿が就任
	【ジャクソニアン=デモクラシー】 ・農民，都市の下層民重視 ・白人男性普通選挙制の採用 ・先住民（インディアン）を⁹＿＿＿＿＿に強制移住 → ・西部開拓（¹⁰＿＿＿＿＿）が加速 ↓ ・先住民の反感が強まる
1848	¹¹＿＿＿＿＿戦争に勝利，カリフォルニアなどを獲得
	↳金鉱の発見（ゴールドラッシュ）

南北戦争

1854	¹²＿＿＿＿＿結成：奴隷制反対←カンザス・ネブラスカ法の制定
1861	¹³＿＿＿＿＿（¹⁴＿＿＿党）が大統領に就任
	・南部11州が合衆国から離脱，¹⁵＿＿＿＿＿を結成：¹⁶＿＿＿＿＿戦争勃発
1862	¹⁷＿＿＿＿＿（自営農地）法制定…西部の支持を得る→西部開拓の進展
1863	.1.1　ヨーロッパ諸国に北部の正当性を訴えるとともに，南部の奴隷の決起を期待し，¹⁸＿＿＿＿＿を出す　北部が¹⁹＿＿＿＿＿の戦いで勝利
1869	最初の²⁰＿＿＿＿＿が開通，経済的・政治的統一がもたらされる
1890年代	²¹＿＿＿＿＿（開拓の最前線地域）消滅

●領土の拡大

ルイジアナ東部
パリ条約で獲得(1783)
13植民地
オレゴン(1846 併合)
ルイジアナ西部(1803 フランスから購入)
カリフォルニア(1848 メキシコから獲得)
テキサス(1845 併合)
フロリダ(1819 スペインから購入)

●北部・南部の比較

	北　部	南　部
産業	商工業	（²²　　　）
貿易	（²³　　　）政策	（²⁴　　　）貿易
奴隷制	反対	賛成
政体	（²⁵　　　）主義	州権主義
政党	（²⁶　　　）党	（²⁷　　　）党

◀◀◀ **演 習 問 題** ▶▶

1　　　　　　　　　　　　　　　正誤でチェック！基礎知識

次の各文の下線部には1か所ずつ誤りがある。その番号を指摘し，正しい語句に訂正せよ。

A　アメリカ植民地では①印紙法制定に対し，②ボストン茶会事件が起こった。この事件への本国の対応に対し，植民地側は③フィラデルフィアで④大陸会議を開いた。

B　奴隷制をめぐる南北対立は，①ミズーリ協定で妥協が図られていたが，その妥協が崩れ対立が激化し，②民主党の③リンカン大統領が誕生すると南部諸州は④アメリカ連合国（南部連合）を発足させ南北戦争となった。

2　[アメリカの独立]　　　　　　　　　　　（22　愛知教育大学より作成）

17世紀に入ると，イギリス人による北アメリカ大陸への移住が開始され，大西洋岸には（①）植民地を皮切りに13の植民地が建設された。これらの植民地のうち，北部の植民地には自営の農民や商工業者が多く，また造船や海運業が発達した。それに対し，a南部では黒人奴隷を用いた大農園が多く見られ，タバコや米などが栽培された。フランスもまた，17世紀以降，北アメリカ大陸に植民地を有しており，イギリスと勢力を争っていた。しかし，1754～63年のフレンチ＝インディアン戦争でイギリスが勝利し，1763年の（②）条約によって，イギリスはフランスから，カナダや（③）東部の地域を領土として獲得した。これによりイギリスは，北アメリカ大陸における支配権を確立した。しかし，戦争によってイギリスの財政事情は悪化したため，植民地に対する課税を強化した。植民地はこれに反発し，1765年の印紙法に対して「（④）」というスローガンを唱えた。そして，1773年の茶法に対する植民地住民の怒りは，（⑤）事件を引き起こした。これに対し，イギリス本国はボストン港を封鎖し，植民地住民との間で緊張が高まった。

1774年，植民地の代表者がフィラデルフィアで（⑥）を開き，イギリス本国との貿易のボイコットを決議した。翌年，ボストン郊外で植民地住民の軍隊（植民地軍）とイギリス本国の軍隊の間で武力衝突が起こり，b戦いが始まった。⑥では植民地軍の総司令官に（⑦）が任命された。13の植民地は（⑧）年7月4日にcイギリスからの独立を宣言した。1781年，植民地軍は（⑨）での戦いに勝ち，これにより独立戦争における植民地側の勝利が決定的となった。イギリスは1783年の（⑩）条約で植民地の独立を認め，③東部の広大な領地を譲渡することとなった。

独立を勝ち取った13の植民地は，その後，アメリカ合衆国へと統合され，各々の植民地は州へと編成された。1787年，dアメリカ合衆国憲法が制定された。1789年，合衆国憲法に基づく連邦政府が発足し，⑦が初代大統領となった。

問1　文中の空欄①～⑩に適語を入れよ。

問2　下線部a～dについて次の各問いに答えよ。

a　19世紀に入り，南部の大農園で綿花栽培がさかんになった理由は何か。

b i　当初，植民地側の戦いの目的は何だったか。

　 ii　戦いの目的を独立に転換させた「コモン＝センス」の著者は誰か。

　 iii　独立戦争に対し，フランス，ロシアはそれぞれどのように対応したか，40字以内で説明せよ。

c i　アメリカ独立宣言の起草者であり，第3代大統領となった人物は誰か。

　 ii　アメリカ独立宣言に影響を与えたとされる抵抗権・革命権を説いた人物は誰か。

d　アメリカ合衆国憲法により成立した，アメリカ合衆国の国家としての特徴を2点記せ。

1

	番号	正しい語句
A	，	
B	，	

2

問1①

②

③

④

⑤

⑥

⑦

⑧

⑨

⑩

問2 a

b i

　 ii

　 iii

c i

　 ii

d ・

　 ・

3　[アメリカの発展]　　　　　　　　（22　学習院大学・中央大学より作成）

　アメリカ合衆国はナポレオン戦争中の_A1803年, 物流拠点となっていたニューオーリンズを含む（①）をフランスから購入し, 西部進出の足掛かりとした。さらに, _a米英戦争を経て工業発展により経済力をつけると, 独立時に再び_Bスペインのものとなっていた（②）を1819年に同国から購入した。

　1810年代から20年代にかけて, ラテンアメリカでは十数カ国が独立した。それを受けて合衆国の第5代大統領のモンローは1823年に_bモンロー宣言を発表した。内政面ではアメリカ＝イギリス戦争後, 財産に関係なくすべての白人男性に選挙権を与える州が増加すると, 農民や都市下層民の重視をうたった西部開拓民出身の（③）が大統領に当選し, 独立13州以外から出た最初の大統領になった。大統領は_c民主主義的改革を実行したがこれには賛否が分かれた。他方で, 先住民を（④）に強制的に移住させる政策も推進した。

　1840年代には西部への領土拡大を神から与えられた「（⑤）」として正当化し, _C1845年に（⑥）, 1846年にオレゴンを併合して, さらに_Dアメリカ＝メキシコ戦争に勝って（⑦）を得ると, アメリカ合衆国の領土は太平洋に達した。1848年に⑦で金鉱が発見されると, （⑧）が起こり太平洋岸にも一気に人口が流入した。アメリカ合衆国は漁業基地や資源獲得を目的として, 1867年（⑨）からもアラスカを買収した。

　奴隷制をめぐっては, 1820年に（⑩）州を奴隷州とし, 以後は北緯36度30分以北に奴隷州を認めないという協定が結ばれていた。しかし, 同線以北のカンザス, ネブラスカ両準州について奴隷州になるか自由州になるか住民投票で決めるという法律が1854年に制定されると, 奴隷制をめぐる対立が激化した。1860年に（⑪）党のリンカンが大統領に当選すると, 反発した南部諸州は合衆国を離脱し, 翌61年にアメリカ（⑫）（南部連合）を結成し, これを契機に南北戦争が始まった。当初は南部が優勢だったが, やがて戦線は膠着した。そこで, リンカンは_d「奴隷解放宣言」を出して国際世論を味方につけ, 北部が徐々に盛り返した。そして1865年, 南部の首都（⑬）を北軍が占領して勝利し, 合衆国は再統一された。戦争終結後, 憲法の修正により奴隷制は正式に廃止された。しかし, 再建された南部諸州は, 1890年頃から解放された黒人への人種差別待遇を開始し, 南部では_e社会的差別が強く残った。

　（⑭）年に最初の_f大陸横断鉄道が完成し, 1900年までには東西を4本の鉄道路線が並行して運行されるようになった。1890年の国勢調査で（⑮）（開拓地と未開拓地の境界にある人口過疎地域）が消滅したといわれるが, この時期までに世界第一位の工業国となっていたアメリカ合衆国は海外に市場を求める傾向を強めた。

問1　文中の空欄①〜⑮に適語を入れよ。
問2　下線部a〜fについて次の各問いに答えよ。
　a　この戦争が始まった原因について, 当時のヨーロッパ情勢を考慮しつつ45字以内で説明せよ。
　b　この宣言の内容を簡単に記せ。
　c　この改革を支持する人々が形成した党派は何か。
　d　奴隷解放宣言のほかに, 特に西部諸州の支持を得るために出された法令は何か。
　e　白人の優越を主張し, 黒人を迫害した組織は何か。
　f　大陸横断鉄道の建設に従事した移民は主にどこからの移民か。2か所記せ。
問3　下線部A〜Dにあたる地域を地図から選び, 記号で答えよ。

3

問1①

②

③

④

⑤

⑥

⑦

⑧

⑨

⑩

⑪

⑫

⑬

⑭

⑮

問2 a

b

c

d

e

f・

・

問3 A

B

C

D

28 フランス革命とナポレオンの支配

フランス革命からナポレオン帝政期までの，政治体制・政治勢力の変遷を理解しよう。

◀◀◀ ポイント整理 ▶▶▶

1 概観

	年代	革命の展開	議会内の勢力
ブルボン朝	1789	.5 ルイ16世が [1]_____ を招集 →議決方法をめぐり特権身分と第三身分が対立 .6 第三身分の議員が [2]_____ 設立を宣言 『球戯場の誓い』で憲法制定まで解散しないことを決議 .7 .14 パリ市民が [3]_____ 襲撃… 革命の勃発 .8 .4 [4]_____ の廃止宣言 .8 .26 [5]_____ 採択 .10 ヴェルサイユ行進の結果，国王一家パリへ移転	議会内の勢力 王党派（貴族・高位聖職者） 立憲君主派 自由主義貴族，上層市民 ミラボー，
	1791	.4 ミラボー死去 → .6 国王一家の [6]_____ 事件 .8 ピルニッツ宣言 .9 [7]_____ 制定	[8]_____ ら
立憲君主政	1792	.10 制限選挙の結果，[9]_____ が成立 .4 ジロンド派内閣の，対オーストリア宣戦 .8 [10]_____ により王権停止 .9 ヴァルミーの戦いで勝利	フイヤン派 ジロンド派，中産市民
第一共和政	1793	.9 最初の男性普通選挙により，[11]_____ 成立 →王政の廃止と [12]_____ の樹立を宣言 .1 国王 [13]_____ 処刑 .2 英首相ピットの提唱で，第1回 [14]_____ 結成 .6 [15]_____ 派（山岳派）の恐怖政治 .6 1793年憲法発布 .7 封建地代の [16]_____ 廃止	ジロンド派 [15]派
	1794	.3〜4 エベール派，ダントン派の処刑 .7 [17]_____ の反動で [18]_____ ら逮捕・処刑	[15]派の権力掌握
	1795	.8 1795年憲法制定 → [19]_____ 政府 の樹立	
	1796	.3 [20]_____ のイタリア遠征（〜97）…第1回[14]崩壊 .5 バブーフの陰謀発覚	テルミドール派 穏健共和派
	1798	.5 [20]の [21]_____ 遠征 → 第2回[14]（1799）	
	1799	.11 ブリュメール18日のクーデタで[19]政府崩壊 フランス革命終了	
		.12 [22]_____ 成立，[20]が第一統領に就任	
	1800	.2 フランス銀行創設，スペインからルイジアナ取得	
	1802	.3 [23]_____ の和約 .8 [20]が終身統領に就任	実質は[20]の独裁
	1804	.3 私有財産の不可侵や契約の自由などを定める [24]_____ 制定	
第一帝政		.5 国民投票により，皇帝 [25]_____ 即位	
	1805	.8 第3回[14]結成 .10 [26]_____ の海戦でイギリス海軍に敗れる .12 [27]_____ の戦い（三帝会戦）で，ロシア・オーストリアの連合軍を破る	
	1806	.7 [28]_____ 結成 → [29]_____ 消滅 .11 [30]_____ 発布	
	1807	.7 ティルジット条約→プロイセン改革：[31]_____，[32]_____ らの指導	
	1808	.5 スペイン反乱（〜14）	
	1812	.5 [33]_____ 遠征開始 → 冬の到来と[33]軍の追撃により失敗	
	1813	.10 ライプツィヒの戦い（諸国民戦争）に敗れる	
	1814	.4 [25]退位 → エルバ島へ	
	1815	.5 王政復古，[34]_____ が即位しブルボン朝復活 .9 ウィーン会議開催 .3 [25]がエルバ島を脱出し，皇帝に復位（：「百日天下」） .6 [35]_____ の戦いに敗れ，セントヘレナ島へ	

ことばの探究 **クーデタ（coup d'Etat）**：支配階級内部での非合法で武力的な政権移動をいい，革命と区別する。もともとは「国家への一撃」を意味するフランス語。

2 **立憲君主政の成立**

(1) フランス革命以前の社会は，旧体制（¹＿＿＿＿＿＿＿＿＿＿＿＿）とよばれる。

(2) 国家財政のいきづまりを打開するため，国王²＿＿＿＿＿＿＿＿はテュルゴー・³＿＿＿＿＿＿＿＿らの改革派を起用し，**特権身分課税**などの⁴＿＿＿＿＿＿＿＿を行おうとした。

(3) 1789年8月4日，国民議会は自由主義的貴族の提案により⁵＿＿＿＿＿＿＿＿**の廃止**を決定した。**領主裁判権**や，**教会への十分の一税が無償**で廃止されたが，**封建地代は**⁶＿＿＿＿＿＿で廃止された。同年8月26日には⁷＿＿＿＿＿＿＿＿＿＿らが起草した⁸＿＿＿＿＿＿＿＿を採択した。

(4) 国王と議会の調停を行っていたミラボーが病死すると，国王一家は⁹＿＿＿＿＿＿＿＿**事件**をおこし，国民の国王への信頼は失墜して，**共和派**が台頭した。

(5) ジロンド派内閣のオーストリア宣戦ではじまった革命戦争で敗戦が続くと，¹⁰＿＿＿＿＿＿＿派のよびかけで，義勇兵と¹¹＿＿＿＿＿＿＿＿が国王一家の住むテュイルリー宮殿を襲撃する¹²＿＿＿＿＿＿＿事件をおこした。

3 **共和政の成立**

(1) 国民公会ではジャコバン派政権の¹＿＿＿＿＿＿＿が封建地代の²＿＿＿＿廃止や**最高価格令**などの急進的な施策を強行する一方，反対派を多数処刑する**恐怖政治**を行ったが，³＿＿＿＿＿＿＿＿の反動で失脚した。

(2) **総裁政府**成立後も，私有財産制の廃止を唱えるバブーフの陰謀など社会不安が続いた。

●フランス革命期の3憲法の比較

	1791年憲法	1793年憲法	1795年憲法
成立	国民議会 （フイヤン派）	国民公会 （⁶＿＿＿＿＿派）	国民公会 （テルミドール派）
政体	⁴＿＿＿＿＿	共和政（急進的）	共和政（穏健的）
選挙	⁵＿＿＿＿選挙	⁷＿＿＿＿	財産制限選挙
議会	立法議会	国民公会	五百人会，元老院
特徴	冒頭に人権宣言を掲げる	冒頭に社会権を規定施行は延期される	権力分散のため，5人の⁸＿＿＿＿

4 **ナポレオンの時代**

(1) **イタリア遠征**でオーストリアを破り，名声を高めたナポレオンは，**イギリス・インド間の連絡を断つため**¹＿＿＿＿＿＿遠征を行ったが，アブキール湾の戦いに敗れた。

(2) イギリス上陸をめざして派遣したフランス海軍は²＿＿＿＿＿＿が率いるイギリス海軍に³＿＿＿＿の海戦で敗れた。

(3) ナポレオンは，**アウステルリッツの戦い（三帝会戦）**でオーストリア・ロシアの連合軍を破り，1806年，西南ドイツ諸国をあわせて⁴＿＿＿＿＿＿＿を結成し，これにより**神聖ローマ帝国**が消滅した。

(4) イギリスに経済的打撃を与えるとともに，**ヨーロッパ大陸をフランス産業の市場とする**ことをめざし，⁵＿＿＿＿＿＿がベルリンで発せられた。

(5) ナポレオンに敗れたプロイセンでは，シュタインや⁶＿＿＿＿＿＿＿が，**プロイセン改革**に取り組み，⁷＿＿＿＿＿＿など近代化をすすめた。

(6) ナポレオンの**ロシア（モスクワ）遠征**が失敗に終わると，諸国は解放戦争に立ち上がり，⁸＿＿＿＿＿＿の戦いでナポレオンを破り，1814年にはパリを占領した。

●対仏大同盟

回	契機	戦い	解消
1	ルイ16世の処刑	アルコレの戦い（1796）	カンポ=フォルミオの和約
2	ナポレオンのエジプト遠征	マレンゴの戦い（1800）	アミアンの和約
3	ナポレオンの皇帝即位	³の海戦 アウステルリッツの戦い（三帝会戦）	プレスブルクの和約
4	ナポレオンのロシア遠征失敗	⁸の戦い	ナポレオン退位

11章

◀◀◀ 演 習 問 題 ▶▶▶▶▶▶▶▶▶▶▶▶▶▶▶▶▶▶▶▶▶▶▶▶▶▶▶▶▶▶▶▶▶▶▶▶▶

1 [フランス革命]　　　　　　　　　　　　　　　(22　北海学園大学より作成)

フランスでは，a1791年に憲法が制定され，立憲王政が目指された。しかし憲法制定の直前に国王一家がオーストリアへ亡命をくわだて，パリに連れ戻されるという（①）逃亡事件がおこり，国王の信用は失墜した。1791年10月に立法議会が発足したが，1792年8月10日，パリでは国王がいた（②）宮殿が襲撃され，王権が停止された。

その後成立した国民公会では，急進共和主義のジャコバン派が勢いを増し，b1793年1月にルイ16世が処刑された。同年6月には穏健共和主義のジロンド派が議会から追放され，cロベスピエールを中心とするジャコバン派政権は，強力な権限をもった公安委員会を中心に施策を行い，反対派を処刑し，恐怖政治を行った。しかし，1794年7月，（③）9日のクーデタがおき，ロベスピエールらは処刑された。

革命の終結を求める穏健派は1795年憲法を制定し，これにより（④）人の総裁からなる総裁政府が樹立された。しかし，d革命派や王党派の動きもあって政局は安定しなかった。この機会をとらえたのが，ナポレオン=ボナパルトであった。ナポレオンは，エジプト遠征から帰還して，1799年11月，（⑤）18日のクーデタによって総裁政府を倒し，その後に成立した統領体制において，自ら第一統領となり事実上の独裁権を握った。

ナポレオンは，革命以来フランスと対立関係にあったローマ教皇と和解した。また1802年にはイギリスとフランスの間で（⑥）の和約が締結された。しかし，すぐに英・仏の戦いは再開された。1805年10月の（⑦）の海戦では，フランス海軍はネルソンが率いたイギリス海軍に敗北した。しかしヨーロッパ大陸では，ナポレオンは同年12月，オーストリア・ロシアの連合軍を（⑧）の戦い（三帝会戦）で破り，1806年に西南ドイツ諸国をあわせて（⑨）同盟を結成した。さらに，プロイセン・ロシアの連合軍を破って，1807年に（⑩）条約を結ばせ，ワルシャワ大公国をたてた。また，この間の1806年にはベルリンで大陸封鎖令を発し，大陸諸国にイギリスとの通商を禁止し，フランスの産業のために大陸市場を独占しようとした。

問1　文中の空欄①〜⑩に適語を入れよ。なお，④には数字が入る。

問2　下線部a〜dについて次の各問いに答えよ。

a　アメリカ独立戦争に参加し，その後パリ国民軍司令官となった人物で，1791年憲法の前文として掲げられた人権宣言の起草にもたずさわった人物は誰か。

b　同年にプロイセンとロシアはポーランド分割を行った。1794年にこれに対して義勇軍をひきいて抵抗し，かつてアメリカ独立戦争に参加したこともあった人物は誰か。

c　この恐怖政治下に処刑され，かつて1791年に「女性の権利宣言」を発表していた人物を，次から1つ選べ。
ア　シェイエス　　イ　オランプ=ド=グージュ
ウ　ミラボー　　　エ　ネッケル

d　私有財産の廃止をとなえて政府の転覆を計画し，1796年に逮捕された人物は誰か。

1

問1 ①
②
③
④
⑤
⑥
⑦
⑧
⑨
⑩

問2 a
b
c
d

② [ナポレオン]

(22　日本女子大学より作成)

　フランス革命のさなか，クーデタにより（①）派の独裁に終止符が打たれ，穏健派による政府が発足するが，革命急進派のバブーフによる政府転覆の陰謀事件などもあって政権は安定しなかった。そのなかで，軍の将校として頭角をあらわしたのがナポレオン゠ボナパルトである。彼はイタリア遠征やエジプト遠征で功績を挙げると，ₐ1799年にクーデタを起こして政権を掌握した。ナポレオンは行政制度や教育制度を整備し，♭フランス革命の理念を継承する内容を含んだ民法典を制定した。その一方で，彼は国民投票によって皇帝に即位し，ナポレオン１世と称した。彼は皇帝戴冠式や多くの肖像画を画家（②）に描かせ，国民統合の象徴としてのイメージを国民に与えようとした。

　ナポレオンは革命理念によるヨーロッパ統一をかかげて，他のヨーロッパ諸国の制圧に向かった。イギリスに対しては，（③）の率いるイギリス海軍にトラファルガー沖で敗れたものの，大陸ではオーストリア・ロシア連合軍を破り，c1806年には西南ドイツ諸国を保護下に置いた。また，同年には_d大陸封鎖令を出してイギリスに対抗した。

　だが，フランスによる大陸制圧は，侵略者となったフランスに対するナショナリズムをヨーロッパ各地に覚醒させた。ドイツでは（④）が連続講演「ドイツ国民に告ぐ」によって国民意識の覚醒を訴えた。さらに，ロシア遠征の失敗を機に反フランスの動きが大陸諸地域に広がり，ナポレオンによるヨーロッパ支配は終わりを告げることとなった。

問１　文中の空欄①〜④に適語を入れよ。

問２　下線部ａ〜ｄについて次の各問いに答えよ。

　ａ　このクーデタによって成立した政府を答えよ。

　ｂ　この民法典の内容について述べた文として**誤っているもの**を，次から１つ選べ。
　　ア　所有権の絶対が認められた。
　　イ　契約の自由が認められた。
　　ウ　女性参政権が認められた。
　　エ　家族の尊重がうたわれた。

　ｃ　これらの諸国によって結成された同盟を答えよ。

　ｄ　この命令の目的と結果について，60字程度で説明せよ。

②
問１①
②
③
④

問２ａ
ｂ
ｃ
ｄ

29 ウィーン体制とヨーロッパの政治・社会の変動

ウィーン体制とはどのような体制か。また，ウィーン体制を崩壊させた自由主義とナショナリズムの運動はどのように展開したのだろうか。

◀◀◀ ポイント整理 ▶▶

1 ウィーン体制の成立

ウィーン会議（1814〜15）

・オーストリアの[1]_____が主催
・フランス革命，ナポレオン戦争後の秩序再建
・[2]_____を除く全ヨーロッパの支配者が参加

ウィーン議定書

【原則】
- [3]_____：フランスの[4]_____が提唱
- 勢力均衡：5大国間の力の均衡

【内容】
- ・フランス，スペインに[5]_____朝復活
- ・スイスが永世中立国となる
- ・[6]_____連邦が成立
- ・各国の領土変更

英	ケープ植民地，[7]_____を得る
蘭	オーストリアから南ネーデルラントを得る
墺	ロンバルディア，ヴェネツィアを得る
露	皇帝がポーランド国王を兼ね，フィンランドを得る

ウィーン体制 ：列強の協議により平和維持をめざす体制＝列強体制

↑ 強化

【反自由主義の同盟】

[8]_____成立（1815.9）
…ロシアの[9]_____が提唱，キリスト教精神にもとづく友好

[10]_____成立（1815.11）
…イギリス，オーストリア，ロシア，プロイセンの軍事同盟
→1818 フランスが加わり，[11]_____となる

（反対するも，干渉できず）

弾圧政策

2 ウィーン体制の動揺と七月革命

ウィーン会議の結果，ナポレオン支配下で広まった自由主義と[1]_____がおさえこまれる

↓↓

ウィーン体制に反抗する運動

・1817 [2]_____による改革要求
…ドイツの自由と統一をはかる大学生の運動
　　　カールスバート決議により弾圧
・1820 スペイン立憲革命　フランス軍の干渉
・1821 [3]_____の蜂起（イタリア）
…オーストリアからの解放と立憲革命をめざす
　　　オーストリア軍の干渉
・1825 [4]_____の反乱
…ロシアの青年将校による，憲法制定・農奴制とツァーリズム廃止の要求
　　　ニコライ1世による鎮圧

遠隔地・周辺部における成果

・1821 [5]_____独立戦争（〜29）
…英・仏・露および義勇兵による支援
*オスマン帝国の領土と民族独立をめぐる国際対立：「東方問題」

【ラテンアメリカ諸国の独立】
[6]_____が主体となって展開
・1804〜1806 [7]_____が独立
・大コロンビア，ボリビア，ペルーなど
　指導者：[8]_____
・アルゼンチンなど
　指導者：サン=マルティン

↑↑支持

・1823 [9]_____により，アメリカ合衆国がヨーロッパと南北アメリカの相互不干渉を唱える
・[10]_____も，ラテンアメリカでの市場拡大をねらい独立を承認

七月革命（1830）【フランス】

・[11]_____の反動政治に対する民衆蜂起
→自由主義者として知られたオルレアン家の[12]_____が即位し，七月王政が成立

各地へ波及
・[13]_____がオランダから独立
・ポーランド・ドイツ・イタリアでの反乱は鎮圧される

❸　イギリスの自由主義的改革

	＊1820年代から自由主義運動が進展
1824	団結禁止法撤廃
1828	審査法廃止　　　　　　　　｜非国教徒，カトリック信
1829	カトリック教徒解放法が成立｜徒の信仰の自由化
	…国教徒以外の公職就任が可能となる
1832	第1回 [1]＿＿＿＿＿が実現
	→有権者の激減した [2]＿＿＿＿＿が廃止され，新興工業都市に議席が割り当てられた。また，[3]＿＿＿＿＿（産業資本家）に参政権が与えられた
1833	[4]＿＿＿＿制定 ─────────
1837頃	[5]＿＿＿＿＿＿がはじまる
	…選挙権を得られなかった労働者が男性普通選挙，議員の財産資格廃止など6カ条からなる人民憲章を掲げて展開
1846	コブデン，ブライトら反穀物法同盟の運動により，[6]＿＿＿＿廃止
1849	[7]＿＿＿＿廃止…自由貿易体制が確立

→ 児童労働の制限

社会主義思想の成立

・労働問題や社会問題を，資本主義体制の変革によって解決しようとする考え方＝ [8]＿＿＿＿＿＿

【イギリス】
・工場主 [9]＿＿＿＿＿が労働者の待遇改善を唱え，労働組合などの設立に尽力

【フランス】
・ [10]＿＿＿＿＿，フーリエ
　…労働者階級中心の社会秩序を樹立
・ルイ＝ブラン
　…二月革命に参加

【ドイツ】
[11]＿＿＿＿，[12]＿＿＿＿
　…1848『[13]＿＿＿＿＿』発表

❹　1848年革命

七月王政下のフランス

・19世紀前半に [1]＿＿＿＿＿が本格化
・選挙権をもたない中小資本家，労働者が選挙法改正運動を展開するも政府が禁止
　→1848.2 [2]＿＿＿＿＿がおこり，共和政の臨時政府：**第二共和政**が成立
　　臨時政府…社会主義者 [3]＿＿＿＿＿＿が参加。国立作業場の設置などをすすめる
　　　　　　↓
　　　　・有産者や農民の支持を得られず，**四月普通選挙**で大敗
　　　　・労働者の**六月蜂起**も鎮圧される　→ブルジョワの支配確立

・1848.12 [4]＿＿＿＿＿＿が大統領に当選
・1851　[4]のクーデタ，独裁権を握る
・1852　皇帝 [5]＿＿＿＿＿＿として即位，**第二帝政**が成立

波及

| 1848「[6]＿＿＿＿＿」：各地で自由主義・ナショナリズム運動の高まり ◀─── |

【ドイツ・オーストリア】：[7]＿＿＿＿＿がおこる
・1848　ウィーン [7] → [8]＿＿＿＿＿が失脚
・プロイセンの首都 [9]＿＿＿＿＿でも民衆が蜂起，自由主義内閣が成立
・ベーメン・ハンガリー・イタリアでも民族運動が活発化
　〔←オーストリア・ロシア・フランス軍による鎮圧〕

一連の革命・民族運動
＝ 1848年革命

・1848　[10]＿＿＿＿＿＿国民議会
　…ドイツ統一と憲法制定のため，自由主義者らが結集
　　オーストリア領内ドイツ人地域を含めて統一をめざす大ドイツ主義と，オーストリアを除きプロイセン中心に統一をめざす小ドイツ主義が対立
　　→プロイセン王がドイツ皇帝推挙を拒否

◀◀◀ **演 習 問 題** ▶▶

1 　　　　　　　　　　　　**正誤でチェック！基礎知識**　　**1**

次の各文の下線部には1か所ずつ誤りがある。その番号を指摘し，正しい語句に
訂正せよ。

	番号	正しい語句
A	，	
B	，	

A　1830年の七月革命の結果，フランスでは①ブルボン朝が倒れ，②ルイ＝フィリッ
プが王位についた。またその影響を受けて③ベルギーが④スペインから独立した。

B　1848年には，オーストリアで①メッテルニヒが失脚し，ドイツの自由主義者ら
は②フランクフルト国民議会を開いた。また，同時期にはハンガリー，ベーメン，
イタリアで③チャーティスト運動が広がりを見せた。

2 **[ウィーン体制の成立と動揺]**　　　(20　学習院大学・青山学院大学より作成)

ウィーン体制は，フランス革命とナポレオンによって広まった自由主義と(①)を
抑制し，ヨーロッパの_a政治的現状維持を目指す保守的体制であった。しかし，フ
ランス外相(②)が旧体制への復帰を目ざす(③)主義を唱えた一方，_b列強の多くは
勢力均衡と領土拡大を図り，調整は難航した。この体制のもとでも自由主義や①の
運動は起こり続けたが，ドイツの大学生組合(④)はオーストリア宰相(⑤)の手で弾
圧され，イタリアの秘密結社(⑥)はナポリやピエモンテで運動を主導したものの，
やはりオーストリア軍によって革命の実現を阻まれた。ロシアの青年貴族士官によ
る(⑦)の反乱はといえば，その自由主義的な芽を皇帝政府に摘み取られた。さらに，
スペイン立憲革命を挫折に追い込んだのは，フランス軍の干渉であった。一方，_cラテ
ンアメリカ諸国では1810年ころから独立運動が開始され，1820年代にはキューバを
除く_dほとんどの国が独立を達成し，大西洋を隔てながらもウィーン体制を動揺さ
せた。また，_eバルカン半島で生じた(⑧)独立運動も，フランス革命に影響を受け
たものであった。

1830年，七月革命によってフランス国王_fシャルル10世は王位を追われ，新政府
が樹立され，自由主義者とされたオルレアン家の(⑨)を国王に即位させた。_g七月
革命の影響は各地にひろがった。ポーランドやイタリアの独立を目指す蜂起はいず
れも鎮圧されたが，こうした状況を前に，西欧諸国は⑤の保守主義的な政治姿勢に
協調しなくなっていく。

問1　文中の空欄①〜⑨に適語を入れよ。

問2　下線部a〜gについて次の各問いに答えよ。

　a　この体制を支えた四国同盟の構成国はどこか，全て答えよ。

　b ⅰ　ロシア皇帝が国王を兼ねることになった国はどこか。

　　 ⅱ　オーストリアが併合した地域を2か所記せ。

　c ⅰ　これに先立ち，1804〜06年にフランスから独立したカリブ海の黒人共和国
　　　はどこか。

　　 ⅱ　上記，独立運動の指導者は誰か。

　d ⅰ　これらの独立運動の中心となった植民地生まれの白人を何というか。

　　 ⅱ　大コロンビアやペルーなどの独立に活躍した人物は誰か。

　　 ⅲ　イギリスがこの動きを支持した理由を20字以内で記せ。

　e　この独立運動を支援した国として，**適切ではない国**を次から1つ選べ。

　　ア　イギリス　イ　フランス　ウ　ロシア　エ　オーストリア

　f　革命前に国民の批判をそらすために侵略したのはどこか。

　g　オランダから独立した国はどこか。

2

問1①

②

③

④

⑤

⑥

⑦

⑧

⑨

問2 a　　　　　・

　　　　　　　・

b ⅰ

ⅱ ・

　　　・

c ⅰ

ⅱ

d ⅰ

ⅱ

ⅲ

e

f

g

3　[イギリスの自由主義的改革]　(20　関西大学・青山学院大学より作成)

　ウィーン会議の結果，旧オランダ領の(①)とケープ植民地の領有を認められたイギリスは，産業革命による経済的繁栄と海軍力を背景に，列強体制の一角を占めた。一方，陸軍力の大きなロシアも，1815年に皇帝(②)がキリスト教精神に基づく(③)を提唱するなど存在感を示した。1820年代のイギリスでは自由主義的政策が打ち出された。1828年には，1673年に制定された(④)が廃止され，1829年には_aアイルランド人の運動の結果，(⑤)への法的制約が撤廃されたことで，国教徒以外でも公職につくことが可能になった。また，1832年の_b第1回選挙法改正により，中流階級が政治的発言力を強めた。経済面では自由貿易主義がとられ，1833年の(⑥)の中国貿易独占権が廃止された。地主層の反対で難航していた(⑦)の撤廃は1846年に実現し，1849年には自由貿易の障害になっていた(⑧)も廃止された。一方，労働者の生活は依然として悲惨だった。1824年に団結禁止法が廃止され，_c労働組合や協同組合が設立され，社会主義思想が普及した。1833年に(⑨)が制定されて以降，労働条件は次第に改善された。

問1　文中の空欄①〜⑨に適語を入れよ。

問2　下線部a〜cについて次の各問いに答えよ。

　a　この運動のリーダーは誰か。

　b　この改正で廃止された，選挙人がほとんどいない選挙区を何というか。

　c　これらを組織することに貢献した社会主義者は誰か。

4　[ウィーン体制の崩壊]　(20　青山学院大学より作成)

　ウィーン体制を終焉させた1848年革命は，_aヨーロッパ各地で起こった革命状況の総称である。フランスでは，(①)制度を改革しようとする運動がパリの労働者蜂起を促し，共和制を樹立すると同時に，社会革命を目ざす運動に転化していく。_b1848年，七月王政が倒され，第二共和政が樹立される。臨時政府には，社会主義者(②)や労働者の代表も加えられた。しかし，_c(③)選挙制による4月の選挙で社会主義者は大敗した。この革命に促されるように2月末から3月にかけてドイツ各地で動揺がおこり，ベルリンとウィーンに三月革命が発生した。オーストリアでは(④)が失脚し，プロイセンでは自由主義的政府が成立した。この状況下でのオーストリア帝国の動揺は，諸民族の独立運動を誘発した。イタリア，ベーメン，ハンガリーではナショナリズムの運動が発生した。プラハでは初のスラブ民族全体の会議が開催された。これは，ドイツ統一憲法制定のために自由主義者が結集した(⑤)に対抗したものであった。ハンガリーでも4月に独立運動が生まれ，その後(⑥)に率いられた独立政府がオーストリアと対決した。また，その影響は大陸の外にもおよび，イギリスの労働者階級が選挙権を要求した(⑦)やアイルランドでの自治要求運動を活気づけた。一連の運動は反革命勢力の攻勢によって，比較的短期間で敗北する。しかしその影響はヨーロッパのほぼ全域に及んでウィーン体制を崩壊させた。多くの国では，この革命の波を克服するために，新しい政治体制が構築されることになった。フランスでは二月革命で大統領になった(⑧)がクーデタで独裁権を握り，その後(⑨)によって皇帝(⑩)に即位し，独裁体制をつくりあげた。同じころ，ドイツとイタリアでは，上からの国家統一の道がつけられた。こうして1848年革命は，19世紀後半に自由主義・国民主義・社会主義運動が拡大する転換点となった。

問1　文中の空欄①〜⑩に適語を入れよ。

問2　下線部a〜cについて次の各問いに答えよ。

　a　この状況を表す言葉は何か。

　b　この年に発表された『共産党宣言』の著者を2人挙げよ。

　c　社会主義者が大敗した理由は何か。40字以内で述べよ。

3

問1 ①

②

③

④

⑤

⑥

⑦

⑧

⑨

問2 a

b

c

4

問1 ①

②

③

④

⑤

⑥

⑦

⑧

⑨

⑩

問2 a

b・

・

c

30 列強体制の動揺とヨーロッパの再編成 I

東方問題の展開とロシアの改革の内容を理解しよう。

◀◀◀ **ポイント整理** ▶▶▶▶▶▶▶▶▶▶▶▶▶▶▶▶▶▶▶▶▶▶▶▶▶▶▶▶▶▶▶▶▶▶▶▶

1 東方問題とロシアの改革

ロシアの動き

| 1 _____ 政策 |：不凍港（ふとうこう）の獲得と勢力拡大をめざす

| 2 _____ 1世 |
・ウィーン会議で神聖同盟を提唱

ニコライ1世
・1825 デカブリスト（十二月党）の反乱を鎮圧
（農奴制廃止と立憲政治を要求）

変革の担い手は，都市の知識
人階級：3 _____ に

→ オスマン帝国を支持して南下をはかる

| 4 _____ 2世 |
← 改革の必要性

・1858 アイグン条約で
アムール川以北を領有
ロシアの自由主義的改革
・1861 5 _____ 令
農奴に人格的自由を認める
・1863 6 _____ 民族主義者の蜂起
　専制政治の復活
7 _____ 運動の最盛期
スローガン：「ヴ＝ナロード」（人民の中へ）
・1881 暗殺される

8 _____ 問題の展開

オスマン帝国の衰退と，支配下にあった諸民族の独立運動，ヨーロッパ列強の干渉

| 1821 9 _____ 独立運動〔英・仏・露の介入〕 |
＊ロシアがダーダネルス・ボスフォラス両海峡の自由通行権を獲得

| 1831 第1回 10 _____ 戦争（〜33） |
＊ロシアが両海峡の独占通行権を獲得

| 1839 第2回 10 戦争（〜40） |
＊両海峡の外国軍艦航行禁止 → **ロシアの1政策挫折**

| 1853 11 _____ 戦争（〜56） |
聖地管理権を失ったロシアがオスマン帝国と開戦
→英・仏・サルデーニャの参戦でロシアが敗北

バルカン半島で 12 _____ 主義の運動がさかんになる

→ 武力により南下をはかる

| 1877 13 _____ 戦争（〜78） |
スラヴ民族保護を口実にロシアが開戦
・1878 14 _____ 条約
＊ 15 _____ ，モンテネグロ，ルーマニア独立
16 _____ 自治公国がロシアの保護下に
・1878 17 _____ 会議：ビスマルクが主宰（しゅさい）
＊16の領土縮小 → **ロシアの1政策挫折**

◆　　◆　　◆

(1) オスマン帝国衰退にともなう，諸民族の独立運動にヨーロッパ列強が干渉しておこった国際的諸問題を 18 _____ 問題とよぶ。19 _____ 戦争がはじまると，ロシアはオスマン帝国を支持して**南下政策**を実現しようとしたが，イギリスの干渉で失敗に終わった。

(2) **聖地管理権**を失ったロシアが**ギリシア正教徒保護**を理由にオスマン帝国との間に 20 _____ **戦争**をおこすと，イギリスとフランスがオスマン帝国側に立って参戦し，ロシアは敗れた。パリ条約ではダーダネルス・ボスフォラス両海峡の軍艦の航行禁止とオスマン帝国の領土保全が定められ，ロシアの南下政策はまたも失敗した。

(3) ロシアの後進性が明らかになったため，皇帝 21 _____ は1861年，22 _____ の発布など，自由主義的改革をすすめたが，63年の 23 _____ 民族主義者の蜂起後，専制政治を復活させた。

(4) 専制政治の強化に対して，学生や**知識人（インテリゲンツィア）**が「24 _____ 」（人民の中へ）をスローガンに掲げ，農民の啓蒙により社会主義実現をめざす，25 _____ 運動が展開された。

(5) バルカン半島では，19世紀なかば以降，**スラヴ民族の統一と連合をめざす** 26 _____ **主義**がさかんになり，ロシアは南下政策実現のためにこの運動を支援した。

(6) 1875年の**ボスニア・ヘルツェゴヴィナの反乱**以降，オスマン帝国が領内のスラヴ民族を弾圧すると，スラヴ民族保護を口実にロシアはオスマン帝国に宣戦し，27 _____ 戦争がはじまった。

(7) 27戦争で勝利を収めたロシアは，28 _____ 条約で 29 _____ を保護下におき，バルカン半島，地中海への進出に成功した。また，30 _____ ，31 _____ ，32 _____ の各国が独立した。

(8) ロシアのバルカン半島進出に対して，イギリス，オーストリアが反対したため，33 _____ 会議が開かれロシアの進出は阻止された。逆にイギリスはキプロス島を獲得した。

ことばの探究　**パン（pan）**：ギリシア語で「すべて」の意をあらわす。パン＝スラヴ主義，パン＝ゲルマン主義など，民族の統一と連帯をあらわす。漢字では「汎」と表記される。

◀◀◀ **演 習 問 題** ▶▶

1 ［東方問題］　　　　　　　　　　　　　　　（06　慶應大学より作成）

　19世紀前半からオスマン帝国支配下の諸民族が独立運動をすすめると，ヨーロッパ列強が干渉を開始し，さまざまな国際問題が生じた。1830年代の2度にわたる（①）戦争には，ロシア・フランス・イギリスが介入した。ロシアは1833年のウンキャル゠スケレッシ条約でボスフォラス・（②）両海峡における特権を獲得した。しかし，1840年からの戦後処理ではイギリスのパーマストン外交が勝利を収め，ロシアの（③）政策は挫折し，フランスの地中海東部地域への進出も阻止された。1853年の（④）戦争は，聖地管理権を失ったロシアがオスマン帝国内のギリシア正教徒保護を理由にオスマン帝国に侵入してはじまり，最終的にヨーロッパ列強同士の戦いとなった。1856年の（⑤）条約では，オスマン帝国領の保全・黒海沿岸地域の中立化などが約束された。しかし，1870年代に入りバルカン半島で（⑥）主義の運動がさかんになると，ロシアはこれを利用して勢力を拡大しようとして，スラヴ民族の保護を口実に（⑦）戦争をおこした。戦後の（⑧）条約では，（⑨）・セルビア・モンテネグロの独立が承認された。また，自治を認められた（⑩）を通じて，ロシアが事実上バルカン半島の大半を掌握することとなったため，イギリスと，（⑪）主義をすすめるオーストリアが反対したことから，ビスマルクは（⑫）会議を開いて調停を行った。その結果，⑧条約が破棄されて新たに結ばれた⑫条約で，ロシアの③政策は最終的に挫折する一方，イギリスは（⑬）の，オーストリアは（⑭）の統治権を獲得して，オスマン帝国はヨーロッパ側領土の半分以上を一気に失った。

問1　文中の空欄①～⑭に適語を入れよ。
問2　下線部について，これを何というか答えよ。

2 ［ロシアの改革］　　　　　　　　　　　　（07　中部大学より作成）

　ロシアでは，<u>クリミア戦争</u>のさなかの1855年に（①）が死去し，そのあとを継いで（②）が皇帝となった。②は，敗戦で露呈したロシアの後進性と改革の必要を痛感し，1861年の（③）や地方自治機関の創設などの改革を実施した。しかしいずれも不徹底な内容だったため，かえって民衆の不満がつのった。さらに1863年に（④）で独立を求める反乱がおこると，②は専制政治を強化し，また1877年には<u>ロシア゠トルコ戦争</u>をおこした。1870年代になると，<u>改革を求める知識人や青年が「人民の中へ」のスローガンを掲げて農民運動を組織しようとしたが，当局は徹底的な弾圧を加えた。このような状況のなかで彼らの一部は変革の唯一の手段として（⑤）を採用し，1881年に②を暗殺した。

問1　文中の空欄①～⑤に適語を入れよ。
問2　下線部aについての記述として**誤っているもの**を1つ選べ。
　ア　聖地管理権を失ったロシアが，オスマン帝国に侵入してはじまった。
　イ　イギリスとフランスがオスマン帝国を支援して参戦した。
　ウ　サルデーニャ王国がロシア側に参戦した。
　エ　パリ条約で黒海の中立化が確認され，ロシアの南下は阻止された。
問3　下線部bについての記述として**誤っているもの**を1つ選べ。
　ア　ロシアはパン゠スラヴ主義を利用してバルカン半島で勢力を拡張した。
　イ　ロシアはサン゠ステファノ条約でブルガリアを保護下においた。
　ウ　ビスマルクはベルリン会議を開き，バルカン半島のロシア勢力を押さえた。
　エ　ビスマルクはロシアの地中海進出を警戒して艦隊を派遣した。
問4　下線部cについて，彼らのことをそのスローガンにもとづき何というか。
問5　ロシアの自由主義運動について，インテリゲンツィアという語句を用いて説明せよ。

1

問1　①
　　　②
　　　③
　　　④
　　　⑤
　　　⑥
　　　⑦
　　　⑧
　　　⑨
　　　⑩
　　　⑪
　　　⑫
　　　⑬
　　　⑭

問2

2

問1　①
　　　②
　　　③
　　　④
　　　⑤

問2

問3

問4

問5

31 列強体制の動揺とヨーロッパの再編成Ⅱ
西欧での国民国家の成立や，近代民主主義社会の形成過程について整理しよう。

◀◀◀ ポイント整理 ▶▶▶▶▶▶▶▶▶▶▶▶▶▶▶▶▶▶▶▶▶▶▶▶▶▶▶▶▶

❶ ヴィクトリア期のイギリス／フランス第二帝政と第三共和政

イ ギ リ ス	フ ラ ン ス

イギリス

ヴィクトリア女王 （位1837〜1901）

1851　ロンドン ¹＿＿＿＿＿＿＿＿を開催

ロシアの南下政策阻止→1854　²＿＿＿＿＿戦争に参戦

1857　インド大反乱→1858　東インド会社解散

保守党・自由党の二大政党政治の展開

1867　第2回選挙法改正： ³＿＿＿＿＿
　　　が選挙権を獲得
　　　・カナダ連邦が初の ⁴＿＿＿＿＿となる

1868　第1次 ⁵＿＿＿＿＿＿＿＿自由党内閣

　1870　教育法制定：初等教育の公的整備
　1871　⁶＿＿＿＿＿法：⁶の法的地位を認める

1874　第2次 ⁷＿＿＿＿＿＿＿保守党内閣

　1875　⁸＿＿＿＿会社株の買収
　1877　インド帝国成立

1880　第2次 ⁵内閣

　1884　第3回選挙法改正
　　　： ⁹＿＿＿＿＿＿が選挙権獲得

1886　第3次 ⁵内閣

　1886　¹⁰＿＿＿＿＿自治法案は否決

　　・¹¹＿＿＿＿＿＿が¹⁰自治法案
　　　に反対し，自由党を分裂させる

フランス

1851　¹²＿＿＿＿＿＿＿＿＿のクーデタ

1852　国民投票でナポレオン3世が即位

ナポレオン3世の第二帝政

← ¹³＿＿＿＿＿をめぐりロシアと対立

【対外侵略政策】

1856　¹⁴＿＿＿＿＿戦争で中国へ進出

1858　インドシナ出兵→フランス領インドシナの基礎
　　　を築く

1859　¹⁵＿＿＿＿＿戦争に参戦

1860　¹⁶＿＿＿・＿＿＿を獲得

1867　¹⁷＿＿＿＿＿遠征に失敗し，威信失墜

1870　¹⁸＿＿＿＿＿（プロイセン＝フ
　　　ランス）戦争勃発

⇨ ナポレオン3世がスダンで捕虜となり，第
　　二帝政は崩壊

第三共和政

1870　臨時政府成立

1871　¹⁹＿＿＿＿＿樹立
　　　：世界史上初の革命的自治政府
　　　→短期間で崩壊

1875　²⁰＿＿＿＿＿憲法制定

◆　　　◆　　　◆

(1) 19世紀なかばのイギリスは ²¹＿＿＿＿＿＿＿女王のもとで大英帝国の黄金時代を迎え，1851年には世界で最初のロンドン ²²＿＿＿＿＿が開かれ，イギリスの工業力を誇示した。この状況を「イギリスの平和」の意から「²³＿＿＿＿＿＿＿」と言う。

(2) 1830年代以降，**地主勢力を基盤とする**²⁴＿＿＿＿＿と**新興ブルジョワの利害を代表する**²⁵＿＿＿＿＿がうまれ，二大政党が交代して政権を担当する政党政治が成立した。

(3) 保守党政権の下で，1867年**第2回選挙法改正**が行われ，²⁶＿＿＿＿＿に選挙権が与えられた。

(4) 自由党の ²⁷＿＿＿＿＿内閣は，初等教育の整備を行う教育法を1870年に，労働組合の法的地位を認める ²⁸＿＿＿＿＿法を1871年に成立させた。

(5) 保守党の ²⁹＿＿＿＿＿内閣は1875年に ³⁰＿＿＿＿＿株を買収し，1877年には**インド帝国**を成立させるなど，**帝国主義的外交政策**を推進した。

(6) 1801年のイギリスへの併合以降，農民がイギリス人不在地主の小作人として苦しい生活を送っていた ³¹＿＿＿＿＿の自治に関する問題は，2回にわたり自治法案が否決され解決を見なかった。

(7) フランスの ³²＿＿＿＿＿は**積極的対外政策**により国民の人気を維持したが，³³＿＿＿＿＿の失敗で人気を失った。

(8) 権威回復のために引きおこした ³⁴＿＿＿＿＿戦争で³²は捕虜となり，第二帝政は崩壊，臨時政府が成立した。

(9) 臨時政府の屈辱的な対ドイツ講和に対して，**史上初の革命的自治政府**である ³⁵＿＿＿＿＿を樹立したが，**ティエール**を首班とする政府とプロイセン軍により鎮圧された。

ことばの探究　**宰相**：もともとは，中国における中央政府の最高責任者で，皇帝を補佐するものをいう。ドイツ帝国では，帝国行政の最高責任者の意味。

❷　ドイツの統一とビスマルク外交／イタリアの統一

ド　イ　ツ	オーストリア	イ　タ　リ　ア

ドイツ

1834　ドイツ [1]＿＿＿＿＿＿成立
　　　→経済的統一が実現
1848　フランクフルト国民議会
　　　[2]＿＿＿＿＿＿主義 ｝対立
　　　大ドイツ主義

＜プロイセンによるドイツ統一＞
1861　国王 [3]＿＿＿＿＿＿
　　　が即位
1862　[4]＿＿＿＿＿＿の鉄血政策
1864　[5]＿＿＿＿＿＿戦争に勝利し，[6]＿＿＿＿・
　　　＿＿＿＿両州をデンマークから奪う
1866　[7]＿＿＿＿＿＿戦争
1867　[8]＿＿＿＿＿＿結成

1870　ドイツ=フランス戦争（〜71）
1871　[9]＿＿＿＿＿＿成立
1873　[10]＿＿＿＿＿＿をロシアとともに結成…仏の孤立化をはかる
1878　[11]＿＿＿＿＿＿を主催
　　　[12]＿＿＿＿＿＿法制定
1879　[13]＿＿＿＿＿＿法により，産
　　　業資本家と [14]＿＿＿＿＿＿の
　　　利益を保護

オーストリア

1848　・ウィーン三月革命
　　　→メッテルニヒが失脚
　　　・ハンガリーでの独立
　　　運動→96 鎮圧される

1859

[16]＿＿＿＿＿＿帝国

1878　[11]で [17]＿＿＿＿＿＿
　　　＿＿＿＿＿＿の
　　　統治権獲得
　　　⇨ロシアとの対立要因に

イタリア

＜自由主義による独立運動＞
1849　「[18]＿＿＿＿＿＿」が
　　　ローマ共和国を樹立→失敗
　　　＊サルデーニャ王国もオースト
　　　リアに宣戦したが，敗北
[19]＿＿＿＿＿＿王国主導の
統一運動

1855　クリミア戦争に参戦
1858　プロンビエール密約（みつやく）
1859　[20]＿＿＿＿＿＿戦争
　　　[21]＿＿＿＿＿＿併合
1860　中部イタリア併合
　　　[22]＿＿＿＿＿＿が両シ
　　　チリア王国を征服
1861　イタリア王国成立
1866　[23]＿＿＿＿＿＿併合
1870　[24]＿＿＿＿＿＿領占領
1871　ローマへ遷都
「[25]＿＿＿＿＿＿＿＿＿＿」
（南チロル，イストリア（トリエス
テを含む））の併合をめざすナショ
ナリズムの活性化

[4]体制　1882　[15]＿＿＿＿＿＿結成　伊一墺間には「[25]」をめぐる対立が存在
　　　　1887　再保障条約締結

◆　　　　◆　　　　◆

(1)　ドイツでは1834年プロイセンを中心としてドイツ [26]＿＿＿＿＿＿が成立して**経済的統一**がすすんだ。

(2)　プロイセン王 [27]＿＿＿＿＿＿1世により首相に起用された [28]＿＿＿＿＿＿出身の**ビスマルク**は，[29]＿＿＿＿＿＿政策によるドイツ統一を推進した。

(3)　**デンマーク戦争**で奪った**シュレスヴィヒ・ホルシュタイン**をめぐる [30]＿＿＿＿＿＿戦争で勝利を収めたプロイセンは，みずからが盟主となって [31]＿＿＿＿＿＿をつくった。

(4)　プロイセンに敗れたオーストリアは，**マジャール人**のハンガリー王国を認め，オーストリア=[32]＿＿＿＿＿＿帝国が成立した。

(5)　プロイセンはドイツ統一を妨害するナポレオン3世を**ドイツ=フランス戦争**で破り，[33]＿＿＿＿＿・＿＿＿＿＿＿を獲得した。1871年，プロイセン王を皇帝とする [34]＿＿＿＿＿＿が成立した。

(6)　ビスマルクは，ドイツ統一の妨げとなる**カトリック教徒**を [35]＿＿＿＿＿＿により抑圧したが，社会主義勢力が拡大すると譲歩した。また，[36]＿＿＿＿＿＿法で社会主義労働者党を弾圧する一方，**災害保険などの社会保険制度**を実施して，労働者の懐柔をはかった。

(7)　二月革命後，[37]＿＿＿＿＿＿の指導する**「青年イタリア」**は [38]＿＿＿＿＿＿を建国したが，フランス軍に倒され，サルデーニャ王国のオーストリアとの戦争も大敗に終わった。

(8)　**サルデーニャ王** [39]＿＿＿＿＿＿2世のもとで首相となった [40]＿＿＿＿＿＿は，工業化をすすめるとともに，[41]＿＿＿＿＿＿戦争に参戦して国際的地位を高めた。

(9)　サルデーニャ王国はナポレオン3世との [42]＿＿＿＿＿＿で，[43]＿＿＿＿＿・＿＿＿＿＿＿の割譲と引き換えに，イタリア統一への支援の約束を取り付けオーストリアと開戦した。

(10)　ガリバルディは，征服した [44]＿＿＿＿＿＿**王国**をサルデーニャ王に献上し，1861年 [45]＿＿＿＿＿＿**王国**が成立した。

◀◀◀ **演 習 問 題** ▶▶▶▶▶▶▶▶▶▶▶▶▶▶▶▶▶▶▶▶▶▶▶▶▶▶▶▶▶▶▶▶▶▶▶▶▶▶

1 ［ヴィクトリア期のイギリス］　　　　　　　　　　（06　南山大学より作成）

　イギリスは，1837年に即位した（①）女王のもとで黄金時代を迎え，1851年にはロンドンで（②）をひらき，近代工業力の成果を誇示した。この時期，地主勢力を基盤とする（③）党と新興ブルジョワの利益を代表する（④）党の二大政党が交互に政権を担当する議会政治が展開した。1867年にはa第2回選挙法改正によって民主化がすすみ，1884年の第3回選挙法改正で，農業労働者にも選挙権が与えられた。また，1870年には初等教育を確立する教育法，71年には（⑤）法が制定された。しかし，（⑥）自治法は成立せず，独立運動が激化した。19世紀なかばに「世界の工場」となったイギリスは，1870年代以降，世界的な不況や他の工業国との競合に直面した。そのため，植民地の拡大強化による帝国の発展をはかり，b1875年には（⑦）会社の株式を買収し，77年には（⑧）帝国を成立させた。小英国主義者として知られる（⑨）も（⑩）の反乱を鎮圧し，エジプトを事実上の保護下におき，スーダンにも進攻した。一方で帝国の結束をはかるため，c植民地に対して自治権を与えた。

問1　文中の空欄①〜⑩に適語を入れよ。
問2　下線部a〜cについて次の各問いに答えよ。
　a　この改正により選挙権を得たのはどのような人たちか。
　b　このときの首相は誰か。
　c　1867年に最初の自治領となったのはどこか。

2 ［国際運動およびフランス］　　　　　　　　　　（20　早稲田大学より作成）

　国民国家の形成に伴い，各地で国民意識の高まりやナショナリズムの動きがみられるようになったヨーロッパでは，1864年に各国の社会主義者たちがロンドンに集まり，（①）を結成したり，同年には戦争犠牲者の救済のため，（②）が結成されたりするなど，国境を越えて協力しあう運動も盛んになった。そうした国際的な動きのひとつである国際（③）大会は，フランスの（④）が，ナショナリズムに対抗する国際主義の理念のもと提唱した。当時のフランスでは，都市の生活環境も改善し，市民文化が成熟しつつあった。そして，1880年代以降，（⑤）共和政による支配が確立していった。そうした社会状況において，④は古代ギリシアの祭典を復活させようとよびかけた。ちょうど19世紀後半からヨーロッパでは，古代ギリシア遺跡に関する考古学的発見が相次ぎ，スポーツ愛好家たちによる③の復活の試みが実践されていた。こうした状況から彼の提案は支持され，1896年に第1回国際③大会をギリシアのアテネで開催することに成功した。第2回大会は1900年にパリで開催され，その後4年ごとに開催されることとなった。

問1　文中の空欄①〜⑤に適語を入れよ。
問2　下線部について，ナポレオン3世はオスマンを起用してパリの大改造を実施した。これに関連して，ナポレオン3世治世下のできごととして**誤っているもの**を次から1つ選べ。
　ア　インドシナ出兵　　イ　万国博覧会開催
　ウ　メキシコ遠征　　　エ　パリ=コミューン成立

3 ［イタリアの統一］　　　　　　　　　　　　　　（12　東海大学より作成）

　イタリアでは，a統一をめざす政治結社が1849年に（①）を樹立したが，フランス軍の干渉で失敗に終わった。その後のイタリア統一は，産業の中心地ピエモンテを持つ（②）を中心にすすめられた。首相の（③）は，1853年に勃発したクリミア戦争に際してイギリス・フランスとともにオスマン帝国側に立って参戦し，ロシアを破り，

1

問1 ①

　　②

　　③

　　④

　　⑤

　　⑥

　　⑦

　　⑧

　　⑨

　　⑩

問2 a

　　b

　　c

2

問1 ①

　　②

　　③

　　④

　　⑤

問2

3

問1 ①

　　②

　　③

国際的な地位を高め，イタリア統一に向けての布石を打つこととなった。

　③は，1858年にフランスの（④）とプロンビエール密約を結んで支持を取り付けたうえで，翌年北イタリアを領有しているオーストリアと交戦した。イタリア統一戦争である。この戦争において，②の強大化を恐れたフランスの単独休戦もあったが，（⑤）を獲得することができた。さらに翌1860年には中部イタリアを併合することにも成功した。この年，穏健な立憲君主主義者③と政治路線をめぐって対立していた急進共和主義者の（⑥）は義勇兵をともなって（⑦）を占領した。⑥は，さらに北イタリアにも迫ろうとしたが，③の説得が功を奏し，占領した南イタリアを②国王（⑧）２世に献上した。1861年３月，オーストリアの支配下にあった（⑨）と b ローマ教皇領を除く全イタリアの代表がトリノに集まり，⑧２世を初代のイタリア国王に選出し，ここにイタリア王国が成立した。

問１　文中の空欄①～⑨に適語を入れよ。
問２　下線部a，bについて次の各問いに答えよ。
　a　この政治結社を何というか。
　b　ローマ教皇領が併合されたのは何という戦争の時か。

4　［ドイツ帝国の成立とビスマルク外交］　(06　同志社大学より作成)

　（①）出身のビスマルクはヴィルヘルム１世から首相に任じられると，a 議会の反対を押し切って軍備を拡張した。その成果は，シュレスヴィヒ・（②）両州（公国）をめぐる（③）戦争での勝利と，両州（公国）の処分に関して，b オーストリアと戦ってこれを破ったことにあらわれた。ビスマルクはドイツ連邦を解体し，プロイセンを盟主とする（④）連邦をつくりあげ，ドイツ統一の主導権を確立した。さらに統一の妨害をはかった（⑤）を c ドイツ=フランス戦争で破り，捕虜とした。1871年１月，ヴィルヘルム１世は（⑥）宮殿でドイツ皇帝の位につき，ドイツ帝国が成立した。帝国は連邦制でプロイセン王がドイツ皇帝を兼ねた。帝国議会は男性普通選挙制で選ばれたが，帝国宰相は（⑦）にのみ責任を負い，議会は無力であった。当時，南ドイツで有力であったカトリック教徒は，新教国プロイセンの支配をよろこばず，中央党を組織して政府に反対したので，d ビスマルクはカトリックに対する抑圧的な政策を実行したが，e 社会主義勢力の進出をおさえるため，結局カトリック勢力とは妥協しなければならなくなった。ビスマルクは外交政策でも手腕を発揮し，ドイツの安全をはかった。すなわち1873年，オーストリア・ロシアと（⑧）を結んだ。また，ロシア=トルコ戦争でロシアがバルカン半島進出に成功し，オーストリア・イギリスがこれに反対すると，列国の利害の調整にのりだし，あらたに（⑨）を結び，ロシアの勢力拡大をおさえた。これによりドイツの国際的な力が強まった。ビスマルクはまた，フランスによるチュニジアの保護国化に不満をもつイタリアをさそい，1882年にドイツ・オーストリア・イタリアによる（⑩）を結んだ。オーストリアとロシアの対立が激化すると，1887年ロシアとの間に（⑪）を結び，フランス包囲をはかった。

問１　文中の空欄①～⑪に適語を入れよ。
問２　下線部a～dについて次の各問いに答えよ。
　a　この政策を何というか。
　b　敗れたオーストリアは国家を再編して，何という国になったか。
　c　ドイツがフランスから奪った地域はどこか。
　d　この政策を何というか。
　e　社会主義勢力や労働者に対してビスマルクが行った政策について，40字以内で説明せよ。

④
⑤
⑥
⑦
⑧
⑨
問2 a
b

4
問1①
②
③
④
⑤
⑥
⑦
⑧
⑨
⑩
⑪
問2 a
b
c
d
e

12章

32 19世紀欧米文化の展開と市民文化の繁栄

ロマン主義，写実主義，自然主義などの文化的潮流の誕生の背景と影響を考えよう。社会科学，自然科学の発展とその社会的影響を考えよう。

◀◀◀ ポイント整理 ▶▶▶▶▶▶▶▶▶▶▶▶▶▶▶▶▶▶▶▶▶▶▶▶▶▶▶▶▶▶▶▶▶▶▶▶▶

❶ 19世紀欧米の文化　概観

	ナポレオン時代	ウィーン体制	二月革命	
	啓蒙思想	国民主義の思想	市民社会の発展	市民社会の成熟

文学
- 古典主義
  - ・古代ローマ・ギリシアの文化を理想とする
  - ・『疾風怒濤』の文学運動
- ロマン主義
  - ・個性や感情，歴史や民族文化を尊重
- [1] ____主義（リアリズム）
  - ・社会や人間をありのままに描く
- 自然主義
  - ・社会の矛盾や人間性の悪の部分を描く

美術・音楽
- 古典主義
- ロマン主義　・情熱的・幻想的
  - 「[2] ____」→（ドラクロワ）
- 自然主義
  - ・ありのままの自然の姿を描く
- 写実主義
  - ・自然や人間を客観的に描写
- [3] ____派
  - ・光や色彩を重視
- 古典派音楽
  - ・均整のとれた器楽曲
- ロマン主義音楽

哲学
- ドイツ観念論哲学
- [4] ____主義
  - ・産業資本家の理論的背景
- 実証主義哲学
- 実存哲学
  - ・[5] ____（独）
  - ・キェルケゴール（デンマーク）

社会科学
- 古典派経済学 ⇅
- 歴史学派経済学　[6] ____（独）
- 近代歴史学　[7] ____（独）
- 歴史学派法学　サヴィニー（独）
- 空想的社会主義
  - オーウェン（英）
  - サン=シモン，フーリエ（仏）
- 科学的社会主義

		人物・作品など			人物・作品など
文学	古典主義	[8] ____（独）『ファウスト』 シラー（独）『群盗』	**哲学**	ドイツ観念論	[23] ____（独）観念論を創始 [24] ____（独）弁証法哲学
	ロマン主義	ハイネ（独）マルクスとも交流 バイロン（英）ギリシア独立戦争に参戦 [9] ____（仏）『レ=ミゼラブル』		[4]____主義	[25] ____（英）「最大多数の最大幸福」，ジョン=ステュアート=ミル（英）
	[1]____主義	[10] ____（仏）『赤と黒』 [11] ____（仏）『人間喜劇』 フロベール（仏）『ボヴァリー夫人』 [12] ____（露）『罪と罰』 トルストイ（露）『[13] ____』		実証主義	コント（仏）社会学を創始
				唯物論	フォイエルバッハ（独）
			社会科学	古典派経済学	[26] ____（英）『人口論』，リカード（英）
	自然主義	[14] ____（仏）ドレフュス事件を告発『居酒屋』 モーパッサン（仏）『女の一生』		科学的社会主義	[27] ____（独）『資本論』唯物史観を樹立
美術	古典主義	ダヴィド（仏）「ナポレオンの戴冠式」		生物	[28] ____（英）『種の起源』
	ロマン主義	[15] ____（仏）「民衆をみちびく自由の女神」	**自然科学**	物理	マイヤー，ヘルムホルツ（独）エネルギー保存の法則 キュリー夫妻（仏，ポーランド）[29] ____の発見 [30] ____（独）X線の発見 [31] ____（英）電気化学，電磁気学
	自然主義	ミレー（仏）「落ち穂拾い」			
	独自の画風	[16] ____（スペイン）「1808年5月3日」ナポレオン軍のスペイン侵入を描く			
	写実主義	クールベ（仏）「石割り」			
	彫刻	[17] ____（仏）「考える人」		医学	[32] ____（独）結核菌の発見 [33] ____（仏）狂犬病予防接種の開発
	[3]____派	マネ（仏）「草の上の食事」[3]派の創始者 [18] ____（仏）「ムーラン=ド=ラ=ギャレット」 [19] ____（蘭）「ひまわり」			
音楽	古典主義	[20] ____（独）「運命」	**探検活動**		[34] ____（ノルウェー）南極点到達 リヴィングストン（英）南部アフリカ調査
	ロマン主義	[21] ____（墺）「冬の旅」 [22] ____（ポーランド）「革命」			

ことばの探究 **ロマン**：騎士道物語の伝奇的・空想的な特徴や，主人公の純粋な愛と理想探究の性格を示す形容詞「ロマンティック」から作られた。

◀◀◀ **演 習 問 題** ▶▶

1 ［19世紀の文化］　　　　　　　　　　　　　　（22 高崎経済大学より作成）

　19世紀後半のヨーロッパでは，中央アジアの学術調査や，（①）やスタンリーによる（②）内陸部の探検が行われた。世界を探索するという欲求は，この19世紀後半という時代において最終的には極地探検という国家事業に結実し，20世紀に入って（③）の南極点到達へと至ることになる。

　未知なるものの探求と並行して，19世紀のヨーロッパでは近代諸科学が発展していった。国のゆたかさをめぐっては経済学の知見が深まっていった。その過程で，たとえばリカードは，商品価値は貨幣量によって決定されることや，経済発展における（④）主義の必要性を主張した。また，（⑤）は，経済発展のためには国家による保護が必要だと主張し，ドイツ（⑥）同盟の結成に寄与した。

　新しい時代のあり方に対応した人の生き方や世界観についても，さまざまな思想が花開いていった。そのうちのひとつであるベンサムによって説かれた（⑦）主義という考え方は，資本主義を基盤とした近代社会における市民の人生や人間の行為の目的として，<u>社会全体の幸福の追求を第一に掲げる</u>ものだった。この考え方の体系化はイギリスで進められたが，これはイギリスで発展した経験論哲学の伝統を継ぐものだったといえよう。

　未知なるものの探求という点では，科学技術の発達により，自然の克服とその利用の可能性が高まったことが重要であろう。物理学では，19世紀なかばに（⑧）とヘルムホルツがエネルギー保存の法則を発見し，熱力学の発展に道を開いた。内燃機関の革新は19世紀末には（⑨）によるガソリン自動車開発によって大きく前進し，また石油や電気が新しい動力源として普及しはじめた。電気に関する学問の進歩は19世紀後半から多方面で応用され，モースによる電信機，（⑩）による電話，（⑪）による電灯などの発明が実現した。また，19世紀末の（⑫）によるX線の発見や，（⑬）によるラジウムなどの発見は，20世紀原子物理学の端緒となった。医学の分野でも，19世紀にしばしば流行していた結核菌を発見した（⑭）らによって細菌学が発達し，近代医学による病気の治療法や予防法が確立された。また生物学の分野でも，メンデルの遺伝の法則の発見や，（⑮）の唱えた進化論は，当時の人間観を揺るがす社会的な反響をまきおこした。

　しかし，科学的知見の深化の一方で，19世紀ヨーロッパにおける芸術の歩みは少々複雑であった。科学や合理主義的・普遍主義的姿勢に対する反発と受容という正反対の姿勢が，そこにはうかがえるのである。反発する立場としての（⑯）主義は，人間の個性や感情を重視し，個々の民族や地域文化の固有性を尊重した。この立場の作家や詩人としては，『レ＝ミゼラブル』で虐げられた人々の人生を人道的視点から描いてみせた（⑰）やドイツの革命詩人ハイネなどがあげられる。他方，受容する立場としての（⑱）主義は，人間や社会の現実をありのままに描くことを主張し，フランスやロシアの文学に顕著に現れた。フランスでは，特権階級に敵対心を抱く青年を主人公とした『（⑲）』で有名なスタンダールや，約90編の小説からなる『人間喜劇』で知られる（⑳）などが挙げられるだろう。また，ロシアでは，トゥルゲーネフやトルストイらと並んで，（㉑）が『罪と罰』などで世紀末のロシア社会とそこに生きる人々の苦悩を描き出した。絵画でも社会の底辺にあった人々を描いた「石割り」の（㉒）がいる。さらに社会や人間を科学的に観察する（㉓）主義の作家として，ドレフュス事件を追及した（㉔）が登場した。フランス絵画における光と影の色彩を重視した（㉕）もこの流れにあり，マネやルノワールが活躍した。

問1　文中の空欄①～㉕に適語を入れよ。
問2　下線部について，この理念を表すベンサムの言葉は何か。

1

問1 ①

②

③

④

⑤

⑥

⑦

⑧

⑨

⑩

⑪

⑫

⑬

⑭

⑮

⑯

⑰

⑱

⑲

⑳

㉑

㉒

㉓

㉔

㉕

問2

33 アジア地域の変容と植民地化

列強のアジア進出と植民地化の過程，それに対する
アジア諸地域の対応と抵抗を整理しよう。

◀◀◀ ポイント整理 ▶▶

1 オスマン帝国支配の動揺・西アジア地域の変容

●オスマン帝国の領土縮小

・1774 ロシアがクリミア=ハン国を奪う

・1699 カルロヴィッツ条約
_____1_____ などをオーストリアに割譲

・1878 ベルリン条約
セルビア・モンテネグロ・
ルーマニアが独立
ボスニア=ヘルツェゴヴィナの行政
権がオーストリアへ
ブルガリア自治公国の領土縮小

ロシア
クリミア半島
ボスニア=
ヘルツェゴヴィナ セルビア
ルーマニア
黒海
モンテ
ネグロ ブルガリア
オスマン帝国

・1805 _____2_____ が総
督に
・1881～82 __3__ _____ 運動
→イギリスの占領

・1830 ロンドン会議で
ギリシア独立を承認

エジプト

オスマン帝国	エジプト	アラビア半島
1683 第2次 __4_____ 失敗 →軍事的劣勢を決定的に 1699 カルロヴィッツ条約 … __5_____，トランシルヴァニア などをオーストリアに割譲 1774 ロシアの黒海進出		18世紀なかば __6_____ 派の運動 …「ムハンマドの教えに戻れ」 とイスラーム教の改革を唱え る __7_____ 家が支持
諸民族の独立運動，ヨーロッパ諸国の侵略により帝国解体の危機に直面	1798 __8_____ のエ ジプト遠征 1805 __9_____ __が総督に任じられ近代化促進	1744頃 ワッハーブ王国を建設
1821 ギリシア独立戦争 ───── 1826 マフムト2世がイェニチェリを全廃 拒否────▶ 💥 ◀──	▶ギリシア独立戦争に参戦した __9__ は，見返りに __10_____ __の領有を求める	1818 __9__ がワッハーブ王国を 滅ぼす
1831～33 第1回 __11_____ 戦争→ __10__ を獲得		
1839～40 第2回 __11__ 戦争 →ロンドン会議で __10__ を返還	エジプト・スーダンの 総督世襲権のみ獲得	
1839 ギュルハネ勅令 __12_____ が司法・財政・ 軍事・文化の西欧化をめざす __13_____ （西欧化改革）を開始 法の下での臣民の平等 （ __14_____ ）		
1853 ロシアがギリシア正教徒保護権を要求しておこした __15_____ 戦争で勝利	1869 フランスの外交官 __16_____ により， __17__ _____ 開通 … 近代化の推進と __17__ 建設で財政難に陥る	
1876 大宰相 __18_____ がアジア 初の憲法である __19_____ を発布	1875 __17__ 会社の株をイギリスに売却 →イギリスのエジプトへの介入が強まる	
1877 __20_____ 戦争 アブデュルハミト2世はこれを口実に __19__ を停止 1878 ベルリン条約により，ヨーロッパ側領土 の半分以上を失う	1881 __21_____ の反乱 スローガン：「エジプト人のためのエジプト」 1882 イギリスが鎮圧，エジプトを保護国に	

ことばの探究 藍（Indigo）：東南アジア原産の植物で，染料を採取した。この染料で染めると青よりは濃く，紺よりは淡い。

●イラン・アフガニスタンの動向

22 朝	カフカス領有をめぐるロシアとの戦いに敗北 1828 23 ＿＿＿＿＿＿＿＿条約 カフカスの領土を割譲し，治外法権を認め，関税自主権を失う

1848　24 ＿＿＿＿＿＿＿教徒の乱

1891
25 ＿＿＿＿＿＿＿運動
イギリス商人のタバコ独占的利益獲得への反対

アフガン王国

ロシアの支援を受けて侵入

26 ＿＿＿＿＿戦争
（第 1 次・第 2 次）
ロシアの南下を警戒するイギリスが 2 度にわたり侵攻

2　南アジア・東南アジアの植民地化

インド

・ムガル帝国が衰え，地方勢力が独立して抗争していたインドでは，英仏の 1 ＿＿＿＿＿＿＿＿＿が植民地戦争をくり広げた

2 ＿＿＿＿＿＿戦争（1744〜61）

・イギリスが勝利し，南インドの支配権確立

3 ＿＿＿＿＿＿の戦い（1757）

・ベンガルの地方勢力とフランスの連合軍を破り，ベンガル地方の徴税権獲得

4 ＿＿＿＿＿戦争（1767〜99，南インド）
5 ＿＿＿＿＿戦争（1775〜1818，デカン高原）
6 ＿＿＿＿＿戦争（1845〜49，西北インド）

・地方勢力を次々と破り，インド支配を完成

英本国では 1 の特権に対する批判が高まる
　→ 1 に対し
　1813　インド貿易独占権を廃止
　1833　インドでの全商業活動を停止
　　　→インドの統治機関となる

統治下のインド：イギリスは 7 ＿＿＿＿＿の徴税のために北インドでは 8 ＿＿＿＿＿制，南インドでは 9 ＿＿＿＿＿制を実施
・10 ＿＿＿＿＿＿＿，綿花の輸出で赤字を補填

重税	イギリスからの機械製綿布輸入による家内工業への打撃

1857　11 ＿＿＿＿＿（インド人傭兵）の大反乱
　・直接の原因は，新式銃の弾薬包
　・イギリスに対する全民族的な抵抗であったので，12 ＿＿＿＿＿ともよばれる
　・ムガル皇帝の統治復活を宣言したが，やがてイギリスにより鎮圧される

・1858　1 を解散　直接統治に乗り出す
・1877　13 ＿＿＿＿＿が皇帝に即位し，インド帝国が成立

東南アジア

・香辛料の獲得などを求め，ヨーロッパ勢力が拡大
　→しだいに領土獲得へと移行

【ジャワ島】…オランダの進出
・14 ＿＿＿＿＿事件を契機にインドネシアからイギリスを締めだしたオランダは，18世紀なかばには，15 ＿＿＿＿＿王国を滅ぼしジャワ島の大半を支配
・この支配に対するジャワ戦争などで財政状況が悪化すると，コーヒー・サトウキビ・藍などの 16 ＿＿＿＿＿制度を導入。莫大な利益を獲得

【マレー半島・ビルマ（ミャンマー）】…イギリスの進出
・イギリスはペナン・17 ＿＿＿＿＿・マラッカを次々と獲得。1826年にはこれらをあわせて 18 ＿＿＿＿＿を成立させた
・1870年代以降は領土支配をすすめ，95年に 19 ＿＿＿＿＿を成立させて支配を確立
・アッサム地方に進出したビルマの 20 ＿＿＿＿＿朝を 3 次にわたる 21 ＿＿＿＿＿戦争で破り，インド帝国に併合

【フィリピン】…スペインの進出
・22 ＿＿＿＿＿への強制改宗，プランテーション経営

【ベトナム】…フランスの進出
・19世紀初め，23 ＿＿＿＿＿が宣教師ピニョーの援助で 24 ＿＿＿＿＿をたて，清朝からベトナム（25 ＿＿＿＿＿）国王に封ぜられた
・19世紀なかばには，カトリック教徒迫害を口実にフランスが軍事介入をはじめ，コーチシナ東部を奪った
・劉永福が黒旗軍を組織・抵抗→これを口実に北部に進出，フエ（ユエ）条約でベトナムを保護国とした
・宗主権を主張した清朝を 26 ＿＿＿＿＿戦争で破り，1887年に 27 ＿＿＿＿＿をあわせ，28 ＿＿＿＿＿が成立した（99年 29 ＿＿＿＿＿も編入）

【30 ＿＿＿＿＿】…唯一植民地化を逃れた国
・31 ＿＿＿＿＿朝の 32 ＿＿＿＿＿（ラーマ 5 世）のもとで近代化がはかられた

◀◀◀ 演 習 問 題 ▶▶▶

1 　　　　　　　　　　　　　　正誤でチェック！基礎知識

次の各文の下線部には1か所ずつ誤りがある。番号を指摘し，正しい語句に訂正せよ。

A　スーダンでは，①マフディー勢力が②フランス軍に抵抗した。

B　イランでは，①コンバウン朝が②バーブ教徒の反乱を鎮圧した。

C　①シリアでは，イギリスに対する②ウラービーによる反乱が発生した。

D　①ブルガリアでは，②オーストリア＝ハンガリー帝国からの独立運動がおこった。

1	番号	正しい語句
A	，	
B	，	
C	，	
D	，	

2 [オスマン帝国の動揺と改革]　　　　　　(12　同志社大学より作成)

オスマン帝国は，1699年に結ばれた（①）条約でハンガリー・トランシルヴァニアなどをオーストリアに割譲し，18世紀後半にはロシアに黒海北岸部をうばわれ，1798年にはナポレオン軍の侵攻を受けて（②）を一時的に占領された。イギリス・フランス・ロシア・オーストリア等の圧迫下でオスマン帝国は西欧化をめざすようになり，スルタンの（③）はₐ1839年に（④）（西欧化改革）を開始して，司法・行政・財政・軍事の諸分野にわたる改革がすすめられた。改革の進展とともに帝国内では立憲制への要求が高まり，1876年には大宰相（⑤）のもと，アジアで最初の憲法が発布された。しかしᵦ1877年にロシアとの戦争が勃発すると，翌年スルタンの（⑥）は憲法を停止し，イスラーム世界の連帯をめざす思想をも利用しつつ，体制の維持をはかった。スルタンの専制政治に反対して結成された「青年トルコ」は，1908年の青年トルコ革命で憲法を復活させ，政権を掌握した。

問1　文中の空欄①〜⑥に適語を入れよ。

問2　下線部a，bについて次の各問いに答えよ。

　　a　この改革のさなか，1853年に，ロシアがオスマン帝国領内のギリシア正教徒の保護を理由に，オスマン帝国に侵入してはじまった戦争を何というか。

　　b　この戦争後のサン＝ステファノ条約締結後，1878年にビスマルクが列国の利害を調整した結果，締結された条約の名称は何か。

2	
問1①	
②	
③	
④	
⑤	
⑥	
問2 a	
b	

3 [アラブ民族の動向]　　　　　　(06　関西大学より作成)

ナポレオンのエジプト遠征の混乱に乗じてエジプトの支配者となったムハンマド＝アリーは，（①）からエジプト総督の地位を獲得した。彼は旧勢力の（②）を一掃して近代的な陸海軍を創設するとともに，官営工場の建設や教育制度の改革を行うなどエジプトの近代化をすすめ，また，アラビア半島の（③）王国を滅ぼした。その後シリアの領有を求めて①と戦って勝利を収めたが，イギリスの介入によりエジプトとスーダンの領有のみが認められた。近代化と戦争で債務を抱えたことから，イギリス，フランスにより財政のみならず，内政への干渉を受けるようになったことに対して，19世紀末に「エジプト人のためのエジプト」をスローガンとして（④）が反乱をおこしたが，イギリスが単独出兵してこれを鎮圧し，エジプトを事実上の保護国とした。18世紀末に，イランでは（⑤）朝が成立した。⑤朝はカフカスをめぐるロシアとの戦いに敗れて，（⑥）条約によってロシアの治外法権を認めた。この混乱の中で外国勢力への屈従を拒む（⑦）の乱がおこったが，政府により鎮圧された。その後，⑤朝はロシアの支援を受けて（⑧）に侵入したが，ロシア勢力の拡大を懸念したイギリスが介入し，⑧の独立を認めさせるとともに2次にわたる戦争で⑧を保護国とした。⑤朝は独立を保ったが，その後も様々な利権をイギリスに握られ，これに対して（⑨）運動がおこった。

問1　文中の空欄①〜⑨に適語を入れよ。

3	
問1①	
②	
③	
④	
⑤	
⑥	
⑦	
⑧	
⑨	

4 [インドの植民地化とインド大反乱]　　　　　　　　　　(06　日本女子大学より作成)

　インドでは, イギリスによる植民地化が急速に進行した。18世紀なかばの(①)の戦いでフランスを破り, (②)地方の事実上の支配権を獲得したイギリス東インド会社は, その後, デカン高原で3回にわたって行われた(③)戦争やパンジャーブ地方で行われた(④)戦争によって, 19世紀なかばまでにインドの大半を支配下においた。それとともに, イギリスから大量の綿製品が流入するようになり, インドが世界にほこっていた綿布生産は大打撃をうけた。インドは綿花や(⑤)・アヘンなどの一次産品を輸出し, イギリスから製品を輸入する立場へと転落した。a農村部でも新たな地税制度の導入などにより, 村落社会が急激に変化し, 人びとの生活は困窮した。こうしたイギリスによる支配はインド人の反感をよび, (⑥)年にb大反乱がおきた。この反乱は一時, ムガル帝国の首都(⑦)を占領するまでに拡大したが翌年には東インド会社軍によって鎮圧され, ムガル帝国は滅亡した。イギリスは東インド会社を解散してインドの直接支配にのりだし, 1877年にインド帝国の成立を宣言した。

問1　文中の空欄①〜⑦に適語を入れよ。
問2　下線部a, bについて次の各問いに答えよ。
　a　地税制度のうち, 北部で行われたものを何というか。
　b　反乱のきっかけとなる蜂起をしたインド人傭兵のことを何というか。
問3　bの鎮圧後, イギリスはインドを直接統治に切り替えていった。イギリスがこの転換にあたり, 1858年に行ったことを40字以内で説明せよ。

5 [東南アジアの植民地化]　　　　　　　　　　　　　(11　成城大学より作成)

　16世紀末には, オランダやイギリスの勢力も東南アジアへの進出をはじめた。両国は(①)島で競合したが, 1623年, モルッカ諸島における(②)事件によってオランダがイギリス勢力を駆逐したことでオランダ側の優越が決定的となった。オランダはその後, 18世紀なかばには①島全域を支配するようになった。①島での競争に敗れたイギリスは, 関心の焦点をインドに移したが, 18世紀末から東南アジアへの関与を再び活発化させて, マレー半島のペナン, マラッカ, (③)を獲得し, 1826年にそれらをあわせて(④)とし, 95年にはマレー連合州を成立させた。マレー半島は20世紀になって(⑤)のプランテーションが急速に拡大し, 経済的に重要な意味をもつ地域となった。

　ビルマでは, 18世紀なかばに(⑥)朝が全土の統一に成功し, 周囲への勢力拡大を行っていたが, イギリスが1824年以降の3度にわたるビルマ戦争によってこの王朝を滅ぼし, 86年, 最終的にビルマ全土を支配下においた。

　ベトナムでは, 19世紀初めに, (⑦)が全ベトナムを統一して国号をベトナム(越南)と定めたが, それに際してはフランス人宣教師が援助を与えていた。しかし, その後19世紀なかばになると, フランスは, カトリック教徒への迫害を理由にベトナムへ介入し, 支配下においた。ベトナムに対する宗主権を主張する中国の清朝は, これに対抗して1884年清仏戦争をおこしたが, 結局85年の(⑧)条約でベトナムへのフランスの保護権を認めざるをえなかった。

　このような状況のなかで, タイは, イギリスの支配地域とフランスの支配地域の間の緩衝地域としての地理的条件を生かして, 植民地化を巧みにまぬがれた。その際, 1910年まで在位した国王(⑨)が果たした役割は, きわめて大きかった。

問1　文中の空欄①〜⑨に適語を入れよ。
問2　下線部について, コーヒー, サトウキビ, 藍など商品作物を栽培させ, 安く買い上げた制度を何というか。

4
問1 ①
　　②
　　③
　　④
　　⑤
　　⑥
　　⑦
問2 a
　　b
問3

5
問1 ①
　　②
　　③
　　④
　　⑤
　　⑥
　　⑦
　　⑧
　　⑨
問2

13章

34 東アジアの激動

19世紀における欧米列強の東アジア進出によって，清・日本・朝鮮がどのように変容したのかを考えよう。

◀◀◀ ポイント整理 ▶▶▶▶▶▶▶▶▶▶▶▶▶▶▶▶▶▶▶▶▶▶▶▶▶▶▶▶▶▶▶▶▶▶▶

1 清朝とイギリスの貿易

【18世紀…片貿易（イギリスの輸入超過）】

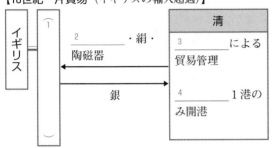

【19世紀前半…アジア三角貿易】

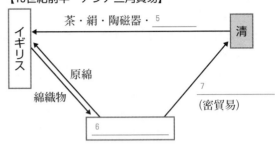

(1) 18世紀末から19世紀初頭にかけておこった 8＿＿＿＿＿＿＿＿ の乱は清の財政を窮乏させたばかりでなく，弱体化も露呈した。

(2) 清朝は対外貿易を広州1港に限定し，行商に貿易を管理させた。これに対して，対清貿易拡大を求めるイギリスは1792年に 9＿＿＿＿＿＿＿＿，1816年にはアマーストを派遣したが，ともに不成功に終わった。

(3) 中国からの 10＿＿＿＿ の輸入増加で大量の 11＿＿＿＿ が流出したイギリスは，19世紀に入ると，中国の 12＿＿＿＿ を本国へ，本国の綿製品をインドへ，インドのアヘンを中国に運ぶ，13＿＿＿＿＿＿＿＿ をはじめた。

2 列強の中国進出と清朝

列　強　の　動　き

イギリスが三角貿易を実施

1840　3＿＿＿＿＿＿＿ 戦争

・イギリス軍が清朝に勝利
・1842　4＿＿＿＿＿＿ 条約締結

　①5＿＿＿＿＿＿ 割譲　②行商の廃止
　③5港（広州・福州・厦門・寧波・上海）の開港
　④賠償金支払い

・1843　五港通商章程
　　　　6＿＿＿＿＿＿ 追加条約

　①7＿＿＿＿＿＿（治外法権）
　②関税自主権喪失（協定関税制）
　③片務的 8＿＿＿＿＿＿ を認める
　　　　　　‖
　　　　9＿＿＿＿ 条約

・1844　10＿＿＿＿ 条約（対アメリカ）｜イギリスと同等
　　　　11＿＿＿＿ 条約（対フランス）｜の権利を認める

イギリスは，交易での利益拡大のため，条約改定の機会をうかがう

・1856　アロー号事件
　→ 15＿＿＿＿＿＿ 戦争 （第2次3戦争）
　イギリス・フランスの出兵

清朝と民衆の動き

1820年代，アヘン輸入量の増加→ 1＿＿＿＿ 流出
1839　道光帝が欽差大臣の 2＿＿＿＿＿＿ を派遣し，アヘン密貿易取り締まりを実施

社会不安から，結社をつくり生活を守ろうとする動きが広まる

1851　12＿＿＿＿＿＿ の乱
・13＿＿＿＿ が 14＿＿＿＿＿＿ を組織し，広西省金田村で挙兵

ことばの探究

批准：署名した条約に対し，国家として拘束されることの最終的な確認行為。
事大：小国が礼をもって大国に事（つか）えること。

15戦争の結果

・1858 ___16___ 条約

　①___17___ の北京駐在，②10港を開港
（南京，漢口など），③外国人の中国内地旅行の自
由，④___18___ 布教の公認

＊英仏軍の再出兵→北京占領

・1860 ___19___ 条約

　①（10港に加え）天津の開港，②___20___
___ 割譲，③アヘンの貿易公認

・ロシアも中国への圧力を強化

　1858 ___21___ 条約：黒竜江以北を領有
　1860 ___22___ 条約：___23___ を獲得
　1881 ___24___ 条約

　・外国が行政権を持つ___25___ を中心に経済発展
　←25は1845年の___26___ から始まる

【太平軍の滅亡】

・漢人官僚の___27___ （義勇軍）の活躍

　…___28___ の湘軍，李鴻章の___29___ など

・ウォード（米），___30___ （英）の率いる常勝軍が援護

同治中興

→ 国内の秩序は一時的に安定

　___31___ が実権を掌握

1860頃 ___32___ 運動の展開

担い手：___28___・___33___・左宗棠

理　念：「___34___ 」伝統的な道徳倫理を
基礎として西洋技術を利用。西洋の思想や
制度の導入はしない

西洋軍事技術導入…兵器工場や海軍設立

→1861　外交機関の___35___ を設置

(1)　清朝からアヘン密貿易の取り締まりのため派遣された___36___ はアヘンを没収廃棄したが，これに対し
てイギリスは遠征軍を送り，___37___ 年にアヘン戦争がおこった。

(2)　南京条約締結後も思うように貿易が拡大しなかったため，英仏は___38___ 年に第2次アヘン（アロー）戦争
をおこして清を破った。いったんは天津条約が締結されたが，批准使節を清が阻止したため，英仏は北京を占領
し，1860年に北京条約を結んだ。

(3)　ロシアの東シベリア総督ムラヴィヨフは，アロー戦争を利用してアイグン条約で黒竜江（アムール川）以北を
獲得。また清と英仏を仲介した見返りに___39___ 条約を結び，沿海州を獲得し，___40___
を建設した。さらにイリ地方でのイスラーム教徒の反乱に出兵し，イリ条約で貿易上の利益を獲得した。

(4)　アヘン戦争後の重税は民衆を苦しめたため，反乱が多発した。洪秀全がキリスト教の影響を受けて組織した上
帝会は，1851年に広西省で太平天国をたて，長江流域まで勢力を拡大した。1853年には___41___ を占領して天
京と名づけ，都とした。洪秀全は「滅満興漢」を掲げて清朝打倒をめざし，天朝田畝制度で土地の均分を唱えた
ほか，アヘンの吸引・辮髪・纏足の廃止をうち出した。

(5)　1884年，フランスがベトナムを保護国化すると，清が宗主権を主張して___42___ 戦争がおこったが，清朝は
敗れ，洋務運動の限界が露呈した。

❸　日本・朝鮮半島の情勢と東アジア国際秩序の再編

日本

・___1___ の来航

　→1854 ___2___ 条約　｜開国｜
　　1858 ___3___ 条約

・倒幕運動により，天皇親政の明治政府が成立
：【___4___ 】

　・富国強兵…軍事・工業の近代化をはかる
　・1889 ___5___ 憲法発布
　・1890 ___6___ の開設（貴族院・衆議院
　　の二院制）

対外政策

・（対ロシア）___7___ 条約
　…北方の国境を定める
・（対清）___8___
・___9___ 領有
・短期間の内乱：1868～69 ___10___

　　　　　　　　　1877 ___11___

朝鮮

・欧米諸国の開国要求←___12___ の摂政である

___13___ の攘夷政策

・1875　日本が___14___ 事件をおこす

　→___15___ を締結
　　・領事裁判権を含む不平等条約，釜山など3港を開港

・朝鮮内部では，
開化派〔___16___ ら〕と事大党〔___17___ 一族〕の
対立

　→1882年の___18___ や1884年の___19___
　　などの内争→日清間の対立も強まる

・1894　全琫準らによる___20___ （東学の乱）
　…日清両国が出兵し，___21___ へ

【1895 ___22___ 条約】

朝鮮の独立，日本への___23___・台湾・澎湖諸島の割譲

＊ロシアは独・仏と___24___ を行い，23の返還を要求

13章

◀◀◀ 演習問題 ▶▶

1 　　　　　　　　　　　　　　　正誤でチェック！基礎知識　**1**

次の各文の下線部には１か所ずつ誤りがある。その番号を指摘し，正しい語句に訂正せよ。

	番号	正しい語句
A	，	
B	，	

A　明治政府は1877年に①戊辰戦争という内乱を終えたあと，中央集権的な政治体制を整え，75年にはロシアと②樺太・千島交換条約を結ぶなど国境画定を行った。

B　日本は①日清戦争後に締結された講和条約によって，清より②九龍半島の割譲をうけたがロシア・③ドイツ・フランスの干渉により九龍半島を清に返還した。

2 [清の衰退と二度のアヘン戦争]　　　　　　　(21　昭和女子大学より作成)　**2**

清朝は18世紀後半になると，相次ぐ外征の出費や官僚の腐敗，貧富の格差拡大などにより動揺がみえはじめ，各地で民衆の反乱や抵抗運動が続発するようになった。なかでも1796年にはじまった(①)は10年近く続き，清の国力を大きく消耗させた。また，イギリス政府により派遣された(②)使節団は1793年に清朝皇帝に謁見し，(③)一港での制限貿易にかわる自由貿易を要求した。しかし，交渉は不調におわった。

問1①

②

③

④

18世紀末のイギリスでは(④)を飲む習慣が一般化し，中国から④の輸入が急速に増大していた。一方，イギリスからは綿製品を中国に輸出していたが，中国では売れなかった。イギリスの輸入超過となっており，イギリスは貿易赤字を解消すべく，(⑤)産のアヘンを中国に輸出する三角貿易を開始し事態の打開をはかった。アヘンの密輸が年々増加したため，道光帝は(⑥)を欽差大臣に任命し，③に派遣し問題の解決にあたらせた。⑥はアヘンを没収・廃棄し，イギリスに対してアヘン貿易を停止しないかぎり一般貿易も断絶するという強硬策にふみきった。イギリスはこの機に武力により自由貿易を実現させるため，1840年にアヘン戦争をおこした。戦局はイギリス軍が優勢なまま推移し，1842年にａ南京条約が締結され終結した。その後，ｂ清はイギリスとの間に不平等条約を結び，他の欧米列強と締結した条約においてもイギリスと同様の権利を認めた。しかし，アヘン戦争後も欧米列強の対清貿易は期待したほど伸びなかった。

⑤

⑥

⑦

⑧

1856年，(⑦)事件を口実にイギリスは(⑧)とともに清に宣戦布告し，再び勝利した。その結果，清朝は欧米列強からの政治・経済上の圧力をますます受けるようになり，中国の半植民地化はいっそう進んだ。相次ぐ戦争のための戦費は清朝政府に重くのしかかり，重税となって民衆を圧迫した。民衆の間では結社をつくって助けあう動きが高まり，各地で反乱がおこったが，なかでも最大のものがｃ太平天国の乱であった。

⑨

⑩

問2

対外戦争と太平天国の動乱をなんとか乗り越えた清朝は1860年代から70年代にかけて「(⑨)」とよばれる表面的には内政・外交の安定期にはいり，このころからｄ洋務運動がはじまった。これまで外交を扱う役所を設けていなかった清朝は，欧米列強の進出をうけて(⑩)を新設したが，外国勢力の前に冊封体制の維持は困難になってきた。

問1　文中の空欄①～⑩に適語を入れよ。

問2　下線部ａについて述べた文として**誤っているもの**を，次から１つ選べ。

ア　イギリスに香港島を割譲した。

イ　上海，寧波，福州，厦門，澳門の５港を開港した。

ウ　行商を廃止した。

エ　イギリスへの賠償金の支払いを認めた。

問3　下線部bについて述べた文として正しいものを，次から1つ選べ。
　ア　五港通商章程でイギリスの領事裁判権を認めた。
　イ　アメリカ合衆国との間では黄埔条約を締結した。
　ウ　フランスとの間では望厦条約を締結した。
　エ　1845年，イギリスは最初の租界を北京に設けた。
問4　下線部cについて述べた文として**誤っているもの**を，次から1つ選べ。
　ア　拝上帝会の洪秀全を指導者として広西省で挙兵し太平天国をたてた。
　イ　男女の別なく土地の均分をはかる天朝田畝制度を提唱した。
　ウ　李鴻章が代表となって率いた常勝軍に鎮圧された。
　エ　太平天国は辮髪廃止を政策としてかかげた。
問5　下線部dについて述べた文として**誤っているもの**を，次から1つ選べ。
　ア　ヨーロッパの学問や技術を導入して近代化をめざした。
　イ　国家や社会制度をはじめとする体制変革をめざした。
　ウ　曽国藩，左宗棠らの漢人官僚が中心となって運動を進めた。
　エ　鉱山開発や鉄道敷設などがおこなわれた。

問3
問4
問5

3　[変容する東アジア情勢]　（19　立命館大学・学習院大学・22　千葉大学より作成）

　欧米列強のアジア進出によって，中国皇帝を頂点とする冊封・朝貢体制が徐々に解体され，中国が宗主権を行使していた藩属国が次々と植民地にされていった。その動きはまた，日本によっても促進された。日本の明治政府は，1872年に琉球王国を琉球藩に改編し，1879年に（①）を設置，また，1874年には（②）出兵を行い，日清戦争後の1895年に（③）を締結して清朝の直轄領であった②を植民地とした。

　このような状況の中で，朝鮮は日清両国の角逐の場となった。朝鮮では1863年に幼少の高宗が国王に即位すると，父である興宣（④）が摂政として実権を握ったが，1873年には退陣に追い込まれた。それに代わって，王妃の一族である（⑤）が政府の実権を掌握した。その後，明治政府は1876年に朝鮮政府との間に不平等条約である（⑥）を結び，朝鮮を開国させた。これに危機感を抱いた清朝側は，それまで形式的であった属邦支配を実質的なものにしようとした。この動きが本格化したのが1880年代のことであった。朝鮮政府は1881年に留学生や技術者を天津などに派遣して，洋務運動で導入された新式の軍事工業技術を学ばせた。またこの時期に洋務運動を主導していた李鴻章は，朝鮮側にアメリカとの条約締結を促した。当時の清朝政府は，日本だけではなく，ロシアの勢力伸長にも危機感を募らせていた。それ故に李鴻章は，朝鮮に欧米諸国と国交を結ばせることによって，朝鮮半島における日本とロシアの勢力浸透を牽制しようとした。その直後，1882年7月に朝鮮で，日本公使館が焼き払われる（⑦）が発生した。これにより⑤政権は倒れ，高宗は責任をとって④に政権を委ねた。これに対して，日清両国は先を争って朝鮮へ出兵した。この時，清側はこの反乱を背後で煽動していた④を拉致して，中国の天津へ連行した。こうして⑤政権が復活するも，1884年には急進改革派が日本の支援を受けてクーデタを試みた（⑧）が起こり，清軍に鎮圧された。この時は，翌年に日中の間で（⑨）が結ばれ，本格的な軍事衝突は回避されたが，1894年に（⑩）らを指導者とする甲午農民戦争が起こると日清両国が出兵し，そこから戦争に発展，日本の勝利に終わる。③では朝鮮の独立が宣言され，清と朝鮮との宗属関係が否定された。

問1　文中の空欄①〜⑩に適語を入れよ。
問2　下線部について，19世紀後半のロシアによる清への圧迫の過程を，次の語句をすべて使い，80字程度で簡潔に述べなさい。
　　［アイグン条約　沿海州　ウラジヴォストーク　イリ条約］

3
問1①
②
③
④
⑤
⑥
⑦
⑧
⑨
⑩
問2

13章

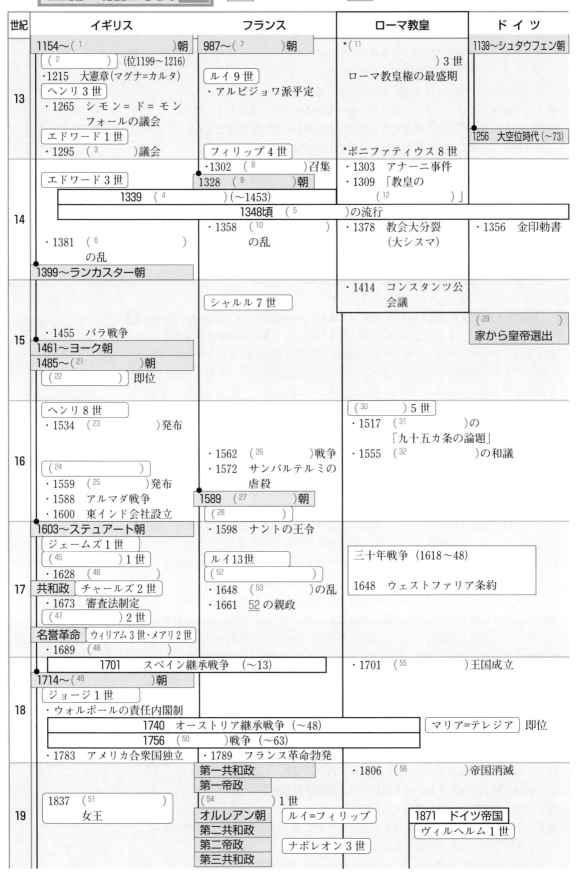

世紀	イギリス	フランス	ローマ教皇	ドイツ
13	1154〜（¹　）朝　（²　）（位1199〜1216）・1215　大憲章（マグナ＝カルタ）　ヘンリ3世　・1265　シモン＝ド＝モンフォールの議会　エドワード1世　・1295（³　）議会	987〜（⁷　）朝　ルイ9世　・アルビジョワ派平定　フィリップ4世	＊（¹¹　）3世　ローマ教皇権の最盛期　＊ボニファティウス8世	1138〜シュタウフェン朝　1256　大空位時代（〜73）
14	エドワード3世　1339　（⁴　）（〜1453）　1348頃　（⁵　）の流行　・1381　（⁶　）の乱　1399〜ランカスター朝	・1302（⁸　）召集　1328（⁹　）朝　・1358（¹⁰　）の乱	・1303　アナーニ事件　・1309　「教皇の（¹²　）」　・1378　教会大分裂（大シスマ）	・1356　金印勅書
15	・1455　バラ戦争　1461〜ヨーク朝　1485〜（²¹　）朝　（²²　）即位	シャルル7世	・1414　コンスタンツ公会議	（²⁹　）家から皇帝選出
16	ヘンリ8世　・1534（²³　）発布　（²⁴　）　・1559（²⁵　）発布　・1588　アルマダ戦争　・1600　東インド会社設立	・1562（²⁶　）戦争　・1572　サンバルテルミの虐殺　1589（²⁷　）朝　（²⁸　）	（³⁰　）5世　・1517（³¹　）の「九十五カ条の論題」　・1555（³²　）の和議	
17	1603〜ステュアート朝　ジェームズ1世　（⁴⁵　）1世　・1628（⁴⁶　）　共和政　チャールズ2世　・1673　審査法制定　（⁴⁷　）2世　名誉革命　ウィリアム3世・メアリ2世　・1689（⁴⁸　）	・1598　ナントの王令　ルイ13世　（⁵²　）　・1648（⁵³　）の乱　・1661　52の親政	三十年戦争（1618〜48）　1648　ウェストファリア条約	
18	1701　スペイン継承戦争（〜13）　1714〜（⁴⁹　）朝　ジョージ1世　・ウォルポールの責任内閣制　1740　オーストリア継承戦争（〜48）　1756　（⁵⁰　）戦争（〜63）　・1783　アメリカ合衆国独立	・1789　フランス革命勃発	・1701（⁵⁵　）王国成立　マリア＝テレジア　即位	
19	1837（⁵¹　）女王	第一共和政　第一帝政　（⁵⁴　）1世　オルレアン朝　ルイ＝フィリップ　第二共和政　第二帝政　ナポレオン3世　第三共和政	・1806（⁵⁶　）帝国消滅	1871　ドイツ帝国　ヴィルヘルム1世

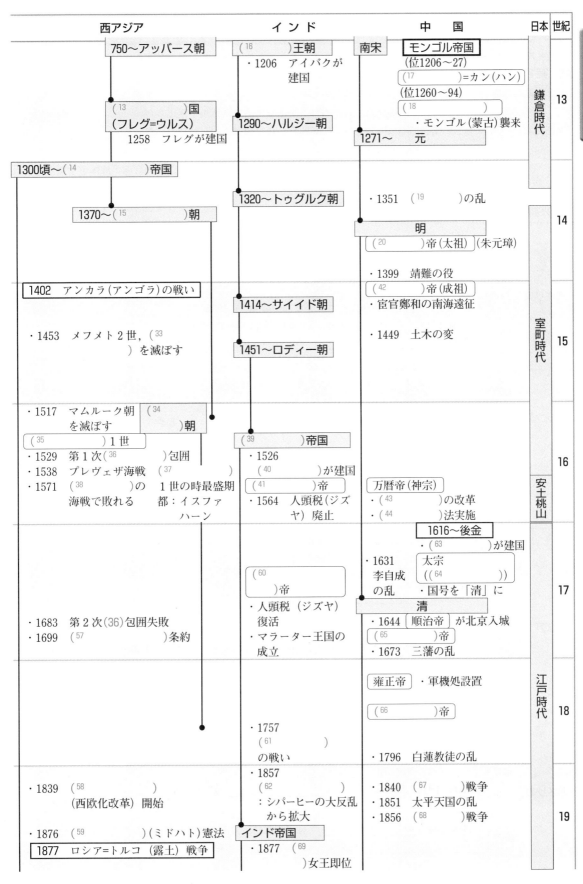

西アジア	インド	中　国	日本	世紀

750〜アッバース朝

(16 　　　)王朝
・1206　アイバクが建国

南宋

モンゴル帝国
(位1206〜27)
(17 　　)＝カン(ハン)
(位1260〜94)
(18 　　　)
・モンゴル(蒙古)襲来

鎌倉時代　13

(13 　　　)国
(フレグ＝ウルス)
1258　フレグが建国

1290〜ハルジー朝

1271〜　元

1300頃〜(14 　　　)帝国

1320〜トゥグルク朝

・1351　(19 　　)の乱

室町時代　14

1370〜(15 　　　)朝

明
(20 　　)帝(太祖)(朱元璋)

・1399　靖難の役

1402　アンカラ(アンゴラ)の戦い

1414〜サイイド朝

(42 　　)帝(成祖)
・宦官鄭和の南海遠征

・1453　メフメト2世,(33 　　　)を滅ぼす

1451〜ロディー朝

・1449　土木の変

室町時代　15

・1517　マムルーク朝を滅ぼす　(34 　　　)朝
(35 　　　)1世
・1529　第1次(36 　　)包囲
・1538　プレヴェザ海戦　(37 　　　)
・1571　(38 　　)の海戦で敗れる　1世の時最盛期　都：イスファハーン

(39 　　　)帝国
・1526　(40 　　)が建国
(41 　　)帝
・1564　人頭税(ジズヤ)廃止

万暦帝(神宗)
・(43 　　　)の改革
・(44 　　　)法実施

安土桃山　16

1616〜後金
・(63 　)が建国

太宗
(((64 　　)))
・国号を「清」に

・1631　李自成の乱

(60 　　　)帝
・人頭税(ジズヤ)復活
・マラーター王国の成立

清
・1644　順治帝　が北京入城
(65 　　)帝
・1673　三藩の乱

・1683　第2次(36)包囲失敗
・1699　(57 　　　)条約

江戸時代　17

雍正帝　・軍機処設置
(66 　　)帝

・1757　(61 　　　)の戦い

・1796　白蓮教徒の乱

江戸時代　18

・1839　(58 　　　)(西欧化改革)開始
・1876　(59 　　)(ミドハト)憲法
1877　ロシア＝トルコ(露土)戦争

・1857　(62 　　　)：シパーヒーの大反乱から拡大
インド帝国
・1877　(69 　　　)女王即位

・1840　(67 　)戦争
・1851　太平天国の乱
・1856　(68 　)戦争

江戸時代　19

35 帝国主義・世界分割

列強の世界分割はどのように進められ，その結果もたらされる対立と支配される諸地域にどのような影響を及ぼしたのか，まとめてみよう。

◀◀◀ ポイント整理 ▶▶▶▶▶▶▶▶▶▶▶▶▶▶▶▶▶▶▶▶▶▶▶▶▶▶▶▶▶▶▶▶▶▶▶

1 第2次産業革命と帝国主義

第2次産業革命…19世紀後半，新しい工業部門が発展し，_1_____や_2_____を動力源とする重化学工業等の非鉄金属部門が成長。人々の日常生活や生活スタイルが変化した。

独占資本…………新しい工業部門は巨額な資本の必要性から，金融資本と結びついた，_3_____が現れ，市場を独占的に支配するようになった。

※1870年代以降，不況と低成長が続くなか，伝統的技術と古い労働形態が解体を余儀なくされ，生活の基盤を求めて，多くの_4_____がヨーロッパから合衆国へ渡った。

●欧米列強の政治と社会

イギリス	対外	・19世紀，_5_____を維持しながら，広大な植民地の維持と拡張を進める ・_6_____運河会社の株を買収（ディズレーリ首相）→ インドへの道を確保 ・_7_____植民相は，ケープ植民地のローズ首相の政策を継承 　→ _8_____戦争をおこす
	国内	・フェビアン協会と労働代表委員会などが結成 → 1906 _9_____の結成 政府は_10_____を制定。下院の法案制定権が上院の優先になる ・1914 _11_____成立。しかし，大戦勃発を理由に実施延期 ・北アイルランドのイギリス人の反対 → _12_____党と対立が激化
フランス	対外	・1880年代より，銀行の資本力を背景に帝国主義を推進 　→ インドシナ・アフリカに広大な植民地を形成 → ドイツに対抗
	国内	・_13_____事件（1887〜89），_14_____事件（1894〜99）により政治危機がおこる ・1905 政教分離法を発布し，第三共和政は安定へ
ドイツ	対外	・1888 _15_____が即位，ビスマルクを引退させ，_16_____を開始 国外のドイツ人を統合し，大帝国建設をめざす（_17_____主義）
	国内	・_18_____が勢力を拡大。1912年，議会第一党となる
ロシア	対外	・フランス資本による工業化の進展 ・シベリア鉄道建設などの国家事業で国内開発 → アジア，バルカン方面へ
	国内	・_19_____の結成 （創設後，_20_____（レーニン）・_21_____（プレハーノフ）に分裂） _22_____（ナロードニキの流れをくむ）も結成 ・1905 _23_____発生 日露戦争の戦況悪化，農民蜂起，労働者のストライキ，ソヴィエトの武装蜂起 ・皇帝_24_____が国会（ドゥーマ）開設。市民的自由などを受け入れ 首相に_25_____を登用，農村共同体（ミール）の解体狙うも挫折，反動化で体制は不安定に →国民の注意をそらすために，バルカン方面へ進出
アメリカ	対外	・_26_____大統領 　｛アメリカ=スペイン（米西）戦争をおこし，フィリピン・プエルトリコを植民地化 　｛キューバを保護国化 ・1899 国務長官ジョン=ヘイが_27_____政策を提唱 ・_28_____大統領，_29_____を推進（パナマ運河建設）
	国内	・28大統領…_30_____：独占の規制，労働条件の改善 ・_31_____大統領…「新しい自由」：大企業を規制する反トラスト法の強化

ことばの探究 **ローデシア**：現在のジンバブエ・ザンビア両共和国の地域。ローズの南アフリカ会社によって征服，占領され，この会社を通じて鉱山利権等が独占的に支配された。ローデシアの名はローズの名からとられた。

(1)　少数の企業が資本力を集積し，市場を支配する独占資本には，<u>　　　32　　　</u>（企業連合），<u>　33</u>
<u>　　　　　</u>（企業合同），<u>　34　　　　　　</u>（株式保有を通じた資本系列化）などがある。

(2)　1880年代以降，主要国は競争を激化させ，資源供給地と市場として植民地の獲得競争が本格化する。特に英，
仏，独の列強は，アジア・アフリカに殺到し，それぞれの勢力圏拡大の動きが顕著になった。こうした<u>　35　</u>
<u>　　　　　</u>の時代は第一次世界大戦まで続く。

(3)　植民地獲得競争に遅れをとったドイツは，自国の経済価値が乏しいことから，他の列強に対して植民地の<u>36</u>
<u>　　　　　</u>（再分割）を要求した。

(4)　1880年代後半より欧米先進国の工業の進展に伴い，大衆的労働運動が活発化。社会主義運動も国際的連携の機
運が再燃。1889年にパリでは<u>37　　　　　　　　　　　　</u>が結成された。

2　世界分割と列強の対立

アフリカ分割	1884〜85　ベルリン=コンゴ会議が開催され，コンゴ自由国（ベルギー領）が成立。先取領有の原則が確認される →以後，リベリア共和国とエチオピア帝国を除くアフリカ全域が列強に分割される		
	イギリス	縦断政策	<u>1　　　　　　　　</u>の運動鎮圧後，エジプトを保護国化（1882，正式な保護国化は1914） <u>2　　　　　　　　</u>がケープ植民地から北上 →やがて南アフリカ（南ア，ブール）戦争へ発展
	フランス	横断政策	チュニジアを保護国化，サハラ地域をおさえジブチ・マダガスカルと連結 →1898　<u>3　　　　　　</u>事件でイギリスと衝突 →フランスが譲って両国接近
	ドイツ	1905・1911　<u>4　　　　　　　</u>事件をおこすも，列強の反発で断念	
太平洋地域	スペイン・ポルトガル・オランダについで18世紀にイギリスが参入，19世紀にはフランス・ドイツ・アメリカ合衆国が参入		
	【オーストラリア】　イギリス領（流刑植民地） 　　　　　　　　→その後移民も増加し，金鉱の発見により発展		
	【ニュージーランド】　先住民マオリ人をおさえ，<u>5　　　　　</u>領となる		
	【ビスマルク・カロリン・マリアナ・マーシャル・パラオ諸島】　<u>6　　　　　</u>領となる		
	【フィリピン・グアム・ハワイ】　1898年に<u>7　　　　　</u>領へ		
ラテンアメリカ	ブラジル	帝政下で奴隷貿易，奴隷制が廃止されるも，経済が混乱 →クーデタにより，共和政が確立	
	アルゼンチン	19世紀末に政権が安定 →移民の増加へ	
	メキシコ	<u>8　　　　　</u>大統領の独裁と経済格差の広がりから，1910　<u>9　　　　　</u>革命がおこされるも，混乱は続く	

(1)　中米ではアメリカ合衆国，南米ではイギリスの経済的影響が強かったが，合衆国は1889年以降，<u>　10　</u>
<u>　　　　　　　　</u>会議を開催，ラテン=アメリカ諸国への影響力を強めていった。

【アフリカの植民地化】

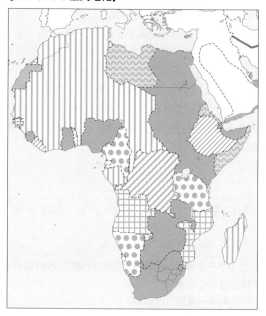

左の地図は，帝国主義の時代に列強によって分割・領有されたアフリカを，支配国別に表したものである。

それぞれの範囲を支配したのはどの国であるか答えなさい。また，独立国の場合は×を書きなさい。

⦀⦀⦀	11 _____
⫻⫻⫻	12 _____
▦	13 _____
	14 _____
⫽⫽⫽	15 _____
▨	16 _____
▩	17 _____
⦿⦿⦿	18 _____

(2) イギリスのアフリカ政策はフランスがつくるチュニジア・サハラ・マダガスカルを貫く，アフリカ[19]_____に対抗するものであった。その政策は，カイロ・ケープタウンを結ぶもので，アフリカ[20]_____政策とよばれた。この政策は，やがてインドのカルカッタを結ぶ，３Ｃ政策として結実することになる。

❸ 列強の二極分化

三国同盟（独・伊・墺の軍事同盟）	三国協商（　　　による英・仏・露の提携関係）
・ビスマルク外交（フランスの孤立化） 　→ 三国同盟　結成（1882） ・ヴィルヘルム２世が「世界政策」推進 　→ [1]_____推進（ベルリン・ビザンティウム・バグダード）。 　＝イギリスの３Ｃ政策に対抗 ・ドイツの動きに各国が反応	・ロシアが ドイツの動き に反発 　→ [2]_____結成（1891〜94）。三国同盟と対立 ・イギリスが ドイツの動き に反発，「光栄ある孤立」から脱却へ 　→ [3]_____結成（1902）。東アジアにおけるロシアの南下政策に備える 　→ [4]_____成立（1904）。ファショダ事件がきっかけ ・イギリス・ロシアは西アジア・バルカンでの ドイツ・オーストリアの動き に反発 　→ [5]_____締結（1907）。日露戦争の勝敗が影響

(1) ヨーロッパの勢力均衡をめざしたビスマルク体制は，ドイツの動きに反発したロシアとフランスの接近によって崩れた。ドイツは[6]_____敷設を推進する，いわゆる３Ｂ政策を推進。海軍拡張政策を進め，これによりイギリスとの建艦競争にさらに拍車がかかるようになった。

◀◀◀ **演 習 問 題** ▶▶▶▶▶▶▶▶▶▶▶▶▶▶▶▶▶▶▶▶▶▶▶▶▶▶▶▶▶▶▶▶▶▶▶▶▶▶

1　　　　　　　　　　　　　　　　　正誤でチェック！基礎知識　**1**

次の表は1914年における列強の本国面積と植民地面積を示したものである。
表中の空欄ア～ウに入れる国の名の組合せとして正しいものを，以下の①～⑥の
うちから一つ選べ。

国名	本国面積	植民地面積
ア	0.3	33.5
フランス	0.5	10.6
イ	9.4	0.3
ウ	0.5	2.9
日　本	0.4	0.3

（単位は100万平方キロメートル）

①アー独　　イー英　　ウー米
②アー独　　イー米　　ウー英
③アー英　　イー独　　ウー米
④アー英　　イー米　　ウー独
⑤アー米　　イー英　　ウー独
⑥アー米　　イー独　　ウー英

2　[帝国主義]　　　　　　　　　　　　　（20　中央大学より作成）　**2**

イギリスに続き，ヨーロッパ大陸諸国やアメリカ合衆国でも産業革命がすすんだ。　問1①
1870年代から長期化した世界不況は，このような欧米諸国の経済構造の再編を促進
した。従来の石炭に加えて，石油や（①）が新たな動力源として登場した。鉄鋼・化　②
学・機械といった分野で技術革新がすすみ，重化学工業が発展した。この時期の発
展は，第2次産業革命と呼ばれている。これらの新工業部門では，大規模な設備投　③
資を必要とすることから，少数の大企業に生産が集中した。大企業は巨額の資本を
調達したり，相互の利益を守ったりするため，カルテル（企業連合）や（②）（企業　④
合同）を展開し，しばしば独占体が形成された。また，巨大化した銀行が産業資本
を支配する金融資本体制が形成され，（③）と呼ばれる，大銀行などを中心とする巨　⑤
大な企業グループも生まれた。このような独占資本の形成は，後発工業国として台
頭した（④）やアメリカ合衆国で顕著だった。これに対し，先発工業国のイギリスや　⑥
フランスは，資本輸出によって経済的優位を確保した。第2次産業革命は，欧米諸
国が国内で余った資本の投資先や，製品の輸出市場，原材料の供給地を国外に求め　⑦
るという動機をつくった。このことをひとつの要因として，19世紀の後半，世界各
地で植民地獲得競争が激しさを増した。欧米諸国では，産業界や金融界と国家の結　⑧
びつきが強くなり，排外主義や軍国主義の色彩が濃いナショナリズムが鼓舞される
ようになった。このような動きを（⑤）主義という。19世紀末以降，自然科学のさら　⑨
なる発展とともに産業への応用がすすんだ。たとえば，④の（⑥）が石油を動力とし
た⑥機関をつくり（⑦）はガソリンエンジンと自動車を発明した。20世紀はじめ，ア　⑩
メリカ合衆国の（⑧）は飛行機を発明し，（⑨）はベルトコンベア方式によって自動車
の大量生産に成功した。こうした発明が交通機関のさらなる革新をもたらした。技
術の発展は，通信やメディアでもすすんだ。アメリカ合衆国の（⑩）による電信機や
ベルによる電話，「発明王」と呼ばれたエディソンによる映画の発明などが，大衆
向けの安価な新聞や郵便・交通の進歩とともに情報伝達の速度と広がりに大きな変
化をもたらした。

問1　文中の空欄①～⑩に適語を入れよ。

3　[アフリカ分割]　　　　　　　　　　　（20　同志社大学より作成）　**3**

19世紀半ばに（①）やスタンリーらが探検を行い，内部の様子が明らかにされるに　問1①
つれて，ヨーロッパ列強はアフリカ大陸に関心を示すようになった。1880年初め，
（②）川（ザイール川）地域の領有をめぐるヨーロッパ諸国の対立がおこると，ドイ　②
ツのビスマルクは，1884～85年にベルリン会議を開き，（③）国王の所有地として②
自由国の設立を認め，さらにアフリカの植民地化の原則を定めた。ベルリン会議は，　③

ヨーロッパ列強によるアフリカ分割が激化する契機となり，20世紀初頭には，アフリカのほぼ全域が列強の支配下におかれることになった。ただし，例外も存在した。ひとつはアフリカ東部の（④）帝国であり，もうひとつはアメリカ植民協会が，解放された黒人奴隷を入植させ，1847年に独立させた（⑤）共和国であった。

　イギリスは1880年代初めに立憲政の確立と議会の開設を目指す民衆の動きのなかから起こった（⑥）の運動を武力で制圧してエジプトを事実上の保護下におき，さらにスーダンに侵入した。スーダンでは，かつて中国で常勝軍を率いて太平天国軍を打ち破った軍人（⑦）がイギリス軍の指揮をとったが，マフディー派の抵抗にあい，⑦はハルツームで戦死した。しかしその後，1899年にイギリスはスーダンを征服した。アフリカ南部では，ダイヤモンド鉱山や金鉱山で富を築いた実業家で，一時ケープ植民地首相もつとめた（⑧）の指導で，ケープ植民地から周辺に侵攻する政策がとられた。1895年に植民相になったジョセフ=チェンバレンは，国内の社会問題の解決には植民地が必要と考え，1899年にオランダ系のアフリカーナー（ブール人）に対する（⑨）をおこした。イギリスは，この戦争の結果，トランスヴァール共和国と（⑩）をケープ植民地に併合した。イギリスはさらに，（⑪）とカイロをつなぎ，インドのカルカッタ（現コルカタ）と結びつける3C政策を進めた。一方，フランスは横断政策をとり，1881年に地中海沿岸の（⑫）を保護国にし，さらにサハラ砂漠地域をおさえ，アフリカを横断してジブチ・マダガスカルと連結しようとした。この計画はイギリスの縦断政策と衝突し，1898年にイギリスとフランスの両軍が対峙する（⑬）事件が起こったが，フランスが譲歩して解決した。ドイツは1880年代半ば，（⑭）や東アフリカの一部などの植民地化を進めたが，いずれも経済的価値にとぼしかった。ベルリン会議の後，（⑮）が1888年に即位すると「世界政策」の名の下に積極的な対外膨張政策を進めた。20世紀に入ると新たな植民地獲得をめざし，1905年と11年の2度にわたり，北アフリカの（⑯）をめぐってフランスと紛争を起こした。しかしいずれも（⑰）がフランスを支援したために失敗し，1912年に⑯はフランスの保護国になった。イタリアは，1880年代にアフリカ北東部のエリトリアなどを獲得した。さらに④帝国の征服を試みたが，1896年にアドワの戦いで敗れ，目的を達成できなかった。しかし，1911〜12年，戦争をおこして（⑱）から北アフリカのリビア（トリポリ・キレナイカ）を獲得した。

問1　文中の空欄①〜⑱に入る適語を入れよ。

問2　ドイツ，イギリス，フランスのそれぞれの帝国主義時代の国内の動きに関する説明 i 〜iii について，a・bともに正しい場合は①，aのみ正しい場合は②，bのみ正しい場合は③，a・bともに正しくない場合は④を答えよ。

　i　ドイツ
　　a　1890年に社会主義者鎮圧法が廃止されると，社会民主党は急速に勢力をのばした。
　　b　社会民主党のベルンシュタインは，議会による漸進的な社会改良を否定し，革命によって社会主義を実現すると主張した。

　ii　イギリス
　　a　アイルランドによる自治権の要求に応じるため，自由党のディズレーリ内閣はアイルランド自治法を成立させた。
　　b　労働者独自の政党を求めるフェビアン協会や労働組合によって労働代表委員会が結成され，労働党と改称された。

　iii　フランス
　　a　1889年，ドレフュス将軍によるクーデタ未遂事件が起こった。
　　b　ユダヤ系陸軍将校ドレフュスのスパイ冤罪事件は，フランスの国論を二分することになった。

④ _____
⑤ _____
⑥ _____
⑦ _____
⑧ _____
⑨ _____
⑩ _____
⑪ _____
⑫ _____
⑬ _____
⑭ _____
⑮ _____
⑯ _____
⑰ _____
⑱ _____

問2 i _____
ii _____
iii _____

4 [ラテン=アメリカ]　　　　　　　　　　　　　（18　昭和女子大学より作成）

　2015年7月，キューバはアメリカ合衆国と54年ぶりに国交を回復した。アメリカ合衆国は，19世紀末から，中米・カリブ地域を中心に進出し，政治・軍事的のみならず経済的な支配を築いていった。この両国を中心に19世紀末から20世紀半ばまでの歴史を概観しよう。ラテンアメリカ諸国でもっとも早く独立したのは1804年のハイチであり，他の諸国も1820年代までに独立国家となっていった。キューバは，スペイン統治下で独立を見送り，奴隷制を維持していた。1880年代にはキューバの主要貿易産品である砂糖の大部分が米国に輸出されており，アメリカ合衆国資本がキューバの砂糖生産を支配する状況にあった。キューバにおける第1次独立戦争（1868〜78）ののち，ホセ=マルティのよびかけで第2次独立戦争（1895〜98）がおこった。1898年，マッキンリー大統領時代の_aアメリカ合衆国は，キューバの独立運動の支援と自国市民の保護，さらにはハバナ港における米軍艦メイン号爆破事件を口実に，スペインに宣戦布告をした。これがアメリカ=スペイン戦争である。この戦争の結果，アメリカ合衆国は勝利し，当時スペインが所有していた海外植民地の大部分を獲得した。キューバは，主権の制限を伴いつつ，1902年に合衆国の保護国として独立を実現した。

　マッキンリーの死後，第26代合衆国大統領の（①）は，1903年にコロンビアからパナマを独立させて，運河建設を推進した。①のカリブ海政策は，軍事力を背景におこなわれ，通称，（②）と言われている。第27代の合衆国大統領の（③）は，民間投資を通じて影響力を拡大する（④）を展開した。民主党出身の第28代合衆国大統領の_bウッドロー=ウィルソンは，アメリカの理念に導かれる資本主義・民主主義体制の先導者として，いわゆる（⑤）をおこなった。アメリカ=スペイン戦争の勝利とパナマ運河地帯の獲得は，中米・カリブ地域におけるアメリカ合衆国の覇権確立の契機となった。

　一方で，この覇権主義は，ラテンアメリカ諸国の懸念と反発をもたらした。第32代合衆国大統領のフランクリン=ローズヴェルトは，大恐慌ののち経済圏を確保するためラテンアメリカ諸国への介入と干渉を排し，関係改善につとめた。これが（⑥）である。1934年，キューバは内政干渉を定めたプラット条項を撤廃して，事実上の独立が承認された。

問1　文中の①〜⑥に適語を入れよ。

問2　下線部aについて，19世紀末から20世紀初頭のアメリカ合衆国の説明として**誤っているもの**を，次から1つ選べ。

　ア　最初の大陸横断鉄道が完成した。

　イ　東欧・南欧からの移民の大量流入による都市問題が生じた。

　ウ　独占の規制や労働条件の改善など革新主義と呼ばれる諸改革が実施された。

　エ　イギリス・ドイツをしのぐ世界一の工業国となった。

問3　下線部bについて，**誤っているもの**を，次から1つ選べ。

　ア　大企業の独占を禁止する反トラスト法を制定した。

　イ　1912年の大統領選挙で「新しい自由」を掲げた。

　ウ　関税の引き下げや労働者保護立法を実施した。

　エ　1918年に十四カ条を発表し，アメリカの国際連盟加盟を実現させた。

問4　ボリシェヴィキとメンシェヴィキの党派の革命に対する考え方の違いを，80字以内で述べよ。

問5　帝国主義による植民地支配がアフリカに与えた政治的・経済的影響について，100字以内で述べよ。

4

問1 ①

　②

　③

　④

　⑤

　⑥

問2

問3

問4

問5

36 アジア諸国の変革と民族運動

列強の支配に，アジア諸国がいかに抵抗していったのかをまとめよう。

◀◀◀ **ポイント整理** ▶▶▶▶▶▶▶▶▶▶▶▶▶▶▶▶▶▶▶▶▶▶▶▶▶▶▶▶▶▶▶▶

1 アジア諸国の民族運動

> 帝国主義国の支配──▶アジア諸国における 1_____ の展開（ナショナリズム）

● 中国（清）の民族運動

> 日清戦争の敗北 …洋務運動の失敗を痛感

　2_____ ・梁啓超らが**変法運動**を展開（1890年代）

＊**明治維新**をモデルに，議会制度と立憲君主制の樹立をめざす
　→光緒帝を動かして改革を断行＝ 3_____ （1898）

> 保守派が 4_____ と結んで改革を弾圧…失敗
> ＝戊戌の政変

● 各国の中国分割

・南進の機会をねらっていたロシアは，フランス・ドイツとともに日本へ圧力＝ 5_____ （1895）

ロシア	・5の代償として 6_____ の敷設権を獲得（1896）し，遼東半島南部（旅順・大連）を租借（1898）	以後，列強は中国での勢力範囲を定めた
ドイツ	・宣教師殺害事件を口実に 7_____ を租借（1898）	
フランス	・広州湾を租借（1899）	
イギリス	・8_____・_____ の租借（1898）	
アメリカ	・国務長官 9_____ が門戸開放政策を提唱　門戸開放・機会均等・領土保全を提唱	これにより分割が一時的に緩和

◆　　　◆　　　◆

(1) 　10_____ に勝利した日本は，**下関条約**を結び遼東半島を獲得した。この動きに危機感を持ったロシアは，フランス・ドイツを誘い日本に介入，遼東半島を返還させた。この 11_____ の結果，列強による中国分割に拍車がかかり，ロシア・ドイツ・イギリス・フランスは勢力を拡大しその範囲を定めた。さらに，1899年からアメリカの国務長官ジョン＝ヘイが**門戸開放**・ 12_____ ・**領土保全**を内容とする**門戸開放政策**を提唱すると，中国の知識人たちに大きな危機感を抱かせることになる。

(2) 日本との戦争の敗北によって 13_____ の限界を痛感した中国では，新しい改革の動きがはじまった。それは**康有為**らがすすめた 14_____ である。日本の**明治維新**をモデルに近代化をすすめるこの運動は，1898年，15_____ を動かし改革実施までこぎつけたが，保守派が時の実力者**西太后**と結んでクーデタを断行し，3カ月あまりで失敗に終わった。これを 16_____ という。

2 日露戦争と日本の朝鮮支配

> 1_____ （1900〜01）　「扶清滅洋」を訴える宗教的武術集団が北京を占領

在留外国人の保護を名目に8カ国が共同出兵，鎮圧へ ──▶ 清朝は 2_____ （辛丑和約）に調印
：外国軍隊の北京駐兵と賠償金の支払い

ロシア
・1後も，中国東北部に駐兵し，朝鮮を圧迫

VS

日 本
・イギリスと 3_____ （1902）を結びつつ，ロシアをけん制

→ 日露戦争（1904〜05）
　↓
・**日本の経済力不足，ロシア国内の社会不安の高まり**
　→アメリカ大統領セオドア＝ローズヴェルトの調停で
　1905 　4_____ 締結
　…日本は韓国の指導（保護）・監督権・遼東半島南部の租借権などを獲得
　　→1906 　5_____ 設立。
　　　さらに 6_____ （1907）を結んで朝鮮支配を確固たるものにした

ことばの探究　「**滅満興漢**」：1851年におこった太平天国の乱の漢民族主義的スローガン。
　　　　　　　　「**扶清滅洋**」：1900年におこった義和団の武装蜂起の際主張された排外的スローガン。

●日本の韓国併合（1910〜45）　　┃日本：繊維産業の機械化が進展──→外国へ市場拡大（韓国へ）┃

・3次にわたる 7＿＿＿＿＿＿＿＿により，統監府をおき，◀──────　武装抗日闘争（義兵闘争）の広がり

　事実上の保護国化　　　　　　　　　　　　　　・1909　伊藤博文が安重根（アンジュングン）に暗殺される

・1910　韓国併合…（朝鮮総督府の設置＝36年に及ぶ植民地支配へ）

(1)　中国での列強の支配が強化されるに及んで，中国の民衆の間から不満が高まっていった。中でも，山東で「8＿＿＿＿＿＿＿＿＿」を唱えた**義和団**が勢力を拡大，やがて北京に入城して大規模な排外運動を展開した。清朝もこれに同調すると各国は出兵し，鎮圧した。これが**義和団戦争**である。

(2)　朝鮮をめぐり日本と対立したロシアは，義和団戦争後も中国に軍隊を駐留し，朝鮮への圧力を強めた。その動きはやがて1904年 9＿＿＿＿＿＿＿＿＿の勃発につながった。**日英同盟**の支援もあり，日本は軍事的勝利を重ねたが，アメリカ大統領10＿＿＿＿＿＿＿＿＿＿＿＿＿＿＿の仲介を受け入れ，11＿＿＿＿＿＿＿＿＿＿条約が結ばれた。この条約で日本は韓国の指導（保護）・監督権を獲得，やがて1910年の12＿＿＿＿＿＿＿＿＿につながることになる。

❸　各国の民族運動

┃清┃　　清朝政府の改革（1＿＿＿＿＿＿＿）　　　┃革命勢力┃

　①2＿＿＿＿＿＿＿の廃止（1905）

　②国会開設の公約（1908）

　③憲法大綱の発表（1908）

興中会（こうちゅうかい）　　　──→　3＿＿＿＿＿＿＿が1905年に中国同盟会を結成

光復会（こうふくかい）　　　　　　　　4＿＿＿＿＿＿＿＿を掲げて革命宣伝や武装蜂起を行う

華興会（かこうかい）　　　　　└─→「民族・民権・民生」

1911　5＿＿＿＿＿＿＿＿がはじまる　　（鉄道国有化（こくゆうか）で四川暴動→**武昌蜂起（ぶしょうほうき）**）⇨1912　中華民国樹立（南京）

・実力者 6＿＿＿＿＿＿を起用，革命勢力と交渉

・7＿＿＿＿＿＿の退位・6が臨時大総統に就任…独裁と反動政治（孫文ら 8＿＿＿＿＿＿（1912年結成，1913年解散）との対立）。6の死後は，各地に軍閥が割拠

・中国周辺部でも独立の動き　9＿＿＿＿＿＿＿＿＿＿＿＿＿の成立

┃インド┃　・1885　インド国民会議（インド人の意見を諮問する機関）結成

　　　　　　…はじめは親英，10＿＿＿＿＿＿＿令発表後は反英へ転換

　　　　　　＊ヒンドゥーとイスラームの分断目的

- -

1906　11＿＿＿＿＿＿＿大会で4つの綱領発表

①英貨排斥・②12＿＿＿＿＿＿＿（国産品愛用）・③13＿＿＿＿＿＿＿（自治獲得）・④民族教育

- -

→イスラーム勢力は 14＿＿＿＿＿＿＿＿＿＿＿を結成（イギリスの支援による，1906）

(1)　義和団戦争後の中国では，清朝による改革の効果が上がらない一方，海外では，留学生や19＿＿＿＿＿を中心に革命運動が広がりをみせていた。そのような中**興中会**を指導する20＿＿＿は21＿＿＿＿＿＿＿を組織，**三民主義**を掲げ，革命の中心となった。やがて**辛亥革命（しんがいかくめい）**により南京で22＿＿＿＿＿＿＿が成立。清朝側は**袁世凱**を送り交渉に入った。その結果，23＿＿＿＿＿の退位を条件に，袁の大総統就任が決定し，ここに中国の皇帝支配は終わりを告げた。

●東南アジア・西アジア諸国の民族運動

東南アジア	インドネシア	イスラーム同盟
	フィリピン	フィリピン革命
	ベトナム	15＿＿＿＿＿運動
西アジア	オスマン帝国	青年トルコ革命
	イラン	16＿＿＿＿運動・立憲革命
	エジプト	17＿＿＿＿＿運動
	南スーダン	18＿＿＿＿＿運動

(2)　**英領インド帝国**では，弁護士や官僚などを中心に民族的な自覚を持つ動きがおこってきた。そのような中，24＿＿＿＿＿＿＿＿＿が結成された。はじめ親英的であったこの組織は，1905年の**ベンガル分割令**発表後は反英闘争を展開，1906年の25＿＿＿＿＿＿大会では，26＿＿＿＿＿＿＿が発表された。これに対してイギリスはイスラーム勢力の**全インド＝ムスリム連盟**を支援。

(3)　インドネシアでは，1911年，民族的な組織である27＿＿＿＿＿＿＿が，フィリピンでは28＿＿＿＿＿＿＿や**アギナルド**が独立に向けて運動を展開し，ベトナムでは29＿＿＿＿＿＿＿＿＿＿＿が日本に留学生を送り新しい学問や思想を学ばせる30＿＿＿＿＿＿（東遊）運動が展開された。

(4)　イスラム諸国では31＿＿＿＿＿の思想が広がり，エジプトでは32＿＿＿＿＿運動，南スーダンでは33＿＿＿＿＿運動などが展開された。オスマン帝国では青年トルコ革命から34＿＿＿＿＿＿が生まれ，イランではタバコ＝ボイコット運動と35＿＿＿＿＿＿＿がおこるなどアジア各地で民族運動は高まりをみせた。

◀◀◀ **演習問題** ▶▶▶▶▶▶▶▶▶▶▶▶▶▶▶▶▶▶▶▶▶▶▶▶▶▶▶▶▶▶▶▶▶▶▶▶▶

1　　　　　　　　　　　　　　　　正誤でチェック！基礎知識

次の各文の下線部には1か所ずつ誤りがある。その番号を指摘し，正しい語句に訂正せよ。

A 1900年に中国でおこった①甲午農民戦争は，列強の介入を招いただけではなく，日本とロシアの対立を激化させていった。東アジアで同じくロシアの脅威を感じていたイギリスは，②日英同盟を結び，日本と協力してロシアにあたることになった。こうしてイギリスの③光栄ある孤立は崩れることになる。

B 日露戦争の長期化は，両国の国力を疲弊させることになる。特にロシアは戦争中に①1905年革命（第1次ロシア革命）がおこり，社会不安が高まった。そこでアメリカの大統領②フランクリン=ローズヴェルトは両国の仲介を行った。その結果，③ポーツマス条約が締結され，戦争は終結することになった。

1

番号	正しい語句
A	，
B	，

2 ［アジアの民族運動］　　　　　　　　(21　慶應義塾大学より作成)

1894年，東学という新宗教の幹部・全琫準が反乱を起こすと，それを鎮圧するために朝鮮半島に出兵した日清両国が対立して開戦する事態に至り，日清戦争が始まった。この戦争は日本が勝利して1895年に（①）が締結された。この条約によって，日本は清に対して，朝鮮が完全な独立国であることを認めさせ，さらに（②），台湾，澎湖諸島を割譲させたが，これらのうち②はロシア，ドイツ，フランスの勧告によって，日本から清に返還された。これを（③）という。日清戦争の後には，ₐ帝国主義列強による中国の領土・利権の獲得競争が激化したが，それに出遅れていたアメリカ合衆国の国務長官（④）が二度にわたって（⑤）宣言を発し，⑤，機会均等，領土保全の3原則を提唱した。

また，朝鮮は日清戦争後の1897年に国号を（⑥）に改めて，①で認められた自主独立の国であることを示した。1904年には，満洲と朝鮮半島をめぐって対立する日本とロシアが開戦した。日露戦争のはじまりである。ᵦこの戦争は勝敗がつかないまま，国力を消耗した両国はアメリカ大統領（⑦）の仲介で，1905年に（⑧）を締結した。この条約で日本は朝鮮半島における優越権をロシアに認めさせると，同年に第2次日韓協約を強要して⑥を保護国化し，伊藤博文を初代統監として派遣した。しかし，愛国啓蒙運動や義兵闘争に参加していた朝鮮の独立運動家である（⑨）は，1909年にハルビン駅で伊藤博文を射殺し，その翌年，日本は武断統治にもとづくᵪ朝鮮半島の植民地支配を開始した。清では日清戦争の敗北によって国家の存亡に対する危機感が高まり，1898年，光緒帝は（⑩）や梁啓超らを登用して，日本などを手本とした政治改革を実施しようとしたが，（⑪）は光緒帝を幽閉し，同年のうちに改革を終結させた。しかし，清は1900年に起きた（⑫）戦争に敗れ，1901年に多額の賠償金や北京等での駐兵権などを認めた（⑬）を11カ国と締結すると，本格的な政治改革に取り組むようになった。その一環として，隋・唐時代に始まった官吏登用試験制度である（⑭）が1905年に廃止されて，海外での学位取得も官位取得の条件の一つに認められた。このことは，日露戦争に日本が勝利したこととあいまって，清から日本への留学生が増加することにつながった。

広東出身の孫文は，1894年にハワイで華僑を中心に興中会を結成し，翌年には香港に本部を置いて広州で蜂起したが失敗し，日本に亡命した。1905年には孫文の興中会をはじめとする革命諸団体が結集して，東京で（⑮）を組織した。彼は機関紙『民報』を刊行して，「民族・民権・民生」などのₔ革命思想を広げた。他方，清の新政は，改革にともなう増税やその中央集権的な性格から，地方の有力者や民衆の反発を招いていた。1911年，四川省では鉄道国有化反対運動が活発に展開され，革

2

問1 ①

②

③

④

⑤

⑥

⑦

⑧

⑨

⑩

⑪

⑫

⑬

⑭

⑮

命派の働きかけもあってそれが武装蜂起に発展する。革命軍は孫文を臨時大総統に選出し，1912年1月に南京で中華民国の建国を宣言した。

　清側は，北洋新軍の首領である(⑯)を起用し革命側との交渉にあたらせたが，⑯は清朝を見限って皇帝の退位を承諾するとともに，孫文から臨時大総統の地位を譲り受け，北京でそれに就任した。1912年に清朝最後の皇帝である(⑰)が退位して清朝は滅亡し，二千年以上にわたる中国の皇帝政治は終わりを告げた。中華民国は清の版図を継承し，例えば，清末から自立路線を強めていた外モンゴルは，辛亥革命に際して独立を宣言したものの，中華民国はそれを認めなかった。しかし，(⑱)らが創設に参加したモンゴル人民党（1924年モンゴル人民革命党に改称）は，ソヴィエト赤軍などの協力を得て1921年に独立を達成し，1924年にモンゴル人民共和国の成立を宣言した。

問1　文中の空欄①〜⑱に適語を入れよ。

問2　下線部a〜dについて次の各問いに答えよ。

　a　イギリスがこの時期租借した地域を2つ答えよ。

　b　この戦争中，ロシアでは1905年革命が起こっている。その革命のきっかけとなった事件は何か，答えよ。

　c　1910年のこのできごとを何というか答えよ。

　d　この革命思想を何というか答えよ。

3　**［アジア諸国の民族運動］**　　(19　千葉大学・21　東海大学より作成)

　1894年，朝鮮で悪政改革・帝国主義列強排斥を訴えた(①)が起こり，これを機に日清戦争が勃発した。敗れた清に列強が侵略を深めると中国でも民衆の蜂起が起こった。一方キューバやフィリピンではスペインに対する独立闘争が起こり，それを背景に(②)が起こった。その結果アメリカがフィリピンを獲得すると(③)が対米闘争を展開したが，鎮圧された。同じ頃スーダンではイギリスの侵略に対し(④)が続き，イギリスのアフリカ縦断を遅延させた。またフランスの支配に対するサモリ＝トゥーレの反抗も起こった。日露戦争が起こると，ユーラシアのあちこちで民衆が動いた。ロシアでは帝国主義戦争からの脱却を願う民衆のデモが起こり，これに対する弾圧事件が起こった。そしてこれを機に1905年革命（第1次ロシア革命）が勃発。さらにロシアに対する日本勝利の報はアジア各地に大きな刺激を与え，(⑤)は東京で中国同盟会を結成し，ベトナムではフランスの支配からの独立を図る(⑥)が日本への留学運動すなわち(⑦)を活発化させた。さらに(⑧)に反発したインド国民会議派は(⑨)大会を開いて a 4綱領を決議し，反英運動の指針を定めた。ガージャール朝では1907年(⑩)が起こり，一時的にせよ立憲政を樹立した。オスマン帝国では1908年(⑪)が起こり，b オスマン帝国憲法を復活させた。一方日本による圧迫が深まった韓国では(⑫)が激化し，渦中で伊藤博文暗殺事件が起こり，日本は植民地支配に踏み切ることになった。

問1　文中の空欄①〜⑫に適語を入れよ。

問2　下線部a，bについて，次の各問いに答えよ。

　a　この4綱領として**適切ではないもの**を，次のア〜エのなかから1つ選べ。

　　ア　自治獲得　　イ　国産品愛用　　ウ　創立民国　　エ　英貨排斥

　b　この憲法を停止したスルタンを，次のア〜エのなかから1つ選べ。

　　ア　セリム2世　　　イ　アブデュルハミト2世

　　ウ　マフムト2世　　エ　アブデュルメジト1世

問3　義和団戦争後，1902年にイギリスは日本と日英同盟を結ぶ。その理由を説明せよ。

⑯

⑰

⑱

問2 a・

　　・

b

c

d

3

問1 ①

②

③

④

⑤

⑥

⑦

⑧

⑨

⑩

⑪

⑫

問2 a

b

問3

14章

37 第一次世界大戦とロシア革命

第一次世界大戦の展開とロシアの変容について，背景や因果関係に着目して理解しよう。

◀◀◀ ポイント整理 ▶▶▶▶▶▶▶▶▶▶▶▶▶▶▶▶▶▶▶▶▶▶▶▶▶▶▶▶▶▶▶▶▶

1 バルカン半島の危機

バルカン半島：列強の対立が激化，「¹ _____」とよばれた

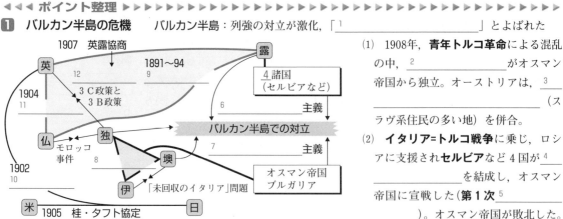

(1) 1908年，**青年トルコ革命**による混乱の中，² _____ がオスマン帝国から独立。オーストリアは，³ _____ (スラヴ系住民の多い地) を併合。

(2) **イタリア=トルコ戦争**に乗じ，ロシアに支援され**セルビア**など4国が⁴ _____ を結成し，オスマン帝国に宣戦した (**第1次** ⁵ _____)。オスマン帝国が敗北した。

(3) 直後，領土配分をめぐり4内部で2とセルビアが対立，**第2次**5が勃発。敗れた2は孤立し，ドイツ陣営に接近した。

2 第一次世界大戦 概観

年代	¹ _____ 側の動き	² _____ 側の動き
1914	結果 ▶ .6	セルビア人の民族主義者の学生が，ボスニアの³ _____ で4帝位継承者夫妻を暗殺
	.7 ⁴ _____ がセルビアに対し，宣戦	
	4 VS セルビア	
	.7 4との同盟関係から，⁵ _____ が宣戦 (イタリアは中立)	.7 セルビアとの関係から，⁶ _____ が宣戦，フランス・イギリスも宣戦
	第一次世界大戦の勃発 1 VS 2	
	.8 東部戦線では，⁷ _____ の戦いでドイツがロシアに勝利	.8 日英同盟を口実に，⁸ _____ がドイツに宣戦
		.9 西部戦線では，⁹ _____ の戦いでフランスがドイツの進撃を阻止…[以降，¹⁰ _____ 戦の展開]
1915	.4 イープルの戦いで¹¹ _____ を使用	
	.5 ¹² _____ が三国同盟を離脱 ◀ イギリスの秘密外交	
	▶ イタリアが2側に立って参戦	
	[¹³ _____ …「未回収のイタリア」割譲を約束される]	
		.10 英がアラブとフセイン・マクマホン協定を結ぶ
1916		.5 英・仏・露間でサイクス・ピコ協定を結ぶ
		.6 西部戦線では，ソンムの戦いがはじまり，イギリスが新兵器の¹⁴ _____ を使用
1917	.2 ドイツが¹⁵ _____ 作戦を開始し，英仏の通商路を攻撃 ▶	.4 ¹⁶ _____ が2側に立って参戦
		ロシア革命
		.11 イギリスは，バルフォア宣言でパレスチナでのユダヤ人国家建設を支持
		ロシアのレーニンが「平和に関する布告」を発表
17		.1 米大統領ウィルソンが，大戦終結のための¹⁸ _____ を発表
	.9 ブルガリア，オスマン帝国降伏	.3 ソヴィエト=ロシアはドイツと¹⁹ _____ 条約を結び，大戦から離脱
	.11 ²⁰ _____ の水兵反乱により，ドイツ革命がはじまる (～1919.1) →ドイツ共和国誕生	
	ドイツ・オーストリアが休戦・降伏	1918.11 第一次世界大戦の終結

左端縦書き：大戦の流れ／ドイツの攻勢→戦線の膠着と長期化→米の参戦・革命の勃発・終戦へ

ことばの探究 **同盟**：軍事同盟といわれるように軍事力の行使などを前提とした強力な国家間の関係をさす。
協商：同盟ほど強くない国家間の緩やかな協力関係をさす。商業活動の協力とは関係ない。

3 戦時外交と総力戦

(1) 1915年4月，**ロンドン条約**で連合国側から「¹_____」の一部割譲を約束されたイタリアは，同年5月，²_____を離脱し，**オーストリア**に対して宣戦した。

(2) 1915年，イギリスはオスマン帝国との戦いを有利にするため³_____**協定**を結び，戦争協力と引き換えに，戦後**アラブ人（諸部族）のオスマン帝国からの独立**を約束した。しかし，この協定はイギリス・フランス・ロシア間で**オスマン帝国領土分割**を秘密裏に約束した1916年の⁴_____**協定**や，**ユダヤ人の協力**を得るためにイギリス外相が**パレスチナ復帰運動**への協力を約束した1917年の⁵_____と矛盾するものであった。

(3) 第一次世界大戦から戦争は，参戦各国の国力を戦争に注ぎ込む⁶_____の性格を帯びるようになった。

(4) アメリカ大統領**ウィルソン**が1918年に発表した**十四カ条（の平和原則）**は，秘密外交の廃止，海洋の自由，関税障壁の撤廃や各国の⁷_____，民族自決，⁸_____の設立などをおもな内容としていた。

4 ロシア革命

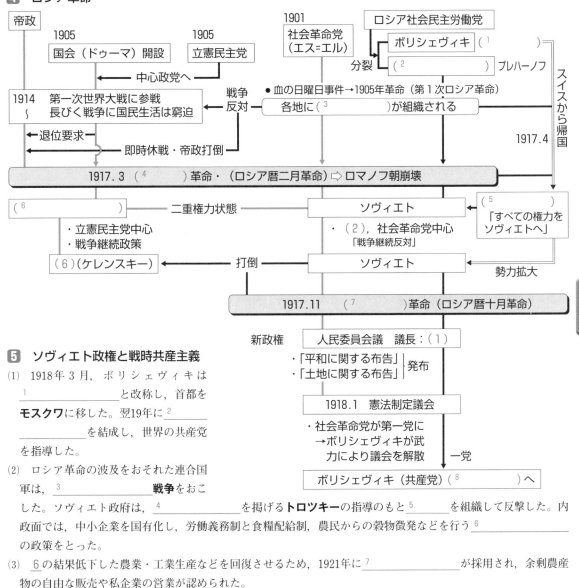

5 ソヴィエト政権と戦時共産主義

(1) 1918年3月，ボリシェヴィキは¹_____と改称し，首都を**モスクワ**に移した。翌19年に²_____を結成し，世界の共産党を指導した。

(2) ロシア革命の波及をおそれた連合国軍は，³_____**戦争**をおこした。ソヴィエト政府は，⁴_____を掲げる**トロツキー**の指導のもと⁵_____を組織して反撃した。内政面では，中小企業を国有化し，労働義務制と食糧配給制，農民からの穀物徴発などを行う⁶_____の政策をとった。

(3) 6の結果低下した農業・工業生産などを回復させるため，1921年に⁷_____が採用され，余剰農産物の自由な販売や私企業の営業が認められた。

(4) 1922年，**ロシア**・⁸_____・⁹_____**（白ロシア）・ザカフカース**の4つのソヴィエト共和国からなる¹⁰_____が成立した。

◀◀◀ **演 習 問 題** ▶▶

1 [第一次世界大戦]　　　　　　　　　　　　　　　　　（12　中央大学より作成）

　第一次世界大戦勃発の背景には，緊迫したバルカン情勢があった。1908年にオスマン帝国で，専制政治の打倒をめざす（①）がおこり，その混乱のなかでオスマン帝国から（②）が独立すると，これに乗じてオーストリアは（③）を併合した。同じく③を併合しようとしていたセルビアでは，反オーストリア感情が高まっていった。そして1912年，（④）主義を唱えるロシアの指導のもとで，セルビア・ギリシア・（②）・モンテネグロが反オーストリア同盟としてバルカン同盟を結成した。このように，オーストリアとロシアが勢力拡大をねらって対立していたバルカン半島は，当時「（⑤）」とよばれていた。

　第一次世界大戦の直接的原因となったのが，1914年6月におこった，ₐ<u>セルビア人学生によるオーストリア帝位継承者夫妻の暗殺事件</u>であった。同年7月にオーストリアがセルビアに対して宣戦布告し，これを受けてロシアがセルビア支援のため，総動員令を発布した。同年8月には，短期間でのフランス打倒をねらうドイツが，中立国であった（⑥）に侵入し，これに対してイギリスが参戦を表明する。日本は，1914年8月，（⑦）を口実に連合国側についてドイツへ宣戦布告した。戦争は世界規模に拡大し，イギリス・フランス・ロシアを主力とする連合国と，ドイツ・オーストリアをはじめとする同盟国とのあいだでの全面戦争となった。短期決戦を想定していたドイツであったが，北フランスへの侵攻が（⑧）の戦いで阻止されると，西部戦線は塹壕戦となり膠着状態となった。一方，東部戦線では，将軍ヒンデンブルク率いるドイツ軍が（⑨）の戦いで勝利をおさめるものの，ここでも長期戦となった。ᵦ<u>戦争は全国民を総動員して生産を行い，補給体制を整えるような戦い</u>になり，またあらゆるᵩ<u>新兵器も投入される</u>なかで，戦争の形態が大きく変貌していった。

　ₔ<u>戦争が長期化し消耗戦となると</u>，イギリスのロイド＝ジョージ内閣やフランスのクレマンソー内閣のように，ₑ<u>各国では諸政党が結束して政府を支持する体制が成立した</u>。その後はᵩ<u>連合軍側が圧倒的に優勢となった</u>が，同年11月にロシアで革命がおこると，ᵧ<u>革命政権は1918年3月，ドイツと単独で講和を結び</u>，戦線から離脱した。その後ドイツは，最後の力を西部戦線に結集するものの，連合軍の反撃によってドイツの敗戦が濃厚になる。こうしたなか，1918年11月，（⑩）軍港での水兵の蜂起を機に（⑪）がおこり，皇帝ヴィルヘルム2世が退位してₕ<u>新国家が成立した</u>。臨時政府は連合国と休戦協定を結び，大戦は終結する。

　1919年1月，第一次世界大戦の戦後処理のため，パリ講和会議が開催された。この会議は，前年（⑫）米大統領が発表したᵢ<u>十四カ条</u>が基礎とされた。同年6月には敗戦国ドイツと連合国との間で（⑬）条約が結ばれる。この条約では，ドイツに対して，すべての植民地の放棄や，軍備の制限，巨額な賠償金などが課され，ドイツ国内では不満が募っていった。

問1　文中の空欄①～⑬に適語を入れよ。

問2　下線部a～ｉについて次の各問いに答えよ。

　a　この事件を何というか。

　b　このような戦争の形態を何というか。

　c　イギリスが塹壕戦を打開するために，ソンムの戦いで使用した新兵器は何か。

　d　戦争が長期化するなかで，イギリスはさまざまな秘密外交を行った。

　　ⅰ　ロンドン条約で連合国側への参戦と引き換えにイタリアに割譲が約束された地域を何というか。

　　ⅱ　1915年，オスマン帝国内のアラブ人（諸民族）の協力を得るために，イギリスがアラブ人国家の建設を約束した協定は何か。

1

問1 ①

②

③

④

⑤

⑥

⑦

⑧

⑨

⑩

⑪

⑫

⑬

問2 a

b

c

d ⅰ

ⅱ

iii　英仏露間で戦後のオスマン帝国の領土分割を画策した1916年の協定は何か。

iv　イギリスが，上記②の協定によって戦後のアラブ地域の独立を約束する一方で，パレスチナにユダヤ人の民族的郷土建設を認めた，1917年の外交文書は何か。

e　第一次世界大戦中に成立したこのような体制は何とよばれているか。

f　連合国側が戦いを有利に進めることになった要因について，1917年にドイツが行った作戦名を明らかにしながら，40字以内で説明せよ。

g　革命政権の外務人民委員としてこの講和にあたったロシア人は誰か。

h　成立した新国家を何というか。

i　この原則は，1917年11月，ロシアの革命政権が「無併合・無償金・民族自決」を訴えた外交文書に対抗したものとされる。この外交文書を何というか。

iii _____
iv _____
e _____
f _____

g _____
h _____
i _____

② [ロシア革命]
(06　関西学院大学より作成)

　a1905年革命（第1次ロシア革命）の後，ロシア情勢は不穏になり，第一次世界大戦の長期化によって社会不安も深刻化し，国民の不満は高まっていった。1917年，首都ペトログラードでの民衆の大規模なストライキを契機に（①）革命が勃発し，各地にbソヴィエトが組織された。政府は事態を収拾することができず，かわって立憲民主党を中心として成立した臨時政府が（②）の退位を求め，これまで専制政治を続けてきたロマノフ王朝は崩壊した。臨時政府にはソヴィエトを代表して（③）が参加したにとどまり，臨時政府とソヴィエトの二重権力状態が続いていた。4月にボリシェヴィキの指導者レーニンが亡命先から帰国すると戦争の即時停止・ソヴィエトに権力を委譲することを求める（④）を発表し，首相となった③はレーニンが率いるボリシェヴィキと対立した。しかしボリシェヴィキは勢力を回復し，1917年11月に武装蜂起を行い，臨時政府を倒して政権を握った。これが（⑤）革命である。新政府（ソヴィエト政権）はただちに戦争の中止，大土地所有の廃止を布告し，ドイツとは翌年，（⑥）条約を結んで単独講和を行った。

　ソヴィエト政権は，首都を（⑦）に移し，大企業の国有化を行うなど社会主義化を進めた。これに対し，国内の反革命勢力は内戦をおこし，またイギリス，フランス，日本，アメリカなどが侵入し干渉戦争を行った。ソヴィエト政権は統制を強化し，干渉戦争による経済の混乱に対応しようとしたが，労働者や農民の不満は増し，内戦後の1921年以降は（⑧）を採用し，統制経済をゆるめた。ソヴィエト政権は，cヨーロッパ諸国での革命運動の高まりに期待し，それを指導する組織として1919年に（⑨）を結成した。こうした経過をたどったロシア革命によって，1922年に4つのソヴィエト共和国からなる，（⑩）（ソ連）の成立が宣言され，1924年には新憲法が公布されるにいたった。

問1　文中の空欄①〜⑩に適語を入れよ。

問2　下線部a〜cについて次の各問いに答えよ。

a　この革命のあとに首相となり，議会の解散や革命派の弾圧などの強権政治を行った人物は誰か。

b　ソヴィエトとは何を意味することばか。

c　ローザ=ルクセンブルクが指導し，1919年にドイツで蜂起した革命団体は何か。

②
問1①_____
②_____
③_____
④_____
⑤_____
⑥_____
⑦_____
⑧_____
⑨_____
⑩_____
問2 a_____
b_____
c_____

15章

38 ヴェルサイユ体制下の欧米諸国

ヴェルサイユ・ワシントン体制はどのような内容だったのだろうか。また、欧米諸国はどのように変化したのだろうか。

◀◀◀ **ポイント整理** ▶▶

1 ヴェルサイユ体制とワシントン体制

第一次世界大戦の終結

ヨーロッパ

¹_____（1919. *1*）

【基本方針】：ウィルソン米大統領による十四カ条（の平和原則）───

イギリス：²_____ ┐ 対ドイツ強硬論を主張したため、

フランス：³_____ ┘ 原則は部分的にしか実現せず

┌─【連合国と敗戦国との条約】─┐

・対ドイツ：⁴_____条約（1919. *6*）───→ 国際平和維持機構 ⁶_____が成立

・対オーストリア：⁵_____条約（1919. *9*）

・対ブルガリア：ヌイイ条約（1919. *11*）

・対ハンガリー：トリアノン条約（1920. *6*）

・対オスマン帝国：セーヴル条約（1920. *8*）

・本部：ジュネーヴ

・総会決議：全会一致

・常任理事国：イギリス、フランス、イタリア、日本

⇨ヨーロッパの新秩序　**ヴェルサイユ体制が成立**

◆　　　◆　　　◆

(1) 東欧諸国では、**ロシア革命の影響力を封じ込めるため**、**民族自決**が実現した。旧ロシア帝国領、旧オーストリア=ハンガリー帝国、旧ドイツ帝国から、⁷_____，⁸_____，⁹_____，¹⁰_____，─〔バルト3国〕─ ¹¹_____，¹²_____，¹³_____，¹⁴_____（1929年にユーゴスラヴィアと改称）がそれぞれ独立した。

(2) 敗戦国ドイツは、連合国との間にヴェルサイユ条約を締結した。これにより、ドイツは¹⁵_____が制限され、¹⁶_____・¹⁷_____地方を**フランス**に割譲。また、¹⁸_____（ライン川両岸地域）を非武装化するなど、徹底的に国力が縮小された。さらに、連合国に対し巨額の¹⁹_____を支払わねばならなかった。

(3) 1920年、**国際連盟**が成立し、スイスの²⁰_____に本部をおいた。連盟は、史上初の国際平和維持機構であった。**武力制裁手段を欠き**、敗戦国ドイツやソヴィエト=ロシアを排除する、国内で孤立主義が高まった²¹_____は参加しないなど、多くの問題を抱えながらの成立であった。

アジア・太平洋地域

パリ講和会議 ┬→中国… ┌二十一カ条の要求の取消し┐ 提訴 ⇨ 列国の拒否 ⇨ **五・四運動**（民族運動）へ発展

　　　　　　　└山東のドイツ利権返還┘

　　　　　　 └→日本… ドイツ利権獲得、赤道以北のドイツ領南洋諸島の²²_____権を獲得

²³_____（1921〜22）：アメリカ大統領ハーディングの提唱
・1921 ²⁴_____条約：太平洋の現状維持と²⁵_____の解消
・1922 ²⁶_____条約：中国の主権尊重・領土保全・機会均等・門戸開放を確認→日本の山東利権返還
²⁷_____条約：米・英・日・仏・伊の主力艦保有トン数と保有比率を決定

⇩

アジア・太平洋地域における国際秩序 ²⁸_____が成立

【目的】日本の勢力拡大を抑制し、アジアの民族運動鎮静化をはかるため

ことばの探究 **主力艦と補助艦**：主力艦は、戦艦、巡洋戦艦、航空母艦、補助艦には巡洋艦、駆逐艦、潜水艦が該当した。
ユーゴスラヴィア：「南（ユーグ）スラヴの国」という意味。

❷　第一次世界大戦後のヨーロッパ諸国①

イギリス

1918	1_____改正
	…21歳以上の男性，30歳以上の女性に選挙権拡大
1919	パリ講和会議
1924	2_____連立内閣（自由党・労働党）
	ソ連承認
1926	イギリス帝国会議
1928	3_____改正
	…21歳以上の男女に選挙権拡大

【アイルランド問題】

・1922　4_____成立
　　　イギリス連邦の自治領へ

アルスター地方
（本国にとどまる）

・1937　5_____と
　　　して完全独立

・1949　アイルランド共和国と
　　　改称

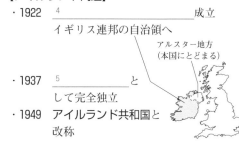

(1)　第一次世界大戦後，イギリスでは選挙権の拡大がすすみ，これを背景にして 6_____ が台頭した。**保守党**に次ぐ第二党の地位についた。1929年の選挙では初めて第一党となった。

(2)　戦争に協力して発言権を拡大したカナダなどの自治領は，1926年にイギリス本国と対等の地位を認められた。それは，1931年の 7_____ で成文化され，これにより 8_____ が発足した。

ドイツ

1919	ドイツ共産党の蜂起　→　鎮圧
	9_____（社会民主党）大統領就任
	ヴェルサイユ条約調印
	10_____憲法制定（10共和国）
1921	ロンドン（軍縮）会議で賠償金 11_____金マルクに決定
1922	12_____条約 ⇨ ソ連承認
1923	賠償支払い遅延を理由に 13_____占領
	→不服従運動による抵抗，極度のインフレーション
	14_____首相の通貨改革
	…レンテンマルクを発行⇒鎮静化
1924	ドーズ案成立：アメリカ資本のもと賠償支払いへ
1929	ヤング案成立：ドイツの支払額が358億金マルクに

フランス

1919	クレマンソー首相が，パリ講和会議で対ドイツ強硬論を主張
1921	東欧小協商国と相互援助条約締結 対ドイツ包囲
1923	ポワンカレ右派内閣
	15_____と13出兵
1924	エリオ左派連立内閣　ソ連承認

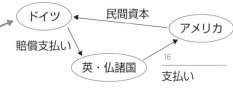

(3)　ドイツでは，17_____の**エーベルト**が大統領になり，史上最も民主的と称される1919年の憲法を制定して，18_____ が成立した。

(4)　一方フランスは，ドイツの賠償不履行を理由に**ベルギー**とともに，ドイツ最大の工業地帯 19_____占領を強行した。これに対しドイツは，不服従運動で抵抗したため生産が低下し，20_____ がすすんだ。**シュトレーゼマン**首相は，新紙幣の 21_____ を発行し，経済危機を克服した。

(5)　賠償問題解決のため，アメリカ合衆国が1924年に 22_____ を提案し，**アメリカ資本の導入**によるドイツ経済復興を推進した。29年には最終支払い案である 23_____ が成立した。

経済の安定を背景に国際協調外交へ

・1925　24_____締結　…ラインラントの非武装化と不可侵
・1926　ドイツが国際連盟加盟
・1928　25_____締結
　　　…国際紛争解決の手段としての戦争を放棄
　　　＊フランス外相 26_____ とアメリカ国務長官 27_____ が提唱
・1930　28_____開催
　　　…米・英・日の補助艦保有比率を決定

15章

154

3 第一次世界大戦後のヨーロッパ諸国②

イタリア

1919	「未回収のイタリア」獲得
1920	<u> 1 </u> のストライキ
1921	ムッソリーニが <u> 2 </u> 結成→労働組合などを襲撃
1922	<u> 3 </u> を展開 →国王, ムッソリーニを首相に任命
1924	<u> 4 </u> 併合
1926・27	<u> 5 </u> の保護国化
1928	ファシズム大評議会 …<u> 6 </u> 体制が確立
1929	ローマ教皇と <u> 7 </u> 締結

ポーランド

1918	<u> 8 </u> による独立宣言
1919	パリ講和会議で独立承認
1920	ポーランド=ソヴィエト戦争 (～21) →西ウクライナなど獲得
1926	8が政権獲得, 独裁開始

チェコスロヴァキア

1918	マサリク大統領, ベネシュ外相

＊東欧中, 最も議会主義・工業の発展した国家に成長

バルカン地域

南スラヴ人を中心に, セルブ=クロアート=スロヴェーン王国を形成→ <u> 10 </u> に改称

ハンガリー

1919	ハンガリー革命→共産党政権誕生→崩壊
1920	ホルティによる <u> 9 </u> 体制が確立

● ソ連の社会主義建設

1918	戦時共産主義→生産低下を招く
1921	新経済政策（ネップ）へ転換 ⇨ 市場経済導入へ
1922	ソヴィエト社会主義共和国連邦成立
1924	<u> 11 </u> が病死
1926	スターリンが <u> 12 </u> を追放し, 実権を握る
1928	<u> 13 </u> を開始 …重工業化と農業の機械化・集団化の推進 集団農場（<u> 14 </u>）と国営農場（ソフホーズ）を建設 ～世界恐慌の影響を受けず, 計画経済を推進～
1933	<u> 15 </u> を開始 アメリカ合衆国がソ連を承認 ⇨ スターリンの独裁体制確立

4 アメリカ合衆国の繁栄

【第一次世界大戦を通じて, 債務国から <u> 1 </u> へ転換, 世界一の経済大国へ】

1919	パリ講和会議 上院がヴェルサイユ条約批准を拒否 ⇨ 国際連盟不参加：アメリカの <u> 2 </u> 主義
1920	ウィルソン民主党政権 ⇨ <u> 3 </u> の実現
1921	共和党政権成立 ・ハーディング大統領…ワシントン会議を主催 ・クーリッジ大統領…ドーズ案を発表, 不戦条約成立 ・フーヴァー大統領

<u> 4 </u> 政策により国内市場を保護, 大企業優先の自由放任経済

【黄金の20年代】

①フォード …流れ作業方式による自動車の大量生産
② <u> 5 </u> 放送の開始（1920）
③家電製品の普及, 野球, ハリウッド映画など娯楽の発達

↓大量生産・大量消費・大衆文化が浸透
<u> 6 </u> 社会の到来

【社会の保守化と排外主義】

・ワスプ（WASP）（英国系白人エリート層）の形成
・労働力としての新移民に対する差別・迫害を強化
・人種差別組織クー=クラックス=クラン（KKK）の復活
・1919 <u> 7 </u> を制定
・1920 サッコ・ヴァンゼッティ事件
・1924 <u> 8 </u> 制定：日本を含むアジア系移民の禁止

・1929 「暗黒の木曜日」（10月24日）…ウォール街の株価大暴落から, 世界恐慌がおこる

◀◀◀ 演 習 問 題 ▶▶▶▶▶▶▶▶▶▶▶▶▶▶▶▶▶▶▶▶▶▶▶▶▶▶▶▶▶▶▶▶▶▶

1 ［第一次世界大戦後の欧米］　　　正誤でチェック！基礎知識　　**1**
（22　共通テストより作成）

次の各文の下線部には1か所ずつ誤りがある。その番号を指摘し，正しい語句に訂正せよ。

	番号	正しい語句
A		，
B		，
C		，

A　①1923年，②オランダはベルギーと共同でドイツの③ルール工業地帯を占領した。

B　第一次世界大戦後，①イギリスは，②上院の反対で，③国際連盟には参加しなかった。

C　①1922年，②ラパロ条約による国家承認を，③イタリアと結んだため，④ソ連の国際社会への復帰が進んだ。

2 ［ヴェルサイユ体制とワシントン体制］　（22　北海学園大学より作成）　**2**

第一次世界大戦が終わると，1919年1月からパリ講和会議が開かれたが，敗戦国は参加できず，ソヴィエト政府も招かれなかった。この会議では，アメリカ合衆国大統領（①）が1918年1月に発表した（②）が基礎とされたが，戦勝国が自国の利益を主張したため，a国際連盟の設立以外はほとんど実現しなかった。とくにフランスは，ドイツの弱体化をはかって，苛酷な講和条件を押しつけた。そのため，1919年6月に調印されたヴェルサイユ条約で，ドイツはすべての植民地を失い，b両地域のフランスへの返還，軍備の制限，（③）の非武装化，巨額の賠償金などが課され，国内に強い不満と恨みを残した。他の同盟国も，協商国（連合国）とそれぞれ個別に講和条約を結び，領土を縮小させられた。

ヴェルサイユ条約と一連の諸条約によって成立したヨーロッパ中心の新しい国際秩序をヴェルサイユ体制という。アジアなど従属諸地域も，このヴェルサイユ体制に組み込まれた。列強は，自国の支配下にあるエジプト，インド，朝鮮などの独立要求を無視し，ドイツの旧植民地やcオスマン帝国の領土を国際連盟の（④）という形で分配し，d民族自決の原則は東欧にしか適用されなかった。

戦後，日本が列強の一員となり，東アジア・太平洋地域で勢力を拡大すると，アメリカ合衆国大統領（⑤）のよびかけで，1921年から翌年にかけてワシントン会議が開かれた。eこの会議で決まった東アジアの国際協調システムを，ヴェルサイユ体制に対してワシントン体制とよび，この両体制が1920年代の国際秩序の柱となった。

当初きわめて不安定であったヴェルサイユ体制も，f1923年以降の西欧経済の回復とgソ連の政策転換を背景に安定していき，そのなかで国際協調の機運が生みだされた。すでに1922年，ドイツとソヴィエト＝ロシアの間で両国の国交が再開され，独・ソ封じ込め体制がゆらいでいたが，1924年から翌年にかけてアメリカ合衆国を除く列強がつぎつぎとソ連を承認した。また，1925年に結ばれた（⑥）では，ドイツと西欧諸国との国境の現状維持と相互保障が決まり，翌年ドイツは国際連盟に加入した。1928年には，フランス外相（⑦）とアメリカ国務長官（⑧）の尽力により（⑨）が調印され，国際紛争解決の手段として戦争に訴えないことが誓われた。

問1　文中の空欄①〜⑨に適語を入れよ。

問2　下線部a〜gについて次の各問いに答えよ。

　a　国際連盟の本部がおかれた都市はどこか。

　b　ドイツがフランスに返還した地図中αの地域を何というか。

　c　連合国とオスマン帝国との間に結ばれた講和条約は何か。

問1①	
②	
③	
④	
⑤	
⑥	
⑦	
⑧	
⑨	
問2 a	
b	
c	

15章

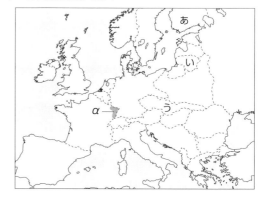

156

d　この結果，東欧に誕生した地図中あ～うの国家名を答えよ。

e　i この会議で決定した，太平洋の現状維持を定めた条約と， ii 中国の主権尊重と門戸開放の原則を確認した条約をそれぞれ答えよ。

f　1923年，レンテンマルク発行によって激しいインフレーションを沈静化させたドイツ首相を答えよ。

g　戦時共産主義から政策を転換し，1921年からソヴィエト政府が実施した経済政策の名称を答えつつ，その内容を20字以内で説明せよ。

3　[第一次世界大戦後の欧米諸国①]　　　　(21　北海道大学・立命館大学より作成)

　パリ講和会議の結果，ヨーロッパに存在した三つの帝国が解体した。そして，そこから東欧諸国が成立した。オーストリア=（①）帝国が解体し，①では1919年に革命によって社会主義体制が成立したものの，短期間で倒れ，権威主義的な共和国になった。さらに，かつてのベーメン（ボヘミア）の地に（②）が成立し，マサリクが初代大統領となった。この帝国からは（③）人・クロアティア人・スロヴェニア人の王国も独立し，この国は1929年に（④）［南スラヴ人の国］と改称した。こうしてオーストリアはおもにドイツ人からなる小共和国となった。一方，旧ロシア帝国からは北欧のフィン人の国家，そしてバルト3国が独立した。また，3度の分割によって消滅していたポーランド王国が（⑤）を元首とする共和国として復活を遂げた。このポーランドは領土の拡大を目指して_aソヴィエト=ロシアとの戦争で領土を拡大した。このように塗り替えられた新しいヨーロッパの国家秩序はヴェルサイユ体制と呼ばれることになるが，この米英仏の3国が主導して作り上げられたこの体制に対して，不満や怒りはすぐさま噴き出すことになる。1915年に協商国に加わったイタリアは本来戦勝国であったが，領土拡大を実現できなかった。さらに戦後にインフレーションに見舞われ，北イタリアの労働者が工場を占拠して大規模なストライキを行った。そのなかでムッソリーニが率いる（⑥）党が勢力を拡大して，1922年に黒シャツ隊が主体となって（⑦）を断行し，_bムッソリーニは首相に任命された。その後この国はファシズム体制を確立していくことになる。

問1　文中の空欄①～⑦に適語を入れよ。

問2　下線部a，bについて次の各問いに答えよ。

　a　ソヴィエト=ロシアを中心に，1922年，ソ連が結成された。それを構成したソヴィエト共和国のうちロシア以外の国を3つ答えよ。

　b　1929年にムッソリーニ政権が締結したラテラノ条約の内容を，60字以内で説明せよ。

4　[第一次世界大戦後の欧米諸国②]　　　　(18　法政大学・22　学習院大学より作成)

　大戦後，1920年代のアメリカ合衆国では（①）党政権のもと孤立主義外交が強まり，国内経済では企業への減税や，国内市場を守るため，輸入農産物や工業製品に対する（②）政策を導入した。これによって，アメリカでは長期の景気拡大が起こる。その反面，ヨーロッパの政治，経済の安定に寄与するため国際協調的政策も推進する二面性がみられた。この時代のアメリカの消費者は_a大量生産・大量消費による恩恵を受けることとなった。さらにこの時代のアメリカ社会にはいくつかの特徴がみられる。第一次世界大戦は女性の社会進出を促した。このことは，1920年の（③）の実現にも寄与した。しかしながら，同時にこの時期はアメリカで伝統的な白人社会の価値観が浸透した。アメリカでは建国以来，同国の支配的な地位にいるとみなされてきた人々をWASPとよぶ。また，人種差別的な秘密結社である（④）が勢力を拡大した。1921年及び1924年には（⑤）が改正され，中国や日本といったアジアの

---

d あ

い

う

e i

ii

f

g

3

問1 ①

②

③

④

⑤

⑥

⑦

問2 a ・

・

・

b

4

問1 ①

②

③

④

⑤

国々からの移民は禁止された。

　ところで第一次世界大戦期のアメリカでは「戦争をなくすための戦争」というスローガンの下で，クリールを委員長とする委員会が全米で反ドイツ講演会を開催していた。また，この委員会は反ドイツ映画の製作を指揮したり，支援したりもしていた。例えば（⑥）〔ア：ディズニー　イ：チャップリン　ウ：バーナード=ショー〕は1936年にアメリカで公開された映画《モダンタイムス》を製作したことでも有名である。1940年に⑥は，反ナチス映画であった《独裁者》を公開している。この映画で⑥は，当時のｂドイツで独裁政治をしいていたヒトラーをイメージさせる独裁者と，ユダヤ人の床屋を演じていた。当初，⑥は無声映画に固執していたというが，（⑦）が登場し，広く普及するようになった。第一次世界大戦後のアメリカで大衆文化の発展があった背景には，⑦の普及があったことを忘れてはいけない。アメリカでは1919年に，ヤングの働きもありアメリカ・⑦会社（RCA）が成立した。ちなみに，1929年，ヴェルサイユ条約でｃドイツが支払うことになった賠償金の削減案であるヤング案が作成されたことでも，彼の名前はよく知られている。

　開発されて間もない⑦の利用はドイツでも見られた。例えば，第一次世界大戦では開戦直後にイギリスによってドイツとアメリカを結んでいた海底ケーブルが切断されたときには，⑦が利用されたと言われている。19世紀半ばに海底電信ケーブルが，フランスとイギリスの両本国に挟まれた（⑧）海峡にしかれてから，そうした電信ケーブルの敷設が進み，世界各地が電信網で結ばれるようになっていた。

　一方大戦後，イギリスでは，パリ講和会議にイギリスの代表として出席した（⑨）の下でｄ第4回選挙法改正が行われた。また，懸案のアイルランド問題では，1918年に行われた総選挙で（⑩）党が勝利し，1922年にはイギリス連邦内の自治領として（⑪）が承認されることになった。

問1　文中の空欄①〜⑪に適語を入れよ。なお，⑥は〔　〕内のア〜ウから1つ選べ。
問2　下線部ａ〜ｄについて次の各問いに答えよ。
　ａ　下線部ａに関連した，下の文の空欄ア〜ウに適語を入れよ。

> 　企業が大量に生産を行うことで製品1個あたりの（ア）が大幅に低下する。これによって消費者は大量消費を行うことが可能となり，企業はさらに大量生産を行うことが可能となる。この典型例として1903年に設立されたアメリカの自動車会社である（イ）を挙げることができる。（イ）は1914年に生産工場に（ウ）を導入し，生産効率を向上させることに成功した。

　ｂ　ドイツでヒトラーが政権を獲得したのは1933年である。この年までドイツでは社会権や両性平等の普通選挙権を規定した憲法が効力を持っていた。この憲法の名称を答えよ。
　ｃ　1924年，連合国はドイツの賠償金支払い額を軽減し，アメリカ資本によるドイツ経済復興案受け入れを決定した。この提案を何というか。
　ｄ　この改正案で決定されたことは何か，簡潔に説明せよ。

⑥ _____
⑦ _____
⑧ _____
⑨ _____
⑩ _____
⑪ _____
問2 a ア _____
イ _____
ウ _____
b _____
c _____
d _____

15章

39 アジア・アフリカ地域の民族運動

大戦後、アジア、アフリカの民族運動は、地域ごとどのような経過をたどったのだろうか。

◀◀◀ **ポイント整理** ▶▶▶▶▶▶▶▶▶▶▶▶▶▶▶▶▶▶▶▶▶▶▶▶▶▶▶▶▶▶▶▶▶▶▶

1 西アジア（トルコ）・アフリカの民族運動

（選択肢）
A イラク
B エジプト
C イラン
D トランスヨルダン
E シリア

・ は委任統治領

トルコ

オスマン帝国

・第一次世界大戦に同盟国（独）側で参戦し、敗戦 → 列強による国土分割の危機
・1919 ギリシア=トルコ戦争勃発
　→ ギリシア軍が 6_____ 地方を占領　**トルコ革命のはじまり**
・1920 オスマン帝国と連合国間で 7_____ ___条約締結

> 諸民族の分離・独立、国土と軍備の大幅な縮小を強いられたことへの批判が生じる
> ⇕

・8_____ がトルコ大国民会議を開催。9_____ に臨時政府樹立
・1922 9政府がギリシア軍に勝利
　→ 10_____ を廃止
・1923 連合国と新たに 11_____ を結び、独立を守り通した

> 1. 新たな国境画定
> 2. 治外法権の廃止
> 3. 12_____ 回復

― 13_____ の成立―

トルコ共和国

・1924 13憲法を発布

○近代化政策○
・カリフ制の廃止：イスラーム教との 14_____
・女性の解放：チャドルの廃止や一夫一婦制の樹立、15_____ 権の実施
・16_____ ：アラビア文字にかわり 17_____ を採用

アフリカ

エジプト
・戦後、全国的な反英独立運動勃発= 18_____
・1922 19_____ が成立（1936完全独立）
　＊イギリスは 20_____ 支配権を保持

アフリカ〔南アフリカ〕
・1912 21_____（ANC）が創設
… 人種差別撤廃運動がはじまる

イスラーム諸国

・第一次世界大戦中、イギリスがパレスチナ地方に3つの矛盾した協定（条約）を結ぶ：「**多重外交**」

1915	フセイン・マクマホン協定	対アラブ人
1916	23_____ 協定	対 仏・露
	・フセインがヒジャーズ王国の成立を宣言	
1917	24_____ 宣言	対ユダヤ人

・戦後、イラク・ヨルダン・パレスチナは 25_____ の、シリア・レバノン（1941シリアから分離）は 26_____ の委任統治領とされた…27_____ 協定に相反する
・パレスチナでは24宣言にもとづき、世界中からユダヤ人の入植がすすんだため、アラブ人（諸民族）―ユダヤ人の対立が激化
[のちの 28_____]

・1919 第3次アフガン戦争の結果、イギリスの保護国であった 29_____ が独立

イラン
・30_____ が実権を握り、1925年に 31_____ 朝を創始
・1935 国名をイランに改称

アラビア半島…イギリスの影響力が増大
・イブン=サウードが半島統一をめざす
　↓ 1924 ヒジャーズ王国打倒
・1932 スンナ派（32_____）国家
　33_____ 王国建設

〔在外アフリカ系知識人〕
・1900 ロンドンにて 22_____ 開催（カンファレンス）
・1919 パリにて22開催（コングレス）

ことばの探究 **委任統治**：国際連盟によって委任された国が一定の非独立地域を統治する制度。実態は、従来の植民地が形を変えたものと大差はなかった。対象地域は、敗戦国ドイツのアフリカ及び太平洋の植民地、オスマン帝国の支配下にあった中東地域。

2 南アジア・東南アジアの歩み

◆インド／◆東南アジア

民族運動の発展

◆イギリスはインドへの大戦協力の代償として戦後の自治を約束

・1919年インド統治法制定（自治は守られず）

・1 ＿＿＿法により弾圧

【令状なしの逮捕，裁判ぬきの投獄】

《2 ＿＿＿事件》

↓イギリス軍の発砲→多数の死傷者

国民会議派指導者として，3 ＿＿＿が 4 ＿＿＿運動を展開 → 民族運動の大衆化

◆1920　インドネシア共産党成立

＊アジアで最初の共産党

◆1927　ベトナム国民党結成

〔オランダ領東インド〕

スカルノが 5 ＿＿＿を結成

◆1927　憲政改革調査委員会

…インド人含まれず

⇩

完全独立に向けて激化

◆1929　国民会議派 6 ＿＿＿大会

7 ＿＿＿ら指導のもと，完全なる独立：8 ＿＿＿を採択

◆1930　3の「9 ＿＿＿」組織

〔塩の専売法への抗議〕

◆イギリスの懐柔策

—10 ＿＿＿を開催(1930〜32)　反英運動を抑えようとするも失敗

〔ベトナム・仏領インドシナ〕

◆1930　11 ＿＿＿がベトナム共産党を結成，同年インドシナ共産党と改称

◆1935　12 ＿＿＿法成立

・各州の自治制と連邦制

・財政・防衛などイギリスが掌握（しょうあく）しつづける事項も多く，完全独立とはならず

◆1940　ジンナー指導の 13 ＿＿＿連盟，イスラーム国家パキスタン建設主張

⇩インド帝国からの分離

◆〔英領ビルマ〕 14 ＿＿＿党の台頭

・指導者アウン=サン，反英運動を展開

◆〔米領フィリピン〕

・1935　独立準備政府が発足

◆〔唯一の独立国 15 ＿＿＿〕

・1932　立憲革命 → 王政から立憲君主政へ

3 東アジアの歩み

朝鮮半島　日本による植民地統治

・1919.3.1　ソウルで 1 ＿＿＿

→日本は朝鮮総督府を通じて弾圧

同化政策 2 ＿＿＿へ転換

中国

●第一次世界大戦中，3 ＿＿＿とよばれる新文化運動の一環がはじまる：4 ＿＿＿大学が拠点

5 ＿＿＿：雑誌『新青年』(1915年創刊)

6 ＿＿＿：白話（はくわ）（口語）文学

7 ＿＿＿：『狂人日記（きょうじんにっき）』『阿Q正伝（あきゅうせいでん）』

中国革命

・1919　パリ講和会議にて，8 ＿＿＿取消しの提訴却下

1919　9 ＿＿＿　〔反帝国主義・反日〕

・1921　ソヴィエト=ロシア，コミンテルンの支援

↓

10 ＿＿＿党　委員長 5

11 ＿＿＿党　孫文（そんぶん）が中華革命党を改組（1919）

1924　第1次 12 ＿＿＿　←「13 ＿＿＿」の方針

・新たな革命のため，共産党との協力を認める

・1925　孫文死去

五・三〇運動 → 反帝国主義運動の高揚

・1925　広州国民政府樹立

蔣介石（しょうかいせき）率いる 14 ＿＿＿が，軍閥打倒・中国統一のため，15 ＿＿＿を開始（1926）

国共分裂

16 ＿＿＿(1927)

革命の急進化を恐れる 17 ＿＿＿財閥や外国勢力の支持で，共産党を弾圧

→18 ＿＿＿政府樹立　主席：蔣介石

1928　6月　14が北京入城

張作霖爆殺（奉天）事件

12月　奉天派(軍閥)の 19 ＿＿＿が革命軍に合流し，20 ＿＿＿全国統一

1930　関税の自主権回復

1931　21 ＿＿＿樹立

・江西省瑞金（ずいきん）・主席：22 ＿＿＿

国共内戦

15章

◀◀◀ **演 習 問 題** ▶▶

1 **[西アジアの民族運動]**　　　　　　　（23　中央大学・武庫川女子大学より作成）

　　第一次世界大戦に同盟国側で参戦して敗北したオスマン帝国は，戦後の（①）条約により領土は分割され，多くの地域がイギリス，フランス，イタリアの支配下にはいった。しかし，軍人であった（②）は，アンカラで大国民議会を開催し，臨時政府を樹立した。さらに②は，ギリシアと戦って勝利し，アナトリア西部の都市（③）を回復するとともに，1923年に ₐ連合国と新たな条約を結んで，（④）の回復，治外法権の廃止を実現した。この年，②はトルコ共和国の建国を宣言し，みずから初代大統領となる。また，（⑤）制を廃止するなどトルコの脱イスラーム化を進めるとともに，近代化に向けた ♭一連の諸改革を推進した。

　　ガージャール朝のイランは，戦後，自主権を回復した。しかし，1921年，（⑥）がクーデタにより実権を握って，1925年，パフレヴィー朝を開き，自ら ꜀伝統的な王号を称した。1935年には国名も他称のペルシアから，古代イラン語の「アーリヤ人たちの国」を意味するイランに改められ，ナショナリズムの動きがみられたが，国内の石油利権はイギリスの手中に残されていた。

　　アラビア半島でも，戦後，イギリスの影響力が増大した。（⑦）は，ワッハーブ王国の再興を目指していたが，イギリスの援助を得て独立し，アラビア半島の統一をも目指した。彼は，アラブ独立運動の指導者であったヒジャーズ王国を破り，ヒジャーズ＝ネジド王国をつくって半島の大部分を統一し，1932年，d新王国を建設した。イラクは，1920年，イギリスの委任統治領とされた。その翌年，ハーシム家のファイサルを国王に迎えたが，ハーシム王家は力をのばして1932年に独立した。一方シリアは，1920年，ファイサルを国王として独立を宣言したが，（⑧）の委任統治領とされ，1946年，共和国として独立した。また（⑨）は1941年，シリアから分離し，1943年に共和国として独立している。第一次世界大戦中の1915年，パレスチナに関し，イギリスは（⑩）協定によってアラブ人（諸民族）にオスマン帝国からの独立を約束した。その一方で，1917年の ₑイギリス外相による書簡で f ユダヤ人のパレスチナ復帰運動を援助する姿勢を示し，双方から協力を得ようとした。こうした相反する約束に加え，戦後，この地はイギリスの委任統治領となったため，アラブ人とユダヤ人との両民族間で，現在まで続く深刻な対立が始まった。

問1　文中の空欄①〜⑩に適語を入れよ。
問2　下線部 a 〜 f について次の各問いに答えよ。
　a　連合国と締結した新たな条約名を答えよ。
　b　②の近代化政策を，女性，文字，暦に着目し，60字以内で説明せよ。
　c　⑥が採用した伝統的な王号をカタカナで答えよ。
　d　1932年に成立した新国家の名称を答えよ。
　e　この外交文書を何というか。
　f　19世紀末，ユダヤ人ジャーナリストが開始したこの運動を何というか。

2 **[南アジア・東南アジアの民族運動]**　　（23　高崎経済大学・20　上智大学より作成）

　　20世紀前半のインドでは，第一次世界大戦期に国内の産業が発展するなか，民族資本家が成長し，労働者も増え，彼らの支持を受けた（①）が政治勢力を強めた。イギリスは戦争協力の見返りに戦後インドの（②）を約束していたが，実際は，ₐ令状なしの逮捕や裁判を経ない投獄などを合法化し独立運動を弾圧した。これに対する抗議は，1922年まで ♭ガンディーの指導のもとに展開された。つづいて1929年に①がラホールで開催した大会では，（③）らが主張した ꜀プールナ＝スワラージの要求が決議された。翌1930年，ガンディーは大規模な民衆運動である（④）を展開して，

1

問1 ①

　②

　③

　④

　⑤

　⑥

　⑦

　⑧

　⑨

　⑩

問2 a

　b

　c

　d

　e

　f

2

問1 ①

　②

　③

　④

イギリス統治に対するインド人の強い反発を国内外に示した。イギリスは英印円卓会議を開催してインド側の懐柔を目指したが，成果はあまり見られず，1935年には各州の自治を認める(⑤)を施行した。①は引き続き幅広い支持を得て独立運動を進めたが，(⑥)の指導のもとで_dムスリムの利害を主張した全インド＝ムスリム連盟と対立するようになった。

　第一次世界大戦後，フランスが支配するベトナムでは，_eインドシナ共産党によってインドシナ民族運動は継続した。イギリス支配のビルマでは1930年，学生を中心に(⑦)が結成された。⑦はアウン＝サンのもとで独立運動を継続した。(⑧)が植民地支配していたインドネシアでは，1920年に独立を目指す(⑨)が結成されたが弾圧された後に_fスカルノが独立運動の中心人物として登場した。1907年から議会が開設され，アメリカの方針で立法や行政面での権限移譲が進んでいた(⑩)でも経済的困窮から農民の反乱が続いたため，1934年には⑩独立法が成立し，翌年には独立準備政府が発足した。植民地支配されていなかったタイでは国王による専制的統治が続いていたが，1932年，王族支配や財政難に対する批判から_g革命が勃発した。

問1　文中の空欄①～⑩に適語を入れよ。

問2　下線部a～gについて次の各問いに答えよ。

　a　この法律を何というか。

　b　ガンディーは，「真理の把握」と訳されるサティヤーグラハ運動を展開した。ガンディーがこの運動で具体的に訴え，提示した理念を漢字で答えよ。

　c　これを日本語では何というか。

　d　1940年，全インド＝ムスリム連盟が建設を主張した国家の名称を答えよ。

　e　1930年，この政党を結成した人物名を答えよ。

　f　1927年にスカルノが結成した政党の名称を答えよ。

　g　この革命の結果，タイの政治体制はどうなったか，漢字5字で答えよ。

3　[東アジアの民族運動]　　　　　　　　　　　　　（23　京都大学・高崎経済大学より作成）

　第一次世界大戦中にアメリカ大統領(①)が提唱した十四カ条は，非ヨーロッパ地域にも民族自決をもたらすものと受け取られた。日本が統治していた朝鮮では独立を求める声が強まり，1919年には(②)運動が全国に広がった。この動きは日本に大きな影響を与え，それ以降の統治政策が転換されるようになった。この年には，朝鮮独立を目指す諸団体が統合される流れも生まれ，大韓民国臨時政府が中国の(③)で結成された。民族自決は中国でも支持を集めた。大戦後も中国国内に利権を拡大しようとする日本に対し，1919年5月，(④)が起こった。この時，北京の学生のデモ隊はアメリカ公使館に陳情書を提出して支持を訴えた。1921年から翌年にかけてアメリカで開かれたワシントン会議では中国の主権尊重と領土保全を約する条約も締結された。1924年，(⑤)が指導する_a中国国民党は中国共産党員の個人資格での入党を認めた。翌25年⑤は病死したが，ソ連の支援の下に_b国民政府と(⑥)軍が組織され，1926年(⑦)は北伐を開始した。しかし急進化した⑥軍が外国人を襲撃し，報復として英米の砲艦が南京を砲撃する事件が起きると，⑦はクーデタを起こして急進的な共産党員を弾圧・排除し，ソ連と断交して英米との関係改善を図った。⑦が北京を占領すると，英米は_c国民政府を承認し，また中国の関税自主権を認めた。

問1　文中の空欄①～⑦に適語を入れよ。

問2　下線部a～cについて次の各問いに答えよ。

　a　1924年の中国国民党と中国共産党の提携を何というか。

　b　1925年，国民政府が組織された都市を答えよ。

　c　1927年以降，国民政府の拠点はどこに移ったか。その都市を答えよ。

⑤　　　　　　　　　　　

⑥　　　　　　　　　　　

⑦　　　　　　　　　　　

⑧　　　　　　　　　　　

⑨　　　　　　　　　　　

⑩　　　　　　　　　　　

問2 a　　　　　　　　　

b　　　　　　　　　　　

c　　　　　　　　　　　

d　　　　　　　　　　　

e　　　　　　　　　　　

f　　　　　　　　　　　

g　　　　　　　　　　　

3

問1 ①　　　　　　　　

②　　　　　　　　　　　

③　　　　　　　　　　　

④　　　　　　　　　　　

⑤　　　　　　　　　　　

⑥　　　　　　　　　　　

⑦　　　　　　　　　　　

問2 a　　　　　　　　　

b　　　　　　　　　　　

c　　　　　　　　　　　

15章

40 世界恐慌とヴェルサイユ体制の破壊

アメリカ合衆国で発生した世界恐慌が、第一次世界大戦後の世界経済を崩壊させ、植民地を持つ国と持たざる国の対立関係をうみ出す過程を理解しよう。

◀◀◀ ポイント整理 ▶▶▶

_____¹ 年10月　米 ²_____市場（ウォール街）で株価大暴落　→　世界恐慌へ

1 「持てる国」（米・英・仏）の対策

アメリカ合衆国

1931　_____¹_____：ドイツの賠償や英仏の対米戦債の1年間支払い停止を認める ────

1933　_____²_____（民主党）が大統領に就任

　　　_____³_____　政策 "新規まき直し" の実施

　　　　　　経済復興　　　　　　　　社会政策

①金本位制から離脱

②_____⁴_____（AAA）
　→生産制限と農産物価格の引き上げ
　　農民の購買力の回復をめざす

③_____⁵_____（NIRA）
　→政府による企業への生産統制

④_____⁶_____
　（TVA）公共事業による失業者救済

⑤_____⁷_____
　→労働者の団結権・団体交渉権を
　　保障（権利拡大）
　・産業別組織会議（CIO）成立

外交
・1933　_____⁸_____の承認
・善隣外交…ラテンアメリカ諸国
　に対し、内政干渉をひかえ、友
　好をはかる
→1934　_____⁹_____の独立
　　　　承認
→ドル=ブロック形成
・1935　中立法：交戦国への武器
　　　　輸出、貸与禁止

イギリス ◀──── _____¹⁰_____ の実施 ────▶ フランス

◇若干遅れて恐慌が波及

1929〜第2次マクドナルド内閣（労働党）
　・失業保険費削減計画により、労働党除名

1931〜マクドナルド挙国一致内閣（保守党＋自由党）
　・_____¹¹_____制の停止
　・ウェストミンスター憲章によりイギリス連
　　邦成立

1932　・_____¹²_____会議で ¹³_____
　　　　_____を結成
　：連邦内の関税を下げ、連邦外の国に対し高
　　関税を課す（特恵関税制度）

1937〜ネヴィル=チェンバレン（保守党）内閣
　・対ドイツ ¹⁴_____政策

・_____¹⁵_____=ブロックの形成により、経済の安
　定をめざす

1935.3　ナチス=ドイツの再軍備宣言
　　.5　ナチス=ドイツへの対抗のため、仏ソ相
　　　　互援助条約を締結
　　　反ファシズムを掲げる人民戦線内閣が成立◀─
　　　首相：¹⁶_____（社会党党首）

ソ連　◇計画経済のため、恐慌の影響なし

_____¹⁷_____体制 …独裁的権力

・第1次 ¹⁸_____による重工業化（1928〜32）

・1935　¹⁹_____第7回大会
　→反ファシズム ²⁰_____結成を決定────

・1936　スターリン憲法発布

3 地図でみる1930年代の中国

1937.7.7
_____⁸_____
長春 ◉
北京 ○
奉天 ○
上海
ア エ ウ イ
オ
カ
広州
→ 国民革命軍北伐路
→ 共産党軍長征路
　（1934〜36）

1932.3
_____²_____建国

1931.9.18
_____¹_____

（3〜7は地図中より記号で答えよ。）
・長征（大西遷）出発の地、瑞金：³_____
・「西安事件」の地、西安：⁴_____
・中国共産党政権の中心地、延安：⁵_____
・蔣介石の国民政府の本拠地
　日中戦争以前：南京 ⁶_____
　日中戦争期：重慶 ⁷_____

ことばの探究　**スターリング**：19世紀以来世界の通貨としての地位を保持した。イギリス通貨（pound sterling）のこと。
宥和政策：第二次世界大戦前に英仏がファシズム諸国に対してとった譲歩政策をさす。

2 「持たざる国」（独・伊・日）の対策＝ファシズムの台頭・対外侵略の推進

ドイツ／イタリア

【独】賠償金猶予（ゆうよ）

・1932　ローザンヌ会議〔賠償・戦債問題が終了〕
・¹_____が第一党に躍進：ユダヤ人排斥（はいせき）を主張。
　世界恐慌中は大衆宣伝により支持を拡大

1933　²_____内閣成立

・³_____事件を利用して⁴____党を
　弾圧。⁵_____を制定して「国会の同意な
　しに法律を制定する権限」を手に入れる　一党独裁

支配下の国内

市民的自由を否定し、⁶_____（秘密警
察）などによる監視と統制の強い，軍事的独裁国家

旧領土の回復と東ヨーロッパへの領土拡張をめざす
1933　国際連盟脱退
1934　2の独裁権確立。⁷_____に就任
1935　・再軍備を宣言→⁸_____の復活
・イギリスと海軍協定を締結し海軍を補強
・国際管理地域の⁹_____を編入
・ニュルンベルク法により，¹⁰_____を
公職から追放
1936　ロカルノ条約を破棄し，非武装地帯の¹¹____
_____に進駐
→ヴェルサイユ体制の破壊をすすめる

【伊】¹²_____侵攻（1935～36），併合
【独】【伊】¹³_____内戦（1936～39）反乱軍支援

スペインでは，1936年にアサーニャ首相による¹⁴__
_____内閣が成立したが，¹⁵_____将軍
がモロッコで反乱をおこし内乱が勃発

・ソ連：政府軍支援
・英・仏：不干渉政策
ドイツ・イタリアの国際的孤立化
　↓
1936　ベルリン＝ローマ¹⁶_____成立

〔日独防共協定〕→1937　¹⁷_____成立

【独】1938　民族統合を名目に，¹⁸_____を併
　　合，チェコスロヴァキアに¹⁹_____
　　地方割譲を要求
　　²⁰_____会談で承認［宥和（ゆうわ）政策の典型］
　英：ネヴィル=チェンバレン
　仏：ダラディエ
　独：ヒトラー
　伊：ムッソリーニ

日　本

◇恐慌による経済危機→大陸での支配権
　拡大による打開をめざす

【関東軍】

・1931　²¹_____での爆破事件を契機（けいき）に中国東北
　地方を占領＝²²_____
・1932　清朝最後の皇帝²³_____をたてて²⁴____
　____を建国

【国際連盟】

・²⁵_____を派遣
　→〔日本の行動＝侵略行為〕との報告
・日本は²⁶____年　国際連盟脱退
・32年の²⁷_____事件により，政党政治も崩壊

---【中国国内】---

・蔣介石〔国民政府〕：共産党への攻撃に全力をそそぐ
　↓
　瑞金（ずいきん）陥落，敗れた共産党軍（²⁸_____）が²⁹_____
　（大西遷（だいせいせん））を開始（1934～）
　　→陝西省延安（せんせいしょうえんあん）に到着（1936.10）
・1935.1　途上の遵義（じゅんぎ）会議で共産党内の指導権を
　³⁰_____が確立

【抗日運動の広まり】　1935.8　³¹_____を出し，
　　　抗日民族統一戦線をよびかける

・蔣介石の国民政府が銀を禁じ³²_____の統一に成功
　（幣制改革），資本主義中国による国家統一進展

・1935　日本が冀東防共自治政府を華北に樹立

・1936　³³_____が西安に入城した蔣介石を監禁，
　抗日と内戦停止を迫る³⁴_____をおこす
　　→第2次³⁵_____が成立（1937.9）

・1937.7.7　³⁶_____事件，軍事行動拡大

³⁷_____勃発
　対中国，全面戦争（1937～45）
①日本による³⁸_____事件（1937.12）
②中国は米・英・ソ連の援助を受け抗戦
③ノモンハン事件で日本はソ連軍に敗北（1939.5）
④³⁹_____政府に対し，南京に汪兆銘の親日政権
　をおく（1940.3）

16章

◀◀◀ **演 習 問 題** ▶▶

1 ［ファシズム諸国の侵略］　　　　　　　（22　共通テストより作成）

　歴史上の出来事や人物に対しては，異なる解釈や評価が生じることがある。歴史評価の多様性に関わる次の文章を読み，あとの問いに答えよ。

　資料は，イギリス人作家ジョージ=オーウェルがスペイン内戦に人民戦線側で従軍した体験に基づいて著し，内戦のさなかに出版した書物の一節である。（引用文には，省略したり，改めたりしたところがある。）

資料

> 　7月18日に戦闘が始まった時，ヨーロッパの反ファシストの人々は皆，希望に身震いしたことだろう。ついに，この地で民主主義がファシズムに対して，はっきりと立ち上がったからだ。この10年に満たない数年間，民主的といわれる国々は，ファシズムに負け続けるという歴史を歩んできた。例えば，ₐ日本人の望むままの行動が容認されてしまった。ヒトラーは権力の座に上りつめ，あらゆる党派の政敵の虐殺に手を付け始めた。そして，ᵦ53ほどの国々が戦争の舞台裏で偽善的な言い合いをしている間に，ムッソリーニはアビシニア人を爆撃した。しかしスペインでは，穏健な左翼政府が転覆されかかった時，予想に違って，スペインの人々は立ち上がったのだ。それは潮の変わり目のように思えたし，恐らくはそうだった。

　資料から窺えるように，オーウェルは，ヒトラーやムッソリーニの政権と同様に，同じ時期の日本の政権をファシズム体制だとみなしていた。ᵪ世界史の教科書には，これと同様の見方をするものと，日本の戦時体制とファシズムとを区別する立場から書かれているものとがある。どちらの見方にも，相応の根拠があると考えられる。

問1　下線部 a は，オーウェルが，日本あるいは日本軍が関わった出来事を指して述べたものである。この出来事について述べた文として正しいものを，次から1つ選べ。

　ア　ノモンハン事件で，ソ連軍に勝利した。

　イ　満洲国を建国した。

　ウ　台湾を獲得した。

　エ　真珠湾（パールハーバー）を攻撃した。

問2　資料中で，ヒトラーが「虐殺」しようとした「あらゆる党派の政敵」と表現されている組織の1つと，下線部 b に関連した出来事について述べた文との組み合わせとして正しいものを，次から1つ選べ。

　ア　共産党　―　国際連盟はイタリアの行為を非難したが，エチオピアに対する侵略を阻むことができなかった。

　イ　共産党　―　九カ国条約に基づいて，その締結国がイタリアを非難するにとどまり，エチオピアは植民地化された。

　ウ　第1インターナショナル　―　不戦条約（ケロッグ=ブリアン条約）は，イタリアによるリビアの併合を阻むことができなかった。

　エ　第1インターナショナル　―　国際連盟はイタリアに対して経済制裁を加えるにとどまり，リビアの併合を阻むことができなかった。

1

問1

問2

問3　下線部 c について議論する場合，**異なる見方あ・い**と，それぞれの根拠とし
　　て正しい文 W〜Z との組合せとして正しいものを，次の**ア〜カ**から1つ選べ。

異なる見方

　　あ　スペイン内戦の時期から第二次世界大戦期にかけての日本の政権は，ファ
　　　　シズム体制だったと言える。

　　い　スペイン内戦の時期から第二次世界大戦期にかけての日本の政権は，ファ
　　　　シズムとは区別される体制だったと言える。

それぞれの根拠

　　W　ソ連を脅威とみなし，共産主義運動に対抗する陣営に加わった。

　　X　国民社会主義を標榜し，経済活動を統制した。

　　Y　政党の指導者が，独裁者として国家権力を握ることがなかった。

　　Z　軍事力による支配圏拡大を行わなかった。

　　ア　あ―W，い―Y　　　イ　あ―X，い―W

　　ウ　あ―Y，い―Z　　　エ　あ―Z，い―X

　　オ　あ―W，い―Z　　　カ　あ―X，い―Y

問4　世界恐慌後，1930年代にアメリカ合衆国がラテンアメリカ諸国に行った外
　　交・経済政策を60字以内で説明せよ。

問3 _____

問4 _____

_____

_____

_____

_____

16章

41 第二次世界大戦

第二次世界大戦の過程を理解するとともに，現代社会に与えた影響についてまとめてみよう。

◀◀◀ **ポイント整理** ▶▶▶▶▶▶▶▶▶▶▶▶▶▶▶▶▶▶▶▶▶▶▶▶▶▶▶▶▶▶▶▶▶▶▶▶

❶ 第二次世界大戦　概観

ヨーロッパ戦線

1938. 3	ドイツが**オーストリアを併合** 　.9　ドイツがチェコ
	スロヴァキアに ³＿＿＿＿＿地方の割譲を要求
	英・仏・独・伊による ⁴＿＿＿＿＿＿開催
1939. 3	ドイツが ⁵＿＿＿＿＿解体を強行
	→チェコ（西半分）とスロヴァキア（東半分）に
	ドイツがポーランドに ⁶＿＿＿＿＿と ⁷＿＿＿＿
	＿＿＿＿＿を要求→ポーランドが要求を拒否┐
1939. 8	⁸＿＿＿＿＿条約でドイツとソ連が提携
.9	ドイツの ⁹＿＿＿＿＿侵攻◀
	英・仏の参戦で第二次世界大戦がはじまる
	ソ連のポーランド侵攻・¹⁰＿＿＿＿＿併合
.11	ソ連＝¹¹＿＿＿＿＿戦争はじまる◀
.12	国際連盟から ¹²＿＿＿が除名される◀
1940. 4	ドイツがデンマーク・ノルウェーに侵入
.5	ドイツがベルギー・オランダに侵入
.6	¹³＿＿＿＿＿が参戦
	ドイツがパリを占領→¹⁴＿＿＿＿＿が降伏
	フランスのド=ゴールはイギリスのロンドンに亡命し，¹⁵＿＿＿＿＿＿樹立
.7	フランス南部に親独ペタン政権（ヴィシー政府）成立→第三共和政の崩壊
1941. 3	アメリカで武器貸与法成立→英・ソを援助
.4	ドイツが ¹⁶＿＿＿＿＿を制圧
	→ドイツとソ連の関係が緊張┐
.6	¹⁷＿＿＿戦のはじまり◀
.8	米のローズヴェルトと英のチャーチルが**大西洋上会談**で ¹⁸＿＿＿＿＿を発表
1942. 1	連合国共同宣言にて反ファシズムとの戦い宣言
.11	連合軍が ¹⁹＿＿＿＿＿作戦を展開
1943. 2	²⁰＿＿＿＿＿＿でソ連軍が
	ドイツ軍に勝利
┌─.7	連合軍が ²¹＿＿＿＿上陸
│	→ムッソリーニ失脚
└→.9	連合軍がイタリア本土に上陸
	→**イタリア新政府無条件降伏**
.11	米・英・中が ²²＿＿＿＿会談で対日処理決定
	米・英・ソが ²³＿＿＿＿会談で対独処理決定
1944. 6	連合軍 ²⁴＿＿＿＿＿への上陸作戦展開
.8	連合軍がドイツからパリを解放
1945. 2	米・英・ソがヤルタ会談で ²⁵＿＿＿＿
	を締結→ドイツの分割占領・ソ連の対日参戦などに合意
.5	ソ連軍によりドイツの ²⁶＿＿＿＿＿陥落
	→**ドイツ無条件降伏**

●ナチス=ドイツの侵略（1935〜39年）

1936年，²＿＿＿に進駐

⁶＿＿＿　⁷＿＿＿

³＿＿＿

1935年，¹＿＿＿＿を編入

ア ジ ア 太 平 洋 戦 線

1939. 5	ノモンハン事件で日本軍がソ連に敗北
1940. 2	日本が朝鮮で ²⁷＿＿＿＿＿を施行
.3	日本が南京に汪兆銘の親日政府を樹立
.9	南方進出をねらう日本が，フランスの敗北に乗じ仏領インドシナ ²⁸＿＿＿＿＿に進駐
	日独伊三国同盟成立
1941. 4	²⁹＿＿＿＿＿を締結─┐
.7	日本が仏領インドシナ ³⁰＿＿＿＿に進駐
	日本の南方進出に対する**ABCDライン**の形成
.12	日本がマレー半島，米海軍基地のある ³¹＿＿＿＿＿を奇襲し，米・英に宣戦
	太平洋戦争がはじまる
1942. 1	日本がフィリピンを占領
.2	日本が ³²＿＿＿＿＿を占領
.3	日本が ³³＿＿＿・＿＿＿＿を占領
.6	³⁴＿＿＿＿＿海戦で日本軍が敗北
.7	日本が「³⁵＿＿＿＿＿＿＿」構想発表
.8	ガダルカナル島にアメリカ軍上陸
1943. 2	日本がガダルカナル島から撤退◀─┘
1944. 7	米軍によりサイパン島陥落
	→米軍による ³⁶＿＿＿＿＿空襲の激化
.10	米軍がフィリピンのレイテ島を攻略
1945. 2	米軍がフィリピンを日本より奪回
.2	**ヤルタ会談**でソ連の ³⁷＿＿＿＿＿決定
.3	東京大空襲
.4	米軍が ³⁸＿＿＿＿＿上陸
.7	米・英・ソが**ポツダム会談**を開催
.8.6	³⁹＿＿＿に原子爆弾投下
.8.8	⁴⁰＿＿＿が日本に宣戦布告
.8.9	⁴¹＿＿＿に原子爆弾投下
.8.14	日本が ⁴²＿＿＿＿＿を受諾
.8.15	**日本の無条件降伏**

ことばの探究
無条件降伏：一般に戦争終結の降伏条件として「無条件」を提示することは稀であるが，交戦国家（または軍隊）が示した降伏条件にもう一方の交戦相手が無条件に従い降伏することである。アメリカ南北戦争で北軍が初めて使用している。

2　ヨーロッパ戦線〜第二次世界大戦

(1)　1938年3月，__1_____を併合したドイツは，ドイツ人の居住する**ズデーテン地方**の割譲をチェコスロヴァキアに要求した。イギリスの首相__2_____は，同年9月，独・仏・伊の首相とともに__3_____を開き，ドイツの要求を認める__4_____の方針を示した。

(2)　ドイツは，__5_____年8月，ソ連と__6_____を締結し，9月1日，**ポーランドに侵攻**した。これに対し英・仏が宣戦し，__7_____がはじまった。

(3)　ドイツは，1940年6月，フランスに侵攻，降伏させ北フランスを占領した。南仏の__8_____には**ペタン**を首班とする対独協力政府がつくられた。降伏に反対する__9_____は，__10_____に**自由フランス政府**を組織して抵抗した。イギリスは，ドイツによる激しい空襲を受けたが，1940年首相に就任した__11_____のもとに結束し，ドイツの攻撃を防いだ。

(4)　ドイツの占領下の人々は，苦しい生活を強いられた。特に**ユダヤ人**の多くは，ポーランドの__12_____など各地の__13_____に入れられ**ホロコースト**（大量虐殺）の対象とされた。こうしたドイツの支配に対して，各地で__14_____[フランス語で「抵抗」の意]運動が展開された。

(5)　1940年6月に参戦した**イタリア**の劣勢をたて直すため，41年4月ドイツは**バルカン半島を制圧**した。これに対し，**ティトー**をはじめとするこの地の指導者は，パルチザン[フランス語で「非正規軍」の意]闘争によりドイツに抵抗した。

(6)　1941年6月，ドイツはソ連に侵攻し，__15_____が開始された。イギリスをはじめとする自由主義国とソ連は**ファシズム**という共通の敵と戦うこととなり，7月に英ソ軍事同盟が成立した。

(7)　アメリカも**フランクリン＝ローズヴェルト大統領**のもと1941年3月，__16_____を成立させ，イギリスをはじめとする反ファシズム国へ大量の軍需品を供給した。

(8)　1943年2月の__17_____におけるソ連軍の勝利は，ヨーロッパ戦線での大きな転機であった。連合軍は，同年7月シチリアを占領しイタリア本土に迫り，国民の支持を失った__18_____は失脚し，代わった__19_____政権は9月，連合国に**無条件降伏**した。

(9)　1944年6月連合軍は__20_____への上陸を敢行し，8月に__21_____を解放した。45年2月，米・英・ソの首脳は__22_____を開き，**ドイツの無条件降伏**と戦後処理，__23_____の対日参戦を決定した。ドイツは，4月に__24_____が自殺し，5月**ベルリンが陥落**する中で無条件降伏した。

3　アジア太平洋戦線

(1)　日中戦争に行きづまった日本は，天然資源を求め，**東南アジア侵略**を行った。1940年6月，フランスがドイツに降伏すると，同年9月__1_____北部に進駐した。同時に__2_____同盟を結んだ。

(2)　__3_____年，12月8日，日本によるマレー半島上陸，ハワイ__4_____攻撃によってアジア**太平洋戦争**がはじまった。三国同盟の関係からドイツ・イタリアも__5_____に宣戦し，ヨーロッパ戦線と合わせ戦争は全世界に広がった。

(3)　開戦後1942年の夏までに，日本軍はマニラ・__6_____などの諸都市や，**ジャワ・スマトラ・ビルマ占領**など東南アジア全域に占領地を拡大した。これらの地域に，欧米に対抗して日本を盟主とする「__7_____」を建設することをねらった。日本の植民地であった**朝鮮**では，戦争への協力体制を求められるとともに，姓名を日本式に改める**創氏改名**のような__8_____政策が行われた。さらに，日本は多くの朝鮮人を半島から日本へ徴用して国内の炭鉱や軍需工場での労働力にした。

(4)　1942年6月の__9_____での敗北と，43年2月の__10_____島からの撤退を転機に日本軍は太平洋地域から後退した。44年，米軍はサイパン島・レイテ島などを攻略し，**日本本土への空襲**を開始した。45年2月にフィリピンの__11_____を奪い返し，4月には__12_____本島に上陸した。

(5)　1945年7月，米・英・ソの首脳は__13_____を開き，米・英・__14_____による**ポツダム宣言**を発表して，日本に無条件降伏をよびかけた。8月6日，アメリカは原子爆弾を**広島**に，9日には**長崎**にも投下した。その間，8月8日，ソ連は__15_____にもとづき，__16_____を無視して日本に宣戦した。8月14日，日本はポツダム宣言を受諾し，翌日降伏した。

◀◀◀ **演 習 問 題** ▶▶▶▶▶▶▶▶▶▶▶▶▶▶▶▶▶▶▶▶▶▶▶▶▶▶▶▶▶▶▶▶▶▶▶▶▶

1 [第二次世界大戦1]　　　　　　　　　　　　　（20　青山学院大学より作成）

　ドイツでは，ヴェルサイユ体制打倒を掲げたヒトラーが1933年に政権を獲得した。ヒトラーは，ヴェルサイユ体制の破壊を進め，1938年にドイツ民族統合を名目に（①）を併合した。イギリスの首相チェンバレンは宥和政策を採り，（②）会談では，チェコスロヴァキアの（③）地方はドイツへ割譲されることとなった。さらに翌年，ヒトラーは，チェコスロヴァキアを解体した後，（④）条約を締結したことで，（⑤）へ侵攻し，第二次世界大戦が始まった。1940年になると，フランスへ侵攻し，ₐ首都を陥落させた。これに対して，b（⑥）らは降伏を拒否してロンドンで亡命政府を組織し，国内にもレジスタンスが起こった。1941年には，（⑦）戦が始まった。これにより，ソ連は，英米と協調することとなり，反ファシズム陣営としての連合国が形成されることとなった。1943年，ソ連軍は（⑧）でドイツ軍に勝利し，連合軍は（⑨）に上陸しイタリアを降伏させた。さらに，1944年6月に連合軍は（⑩）に上陸し，ヨーロッパ戦線が大きく連合国有利に傾いた。そして，1945年5月にドイツは無条件降伏し，ヨーロッパでの戦争は実質的に終結した。

問1　文中の空欄①〜⑩に適語を入れよ。
問2　文中の下線部a，bについて次の各問いに答えよ。
　a　首都陥落後，南フランスに成立した親独政権を何というか。
　b　亡命先のロンドンで組織された政府を何というか。

2 [第二次世界大戦2]　　　　　　　（18　関西大学・21　愛知学院大学より作成）

　1937年の（①）が発端となった日中戦争が長期化すると，日本は状況を打開するために南方への進出をはかった。日本軍は1940年9月に（A）領インドシナ北部に進駐し，日本は同月（②）を結び，さらに翌41年4月には（③）を結んだ。同年7月，日本軍はA領インドシナ南部へ進駐した。こうした中，（B），（C），（D）の3国との衝突が避けられない情勢となり，Dは（④）の対日全面禁輸など強い対抗策に出た。B，C，及び他の1国もこれに同調した。これらの国々が日本を囲い込む状況は（⑤）ライン（包囲陣）と呼ばれた。

　日本とDの間の和解が模索されたが交渉は決裂し，1941年12月8日，日本軍は（E）諸島の太平洋艦隊主力を奇襲攻撃し，多くの艦船を大破させた。アジア・太平洋戦争の開始である。この時，日本の宣戦布告は事後となった。日本軍は同月，アヘン戦争以来Cの支配下にあった（⑥）を攻撃してほどなく占領し，さらに1942年半ばに至るわずか半年ほどの間に東南アジア各地，西太平洋に広がる多数の島々を占領して日本国内を熱狂させた。

　この戦争で日本は占領地に親日的な政権を建て，「欧米帝国主義からアジアを解放し，（⑦）を築く」という構想を掲げてみせたが，実際は④やゴムなどの資源の確保を意図するものだった。

　1942年6月，日本は（⑧）海戦で壊滅的な打撃を受けた。そして，1945年4月には，アメリカ軍は（⑨）本島を激しく攻撃後，上陸し，地上戦で住民にも大きな被害をもたらした。アメリカ軍は日本本土の重要各都市も爆撃した。

問1　文中の空欄①〜⑨に適語を入れよ。
問2　文中の空欄A〜Dにあてはまる国名または地名を答えよ。

1

問1 ①
　　②
　　③
　　④
　　⑤
　　⑥
　　⑦
　　⑧
　　⑨
　　⑩

問2 a

　　 b

2

問1 ①
　　②
　　③
　　④
　　⑤
　　⑥
　　⑦
　　⑧
　　⑨

問2 A

　　 B

　　 C

　　 D

3 ［第二次世界大戦3］　　　　　　　　　　　　（20　中央大学より作成）

　第二次世界大戦のさなかから，戦後世界の構想についての動きが活発となっていた。1941年8月，アメリカ大統領ローズヴェルトとイギリス首相チャーチルは，（①）を発表して，戦後の平和構想を明らかにした。その後，数度にわたって連合国の首脳会談が開催され，戦争終結と戦後世界の構想をめぐる議論がなされた。

　1943年11月，ローズヴェルト，チャーチル，（②）はカイロ会談をひらき，対日処理方針を決めたカイロ宣言を発表した。ついで同月末にひらかれた（③）会談では，連合軍の北フランス上陸作戦が協議された。これに基づいて1944年6月，連合軍が（④）に上陸し，8月にパリを解放した。ソ連軍も東からドイツに迫り，ドイツの敗北は濃厚になった。1945年2月，（⑤）会談をひらき，戦後処理を話し合った。ドイツは5月にベルリンが陥落し，無条件降伏した。

　1945年7月，アメリカ，イギリス，ソ連の3国の首脳はベルリン郊外の（⑥）で会談をひらき，ヨーロッパの戦後処理について協定するとともに，⑥宣言を出して日本に無条件降伏を求めた。しかし，日本は⑥宣言をすぐに受け入れず，本土決戦を国民に訴えた。アメリカは8月6日（⑦），9日に（⑧）に原子爆弾を投下した。8月14日，日本は⑥宣言を受諾し，連合国に降伏した。こうして，人類史上最大の犠牲をはらった第二次世界大戦は終結した。

問1　文中の空欄①〜⑧に適語を入れよ。
問2　下線部の会談に参加した国の組合せとして正しいものを次から1つ選べ。
　ア　アメリカ，中国，ソ連　　　　イ　アメリカ，フランス，ソ連
　ウ　アメリカ，イギリス，ソ連　　エ　アメリカ，イギリス，フランス

4 ［フランクリン=ローズヴェルトの演説］　　（19　産業能率大学より作成）
史料

　昨日，1941年12月7日は，不名誉な日として記憶されるであろうが，アメリカ合衆国は日本帝国の海軍と空軍によって突如として計画的に攻撃されたのである。合衆国は，あの国家とは平和の状態であり，日本の要請に応じて，依然として太平洋における平和の維持に向けて日本政府と天皇との交渉を行っている最中であった。にもかかわらず，駐米日本大使とその同僚が最近のアメリカの声明に対する正式回答を国務長官に手交（手渡）したのは，日本の航空部隊がオアフ島で爆撃を開始した1時間後であった。……昨日のハワイ諸島への攻撃はアメリカ海軍と軍事力に甚大な打撃を与えた。非常に多くのアメリカ人の生命が失われた。さらに，アメリカの船舶がサンフランシスコとホノルルの間の公海上で魚雷攻撃を受けたと報告されている。

　昨日，日本政府はマラヤに対する攻撃も開始した。昨晩，日本軍は香港を攻撃した。昨晩，日本軍はグアム島を攻撃した。昨晩，日本軍はフィリピン諸島を攻撃した。昨晩，日本軍はウェーキ島を攻撃した。今朝，日本軍はミッドウェー島を攻撃した。……陸海軍の総司令官として，私はわれわれを防衛するためあらゆる手段をとるよう指示を与えた。

　日本とアメリカ合衆国が戦うこととなった契機には，ハル=ノートによる日米交渉の行き詰まりなど，さまざまな点が考えられる。史料でアメリカ合衆国が主張している，日本と戦うこととなった契機について，**史料**の内容を引用しながら，80字以内で述べよ。なお，アメリカ合衆国は「米」と表記してもよい。

3

問1 ①＿＿＿＿
　　②＿＿＿＿
　　③＿＿＿＿
　　④＿＿＿＿
　　⑤＿＿＿＿
　　⑥＿＿＿＿
　　⑦＿＿＿＿
　　⑧＿＿＿＿

問2 ＿＿＿＿

4

42 新しい国際秩序の形成と冷戦の始まり

戦後，国際連合が創設され世界平和の道が模索されながらも，米ソの対立により冷戦が発生する過程を確認しよう。

◀◀◀ ポイント整理 ▶▶▶▶▶▶▶▶▶▶▶▶▶▶▶▶▶▶▶▶▶▶▶▶▶▶▶▶▶▶▶▶▶▶

1 戦後の国際秩序の形成～冷戦の激化　概観

戦後の国際秩序の形成

1941. 8　大西洋上会談にて 1＿＿＿＿＿＿＿＿発表

　＊F＝ローズヴェルトとチャーチルが新たな国際平和維持機構を構想

1942. 1　連合国共同宣言：反ファシズム陣営が連合国と公称

1943.10　モスクワ外相会議　→　モスクワ宣言

1944. 7　2＿＿＿＿＿＿＿＿会議〔世界経済再建のため〕

　＊3＿＿＿＿＿＿＿＿（IBRD），4＿＿＿＿＿＿＿＿（IMF）設立

　. 8～10　5＿＿＿＿＿＿＿＿会議（米・英・ソ・中）

　　　＊国際連合憲章草案を作成

1945. 2　ヤルタ会談 … 5大国の 6＿＿＿＿＿＿＿等について合意

　. 4　サンフランシスコ会議（～. 6）

　　　＊連合国50カ国が国際連合憲章を採択

　.10　国際連合発足　本部：7＿＿＿＿＿＿＿

●国際連合の機構

- 信託統治理事会
- 国際司法裁判所
- 8＿＿＿＿＿＿ ― 事務局
- 9＿＿＿＿＿＿
- 10＿＿＿＿＿＿
- 経済社会理事会
- 専門機関，付属機関　ILO・WHO・ユニセフなど

・米，英，仏，中，ソ　11＿＿＿＿を保有

戦後処理の過程において，**資本主義陣営（アメリカ中心）**と **社会主義陣営（ソ連中心）**の対立構造がうまれる

＊ ▢ は社会主義陣営に関する事項

年代	ヨーロッパ・アメリカ		アジア・アフリカ
1945	. 5 ドイツの無条件降伏	冷戦の起源	. 3 アラブ7カ国で 30＿＿＿＿結成
	. 6 ドイツの12＿カ国による分割管理決定		. 8 日本：ポツダム宣言により無条件降伏
	→同様に13＿＿＿＿も12カ国で分割管理		インドネシア共和国の31＿＿＿＿が
	. 7 イギリス：14＿＿＿＿労働党内閣発足		独立を宣言→対オランダ独立戦争開始
	＊15＿＿＿＿国有化，社会福祉制度の充実		. 9 ベトナム民主共和国成立
	.11 16＿＿＿＿で国際軍事裁判：		大統領：32＿＿＿＿
	ナチス＝ドイツの指導者を裁く（～1946.10）		
	◎東ヨーロッパに多くの親ソ政権が成立		
1946	. 3 チャーチル：「17＿＿＿＿」演説		. 5 33＿＿＿＿裁判：日本の
	. 6 イタリアで王政が廃止され18＿＿＿＿となる		戦争犯罪を裁く（～1948.11）
	.10 フランスに19＿＿＿＿共和政が誕生		. 7 34＿＿＿＿が独立
	対ソ連 20＿＿＿＿政策		.11 日本：35＿＿＿＿公布
1947	. 3 ―トルーマン＝ドクトリン		. 8 36＿＿＿＿独立　首相：ネルー
	. 6 ―マーシャル＝プラン → ソ連ら受け入れ拒否		37＿＿＿＿独立
	. 9 21＿＿＿＿結成		.11 国連が38＿＿＿＿を採択
1948	. 2 22＿＿＿＿でクーデタ		. 1 ビルマ（現ミャンマー）連邦共和国独立
	→共産党政権成立		. 1 ガンディーが暗殺される
	. 3 23＿＿＿＿（ブリュッセル条約）		. 5 39＿＿＿＿建国宣言
	. 6 ドイツの西側管理地区通貨改革		→ 40＿＿＿＿（第1次中東戦
	→ 反対したソ連による24＿＿＿＿（～1949. 5）		争）が勃発
			. 8 大韓民国成立　大統領：41＿＿＿＿
1949	. 6 21が25＿＿＿＿除名	激化	. 9 朝鮮民主主義人民共和国成立
	. 1 26＿＿＿＿（COMECON）創設		.10 42＿＿＿＿成立
	. 4 27＿＿＿＿（NATO）結成		主席43＿＿＿＿，首相44＿＿＿＿
	28＿＿＿＿が英連邦を離脱		＊45＿＿＿＿の国民党政府は，台湾
	. 5 ドイツ連邦共和国【西ドイツ】成立		へ逃れる
	首相：29＿＿＿＿		
	.10 ドイツ民主共和国【東ドイツ】成立		
1950			. 2 46＿＿＿＿条約締結

❷　戦後国際体制の成立

(1)　1945年6月，__1_____で**国際連合憲章**が採択され，10月に加盟51カ国により__2_____
が発足した。国連は，**経済的・軍事的制裁の発動**など平和を守るための強い権限をもつ，**安全保障理事会**を設置
した。安保理の権限は，__3_____に優越し，大国一致の原則から，**アメリカ・イギリス・ソ連・フランス・中
国**の__4_____には**拒否権**が与えられた。

(2)　戦後の経済体制づくりは，国連の専門機関である**国際復興開発銀行**（IBRD）と，__5_____（IMF）
の設立から始まった。これに1947年に調印された__6_____（GATT）を加え，アメリカの
ドルを基軸通貨とする（__7_____）新しい国際金融・経済体制が形成された。……__8_____体制

❸　戦後のヨーロッパ・アメリカ―冷戦の始まり

(1)　戦後，東ヨーロッパでは，ソ連の影響下，__1_____，
__2_____，__3_____，__4_____，
アルバニアなどに共産党を中心とする社会主義体制（__5_____
_____）が誕生した。

(2)　1947年3月，米大統領トルーマンは，__6_____
_____を出して__7_____と__8_____の共産化
を防ぐとともに，共産主義勢力の拡大を阻止すること（**封じ
込め政策**）を宣言。6月には国務長官マーシャルが，米国の
援助でヨーロッパの経済復興をはかる__9_____
____を発表した。

(3)　1948年2月，__10_____でクーデタがおこり共産党独裁政権が成立すると，**英・仏・ベネルクス
3国**は__11_____を結んで対抗。東欧圏にありながら，__9__を受け入れた__12_____
の指導する**ユーゴスラヴィア**は**コミンフォルムを除名**された。

(4)　1948年6月，米・英・仏の3国が占領していたドイツの西側管理地区で__13_____を行うと，ソ連はこ
の3国が管理していた__14_____への交通を全面封鎖する，いわゆる**ベルリン封鎖**（1948.6～49.5）
を行い，東西間の緊張は一挙に高まった。

❹　戦後のアジア

(1)　中国では第二次世界大戦後，__1_____が再燃した。
勝利した共産党は，1949年10月1日に**毛沢東**を主席，**周恩来**
を首相とする__2_____の成立を宣言した。さ
らに，土地改革法を公布して農民に土地を分配し，__3_____
_____による農業の集団化と工業の建設をすすめた。

(2)　朝鮮半島では，__4_____を境に南北に**米ソの占領
下におかれた。**1948年，南に__5_____を大統領とする
__6_____，北に__7_____を首相とする__8_____
_____が成立した。

(3)　ベトナムでは**ホー＝チ＝ミン**を大統領とする，__9_____
_____が成立したが，46年にこれを認めないフランス
との間に__10_____がおこった。1954年，__11_____で敗北したフランスは，
__12_____を結んだ。アメリカの援助で，南に__13_____が成立し，結果__14_____
_____を境に**ベトナムは南北に分断された。**

(4)　西アジアでは__15_____主義が高まり，**アラブ7カ国**が1945年に__16_____を組織し
た。**国連のパレスチナ分割案**にもとづき，__17_____がパレスチナに__18_____を建国すると，
反発した__16__との間で，__19_____（**第1次中東戦争**）が勃発した。その後もアラブ諸国とイスラエ
ルの対立は続く……__20_____問題

アジア各国の独立

23
(1947)
ラオス(1953)
22
(1946)
マレーシア連邦(1963)
21
(1945)
シンガポール(1965)

16章

◀◀◀ **演 習 問 題** ▶▶

1 [国際秩序の再編成]　　　　　　　　　　　　（19　中部大学より作成）

　1945年，国際政治機構として，ₐ国際連合の創設が（①）会議で決定された。連合国の代表は，戦後の経済面における協力体制を築くために，1944年，アメリカ合衆国のブレトンウッズに集まり，（②）と国際復興開発銀行の設立に合意した。また，1947年には，ᵦ関税などの貿易障壁の撤廃を促す協定が成立した。これらの諸制度では，（③）が基軸通貨とされた。連合国は，敗戦国の戦後処理については，一定期間占領して，非軍事化や民主化を進めた。꜀分割占領が行われたドイツでは，ₔ国際軍事裁判所でナチ党指導者が裁かれた。また，（④）では，極東国際軍事裁判所が設けられ，戦争犯罪が裁かれた。

問1　文中の空欄①〜④に適語を入れよ。なお，④には都市名が入る。

問2　下線部ａについて述べた文として正しいものを，次から1つ選べ。
　ア　米・英・仏・ソ・中の5大国が，安全保障理事会を構成した。
　イ　1971年の総会で，中華人民共和国政府の追放が可決された。
　ウ　カーター大統領が，国際連合憲章に署名した。
　エ　ニューヨークに，国際連合の本部が置かれた。

問3　下線部ｂの協定の呼称を答えよ。

問4　下線部ｃについて，ドイツの分割占領を行った国として**誤っているもの**を，次から1つ選べ。
　ア　イギリス　　イ　ソ連　　ウ　フランス　　エ　イタリア

問5　下線部ｄが設置されたドイツの都市を答えよ。

1
問1① ＿＿＿
② ＿＿＿
③ ＿＿＿
④ ＿＿＿
問2 ＿＿＿
問3 ＿＿＿
問4 ＿＿＿
問5 ＿＿＿

2 [ヨーロッパ諸国のアジア進出]　　　　　　　　（20　関西大学より作成）

　西欧の地域統合に向けた模索は，第二次世界大戦の反省と冷戦を契機として始まった。戦後東欧でのソ連の進出と西欧諸国での左翼政党の躍進を警戒したアメリカ合衆国大統領（①）は，1947年にソ連圏の拡大阻止をめざして「（②）政策」を掲げた。同年に合衆国国務長官（③）の発表したヨーロッパ経済復興援助計画に対して，西欧諸国は1948年に（④）を設立してこれを受け入れた。さらに合衆国を含む西側の12カ国は，1949年に（⑤）を結成し，武力侵略に共同で防衛することになった。これらの動きに対抗して，ソ連や東欧諸国は③の復興援助計画に参加せず，1947年に各国共産党の情報交換機関として（⑥）を設立し，1949年には互いの経済的結びつきを強めるため（⑦）を創設するなど，米ソ間の冷戦は激化していく。

　西欧諸国は，冷戦下で合衆国への過度の依存をさけるため，経済の相互協力や統一市場の形成をすすめた。まず，1950年にフランスの（⑧）外相の提案をうけて，1952年にフランス，西ドイツ，ベネルクス3国，それに（⑨）の6カ国が，（⑩）を発足させた。1958年には新たに2つの共同体が発足し，1967年には，3つの共同体を合併することで（⑪）が設立され，主権国家の枠をこえた西欧地域統合の基礎が整った。

　この間，西ドイツは初代首相で（⑫）の指導者であった（⑬）のもとで「奇跡」と言われるほどの経済復興を実現した。フランスでは，1958年にアルジェリア駐留軍の反乱を機に政権を握ったド゠ゴールが，1964年に中国と国交を正常化させるなど，米ソ間で独自の立場を主張した。ド゠ゴール政権で文化相を務めたのが，スペイン内戦で人民戦線政府側を支援する国際義勇軍に参加した作家（⑭）である。

　イギリスは，西欧統合の動きから距離をとり，合衆国との2国間関係と，旧植民地や旧自治領との交易関係を重視した。さらに1960年には北欧諸国などと（⑮）を結成したが，1973年に⑪に加盟した。

問1　文中の空欄①〜⑮に適語を入れよ。

2
問1① ＿＿＿
② ＿＿＿
③ ＿＿＿
④ ＿＿＿
⑤ ＿＿＿
⑥ ＿＿＿
⑦ ＿＿＿
⑧ ＿＿＿
⑨ ＿＿＿
⑩ ＿＿＿
⑪ ＿＿＿
⑫ ＿＿＿
⑬ ＿＿＿
⑭ ＿＿＿
⑮ ＿＿＿

3 ［アジア諸地域の自立］　(17　高知工科大学・20　上智大学より作成)

　アジア・太平洋戦争後の東南アジアでは様々な大きい動きがみられた。ベトナムではベトナム独立同盟（会）の（①）が1945年9月に（②）の建国を宣言したが、それを認めないフランスとの間で（③）戦争が発生した。フランスは1949年に阮朝の元皇帝（④）を国家元首とする国をベトナム南部に樹立したが、1954年の（⑤）の戦いで敗北するとジュネーヴ休戦協定を締結し、インドシナから撤退した。この後、ベトナムでは北緯（⑥）度線を境に南北に_a二つの国が対立することになった。

　（⑦）は戦前すでにアメリカによって独立を約束されていたが、日本軍の侵攻と占領により多大の犠牲者を出したのち、1946年に独立を果たした。ビルマは1948年に（⑧）から独立したが、すぐに内戦が生じるなど政治的混乱が続き、1962年に国軍がクーデターで政権を掌握した。（⑨）の統治下にあったマレー半島では、1957年に（⑩）が独立し、その後、北ボルネオとシンガポールを加えて（⑪）が形成されたが、1965年にシンガポールが離脱している。_bインドネシアでは（⑫）らが中心となって日本の敗戦直後に独立宣言を出したが、宗主国の（⑬）は1949年暮れまでそれを認めなかったため、独立が確定するまで4年ほどかかった。

　冷戦下の東南アジアでは、1954年に反共の一翼を担う（⑭）が地域安全保障機構として発足したが、ベトナム戦争後の1977年に解散している。その間、1967年には同じく反共主義の地域機構として（⑮）が結成され、当初は5カ国で発足したが、冷戦後に東ティモールを除く10カ国が加盟して現在に至っている。

問1　文中の空欄①～⑮に適語を入れよ。

問2　下線部aについて、この両国が戦った戦争の説明として正しいものを次から1つ選べ。
　ア　戦争は1975年に北ベトナムが南ベトナムを併合する形で終わった。
　イ　戦争にはアメリカが国連軍の一員として介入した。
　ウ　北ベトナムでは1960年に南ベトナム解放民族戦線が結成された。
　エ　この戦争の終結を目指す和平会議が、1968年から1973年にかけてロンドンで開催された。

問3　下線部bについて、この国が長期に植民地支配を受けていた時代に経験したことの記述として**誤っているもの**を次から1つ選べ。
　ア　宗主国が実施した政府管掌栽培制度（強制栽培制度）によって、村落にコーヒーやサトウキビの作物栽培を割り当てられ、安い価格で買い上げられた。
　イ　宗主国が実施した「倫理政策」によって、近代教育の普及や住民の福祉向上が図られたが、1920年代後半のインドネシア共産党の反乱を機に打ち切られた。
　ウ　宗主国への反発として、19世紀半ばからイスラーム同盟（サレカット＝イスラム）が結成され、激しい武装闘争が展開された。
　エ　ジャワ島では女性解放運動や民族運動のさきがけと評価されるカルティニが、19世紀末から20世紀はじめにかけて活動した。

問4　1956年におこった第2次中東戦争について、この戦争がおこったきっかけと経緯について、100字以内で説明せよ。

3

問1 ①

②

③

④

⑤

⑥

⑦

⑧

⑨

⑩

⑪

⑫

⑬

⑭

⑮

問2

問3

問4

43 冷戦の展開

東西冷戦の雪解け・60年代以降米ソの動揺・
ヨーロッパ統合が進展する過程を確認しよう。

◀◀◀ ▶ ポイント整理 ▶▶▶▶▶▶▶▶▶▶▶▶▶▶▶▶▶▶▶▶▶▶▶▶▶▶▶▶▶▶▶▶▶▶▶▶▶

❶ 朝鮮戦争と冷戦体制の成立

	資本主義陣営	社会主義陣営
		1949 【ソ】原爆保有を公表
1950	【米】マッカーシズム（「赤狩り」）旋風（〜54）	1950 中ソ友好同盟相互援助条約
	1_____勃発（〜53）	
	【仏】シューマン=プランの提唱	
1951	【日】2_____条約・日米安全保障条約に調印	
1952	3_____（ECSC）発足	
	【英】原爆実験成功　【米】4_____実験に成功	
1953	【米】5_____が大統領就任	1953 【ソ】8_____死去
	国務長官ダレスが，ソ連に対する「巻き返し政策」を発表	
		朝鮮休戦協定（板門店）
1954	【日】6_____が発足	9_____協定〈インドシナ戦争終結〉
1955	【西ドイツ】7_____に加盟 ◀──▶	10_____機構結成

（冷戦の激化）

(1) 1950年6月に11_____がはじまり，**北朝鮮軍は韓国領土に侵攻**した。ソ連が欠席した**国連安全保障理事会**は，北朝鮮の行動を侵略と決議し，アメリカ軍主体の12_____を出動させ，北朝鮮軍を中国国境に追いつめた。中国は13_____を派遣して北朝鮮を援助し，51年以降，14_____付近で戦いは膠着した。53年に休戦協定が結ばれて休戦が成立した。

(2) 1951年，サンフランシスコ講和会議が開かれ，日本と48カ国間で平和条約が結ばれた。同時に，日本はアメリカと15_____を結び，アメリカの軍事力のもと経済発展に努めた。その後，日本は1960年代初めから70年代初めの16_____期を経て，先進工業国の一員となった。

❷ ソ連の「雪どけ」と平和共存

	1955　ジュネーヴ4巨頭会談〈米・ソ・英・仏〉		
		1956	12_____によるスターリン批判
1956	【日】ソ連と国交回復→1_____加盟		＊資本主義国との平和共存路線への転換
	【英・仏】スエズ戦争（第2次中東戦争，〜57）		・コミンフォルムの解散
1958	【仏】ド=ゴールによる2_____発足		・ポーランドや13_____で反ソ暴動
	3_____（EEC）・ヨーロッパ原子力共同体（EURATOM）発足	1957	ソ連がスプートニクの打ち上げに成功
1960	イギリス提唱で4_____（EFTA）発足	1958	【中国】14_____政策を開始──反発
		1959	フルシチョフ訪米→米ソ首脳会談
1961	【米】ケネディ大統領が5_____政策を提唱		15_____革命→61年に社会主義宣言
		1961	【東ドイツ】16_____建設
	1962　6_____：全面核戦争の危機高まる		
	1963　7_____条約（米・英・ソ）		
1964	【米】ジョンソン大統領→8_____法成立	1964	【ソ】ブレジネフ体制スタート
1965	【米】北爆（9_____への爆撃）開始		
	…10_____介入が本格化	1966	【中国】毛沢東による17_____開始→劉少奇失脚へ
1966	【仏】NATOの軍事機構から脱退		
	1968　核拡散防止条約（NPT）		
1967	11_____（EC）発足	1968	チェコスロヴァキア民主化運動
1968	【英】スエズ以東からの撤兵表明		＝18_____→ソ連軍事介入

（雪どけ／大国の動揺）

ことばの探究 **集団安全保障**：第一次世界大戦後，勢力均衡に代わり提唱された安全保障の方式。参加各国が武力によらない紛争解決を誓約し，違反国を侵略国と見なし，これに対して他の全ての参加国による制裁を義務づけた体制である。

(1) 1953年に**スターリンが死去**し，米ソの対決姿勢に変化があらわれた。55年に<u>19   </u>（米）・**イーデン**（英）・**フォール**（仏）・**ブルガーニン**（ソ連）の参加による，ジュネーヴ4巨頭会談が開催された。ソ連共産党の第一書記に就任した**フルシチョフ**は，56年の<u>20   </u>で，<u>21   </u>を行い，**平和共存策**を発表した。この動きは東欧諸国にも波及し，56年に<u>22   </u>の**ポズナニ**や**ハンガリー**で反ソ暴動がおこった。ポーランドでは政府みずから暴動を収拾したが，ハンガリーではソ連軍の介入によって暴動が鎮圧される**ハンガリー事件**に発展した。

(2) 1959年，**ソ連のフルシチョフ**が訪米し，アイゼンハワー大統領と会談したので，東西緊張緩和の機運は高まった。しかし，61年に**東ドイツ**が西ドイツ亡命者の増大に対して東西ベルリンを遮断する<u>23   </u>を構築したことで両国関係は悪化した。

(3) 1962年，ソ連は<u>24   </u>を宣言した**キューバを支援**し，**ミサイル基地を建設**した。<u>25   </u>米大統領が**海上封鎖**を行い強硬姿勢をとったため，全面戦争一歩手前となる<u>26   </u>が発生した。これはソ連の譲歩によって危機は回避された。米ソ両国はこの反省から，63年，米英ソによる<u>27   </u>条約を締結した。68年には**核保有国を米・ソ・英・仏・中に限定する**<u>28   </u>条約（NPT）も調印された。

(4) フランスでは，1958年に<u>29   </u>が**第五共和政**を発足させて，強力な指導体制を確立した。彼は，60年に<u>30   </u>実験を行い，62年に<u>31   </u>の独立，次いで**中華人民共和国を承認**し，さらには**NATOへの軍事協力を拒否**するなど，独自の外交政策を展開した。

(5) イギリスは，1956年にイーデン保守党内閣が**ナセル**の<u>32   </u>宣言に対し，フランス・<u>33   </u>とともに出兵したが国際的非難を浴びて撤退した。ウィルソン労働党内閣のもとでは，67年にポンド切り下げや**スエズ以東からの撤兵**により，世界における経済・政治面での指導力を失っていった。

(6) 1950年代以降，**ヨーロッパ統合**の機運が徐々に高まった。フランス外相の<u>34   </u>の提唱にもとづき，52年に<u>35   </u>（ECSC）が<u>36   </u>・<u>   </u>・<u>   </u>およびベネルクス3国によって結成された。次いで，58年に**ヨーロッパ経済共同体（EEC）**と<u>37   </u>（EURATOM）が発足した。67年にはこれらが統合され，<u>38   </u>（EC）が成立した。

(7) アメリカでは，1961年に民主党の**ケネディ**が大統領に就任した。彼は，<u>39   </u>政策を掲げ人権問題等に取り組むとともに，**キューバ危機**を克服し，ソ連との平和共存に努めたが，63年南部の都市ダラスで暗殺された。後を受けた<u>40   </u>大統領は，64年に<u>41   </u>運動のもと広範な内容の**公民権法**を制定した。

一方，**トンキン湾事件**を理由に，65年2月からは**北ベトナム爆撃**（＝<u>42   </u>）を開始し，本格的に<u>43   </u>に介入した。その後の戦争の長期化，泥沼化の中でアメリカ経済，社会は混乱した。

3 東西両陣営の集団安全保障

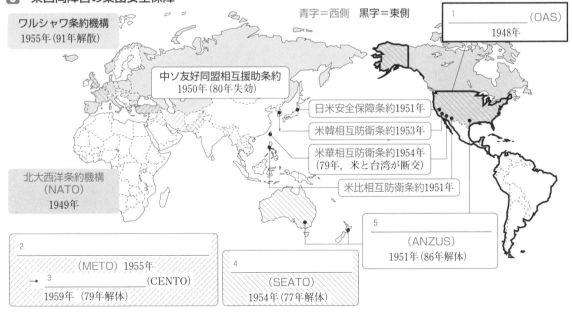

◀◀◀ 演 習 問 題 ▶▶▶▶▶▶▶▶▶▶▶▶▶▶▶▶▶▶▶▶▶▶▶▶▶▶▶▶▶▶▶▶▶▶▶▶▶

1 ［冷戦の激化］　　　　　　　　　　　　　　　　(19　東北学院大学より作成)

　冷戦は，（①）会談から始まり，（②）会談で終わったといわれる。1945年2月に①で，ドイツや東欧の戦後処理，ソ連の対日戦線，a国際連合の設立などの戦後国際秩序にかかわる話し合いが行われた。この会議を契機にアメリカ合衆国とソ連の間の関係が冷却し始めたが，1989年12月に地中海の②でb米ソ首脳会談が開かれ，冷戦の終結が宣言されるに至った。

　①会談に先立って，1944年7月に開催された（③）会議では，世界の基軸通貨ドルと各国通貨の交換比率を固定して為替相場の安定をはかった（④）や，戦後復興と発展途上国の開発資金を融資するための（⑤）の創設が決められた。その後，1948年には，多国間の自由貿易を促進するために（⑥）に関する一般協定が発足し，戦後の国際秩序再建のためのレジームが整えられた。

　アメリカ大統領トルーマンは，拡大する共産主義勢力に対抗するために軍事援助と経済援助を与えるcトルーマン＝ドクトリンを発表し，国務長官マーシャルは，dマーシャル＝プランを発表し，共産主義の封じ込め政策を開始した。一方，ソ連は，1949年に東欧諸国などと（⑦）を組織し，1955年には集団的防衛機構である（⑧）を結成した。米ソを中心とした資本主義陣営と共産主義陣営の対立は，次第に世界各地へと広がっていった。アジアでは，1946年にeインドシナ戦争が，そして1950年に朝鮮戦争が勃発し，アメリカ合衆国は次々と双務的・多角的な安全保障条約を締結した。そして，中東においても同様の反共包囲網を整えていった。

　スターリンの死後，（⑨）が西側との協調路線を志向した外交戦略を開始したことから一時的に平和共存の雪解けムードが高まった。しかし，1962年にソ連がfキューバにミサイル基地を建設した時，アメリカ合衆国大統領ケネディがミサイル撤去を求めて海上封鎖を断行したことで，世界は一気にg核戦争の脅威にさらされた。この緊張はソ連側の撤退によって収まったが，アジアでの緊張は継続した。1962年にチベットをめぐる中印国境紛争においてインドの軍事的敗北が決定的になると，ケネディは共産主義拡大を阻止するためにインドへの軍事的支援を拡大した。そして，ケネディ暗殺の後に大統領に就任した（⑩）も共産主義包囲作戦を踏襲し，hベトナムへの軍事介入を本格化した。ソ連と中国が北ベトナムに大規模な軍事・経済援助を行ったために，戦争は長期化した。i戦費が膨大となり国際収支を悪化させたアメリカ合衆国は，アメリカ軍をベトナムから撤退させた。

問1　文中の空欄①〜⑩に適語を入れよ。

問2　下線部a〜iについて次の各問いに答えよ。

　a　これについての説明として正しいものを，次から1つ選べ。

　　ア　本部はアメリカ合衆国のニューヨークに置かれた。

　　イ　総会の決議は，全会一致の原則で採決された。

　　ウ　安全保障理事会は，当初，アメリカ合衆国・イギリス・ソ連・中国・フランス・日本の6カ国の常任理事国で構成された。

　　エ　1945年4月，国際連合憲章がワシントンで開催された連合国会議で採択された。

　b　この会談を行ったアメリカ合衆国とソ連の首脳の名前をそれぞれ答えよ。

　c　このドクトリンが宣言された当初に，援助を約束された国はどこか。次から**2つ選べ。**

　　ア　ギリシア　　　イ　アルメニア　　　ウ　シリア

　　エ　ルーマニア　　オ　トルコ　　　　カ　ユーゴスラヴィア

1

問1①

②

③

④

⑤

⑥

⑦

⑧

⑨

⑩

問2 a

b
　アメリカ

　ソ連

c　　　　　・

d　このプランによって経済復興を果たした後，アメリカへの過度の依存を避けるために，フランス外相シューマンの呼びかけによってヨーロッパ経済統合を目指して1952年に発足した組織を何というか。

e　この戦争を機にアメリカ合衆国がイギリスなどとともに設立した東南アジアの多角的安全保障機構を何というか，次から1つ選べ。

　ア　SEATO　　イ　METO　　ウ　ANZUS　　エ　OAU

f　キューバ革命の指導者は誰か。

g　1963年に米英ソの間で核の脅威をなくすために締結された条約を何というか。

h　1965年に開始されたアメリカ合衆国による北ベトナムへの本格的な攻撃のことを何というか。漢字2字で答えよ。

i　下線部 i に関連して，アメリカ合衆国がこの危機を乗り越えるために行った対策についての説明として正しいものを，次から1つ選べ。

　ア　軍事削減のための戦略兵器制限交渉に応じなかった。

　イ　固定相場制を廃し，変動相場制を採用した。

　ウ　ドルと金との交換を継続し，基軸通貨としての地位を守った。

　エ　大増税を行った。

問3　国際連合と国際連盟の相違点を100字程度で説明せよ。

d _____

e _____

f _____

g _____

h _____

i _____

問3

＊時代の流れがわかるよう，前節と学習項目が重複する部分がある。

44 第三世界の台頭と冷戦体制の動揺

平和共存と多極化の進展を基に，冷戦下の紛争解決の取組について理解しよう。

◀◀◀ **ポイント整理①** ▶▶▶▶▶▶▶▶▶▶▶▶▶▶▶▶▶▶▶▶▶▶▶▶▶▶▶▶▶▶▶▶▶▶▶▶

1 第三世界の台頭

1954. 4	コロンボ会議
. 6	ネルー・周恩来会談→ 1 _____ 発表
1955. 4	2 _____ （バンドン会議）
1960	「 3 _____ 」
	…アフリカで17カ国が独立
1961	第1回 4 _____ 開催

(1) 戦後，独立したアジア諸国の多くは，**米ソ二大陣営**どちらにも属さない 5 _____ を形成しようとした。1954年，中国の 6 _____ とインドの 7 _____ が会談し，反植民地主義・平和共存を掲げる 1 を発表。55年，インドネシアの 8 _____ で29カ国が参加してアジア＝アフリカ会議を開催し，**平和十原則**を発表した。

(2) 1961年，ユーゴスラヴィアの 9 _____ で**ティトー・ナセル・ネルー**のよびかけにより，アジア・アフリカ・ラテンアメリカ諸国が，第1回 4 を開催し，5 の連帯を強めた。

2 アフリカ・西アジア

アフリカ

- 1952 　1 _____ ：ナギブらの自由将校団が主導となり王政を倒す
- 1953 　2 _____ 成立
- 1954 　アルジェリア民族解放戦線（FLN）が蜂起＝対仏 3 _____ 勃発
- 1956.7 　エジプト大統領 4 _____ がスエズ運河国有化を宣言（ダム建設資金を得るため）
- 1960 　「**アフリカの年**」（17もの独立国がうまれる）
- .7 　5 _____ はじまる（〜65）
- 1963 　6 _____ 会議
　　　　エチオピアのアディスアベバにて開催
　　　　7 _____ （OAU）を結成
　　　　…アフリカの諸問題を討議

- 2002 　アフリカ連合（AU）へ発展

西アジア

- 1951 　イラン：モサッデグが 8 _____ を宣言
- 1953 　国王派のクーデタにより，モサッデグを罷免（ひめん）
- 1955 　バグダード（中東）条約機構（METO）結成
- 1956 　9 _____ （第2次中東戦争）
　　　　エジプト×英・仏・ 10 _____
- 1958 　11 _____ ⇨METO解体
- 1959 　12 _____ （CENTO）結成
- 1960 　石油輸出国機構（OPEC）結成
- 1963 　イラン：国王 13 _____ による白色革命（近代化政策）推進⇨貧富の差拡大
- 1964 　14 _____ （PLO）結成
- 1967 　15 _____ 勃発
　　　　イスラエルがシナイ半島，ガザ地区，ゴラン高原，ヨルダン川西岸占領
- 1968 　アラブ石油輸出国機構（OAPEC）結成

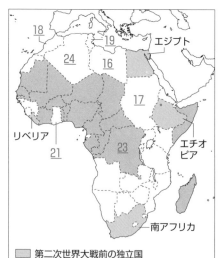

第二次世界大戦前の独立国
アフリカの年に独立した国

(1) 1951年に 16 _____ が**イタリア**から独立。56年に 17 _____ がイギリスから，18 _____ ，19 _____ が**フランス**から独立した。

(2) 1957年，20 _____ を首相とする 21 _____ が**サハラ以南初の黒人共和国**としてイギリスからの独立を達成した。

(3) 22 _____ 年は「**アフリカの年**」といわれ，フランス植民地を中心に17カ国が独立を果たした。このうち，23 _____ は**ベルギー**から独立した。

(4) 激しい独立戦争を展開した 24 _____ は，62年にフランスからの独立を達成した。

(5) 独立後も貧困問題をかかえた国が多かったアジア・アフリカ諸国と，経済発展を実現した先進国との間に 25 _____ 問題が発生した。1964年，格差是正のために発展途上国を中心に 26 _____ が結成された。

毛沢東（マオツォートン）：社会主義国「中国」建国の父と称えられる。一方で大躍進運動の失敗と自身の権力基盤を回復するために遂行された文化大革命が，中国の経済・社会を大混乱に陥れ，多くの犠牲者を出していたことが次第に明らかになった。

◀◀◀ **演習問題** ▶▶▶

1 ［第三世界の自立］　　　　　　（06　上智大学・11　高崎経済大学・12　立教大学より作成）

　近年，いわゆる「ジャスミン革命」を端緒に民主化の激しい動きが連鎖的に巻き
おこったイスラーム圏の北アフリカ地域は，もともと第二次世界大戦後，活発な植
民地独立運動の舞台となったところでもある。1955年にインドネシアで開かれた
ₐアジア＝アフリカ会議は開催地の名をとって（①）会議と通称されている。この成
功を機に1956年，北アフリカでは（②）がイギリスから，モロッコ，（③）が 。フランス
から独立を果たし，57年には（④）がサハラ以南初の黒人共和国として独立した。
（⑤）年には大陸全土で꜀17カ国が一挙に新興独立国となり，この年は「アフリカの
年」とよばれた。1963年には植民地主義との対決を掲げた（⑥）が設立され，アフリ
カ諸国の連帯を強く訴えかけた。他方，同時期の中東地域でも複雑な動きが活発化
した。エジプトではナセルに率いられた（⑦）が軍事クーデタで王政を廃止し，共和
政に改めて大胆な土地改革とイギリス軍の撤退を実現させた。彼はインドの（⑧），
中国の（⑨）らとともにいわゆる ₔ第三世界（第三勢力）の非同盟・中立主義に賛同
する立場を鮮明にしたが（⑩）国有化などナセルの動きを敵視したイギリス・フラン
ス両国は（⑪）とともにエジプトに対して軍事行動をおこした。しかしこの（⑫）戦争
では仕掛けた側のもくろみは達成されず，一連の動きの影響は1958年7月の ₑイラ
ク における王政打倒など，周辺諸国にまで大きく及んだ。特に1964年，⑪に奪われ
た土地と権利回復のために結成された（⑬）は，非国家組織ながら，その後長らく ᵢ中
東情勢を左右する大きな存在感を発揮した。その後中東地域ではイギリス・フラン
スに代わってアメリカ合衆国がしだいに影響力を強め，アラブ諸国における親米政
権とのつながりを通して安定化をはかったが，1979年中東地域でとりわけ西洋化の
進んでいた ₉イランで王政が打倒され，イラン＝イスラーム共和国が成立した。

問1　文中の空欄①〜⑬に適語を入れよ。

問2　下線部 a 〜 g について次の各問いに答えよ。
　a　この会議で確認された原則を何というか。
　b　民族解放戦線（FLN）を中心とする武装闘争を展開し，1962年フランスから
　　　独立した北アフリカの国はどこか。
　c　アフリカ諸国など新興独立国は経済的基盤が弱いことが多かった。その理由
　　　について，植民地として支配されていた歴史的経緯を踏まえて説明せよ。
　d ⅰ　1961年，この立場にもとづきユーゴスラヴィアのベオグラードで開催され
　　　た会議を何というか。
　　ⅱ　上記ⅰの会議開催に尽力したユーゴスラヴィアの指導者は誰か。
　e　イラクについて述べた次の文中のア〜エに適語を入れよ。

> 　大戦後もアメリカと並んでイギリスはイラクへの影響力を保持し，トルコ，
> イラン，（ア）を加え（イ）（METO）を結成した。しかし，ナセルの台頭によ
> る（ウ）主義の興隆はイラクにも影響を及ぼし，その影響を受けたカーセムら
> 青年将校たちは1958年にイラク革命をおこし，王政から共和政に移行させる
> とともに，西側と距離をおく政策をとった。その結果としてイからも脱退し，
> その名称は英語（アルファベット）の名称で（エ）と改められることになった。

　f　6日間戦争ともよばれる，⑪がアラブ諸国に圧勝した1967年の紛争は何か。
　g　イランについて述べた次の文中のア〜エに適語を入れよ。

> 　大戦後の民族運動が高まる中，（ア）首相のもと議会は1951年に（イ）を可決
> し，外国資本を排除した。混乱による石油生産の激減や，石油輸入国による
> イラン石油の輸入制限がおき，イラン経済は崩壊した。1953年には英米の支
> 援を受けた国王派がクーデタをおこした。国王（ウ）は1963年から（エ）とよば
> れる経済・社会の近代化事業を開始し，欧米化政策を追求した。

1

問1 ①

②

③

④

⑤

⑥

⑦

⑧

⑨

⑩

⑪

⑫

⑬

問2 a

b

c

d ⅰ

ⅱ

e ア

イ

ウ

エ

f

g ア

イ

ウ

エ

❶ ラテンアメリカ諸国とキューバ革命

戦後もアメリカ合衆国の強い影響下におかれる
・1947　パン=アメリカ会議…リオ協定採択
・1948　__1_____(OAS) 設立
　　　…南北アメリカの21カ国が加盟

民族主義×親米派
・1946　__2_____でペロン政権が反米的な
　　　民族主義を掲げて改革
　　　⇔1955　クーデタで倒される
・1951　__3_____で左翼政権による土地改革
　　　⇔1954　アメリカ支援のクーデタで転覆

┌─────────────────────────┐
│ __4_____ 革命（1959）
│・__5_____の指導する革命運動
│　⇨親米派の__6_____独裁政権を打倒
│・1961　社会主義宣言→ソ連に接近
│　中南米諸国の革命運動・民族運動に影響
│　　　　　　　⇕
│【アメリカ】
│キューバ以外の中南米諸国と「進歩のための同盟」
│を締結し，改革を支援
└─────────────────────────┘

❷ 米ソ両大国の動揺と平和共存への転換

資本主義陣営	社会主義陣営
【アメリカ合衆国】	【ソ連】
┌─────────────┐ │ __1_____大統領（1961〜63　民主党）│ └─────────────┘ ・ニューフロンティア政策による内政改革 ・__2_____の発生（1962）回避 　ソ連：キューバにミサイル基地を建設 　合衆国：海上封鎖によるソ連船の機材搬入阻止 ・キング牧師による__4_____運動にも理解 ・1963.11　ダラスで暗殺される	┌─────────┐ │ フルシチョフ │ └─────────┘ 緊張緩和へ ・1963　米・英・ソ間で__3_____条約調印 ・1964　フルシチョフ解任
┌─────────────┐ │ ジョンソン大統領（1963〜69　民主党）│ └─────────────┘ ・1964　__6_____成立⇨人種差別の撤廃 ・「偉大な社会」計画…差別と貧困の解消をめざす ・ベトナムへの軍事介入拡大 　→__7_____運動の高まり	┌─────────┐ │ __5_____体制 │ └─────────┘ ・アメリカとの平和共存路線⇨中ソ対立へ ・国内や東ヨーロッパに対する統制を強化 ・1967　__8_____：チャウシェスク政権（〜89） 　…石油資源保持，独自外交を展開 ・1968　チェコスロヴァキア：__9_____政権 　…経済の自由化・民主化の展開 　　＝「__10_____」 ⇨ワルシャワ条約機構による軍事介入 　（ブレジネフ=ドクトリン…制限主権論を主張し，チェコスロヴァキアへの介入を正当化）
・1968　キング牧師が暗殺される	・1968　米・英・ソなど62カ国で__11_____条約（NPT）調印
【西ドイツ】・1969　__12_____首相	__13_____を展開⇨東ヨーロッパ・ソ連との関係改善 （緊張緩和（__14_____））
┌─────────────┐ │ __15_____大統領（1969〜74　共和党）│ └─────────────┘ ・__15__=ドクトリンを表明 ・1971　__17_____：金とドルの交換停止 　キッシンジャー大統領補佐官を北京に派遣 ・1972　ニクソンが__18_____を訪問，毛沢東と関係正常化合意 　　　東西ドイツ基本条約…両国の__19_____ ・1973　ベトナム（パリ）和平協定調印 ・1974　__21_____事件により辞任	・1969　米・ソ間で__16_____(SALT I) 開始 （翌73年　東西ドイツが同時に__20_____加盟） ・1973　核戦争防止協定
【南ヨーロッパ】・1974　__22_____で独裁政権崩壊（←アンゴラなどアフリカ植民地独立の攻勢） 　　　　　　__23_____で軍事政権崩壊→国民投票による民主制復帰（1975） 　・1975　スペイン　独裁者__24_____死去→立憲君主政（ブルボン朝）へ移行	
	・1975　__25_____会議→ヘルシンキ宣言採択

③　南アジア・東南アジア

戦後の◆南アジア／◇東南アジア

◆1950　インド共和国が成立，インド憲法を施行

　1954　ネルーが周恩来と平和五原則を発表

◇1954　インドシナ戦争…¹＿＿＿＿＿＿＿＿

　　　　の戦いでフランス敗北

　　　　⇨ジュネーヴ休戦協定を締結

◆1955　アジア＝アフリカ会議開催（バンドン）

　　　　　◇アメリカの支援

　　　　　　⇨ベトナム南部に²＿＿＿＿＿＿＿成立

◇1960　南ベトナム：2の³＿＿＿＿＿＿＿

　　　　政権に対し，⁴＿＿＿＿＿＿＿＿

　　　　が結成される。北ベトナムもこれを支援

◇1963　マレーシア連邦成立

◇1965.2　米大統領⁵＿＿＿＿＿＿＿による北爆（北

　　　　ベトナムへの爆撃）開始

北ベトナム軍と4は中国・ソ連の援助を受ける。南ベ
トナム政府軍とアメリカに対抗⇨戦争は長期化

◇1965.8　マレーシア連邦から⁶＿＿＿＿＿＿が

　　　　　分離，独立

　　.9　インドネシア：第三世界のリーダーとして活

　　　　躍するスカルノ大統領が⁷＿＿＿＿＿＿事

　　　　件で失脚

　　　　　　　　　⇩

　　　　軍部出身の⁸＿＿＿＿＿＿＿が実権を握り，

　　　　大統領に就任

◇1967　東南アジア諸国連合（⁹＿＿＿＿＿＿）結成

　　　　原加盟国：¹⁰＿＿＿＿＿＿　・＿＿＿＿＿＿

　　　　＿＿＿＿＿＿　・＿＿＿＿＿＿　・＿＿＿＿＿＿

　　　　＿＿＿＿＿＿

◇1968　テト攻勢（解放戦線による一斉攻撃）

　　　　5米大統領が北爆停止

　　　　北ベトナムとの¹¹＿＿＿＿＿＿＿会談開始

　1973　¹²＿＿＿＿＿＿＿成立，**アメリカ軍は**

　　　　ベトナムから撤兵

　1975　北ベトナム軍と4がサイゴンを陥落させ，戦争

　　　　を終結させる

◇1976　¹³＿＿＿＿＿＿＿＿＿成立

　　　　インドシナ全土解放

◇【カンボジア】

　1970　ロン＝ノル親米政権成立→シハヌーク失脚

　1975　¹⁴＿＿＿＿＿＿＿がロン＝ノル政権を倒し，

　　　　民主カンプチアを建設

　　　　14による大量虐殺開始

　1978　ベトナム軍の侵攻⇨14政権打倒

　　　　カンボジア内戦へ

　1979　¹⁵＿＿＿＿＿＿＿：中国軍によるベトナム侵攻

④　東アジア

【中国】

・1958　第2次五カ年計画：「¹＿＿＿＿＿＿」政策推進

　　　⇨農業の集団化のため，²＿＿＿＿＿＿を設立

　　　　経済のバランス崩壊と自然災害で大量の餓死者

・1959　毛沢東にかわり³＿＿＿＿＿＿が国家主席に

　　　　鄧小平（とうしょうへい）とともに調整政策を実施，経済再建

┌─────────────────────────────┐
│ ⁴＿＿＿＿＿＿＿反乱（1959）

│ 4仏教僧による反中国運動

│ ⇨ダライ＝ラマ14世がインドへ亡命

│ 　⁵＿＿＿＿＿＿紛争勃発（～62）

│

│ ・⁶＿＿＿＿＿＿（1960～）：ソ連のスターリン批判

│ 　に反発。中国はソ連の平和共存路線を批判
└─────────────────────────────┘

・1963　【韓国】⁷＿＿＿＿＿＿が大統領に就任

　　　　経済政策重視，人権抑圧の⁸＿＿＿＿＿独裁

・1964　【中国】⁹＿＿＿＿＿＿開発に成功

・1965　【韓国】ベトナム戦争に参戦

　　　　　　　日本と¹⁰＿＿＿＿＿＿を締結

┌─────────────────────────────┐
│ ・1966　¹¹＿＿＿＿＿＿

│ 　　…復権をはかる毛沢東によってはじまる

│ 　¹²＿＿＿＿＿＿と称した学生を中心とする大衆

│ 　運動を組織。全国で知識人や技術者が攻撃され，

│ 　追放された
└─────────────────────────────┘

・3や鄧小平らは，修正主義者（実権派，走資派（そうし））と非

　難され失脚

・1969　ダマンスキー島で¹³＿＿＿＿＿＿発生

・1971　¹⁴＿＿＿＿＿＿が毛沢東と対立し，失脚。江青ら

　　　　四人組の台頭で，中国の社会経済は大混乱へ

　　　　国連総会で中華人民共和国の代表権承認

　　　　周恩来首相の改革

・1972.2　¹⁵＿＿＿＿＿＿が中国訪問(訪中)〔米中接近〕

　　　　【日本】¹⁶＿＿＿＿＿＿が日本復帰

　　.9　田中角栄首相が中国訪問

　　　　日中共同声明⇨¹⁷＿＿＿＿＿＿

　　　　＿＿実現

・1976　周恩来，毛沢東死去，四人組逮捕

┌─────────────────────────────┐
│ ・1977　11終了⇨¹⁸＿＿＿＿＿＿が新指導部へ

│ ・1978　日中¹⁹＿＿＿＿＿＿＿の締結

│ ・1979　米中国交正常化

│ ・「²⁰＿＿＿＿＿＿」を推進

│ 　…農業・工業・国防・科学技術
└─────────────────────────────┘

・1980　【韓国】²¹＿＿＿＿＿事件で民主化運動が軍部に

　　　　　　　　より弾圧

17章

◀◀◀ **演 習 問 題** ▶▶▶▶▶▶▶▶▶▶▶▶▶▶▶▶▶▶▶▶▶▶▶▶▶▶▶▶▶▶▶▶▶▶▶▶▶▶▶

1 [ベトナム戦争・キューバ危機]　　　　　(05　中央大学・06　新潟大学より作成)

　第二次世界大戦後 a アジア・アフリカ・ラテンアメリカで強まった各地の民族運動・独立運動は，米ソ冷戦の中で長期化した。

　ベトナムでは，1955年アメリカ合衆国が支援する（①）（南ベトナム）が樹立されたが，政治腐敗と（②）政権独裁に対する批判が高まり，60年には（③）が結成され，反米・反政府を掲げたゲリラ戦となった。アメリカは，(x) 南ベトナムに軍事顧問団を派遣し，さらにトンキン湾事件を契機に65年から（④）を開始した。これに対して，b 北ベトナムはソ連・中国に援助を求めた。③のゲリラ戦に対抗してアメリカは地上軍を投入し，戦争は泥沼化した。ベトナム戦争はアメリカの世論を二分し，世界各地でも（⑤）運動が激化した。c 1968年③のテト攻勢の後，アメリカは④の停止を表明し，（⑥）で和平会談が開始された。その結果，73年には（⑦）が調印され，d アメリカはベトナムから撤退した。その後，76年には南北ベトナムを統一した（⑧）が成立した。

　③の結成とほぼ同じ時期の1959年に，カリブ海のキューバでは（⑨），ゲバラなどの指導者に革命をおこされ，親米の（⑩）独裁政権が打倒された。1961年には革命政権は社会主義を宣言した。アメリカはキューバと断交したが，62年にソ連がキューバにミサイル基地の建設を開始したことが明らかになると，(Y) アメリカはその撤去を要求して海上封鎖を行い，米ソ間に核戦争の危機が生まれた。これがいわゆる（⑪）である。⑪をきっかけに米・ソをはじめとする国際社会は e 核兵器制限に取り組みはじめた。

問1　文中の空欄①〜⑪に適語を入れよ。
問2　下線部a〜eについて次の各問いに答えよ。
　a　東南アジア各国について述べた次の各文中のア〜オに適語を入れよ。

> ・ベトナム戦争中，ラオスでは，1945年に結成された左派勢力である（ア）がアメリカ軍と戦った。
> ・1965年にインドネシアは（イ）を脱退した。また同年九・三〇事件によって軍部の右派が政権をとりスカルノは失脚し，68年（ウ）が大統領に就任した。
> ・カンボジアでは，ベトナム戦争終了後の1976年に（エ）が民主カンプチア政府の首相に就任し，住民の大量強制移住や大量虐殺を行った。
> ・フィリピンの（オ）大統領は，独裁政治によって長期政権を維持したが，1986年に大統領選挙の不正に抗議した大衆運動がおこると，アメリカの支持も失い，ハワイに亡命した。

　b　i　1945年北ベトナムに成立した国は何か。
　　ii　上記iの国の初代大統領でベトナム戦争中の1969年に死去した人物は誰か。
　c　この年に暗殺された，アメリカにおける公民権運動の中心人物は誰か。
　d　この時のアメリカ大統領は誰か。
　e　1960年代に米・ソをはじめとする国際社会が取り組んだ核兵器制限の内容を説明せよ。
問3　下線部(X)(Y)について，2つの外交政策は一人の大統領によって行われた。以下の各問いに答えよ。
　　i　この大統領は誰か。
　　ii　この大統領がアメリカ国内で掲げた政治スローガンを何というか。

1

問1①

②

③

④

⑤

⑥

⑦

⑧

⑨

⑩

⑪

問2aア

イ

ウ

エ

オ

b i

ii

c

d

e

問3 i

ii

2　[米ソによる緊張緩和の動き]　　　　　　　　(11　上智大学より作成)

　フルシチョフは1959年，ソ連の最高指導者として初めて訪米し，米ソ協調の精神が生まれた。しかし，1962年，ソ連がキューバにミサイルを配備したことにより米ソは対立し，世界は米ソの軍事衝突の危機に直面した。このキューバ危機後，米ソ両国は1963年に（①）に調印した。フルシチョフは1964年に解任され，失脚後，（②）が党の最高指導者となり，首相にはコスイギンが就任した。

　1960年代，ソ連や東欧の社会主義国では経済の停滞が続いた。チャウシェスク大統領のもと，（③）は，ソ連の利益優先のコメコンに批判的になり，自国にある（④）資源を武器に，ソ連と距離をおく独自外交をすすめた。チェコスロヴァキアでは，民主化政策が推進され，（⑤）らを指導者とする「（⑥）」とよばれる運動に発展した。ソ連は（⑦）の4カ国を率いて軍事介入したが，③は参加しなかった。

　1970年代，米ソ両国の軍縮が進展した。1972年に，第1次（⑧）交渉に調印し，翌年両国は（⑨）協定に調印した。1979年には，第2次⑧交渉による条約が調印された。

問1　文中の空欄①〜⑨に適語を入れよ。

3　[中国の動揺]　　　　　　　　(08　福岡大学・12　國學院大學より作成)

　戦後，社会主義国家建設を推進する中国では，1950年代前半，農工業生産高が戦前の水準を超えたが，強引な工業化・農業集団化政策や共産党支配に対する批判もあらわれた。毛沢東は批判勢力に反撃を加え，大衆動員による急激な社会主義建設をめざす「（①）」運動を指示するとともに，農村での（②）設立をすすめた。しかし，「①」運動は多大な犠牲を出して失敗し，59年には（③）が国家主席につき，経済政策を見直した。同年には（④）で反中国運動がおこり，これを鎮圧した中国軍は（⑤）軍とも衝突し，中国と⑤の国境紛争に発展した。毛沢東は党の指導力を維持すべく，ソ連がアメリカと（⑥）路線をとったことを批判した。1960年にはソ連が経済援助を停止し，中国から技術者を引き揚げた。中国とソ連の対立は63年以降公開論争に発展し，（⑦）年に両国国境でおきた軍事衝突は多数の死傷者を出した。1966年，毛沢東と（⑧）らは，権力の中枢にいた③や鄧小平を修正主義者と非難し，（⑨）を発動した。a 若い世代を中心とする全国的な大衆運動が組織され，党幹部や知識人の多くが批判，追放された。③は失脚し，その後82年まで国家主席は廃止された。⑨は中国社会を混乱させ，経済・文化活動の深刻な停滞を招いた。この間，中国は1964年にアメリカ合衆国，ソ連，イギリス，（⑩）に次ぐ世界で5番目の核保有国となった。のち1971年10月の国連総会において，中華人民共和国への国連代表権の移行が決議され，これまで代表権を保有していた（⑪）の国民党政権は国連から追放されることになった。b 翌72年2月にアメリカ合衆国の（⑫）大統領が電撃的に中国を訪問して米中共同声明を発表し，中国との関係正常化をはかった。1976年1月に周恩来が，9月に毛沢東が死去すると，（⑬）首相は⑨推進派を逮捕し，77年，⑨の終了を告げた。1981年には c 鄧小平を中心とした新指導部が成立し，社会主義市場経済政策を実行するとともに，周辺国との関係改善に努めた。

　d 経済開発に力を入れつつ強権的統治を行う政権は，中国大陸の近隣地域でもみられた。e 韓国では1960〜70年代に大統領の座にあった（⑭）が輸出工業の育成につとめる一方で，反政府運動を厳しく取り締まり，その後の軍人出身の大統領も政治の民主化に消極的であった。

問1　文中の空欄①〜⑭に適語を入れよ。
問2　下線部a〜eについて次の各問いに答えよ。
　a　毛沢東が「造反有理」と支持し，学生を中心につくられた組織は何か。
　b　1972年5月，アメリカから日本に返還された地域はどこか。
　c　この指導部のもとで行われた市場経済化などの経済改革を何というか。
　d　1960年代から世界の後進地域にみられた，このような政権を何というか。
　e　1965年，⑭が日本との間に締結した条約は何か。

2
問1①
②
③
④
⑤
⑥
⑦
⑧
⑨

3
問1①
②
③
④
⑤
⑥
⑦
⑧
⑨
⑩
⑪
⑫
⑬
⑭
問2 a
b
c
d
e

17章

45 産業構造の変容と冷戦の終結

冷戦の状況の変化と冷戦終結にいたる過程を整理してみよう。

◀◀◀ **ポイント整理** ▶▶▶

1 産業構造の変容と冷戦の終結

資本主義陣営	社会主義陣営
1971 【米】ニクソン大統領がドル防衛策を発表 → 1_____ 　　以後，先進国は 2_____ に移行	1971 【中国】国際連合に加盟 　　→台湾（中華民国）は国際連合を脱退
1972 【米・ソ】第1次 3_____ (SALT1) 調印	
1973 【英など】ECに加盟：拡大EC 　　【米】ベトナム和平協定調印 　　　→アメリカ軍がベトナムから撤退 　・先進工業国の通貨：固定相場制から2に移行 　・4_____ 　　5_____ の西側諸国への圧力 　　⇒第1次 6_____ が発生。先進国の経済に打撃	
1974 【ポルトガル・ギリシア】軍事独裁政権崩壊	
1975 第1回 7_____ (サミット) 開催	
1977 【米】8_____ 大統領就任	1976 南北 9_____ 統一
1979 【イラン】10_____ の指導による 　11_____ 発生⇒ 　第2次 12_____ の発生	1979 【ソ連】13_____ 侵攻開始
【英】14_____ (保守党) 政権成立 　＊イギリス初の女性首相，15_____ 政策	1980 ポーランドで 16_____ を指導者とする自主管理労組「17_____」結成
1981 【米】18_____ (共和党) 大統領就任 　　米ソの再びの緊張（＝ 19_____）	
1982 【英】20_____ 戦争でアルゼンチンに勝利	1985 【ソ連】21_____ が共産党書記長就任 　　⇒ 22_____ (改革) を実施
1983 【米】グレナダ侵攻	1986 【ソ連】23_____ 原子力発電所事故
1987 【米・ソ】24_____ (INF) 全廃条約調印	
	1988 【ソ連】13から撤退開始（～89）
	1989 【中国】25_____ 発生 　　→民主化運動を弾圧 　　【東ドイツ】26_____ 開放 　　→東欧の民主化運動進展，社会主義国の消滅（27_____）
1989 【米・ソ連】ブッシュ（米）・21（ソ連）がマルタ会談で28_____ を宣言	

◆　　　　◆　　　　◆

(1) 1960年代以降，西側諸国では 29_____ 的な政策が主流になっていった。30_____ 的な政党が政権を担い，福祉サービスを充実させた。他方で，31_____ などの環境問題も深刻になっていった。1972年には，環境を主題とする初めての国際会議である 32_____ がストックホルムで開催された。

(2) 1985年，ソ連共産党書記長に就任した 33_____ は 34_____ (改革)・35_____ (情報公開) といった一連の改革を推進し，ソ連の経済・社会改革を実行していった。そしてソ連には大統領制が導入され，経済も計画経済から 36_____ に移行した。

🔍 **ことばの探究** **ベルリンの壁**：1961年，東ドイツの国民が西ドイツに流出することを阻むため，東ドイツ政府が東西ベルリンの境界線に建設した壁。

◀◀◀ **演 習 問 題** ▶▶▶▶▶▶▶▶▶▶▶▶▶▶▶▶▶▶▶▶▶▶▶▶▶▶▶▶▶▶▶▶▶▶▶▶▶▶

1　　　　　　　　　　　　　　　正誤でチェック！基礎知識

次の各文の下線部には1か所ずつ誤りがある。その番号を指摘し，正しい語句に訂正せよ。

A　1969年に米大統領に就任した①共和党の②ニクソンは，③ベトナムから米軍を撤退させたが，④ウォーターゲート事件で74年に辞任し，副大統領の⑤カーターが大統領に昇格した。

B　①ドル＝ショック後，先進国は1973年に②変動相場制に移行したが，同年に勃発した③第3次中東戦争にともなう④第1次石油危機（オイル＝ショック）によって，先進国は深刻な打撃をうけた。

C　1985年にソ連の①書記長に就任したゴルバチョフは，②ペレストロイカとよばれる国内改革に着手するとともに，③アフガニスタンからの撤兵を決め，89年には米大統領の④レーガンとマルタ島で会談して冷戦の終結を宣言した。

D　①チャウシェスクの独裁が続いていた②ブルガリアでは1989年に革命が勃発して社会主義体制が崩壊し，③ポーランドでも自主管理労組④「連帯」の議長だった⑤ワレサが大統領に就任して，民主化や市場経済の導入がすすめられた。

E　カンボジアでは，中国が支援する①ポル＝ポト派と②ベトナムが支援するヘン＝サムリン政権の対立が続いたが，1991年に和平協定が成立し，93年の総選挙で③ロン＝ノルが国王に選ばれた。

2　**[ドイツの統一]**　　　　　　　　　　（06　慶應大学より作成）

西ドイツでは，1960年代末に政権に就いた社会民主党の（①）が新たな局面を開いた。彼は積極的な（②）を展開し，東ドイツを独立国家として認めて同国との共存関係を樹立するとともに，ソ連・東欧諸国との関係も大幅に改善した。また。彼はドイツの戦争責任の問題にも積極的に取り組み，ワルシャワを訪問した際にユダヤ人犠牲者追悼碑の前に跪いて謝罪の意を表した姿は全世界に深い感銘をあたえた。①の後を継いだ（③）社会民主党政権は，b石油危機（オイル＝ショック）による世界的経済不況や，過激派のテロなどに直面したが，大きな混乱を回避し，①の路線を継承しつつ経済的にも安定を保った。

80年代なかばになると，それまでの東西ドイツの歴史は，ソ連共産党書記長（④）の登場によって大きく転換することになる。彼はcソ連の民主化を推進し，軍事力を削減して経済再建をはかるなどの大規模な改革を実行したが，その改革は東欧世界にも決定的な影響をあたえた。そのような影響のもと1989年の夏，（⑤）政府がオーストリアとの国境を開くと，東ドイツでは⑤を経由して西側に脱出する住民が増え，国内でも民主化を求める大規模なデモが行われた。東ドイツ政府は事態を収拾できず，流出する住民の数は増大し，ついには東西ドイツ間の交通制限が解除され，「（⑥）の壁」は意味を失った。東ドイツ政府は統制力を失い，ソ連も東ドイツへの軍事的影響力の行使を放棄していたので，西ドイツの（⑦）政権は統一に向けて動き，1990年10月，西が東を吸収合併する形でドイツは統一された。

問1　文中の空欄①～⑦に適語を入れよ。

問2　下線部a～cについて次の各問いに答えよ。

　a　ドイツの戦争責任について，①の精神を継承し，「過去に目を閉ざす者は結局のところ現在に対しても盲目になる」という名言（1985年）を残した，ドイツの大統領は誰か。

　b　第1次石油危機の背景となった1973年のできごとは何か。

　c　この改革を何というか。

1

	番号	正しい語句
A	，	
B	，	
C	，	
D	，	
E	，	

2

問1①

②

③

④

⑤

⑥

⑦

問2 a

b

c

18章

46 ソ連の解体とグローバリゼーションの進展

冷戦の終結とその後の経過を整理してみよう。

◀◀◀ ポイント整理 ▶▶▶

1 社会主義世界の変容・グローバリゼーションの進展

【東欧の民主化】

1989.6	ポーランドで東欧初の複数政党制の選挙を実施
	→ 「連帯」を中心とする政権成立　※ハンガリー，チェコスロヴァキアでも複数政党制に移行
.11	1_____開放
.12	ルーマニアのチャウシェスク独裁政権が崩壊
1990.3	東ドイツで複数政党制の選挙を実施
.10	2_____統一 …西ドイツが東ドイツを吸収合併する形で統一

【ソ連邦の解体】

1989.12	マルタ会談で，冷戦終結宣言
1990.3	ゴルバチョフがソ連邦初代大統領に就任→ 市場経済の導入を実施
	バルト3国がソ連邦からの独立を宣言（～.5）
1991.8	共産党の保守派のクーデタが失敗　→ ソ連共産党解散
.12	ロシア連邦〔大統領：エリツィン〕など11の共和国が3_____（CIS）を結成
	⇨ゴルバチョフが大統領を辞任し，ソ連邦解体
2000	プーチンがロシア大統領に就任（～2008, 2012～）

【グローバリゼーションの進展】

1989	4_____（APEC）が初めて開催される
1995	5_____（WTO）発足…GATTにかわって設置される
	【ヨーロッパ】マーストリヒト条約（1993）にもとづき，6_____（EU）発足
	【米・カナダ・メキシコ】7_____（NAFTA）発足
1999	6がヨーロッパ共通通貨8_____を導入（→2002年より一般市民の取引にも導入）
2002	9_____（AU）発足…アフリカ統一機構（OAU）から発展
2008	G20首脳会議開催…G8に有力な新興経済国（ブラジル・インド・中国など）を加えて開催

◆　　　◆　　　◆

(1) ゴルバチョフによる改革は東欧にもおよんだ。東西冷戦の象徴であった10_____は1989年に開放され，翌90年，西ドイツが東ドイツを吸収する形で**東西ドイツの統一**が達成された。

(2) ゴルバチョフによる急激な改革は，ソ連邦内に独立運動を発生させた。1991年にはバルト3国をはじめとする共和国が独立を宣言し，ロシアも主権宣言を行い，11_____を大統領とする**ロシア連邦**として再出発した。そしてロシア連邦を中心として11の共和国が**独立国家共同体（CIS）**を組織したため，12_____は解散した。

(3) 13_____**（EC）**は1970年代以降，イギリスをはじめとするヨーロッパ諸国の加盟を承認して，統一された市場を拡大させていった。そして1993年に14_____**条約**を調印し，これにもとづいて15_____**（EU）**が創設され，1999年には単一通貨**ユーロ**が導入された。これによりヨーロッパは経済だけでなく政治面でも統合を強めていった。

(4) 第二次世界大戦後は，16_____**（関税と貿易に関する一般協定）**を中心として貿易の自由化がすすめられていたが，1995年には16にかわる組織として，17_____**（WTO）**が設立され，さらなる貿易の自由化をはかっている。

(5) 1993年に15が発足したように，経済活動を主軸とする地域連合や貿易協定が次々と発足している。アメリカ・カナダ・メキシコは15に対抗して18_____**（NAFTA）**を結成。アジア太平洋地域では，**アジア太平洋経済協力会議（APEC）**が開催されている。

 ことばの探究 **グローバリゼーション**：経済，文化，政治，環境問題など人類の活動とその影響が，国家や地域の境界を超え，すべて地球規模で一体化していく現象のこと。

◀◀◀ 演 習 問 題 ▶▶

1　　　　　　　　　　　　　　正誤でチェック！基礎知識

次の各文の下線部には1か所ずつ誤りがある。その番号を指摘し，正しい語句に訂正せよ。

A　1991年11月に①ロシア連邦など11の共和国が②ワルシャワ条約機構を結成した。③ゴルバチョフが大統領を辞任して④ソ連邦は解体された。

B　1993年に①マーストリヒト条約が調印され，②ヨーロッパ共同体（EC）が創設された。1999年には，③統一通貨ユーロが導入された。

C　①新興工業経済地域（NIES）を構成する②南アフリカは，マレーシアが③マレー系住民を優遇する政策がとられたため，④中国系住民を中心に独立した国である。

D　1986年，現在の①ベラルーシにある②チョルノービリ（チェルノブイリ）の③原子力発電所で，放射性物質が拡散する事故が発生した。

2　[東欧とソ連の社会主義体制の解体]　　　　　（12　西南学院大学より作成）

ソ連共産党書記長（①）は改革を意味する（②）をスローガンとしてソ連型政治・社会体制の全面的な改革に乗り出した。また彼は外交面でも「新思考外交」を唱えて，aアメリカ合衆国とも協調をすすめ，米ソ両国は1989年には冷戦の終結を確認するにいたった。①の改革によりソ連の変化が進展するにつれて，東欧諸国でも変化が生じるようになった。東ドイツでは1989年11月には（③）が開放され，東西ドイツの自由往来が可能となった。その後b1990年10月に，東西ドイツは統一された。1968年に民主化と自由化をめざす「（④）」とよばれる改革運動が武力によってつぶされたチェコスロヴァキアでは，1989年にビロード革命によって共産党政権が倒された。ルーマニアでは，（⑤）大統領による独裁体制が1989年12月に崩壊し，大統領は処刑された。

ソ連では，1991年8月に改革に反対する保守派がクーデタをおこしたものの，これは市民の抵抗を受けて失敗した。そして9月に（⑥）3国が独立を達成したのを皮切りに，ほとんどの共和国が連邦からの離脱を宣言し（⑦）を結成した結果，ソ連は解体した。

冷戦が終結しソ連が解体したことで，これまで抑えられていた民族間の対立が各地で表面化した。ロシアでは（⑧）共和国が分離独立を主張したのに対して，当時のロシアの大統領（⑨）は，1994年の武力介入によりこれを抑えたものの，対立は今なお続いている。またcユーゴスラヴィアでは1991年に（⑩）とクロアティアが分離独立し，1992年に連邦は5つの共和国に分裂した。

問1　文中の空欄①〜⑩に適語を入れよ。

問2　下線部a〜cについて次の各問いに答えよ。

a　①の人物とともに1989年12月に冷戦終結宣言を発したアメリカの大統領は誰か。

b　東西ドイツの統一で積極的な役割を果たした，当時の西ドイツの首相は誰か。

c　1980年に死亡したユーゴスラヴィアの大統領は誰か。

問3　1980年代は，社会主義諸国で，民主化を目指す動きや市場経済の導入によってその体制が揺らぎ始めた時期である。その後，いくつかの社会主義国では実際に国家体制が大きく変わった。具体的にどのような変化があったのか，ポーランドにおける変化とその影響について説明せよ。

1

番号	正しい語句
A	，
B	，
C	，
D	，

2

問1①
②
③
④
⑤
⑥
⑦
⑧
⑨
⑩
問2 a
b
c
問3

18章

47 今日の世界／現代文明の諸相

今日の世界における冷戦後の地域紛争を整理し，紛争解決の取り組みと課題を考察しよう。

◀◀◀ ポイント整理 ▶▶

1 東欧・ロシア

1991	【東欧】 1_____内戦発生→1連邦は解体
1994	【露】チェチェン紛争勃発（第1次1994～96，第2次1999～2009）

◆　　　　◆　　　　◆

(1) 1991年，東欧革命の最中，連邦制をとっていた多民族国家ユーゴスラヴィアでは，民族対立から内戦が勃発した。まず 2_____ とスロヴェニアが分離を宣言し，セルビアとの内戦が勃発。続いてボスニア＝ヘルツェゴヴィナ，最後に 3_____ が独立を宣言し，ユーゴスラヴィア連邦は解体された。

(2) ロシア連邦北コーカサス地方の 4_____ 人は，1994年から二度にわたる独立戦争をおこした。これを 4紛争という。紛争は2009年まで続いたが，独立運動は鎮圧された。

2 東アジア諸国

【改革開放の中国】

1970年代後半 ～80年代前半	1_____による経済改革開始…社会主義市場経済化政策により，急激に経済が発展 →経済の発展に対し，政治の民主化が行われないことに不満が広がる
1989	2_____…学生や市民が民主化を要求するも，武力弾圧される
1997	イギリスより 3_____返還〔一国二制度〕
2008	チベット自治区でチベット人による暴動発生
2009	新疆ウイグル自治区でイスラーム教徒による暴動発生

◆　　　　◆　　　　◆

(1) 中国では，4_____の死と四人組の逮捕により，文化大革命が終了した。その後，新たな指導者 5_____により，1970年代後半に**社会主義市場経済**とよばれる資本主義経済が導入され，経済は発展した。しかし，民衆が民主化を要求する大衆運動をおこしたため，中国政府はこれを武力で弾圧した（6_____**事件**）。

(2) イギリスの植民地になっていた 7_____は，1997年に中国へ返還された。しかし中国本土とは異なり，自治や言論の自由，市場経済を認める一国二制度を採用している。1999年にポルトガルから返還されたマカオでも同じ制度が採用された。

【韓国・北朝鮮】

	韓　　　国		北　朝　鮮
1961	8_____が軍事クーデタで政権獲得 →開発独裁により経済成長をはかる	1948	9_____が首相に就任。独裁権力を掌握
1979	8大統領暗殺事件がおこる ＊以後も軍人出身の大統領による独裁が続く		
	1991　南北朝鮮が 10_____に同時加盟		
1993	11_____が大統領に就任 ＊32年ぶりの文民出身（軍人以外）の大統領	1994	9が死去，12_____が後継者となる
1998	13_____が大統領に就任 ⟹ 北朝鮮の12と初の 14_____を2000年に実施 …太陽政策をすすめる		
		2006	核実験を実施
		2011	12が死去，金正恩（キムジョンウン）が後継者となる

📷 ことばの探究　**地域紛争**：政治的，経済的，あるいは民族的，宗教的問題などを原因としておこる対立や武力衝突，内戦や国家間戦争のこと。冷戦の終結にともない，民族運動や民族対立が表面化することで地域紛争が頻発した。

(1)　1960年に¹⁵_____大統領が民衆運動によって失脚した後，軍事クーデタで実権を掌握した¹⁶_____が大統領に就任した。彼は反政府運動を弾圧して長期間独裁政治を行ったが，同時に韓国の経済発展を実現した。しかし1979年に<u>16</u>は暗殺され，翌年には反政府民主化運動である¹⁷_____事件が勃発した。

(2)　**全斗煥**に続いて大統領に就任した¹⁸_____は，¹⁹_____・²⁰_____との国交を樹立するなど社会主義国家との関係修復を行った。さらに1991年には朝鮮民主主義人民共和国（北朝鮮）と同時に²¹_____を実現した。次に就任した**金泳三**（キムヨンサム）は文民出身の大統領であり，続く²²_____は史上初の北朝鮮との**南北首脳会談**を実現した。2013年には，<u>16</u>の娘の朴槿恵（パククネ）が韓国初の女性大統領となる。続く2017年に誕生した²³_____政権は，再び南北対話に取り組んだ。

(3)　北朝鮮は²⁴_____以来，²⁵_____，²⁶_____と３代にわたる独裁政権が続いているが，ソ連解体などによって社会主義国からの経済援助が途絶えた後は，経済が極度に悪化した状態が続いている。また1990年代から核兵器開発を進行させており，北東アジアの国際政治の不安の一因となっている。

❸　東南アジア

1965	【インドネシア】　¹_____事件…軍部によるクーデタ。²_____大統領は権力を喪失
	⇨かわって³_____が権力を掌握
	【フィリピン】　⁴_____大統領が権力を掌握し，独裁政治を行う
1967	⁵_____（ASEAN）結成
	タイ・フィリピン・シンガポール・インドネシア・マレーシアが原加盟国
1975	【カンボジア】　⁶_____率いる赤色クメールが，親米のロン=ノル政権を打倒
	→ カンボジア大虐殺の発生
1976	【ベトナム】　南北ベトナム統一
1979	【カンボジア】　ベトナムがカンボジアに侵攻し，ヘン=サムリン政権成立
	→ ⁷_____が激化
1986	【ベトナム】　ドイモイ（刷新）政策を実施し，市場を開放
	【フィリピン】　民衆蜂起により，<u>4</u>が亡命→⁸_____大統領就任
1991	【カンボジア】　カンボジア和平協定成立
1993	【カンボジア】　シハヌークを国王とするカンボジア王国の成立
1998	【インドネシア】　前年に発生したアジア通貨危機の影響でおこった民衆運動により，<u>3</u>大統領は辞任

(1)　1967年，**東南アジア諸国連合**が結成された。この組織は社会主義勢力の進出を警戒する軍事同盟としての意味合いが強かったが，1970年代以降になると，経済や政治面での協力組織へと性質を転換させた。84年にはブルネイが加盟，さらに冷戦終結後の1995年には社会主義国である⁹_____が加盟，ほかにも97年にラオス・¹⁰_____，99年に¹¹_____が加盟するなど，組織を拡大している。

(2)　カンボジアでは1979年に¹²_____政権をベトナム軍が倒し，ヘン=サムリン政権を樹立した。しかしこれに反発した勢力との間に内戦が発生したが，1991年にカンボジア和平協定が成立，93年の総選挙で議会が成立し，シハヌークを国王とするカンボジア王国が樹立された。

(3)　1976年に南北統一を果たしたベトナムであったが，社会主義的な経済政策が失敗し，経済は低迷した。そのため資本主義的な市場経済を推進する¹³_____政策を実施した。その結果，経済の立て直しに成功し，現在も経済成長を続けている。

(4)　1997年，タイの通貨下落からはじまったアジア通貨危機は，韓国，インドネシアにも広がっていった。その結果，インドネシアでは1968年の就任以来独裁政治を続けていた¹⁴_____大統領が退陣に追い込まれた。

18章

4 南アジア

1947	1 _____ 独立…2 _____ の分離独立
	第1次 3 _____ 戦争
	…4 _____ 地方の領有をめぐる争い
1965	第2次 3 戦争
1971	5 _____ がパキスタンから独立
	⇨第3次 3 戦争
1974	インドが 6 _____ を実施
1998	インドとパキスタンが 6 を実施

◆　　　◆　　　◆

(1)　イギリスの植民地だったインドは，7 _____ 教徒の多いインド，8 _____ 教徒の多いパキスタン，仏教徒の多い 9 _____ に分かれて独立したが，インドとパキスタンはカシミール地方の帰属をめぐってくり返し戦争を行った。また，東パキスタンが**バングラデシュ**として独立すると，第3次インド=パキスタン戦争で勝利したインドはその独立を認めさせた。この戦争を指導したのが，建国者ネルーの娘で，**国民会議派**の代表である 10 _____ であった。彼女は1984年に暗殺され，その後，長男のラジブ=ガンディーが首相となったが，彼も1991年に暗殺された。

5 アフリカ

1960	1 _____ → 17カ国が独立
	コンゴ動乱（〜65）
1962	2 _____ がフランスから独立
1963	3 _____ （OAU）を創設
1965	4 _____ 独立［白人中心の国家］
	→1980　白人政権を倒し，国名を 5 _____ に改称［黒人主体の国家となる］
1967	6 _____ 内戦　（ビアフラ戦争）（〜70）
1974	7 _____ で軍部のクーデタにより帝政廃止
1991	南アフリカ共和国で 8 _____ の廃止を宣言
1994	南アフリカ共和国でアフリカ民族会議（ANC）の指導者 9 _____ が大統領に就任

(1)　アフリカでは1960年代を中心に次々と国が独立を果たしていったが，多くの国で植民地時代から続く 10 _____ 経済（単一商品作物に依存），部族・民族紛争，独裁政権における政治の腐敗といった問題が発生したことから，内戦がアフリカ各地でおこり，多くの犠牲者・難民が発生している。しかし2000年代に入ると豊富な地下資源などを利用し工業化と経済成長を遂げる地域も出現している。

6 中東紛争

【アラブ諸国とイスラエルの対立】

1964	1 _____ （PLO）成立
	…2 _____ 議長就任（任期1969〜2004）イスラエルに対する抵抗運動を行う
1967	3 _____ 戦争 イスラエルがシナイ半島・ヨルダン川西岸地区などを占領
1973	4 _____ 戦争…5 _____ （OAPEC）が，6 _____ （石油の禁輸・減産など）を実施
	↓
	第1次 7 _____ が発生
	※第2次 7 は，8 _____ 革命（1979）の時に発生
1979	9 _____ 条約締結：イスラエルがシナイ半島をエジプトに返還
1993	10 _____ （オスロ合意）調印：イスラエルとPLOが相互承認
	・11 _____ 政府が成立…ガザ地区・イェリコ地区で先行自治開始（1994）
2001	イスラエルで 12 _____ 首相就任⇨パレスチナ・イスラエル関係は悪化

(1) ナセルの死後，エジプト大統領になった [13]＿＿＿＿＿＿＿は，**第4次中東戦争**をおこしたが，その後イスラエルとの和解に政策を転換した。カーター米大統領の仲介で [14]＿＿＿＿＿＿＿＿＿で会談が行われ，1979年にエジプトとイスラエルは平和条約を締結。両国は国交を樹立した。[13]は1981年にイスラーム原理主義者に暗殺されたが，新たにエジプト大統領となった [15]＿＿＿＿＿＿＿は[13]の外交路線を継承した。

(2) 1993年，[2]とイスラエルの [16]＿＿＿＿＿＿＿首相は，アメリカのクリントン大統領の仲介で[10]を締結し，**PLOとイスラエルの相互承認**，**パレスチナ暫定自治政府の樹立**で合意した。しかし，[16]首相は和平に反対するユダヤ人によって暗殺された。2001年に強硬派の [17]＿＿＿＿＿＿＿が首相に就任すると，両国の関係は急激に悪化した。

【西アジアの国際紛争】

1979	イラク大統領にサダム＝フセイン就任。[18]＿＿＿＿＿＿＿革命発生…イラン＝イスラーム共和国成立
1980	[19]＿＿＿＿＿＿＿戦争発生（～88）
1990	イラク軍がクウェートに侵攻
1991	[20]＿＿＿＿＿＿＿戦争勃発
2001	ワシントン，ニューヨークで [21]＿＿＿＿＿＿＿事件発生
	→アメリカ・イギリスなどが [22]＿＿＿＿＿＿＿に侵攻。ターリバーン政権を打倒 [対テロ戦争]
2003	[23]＿＿＿＿＿＿＿戦争勃発…アメリカ・イギリスが[23]に侵攻し，フセイン政権を打倒

(1) 1979年の [24]＿＿＿＿＿＿＿革命でシーア派の**イラン＝イスラーム共和国**が成立すると，国境をめぐる対立もありイラクとの関係が悪化。翌80年におきた [25]＿＿＿＿＿＿＿戦争は勝敗がつかず88年に停戦。

(2) [25]戦争で財政が悪化したイラクのサダム＝フセイン大統領は，油田を保有する**クウェート**を占領。国連の決議にもとづく多国籍軍は，クウェートを占領するイラク軍を打ち破った。これを [26]＿＿＿＿＿＿＿戦争という。

(3) 2001年に発生した [27]＿＿＿＿＿＿＿事件の首謀者として，アメリカはイスラーム急進派組織**アル＝カーイダ**を断定した。アル＝カーイダをかくまっているとして，アメリカ・イギリスなどの軍が**アフガニスタン**を攻撃し，**ターリバーン政権**を打倒した。2003年，アメリカの [28]＿＿＿＿＿＿＿**大統領**は，イラクが大量破壊兵器を保有していると断定。これを口実に米英軍がイラクを攻撃し，フセイン政権を打倒した。その後，2004年に暫定政権が成立するが，米軍などのイラク駐留は続き，不安定な状況が続いている。2010年末から，チュニジアでの民主化運動がエジプトやリビアに波及し，独裁政権が倒れた（「[29]＿＿＿＿＿＿＿」）。しかし，一部地域では，ゆり戻しや混乱もおこり，2014年には，イラクとシリアに過激な武装勢力「[30]＿＿＿＿＿＿＿」が出現。

7　現代文明の諸相

【科学技術の発展と環境問題】

1905	[1]＿＿＿＿＿（独）が「相対性理論」を発表	1990	～インターネットと携帯電話の普及による [3]＿＿＿革命
1940	アメリカでコンピュータ開発進む	1992	リオデジャネイロで「[4]＿＿＿＿＿」開催
1955	アメリカで [2]＿＿＿＿＿の電力を使用し始める	1996	イギリスで**クローン羊ドリー**が誕生
1957	ソ連が世界初の人工衛星スプートニク1号打ち上げ	1997	地球温暖化への取り組み…[5]＿＿＿＿＿を締結
1969	アメリカの**アポロ11号**が有人の月面着陸に成功	2003	ヒトゲノム（人間の遺伝情報）の解読が完了
1986	ソ連の**チョルノービリ原子力発電所**で事故	2006	日本でiPS細胞（人工多能性幹細胞）の樹立に成功

【現代思想・文化の動向】 19世紀後半以降，個人のあり方や個人と社会の関係を新たな視点から追求する動きの登場

哲学・人文社会科学			美術		
ニーチェ	独	『ツァラトゥストラはかく語りき』	[8]＿＿	西	立体派「ゲルニカ」
[6]＿＿	米	プラグマティズム大成『民主主義と教育』	ダリ	西	超現実派「記憶の固執」
[7]＿＿	墺	精神分析学創始『精神分析学入門』	シケイロス	メキシコ	壁画運動「人類の行進」
ヴェーバー	独	『プロテスタンティズムと資本主義の精神』			

◆　　　　◆　　　　◆

(1) 1970年代以降，経済成長による際限ない進歩への疑問，近代以降の [9]＿＿＿＿＿を再検討する動き

・理性や進歩，人権などの観念は，相対的な価値であるという [10]＿＿＿＿＿

・欧米は「文明的」，アジア・アフリカは「未開」という価値観を批判する [11]＿＿＿＿＿

・各地域文化は独自の意義を持っており，対等であるとする [12]＿＿＿＿＿

◀◀◀ **演 習 問 題** ▶▶

1 　　　　　　　　　　　　　　　　　　正誤でチェック！基礎知識

次の各文の下線部には1か所ずつ誤りがある。その番号を指摘し，正しい語句に訂正せよ。

A　第2次中東戦争終結後，奪われた土地の回復とパレスチナ難民の権利回復のため①パレスチナ解放機構が設立され，1969年に②アッバスが議長に就任した。

B　第3次中東戦争で，イスラエルは①アラビア半島，ゴラン高原，②ヨルダン川西岸地区，ガザ地区を占領した。

C　PLO議長の①アラファトとイスラエル首相の②サダトは，1993年にパレスチナ暫定自治協定に合意した。

D　イラン＝イスラーム革命でホメイニが最高権力者になると，①スンナ派の影響を恐れたイラクの②サダム＝フセインはイランを攻撃し，イラン＝イラク戦争がはじまった。

1

番号	正しい語句
A	，
B	，
C	，
D	，

2　[冷戦後の東ヨーロッパ]　　　　　　　　（22　慶応義塾大学より作成）

冷戦構造の崩壊により，各地で民族間紛争や分離独立闘争が表面化した。旧ユーゴスラヴィア連邦はその顕著な例である。同連邦は，（①），（②），（③），（④），（⑤），マケドニアの6共和国から成り立っていた。この地域は第二次世界大戦中は枢軸国によって分割占領され，パルチザン闘争が続いた。a同連邦の初代最高指導者は，この闘争を指揮し，英雄視された人物であるとともにb第1回非同盟諸国首脳会議を開催した人物でもある。同連邦の解体は②と③が連邦から離脱した1991年から始まった。翌年には④が独立を宣言する一方，①と⑤は新ユーゴスラヴィア連邦を結成した。④ではそれまで共存してきた①系，②系，ムスリム系の人々との間で武力闘争が激化した。また，（⑥）自治州内では多数を占める（⑦）系住民が①系勢力に対抗して分離独立闘争を展開し，2008年に⑥共和国の独立が宣言された。

問1　文中の空欄①〜⑦に適語を入れよ。

問2　下線部a，bについて次の各問いに答えよ。

a　この人物とは，誰か。

b　この会議に関する記述として**誤っているもの**を次から1つ選べ。

ア　この会議の提唱者には，他にインドのネルー首相とエジプトのナセル大統領がいる。

イ　この会議は植民地独立の承認と核兵器禁止を訴えた。

ウ　中華人民共和国はこの会議に代表を派遣しなかった。

エ　非同盟諸国首脳会議はその後継続的に開かれたが冷戦終結以降は開催されていない。

2

問1①　　　　　　　　

②　　　　　　　　

③　　　　　　　　

④　　　　　　　　

⑤　　　　　　　　

⑥　　　　　　　　

⑦　　　　　　　　

問2 a　　　　　　　

b　　　　　　　　

3　[現代の東アジア]　　　　　　　　（06　明治学院大学より作成）

中国で1989年に発生した天安門事件で最高指導者（①）は趙紫陽を総書記から解任し，代わって（②）をその座に任命した。①の死後は②が中国の最高指導者となり，2003年の②引退後は（③）がその後継者となった。この間にイギリスの植民地だった（④）が1997年に中国に返還され，「一国二制度」の体制がとられた。

韓国では1961年の軍事クーデタで独裁権力を掌握した（⑤）が，2年後の民政移行後に大統領に就任した。彼は日本との関係を強化するために，1965年に（⑥）条約を締結し，また外国資本の導入などで重工業を育成し，その結果高度経済成長が成しとげられ，北朝鮮との力関係をも逆転させた。しかし長期政権は腐敗をうみ，反体制デモが激化していた1979年，⑤大統領は側近によって暗殺された。この後，政権を掌握したのは軍人の（⑦）であり，a1980年に発生した民主化運動を弾圧後，⑦は

3

問1①　　　　　　　　

②　　　　　　　　

③　　　　　　　　

④　　　　　　　　

⑤　　　　　　　　

⑥　　　　　　　　

⑦

大統領に就任し，日米両国との連携を強化し経済発展をはかった。続いて大統領に
就任した軍出身の盧泰愚は民主化宣言を発し，北朝鮮と同時に(⑧)への加盟，ソ
連・中国など社会主義国との国交樹立などの成果をあげたが，貿易収支の悪化，学
生運動や労使紛争の激化への対処にせまられた。1992年の選挙で当選した(⑨)大統
領は，32年ぶりの文民政権として歓迎された。続いて，長く民主化運動のリーダー
として活躍し，⑤政権時代に逮捕・投獄の体験をもつ(⑩)が1998年に大統領に就任
した。彼は長く続いた_b_北朝鮮との対立関係を解消するため，経済援助などを中心
とする平和的解決をはかった。この結果，2000年6月に(⑪)会談が実現した。

問1　文中の空欄①〜⑪に適語を入れよ。

問2　下線部a，bについて次の各問いに答えよ。

　a　この事件を何というか。

　b　1994年から北朝鮮の指導者になった人物は誰か。

4　[第三世界]

(21　法政大学より作成)

　植民地支配から離脱したアジア・アフリカなど新興諸国の間には，東西両陣営の
対立に巻き込まれることへの危機感から，いずれにも属さない積極的中立を掲げる
_a_第三世界を形成しようとする潮流が生まれた。当時の冷戦のもとでの軍事的緊張
に対し，1954年に行われた_b_中国とインドとの会談を基礎に，アジア=アフリカ会
議が29カ国の参加によって開催された。東南アジアでは，中国系住民を中心とする
シンガポールが1965年に分離・独立し，(①)のリーダーシップの下で大きく発展し
た。他方，インドネシアでは，1965年に(②)政権を退陣に追い込んだ九・三〇事件
が起こった。このクーデタ未遂事件で(③)は実権を握り，長期政権を築いて工業化
や近代化を推進した。南アジアでは，1959年にラサにおけるチベット人の反乱を
(④)政府が鎮圧すると，チベット仏教指導者だった(⑤)は亡命することとなった。

　中東では，石油資源を求めた紛争などが生じ，第二次世界大戦後も国際政治の焦
点となっていた。国連がアラブ諸国の意向に反して(⑥)を採択すると，新たに建国
されたイスラエルに反対するアラブ諸国は武力介入し，1948年に(⑦)が始まった。
これに敗北したアラブ諸国の一つである(⑧)では反英・反王政の機運が高まり，
1952年に⑧革命が起こった。やがて⑧とイギリス・イスラエル・フランスの間で
1956年に(⑨)が始まったが，国際世論を味方に3国は撤退に追い込まれ，⑧の(⑩)
はアラブ世界のリーダーとして名声を高めた。このように中東ではアラブ民族主義
の台頭が顕著であったが，親米派諸国と親ソ派諸国に分断される構造も成立した。
イスラエルの建国により追放された難民によって，1964年に(⑪)が設置されると，
近隣諸国間でさらに緊張が高まるようになった。たとえば，サウジアラビア・ク
ウェート・リビアによって設立された(⑫)は，親イスラエル諸国に対して原油輸出
の停止や制限措置を取った。一方，1979年に(⑬)が締結されたことにより1982年に
シナイ半島が返還されたが，アラブ諸国間の関係は悪化した。

　アフリカでも同様に，独立実現までの過程で混乱状態が生じることもあった。北
アフリカ諸国では，フランスからの独立を目指して結成された民族解放戦線による
ゲリラ闘争にはじまる(⑭)が1954年に起こるなど，民族運動が活発化していった。
やがて1960年の「アフリカの年」には，17カ国の独立が実現した。一方で，南アフ
リカ共和国では，アパルトヘイト政策が続けられていた。

問1　文中の空欄①〜⑭に適語を入れよ。

問2　下線部a，bについて次の各問いに答えよ。

　a　1970年代に入り，第三世界の国々の中でも所得格差が発生して分化し，多元
　　化した。その具体例を2つあげて説明せよ。

　b　この会談に参加した中国とインドの官僚・首相は誰か。

---

⑧

⑨

⑩

⑪

問2 a

　b

4

問1 ①

②

③

④

⑤

⑥

⑦

⑧

⑨

⑩

⑪

⑫

⑬

⑭

問2 a

中国

b

インド

テーマ史演習Ⅰ 　　　朝鮮半島史

1
(06　同志社女子大学より作成)

A　朝鮮半島東南の地からおこった_a新羅(しんら)は, 唐と連合して百済・(①)を滅ぼし7世紀後半には朝鮮半島の大半を支配した。新羅は首都を(②)におき, 唐の律令制度などを導入して国家体制を固めていった。一方, 新羅によって滅ぼされた①の遺民たちは, 中国東北地方に(③)を建国した。新羅末期になると, 朝鮮半島中部に(④)が建国された。④は新羅を, さらに後百済を滅ぼして半島を統一したが, 13世紀なかばにはモンゴルに服属することになった。14世紀末には, 倭寇の討伐で名声を高めた(⑤)によって朝鮮(李朝)(りちょう)が建国された。この王朝では(⑥)が官学とされるなど, 明の影響が色濃くみられたが, 一方で朝鮮特有の音標文字である(⑦)が制定されるなど, 朝鮮文化の独自性も強調された。

B　朝鮮は, 16世紀末には_b豊臣秀吉の水軍を撃退したが, 17世紀前半には清の属国となった。その後, 朝鮮は清にならって海禁政策をとったが, 19世紀なかば頃より欧米諸国は朝鮮に開国をせまるようになった。国王の摂政(せっしょう)(⑧)は開国を拒否して攘夷(じょうい)につとめたが, その後, 日本は_c江華島事件をきっかけに朝鮮を開国させた。これ以降, 朝鮮国内では清に依存する保守派と_d日本に接近しようとする開化派の対立が続いたが, 両派の対立は(⑨)が指導した甲午農民戦争をきっかけに日清戦争へと発展した。この戦争に勝利した日本は, 朝鮮半島への南下をはかるロシアと対立するようになり, 両国の間に日露戦争が勃発した。アメリカ大統領(⑩)の仲介で結ばれたポーツマス条約で, 日本は大韓帝国(韓国)の指導・監督権などを獲得し, (⑪)年, 日本は韓国を併合した。

C　第一次世界大戦後, パリ講和会議の民族自決の適用を信じた朝鮮民衆は(⑫)運動をおこして日本からの独立を求めたが, これは徹底的に弾圧された。しかし, この運動をきっかけに, 日本の朝鮮統治策は朝鮮文化の抹殺をはかる(⑬)政治へと転換し, (⑭)戦争がはじまると, これは皇民化政策として強化された。太平洋戦争の終結後, 朝鮮半島は北緯(⑮)度線を境界として北はソ連, 南はアメリカによって占領され, 1948年には南に大韓民国(韓国), 北に_e朝鮮民主主義人民共和国(北朝鮮)がそれぞれ成立した。1950年に両国の間では朝鮮戦争が勃発し, 南北の分断が固定化された。

問1　文中の空欄①～⑮に適語を入れよ。
問2　下線部a～eについて次の各問いに答えよ。
　a　新羅の社会の基盤であった氏族的身分制度は何か。
　b　このとき水軍を率いて活躍したのは誰か。
　c　この事件がおこった場所を, 地図中の①～④のなかから1つ選べ。
　d　中心人物は誰か。
　e　建国の指導者は誰か。

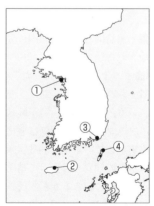

解答欄
1
問1①
②
③
④
⑤
⑥
⑦
⑧
⑨
⑩
⑪
⑫
⑬
⑭
⑮
問2 a
b
c
d
e

2
(06　明治学院大学より作成)

　日本の陸軍士官学校を卒業した(①)は, 戦後韓国に創設された韓国陸軍で将校を務めた。彼は1961年, 第二軍副司令官時代にクーデタを敢行し, 張勉(チャンミョン)内閣を打倒, 国家再建最高会議議長として軍と政権を掌握し, 1963年の民政移行の後, 大統領に就任した。冷戦体制下において, 日本との関係を強化するために, 1965年に(②)条

2
問1①
②

約を締結して日本との国交を正常化した。この条約は1910年の（③）条約の無効を確認するものでもあった。しかし対日賠償請求権の放棄がうたわれた内容だったため、両国内で激しい反対運動がおきた。また、アメリカの同盟国として（④）へ韓国軍を派遣し、外国資本の導入などで重工業を育成し経済成長がはかられた。①大統領は、a同時期のラテン＝アメリカでよくみられたような独裁政治体制をしき、反対派に対しては厳しい弾圧でのぞんだ。彼の任期中「漢江の奇跡」とよばれる高度経済成長が成しとげられた。20年近い経済成長の成果は、北朝鮮との力関係をも逆転させた。しかし長期政権は腐敗をうみ、反体制デモが激化していた1979年、①大統領は側近によって暗殺された。

　この事件の後、民主化運動が盛りあがったが、政権を掌握したのは軍人の（⑤）であった。b1980年5月、学生や労働者による民主化運動が韓国西南部の都市でおこると、戒厳軍はこれを弾圧して民間人に多くの死傷者を出した。同年9月に⑤は大統領に就任し、日米両国との連携を強化し経済発展をはかったが、反政府運動を抑えきれなかった。

　続いて大統領に就任した軍出身の盧泰愚は民主化宣言を発して大統領公選を実現させた。盧泰愚政権は韓国の（⑥）への加盟、ソ連・中国など社会主義国との国交樹立などの成果をあげたが、貿易収支の悪化、学生運動や労使紛争の激化への対処にせまられた。

　1992年の選挙で当選した（⑦）大統領は、32年ぶりの非軍人政権として歓迎された。続いて、長く民主化運動のリーダーとして活躍し、①政権時代に逮捕・投獄の体験をもつ（⑧）が1998年に大統領に就任した。彼は長く続いたc北朝鮮との対立関係を解消するため、経済援助などを中心とする柔軟な対応を基本とする平和的解決をはかった。この政策の結果、2000年6月に北朝鮮の（⑨）総書記との（⑩）会談が実現した。

問1　文中の空欄①〜⑩に適語を入れよ。
問2　下線部a〜cについて次の各問いに答えよ。
　a　このような政治体制を何というか。
　b　この事件を何というか。
　c　この政策を何というか。

3

条約a　第一款　朝鮮国は自主の邦にして日本国と平等の権を保有せり。嗣後、両国和親の実を表せんと欲するには、彼此互に同等の礼儀をもって相接待し、いささかも侵越猜嫌する事あるべからず。まず、従前交情阻塞の患をなせし諸例規をことごとく革除し、つとめて寛裕弘通の法を開拡し、もって双方とも安寧を永遠に期すべし。

条約b　第一条　清国は朝鮮国の完全無欠なる独立自主の国たることを確認す。よりて右独立自主を損害すべき朝鮮国より清国に対する貢献典礼等は、将来全くこれを廃止すべし。

条約c　第一条　韓国皇帝陛下は、韓国全部に関する一切の統治権を、完全かつ永久に日本国皇帝陛下に譲与す。

条約d　一　将来、朝鮮国もし変乱重大の事件ありて日中両国あるいは一国兵を派するを要するときは、まさにまず互に行文知照すべし。その事定まるに及ては、すなわち撤回し再び留防せず。

問1　条約a〜dの名称をそれぞれ答えよ。
問2　条約a〜dを締結された時代が古いものから年代順に正しく配列せよ。

196

テーマ史演習Ⅱ　　中国の経済社会史

1 ［中国における土地制度と税制の変遷］　(19 京都女子大学・22 同志社大学より作成)

　中国では，秦漢帝国以降，家族経営の小農民を基盤とする社会を，皇帝が官僚を用いて直接支配することが理想とされた。だが，現実には，飢饉や重い税負担のために土地を売って没落する農民も多く，広大な土地を所有する豪族が，没落した農民を奴隷や小作人として支配し，勢力を築いた。とくに後漢が滅亡して以降の分裂時代，いわゆる魏晋南北朝時代には，戦乱と飢饉があいつぎ，農民の没落と豪族の大土地所有が進んだ。魏の（①）や西晋の占田・課田法，北魏の（②）など，農民生活の安定と税収確保のため，国家が農民を把握して土地を配分し，これに課税しようとする政策が打ち出されたが，その効果は限定的だった。

　南北朝時代に試みられた諸制度は，隋を経て唐に引き継がれ，その統治体制の根本として整備された。すなわち，①によって成年男子に土地を均等に支給し，税として穀物を納める（③），絹布などを納める（④），中央での労役を行う（⑤）を徴収するとともに，府兵制によって農民に兵役を負担させたのである。だが，負担に耐えかねた農民の没落や逃亡が増え，8世紀に入ると②・③〜⑤制や a府兵制は機能不全に陥った。安史の乱ののち，唐は財政再建のために（⑥）と呼ばれる新たな税制を採用した。これは現に所有している土地・財産に応じて夏・秋の2回徴税するもので，この⑥への転換は，b国家が農民に土地を均等配分するという理念を捨て，民間の大土地所有を容認することを意味した。

　⑥は五代十国から c宋・元・明へと引き継がれていったが，明の洪武帝は農民と土地を把握するため，d戸籍・租税台帳である（⑦）や土地台帳である（⑧）を整備し，国家の財政基盤を固めた。だが，明代後半には，銀経済の浸透により，各種の税や労役を一本化して銀納する e一条鞭法が実施された。清はこの制度を踏襲したが，18世紀初めに，人頭税を土地税にくりこんで一括納税させる（⑨）が定着した。

問1　文中の空欄①〜⑨に適語を入れよ。

問2　下線部 a について，府兵制に代わって採用された兵制は何か。

問3　下線部 b について，19世紀半ば，清朝に対して反乱をおこした太平天国は，この理念にもとづく土地制度を打ち出した。その制度名は何か。

問4　下線部 c について，宋代以降，明清時代に至るまで，中国随一の陶磁器生産地であった現在の江西省にある都市はどこか。

問5　同じく下線部 c について，中国における穀倉地帯をいう俗諺(ぞくげん)として，宋代には「　A　熟せば天下足る」といわれたが，明代後期になると，商業化の進展にともなって米の主要産地も移り，「　B　熟せば天下足る」といわれるようになった。空欄　A　・　B　に適語を入れよ。また，それぞれの位置を地図中の①〜③から選べ。

問6　下線部 d について，この台帳の作成や徴税事務・治安維持のために洪武帝が農村に設けた制度を何というか。

問7　下線部 e について，この制度が実施され始めたのは何世紀か。

1

問1 ①＿＿＿
②＿＿＿
③＿＿＿
④＿＿＿
⑤＿＿＿
⑥＿＿＿
⑦＿＿＿
⑧＿＿＿
⑨＿＿＿
問2＿＿＿
問3＿＿＿
問4＿＿＿
問5 A 語句＿＿＿
位置＿＿＿
B 語句＿＿＿
位置＿＿＿
問6＿＿＿
問7＿＿＿

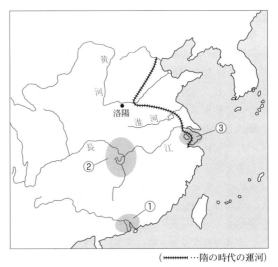

(├┼┼┼┤…隋の時代の運河)

2 [中国における貨幣制度の変遷]　　　　　　　　(19　成城大学より作成)

　東アジアにおける文明発祥の地，中国では，春秋・戦国時代，中原地域を中心に都市が発達するとともに，商業が発展し，交易に青銅製の貨幣が用いられた。これら貨幣には，中央に穴のある（①），主に楚で使用された（②）など，各地で様々な種類がみられた。前221年，中国を統一した秦は，（③）と称される統一貨幣の鋳造をおこなった。前漢の武帝の時代になると，（④）と称される貨幣の鋳造により，国家による貨幣鋳造の独占をはかり，銅銭を主体とする通貨制度の確立をめざした。

　宋代に至ると，国内外の交易が栄え，_a貨幣経済も大いに発達した。交易の際には，宋朝が発行する銅銭（宋銭）が広く用いられた。この宋銭は，対外貿易を通じて東南アジア・朝鮮・日本へと広く流布し，東アジアの基軸通貨としての意義をも持っていくこととなる。その一方で，中国では高額取引の決済手段として，その重量や品位を量って使用する金や銀が使用されてきたが，元代に至り，銀を主とするモンゴル帝国に組み込まれた結果，_b銅銭に加えて銀がもう一つの基軸通貨となった。

　14世紀，元朝に代わって成立した明朝は，民間商人の自由な海上交易を禁止する（⑤）をとったため，これに代わって周辺諸国との間で朝貢貿易が盛んに行われるようになった。16世紀後半から，アジア域内での交易を通じて，日本の銀山で産出された日本銀や，スペイン支配下のアメリカ大陸で産出された（⑥）銀が，中国に大量に流入し，中国の貨幣経済は活況を呈した。その後中国では，明朝から清朝へと王朝が交代するにともなって，動乱状態が続くが，第4代康熙帝の時代になり，南部を中心に1673年から続いていた反乱（（⑦））が平定されるとともに，1683年に台湾の（⑧）氏政権を降伏させると，再び海上貿易が発展して大量の銀が中国へ流入した。こうして，銀を貨幣の中心とする経済的繁栄の時代が訪れた。

　_cアヘン戦争以降，中国は賠償金の支払いや不平等条約の締結などを通して，世界の通貨体制に組み込まれていくこととなった。欧米列強諸国が金を基軸通貨とする（⑨）を採ったのに対して，中国では銀を基軸通貨とする体制が継続された。1929年にアメリカから生じた世界恐慌の中，1934年にアメリカが銀を高値で買い上げる政策を採った影響で，大量の銀が中国からアメリカへ流出し，翌年中国でも経済恐慌が生じた。これに対して時の国民政府は，「（⑩）」と称される銀との兌換性をもたない不換紙幣を導入し，通貨をこの紙幣に統一する改革を断行した。こうして，長きにわたった銀と銅銭を主体とする通貨制度は，紙幣を主体とする管理通貨制度へと移行することになったのである。

問1　文中の空欄①～⑩に適語を入れよ。

問2　下線部aについて，貨幣経済の発展にともなって，遠隔地取引や銭の送金のために，手形もさかんに使用された。このうち，唐代後半から利用されるようになった送金手形のことを何というか。

問3　下線部bについて，元朝は，銅銭や銀などとの兌換性をもたせた紙幣を発行し，広く流通させた。この紙幣を何というか。

問4　下線部cについて，アヘン戦争のきっかけには，イギリスと清朝の間で銀をめぐる摩擦が生じたことが挙げられる。この摩擦が生じた経緯について100字程度で説明せよ。

2

問1 ①

②

③

④

⑤

⑥

⑦

⑧

⑨

⑩

問2

問3

問4

1　[パレスチナ問題の変遷]　　　　(19　成城大学・23　津田塾大学より作成)

パレスチナ問題の火種は，第一次世界大戦時のイギリスの多重外交政策にあった。イギリスはパレスチナを領有するオスマン帝国を打倒する戦略の一環として，1915年，アラブの名門(①)家の長との秘密条約(②)によりアラブ国家の独立支援を示唆して反乱を促した。その一方でイギリスは1917年，在英ユダヤ人協会代表に対して大戦への財政的援助の要請の見返りとして，パレスチナにおけるユダヤ人郷土建設に向けての支援を(③)で約束した。さらにその裏側でイギリスは，オスマン帝国の中東地域の戦後分割について_aフランスやロシアとの間で秘密条約を交わしていたのである。

第二次世界大戦後，パレスチナ問題の解決が国際連合に付託され，パレスチナは，アラブ人国家とユダヤ人国家に分割されることが検討され，(④)は国連の信託統治下に置かれることになった。この国連パレスチナ分割案は，パレスチナをめぐる政治状況を一変させた。パレスチナに駐留する_bイギリス軍は同地からの撤退を開始し，パレスチナでは，分割案に反発するパレスチナ・アラブの武装闘争が激化した。他方で，_cユダヤ人側は，ユダヤ人国家による制圧を目指して，軍事活動を活発化させ，④をその支配下に入れようとした。その結果，この地に住んでいた多数のパレスチナ人が難民となった。さらに1948年5月には，ユダヤ人がイスラエル国家の建国を宣言した。_dアラブ諸国はこれに反発して(⑤)が勃発し，イスラエルが勝利した。

1952年には，自由将校団を中心としてエジプト革命が起こり，翌年，共和国が樹立された。エジプトの(⑥)大統領は，積極的中立政策を唱えて，アスワン=ハイダムの建設を目指した。イギリスやアメリカは，これに反発して，エジプトへの経済援助を停止した。_e⑥大統領も対抗策を宣言したため，イギリスと(⑦)，イスラエルはエジプトに対して軍事行動を起こし，(⑧)が勃発した。しかし，この行動は国際世論の批判を招き，アメリカやソ連も批判したため，この3国は撤退した。1964年には，(⑨)(PLO)が結成され，イスラエルに対する抵抗運動が強化されていった。パレスチナ問題が緊張するなかで，1967年にイスラエルはエジプト，シリア，ヨルダンを先制攻撃し，第3次中東戦争が勃発した。この戦争の結果，イスラエルは　A　や　B　，ヨルダン川西岸，(⑩)地区などを占領し，その支配領域を約5倍に拡大させた一方で，多数のパレスチナ難民が発生した。

1973年，エジプトの(⑪)大統領は，シリアとともにイスラエルに反撃し，第4次中東戦争が勃発した。その後，⑪大統領は戦争による決着を断念して，イスラエルとの和平に転じ，アメリカの(⑫)大統領の立ち合いのもとで，_fエジプト=イスラエル平和条約が締結され，両国は国交正常化を果たした。しかし，パレスチナのアラブ人の立場には進展がなかった。そのためパレスチナ人の不満が増して，1987年から_gイスラエルに対する抵抗運動が激化した。これを受けて，イスラエル側もパレスチナ人の自治を容認せざるを得なくなった。他方，⑨も武装闘争の方針を改め平和的共存路線へと転換した。そうした中，ノルウェーと_hアメリカの仲介のもと，1993年イスラエルの(⑬)首相とPLOの(⑭)議長により「(⑮)合意」と呼ばれる「パレスチナ暫定自治協定」がむすばれ，翌年からヨルダン川西岸の一部の地区と⑩地区においてパレスチナ人暫定自治がはじまった。しかし21世紀以降，イスラエルでは保守政権がつづき，パレスチナ自治を圧迫する状況が常態化した。それに対しパレスチナ人も抵抗運動を再開し，双方とも武力対決路線に立ち戻った。

問1　文中の空欄①～⑮に適語を入れよ。

問2　下線部a～hについて次の各問いに答えよ。

1

問1 ①

②

③

④

⑤

⑥

⑦

⑧

⑨

⑩

⑪

⑫

⑬

⑭

⑮

問2 a

b

c

d

e

f

g

h

　　a　英仏露で締結された秘密協定を何というか。

　　b　第一次世界大戦後，国際連盟によってパレスチナはどのような領域と決定さ
　　　　れたか，漢字5字で答えよ。

　　c　19世紀後半，ヨーロッパ諸国で高まった，ユダヤ人国家建設をめざした思
　　　　想・運動を何というか。

　　d　アラブ民族主義に基づき，アラブ7カ国が結成した地域機構を何というか。

　　e　⑥大統領が行った対抗策を簡潔に説明せよ。

　　f　この条約の内容を簡潔に説明せよ。

　　g　パレスチナ人が，デモや投石で抵抗し，ヨルダン川西岸や⑩地区で広がった
　　　　運動を何というか。

　　h　パレスチナ暫定自治協定を仲介したアメリカ大統領を答えよ。

問3　次の地図中のA・Bは，文中の空欄　A　・　B　と対応している。それぞ
　　　れ地形名を答えよ。

問3 A

　　 B

2　[イスラーム復興運動と中東情勢]　　　　　　　　（22　中京大学より作成）

　　第二次世界大戦以降の a 中東地域では紛争が絶えず，1948年のイスラエル建国に
端を発するパレスチナ問題は，現在でも解決されたとはいいがたい。またイランで
は，b 民族運動が高揚化して石油国有化法が定められたのち，クーデタで石油国有
化は挫折し，（①）革命ともよばれる急進的な西洋化が推進された。しかしその弊害
が顕在化する中，1979年にイラン革命が勃発し，（②）を指導者とするイラン=イス
ラーム共和国が成立した。革命は（③）派によるものであったため，その波及を恐れ
た隣国イラクであった。イラクの（④）政権は1980年にイランに侵攻した。この戦争
は1988年までつづいた。戦争によって疲弊したイラクは，1990年，c 隣国に侵攻し
て併合を宣言した。それに対してアメリカを中心とする多国籍軍が組織されて（⑤）
が勃発し，1991年にイラクは撤退を余儀なくされた。しかし2003年に d アメリカが
おこした戦争により④政権は崩壊した。

　　（⑥）では1979年にソ連の侵攻を招き，ソ連軍の駐留は1989年まで続いた。その後
はイスラーム主義ターリバーンの勢力が強まり，1996年に政権を握った。その政権
を崩壊させたのがアメリカであった。アメリカは e 2001年9月11日の事件を武装組
織（⑦）によるものとし，この組織を支援した⑥のターリバーン政権を打倒するため
に空爆などをおこなった。しかし2021年アメリカ軍撤退に伴い⑥にターリバーン政
権が復活した。また2010年末にチュニジアで起きた反政府運動が「（⑧）」として北
アフリカに，さらには中東地域にも波及した。それにともなう内政の不安定化や治
安悪化は，f 大量難民をうみだしている。

問1　文中の空欄①～⑧に適語を入れよ。

問2　下線部a～fについて次の各問いに答えよ。

　　a　1958年，革命が起こり共和政となったイラクはバグダード条約機構を脱退し
　　　　た。以降，中東地域の安全保障機構は何と改称したか。

　　b　1951年，政権につき石油国有化を行ったイラン首相を答えよ。

　　c　イラクが侵攻した国名を答えよ。

　　d　この戦争の名称を答えよ。

　　e　この日，アメリカ合衆国の旅客機が乗っ取られ，ニューヨークとワシントン
　　　　のビルに突入する事件が起こった。この事件の名称を答えよ。

　　f　1912年以降，内戦が激化し多数の難民が発生した中東の国はどこか。

2

問1 ①

　　 ②

　　 ③

　　 ④

　　 ⑤

　　 ⑥

　　 ⑦

　　 ⑧

問2 a

　　 b

　　 c

　　 d

　　 e

　　 f

テーマ史演習 Ⅳ　　アフリカ史

1

(20　東海大学より作成)

　アフリカ大陸にはナイル川，ニジェール川，コンゴ川，ザンベジ川という4つの大きな河がある。エジプトを除けばアフリカ最古の王国はナイル川上流で紀元前10世紀から紀元後4世紀まで栄えた(①)王国であり，a前7世紀に南部のメロエに都を移してからは(②)業と商業で繁栄し，4世紀にエチオピアの(③)王国に滅ぼされた。一方，西アフリカのニジェール川流域では8世紀から11世紀に栄えたbガーナ王国，13世紀から15世紀に繁栄した(④)王国，15世紀から16世紀に中央集権制を確立した(⑤)王国が知られている。これら諸王国は北アフリカのムスリム商人がもたらす(⑥)，銅製品，ビーズに対して，南で産出される金，象牙，奴隷を交易するサハラ縦断交易によって繁栄した。1312年に即位した④王国最盛期の王である(⑦)は大量の金を携えてメッカ巡礼をおこない，現地の金の価格が暴落するほど金を消費したという。この出来事が「黄金の国」(④)の伝説をヨーロッパに広めていった。④王国や⑤王国のもとでニジェール川の大湾曲部に位置する都市(⑧)が繁栄し，ニジェール川で外港カバラと結ぶ水上交通を利用して南部の物資を運び込んだ。⑧では，現在ユネスコの世界遺産にも登録されているサンコーレ・モスクをはじめ多くのモスクや大学が建てられ，商業のみならず学問の都市としても盛名をはせた。

問1　文中の空欄①～⑧に適語を入れよ。

問2　下線部a～bについて次の各問いに答えよ。

　　a　南部に移動したのはある民族の侵入のためである。侵入した民族は何か。

　　b　この王国を衰退させたイスラーム王朝は何か。

2

(20　東海大学より作成)

　東アフリカには河と直接的な関係がなく発展した都市もある。その代表例が(①)やザンジバル，マリンディといった東アフリカ沿岸部の港湾都市である。これらの港市はインド洋海洋交易で発展した。7～8世紀にはアラブ系，ペルシア系の船乗りは(②)船と呼ばれる木造船で東アフリカ，インド，東南アジア，中国の諸港に到った。①は12～15世紀，金の独占的な積み出しによってとくに繁栄した。1331年にこの地を訪れたムスリム旅行家((③))は「世界でもっとも美しく整然と造られた町の一つであり，町全体のつくりが上品である」と述べている。このインド洋海洋交易で訪れたムスリム商人たちが東アフリカ沿岸部の人たちと交易や婚姻を繰り返し，(④)と呼ばれる独自の文化を築き上げた。彼らが話す④語とはバントゥー諸語に含まれ，アラビア語を含む外来語を多く取り入れた東アフリカの広域共通語となっている。またアフリカ大陸南東部を流れるザンベジ川の南もムスリムとの交易によって栄えた地域である。例えば，11世紀頃から19世紀まで続いたショナ人の(⑤)王国が知られている。⑤王国は，ムスリム商人と金や象牙の輸出と綿布の輸入によるインド洋海洋交易によって栄えた王国である。この地域の繁栄ぶりは，13世紀から15世紀にかけて最盛期を迎えた(⑥)遺跡によって明らかになっている。ショナ語で「石の家」を意味する⑥は，最大の遺構で高さ11メートル，周囲の長さ244メートル，基礎部の壁の厚さ6メートルという巨大な遺跡である。このショナ人が建てた王国は16世紀から17世紀にかけてヨーロッパから進出してきた(⑦)によって圧迫を受けた後，周辺諸民族の侵入と内紛によって衰退していった。

問1　文中の空欄①～⑦に適語を入れよ。

問2　下線部について次の各問いに答えよ。

　　ⅰ　15世紀，この地に至る艦隊を派遣した明の皇帝は誰か。

　　ⅱ　また，この艦隊を率いていたのは誰か。

1

問1①

　②

　③

　④

　⑤

　⑥

　⑦

　⑧

問2 a

　b

2

問1①

　②

　③

　④

　⑤

　⑥

　⑦

問2 ⅰ

　ⅱ

テーマ史演習Ⅴ　　トルコ民族史

（23　福岡大学・早稲田大学より作成）

1

　現在のトルコ共和国領が位置するアナトリア地方は，古来「東西文明の十字路」とも呼ばれる多民族的・多文化的な地域である。トルコでは，6世紀頃にモンゴル高原などを支配したTürük（テュルク=トルコ）系民族が，その歴史的源流の1つとして理解されている。Türükを漢字で音写したと思われる表記が（①）であり，南北朝時代の6世紀頃から中国の史料に現れる。強大化以前の①は優れた製鉄技術を持ちながら他の_a_騎馬遊牧民に服属していた。①は6世紀にはササン朝と結んで中央アジアの（②）を滅ぼすなど，強盛を誇ったが，隋・唐とは協力と対立をくり返し，やがて東西に分裂した。その後勢力を拡大したのが同じくトルコ系の（③）であり，755年に起きた_b_安史の乱では唐を助けた。③は崩壊した後にも，オアシスの道が通る天山山脈の南の地域で再建された。こうして（④）高原の東西の地でトルコ系民族が増加し，先住のイラン系民族などにもその言語が浸透していった結果，そこはペルシア語で「トルコ人の土地」を意味する（⑤）と呼ばれるようになる。

　彼らトルコ系民族は遊牧を営み騎射に優れていたため，西アジアのアッバース朝では（⑥）と呼ばれる軍人奴隷として多数用いられた。イスラーム教徒を奴隷とすることについては厳しい定めのあるイスラーム法の下では，⑥は便利に用いることのできる戦力となったのである。こうして多くのトルコ系軍人奴隷が西アジアに進出したが，逆にトルコ系諸民族のイスラーム化も加速された。10世紀にサーマーン朝を滅ぼし，東西⑤を領土化したトルコ系の（⑦）朝ではスンナ派が受容され，その支配者自身もイスラームに改宗している。そして，アフガニスタンを拠点としインドへの進出をくり返した（⑧）朝や，_c_創始者（⑨）が1055年にバグダードへの入城を果たしたセルジューク朝のようにトルコ系イスラーム王朝は西方・南方へ拡大していったのである。13世紀末にはアナトリアの西北部にトルコ系の一集団が台頭し，14世紀の中頃バルカンに進出，1453年ビザンツ帝国を滅ぼして大帝国を築き上げた。オスマン帝国である。_d_16世紀に最盛期を迎え，版図は西アジア，バルカン，北アフリカに広がった。そこには様々な宗教，言語を持つ人々がいた。しかし，19世紀になると西欧から流入したナショナリズムの影響で，_e_バルカンのキリスト教徒の諸民族に自立の機運が高まり，次々と帝国から分離していった。こうした情勢下で1908年の（⑩）革命後に政権を担ったグループは（⑪）に基づく国家をめざすが_f_第一次世界大戦に敗北し，オスマン帝国は消滅した。その後，アナトリアに誕生したのが_g_トルコ人の国民国家としてのトルコ共和国である。新国家は政教分離を掲げ近代化政策を進めたが，第二次世界大戦後民主化の流れの中でイスラーム系の政党が躍進した。2021年時点のトルコは_h_欧米諸国を中心とする軍事同盟にも加盟し，イスラーム世界と西欧を繋ぐ主要な大国として存在感を高めつつある。

問1　文中の空欄①～⑪に適語を入れよ。
問2　下線部a～hについて次の各問いに答えよ。
　a　①が服属していた騎馬遊牧民を漢字2字で答えよ。
　b　安史の乱終結後，③が唐に強要した交易を答えよ。
　c　⑨がアッバース朝のカリフから贈られた君主（支配者）の称号を答えよ。
　d　16世紀前半，最盛期を築いた君主が神聖ローマ帝国に行った軍事的行動を簡潔に答えよ。
　e　1877～78年のロシア=トルコ戦争後，**独立した国家ではないもの**を，次の語群から1つ選べ。
　　［セルビア　ルーマニア　ブルガリア　モンテネグロ］
　f　第一次世界大戦後，オスマン帝国が連合国と結んだ条約を答えよ。
　g　連合国と新たな条約を締結し，トルコ共和国を成立させた建国の父とされる人物を答えよ。
　h　この軍事同盟を何というか。

1

問1 ①
　② 　③ 　④ 　⑤ 　⑥ 　⑦ 　⑧ 　⑨ 　⑩ 　⑪

問2 a
　b 　c 　d 　e 　f 　g 　h

テーマ史演習 Ⅵ　　ジェンダー史(女性史)

1 次の資料 (1918年11月のドイツの復員政策の基本方針) について各問いに答えよ。

1

<u>大戦</u>中に招集されたすべての労働者はただちに旧来の職場への再雇用を要求できる。
女性労働力は，その「本性」にかなった方法で活用されるべき。
　女性の解雇の順番は，①就業の必要のない女性，②他の職業 (農業，家事使用人など) への移行が可能か，以前その職に従事していた女性，③解雇後の就職口があるか，故郷で生活できる出稼ぎの独身女性，④未成年で教育課程への編入が可能。

問1

問2

問1　下線部の説明として正しいものを，次から1つ選べ。

　　ア　ユダヤ人絶滅政策がはかられた。　イ　多くのパレスチナ難民を生み出した。

　　ウ　国家の分断状態が発生した。　　　エ　労働力不足を補うため女性が動員された。

問2　資料の趣旨と右の**ポスター**について述べた文a・bの組合せとして正しいものを，次の①〜④から1つ選べ。

　　a　資料では，女性が男性に代わり，継続して生産活動に従事することが望まれる様子が述べられている。

　　b　ポスターでは，女性が家の中から外を行く出征兵士たちを鼓舞しながら見送る様子が描かれている。

　　①　a-正　　b-正　　　②　a-正　　b-誤

　　③　a-誤　　b-正　　　④　a-誤　　b-誤

2 史料A〜Eについて各問いに答えよ。

2

史料A
第213条　夫は妻を保護し，妻は夫に従うべきである。
第215条　妻は公の商売をするとき，……夫の許可を得なければ，裁判所に出て訴訟をなすことができない。

史料B
女性は死よりも，悪魔よりも不気味である。……というのも，悪魔がエヴァを罪に誘ったのは確かだとしても，アダムを誘惑したのはエヴァだからである。……魔女という異端に陥りやすいのは，当然のことながら男性よりも女性の方が多いのだ。

史料C
(その国では，) 前は男王を立てて，七，八十年過ごしたが，倭国内が乱れて，何年間も戦争が続いたので，共同で一人の女子を王として立てた。この女王の名は卑弥呼といい，呪術にたくみで，人民をうまく信頼させ，支配している。

史料D
第15条1項　国は宗教，人種，カースト，性別，出生地またはそれらのいずれかのみを理由として，公民に対する差別をおこなってはならない。

史料E
……健康と体力向きに生まれつかなかった子が生きることは，その子自身にも国家にもよくないとして，タユゲトス山の傍らのアポテタイといわれる深い穴のような場所へ送り出した。

問1 史料A

史料B

史料C

史料D

史料E

問2

→　　→　　→　　→

問1　史料A〜Eの説明として正しいものを，次から1つずつ選べ。

　　ア　インド憲法の条文　　　　　イ　ナポレオン法典の規定

　　ウ　合衆国憲法の修正条項　　　エ　マヌ法典の規定

　　オ　ドイツ農民戦争における要求　　カ　女性統治者に関する記述

　　キ　スパルタの体制についての記述　　ク　魔女裁判に関する手引き書の内容

問2　史料A〜Eについて，古いものから年代順に正しく配列せよ。

テーマ史演習Ⅶ　　　日本と世界のつながり

1　[13世紀〜15世紀の日本（鎌倉時代〜室町時代）]

　12世紀に平清盛によって（①）がさかんとなり，宋銭の輸入は国内の貨幣経済の進展を促した。12世紀末に源頼朝が鎌倉幕府をひらいたが，13世紀には北条氏が実権を握った。この時期には，東南アジアを原産とする多収穫稲の（②）が宋から伝わり，農業の進展を促した。1274年から元が北部九州に2度にわたり侵攻し，国内の政治にも影響を与えた。また入宋僧によってもたらされた（③）が，仏教の刷新のみならず鎌倉，室町時代を通じて政治，文化に影響を与えた。学問では（④）の研究がなされ，後醍醐天皇の倒幕思想に強く影響を与えただけでなく，江戸時代の幕藩体制の理論的支柱にもなった。

　15世紀はじめに室町幕府の（⑤）が明に朝貢し，日本国王に冊封された。これは，（⑥）による混乱の直後であり，冊封したのは（⑦）帝である。これにより始まった勘合貿易は，当時明や朝鮮を悩ませていた（⑧）の取り締まりを条件に開始され，日本には大量の（⑨）が輸入された。同時期，琉球では首里の（⑩）が政治的統一を達成し，琉球王国が成立した。国際港である（⑪）は，福建からの中国人が移住し，中継貿易で栄えた。

問1　文中の空欄①〜⑪に適語を入れよ。

問2　下線部について，同じように元から侵攻を受けた国を次から1つ選べ。

　　ア　パガン朝　　イ　マジャパヒト王国　　ウ　カラキタイ（西遼）　　エ　西夏

2　[16〜19世紀の日本（戦国時代〜江戸時代）]

　16世紀は，東アジア，東南アジアに銀が集まった時代ともいえる。その主な銀山は日本の（①）と，現在のボリビアにある（②）である。前者は（③）貿易によって，後者は太平洋を横断する（④）貿易によって中国や東南アジアに流れ込んだ。このような状況を背景として，明では税を銀で一本化する（⑤）が採用された。

　1603年には，徳川家康が江戸幕府を開いた。17世紀前半には，大名に対する抑圧的な政治（武断政治）がなされ，牢人となる武士が相次いだ。彼らは，生活のために軍事活動の場をもとめて東南アジアに進出し，新興勢力であったイギリスとむすびつき，香辛料交易で巨利を得ていた（⑥）に挑戦する動きをみせた。この計画は未然に発覚し，多くのイギリス人と日本人が殺害された。この事件を（⑦）という。また，この時期は日本の商人らが東南アジアに進出し，中国との出会貿易である（⑧）が行われた。これに伴い，東南アジアの各地では日本町が形成され，なかには現地の王朝に仕える者もあらわれた。（⑨）朝に仕えた山田長政はその典型である。

　17世紀半ばに，日本は「鎖国」を完成させ，ヨーロッパではオランダのみとの交易に限定した。この背景は，ポルトガルやスペインが，布教と貿易を一体化させる（⑩）教徒を警戒したからである。

　18世紀末から19世紀にかけて，「鎖国」下の日本に欧米諸国が接近した。ロシアの（⑪）は，漂流民の大黒屋光太夫の送還を名目としてラクスマンを派遣し，日本に接近した。また19世紀には，長崎に突如イギリス船フェートン号が侵入する事件が起こった。当時の長崎奉行は責任を痛感し切腹した。この事件の背景には，当時ヨーロッパで強い勢力を誇った（⑫）と，それに対抗するイギリスの存在があった。（⑬）の統治下にあったオランダの商船の拿捕が目的だったのである。このような欧米諸国の接近は，1853年にアメリカの（⑭）が来航して開国されたことで，一応の帰結を見ることができよう。

問1　文中の空欄①〜⑭に適語を入れよ。

問2　下線部について，戦国時代にザビエルが日本に布教に来た宗教的背景を簡潔に説明せよ。

1

問1 ①

②

③

④

⑤

⑥

⑦

⑧

⑨

⑩

⑪

問2

2

問1 ①

②

③

④

⑤

⑥

⑦

⑧

⑨

⑩

⑪

⑫

⑬

⑭

問2

3 ［日本と世界を同時代でつなげよう］

・邪馬台国の卑弥呼が朝貢した中国王朝は（①）である。この女王は冊封を受けて「（②）」の金印を授かった。これは３世紀の出来事であり，このころ西アジアでは強大な（③）が勃興し，ローマでは（Ａ）。

・８世紀の日本はほぼ奈良時代であり，（④）が東大寺の大仏を造営したり，遣唐使の派遣が行われたりした時期である。東アジアでは，中国東北部の（⑤）や朝鮮半島の（⑥）が繁栄し，日本と国交を結んで交流を図った。このころ，西アジアではイスラーム王朝である（⑦）が勃興し，ヨーロッパでは（Ｂ）。

・織田信長や豊臣秀吉が活躍した16世紀後半は，（⑧）人やポルトガル人が日本に来航し，主として明の（⑨）を間接的に輸入する南蛮貿易が行われた。この16世紀後半に西ヨーロッパで強い影響力を誇ったのが，スペイン王（⑩）である。また，この時期のイスラーム世界では，（Ｃ）。

問１　文中の空欄①〜⑩に適語を入れよ。

問２　文中の空欄Ａに入る正しい説明を次から１つ選べ。

　ア　カエサルがブルートゥスに暗殺された時期である。

　イ　ネロ帝によるキリスト教徒の迫害が行われた時期である。

　ウ　カラカラ帝によってローマの全自由民に市民権が与えられた時期である。

　エ　コンスタンティヌス帝によってキリスト教が公認された時期である。

問３　文中の空欄Ｂに入る正しい説明を次から１つ選べ。

　ア　ユスティニアヌス帝によって「ローマ法大全」が編纂された。

　イ　ピピンによってカロリング朝が成立した。

　ウ　東フランクのオットー１世に皇帝の戴冠が行われた。

　エ　クレルモン宗教会議が開かれた。

問４　文中の空欄Ｃに入る正しい説明を次から１つ選べ。

　ア　サファヴィー朝，ムガル帝国，オスマン帝国が並び立つ状況にあった。

　イ　シーア派のファーティマ朝が，北アフリカで強勢を誇った。

　ウ　ガズナ朝，ゴール朝によって，北インドでイスラーム教への改宗が進んだ。

　エ　エジプトでウラービーが運動を展開した。

4 ［日本と世界を文化でつなげよう］

Ａ　法隆寺金堂壁画　Ｂ　アジャンター石窟寺院壁画　Ｃ「国性爺合戦」　Ｄ「ラ・ジャポネーズ」

問１　Ａ〜Ｄの作品を見て，文中の空欄①〜④に適語を入れよ。

・７世紀後半から８世紀に製作されたとされるＡの作品は，Ｂの作品とよく似ている。Ｂは，４〜６世紀に隆盛を誇ったインドの（①）朝の時代の美術様式を伝えるもので，おそらくこの様式が日本に伝わったものと考えられる。

・Ｃは，近松門左衛門が江戸時代に書いた劇の脚本であり，この「国性爺」とは，清の支配にあらがう（②）がモデルとなっている。

・Ｄは，19世紀に（③）が描いた作品である。これは，日本の浮世絵が西洋絵画に影響を与えている（④）をみることのできる作品である。

3

問１①＿＿＿＿＿＿

②＿＿＿＿＿＿

③＿＿＿＿＿＿

④＿＿＿＿＿＿

⑤＿＿＿＿＿＿

⑥＿＿＿＿＿＿

⑦＿＿＿＿＿＿

⑧＿＿＿＿＿＿

⑨＿＿＿＿＿＿

⑩＿＿＿＿＿＿

問２＿＿＿＿＿＿

問３＿＿＿＿＿＿

問４＿＿＿＿＿＿

4

問１①＿＿＿＿＿＿

②＿＿＿＿＿＿

③＿＿＿＿＿＿

④＿＿＿＿＿＿

入試対策正誤問題 1 ✎　新…23年度実施の共通テストでの出題を反映した問題

● 前近代［ヨーロッパ中心］

次の各文の下線部には1か所ずつ誤りがある。その番号を指摘し，正しい語句に訂正せよ。

1　①スパルタの重装歩兵軍が，マラトンの戦いで勝利し，サラミスの海戦では②テミストクレスが③アケメネス朝を破った。

2　マケドニアの①フィリッポス2世が，②カイロネイアの戦いで，③スパルタを破り，ギリシアを統一した。

3　ギリシア連合軍を率いて①アレクサンドロス大王が，②ガンジス川流域まで遠征した。

4　①プトレマイオス朝は，②アレクサンドリアに③アカデメイアを創設した。

5　古代ローマでは王政期には，一時，①エトルリア人の王が存在した。その後，王を追放して②共和政となり，③平民（プレブス）が，要職を独占した。

6　ローマは，第1回ポエニ戦争で①カルタゴに勝利し，②ブリタニアを属州とした。

新7　①カール＝マルテルの子である②ピピンが，③メロヴィング朝を開いた。

8　『ローマの平和』と呼ばれる時代に，①属州出身の②ハドリアヌス帝の下で，ローマ帝国の版図が最大となった。

9　ローマ帝国の安定した支配の下，帝国各地で数多くの都市が栄えた。このうち，①フィレンツェは，②綿織物工業で栄え，③ルネサンスの中心となった。

10　①ディオクレティアヌス帝は，ローマ市民権を帝国内の②全自由民に与えた。

11　①ユスティニアヌス帝は②キリスト教を国教とし，その死後，帝国が③東西に分裂した。

12　ゲルマン人傭兵隊長①オドアケルは，②フランク国王を退位させた。

13　①トゥキディデスが，②ペロポネソス戦争について叙述し，③ヘシオドスが，ペルシア戦争について叙述した。

14　①プルタルコスが，『対比列伝』（『英雄伝』）を著し，②キケロが，『③ガリア戦記』を著した。

15　①ユリアヌス帝は，②ビザンツ様式の③ハギア＝ソフィア聖堂を建てた。

16　①モーセは，②ユダヤ教の戒律主義（律法主義，形式主義）を③批判した。

17　①アリウス派は，②正統教義として認められることになる③三位一体説を唱えた。

18　①ネストリウス派は，②漢代の中国に伝わり，③景教と称された。

19　『①新約聖書』は，最初は②アラビア語で記された。

20　キリスト教について述べた次の文a～dの下線部の誤りを，それぞれ訂正せよ。
　　a　セルビア人は，バルカン半島に定住後，ローマ＝カトリックに改宗した。
　　b　アリウス派は，コンスタンツ公会議で異端とされた。
　　c　キリスト教世界は，7世紀に，ローマ＝カトリック教会とギリシア正教会に完全に分裂した。
　　d　ユーグ＝カペーは，南フランス諸侯の保護をうけたアルビジョワ派（カタリ派）を制圧し，王権を広げた。

新21　①オクタウィアヌスは，②セレウコス朝と結んだ③アントニウスに④アクティウムの海戦で勝利した。

22　カール大帝の事績を述べた次の文の下線部の正誤を答え，誤りなら正しい語を書け。
　　①フン人を撃退した。　　　　　　②イングランド王国を征服した。
　　③アルクィンらを集め，学芸を奨励した。

1	番号	正しい語句
1	,	
2	,	
3	,	
4	,	
5	,	
6	,	
7	,	
8	,	
9	,	
10	,	
11	,	
12	,	
13	,	
14	,	
15	,	
16	,	
17	,	
18	,	
19	,	
20 a		
b		
c		
d		
21	,	
22 ①正誤	,	
②正誤	,	
③正誤	,	

23 ブリテン島の歴史について述べた次の文a〜dの下線部の誤りを，それぞれ訂正せよ。

    a ローマの<u>トラヤヌス帝</u>が城壁を築いた。

    b アングロ=サクソン人が，<u>ノルマンディー公国</u>を建てた。

    c アルフレッド大王が，侵入した<u>アヴァール人</u>と戦った。

    d <u>ヘンリ3世</u>が，プランタジネット朝を開き，広大な領土を支配した。

24 ①<u>ビザンツ帝国</u>の②<u>ヘラクレイオス1世</u>によって③<u>聖像禁止令</u>が出された。

25 ①<u>ビザンツ帝国</u>は，②<u>伯</u>を置き，その司令官に③<u>軍事・行政権</u>を与えた。

26 ①<u>シモン=ド=モンフォール</u>は，②<u>ヘンリ8世</u>に対して，反乱を起こした。

27 ①<u>第4回十字軍</u>は②<u>イェルサレム</u>を占領し，③<u>ラテン帝国</u>を建国した。

新28 ①<u>第4回十字軍</u>は，②<u>ジェノヴァ商人</u>の要求により，③<u>コンスタンティノープル</u>を攻撃し，④<u>ラテン帝国</u>を建国した。

29 ①<u>銀</u>の産地である②<u>アウクスブルク</u>を中心に，富豪③<u>メディチ家</u>が栄えた。

30 ①<u>ハンザ同盟</u>の盟主②<u>フィレンツェ</u>は，木材など③<u>生活必需品</u>の取引で繁栄した。

31 7世紀には①<u>フン人</u>が，②<u>ブルガリア王国</u>を，10世紀には③<u>マジャール人</u>が，④<u>ハンガリー王国</u>を建国した。

32 デンマーク，①<u>ノルウェー</u>，②<u>スウェーデン</u>の北欧3国は，③<u>ハンザ同盟</u>を結んだ。

33 ポーランドは，①<u>ハノーヴァー朝</u>断絶後に，②<u>選挙王制</u>をとったが，国内貴族間の対立や隣国諸国からの干渉をまねき，国力の衰退につながった。

34 フランスでは①<u>身分制議会</u>として，②<u>模範議会</u>が開催された。

35 ローマ教皇①<u>インノケンティウス3世</u>は，教皇権の絶対性を主張してフランス国王②<u>フィリップ4世</u>と対立した。この教皇の死後，ローマ教皇庁は③<u>アヴィニョン</u>に移され，以後約70年間，教皇がローマに不在となる事態となった。

36 ①<u>フス派</u>は，②<u>トリエント公会議</u>で異端とされた。

37 毛織物生産の盛んな①<u>フランドル地方</u>の支配権をめぐり，②<u>エドワード1世</u>が③<u>フランス王位</u>の継承権を主張したことをきっかけに，百年戦争が始まった。

新38 神聖ローマ皇帝①<u>カール4世</u>が②<u>金印勅書</u>を発し，皇帝選挙の手続きを③<u>廃止</u>した。

39 百年戦争が始まった14世紀のヨーロッパの状況について述べた次の文a〜cの下線部の誤りを，それぞれ訂正せよ。

    a <u>オランダ</u>のウィクリフが，教会制度を批判した。

    b リトアニアとポーランドが合同して，<u>ノヴゴロド国</u>が成立した。

    c フィリップ4世が，教皇と対立して，<u>カノッサ事件</u>を起こした。

40 イヴァン4世は，大貴族をおさえて中央集権化を進め，①<u>ギリシア正教</u>の擁護者となり，正式に②<u>ツァーリ</u>の称号を用いた。また，③<u>ラージン</u>の協力により，④<u>シベリア</u>に領土を広げた。

41 アラゴン王国と①<u>カスティリャ王国</u>が統合され，②<u>ポルトガル王国</u>が成立した。

42 ①<u>ライン川</u>以東の地には，12世紀から14世紀にかけて②<u>ドイツ人</u>による大規模な植民が行われ，その結果，③<u>ブランデンブルク辺境伯領</u>などが創設された。

43 ボローニャ大学は①<u>神学</u>で有名であった。また，サレルノ大学は②<u>医学</u>で有名であった。

44 中世ヨーロッパで，愛好された騎士道物語のうち①<u>ドイツ</u>を舞台にしたものに『②<u>ドン=キホーテ</u>』がある。

1

番号	正しい語句
23 a	
b	
c	
d	
24	，
25	，
26	，
27	，
28	，
29	，
30	，
31	，
32	，
33	，
34	，
35	，
36	，
37	，
38	，
39 a	
b	
c	
40	，
41	
42	，
43	，
44	，

入試対策正誤問題 [2] ✎

新…23年度実施の共通テストでの出題を反映した問題

● 前近代 [アジア中心]

次の各文の下線部には1か所ずつ誤りがある。その番号を指摘し，正しい語句に訂正せよ。

新 1　中国の古代王朝①周では，地方長官の推薦による官吏人用法である②郷挙里選が行われ，結果として③豪族が政界に進出するようになった。

2　前漢の①武帝は西域の②安息に③張騫を派遣し，これと同盟を結んで④匈奴を倒そうともくろんだが，その同盟は成立しなかった。

3　①ヴァルダナ朝がハルシャ王の時に最盛期を迎え，②南インドの統一に成功した。インドを訪れていた③玄奘は，王の厚遇を受け④ナーランダー僧院で学んだ。

4　唐代の①両税法では，土地を支給された成人男性に，②租・調・庸などの税が課された。また彼らは，③府兵制に基づき，兵器を自弁して，都の警備や辺境の防衛の任にも当たった。

5　5世紀には遊牧民①エフタルが強大化し，イランのササン朝やインドの②グプタ朝はその侵入に苦しんだが，6世紀のササン朝の王③ホスロー1世は，④匈奴と結んでこれを滅ぼすことに成功した。

新 6　明の時代になると，①長江中流の穀倉地帯が発展して，「②湖広熟すれば天下足る」と称された。また，江西省の③景徳鎮などの工業都市も発展し，④絹織物の生産がさかんに行われた。

7　シク教は，①カビールによって創始された新宗教で，②イスラーム神秘主義の影響を受けている。彼らはカースト制を③否定し，④パンジャーブ地方に勢力をもち，シク王国を建国した。

8　イランではじまった①ゾロアスター教は，②アケメネス朝で国教となり発展したが，③イスラーム教におされ衰退した。中国では，④祆教と呼ばれている。

新 9　13世紀末に教皇の命で元の①大都に派遣された②フランチェスコ修道会修道士③カルピニは，そこで④カトリックの布教にあたった。

10　①元の襲来を3度にわたり撃退した②李朝では民族意識が高揚し，③漢字を基に④チュノムが作られた。

11　①トゥグリル=ベクによって創建された，②セルジューク朝は，1055年に③ダマスクスに入城し，④ブワイフ朝を滅ぼし，アッバース朝のカリフから⑤スルタンの称号を授かった。

新 12　北周の部将①楊堅が権力を握り，皇帝として隋を建てた。南朝の②陳を滅ぼし南北を統一した。第2代③文帝は大運河を完成し，④江南を華北へ結びつけた。

新 13　北宋は①燕雲十六州の帰属をめぐり緊張関係にあった②西夏との間で，③11世紀前半，④澶淵の盟を結び毎年多額の銀や絹を贈った。

14　アレクサンドロス大王は，①マケドニア・ギリシア連合軍を率いて，②東方遠征を行い，③アケメネス朝を滅ぼした。その後も遠征を継続し，その遠征隊はインドの④ガンジス川流域まで到達した。

新 15　明代，15世紀半ば，①オイラトが強大となり，皇帝は②土木の変で敗北し捕らえられた。16世紀半ば，③アルタン=ハーンは長城を越えて④南京を包囲した。

16　魏晋南北朝時代，魏が，①呉を滅ぼし，②司馬炎が，晋を創建し都を洛陽と定めた。文化においては，③寇謙之が道教を大成し，④法顕は『仏国記』で訪問したインドの記録を残した。

[2] 番号	正しい語句
1	，
2	，
3	，
4	，
5	，
6	，
7	，
8	，
9	，
10	，
11	，
12	，
13	，
14	，
15	，
16	，

17 　五胡の1つである，①鮮卑は，②北魏を建て，439年には③華北統一に成功した。その後5世紀末には，④均田制や，⑤府兵制を実施した。

新18 　12世紀初め，キタイ勢力圏東部の①女真から②耶律阿保機が現れ，独立し金を建てた。③靖康の変後，金の支配する華北では，儒教・仏教・道教の調和を説く④全真教が開かれた。

19 　①フラグによって西アジアに建国された②イル=ハン国は，第7代君主の③ガザン=ハンの時代に④ラマ教に改宗した。

20 　ガズナ朝は，①サーマーン朝の②マムルークが，アフガニスタンに建てたイスラーム王朝で，さかんに③北インドに侵入を繰り返した。12世紀半ば④奴隷王朝によって滅ぼされた。

21 　デカン地方では，①ドラヴィダ系アーンドラ族の王朝である②ヴァルダナ朝が栄え，東南アジアや西方との交易で繁栄した。その遺跡からは，③ローマの金貨が出土している。

22 　唐代に①李淵（高祖）の勅命で，②孔穎達らによって，③『五経正義』が編纂され，④科挙の国定基準書として機能した。

新23 　明の①洪武帝は，皇帝に権力を集中させるため②中書省を廃止した。民衆教化の目的として③六諭を定めた。また，④王守仁の学問である朱子学を官学とし，科挙を整備した。

24 　①朝鮮（李朝，朝鮮王朝）は，②李自成によって創建された。この国では，③朱子学を重んじ，15世紀には官僚制度を整えて，④訓民正音の制度を整え，最盛期を迎えた。

新25 　①雍正帝の時代に着工され，歴代の皇帝によって拡張された②円明園は，③シャールなどもその宮殿の西洋館設計に携わった。この円明園は④第2次アヘン戦争（アロー戦争）の際，英仏が破壊・略奪したことでも有名である。

26 　北魏が遷都した①洛陽の近郊にある②竜門では，③道教の石窟寺院が造営された。その彫像の多くは，雲崗の石窟のものに比べると④中国的色彩が強い。

27 　ガンダーラでは，①インド古来の美術に②ヘレニズムの技術が融合し，③イスラーム風の④仏像が多く作られた。

28 　アッバース朝は，①アル=アッバースが初代カリフとなり，②ウマイヤ朝を打倒した。彼は中央集権的な支配体制を築き，税制面では，農地に③ジズヤを課し，全ムスリムからの徴税を行い，ムスリムの④平等を実現した。

新29 　10世紀，イラン系軍事政権①サファヴィー朝がバグダードに入城し，アッバース朝カリフから②大アミールの称号を得た。この王朝がはじめた軍事封建制度である③イクター制は，④セルジューク朝に導入され，イスラーム諸政権で継承された。

30 　ファーティマ朝は，①シーア派の一分派イスマーイール派が②チュニジアに建てた王朝である。建国当初から③アッバース朝に対抗して④スルタンを自称した。

31 　第18王朝のファラオである①アメンヘテプ4世（アクエンアテン）は，一連の改革を行い，従来の神官勢力からの決別を意図して，②唯一神アトンの信仰を強制し，自ら③イクナートンと改称し，テーベから④メンフィスへ遷都した。

32 　タイのアユタヤを都に建てられたアユタヤ朝は，15世紀にはカンボジアの①アンコール朝やタイ北部の②スコータイを支配下において繁栄した。この王朝では③大乗仏教が信仰され，仏教文化が栄えた。

2

番号	正しい語句
17	，
18	，
19	，
20	，
21	，
22	，
23	，
24	，
25	，
26	，
27	，
28	，
29	，
30	，
31	，
32	，

33　スマトラ島で栄えたシュリーヴィジャヤでは，①上座部仏教が栄え，その都である港市②パレンバンは，唐の訪印僧③義浄が訪ね，その記録を④『南海寄帰内法伝』に残していることでも有名である。

34　高麗では，仏教がさかんに信仰され，①11世紀には②大蔵経が刊行された。その版木は，③倭寇の攻撃で焼失し，その後新たに彫らせた版木が，韓国の④海印寺に現存している。

35　唐は，朝鮮半島を統一した①新羅やその北に建国された②吐蕃，さらには雲南に成立した③南詔と，④冊封体制にもとづく関係を結んだ。

新36　元では，国の財務を支える官僚として，①色目人が重用され，金支配下にあった華北の人々は②漢人，南宋のもとにいた人々は③宋人と呼ばれた。儒学や科挙の役割は後退したが，『授時暦』を作製した④郭守敬のように能力のある者には登用の道が開かれていた。

37　①アケメネス朝の祭都となった②ペルセポリスには壮大な宮殿が造営され，外国の使節が訪れるなどしたが，③前3世紀に④アレクサンドロス大王の軍隊によって破壊された。

38　ムラービト朝は，①ベルベル人が，モロッコに創建した，②イスラーム王朝である。都は③マグリブにおかれ，サハラ砂漠以南の④ガーナ王国や⑤イベリア半島に進出した。

39　東晋は，①司馬睿により，②長安を都につくられた王朝である。③八王の乱の混乱に乗じて，五胡の侵入がはじまり，④西晋が滅ぼされたために，建国された。

40　アステカ王国は，①アンデス中央高原につくられた，王国である。②テノチティトランを都とし栄えたが，③スペイン人の征服者である，④コルテスによって滅ぼされた。

新41　明末，①張居正は財政再建を試みたが，②東林派の人々が政府を批判し改革は失敗し，農民反乱のなか明は滅亡した。満洲人が支配する清朝への交替を経験した③鄭玄は，儒学の経典の正統性を検証する④考証学を主張した。

42　アイユーブ朝は，①ファーティマ朝の武将として活躍した，②サラーフ=アッディーン（サラディン）によって，つくられたイスラーム王朝である。この王朝では，③カイロが都となり，④シーア派が信仰された。

43　阮朝は，①阮福暎が，1802年，フランス人宣教師②ピニョーの協力を得て，③西山政権を滅ぼして，ベトナムを統一，創建した王朝である。④明を宗主国として，諸制度を整備した。

44　イブン=ルシュドは，①コルドバ生まれの哲学者で，ラテン語名は②アヴェロエスである。③ムラービト朝では，法官や宮廷医として仕え，④アリストテレスの注釈を行ったことで有名である。

新45　イスラーム世界に保存されていた，①ギリシア哲学に関するギリシア語やアラビア語の文献は，イベリア半島の②グラナダやシチリア島のパレルモなどで③ラテン語に翻訳され，中世ヨーロッパの④スコラ学に大きな影響をもたらした。

46　ヴェーダとは，古代インドで編纂された宗教的文献の総称で，①仏教の聖典である。なかでも②『リグ=ヴェーダ』は，③最古のもので，その内容は，神々への，④賛歌の集成である。

2

番号	正しい語句
33	,
34	,
35	,
36	,
37	,
38	,
39	,
40	,
41	,
42	,
43	,
44	,
45	,
46	,

210

47 『資治通鑑』は，宋代の政治家である①司馬光の編纂した歴史書である。②紀伝体で書かれ，戦国時代はじまりから五代末までを，③『史記』以降の史書を基にまとめたものである。

48 清の康熙帝の命で漢字字書である①『康熙字典』が編纂され，同じく百科事典にあたる②『古今図書集成』も編集されている。③『四庫全書』は，④雍正帝の命で編集された叢書である。

新49 元の時代に，①パクパによって作られたパクパ文字は，②モンゴル語を表記するための文字であった。パクパは，③チベット仏教のサキャ派の高僧で，④オゴデイに仕え，厚遇された。

50 イブン=ハルドゥーンは，①チュニス生まれの政治家で，②マムルーク朝に仕えた。政治家引退後膨大な通史，③『集史』を書きまとめたことで知られる。1370年代後半に執筆がはじめられ，王朝の変遷を都市と田舎（遊牧社会）の循環的交替とする④独自の文明論が展開された。

51 東トルキスタンは，清の①雍正帝の時代，②ジュンガル部とともに征服され，ともに③藩部に編入され，④新疆と名付けられた。

新52 キプチャク=ハン国の下でイスラーム化した，遊牧ウズベクは，①トルコ系遊牧民であり，②スンナ派のイスラーム教を信仰した。16世紀初め，彼らはサマルカンドを都とした③イル=ハン国を滅ぼした。その後，西トルキスタンにブハラ，④ヒヴァ，コーカンドの3ハン国を建設した。

53 トルコ人が，イスラーム社会に進出するきっかけとなったのは，彼らの①軍事的な能力によるところが大きく，彼らは②白人奴隷を意味する③マムルークと呼ばれ，重用された。特に④ウマイヤ朝の時代は，その活躍が目立ちはじめ，政治的社会的に大きな役割を果たした。

54 漢代に①大秦国と称されたローマは，南インドの②サータヴァーハナ朝と③季節風を利用した海上貿易をおこなったことで知られ，メコン川下流域に栄えた④林邑の外港だったオケオからはローマの貨幣が出土している。

55 ①ササン朝の美術・工芸の様式は②絹の道（シルク=ロード）を経由し，中国，③日本へと伝わった。ゾロアスター教も中国に伝わり，④景教とよばれた。

56 ガーナ王国は，西アフリカのサハラ砂漠南縁に，①7世紀頃より存在する国である。サハラ横断交易でムスリム商人が持ってきた②岩塩とガーナ産の③金を交換する交易で栄えた。11世紀後半に④ムワッヒド朝の攻撃を受けて，衰退した。

57 マラッカ王国は，マレー半島の南西部に建てられた①イスラーム国家である。②鄭和が遠征艦隊の基地としたことから，③唐の朝貢貿易の拠点となった。16世紀はじめに④ポルトガル人の攻撃を受けて，衰退した。

新58 アラビア半島西岸の①メディナは隊商交易で栄えた。その都市の②クライシュ族は商業を独占し，③カーバ神殿の管理権を握っていた。同族のムハンマドは，7世紀初め，唯一神アッラーの④預言者であると考え，イスラーム教を説いた。

新59 アッバース朝以降，イスラーム文明圏の拡大とともにムスリム商人は①ダウ船を用いてインド洋交易に従事した。陸路では，ユーラシアの東西交易路を各地の②ワクフを利用し隊商交易を行った。東アジアでは③明代以降，中国商人が④ジャンク船を用い東南アジア海域での交易に参入した。

新60 南アジアでは，前1000年以降，①アーリヤ人がガンジス川上流へ移動し鉄器を使用し②牧畜を開始した。中国では，③春秋・戦国時代に鉄製農具や牛耕による農業生産がはじまり，戦国各国では商取引を仲立ちする④青銅貨幣が普及した。

2

番号　正しい語句

47 ，
48 ，
49 ，
50 ，

51 ，
52 ，
53 ，
54 ，
55 ，
56 ，
57 ，
58 ，
59 ，
60 ，

入試対策正誤問題 ③ 🖊

新…23年度実施の共通テストでの出題を反映した問題

● 近現代

次の各文の下線部には1か所ずつ誤りがある。その番号を指摘し，正しい語句に訂正せよ。

1　①人文主義思想のもと，②ペトラルカは，14世紀にヨーロッパに流行した③黒死病（ペスト）から避難した人々が10日間で100話語る形式の小説『④デカメロン』を著した。

2　1490年代，①コロンブスは②スペインの援助をうけ，アメリカ大陸に到達した。その直後，スペインと③イタリア両国が勢力範囲を定めた④トルデシリャス条約が締結された。

3　ボリビアの①ポトシなどの銀鉱山で採掘されたアメリカ大陸の銀は，メキシコの②アカプルコから太平洋を渡って，スペインの拠点である③フエに至る航路によって，アジアにもたらされた。

4　①カルヴァンが「九十五カ条の論題」を発表し，ドイツで宗教改革が始まった。これに直面したカトリック教会は，②カトリック改革を行った。16世紀半ば，ドイツでは③アウクスブルクの和議が締結された。

5　ネーデルラント北部が，①ユトレヒト同盟を結成して，②フランスからの独立を宣言した。

6　①16世紀，フランスの宗教戦争ではサンバルテルミの虐殺で，多数の②ゴイセンが犠牲となった。

7　ルイ13世の宰相①マザランが，②アカデミー=フランセーズを創設した。

8　アン女王治世下で，①グレートブリテン王国が成立した。女王の死後，②ジョージ1世が，③テューダー朝を開いた。

9　スペイン継承戦争により最終的に，①ホーエンツォレルン家が，スペイン王位を獲得した。この戦争の②ユトレヒト条約で，③イギリスがジブラルタルを獲得した。

10　ルイ14世の財務総監①ネッケルは，フランス東インド会社を再建し，インド東岸の②ポンディシェリを拠点とした。

11　17世紀後半，ルイ14世が，①ナントの王令を廃止したために，多数の②カトリック教徒が亡命した。

12　プロイセンの①フリードリヒ=ヴィルヘルム（大選帝侯）は，常備軍を増強し，絶対王政の基礎を築いた。②ヨーゼフ2世は，サンスーシ宮殿を建てた。

13　ハプスブルク家の①マリア=テレジアは，②フランドルの奪回を目指し，外交政策を転換して，長く敵対関係にあった③フランスと手を結んだ。

新14　ロシアのピョートル1世は①北方戦争をおこない，②イギリスを破り，③バルト海の覇権を獲得した。

15　ロシアは，18世紀後半に①エカチェリーナ2世がオスマン帝国から②クリミア半島を獲得した。19世紀前半には③ガージャール朝と④サン=ステファノ条約を締結し，東アルメニアを獲得した。

16　16世紀，①ポルトガルは，ホルムズ島を占領した。②イギリスは，ゴアをアジア貿易の根拠地とした。③オランダは，バタヴィアを拠点とした。

17　18世紀，①ジョン=ケイが，コークスを用いた②製鉄法を発明した。

18　産業革命の時期に，イギリスで①蒸気機関車が実用化された。②ハーグリーヴズは，蒸気船を実用化した。

19　イギリス領北米13植民地の南部では黒人奴隷をプランテーションで使用し，①タバコなどの商品作物が生産され，イギリス本国に輸出された。18世紀，13植民地は本国による②茶法に反対して，「③代表なくして課税なし」と主張した。

3		
	番号	正しい語句
1	，	
2	，	
3	，	
4	，	
5	，	
6	，	
7	，	
8	，	
9	，	
10	，	
11	，	
12	，	
13	，	
14	，	
15	，	
16	，	
17	，	
18	，	
19	，	

20 ①ペインらが起草したアメリカ独立宣言は，イギリスの思想家②ロックの影響を受け，基本的人権や革命権といった理念をうたっている。また，アメリカ合衆国憲法は，③三権分立の原則を採用した。

新21 フランスでは，①ルイ16世がおこなった度重なる戦争によって戦費が膨れあがり財政悪化に陥ったため，18世紀後半に②ネッケルらによる財政改革が進められた。

22 フランス革命以前のフランスにおいて，平民は①第二身分とされた。そして，②バスティーユ牢獄への襲撃から革命が始まった。

23 1789年，①国民議会によって②封建的特権の廃止が決議された。③フィヒテは④人権宣言を起草した。

24 フランス革命の影響で，①トゥサン＝ルヴェルチュールが②アルジェリアで反乱を起こした。

25 ナポレオン戦争中，①イギリスはトラファルガーの海戦に②敗北した。

新26 ①セントヘレナ島に流罪となっていたナポレオンはパリに入城した。このとき②ルイ18世は，フランス王として③ブルボン朝を復活させていた。

27 ①ラテンアメリカ生まれの白人は，②メスティーソと呼ばれた。そのひとり③ボリバルの指導のもと，④大コロンビアとして独立を達成した。

28 1830年，①フランス二月革命の影響で，オランダから②ベルギーが独立した。

29 ドイツでは1830年代に①ドイツ関税同盟が成立した。1848年にはオーストリアで市民が蜂起し，②ディズレーリが失脚し，③フランクフルト国民議会でドイツの政治的統一が審議された。また，ハンガリーでは④コシュートの指導で独立革命が始まった。

30 ①プロイセン＝オーストリア（普墺）戦争の結果，②北ドイツ連邦が解体された。

31 フランスは，クリミア戦争で①オスマン帝国側で参戦した。また，ドイツ＝フランス（独仏）戦争では，プロイセン軍に②勝利した。

32 ①ロマン主義画家②ドラクロワは，「キオス島の虐殺」で，ギリシア独立運動時に起こった③オーストリア軍による住民の虐殺を描いた。

33 1878年，①ヴィルヘルム２世は，②社会主義者鎮圧法を制定した。

34 ①イタリアでは，②ユンカーと呼ばれる地主貴族が，政治・軍事を担った。

35 ①マッキンリー大統領は，奴隷制の廃止に反対し，先住民強制移住法を成立させた。②リンカン大統領は，南北戦争中の演説で，「③人民の，人民による，人民のための政治」を説いた。

36 19世紀，アメリカ合衆国は①フランスからルイジアナを買収し，②スペインからカリフォルニアを獲得した。

37 19世紀末，アメリカ合衆国は①米英戦争の結果，②スペインからグアムを獲得した。

38 1890年以降，ロシアとの①再保障条約を破棄し，海軍を増強した②ドイツは，積極的な海外膨張策を採った。それにより列強の国際関係は，ドイツと③フランスの対立を軸とするものになった。

39 19世紀後半，①ロンドンで第１インターナショナルが，②ベルリンで第２インターナショナルが結成された。

40 19世紀前半，①アヘン戦争に勝利したイギリスは清と不平等条約を締結した。同世紀後半，②第２次産業革命に成功した③アメリカ合衆国と④ロシアはイギリスの工業生産を追い抜いた。

41 ①スタンリーは，1870年代に，アフリカ大陸の内陸部を探検し横断に成功した。20世紀に入ると極地探検が本格化し，イギリスのスコットに先駆けて，1911年にノルウェーの②アムンゼンが③北極点に到達した。

42 モース（モールス）が，①電話機を発明した。②エディソンが，電灯を発明した。

3		
	番号	正しい語句
20	，	
21	，	
22	，	
23	，	
24	，	
25	，	
26	，	
27	，	
28	，	
29	，	
30	，	
31	，	
32	，	
33	，	
34	，	
35	，	
36	，	
37	，	
38	，	
39	，	
40	，	
41	，	
42	，	

43　19世紀前半，オスマン帝国では，①アブデュルハミト2世が②西欧化政策（タンジマート）を開始し，ムスリムと非ムスリムの法的平等を認めた。

44　19世紀後半，①アフガーニーは，ムスリムの連帯を訴えた。20世紀，②イランでは，イスラーム同盟（サレカット=イスラム）が結成された。

45　①19世紀後半に成立した②インド帝国では，③ディズレーリ首相がインド皇帝を兼任した。

新46　ジャワ島では，①スペインによる②強制栽培制度で，サトウキビ，③コーヒーなどの商品作物生産がおこなわれていた。

47　16世紀後半以降，①スペインは，②ビルマ（ミャンマー）を植民地化した。それに対し，19世紀後半，③ホセ=リサールが民族運動を指導した。

新48　1842年，イギリスと①清との間に②行商の廃止を定めた③北京議定書が結ばれた。

49　18世紀末，イギリスの使節①アマーストは，②広州一港に貿易港を限定する清朝の③乾隆帝に対し④自由貿易を要求した。

50　1894年，朝鮮半島で①東学を奉じる人々を主体とする②甲申政変が起こると，これをきっかけに③日清戦争が勃発した。これに敗北した清では中華思想に基づく国際秩序である④冊封体制が崩壊した。

51　19世紀末，中国（清）では，公羊学派の①林則徐が，②戊戌の変法を進めた。

52　海外膨張政策として①イギリスは，カイロ，ケープタウン，カルカッタを結びつけた②3B政策を採った。

53　南アフリカ戦争の結果，①オランダが②トランスヴァール共和国を併合した。

54　日露戦争中，ロシア帝国で①1905年革命が勃発し，皇帝②アレクサンドル1世が③十月宣言を出した。

55　日露戦争後，オスマン帝国で①青年トルコ革命が起こると，②イタリアが③ボスニア・ヘルツェゴヴィナを併合し，④ブルガリアはオスマン帝国から独立した。

56　ティラクは，インド国民会議派の①穏健派を率い，②反英民族運動を起こした。

57　ベトナムでは，①中国に留学生を送る②ドンズー（東遊）運動が起こった。

58　19世紀後半の中国では，①教案と呼ばれる反キリスト教運動が起こった。「扶清滅洋」を唱える②上帝会による排外運動もその流れをくんだ。

59　①四川で鉄道国有化に反対する暴動から辛亥革命が起こった。②北京で中華民国の成立が宣言された。③孫文が，臨時大総統に就任した。

60　1907年，①ジュネーヴ万国平和会議に，朝鮮皇帝②高宗が密使を送り，③日本による保護国化の不当性を訴えようとした。

61　メキシコでは①ディアス大統領の独裁打倒を目指す革命運動が起こった。②ペロンやビリャらに率いられた農民軍も革命に加わり，民主的憲法が制定された。

新62　第一次世界大戦中，東部戦線において①フランス軍は②タンネンベルクの戦いで③ドイツ軍の進撃を阻んだ。

63　第一次世界大戦では，①イギリスが②無制限潜水艦作戦を実行した。

64　9世紀の①メルセン条約により，フランスとドイツの原型が形成された。第一次世界大戦でフランスとドイツは交戦し，敗れたドイツは，両国国境地帯の②ザール地方を③フランスに割譲した。

65　第一次世界大戦中，①イギリスは，②サイクス・ピコ協定によってアラブ人に独立を約束した。

66　①バルフォア宣言は，ユダヤ人のシオニズム運動を②批判した。

67　ロシア暦二月革命後，①ケレンスキーが，「②四月テーゼ」を発表した。

68　①トロツキーは，反対派の②大規模な弾圧（粛清）を行った。

3		
番号	正しい語句	
43	，	
44	，	
45	，	
46	，	
47	，	
48	，	
49	，	
50	，	
51	，	
52	，	
53	，	
54	，	
55	，	
56	，	
57	，	
58	，	
59	，	
60	，	
61	，	
62	，	
63	，	
64	，	
65	，	
66	，	
67	，	
68	，	

69　第一次世界大戦後，①モンゴル人民共和国が成立した。イブン=サウードは，②イラクを建てた。

70　1930年①トルコ共和国ではガンディーが「②塩の行進」と呼ばれる運動を進めた。

新71　第一次世界大戦で女性が社会に進出したことが女性参政権の実現をうながすが，①イギリスではすでに②1902年に初めて女性にも参政権が認められていた。

72　アメリカ合衆国の①フーヴァーは，②善隣外交を推進した。

73　①ロイド=ジョージ挙国一致内閣は，②金本位制を停止した。

74　1920年代，イタリアでは①カヴールが，②ローマ進軍を組織した。

75　1930年代，ドイツは①ローザンヌ条約を破棄し，②ラインラントに進駐した。

76　スペイン内戦では，①ドイツがゲルニカを爆撃したが，②ロシアは，不干渉政策を採った。

77　①西安では張学良が，②毛沢東を捕らえ，抗日を強く迫る事件が起こった。

78　フランスでは，①チャーチルの指導のもと，②レジスタンス運動と呼ばれる抵抗運動が行われた。

79　1940年，既に①独ソ不可侵条約を締結したドイツに降伏したフランスは，②ド=ゴールが③ヴィシーに④自由フランス政府を組織し抵抗した。

80　冷戦が進展する中，アメリカ合衆国は，ラテンアメリカ諸国とともに①米州機構（OAS）を結成した。また，オーストラリア・②日本とは，③太平洋安全保障条約（ANZUS）を結んだ。

81　第二次世界大戦後，アフリカでは①リビアが独立した。一方アジアでは②ネルーが，インドネシアの独立を指導した。

82　1950年代，①アラファトやナギブは②エジプト革命を指導した。その後，国内の近代化を推進するため③アスワン=ハイダムの建設が目指された。

83　エジプトは，①第1次中東戦争で，イスラエルにシナイ半島を占領された。1973年，②第4次中東戦争が勃発し，先進工業国に③オイル=ショックが起こった。

84　1960年，南ベトナムの解放をめざす①南ベトナム解放民族戦線は，②ベトナム国と連携してゲリラ戦を展開した。この戦闘に介入した③アメリカ合衆国は，1965年に④北爆を開始した。

85　1970年代，①ピノチェトは，②ブラジルでアジェンデ左翼政権を倒し軍事政権を樹立した。

86　1980年代，①ポルトガルは，アルゼンチンと②フォークランド戦争（紛争）を起こした。

87　1968年チェコスロヴァキアで，①ブレジネフが「②プラハの春」を指導した。

88　1960年代，アメリカ合衆国では①キング牧師が，②公民権運動を主導した。③ガーナでは，マンデラが④反アパルトヘイト運動を指導した。

89　1970年代，①新興工業経済地域（NIES）の1つとなったシンガポールは，②マレーシアで③マレー系住民を優遇する政策が採られたため，1965年に④インド系住民を中心として独立した都市国家である。

90　1978年以降，中国の①周恩来は，「②四つの現代化」を打ち出し，経済の③改革・開放を積極的に進めた。

91　1993年にマーストリヒト条約が発効し，①ヨーロッパ共同体（EC）が発足した。共通通貨として②ユーロが発行された。

92　第二次世界大戦後，①保護貿易を強化する目的で，②GATT（関税と貿易に関する一般協定）が結ばれた。1995年には，③世界貿易機関（WTO）が発足した。

3

番号	正しい語句
69	，
70	，
71	，
72	，
73	，
74	，
75	，
76	，
77	，
78	，
79	，
80	，
81	，
82	，
83	，
84	，
85	，
86	，
87	，
88	，
89	，
90	，
91	，
92	，

入試対策正誤問題 4 ✎

新…23年度実施の共通テストでの出題を反映した問題

● 最近の傾向

次の各文の下線部には1か所ずつ誤りがある。その番号を指摘し，正しい語句に訂正せよ。

1　南インドの①チョーラ朝は，海上交易で栄えた。東南アジアのアンコール=トムは，②タイのアンコール朝の都城であった。ジャワ島では，③ワヤンと呼ばれる影絵芝居が発達した。

2　中央アメリカの①ユカタン半島を中心に栄えた②マヤ文明では，暦法，絵文字，③六十進法に基づく数学など，独自の文化や宗教が発達した。

3　①イクター制は，ブワイフ朝で初めて実施された。②ティムール朝で，マンサブダール制が整えられた。オスマン帝国では，③ティマール制が施行された。

4　メロエを都とした①クシュ王国は，製鉄で繁栄した。ニジェール川流域で，13世紀，②モノモタパ王国が栄えた。

5　イスラーム世界で①キャラヴァンサライが整備された。②ワクフは，モスクなどの宗教・公共施設の運営を支えている。③マドラサは，イスラーム教の法学や神学を学ぶ施設である。法学などイスラーム諸学を修めた知識人は④ウンマと呼ばれる。

6　歴史的建造物の中で，ラサにあるポタラ宮は①ジャイナ教の中心（大本山）である。インド，デリー近郊のクトゥブ=ミナールは，②アイバクによって建造された。

7　中国では，新石器時代に，長江下流域では，①稲作が行われていた。唐代に，華北地域では，②小麦の栽培がさかんになった。宋代，③占城稲の導入によって，農業生産力が向上した。④元代に，トウモロコシの栽培が始まった。

8　前漢では①五銖銭が発行された。宋は，銀の地金に加えて，②交子を紙幣として使用した。20世紀に入ると③清は，通貨としての銀の流通を禁じ，法幣に統一した。

9　宋代に民間交易が拡大する中，広州・泉州・①天津などの港に，海上交易を管理する②市舶司がおかれた。琉球は，明との間で③朝貢貿易を行った。

10　17〜18世紀のヨーロッパ文化の繁栄のなか，フランスのケネーは①重商主義を唱えた。各国の宮廷では，②シノワズリ（中国趣味）が流行した。

11　歴史上，様々な形で宇宙が論じられてきた。ヘレニズム時代，アリスタルコスは，①天動説を唱えた。中国の②宋学は，宇宙の原理や人間の本質などを探究した。18〜19世紀，フランスの③ラプラースは，宇宙進化論を唱えた。

12　18世紀のイギリスの探検家①タスマンは，②オセアニア（南太平洋）を探検した。

13　アイルランドでは，1840年代の①ジャガイモ飢饉が原因となり，②アメリカ大陸に多くの移民が渡った。1880年代には，③保守党のグラッドストンによりアイルランド自治法案が出されたが④可決されなかった。

14　ドイツのヴァイマル憲法は，①男女平等の普通選挙を規定した。アメリカ合衆国では，②第一次世界大戦後，女性参政権が認められた。イギリスでは，第一次世界大戦中の③第3回選挙法改正で，初めて女性に選挙権が認められた。

15　1960年代，米ソ間の①キューバ危機を契機に，米ソに②フランスを加えた3カ国間で③部分的核実験禁止条約が締結された。1970年代，米国は④中華人民共和国を中国の正式代表とする立場をとった。

新16　①ハンガリーでは，②冷戦期に③チャウシェスクの政権が④ソ連軍によって打倒された。

4		
	番号	正しい語句
1	，	
2	，	
3	，	
4	，	
5	，	
6	，	
7	，	
8	，	
9	，	
10	，	
11	，	
12	，	
13	，	
14	，	
15	，	
16	，	

入試対策正誤問題

17　世界史上の女王について述べた文a～dの下線部の誤りを，それぞれ訂正せよ。 **4**

　　a　女王クレオパトラは，テル=エル=アマルナに遷都した。

　　b　女王卑弥呼は，北魏から親魏倭王の称号を得た。

　　c　イサベル女王は，カブラルを援助した。

　　d　エリザベス女王の治世下で，グレートブリテン王国が成立した。

18　世界史上の思想統制の歴史について述べた文a～dの下線部の誤りを，それぞれ訂正せよ。

　　a　始皇帝がおこなった思想統制を文字の獄という。

　　b　エフェソス公会議で教皇の至上権が再確認され，禁書目録を定めて異端弾圧が強化された。

　　c　ナチス体制下では，KGBにより国民生活が厳しく統制され，言論の自由が奪われた。

　　d　冷戦下のアメリカで，共産主義者を排除する運動が，マッカーサーによってさかんになった。

19　歴史上，服装や広く身体にかかわる事柄が，抵抗や革命などの動きと結びつく例はしばしば見られた。このことについて述べた文a～dの下線部の誤りを，それぞれ訂正せよ。

　　a　前漢で，黄巾の乱がおこった。

　　b　フランス革命で，貴族がサンキュロットと呼ばれた。

　　c　マッツィーニが，赤シャツ隊（千人隊）を率いた。

　　d　明朝が，辮髪を強制する政策を打ち出した。

20　キリスト教が社会に与えた影響について述べた文a～dの下線部の誤りを，それぞれ訂正せよ。

　　a　クローヴィスの改宗によって，フランク王国は，先住のノルマン人の支持を得ることができた。

　　b　聖職者（司祭）のウォルポールが，「アダムが耕しイヴが紡いだとき，だれが貴族（領主）であったか」と説教し，農民一揆を指導した。

　　c　コンスタンティヌス帝は，勢力を増したキリスト教徒を統治に取り込むために，統一法を発布した。

　　d　ボニファティウス8世の提唱した第1回十字軍に，ヨーロッパ各地の諸侯や貴族が参加した。

21　近代オリンピックの開催地となった国や都市の歴史について述べた文a～dの下線部の誤りを，それぞれ訂正せよ。

　　a　第1回大会が開催されたアテネでは，古代にリュクルゴスの下で，民主政が完成した。

　　b　1984年の第23回大会は，「強いアメリカ」を掲げたブレア政権のもと，ロサンゼルスで開催された。

　　c　第24回大会が開催されたソウルは，かつて慶州と呼ばれた。

　　d　2000年に第27回（シドニー）大会が開催されたオーストラリアでは，先住民はマオリと呼ばれている。

正しい語句

17 a _____
　 b _____
　 c _____
　 d _____
18 a _____
　 b _____
　 c _____
　 d _____
19 a _____
　 b _____
　 c _____
　 d _____
20 a _____
　 b _____
　 c _____
　 d _____

21 a _____
　 b _____
　 c _____
　 d _____

思考力養成問題

1 　**史料をもとに考える**　次の文章は，明代における税制の変化を記した史料である。史料Ａは14世紀明成立後，史料Ｂは16世紀明後半のものである。（なお，史料は一部書き改め，省略したところがある）

史料Ａ　賦役の法では，唐の　ア　の制は古の法に近いものである。楊炎が　イ　法を作って以後は，法が簡便で行われやすくなった。このため，歴代王朝がこれにならい，明に至っても改められなかった。洪武帝は，即位の初めに賦役の法を定めたが，それは黄冊を基準としたものである。

史料Ｂ　　ウ　法は一州県の賦と役とを総括し，田土額をはかり，丁数をはかって，丁銀と税糧を全て官に治めるものであった。…各地土産の貢物に及ぶまで，ことごとく併せて一つにし，皆，田額を計って銀を徴収し，官に納めさせた。故にこれをウ法という。

問1　空欄　ア　～　ウ　に入る語句の組合せとして正しいものを次の①～⑥から1つ選べ。

	①	②	③	④	⑤	⑥
ア	均田	租調庸	租調庸	均田	租調庸	均田
イ	均輸	均輸	両税	均輸	両税	両税
ウ	募役	一条鞭	募役	募役	一条鞭	募役

問1 _____

問2　史料Ｂの下線部に関連して，16世紀後半，明において税の銀納を可能にした背景について述べた文として正しいものを，次の①～④から1つ選べ。

　①鄭和の大艦隊遠征による東南アジア，南アジア，アフリカ東岸諸国への遠征が，明に大量の銀をもたらした。

　②明が整備した駅伝制のもと，陸路からイタリア商人が交易のため北京を訪れ，大量の銀をもたらした。

　③スペイン人が太平洋を横断し，フィリピンのマニラで南米産の銀と中国産の生糸や陶磁器を交換した。

　④オランダ人が，マカオを拠点に，日本銀と中国産生糸の中継貿易を行った。

問2 _____

問3　次のグラフは中国人口の推移を示したものである。清代，中国人口が1億人を突破した背景を考えると，下のような仮説を導き出すことができる。空欄　エ　・　オ　に入る語句の組合せとして正しいものを，次の①～④から1つ選べ。

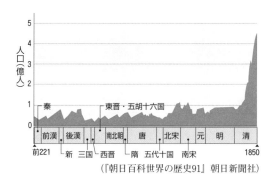

（『朝日百科世界の歴史91』朝日新聞社）

仮説　清代に入り人口が急増したのは，ヨーロッパ経由で　エ　が伝わり，その栽培で食糧事情が好転したこと，さらに土地税に人頭税を繰り入れる　オ　制採用の結果，実質的減税となり，税逃れの戸籍かくしが消滅したためであろう。

　①　エ　東南アジア・南アジア産の香辛料　　　　　　オ　法幣
　②　エ　東南アジア・南アジア産の香辛料　　　　　　オ　地丁銀
　③　エ　アメリカ大陸産のサツマイモ・トウモロコシ　オ　法幣
　④　エ　アメリカ大陸産のサツマイモ・トウモロコシ　オ　地丁銀

問3 _____

2 会話文をもとに考える　中世ヨーロッパ文化について学習する中で，先生と鈴木さん，佐藤さんの間で以下のやり取りが交わされた。

先生：中世西ヨーロッパ文化はキリスト教思想の影響が強く，古代ギリシア・ローマの人間中心の思想が途絶えていた，とかつては考えられていました。その人間中心の思想や文化が見なおされることをルネサンス，つまり"再生"あるいは"文芸復興"と世界史ではいうのです。

鈴木：8世紀，フランク王国のカール大帝は，イングランドからアルクィンをアーヘンに招き，　ア　を進めたと学習しました。一方で西ヨーロッパのキリスト教ではスコラ学も始まったのですね。

先生：そうです。8世紀以降にも古代ギリシアやローマの古典思想が西ヨーロッパで吸収された時代があります。そのことについて佐藤さんに調べてもらいました。

佐藤：はい，スコラ学では普遍論争が起こりました。十字軍をきっかけに東方との交流がさかんになり，ビザンツ帝国やイスラーム世界からもたらされた_aギリシアの古典が，シチリア島やイベリア半島などを経由して西ヨーロッパに広まりました。なかでも，アリストテレス哲学の影響を受けたトマス=アクィナスは，『　イ　』を著し，普遍論争を集大成し，スコラ学を完成させました。

鈴木：そのような歴史的な動きを_b12世紀ルネサンスというのですよね。

佐藤：ところで中世西ヨーロッパの12世紀ルネサンスは，14世紀以降のイタリア=ルネサンスにも影響を与えているのでしょうか。

先生：その側面はあります。ですから中世西ヨーロッパ文化と近世のルネサンスは連続していると考えることもできるのです。

問1　空欄　ア　に適する文章と　イ　に適する著作名の組合せとして正しいものを，次の①～④から1つ選べ。

① ア　ラテン語や法学などの学芸を奨励するメロヴィング=ルネサンス　　イ　神の国
② ア　ギリシア語や法学などの学芸を奨励するカロリング=ルネサンス　　イ　神の国
③ ア　ラテン語や法学などの学芸を奨励するカロリング=ルネサンス　　イ　神学大全
④ ア　ギリシア語や法学などの学芸を奨励するメロヴィング=ルネサンス　イ　神学大全

問1 ⎯⎯

問2　下線部aに関連して，イベリア半島のムワッヒド朝でアリストテレスの著作をもとにイスラーム哲学を完成させた研究者の名あ～うと，西ヨーロッパにギリシア・ローマの古典が伝播した過程を説明したX・Yとの組合せとして正しいものを，次の①～⑥から1つ選べ。

研究者の名
　あ　ウマル=ハイヤーム　　　　い　イブン=シーナー　　　　う　イブン=ルシュド

伝播した過程
　X　シチリア島やイベリア半島に設立された「知恵の館」でギリシア語から各国語に翻訳された。
　Y　シチリア島やイベリア半島のトレドを拠点にギリシア語，アラビア語からラテン語に翻訳された。

① あ－X　　② あ－Y　　③ い－X　　④ い－Y　　⑤ う－X　　⑥ う－Y

問2 ⎯⎯

問3　下線部bに関連して，12世紀ルネサンスの影響を受けた思想家について述べた文として最も適当なものを，次の①～④から1つ選べ。

①アンセルムスは，普遍は思考の中に存在すると主張した。
②アベラールは，普遍は実在すると主張した。
③ロジャー=ベーコンは，観察と実験を重視し，自然科学の先駆者となった。
④ウィリアム=オブ=オッカムは，唯名論を確立し，聖書の英訳を行った。

問3 ⎯⎯

3 　絵画・風刺画をもとに考える　次のA〜Cは，いずれもある国の危機的な状況を描いた挿絵や風刺画である。絵と下の補足文をもとに，各問いに答えよ。

A

B

C

補足文

・Aには麻薬であるアヘンを吸飲する人びとが描かれている。この国では，このあと起こった戦争の講和条約によって，アヘン貿易が公認されるに至った。
・Bの釣りをする2人の人物は日本人と中国人とみられ，そのようすを窺（うかが）っている橋の上の人物は帽子の文字からロシア人と思われる。釣りあげられそうな魚には「CORÈE」と記されており，朝鮮半島を暗示していると考えられる。
・Cに描かれた4人の人物は，それぞれ別々の国の君主である。このうち1国はほかの3国によってやがて分割・併合されることになる。

問1　Aの補足文に記されている戦争と講和条約の組合せとして正しいものを，次の①〜④から1つ選べ。

① 　アヘン戦争−天津条約　　② 　第2次アヘン戦争（アロー戦争）−天津条約
③ 　アヘン戦争−南京条約　　④ 　第2次アヘン戦争（アロー戦争）−南京条約　　問1

問2　Bの風刺画に描かれている朝鮮半島はこのあとどうなったか。説明として正しいものを，次の①〜④から1つ選べ。

① 　日本と清との戦争の結果，日本の領土（植民地）になった。
② 　清の宗主権を脱して独立したが，まもなくロシアに併合された。
③ 　清とロシアに相次いで勝利した日本が，指導・監督権を得た。
④ 　日本と清の圧力が強まるなか，ロシアに接近して，その保護国となった。　　問2

問3　Cの補足文に記されている「1国」を分割・併合する3国とはどれか。組合せとして正しいものを，次の①〜④から1つ選べ。

① 　ソ連・ドイツ・ハンガリー　　　② 　オーストリア・ドイツ・ロシア
③ 　ハンガリー・プロイセン・ロシア　④ 　オーストリア・プロイセン・ロシア　　問3

問4　A〜Cに描かれている状況を，古いものから年代順に正しく配列したものを，次の①〜⑥から1つ選べ。

① 　A→B→C　　② 　A→C→B　　③ 　B→A→C
④ 　B→C→A　　⑤ 　C→A→B　　⑥ 　C→B→A　　問4

4 統計資料をもとに考える 世界経済の現状と課題について考える授業で，次の資料が示された。

資料　世界・主要地域の1人当たり実質GDPとその地域間格差　　　（単位：1990年国際ドル）

	1000年	1500年	1820年	1870年	1913年	1950年	1973年	1998年
西ヨーロッパ	400	774	1,232	1,974	3,473	4,594	11,534	17,921
アメリカ合衆国・カナダ・オーストラリア・ニュージーランド	400	400	1,201	2,431	5,257	9,288	16,172	26,146
日本	425	500	669	737	1,387	1,926	11,439	20,413
アジア（日本を除く）	450	572	575	543	640	635	1,231	2,936
ラテンアメリカ	400	416	665	698	1,511	2,554	4,531	5,795
東ヨーロッパ・旧ソ連	400	483	667	917	1,501	2,601	5,729	4,354
アフリカ	416	400	418	444	585	852	1,365	1,368
世界	435	565	667	867	1,510	2,114	4,104	5,709
地域間格差〔最高水準÷最低水準〕	1.1：1	2：1	3：1	5：1	9：1	15：1	13：1	19：1

（『経済統計で見る　世界経済2000年史』柏書房より作成）

問1　資料に関して発言しているAさん～Dさんのうち，正しい発言をしている人物を1人選べ。なお，発言中の「数値」とは，1人当たり実質GDPの数値のことである。

　　Aさん「1870年での世界の地域間格差は，1000年に比べて10倍程度に広がっている。」

　　Bさん「日本は，1950年では世界の数値より小さかったが，1973年では世界の数値の3倍近くになっている。」

　　Cさん「アフリカは1913年から1950年にかけて，数値が2倍近く増加している。これは『アフリカの年』と言われる多くのアフリカ諸国が独立した影響と考えられる。」

　　Dさん「東ヨーロッパと旧ソ連の1998年の数値は1973年よりも1,000ドル以上増加している。この間これらの地域では社会主義体制が崩壊した。」

問1 ＿＿＿＿＿＿＿＿＿

問2　1人当たり実質GDPの地域間格差が拡大していることに関心をもったEさんは，関連する資料を調べた。その結果，世界の所得がどのように分布しているかを示した資料（図）と，主な国のODA（政府開発援助）実績の推移を示した資料（グラフ1）を見つけた。これらの資料から読み取ったことをまとめたパネルA～Dのうち，**誤っているもの**を1つ選べ。

図

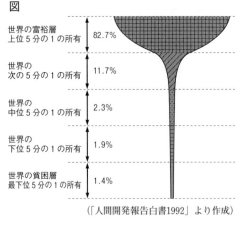

世界の富裕層 上位5分の1の所有	82.7%
世界の 次の5分の1の所有	11.7%
世界の 中位5分の1の所有	2.3%
世界の 下位5分の1の所有	1.9%
世界の貧困層 最下位5分の1の所有	1.4%

（「人間開発報告白書1992」より作成）

グラフ1

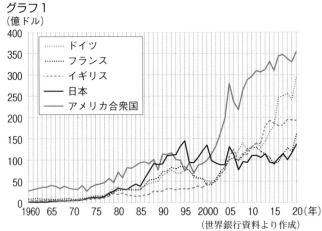

（億ドル）
ドイツ
フランス
イギリス
日本
アメリカ合衆国

（世界銀行資料より作成）

パネルA
図より，形がシャンパングラスに似ているところから，富裕層に所得や富が偏在していることが分かる。

パネルB
図より，この当時の人口が55億人とすると，44億人もの人々が世界の所得の17％程度を分けあっている。

パネルC
グラフ2より，1960年以降アメリカがODAの実績額で1位であったが，90年代後半は日本が世界最大の援助国となった。

パネルD
グラフ2より，貧困がもたらす問題が注視されるようになり，2000年以降，どの主要国もODAを増額する傾向が見られる。

問2

思考力養成問題

問3　1人当たりの実質GDPの地域間格差が，1950年よりも1973年が小さくなったことに疑問を感じたFさんは，石油危機が原因ではないかと思い，1973年前後の主要国における実質経済成長率の推移（グラフ2）を調べ，考察した内容をメモに残した。メモの①〜⑤に適する語句はア・イのどちらか，それぞれ選べ。

グラフ2

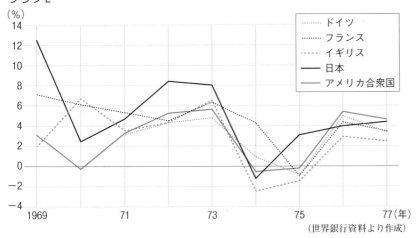

（世界銀行資料より作成）

メモ

　1973年に［①ア：第3次中東戦争　イ：第4次中東戦争］がおこり，［②ア：OPEC　イ：METO］による石油戦略の結果，石油危機が生じた。そのため，1974年以降に主要国は［③ア：好況　イ：不況］となった様子がグラフから読み取れる。しかし，1973年の経済成長率は高いままであるため，石油危機により地域間格差が小さくなったわけではなさそうだ。
　なお，国際経済上の危機に対応するため，1975年以降，毎年［④ア：非同盟諸国首脳会議　イ：先進国首脳会議］が開催されるようになった。
　石油危機により，［⑤ア：量から質へ　イ：質から量へ］の産業構造の転換が始まることになった。

問3①

②

③

④

⑤

5 地図をもとに考える　次の地図はロシアの南下政策に関連する地図である。
これについて各問いに答えよ。

問1　ネルチンスク条約を締結した時の，清とロシアの皇帝の組合せとして正しいも
のを，次の①～④から1つ選べ。

①順治帝・ニコライ1世　　②ホンタイジ・エカチェリーナ2世
③乾隆帝・イヴァン4世　　④康熙帝・ピョートル1世

問1

問2　ロシアの東アジア進出に関して述べた次の文aとbの正誤の組合せとして正し
いものを，下の①～④から1つ選べ。

a　アヘン戦争の時，ロシアはアイグン条約を結んで黒竜江以北の領地を獲得し
た。
b　北京条約で沿海州を獲得したロシアは，ウラジヴォストーク港を建設して，
極東の拠点とした。

①　a－正　　　b－正　　　②　a－正　　　b－誤
③　a－誤　　　b－正　　　④　a－誤　　　b－誤

問2

問3　中央アジアと西アジアにおけるロシアの南下政策について述べた文として正し
いものを，次の①～④から1つ選べ。

①カフカス地方をめぐる戦争でサファヴィー朝を破ったロシアは，トルコマン
チャーイ条約で治外法権〔領事裁判権〕を獲得した。
②清の藩部である新疆で発生したイスラーム教徒の反乱にロシア軍が介入した結
果，イリ条約が結ばれ，ロシアと清の国境が画定した。
③中央アジアに進出したロシアは，ウズベク人の国であるブハラ＝ハン国とヒ
ヴァ＝ハン国を保護国とし，クリミア＝ハン国を征服した。
④ロシアは二度にわたってアフガニスタンに侵攻し，外交権を奪って保護国とし
た。

問3

6　学説をもとに考える　ベルギーの歴史家アンリ=ピレンヌ（1862〜1935年）は『マホメットとシャルルマーニュ』（日本語訳の標題『ヨーロッパ世界の誕生』）で次のように述べている。この学説について各問いに答えよ。

　　カール大帝の帝国は，イスラームによってヨーロッパの均衡が崩壊したことの総決算だった。この帝国が実現しえた理由は，一方では，<u>あ東方世界と西方世界の分離</u>が教皇の権威を西ヨーロッパに限定してしまったことであり，他方では，<u>いイスラームによるイスパニアとアフリカの征服</u>が<u>うフランク王をキリスト教的西方世界の支配者</u>たらしめたことである。それ故マホメットなくしてはカール大帝の出現は考えられない，と言って全く正しいのである。

問1　下線部あについて，次の文aとbの正誤の組合せとして正しいものを，下の①〜④から1つ選べ。

　　a　西ヨーロッパ地域にはゲルマン人諸族が移動し次々に建国した。この混乱の中で5世紀後半には西ローマ帝国が滅亡し，守護者となる権力を失ったローマ教会はゲルマン人への布教に努めて影響力の回復をはかった。

　　b　西ローマ帝国滅亡後，東ローマ皇帝は唯一の皇帝としてゲルマン人たちからも高い権威を認められていた。東ローマ帝国は巧みな外交でゲルマン人相互の対立を誘い，その勢力を保持し続けた。

　　①　a−正　　b−正　　　②　a−正　　b−誤
　　③　a−誤　　b−正　　　④　a−誤　　b−誤

問2　下線部いについて述べた文として正しいものを，次の①〜④から1つ選べ。

　　①イスラームはムハンマド時代に領土を拡大し，シリアとエジプトを東ローマ帝国から奪い取った。
　　②正統カリフ時代には，ゲルマン人国家ヴァンダル王国を滅ぼして北アフリカを征服した。
　　③ウマイヤ朝は北アフリカからイベリア半島に侵入し，ゲルマン人国家西ゴート王国を滅ぼしてイスパニアを征服した。
　　④アッバース朝はピレネー山脈を越えてフランク王国に侵入したが，フランク王国の宮宰カール=マルテルに撃退された。

問3　下線部うは，勢力を強めていったフランク王国と滅亡した西ローマ帝国にかわる守護者を求めたローマ教会が結びつきを深めていったことを示している。これについて述べたAとBの間に入るa〜cの文章を，古いものから年代順に正しく配列したものを，①〜⑥から1つ選べ。

Aフランク王クローヴィスはアタナシウス派のキリスト教に改宗してローマ人貴族層の支持を取りつけ，異端のアリウス派のキリスト教を信奉する他のゲルマン諸国家との戦争を正当化していった。

⋮

Bイスラーム勢力と戦い，西ヨーロッパの広大な領域を支配下においたフランク王国が東ローマ帝国（ビザンツ帝国）に並ぶ強国になったと考えたローマ教皇レオ3世は，カールにローマ皇帝の冠を授け，ローマ教会の守護者とした。

問1

問2

a　フランク王国の宮宰カール＝マルテルは，ピレネー山脈を越えて侵入したイスラーム勢力をトゥール・ポワティエ間の戦いで撃退した。

b　フランク国王ピピンは，イタリアに遠征しランゴバルド王国と戦ってラヴェンナ地方を奪い，それをローマ教皇に寄進した。

c　東ローマ皇帝レオン3世が厳格に偶像崇拝を禁ずるイスラーム教への対抗から聖像画を禁止すると，布教に聖像画を用いていたローマ教会との対立が深まった。

① a－b－c　　② a－c－b　　③ b－a－c

④ b－c－a　　⑤ c－a－b　　⑥ c－b－a　　　　問3 _____

7 グラフと地図から考える　AさんとBさんは，下の2つの資料を使って世界の米の生産や貿易について調べている。

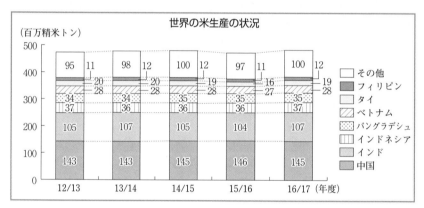

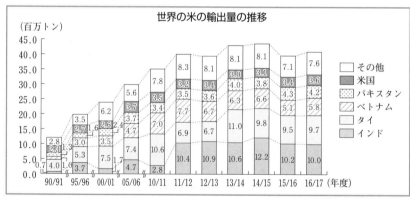

資料：USDA「PS&D」（January 2017）をもとに農林水産省で作成。（海外食料需給レポート2016）

A：生産量ではそれほど多くない　　　　が，輸出量では毎年上位になるのはなぜだろう？気になるね。

B：ここ数年はインドが1位だけど，10/11年度以前は　　　　がずっと1位になっているよね。

問1　AさんとBさんの会話中の　　　　に入る国として正しいものを，次の①〜④から1つ選べ。

①フィリピン　　②タイ　　③ベトナム　　④インドネシア　　　　問1 _____

　AさんとBさんは，その地域の歴史が背景にあるのではないかと考えて，次の地図を見つけた。

A：19世紀後半には東南アジアのほとんどが欧米列強の植民地になっていたんだね。
B：でも，　　　　　は独立を保っていたよね。

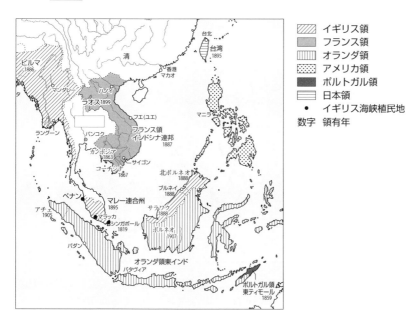

問2　　　　　　の国が独立を保てた理由を述べた文aとbの正誤の組合せとして正しいものを，下の①～④から1つ選べ。

　a　国王ラーマ4世（モンクット）が，冊封を受けていた清朝の大きな力を借りて列強の侵入を撃退することに成功した。
　b　国王ラーマ5世（チュラロンコン）が，王室を先頭に統治制度・軍隊・教育などの近代化を進めた。

①　a－正　　　b－正　　　②　a－正　　　b－誤
③　a－誤　　　b－正　　　④　a－誤　　　b－誤

問2

問3　植民地化された他の地域について述べた文として**誤っているもの**を，次の①～④から1つ選べ。

①フランスは3度ベトナムを攻め，清朝とも戦って陳朝に対する宗主権を放棄させ，カンボジア・ラオスと合わせて植民地として支配した。
②イギリスは，インドと中国を結ぶ交通路としてマラッカ海峡をおさえ，内陸部ではスズ鉱山やゴム園を開発していった。
③オランダはインドネシア群島一帯を征服し，コーヒー・さとうきび・藍などを村ごとに割り当てて栽培させる強制栽培制度をしいた。
④米西戦争に勝利してスペインからフィリピンを得たアメリカは，独立をめざすアギナルドらの抵抗を抑えて植民地にし，アジア進出の拠点にした。

問3

8 地図と史料から考える 　14世紀に大旅行を行ったイブン＝バットゥータの旅程図と史料について，各問いに答えよ。なお，史料の一部が空欄になっている。

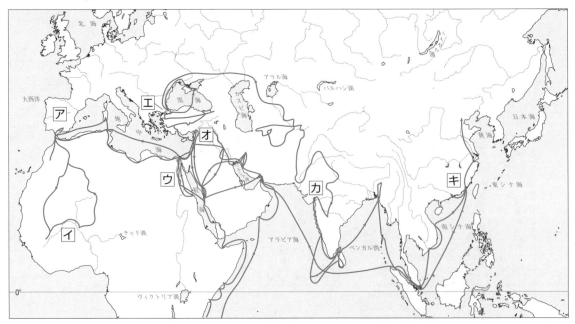

史料1　　　A　人は，ディーナール［金貨］やディルハム［銀貨］を商売に使わない。…彼らの売り買いは，紙片によってのみ行われる。その一つひとつの紙片は手のひらほど［の大きさ］で，皇帝の印璽が押され…。…その紙［幣］が…破かれた場合，…役所に持っていき，それと交換で，新しいもの（新札）を受け取り…。

史料2　…われわれがアレッポで得た情報によると，疫病がガッザで発生したこと，そこでの死者の数は1日1,000人以上にも達したとのことであった。…その後，私はダマスクスに旅し，…彼らのもとでの1日の死亡数は2,400人にも達した。

史料3　アスタンブールは，川の東（右）岸にあって，そこには皇帝，彼の国家大臣たちやその他の［国家役人の］人々の居住しているところがある。…そこ（教会堂）は，彼らによると〈アヤー・スーフィーヤー〉と呼ばれ，…ルームの最大の教会の一つであり，その周囲を塀が取り囲み，まるで一つの町のようである。…

史料4　［ハルジー朝の］クトブ・ウッディーンは，王位に即くと，トゥグルクにディバール・プールの町とその近隣地域の統治を任せ…。…その後，クトブ・ウッディーンが殺され，フスラウ・ハーンが王位を継いだ…。ここにおいてトゥグルクは［スルタン＝フスラウ・ハーンに対する］反乱を宣言し，…トゥグルクは，首都　　B　を目指した。…

史料5　伝えられるところによると，　C　にはラクダによる水運び人夫が1万2,000人，［ラバやロバを貸す］ムカーリー（賃貸し業者）が3万人いる。しかも，そのナイルにはスルタンと彼の家臣たちの所有の船だけでも3万6,000艘があって，様々な種類の高価な商品や必要な荷物を船に乗せて，上エジプトに上ったり，アレクサンドリアとディムヤートに下る。…

史料6　（神の御加護により無事に健康を回復することができた）ので，私の［神から授けられた］運命は［異教徒のキリスト教徒に対する］聖戦と辺境防衛である，と思った。そこで，私は…船出し，アンダルス地方に着いた。…かつて［アンダルス地方の］大征服が開始されたのは…（ジャバル・アルファトフ）からであり…。私は，そこに滞在し…，ちょうどその頃，［キリスト教徒による］ジャズィーラ（アルヘシラス）の包囲戦が行われていた。神よ！そこを［イスラムのもとに］奪回させ給え！

（『大旅行記』平凡社）

問1　史料1～6はそれぞれ地図上のア～キのどの地域について書かれたものか，記号で答えよ。

問2　史料1について，紙幣について述べた文として正しいものを，次の①～④から1つ選べ。

　①紙幣が使用されたのは，この王朝が最初である。
　②紙幣の使用により，経済活動は順調に拡大し，繁栄がつづいた。
　③紙幣の使用により使われなくなった銅銭などは周辺国に流出し，貨幣経済の発達を促した。
　④紙幣の発行量による，経済活動の調整が行われるようになった。

問3　史料2について，ここで述べられている疫病に関して，
　X　この史料が書かれた年には西ヨーロッパでもこの疫病が大流行した。史料が書かれた年は何年のことだと考えられるか。
　Y　次の文章から正しいものを**すべて**選べ。

　ア　この疫病は，モンゴル人の遠征や東西交易の進展により全世界的に広がったと考えられている。
　イ　この疫病の結果，ヨーロッパでは農業人口が減少したため，農民の移動が禁止され，農民の隷属化が進んだ。
　ウ　この疫病の流行を背景に，イタリアのペトラルカは『デカメロン』で死の恐怖におびえる人々の様子を描いた。
　エ　この疫病はこの後，17世紀にも大流行し，「17世紀の危機」と呼ばれる状況をヨーロッパに引き起こした。
　オ　この疫病の結果，ヨーロッパでは人口が激減し，15世紀になっても人口が回復しなかった。
　カ　この疫病の結果，領主に対する農民の立場は強くなり，農奴的従属から解放される農民が増えた。

問4　史料3について，「ルームの最大の教会の一つ」と表現されている教会の名称を答えよ。

問5　史料4では王朝の交代について述べられている。これらの王朝も含め13世紀から16世紀にかけて成立したイスラーム王朝を総称して何と言うか。

問6　史料5について，この時代にこの地域を支配していた王朝について述べた次の文AとBの正誤の組合せとして正しいものを，下の①～④から1つ選べ。

　A：この王朝はシーア派の王朝を倒して樹立されたスンナ派の王朝である。
　B：この王朝はシリアから侵入したモンゴル軍を撃退した。

　①　A－正　　B－正　　　②　A－正　　B－誤
　③　A－誤　　B－正　　　④　A－誤　　B－誤

問7　史料6について，
　X　イスラーム教徒が征服したアンダルス地方にあった国を何というか。
　Y　キリスト教徒による征服活動を何というか。

問1 史料1

史料2

史料3

史料4

史料5

史料6

問2

問3 X

Y

問4

問5

問6

問7 X

Y

9 資料から時代整序を考える

問1　ヨーロッパ旅行をしたＡさんは，訪れた地域の歴史を調べて，地域１〜３の旅行記を作成し，地域１〜３のいずれにも，古代ローマに支配された時期があることに気づいた。地域１〜３を，古代ローマの支配下に入った時期が古いものから年代順に正しく配列したものを，次の①〜⑥から１つ選べ。

> **地域１**　この島はオレンジやレモンがおいしかった。オリーヴやワインも特産品だ。この島はイタリア半島と北アフリカとの間にあるので，昔からいろいろな地域の人が交易や植民のためにやって来ている。また，島の支配者も外からやって来ることがたびたびあったことも歴史の本で知ることができた。今この島はイタリアに属している。ガリバルディという人がイタリア統一の過程でこの島を占領したそうで，彼の名前を島の様々な場所で目にした。

> **地域２**　この都市は，ヨーロッパ大陸の近くにある島国の首都だ。この国は，地域１と同じく，いろいろな勢力に支配された歴史を持つとともに，大陸の王家とも関係が深く，なかでもフランスの王位をめぐる戦争が有名である。14世紀に始まり15世紀まで続いたこの戦争では毛織物生産の盛んなフランドル地方をめぐる対立も，背景となっていた。1851年に万国博覧会が開催され，世界的にも高名な博物館があるこの都市は，文化都市としても機能してきた。お土産として買った紅茶もおいしかった。

> **地域３**　この都市の前身は，イオニア人のポリスで，オリエントの大国との戦争に勝利し，古代には民主政が発展していた。その時代に作られた遺跡が現在この国の観光の目玉になっている。全土より集められた古代文明の遺物がそろう国立考古学博物館など見所が多かった。また，近代オリンピックの第１回大会がこの都市で開かれたそうだ。

（21　共通テスト（追試）より作成）

①地域１→地域２→地域３　　②地域１→地域３→地域２
③地域２→地域１→地域３　　④地域２→地域３→地域１
⑤地域３→地域１→地域２　　⑥地域３→地域２→地域１

問1

問2　次の史料が発布された時期と，次の文ａ・ｂを，古いものから年代順に正しく配列したものを，次の①〜⑥から１つ選べ。

> **史料　中国王朝と北方民族との和議**
> 　契丹皇帝は謹んで書を宋皇帝へ呈出する。我国と貴国とは，ともに軍事行動の停止を議し，また通好を論じました。さらに恵みを承け特に誓書に示し，風土にめぐまれた貴国から，軍旅の費の補助として毎年絹20万疋・銀10万両を贈与していただくこととなった。……

（『契丹国志』巻二十「契丹聖宗誓書」）

ａ　皇帝の徽宗・欽宗らが連れさられる事件が勃発した。
ｂ　科挙試験に皇帝が試験官となって行う殿試が加えられた。

①史料→ ａ → ｂ　　②史料→ ｂ → ａ　　③ ａ →史料→ ｂ
④ ｂ →史料→ ａ　　⑤ ａ → ｂ →史料　　⑥ ｂ → ａ →史料

問2

問3　次の絵Ⅰ～Ⅲに描かれている事柄を，古いものから年代順に正しく配列したものを，次の①～⑥から1つ選べ。

Ⅰ

この絵画は，オスマン帝国がギリシア独立戦争中に支配下の島で虐殺・掠奪の様子を描いたものである。

Ⅱ

この絵画は，ヴェルサイユ宮殿にて行われたヴィルヘルム1世のドイツ皇帝の即位宣言式の様子を描いたものである。

Ⅲ

この風刺画は，日本とロシアの戦争を風刺したものである。右側に描かれた人物は，英国と米国を表しており，日本を支援する様子が窺える。

① Ⅰ→Ⅱ→Ⅲ　　② Ⅰ→Ⅲ→Ⅱ　　③ Ⅱ→Ⅰ→Ⅲ

④ Ⅱ→Ⅲ→Ⅰ　　⑤ Ⅲ→Ⅰ→Ⅱ　　⑥ Ⅲ→Ⅱ→Ⅰ

問3

問4　権利獲得の宣言に関する史料1～3の内容について，古いものから年代順に正しく配列したものを，次の①～⑥から1つ選べ。

史料1

第1条　人は，自由かつ権利において平等なものとして出生し，かつ生存する。……

第2条　あらゆる政治的団結の目的は，人の消滅することのない自然権を保全することである。これらの権利は，自由・所有権・安全および圧政への抵抗である。

第17条　所有権は，一の神聖で不可侵の権利であるから，何人も適法に確認された公の必要性が明白にそれを要求する場合で，かつ事前の正当な補償の条件の下でなければ，これを奪われることがない。

史料2

　共産主義者は，これまでの一切の社会秩序を強力的に転覆することによってのみ自己の目的が達成されることを公然と宣言する。……プロレタリアは，革命において鉄鎖のほか失うべき何ものをももたない。かれらは世界を獲得しなければならない。万国のプロレタリア団結せよ！

史料3

　われわれは，自明の真理として，すべての人は平等に造られ，造物主（神）によって，一定の奪いがたい天賦の権利を付与され，そのなかに生命，自由および幸福の追求の含まれることを信ずる。……そしていかなる政治の形態といえども，もしこれらの目的に毀損するものとなった場合には，人民はそれを改廃し，かれらの安全と幸福とをもたらすべしとみとめられる主義を基礎とし，また権限の機構をもつ，新たな政府を組織する権利を有することを信じる。

①史料1→史料2→史料3　　②史料1→史料3→史料2

③史料2→史料1→史料3　　④史料2→史料3→史料1

⑤史料3→史料1→史料2　　⑥史料3→史料2→史料1

問4

10 論述問題

1　4世紀を通じ，ローマ皇帝が行った帝国統治とキリスト教に関する政策について，150字以内で説明せよ。

2　中国では，漢代以降，皇帝が周辺諸国の支配者と中華思想に則った国際関係を築いてきた。こうして形成された東アジアの国際秩序を［朝貢，君臣関係，冊封体制］の語句を全て用いて100字以内で説明せよ。

3　中国の清朝政府は，1861年に総理各国事務衙門を創設した。その創設に至るまでの経過を［アヘン戦争，アロー戦争，北京条約，公使，朝貢体制］の語句を全て用いて100字以内で説明せよ。

4　アッバース朝が「イスラーム帝国」と呼ばれることになった由来について，税制上の改革を中心に，120字以内で説明せよ。

5　711年，西ゴート王国を滅ぼした勢力は，さらにピレネー山脈を越えて一時はガリアにまで侵攻することになる。これら一連の事件が，8世紀以降の西ヨーロッパの歴史に及ぼした影響について150字以内で説明せよ。

6　三十年戦争はそれが始まった時点と終わった時点では戦争の性格が変化していた。その変化について［フランス，ハプスブルク，ベーメン，カトリック］の語句を全て用いて100字以内で説明せよ。

7　20世紀初頭，イギリスはオスマン帝国領内のアラブ人にも独立国家建設を約束する一方で，ユダヤ人国家の建設を認め，これがパレスチナ問題の遠因の1つになった。この2つの取決めを150字以内で説明せよ。

8　1968年，チェコスロヴァキアの改革の動きに対してソ連は具体的にどのような対応を行い，その対応を当時のソ連当局はどのような主張によって正当化したか，150字以内で説明せよ。

9　冷戦終結後，地域紛争や民族紛争が各地で多発する状況が生まれた。1999年，NATO軍がセルビア共和国に空爆を行った理由を100字以内で説明せよ。

10　トルキスタンとは「トルコ人の地」の意味であり，歴史的には中国史での唐末の頃から，中央アジアでトルコ化が始まったことに由来している。8世紀から10世紀にかけての中央アジアの動向について，唐との関係にふれつつ，［タラス河畔の戦い，ソグド人，カラハン朝］の語句を全て用いて200字以内で説明せよ。

11　アッバース朝以降のイスラーム文化が他文化から導入した学問や概念，およびその影響を，具体例を挙げながら150字以内で説明せよ。

12　中世ヨーロッパにおける，「12世紀ルネサンス」の翻訳活動について120字以内で説明せよ。

13　13〜14世紀，ユーラシア大陸は「危機の時代」にあった。気候の寒冷化と疫病の拡大である。この疫病は，東は中国から西は中東・ヨーロッパまで拡大したと考えられている。感染拡大の要因の1つには，13世紀以降の国際的な情勢が挙げられる。その要因を120字以内で説明せよ。

14　ともに20世紀前半成立したサウジアラビアとイランは，21世紀に入ると政治的・宗教的事情から対立を深めてきた。両国で大勢を占める宗派のあり方について，［預言者，カリフ，四人，アリー，ウマイヤ朝，アッバース朝］の語句を全て用いて150字以内で説明せよ。

15　16世紀，スペインはラテンアメリカ各地で銀鉱山を発見した。同時期，スペインのアジアにおける支配拡大に伴い，16世紀後半以降に本格化したスペイン領ラテンアメリカ物産と中国物産の交易について100字以内で説明せよ。

16　17世紀以降のアメリカ大陸や西インド諸島には，黒人奴隷が多数存在していた。彼らは本来，アフリカ大陸の住民である。このような状況が生じた経緯を150字以内で説明せよ。

17　唐代の西域で重要な役割を果たしたソグド人の出自について論じた上で，彼らが経済，宗教，文字文化において果たした役割について［アム川・シル川，東西交易，植民集落，ウイグル文字］の語句を全て用いて150字以内で説明せよ。

18　1910年代以降，アイルランドでは激しい独立運動が起こった。20世紀初頭のアイルランドの政治情勢について，［アイルランド自治法，北アイルランド，イースター蜂起］の語句を全て用いて120字以内で説明せよ。

19　1756年，ヨーロッパを舞台に七年戦争が勃発した。この戦争とその後の展開について［外交革命，プラッシーの戦い，シュレジエン，パリ条約］の語句を全て用いて150字以内で説明せよ。

20　ソ連が，アメリカ合衆国と，1989年のマルタ会談で冷戦終結を宣言するまでに至る経緯を，ゴルバチョフの外交政策に言及しながら150字以内で説明せよ。

21　1950年代，核兵器に反対する運動が世界各地で展開された。この背景となった，1940年代末からの核開発競争と1950年代の反核運動の展開について［ソ連，水素爆弾，第五福竜丸，アインシュタイン，パグウォッシュ会議］の語句を全て用いて200字以内で説明せよ。

違いを整理！ 混同しやすい世界史用語

　世界史には「似たような名称でも本質は全く違う」事項が多く登場します。これらは，学習範囲が広がるにつれ，最初は理解できていても，いつの間にか混同してしまいがちです。そして同時に，試験において出題者側が誤文を作りやすいポイントになります。

　このプリントでは，特に問われやすい**似た事項の本質的な違い**を，関連キーワードとともにまとめています。模擬試験対策，入試本番直前の対策として，『何が違うのか』をおさらいし，つまずきの解消・得点力アップを目指しましょう。

〈古代オリエントで活躍した民族農民反乱〉

アムル人　…古バビロニア王国を建国

アラム人　…ダマスカスを拠点に内陸交易，アラム語は国際商業語，フェニキア人と同時期に活躍

〈イスラームの大学〉

アズハル学院　　…シーア派の教学伝授（のちのスンナ派）→ ファーティマ朝で創始。最古

ニザーミーヤ学院　…スンナ派の教学伝授　　　　　　　　→ セルジューク朝で創始

〈中世ヨーロッパの都市同盟〉

ハンザ同盟　　　　…北欧商業圏。リューベックが盟主。ハンブルク・ブレーメンなど

ロンバルディア同盟　…地中海商業圏。ミラノが中心

〈中国の稲作地帯の変化〉

江浙（蘇湖）熟すれば天下足る　…宋の時代 ― 長江下流域での稲作が活発化

湖広熟すれば天下足る　　　　　…明の時代 ― 長江中流域での稲作が活発化

〈イギリス国王〉

┌ チャールズ1世　…ピューリタン革命で処刑
└ チャールズ2世　…王政復古（クロムウェルの死後）
┌ ジェームズ1世　…王権神授説，国教会強制 → メイフラワー号でピューリタン亡命者続出
└ ジェームズ2世　…名誉革命で失脚

〈戦争に関する書籍〉

『戦争と平和の法』　…著者：グロティウス ― 三十年戦争の惨禍にショックを受け執筆，国際法を体系化

『戦争と平和』　　　…著者：トルストイ　― ナポレオン戦争でのロシアが題材

〈インターナショナル〉

第1インターナショナル(1864)　…ロンドン中心　　　　―マルクス参加　　　　―労働者の国際連帯組織

第2インターナショナル(1889)　…パリ中心　　　　　―ドイツ社会民主党中心 ― 社会主義の国際連帯組織

第3インターナショナル(1919)　…別名：コミンテルン ―レーニン結成　　―ソ連中心の共産主義国際組織

※コミンフォルム(1947)　　　　…共産党情報局　　　―スターリン結成 ― コミンテルン解散後の組織

〈フランス国王〉

┌ フィリップ2世　　…第3回十字軍（VSアイユーブ朝），ジョン王（英）に勝利，アルビジョワ十字軍派遣
└ フィリップ4世　　…教皇のバビロン捕囚，全国三部会（三部会）招集
┌ ルイ9世　　　　　…十字軍（VSマムルーク朝），ルブルックをモンゴルに派遣（13世紀）
│ ルイ13世　　　　　…宰相：リシュリュー―三十年戦争参戦，全国三部会（三部会）停止
│ ルイ14世　　　　　…宰相：マザラン　―三十年戦争終結，ナントの王令廃止，自然国境説提唱など
│ ルイ16世　　　　　…補佐：テュルゴー，ネッケル―フランス革命勃発，処刑
│ ルイ18世　　　　　…　　　　　　　　　　　　　　―ナポレオン崩壊後の復古王政（ウィーン会議で復活）
└ ルイ=フィリップ　…　　　　　　　　　　　　　　―七月王政（七月革命で即位）を開始

〈トマスのつく人物名〉

　トマス=アクィナス　　　…『神学大全』（13世紀：スコラ学の教父として教会の正当性を主張）
　トマス=モア　　　　　　…『ユートピア』（16世紀：ヘンリ8世や第1次エンクロージャーを批判）
　トマス=ミュンツァー　　…ドイツ農民戦争（16世紀：ルターと協調するも，のちに決別）
　トマス=ペイン　　　　　…『コモン=センス』（18世紀：アメリカ独立戦争中に独立の正当性を主張）

〈南米の独立〉

　トゥサン=ルヴェルチュール　…ハイチ，黒人指導者
　イダルゴ　　　　　　　　　　…メキシコ
　ボリバル　　　　　　　　　　…ボリビア・ベネズエラ・コロンビアなど
　サン=マルティン　　　　　　…アルゼンチン・チリ・ペルーなど

〈産業革命〉

　第1次産業革命　…イギリスから開始　　　　―軽工業（綿工業中心）　　　　　　―動力：石炭中心
　第2次産業革命　…アメリカ・ドイツで発展―重工業（鉄鋼・造船・機械など）―動力：石油中心

〈そのほか〉

┌ 第3回仏典の結集　　　…マウリア朝　のアショーカ王が実施
└ 第4回仏典の結集　　　…クシャーナ朝のカニシカ王　が実施
┌ 権利の請願　　　　　　…チャールズ1世　　　　　　に提出 → 失敗
└ 権利の章典　　　　　　…メアリ2世・ウィリアム3世に提出 → 成功
┌ ルイ=ブラン　　…第二共和政で活躍，国立作業場を設置
└ ルイ=ナポレオン　…第二帝政　を開始（ナポレオン3世として即位）
┌ コシューシコ　　　　　…米独立革命に参加　　　　　→ 露・普のポーランド分割に抵抗
└ コシュート　　　　　　…ウィーン三月革命に参加 → 墺からハンガリー独立を目指す
┌ ジョゼフ=チェンバレン　…南アフリカ（南ア，ブール）戦争を推進
└ ネヴィル=チェンバレン　…ミュンヘン会談に参加，ナチス=ドイツに宣戦布告（第二次世界大戦）
┌ カンボジア共和国　　　…親米派 ― ロン=ノル政権（1970〜75）
└ 民主カンプチア　　　　…親中派 ― ポル=ポト政権（1976〜79）

1章　文明の成立と古代文明の特質

1 文明の誕生
【本誌P.4・5】

ポイント整理

❶

1 _____
2 _____
3 _____
4 _____
5 _____
6 _____
7 _____
8 _____
9 _____
10 _____
11 _____
12 _____
13 _____
14 _____
15 _____
16 _____
17 _____
18 _____
19 _____
20 _____
21 _____
22 _____
23 _____
24 _____
25 _____

26 _____
27 _____
28 _____・_____
29 _____
30 _____
31 _____
32 _____
33 _____
34 _____
35 _____
36 _____
37 _____

演習問題

1 正誤でチェック！基礎知識

　　番号　　　正しい語句

A_____,_____
B_____,_____

2

問1 ① _____
　　② _____
　　③ _____
　　④ _____
　　⑤ _____
　　⑥ _____
　　⑦ _____
　　⑧ _____
　　⑨ _____
　　⑩ _____
　　⑪ _____

問2 A _____
　　B _____

C _____
問3 a ----------------

　　　----------------
　　b ----------------

　　　----------------

2 古代オリエント文明とその周辺
【本誌P.6〜9】

ポイント整理

❶

1 _____
2 _____
3 _____
4 _____
5 _____
6 _____
7 _____
8 _____
9 _____
10 _____
11 _____
12 _____
13 _____
14 _____
15 _____
16 _____
17 _____
18 _____

2

19＿＿＿＿＿＿＿＿＿

20＿＿＿＿＿＿＿＿＿

21＿＿＿＿＿＿＿＿＿

22＿＿＿＿＿＿＿＿＿

23＿＿＿＿＿＿＿＿＿

24＿＿＿＿＿＿＿＿＿

25＿＿＿＿＿＿＿＿＿

26＿＿＿＿＿＿＿＿＿

27＿＿＿＿＿＿＿＿＿

28＿＿＿＿＿＿＿＿＿

29＿＿＿＿＿＿＿＿＿

30＿＿＿＿＿＿＿＿＿

31＿＿＿＿＿＿＿＿＿

32＿＿＿＿＿＿＿＿＿

33＿＿＿＿＿＿＿＿＿

34＿＿＿＿＿＿＿＿＿

35＿＿＿＿＿＿＿＿＿

36＿＿＿＿＿＿＿＿＿

37＿＿＿＿＿＿＿＿＿

38＿＿＿＿＿＿＿＿＿

39＿＿＿＿＿＿＿＿＿

40＿＿＿＿＿＿＿＿＿

41＿＿＿＿＿＿＿＿＿

42＿＿＿＿＿＿＿＿＿

43＿＿＿＿＿＿＿＿＿

44＿＿＿＿＿＿＿＿＿

45＿＿＿＿＿＿＿＿＿

46＿＿＿＿＿＿＿＿＿

47＿＿＿＿＿＿＿＿＿

48＿＿＿＿＿＿＿＿＿

49＿＿＿＿＿＿＿＿＿

50＿＿＿＿＿＿＿＿＿

51＿＿＿＿＿・＿＿＿

52＿＿＿＿＿＿＿＿＿

53＿＿＿＿＿＿＿＿＿

54＿＿＿＿＿＿＿＿＿

55＿＿＿＿＿＿＿＿＿

56＿＿＿＿＿＿＿＿＿

57＿＿＿＿＿＿＿＿＿

58＿＿＿＿＿＿＿＿＿

59＿＿＿＿＿＿＿＿＿

60＿＿＿＿＿＿＿＿＿

2

1＿＿＿＿＿＿＿＿＿

2＿＿＿＿＿＿＿＿＿

3＿＿＿＿＿＿＿＿＿

4＿＿＿＿＿＿＿＿＿

5＿＿＿＿＿＿＿＿＿

6＿＿＿＿＿＿＿＿＿

7＿＿＿＿＿＿＿＿＿

8＿＿＿＿＿＿＿＿＿

9＿＿＿＿＿＿＿＿＿

10＿＿＿＿＿＿＿＿

11＿＿＿＿＿＿＿＿

12＿＿＿＿＿＿＿＿

13＿＿＿＿＿＿＿＿

14＿＿＿＿＿＿＿＿

演習問題

1 正誤でチェック！基礎知識

番号　　正しい語句

A＿＿＿，＿＿＿＿

B＿＿＿，＿＿＿＿

2

問1① ＿＿＿＿＿＿＿

② ＿＿＿＿＿＿＿

③ ＿＿＿＿＿＿＿

④ ＿＿＿＿＿＿＿

⑤ ＿＿＿＿＿＿＿

⑥ ＿＿＿＿＿＿＿

⑦ ＿＿＿＿＿＿＿

問2 a ＿＿＿＿＿＿

＿＿＿＿＿＿＿＿

＿＿＿＿＿＿＿＿

＿＿＿＿＿＿＿＿

b ＿＿＿＿＿＿

c ＿＿＿＿＿＿

3

問1① ＿＿＿＿＿＿＿

② ＿＿＿＿＿＿＿

③ ＿＿＿＿＿＿＿

④ ＿＿＿＿＿＿＿

⑤ ＿＿＿＿＿＿＿

⑥ ＿＿＿＿＿＿＿

⑦ ＿＿＿＿＿＿＿

⑧ ＿＿＿＿＿＿＿

問2 a ＿＿＿＿＿＿

b ＿＿＿＿＿＿

＿＿＿＿＿＿＿＿

＿＿＿＿＿＿＿＿

＿＿＿＿＿＿＿＿

4

問1① ＿＿＿＿＿＿＿

② _____

③ _____

④ _____

⑤ _____

⑥ _____

問2 a _____ ・ _____

b _____

c _____

5

問1 ① _____

② _____

③ _____

④ _____

⑤ _____

⑥ _____

⑦ _____

⑧ _____

⑨ _____

⑩ _____

⑪ _____

⑫ _____

⑬ _____

⑭ _____

⑮ _____

⑯ _____

⑰ _____

問2 a _____

b ---------------------

----

c _____

d _____

3 中国の古代文明
【本誌P.10・11】

ポイント整理

❶

1 _____

2 _____

3 _____

4 _____

5 _____

6 _____

7 _____

8 _____

9 _____

10 _____

11 _____

12 _____

13 _____

14 _____

15 _____

16 _____

17 _____

18 _____

19 _____

20 _____

21 _____

22 _____

23 _____

24 _____

25 _____

26 _____

27 _____

28 _____

29 _____ ・ _____

30 _____

31 _____

32 _____

33 _____

34 _____

35 _____

36 _____

37 _____

38 _____

39 _____

40 _____

41 _____

演習問題

1 正誤でチェック！基礎知識

番号　　　正しい語句

A ____ , _____

B ____ , _____

C ____ , _____

D ____ , _____

2

問1 ① _____

② _____

③ _____

④ _____

⑤ _____

⑥ _____

⑦_____

⑧_____

⑨_____

⑩_____

⑪_____

問2 ╌╌╌╌╌╌╌╌╌╌╌╌╌╌

╌╌╌╌╌╌╌╌╌╌╌╌╌╌

_____

3

問1 ①_____

②_____

③_____

④_____

⑤_____

⑥_____

⑦_____

⑧_____

⑨_____

⑩_____

⑪_____

⑫_____

⑬_____

4 南北アメリカ文明
【本誌P.12】

━━━ ポイント整理 ━━━

❶

1_____

2_____

3_____

4_____

5_____

6_____

2

1_____

2_____

3_____ ・

4_____

5_____

6_____

7_____

3

1_____

2_____

3_____

4_____

5_____

4

1_____

2_____

3_____

4_____

2章　中央ユーラシアと東アジア世界

5 中央ユーラシア─草原とオアシスの世界
【本誌P.13】

━━━ ポイント整理 ━━━

❶

1_____

2_____

3_____

4_____

5_____

6_____

7_____

2

1_____

2_____

3_____

4_____

5_____

6_____

7_____

8_____

9_____

3

1_____

2_____

3_____

6 秦・漢帝国
【本誌P.14・15】

━━━ ポイント整理 ━━━

❶

1_____

2_____

3_____

4_____

5_____

6_____ ・

7_____

8 _____

9 _____

10 _____

11 _____

12 _____

13 _____

14 _____

15 _____

16 _____

17 _____

18 _____

19 _____

20 _____

21 _____ ・

22 _____ ・

23 _____

24 _____

25 _____

26 _____

27 _____

28 _____

29 _____

30 _____

31 _____

32 _____

33 _____

34 _____

35 _____

36 _____

37 _____

38 _____

39 _____

40 _____

41 _____

42 _____

43 _____

44 _____

45 _____

46 _____

47 _____

演習問題

1

問1 ① _____

② _____

③ _____

④ _____

⑤ _____

⑥ _____

⑦ _____

⑧ _____

⑨ _____

⑩ _____

⑪ _____

⑫ _____

⑬ _____

⑭ _____

⑮ _____

⑯ _____

⑰ _____

⑱ _____

⑲ _____

⑳ _____

㉑ _____

㉒ _____

㉓ _____

㉔ _____

㉕ _____

㉖ _____

問2 a _____

b _____

c _____

7 中国の動乱と変容
【本誌P.16〜19】

ポイント整理

1

1 _____

2 _____

3 _____

4 _____

5 _____

6 _____

7 _____

8 _____

9 _____

10 _____

11 _____

12 _____

13 _____

14 _____

15 ＿＿・＿＿・＿＿＿＿

16 ＿＿＿＿＿＿＿＿＿＿＿

17 ＿＿＿＿＿＿＿＿＿＿＿

18 ＿＿＿＿＿＿＿＿＿＿＿

19 ＿＿＿＿＿＿＿＿＿＿＿

20 ＿＿＿＿＿＿＿＿＿＿＿

21 ＿＿＿＿＿＿＿＿＿＿＿

22 ＿＿＿＿＿＿＿＿＿＿＿

23 ＿＿＿＿＿＿＿＿＿＿＿

24 ＿＿＿＿＿＿＿＿＿＿＿

25 ＿＿＿＿＿＿＿＿＿＿＿

26 ＿＿＿＿＿＿＿＿＿＿＿

27 ＿＿＿＿＿＿＿＿＿＿＿

28 ＿＿＿＿＿＿＿＿＿＿＿

29 ＿＿＿＿＿＿＿＿＿＿＿

30 ＿＿＿＿＿＿＿＿＿＿＿

31 ＿＿＿＿＿＿＿＿＿＿＿

32 ＿＿＿＿＿＿＿＿＿＿＿

33 ＿＿＿＿＿＿＿＿＿＿＿

34 ＿＿＿＿＿＿＿＿＿＿＿

35 ＿＿＿＿＿＿＿＿＿＿＿

36 ＿＿＿＿＿＿＿＿＿＿＿

37 ＿＿＿＿＿＿＿＿＿＿＿

38 ＿＿＿＿＿＿＿＿＿＿＿

39 ＿＿＿＿＿＿＿＿＿＿＿

40 ＿＿＿＿＿＿＿＿＿＿＿

41 ＿＿＿＿＿＿＿＿＿＿＿

42 ＿＿＿＿＿＿＿＿＿＿＿

43 ＿＿＿＿＿＿＿＿＿＿＿

44 ＿＿＿＿＿＿＿＿＿＿＿

45 ＿＿＿＿＿＿＿＿＿＿＿

46 ＿＿＿＿＿＿＿＿＿＿＿

47 ＿＿＿＿＿＿＿＿＿＿＿

2

1 ＿＿＿＿＿＿＿＿＿＿＿

2 ＿＿＿＿＿＿＿＿＿＿＿

3 ＿＿＿＿＿＿＿＿＿＿＿

4 ＿＿＿＿＿＿＿＿＿＿＿

5 ＿＿＿＿＿＿＿＿＿＿＿

6 ＿＿＿＿＿＿＿＿＿＿＿

7 ＿＿＿＿＿＿＿＿＿＿＿

8 ＿＿＿＿＿＿＿＿＿＿＿

9 ＿＿＿＿＿＿＿＿＿＿＿

3

1 ＿＿＿＿＿＿＿＿＿＿＿

2 ＿＿＿＿＿＿＿＿＿＿＿

3 ＿＿＿＿＿＿＿＿＿＿＿

4 ＿＿＿＿＿＿＿＿＿＿＿

5 ＿＿＿＿＿＿＿＿＿＿＿

6 ＿＿＿＿＿＿＿＿＿＿＿

7 ＿＿＿＿＿＿＿＿＿＿＿

8 ＿＿＿＿＿＿＿＿＿＿＿

9 ＿＿＿＿＿＿＿＿＿＿＿

10 ＿＿＿＿＿＿＿＿＿＿

11 ＿＿＿＿＿＿＿＿＿＿

12 ＿＿＿＿＿＿＿＿＿＿

13 ＿＿＿＿＿＿＿＿＿＿

14 ＿＿＿＿＿＿＿＿＿＿

4

1 ＿＿＿＿＿＿＿＿＿＿＿

2 ＿＿＿＿＿＿＿＿＿＿＿

3 ＿＿＿＿＿＿＿＿＿＿＿

4 ＿＿＿＿＿＿＿＿＿＿＿

5 ＿＿＿＿＿＿＿＿＿＿＿

6 ＿＿＿＿＿＿＿＿＿＿＿

演習問題

1 正誤でチェック！基礎知識

番号　　　正しい語句

A ＿＿＿，＿＿＿＿＿＿＿

B ＿＿＿，＿＿＿＿＿＿＿

C ＿＿＿，＿＿＿＿＿＿＿

2

問1 ① ＿＿＿＿＿＿＿＿＿＿

② ＿＿＿＿＿＿＿＿＿＿

③ ＿＿＿＿＿＿＿＿＿＿

④ ＿＿＿＿＿＿＿＿＿＿

⑤ ＿＿＿＿＿＿＿＿＿＿

⑥ ＿＿＿＿＿＿＿＿＿＿

⑦ ＿＿＿＿＿＿＿＿＿＿

⑧ ＿＿＿＿＿＿＿＿＿＿

⑨ ＿＿＿＿＿＿＿＿＿＿

⑩ ＿＿＿＿＿＿＿＿＿＿

⑪ ＿＿＿＿＿＿＿＿＿＿

⑫ ＿＿＿＿＿＿＿＿＿＿

⑬ ＿＿＿＿＿＿＿＿＿＿

⑭ ＿＿＿＿＿＿＿＿＿＿

⑮ ＿＿＿＿＿＿＿＿＿＿

⑯ ＿＿＿＿＿＿＿＿＿＿

⑰ ＿＿＿＿＿＿＿＿＿＿

⑱ ＿＿＿＿＿＿＿＿＿＿

⑲ ＿＿＿＿＿＿＿＿＿＿

⑳ ＿＿＿＿＿＿＿＿＿＿

問2 ＿＿＿＿＿＿＿＿＿＿

問3 _____

問4 ┈┈┈┈┈┈┈┈┈┈┈┈┈

_____

3

問1 ① _____

② _____

③ _____

④ _____

⑤ _____

⑥ _____

⑦ _____

⑧ _____

⑨ _____

⑩ _____

⑪ _____

⑫ _____

問2 a _____

b _____

c _____

d _____

問3 ┈┈┈┈┈┈┈┈┈┈┈┈┈

_____

8 東アジア文化圏の形成
【本誌P.20〜24】

ポイント整理

1

1 _____

2 _____

3 _____

4 _____

5 _____

6 _____

7 _____

8 _____

9 _____

10 _____

2

1 _____

2 _____

3 _____

4 _____

5 _____

6 _____

7 _____

8 _____

9 _____

10 _____

11 _____

12 _____

13 _____

14 _____

15 _____

16 _____

17 _____

18 _____

19 _____

20 _____

21 _____

22 _____

23 _____

24 _____

3

1 _____

2 _____

3 _____

4 _____

5 _____

6 _____

7 _____

8 _____

9 _____

10 _____

11 _____

12 _____

13 _____

14 _____

15 _____

16 _____

17 _____

18 _____

19 _____

20 _____

4

1 _____

2 _____

3 _____

4 _____

5 _____

6 _____

7 _____

8 _____

9 _____

8

10＿＿＿＿＿＿＿＿＿＿＿＿

11＿＿＿＿＿＿＿＿＿＿＿＿

5

1＿＿＿＿＿＿＿＿＿＿＿＿

2＿＿＿＿＿＿＿＿＿＿＿＿

3＿＿＿＿＿＿＿＿＿＿＿＿

4＿＿＿＿＿＿＿＿＿＿＿＿

5＿＿＿＿＿＿＿＿＿＿＿＿

演習問題

1

問1 ①＿＿＿＿＿＿＿＿＿＿

② ＿＿＿＿＿＿＿＿＿＿

③ ＿＿＿＿＿＿＿＿＿＿

④ ＿＿＿＿＿＿＿＿＿＿

⑤ ＿＿＿＿＿＿＿＿＿＿

問2 a＿＿＿＿＿＿＿＿＿＿

b＿＿＿＿＿＿＿＿＿＿

c＿＿＿＿＿＿＿＿＿＿

d＿＿＿＿＿＿＿＿＿＿

2

問1 ①＿＿＿＿＿＿＿＿＿＿

② ＿＿＿＿＿＿＿＿＿＿

③ ＿＿＿＿＿＿＿＿＿＿

④ ＿＿＿＿＿＿＿＿＿＿

⑤ ＿＿＿＿＿＿＿＿＿＿

⑥ ＿＿＿＿＿＿＿＿＿＿

⑦ ＿＿＿＿＿＿＿＿＿＿

⑧ ＿＿＿＿＿＿＿＿＿＿

問2＿＿＿＿＿＿＿＿＿＿＿

3

問1 ＿＿＿＿＿＿＿＿＿＿＿

＿＿＿＿＿＿＿＿＿＿＿＿

＿＿＿＿＿＿＿＿＿＿＿＿

＿＿＿＿＿＿＿＿＿＿＿＿

＿＿＿＿＿＿＿＿＿＿＿＿

問2 ＿＿＿＿＿＿＿＿＿＿＿

＿＿＿＿＿＿＿＿＿＿＿＿

＿＿＿＿＿＿＿＿＿＿＿＿

＿＿＿＿＿＿＿＿＿＿＿＿

問3 ＿＿＿＿＿＿＿＿＿＿＿

＿＿＿＿＿＿＿＿＿＿＿＿

＿＿＿＿＿＿＿＿＿＿＿＿

＿＿＿＿＿＿＿＿＿＿＿＿

＿＿＿＿＿＿＿＿＿＿＿＿

＿＿＿＿＿＿＿＿＿＿＿＿

3章 南アジア世界と東南アジア世界の展開

9 古代インドの変遷とインド世界の成立
【本誌P.25〜28】

ポイント整理

1

1＿＿＿＿＿＿＿＿＿＿＿

2＿＿＿＿＿＿＿＿＿＿＿

3＿＿＿＿＿＿＿＿＿＿＿

4＿＿＿＿＿＿＿＿＿＿＿

5＿＿＿＿＿＿＿＿＿＿＿

6＿＿＿＿＿＿＿＿＿＿＿

7＿＿＿＿＿＿＿＿＿＿＿

8＿＿＿＿＿＿＿＿＿＿＿

9＿＿＿＿＿＿＿＿＿＿＿

10＿＿＿＿＿＿＿＿＿＿

11＿＿＿＿＿＿＿＿＿＿

12＿＿＿＿＿＿＿＿＿＿

13＿＿＿＿＿＿＿＿＿＿

14＿＿＿＿＿＿＿＿＿＿

15＿＿＿＿＿＿＿＿＿＿

16＿＿＿＿＿＿＿＿＿＿

17＿＿＿＿＿＿＿＿＿＿

18＿＿＿＿＿＿＿＿＿＿

19＿＿＿＿＿＿＿＿＿＿

20＿＿＿＿＿＿＿＿＿＿

21＿＿＿＿＿＿＿＿＿＿

22＿＿＿＿＿＿＿＿＿＿

23＿＿＿＿＿＿＿＿＿＿

24＿＿＿＿＿＿＿＿＿＿

25＿＿＿＿＿＿＿＿＿＿

26＿＿＿＿＿＿＿＿＿＿

27＿＿＿＿＿＿＿＿＿＿

28＿＿＿＿＿＿＿＿＿＿

29＿＿＿＿＿＿＿＿＿＿

30＿＿＿＿＿＿＿＿＿＿

31＿＿＿＿＿＿＿＿＿＿

32＿＿＿＿＿＿＿＿＿＿

33＿＿＿＿＿＿＿＿＿＿

34＿＿＿＿＿＿＿＿＿＿

35＿＿＿＿＿＿＿＿＿＿

36＿＿＿＿＿＿＿＿＿＿

37＿＿＿＿＿＿＿＿＿＿

38＿＿＿＿＿＿＿＿＿＿

39 _____

40 _____

41 _____

42 _____

43 _____

44 _____

45 _____

46 _____

47 _____

48 _____

49 _____

50 _____

51 _____

2

1 _____

2 _____

3 _____

4 _____

5 _____

6 _____

7 _____

8 _____

9 _____

10 _____

11 _____

12 _____

13 _____

14 _____

15 _____

16 _____

17 _____

18 _____

19 _____

20 _____

21 _____

22 _____

23 _____

24 _____

25 _____

26 _____

27 _____

3

1 _____

2 _____

3 _____

4 _____

5 _____

演習問題

1 正誤でチェック！基礎知識

番号　　　正しい語句

A_____ , _____

B_____ , _____

C_____ , _____

2

問1 _____

問2 _____

問3 _____

　　 _____

　　 _____

　　 _____

問4 _____

3

問1 ① _____

　　 ② _____

　　 ③ _____

　　 ④ _____

　　 ⑤ _____

　　 ⑥ _____

　　 ⑦ _____

　　 ⑧ _____

問2 ア _____

　　 イ _____

　　 ウ _____

問3 _____

問4 _____

問5 _____

4

問1 ① _____

　　 ② _____

　　 ③ _____

　　 ④ _____

　　 ⑤ _____

　　 ⑥ _____

　　 ⑦ _____

問2 _____

問3 _____

問4 _____

5

問1 ① _____

　　 ② _____

　　 ③ _____

　　 ④ _____

⑤＿＿＿＿＿＿＿＿＿

10東南アジア世界の形成と展開【本誌P.29〜32】

ポイント整理

❶

1＿＿＿＿＿＿＿＿＿
2＿＿＿＿＿＿＿＿＿
3＿＿＿＿＿＿＿＿＿
4＿＿＿＿＿＿＿＿＿
5＿＿＿＿＿＿＿＿＿
6＿＿＿＿＿＿＿＿＿
7＿＿＿＿＿＿＿＿＿
8＿＿＿＿＿＿＿＿＿
9＿＿＿＿＿＿＿＿＿
10＿＿＿＿＿＿＿＿
11＿＿＿＿＿＿＿＿
12＿＿＿＿＿＿＿＿
13＿＿＿＿＿＿＿＿
14＿＿＿＿＿＿＿＿
15＿＿＿＿＿＿＿＿
16＿＿＿＿＿＿＿＿
17＿＿＿＿＿＿＿＿
18＿＿＿＿＿＿＿＿
19＿＿＿＿＿＿＿＿
20＿＿＿＿＿＿＿＿
21＿＿＿＿＿＿＿＿
22＿＿＿＿＿＿＿＿
23＿＿＿＿＿＿＿＿
24＿＿＿＿＿＿＿＿
25＿＿＿＿＿＿＿＿

❷

1＿＿＿＿＿＿＿＿＿
2＿＿＿＿＿＿＿＿＿
3＿＿＿＿＿＿＿＿＿
4＿＿＿＿＿＿＿＿＿
5＿＿＿＿＿＿＿＿＿
6＿＿＿＿＿＿＿＿＿
7＿＿＿＿＿＿＿＿＿
8＿＿＿＿＿＿＿＿＿
9＿＿＿＿＿＿＿＿＿
10＿＿＿＿＿＿＿＿
11＿＿＿＿＿＿＿＿
12＿＿＿＿＿＿＿＿
13＿＿＿＿＿＿＿＿
14＿＿＿＿＿＿＿＿
15＿＿＿＿＿＿＿＿
16＿＿＿＿＿＿＿＿
17＿＿＿＿＿＿＿＿
18＿＿＿＿＿＿＿＿
19＿＿＿＿＿＿＿＿
20＿＿＿＿＿＿＿＿

❸

1＿＿＿＿＿＿＿＿＿
2＿＿＿＿＿＿＿＿＿
3＿＿＿＿＿＿＿＿＿

❹

1＿＿＿＿＿＿＿＿＿
2＿＿＿＿＿＿＿＿＿
3＿＿＿＿＿＿＿＿＿
4＿＿＿＿＿＿＿＿＿
5＿＿＿＿＿＿＿＿＿

6＿＿＿＿＿＿＿＿＿
7＿＿＿＿＿＿＿＿＿
8＿＿＿＿＿＿＿＿＿
9＿＿＿＿＿＿＿＿＿
10＿＿＿＿＿＿＿＿
11＿＿＿＿＿＿＿＿

演習問題

1 正誤でチェック！基礎知識

番号　　正しい語句

A＿＿＿, ＿＿＿＿＿＿
B＿＿＿, ＿＿＿＿＿＿
C＿＿＿, ＿＿＿＿＿＿

2

問1 ①＿＿＿＿＿＿＿
　　②＿＿＿＿＿＿＿
　　③＿＿＿＿＿＿＿
　　④＿＿＿＿＿＿＿
　　⑤＿＿＿＿＿＿＿
　　⑥＿＿＿＿＿＿＿
　　⑦＿＿＿＿＿＿＿
　　⑧＿＿＿＿＿＿＿
　　⑨＿＿＿＿＿＿＿
　　⑩＿＿＿＿＿＿＿
　　⑪＿＿＿＿＿＿＿
　　⑫＿＿＿＿＿＿＿
　　⑬＿＿＿＿＿＿＿
　　⑭＿＿＿＿＿＿＿

問2＿＿＿＿＿＿＿＿

3

問1 ①＿＿＿＿＿＿＿＿＿＿＿＿

　　②＿＿＿＿＿＿＿＿＿＿＿＿

　　③＿＿＿＿＿＿＿＿＿＿＿＿

　　④＿＿＿＿＿＿＿＿＿＿＿＿

　　⑤＿＿＿＿＿＿＿＿＿＿＿＿

　　⑥＿＿＿＿＿＿＿＿＿＿＿＿

　　⑦＿＿＿＿＿＿＿＿＿＿＿＿

　　⑧＿＿＿＿＿＿＿＿＿＿＿＿

　　⑨＿＿＿＿＿＿＿＿＿＿＿＿

　　⑩＿＿＿＿＿＿＿＿＿＿＿＿

問2 a＿＿＿＿＿＿＿＿＿＿＿＿

　　b＿＿＿＿＿＿＿＿＿＿＿＿

4

問1 ①＿＿＿＿＿＿＿＿＿＿＿＿

　　②＿＿＿＿＿＿＿＿＿＿＿＿

　　③＿＿＿＿＿＿＿＿＿＿＿＿

　　④＿＿＿＿＿＿＿＿＿＿＿＿

　　⑤＿＿＿＿＿＿＿＿＿＿＿＿

　　⑥＿＿＿＿＿＿＿＿＿＿＿＿

　　⑦＿＿＿＿＿＿＿＿＿＿＿＿

　　⑧＿＿＿＿＿＿＿＿＿＿＿＿

　　⑨＿＿＿＿＿＿＿＿＿＿＿＿

　　⑩＿＿＿＿＿＿＿＿＿＿＿＿

　　⑪＿＿＿＿＿＿＿＿＿＿＿＿

問2 a＿＿＿＿＿＿＿＿＿＿＿＿

　　b＿＿＿＿＿＿＿＿＿＿＿＿

4章　西アジアと地中海周辺の国家形成

11 ギリシア人の都市国家
【本誌P.33〜36】

ポイント整理

1

1＿＿＿＿＿＿＿＿＿＿＿＿

2＿＿＿＿＿＿＿＿＿＿＿＿

3＿＿＿＿＿＿＿＿＿＿＿＿

4＿＿＿＿＿＿＿＿＿＿＿＿

5＿＿＿＿＿＿＿＿＿＿＿＿

6＿＿＿＿＿＿＿＿＿＿＿＿

7＿＿＿＿＿＿＿＿＿＿＿＿

8＿＿＿＿＿＿＿＿＿＿＿＿

9＿＿＿＿＿＿＿＿＿＿＿＿

10＿＿＿＿＿＿＿＿＿＿＿＿

11＿＿＿＿＿＿＿＿＿＿＿＿

2

1＿＿＿＿＿＿＿＿＿＿＿＿

2＿＿＿＿＿＿＿＿＿＿＿＿

3＿＿＿＿＿＿＿＿＿＿＿＿

4＿＿＿＿＿＿＿＿＿＿＿＿

5＿＿＿＿＿＿＿＿＿＿＿＿

6＿＿＿＿＿＿＿＿＿＿＿＿

7＿＿＿＿＿＿＿＿＿＿＿＿

8＿＿＿＿＿＿＿＿＿＿＿＿

9＿＿＿＿＿＿＿＿＿＿＿＿

10＿＿＿＿＿＿＿＿＿＿＿＿

11＿＿＿＿＿＿＿＿＿＿＿＿

12＿＿＿＿＿＿＿＿＿＿＿＿

13＿＿＿＿＿＿＿＿＿＿＿＿

14＿＿＿＿＿＿＿＿＿＿＿＿

15＿＿＿＿＿＿＿＿＿＿＿＿

16＿＿＿＿＿＿＿＿＿＿＿＿

17＿＿＿＿＿＿＿＿＿＿＿＿

18＿＿＿＿＿＿＿＿＿＿＿＿

19＿＿＿＿＿＿＿＿＿＿＿＿

20＿＿＿＿＿＿＿＿＿＿＿＿

21＿＿＿＿＿＿＿＿＿＿＿＿

22＿＿＿＿＿＿＿＿＿＿＿＿

23＿＿＿＿＿＿＿＿＿＿＿＿

24＿＿＿＿＿＿＿＿＿＿＿＿

25＿＿＿＿＿＿＿＿＿＿＿＿

26＿＿＿＿＿＿＿＿＿＿＿＿

3

1＿＿＿＿＿＿＿＿＿＿＿＿

2＿＿＿＿＿＿＿＿＿＿＿＿

3＿＿＿＿＿＿＿＿＿＿＿＿

4＿＿＿＿＿＿＿＿＿＿＿＿

5＿＿＿＿＿＿＿＿＿＿＿＿

6＿＿＿＿＿＿＿＿＿＿＿＿

7＿＿＿＿＿＿＿＿＿＿＿＿

8＿＿＿＿＿＿＿＿＿＿＿＿

9＿＿＿＿＿＿＿＿＿＿＿＿

10＿＿＿＿＿＿＿＿＿＿＿＿

11＿＿＿＿＿＿＿＿＿＿＿＿

12＿＿＿＿＿＿＿＿＿＿＿＿

13＿＿＿＿＿＿＿＿＿＿＿＿

4

1＿＿＿＿＿＿＿＿＿＿＿＿

2＿＿＿＿＿＿＿＿＿＿＿＿

3＿＿＿＿＿＿＿＿＿＿＿＿

4＿＿＿＿＿＿＿＿＿＿

5＿＿＿＿＿＿＿＿＿＿

6＿＿＿＿＿＿＿＿＿＿

7＿＿＿＿＿＿＿＿＿＿

8＿＿＿＿＿＿＿＿＿＿

9＿＿＿＿＿＿＿＿＿＿

10＿＿＿＿＿＿＿＿＿

11＿＿＿＿＿＿＿＿＿

12＿＿＿＿＿＿＿＿＿

13＿＿＿＿＿＿＿＿＿

14＿＿＿＿＿＿＿＿＿

15＿＿＿＿＿＿＿＿＿

16＿＿＿＿＿＿＿＿＿

17＿＿＿＿＿＿＿＿＿

18＿＿＿＿＿＿＿＿＿

19＿＿＿＿＿＿＿＿＿

20＿＿＿＿＿＿＿＿＿

21＿＿＿＿＿＿＿＿＿

22＿＿＿＿＿＿＿＿＿

演習問題

◤ 正誤でチェック！基礎知識

番号　　　正しい語句

A＿＿＿ , ＿＿＿＿＿＿

B＿＿＿ , ＿＿＿＿＿＿

C＿＿＿ , ＿＿＿＿＿＿

◢

問1①＿＿＿＿＿＿＿＿

　　②＿＿＿＿＿＿＿＿

　　③＿＿＿＿＿＿＿＿

　　④＿＿＿＿＿＿＿＿

　　⑤＿＿＿＿＿＿＿＿

問2 a＿＿＿＿＿＿＿＿

　　 b＿＿＿＿＿＿＿＿

◢

問1①＿＿＿＿＿＿＿＿

　　②＿＿＿＿＿＿＿＿

　　③＿＿＿＿＿＿＿＿

　　④＿＿＿＿＿＿＿＿

　　⑤＿＿＿＿＿＿＿＿

　　⑥＿＿＿＿＿＿＿＿

　　⑦＿＿＿＿＿＿＿＿

　　⑧＿＿＿＿＿＿＿＿

問2 a＿＿＿＿＿＿＿＿

　　 b＿＿＿＿＿＿＿＿

　　 c＿＿＿＿＿＿＿＿

　　 d＿＿＿＿＿＿＿＿

◢

問1①＿＿＿＿＿＿＿＿

　　②＿＿＿＿＿＿＿＿

　　③＿＿＿＿＿＿＿＿

　　④＿＿＿＿＿＿＿＿

　　⑤＿＿＿＿＿＿＿＿

　　⑥＿＿＿＿＿＿＿＿

　　⑦＿＿＿＿＿＿＿＿

　　⑧＿＿＿＿＿＿＿＿

　　⑨＿＿＿＿＿＿＿＿

　　⑩＿＿＿＿＿＿＿＿

　　⑪＿＿＿＿＿＿＿＿

　　⑫＿＿＿＿＿＿＿＿

問2 a ------------------------------

　　 ＿＿＿＿＿＿＿＿

　　 b＿＿＿＿＿＿＿＿

　　 c＿＿＿＿＿＿＿＿

◢

問1①＿＿＿＿＿＿＿＿

　　②＿＿＿＿＿＿＿＿

　　③＿＿＿＿＿＿＿＿

　　④＿＿＿＿＿＿＿＿

　　⑤＿＿＿＿＿＿＿＿

　　⑥＿＿＿＿＿＿＿＿

　　⑦＿＿＿＿＿＿＿＿

　　⑧＿＿＿＿＿＿＿＿

　　⑨＿＿＿＿＿＿＿＿

　　⑩＿＿＿＿＿＿＿＿

問2＿＿＿＿＿＿＿＿＿

12ローマと地中海支配
【本誌P.37〜42】

ポイント整理

◤

1＿＿＿＿＿＿＿＿＿＿

2＿＿＿＿＿＿＿＿＿＿

3＿＿＿＿＿＿＿＿＿＿

4＿＿＿＿＿＿＿＿＿＿

5＿＿＿＿＿＿＿＿＿＿

6＿＿＿＿＿＿＿＿＿＿

7＿＿＿＿＿＿＿＿＿＿

8＿＿＿＿＿＿＿＿＿＿

9＿＿＿＿＿＿＿＿＿＿

10＿＿＿＿＿＿＿＿＿

11＿＿＿＿＿＿＿＿＿

12＿＿＿＿＿＿＿＿＿

13 _____

14 _____

15 _____

16 _____

❷

1 _____

2 _____

3 _____

4 _____

5 _____

6 _____

❸

1 _____

2 _____

3 _____

4 _____

5 _____

6 _____

7 _____

8 _____

9 _____

10 _____

11 _____

12 _____

13 _____

❹

1 _____

2 _____

3 _____

4 _____

5 _____

6 _____

7 _____

8 _____

9 _____

10 _____

11 _____

12 _____

13 _____

14 _____

15 _____

16 _____

17 _____

18 _____

19 _____

20 _____

21 _____

22 _____

23 _____

24 _____

25 _____

26 _____

27 _____

28 _____

❺

1 _____

2 _____

3 _____

4 _____

5 _____

6 _____

7 _____

8 _____

9 _____

10 _____

11 _____

12 _____

13 _____

14 _____

15 _____

16 _____

17 _____

18 _____

19 _____

20 _____

21 _____

❻

1 _____

2 _____

3 _____

4 _____

5 _____

6 _____

7 _____

8 _____

9 _____

10 _____

11 _____

12 _____

13 _____

14 _____

15 _____

16 _____

17＿＿＿＿＿＿＿＿＿＿＿＿

18＿＿＿＿＿＿＿＿＿＿＿＿

演習問題

1 **正誤でチェック！基礎知識**

　　番号　　　正しい語句

A＿＿＿，＿＿＿＿＿＿＿＿

B＿＿＿，＿＿＿＿＿＿＿＿

C＿＿＿，＿＿＿＿＿＿＿＿

2

問1 ①＿＿＿＿＿＿＿＿＿＿

　　②＿＿＿＿＿＿＿＿＿＿

　　③＿＿＿＿＿＿＿＿＿＿

　　④＿＿＿＿＿＿＿＿＿＿

　　⑤＿＿＿＿＿＿＿＿＿＿

　　⑥＿＿＿＿＿＿＿＿＿＿

　　⑦＿＿＿＿＿＿＿＿＿＿

問2 a＿＿＿＿＿＿＿＿＿＿

　　b＿＿＿＿＿＿＿＿＿＿
　　　＿＿＿＿＿＿＿＿＿＿
　　　＿＿＿＿＿＿＿＿＿＿

3

問1 ①＿＿＿＿＿＿＿＿＿＿

　　②＿＿＿＿＿＿＿＿＿＿

　　③＿＿＿＿＿＿＿＿＿＿

　　④＿＿＿＿＿＿＿＿＿＿

　　⑤＿＿＿＿＿＿＿＿＿＿

　　⑥＿＿＿＿＿＿＿＿＿＿

　　⑦＿＿＿＿＿＿＿＿＿＿

　　⑧＿＿＿＿＿＿＿＿＿＿

　　⑨＿＿＿＿＿＿＿＿＿＿

　　⑩＿＿＿＿＿＿＿＿＿＿

⑪＿＿＿＿＿＿＿＿＿＿

問2 a＿＿＿＿＿＿＿＿＿＿

　　b＿＿＿＿＿＿＿＿＿＿

　　c＿＿＿＿＿＿＿＿＿＿

4

問1 ①＿＿＿＿＿＿＿＿＿＿

　　②＿＿＿＿＿＿＿＿＿＿

　　③＿＿＿＿＿＿＿＿＿＿

　　④＿＿＿＿＿＿＿＿＿＿

　　⑤＿＿＿＿＿＿＿＿＿＿

　　⑥＿＿＿＿＿＿＿＿＿＿

　　⑦＿＿＿＿＿＿＿＿＿＿

　　⑧＿＿＿＿＿＿＿＿＿＿

　　⑨＿＿＿＿＿＿＿＿＿＿

　　⑩＿＿＿＿＿＿＿＿＿＿

問2 a＿＿＿＿＿＿＿＿＿＿

　　b＿＿＿＿＿＿＿＿＿＿

　　c＿＿＿＿＿＿＿＿＿＿

5

問1 ①＿＿＿＿＿＿＿＿＿＿

　　②＿＿＿＿＿＿＿＿＿＿

　　③＿＿＿＿＿＿＿＿＿＿

　　④＿＿＿＿＿＿＿＿＿＿

　　⑤＿＿＿＿＿＿＿＿＿＿

　　⑥＿＿＿＿＿＿＿＿＿＿

　　⑦＿＿＿＿＿＿＿＿＿＿

　　⑧＿＿＿＿＿＿＿＿＿＿

　　⑨＿＿＿＿＿＿＿＿＿＿

問2 a＿＿＿＿＿＿＿＿＿＿

　　b＿＿＿＿＿＿＿＿＿＿

　　c＿＿＿＿＿＿＿＿＿＿

6

問1 ①＿＿＿＿＿＿＿＿＿＿

　　②＿＿＿＿＿＿＿＿＿＿

　　③＿＿＿＿＿＿＿＿＿＿

　　④＿＿＿＿＿＿＿＿＿＿

　　⑤＿＿＿＿＿＿＿＿＿＿

　　⑥＿＿＿＿＿＿＿＿＿＿

　　⑦＿＿＿＿＿＿＿＿＿＿

　　⑧＿＿＿＿＿＿＿＿＿＿

　　⑨＿＿＿＿＿＿＿＿＿＿

　　⑩＿＿＿＿＿＿＿＿＿＿

⑪＿＿＿＿＿＿＿＿＿＿

問2 a＿＿＿＿＿＿＿＿＿＿

　　b＿＿＿＿＿＿＿＿＿＿

　　c＿＿＿＿＿＿＿＿＿＿

　　d＿＿＿＿＿＿＿＿＿＿

世紀別の演習 I
【本誌P.43】

1

問1 ①＿＿＿＿＿＿山脈

　　②＿＿＿＿＿＿高原

　　③＿＿＿＿＿＿山脈

　　④＿＿＿＿＿＿盆地

　　⑤＿＿＿＿＿＿山脈

　　⑥＿＿＿＿＿＿高原

　　⑦＿＿＿＿＿＿地方

　　⑧＿＿＿＿＿＿高原

　　⑨＿＿＿＿＿＿海

　　⑩＿＿＿＿＿＿海

⑪＿＿＿＿＿＿洋

⑫ _____ 湾

⑬ _____ 海

❷

問1 ① _____

② _____

③ _____

④ _____

⑤ _____

⑥ _____

⑦ _____

⑧ _____

⑨ _____

⑩ _____

⑪ _____

⑫ _____

⑬ _____

⑭ _____

⑮ _____

⑯ _____

⑰ _____

⑱ _____

王朝・治世年表Ⅰ
【本誌P.44・45】

1 _____

2 _____

3 _____

4 _____

5 _____

6 _____

7 _____

8 _____

9 _____

10 _____

11 _____

12 _____

13 _____

14 _____

15 _____

16 _____

17 _____

18 _____

19 _____

20 _____

21 _____

22 _____

23 _____

24 _____

25 _____

26 _____

27 _____

28 _____

29 _____

30 _____

31 _____

32 _____

33 _____

34 _____

35 _____

36 _____

37 _____

38 _____

39 _____

40 _____

41 _____

42 _____

43 _____

44 _____

45 _____

46 _____

47 _____

48 _____

49 _____

50 _____

51 _____

52 _____

53 _____

54 _____

55 _____

56 _____

57 _____

58 _____

59 _____

60 _____

61 _____

62 _____

63 _____

64 _____

65 _____

66 _____

67 _____

68 _____

69 _____

5章 イスラーム世界の形成と発展

13イスラーム世界
【本誌P.46～53】

ポイント整理 ①

❶

1 _____

2 _____

3 _____

4 _____

5 _____

6 _____

7 _____

8 _____

9 _____

10 _____

11 _____

12 _____

13 _____

14 _____

15 _____

16 _____

17 _____

18 _____

19 _____

20 _____

21 _____

22 _____

23 _____

24 _____

25 _____

26 _____

27 _____

28 _____

29 _____

30 _____

31 _____

32 _____

33 _____

34 _____

❷

1 _____

2 _____

3 _____

4 _____

5 _____

6 _____

7 _____

8 _____

9 _____

10 _____

11 _____

12 _____

13 _____

14 _____

15 _____

16 _____

17 _____

18 _____

19 _____

20 _____

21 _____

22 _____

23 _____

24 _____

ポイント整理 ②

❶

1 _____

2 _____

3 _____

4 _____

5 _____

6 _____

7 _____

8 _____

9 _____

10 _____

11 _____

12 _____

13 _____

14 _____

15 _____

16 _____

17 _____

18 _____

19 _____

20 _____

❷

1 _____

2 _____

3 _____

4 _____

5 _____

6＿＿＿＿＿＿＿＿

7＿＿＿＿＿＿＿＿

8＿＿＿＿＿＿＿＿

9＿＿＿＿＿＿＿＿

10＿＿＿＿＿＿＿

11＿＿＿＿＿＿＿

12＿＿＿＿＿＿＿

13＿＿＿＿＿＿＿

14＿＿＿＿＿＿＿

15＿＿＿＿＿＿＿

16＿＿＿＿＿＿＿

17＿＿＿＿＿＿＿

18＿＿＿＿＿＿＿

19＿＿＿＿＿＿＿

20＿＿＿＿＿＿＿

21＿＿＿＿＿＿＿

22＿＿＿＿＿＿＿

23＿＿＿＿＿＿＿

演習問題

1 正誤でチェック！基礎知識

番号　　　正しい語句

A＿＿，＿＿＿＿＿

B＿＿，＿＿＿＿＿

C＿＿，＿＿＿＿＿

D＿＿，＿＿＿＿＿

E＿＿，＿＿＿＿＿

F＿＿，＿＿＿＿＿

G＿＿，

2

問1 ①＿＿＿＿＿

　　②＿＿＿＿＿

③＿＿＿＿＿

④＿＿＿＿＿

問2 a＿＿＿＿＿

　　b＿＿＿＿＿

　　c i＿＿＿＿＿

　　　ii＿＿＿＿＿

　　　iii＿＿＿＿

3

問1 ①＿＿＿＿＿

②＿＿＿＿＿

③＿＿＿＿＿

④＿＿＿＿＿

⑤＿＿＿＿＿

⑥＿＿＿＿＿

⑦＿＿＿＿＿

⑧＿＿＿＿＿

問2 a＿＿＿＿＿

　　b＿＿＿＿＿

　　c＿＿＿＿＿

　　d＿＿＿＿＿

　　e＿＿＿＿＿

問3＿＿＿＿＿＿

4

問1 ①＿＿＿＿＿

　　②＿＿＿＿＿

　　③＿＿＿＿＿

問2 a＿＿＿＿＿

　　b＿＿＿＿＿

5

問1＿＿＿＿＿＿

問2＿＿＿＿＿＿

問3 a＿＿＿＿＿

　　b＿＿＿＿＿

　　c＿＿＿＿＿

　　d＿＿＿＿＿

6

問1 ①＿＿＿＿＿

②＿＿＿＿＿

③＿＿＿＿＿

④＿＿＿＿＿

⑤＿＿＿＿＿

問2 a＿＿＿＿＿

　　b＿＿＿＿＿

7

問1 ①＿＿＿＿＿

②＿＿＿＿＿

③＿＿＿＿＿

④＿＿＿＿＿

⑤＿＿＿＿＿

⑥＿＿＿＿＿

⑦＿＿＿＿＿

⑧＿＿＿＿＿

⑨＿＿＿＿＿

⑩＿＿＿＿＿＿＿＿＿＿

⑪＿＿＿＿＿＿＿＿＿＿

問2 a＿＿＿＿＿＿＿＿＿＿

　　 b＿＿＿＿＿＿＿＿＿＿

問3 ＿＿＿＿＿＿＿＿＿＿

問4 ＿＿＿＿＿＿＿＿＿＿

問5 ＿＿＿＿＿＿＿＿＿＿

6章　東西ヨーロッパ世界の形成と発展

14東西ヨーロッパ世界の成立 【本誌P.54〜59】

ポイント整理

❶

1 ＿＿＿＿＿＿＿＿＿＿

2 ＿＿＿＿＿＿＿＿＿＿

3 ＿＿＿＿＿＿＿＿＿＿

4 ＿＿＿＿＿＿＿＿＿＿

5 ＿＿＿＿＿＿＿＿＿＿

6 ＿＿＿＿＿＿＿＿＿＿

7 ＿＿＿＿＿＿＿＿＿＿

8 ＿＿＿＿＿＿＿＿＿＿

9 ＿＿＿＿＿＿＿＿＿＿

10 ＿＿＿＿＿＿＿＿＿＿

11 ＿＿＿＿＿＿＿＿＿＿

12 ＿＿＿＿＿＿＿＿＿＿

❷

1 ＿＿＿＿＿＿＿＿＿＿

2 ＿＿＿＿＿＿＿＿＿＿

3 ＿＿＿＿＿＿＿＿＿＿

4 ＿＿＿＿＿＿＿＿＿＿

5 ＿＿＿＿＿＿＿＿＿＿

6 ＿＿＿＿＿＿＿＿＿＿

7 ＿＿＿＿＿＿＿＿＿＿

8 ＿＿＿＿＿＿＿＿＿＿

9 ＿＿＿＿＿＿＿＿＿＿

10 ＿＿＿＿＿＿＿＿＿＿

11 ＿＿＿＿＿＿＿＿＿＿

12 ＿＿＿＿＿＿＿＿＿＿

13 ＿＿＿＿＿＿＿＿＿＿

14 ＿＿＿＿＿＿＿＿＿＿

15 ＿＿＿＿＿＿＿＿＿＿

16 ＿＿＿＿＿＿＿＿＿＿

17 ＿＿＿＿＿＿＿＿＿＿

18 ＿＿＿＿＿＿＿＿＿＿

19 ＿＿＿＿＿＿＿＿＿＿

❸

1 ＿＿＿＿＿＿＿＿＿＿

2 ＿＿＿＿＿＿＿＿＿＿

3 ＿＿＿＿＿＿＿＿＿＿

4 ＿＿＿＿＿＿＿＿＿＿

5 ＿＿＿＿＿＿＿＿＿＿

6 ＿＿＿＿＿＿＿＿＿＿

7 ＿＿＿＿＿＿＿＿＿＿

8 ＿＿＿＿＿＿＿＿＿＿

9 ＿＿＿＿＿＿＿＿＿＿

10 ＿＿＿＿＿＿＿＿＿＿

❹

1 ＿＿＿＿＿＿＿＿＿＿

2 ＿＿＿＿＿＿＿＿＿＿

3 ＿＿＿＿＿＿＿＿＿＿

4 ＿＿＿＿＿＿＿＿＿＿

5 ＿＿＿＿＿＿＿＿＿＿

6 ＿＿＿＿＿＿＿＿＿＿

7 ＿＿＿＿＿＿＿＿＿＿

8 ＿＿＿＿＿＿＿＿＿＿

❺

1 ＿＿＿＿＿＿＿＿＿＿

2 ＿＿＿＿＿＿＿＿＿＿

3 ＿＿＿＿＿＿＿＿＿＿

4 ＿＿＿＿＿＿＿＿＿＿

5 ＿＿＿＿＿＿＿＿＿＿

6 ＿＿＿＿＿＿＿＿＿＿

7 ＿＿＿＿＿＿＿＿＿＿

8 ＿＿＿＿＿＿＿＿＿＿

9 ＿＿＿＿＿＿＿＿＿＿

10 ＿＿＿＿＿＿＿＿＿＿

11 ＿＿＿＿＿＿＿＿＿＿

12 ＿＿＿＿＿＿＿＿＿＿

13 ＿＿＿＿＿＿＿＿＿＿

14 ＿＿＿＿＿＿＿＿＿＿

15 ＿＿＿＿＿＿＿＿＿＿

16 ＿＿＿＿＿＿＿＿＿＿

17 ＿＿＿＿＿＿＿＿＿＿

18 ＿＿＿＿＿＿＿＿＿＿

演習問題

❶

問1 ＿＿＿＿＿＿＿＿＿＿

問2 A＿＿＿＿＿＿＿＿＿＿

　　 B＿＿＿＿＿＿＿＿＿＿

　　 C＿＿＿＿＿＿＿＿＿＿

　　 D＿＿＿＿＿＿＿＿＿＿

　　 E＿＿＿＿＿＿＿＿＿＿

F＿＿＿＿＿＿＿＿＿＿

2

問1 ① ＿＿＿＿＿＿＿＿＿＿

② ＿＿＿＿＿＿＿＿＿＿

③ ＿＿＿＿＿＿＿＿＿＿

④ ＿＿＿＿＿＿＿＿＿＿

⑤ ＿＿＿＿＿＿＿＿＿＿

⑥ ＿＿＿＿＿＿＿＿＿＿

⑦ ＿＿＿＿＿＿＿＿＿＿

⑧ ＿＿＿＿＿＿＿＿＿＿

⑨ ＿＿＿＿＿＿＿＿＿＿

⑩ ＿＿＿＿＿＿＿＿＿＿

⑪ ＿＿＿＿＿＿＿＿＿＿

⑫ ＿＿＿＿＿＿＿＿＿＿

3

問1 ① ＿＿＿＿＿＿＿＿＿＿

② ＿＿＿＿＿＿＿＿＿＿

③ ＿＿＿＿＿＿＿＿＿＿

④ ＿＿＿＿＿＿＿＿＿＿

⑤ ＿＿＿＿＿＿＿＿＿＿

⑥ ＿＿＿＿＿＿＿＿＿＿

⑦ ＿＿＿＿＿＿＿＿＿＿

⑧ ＿＿＿＿＿＿＿＿＿＿

⑨ ＿＿＿＿＿＿＿＿＿＿

問2 ＿＿＿＿＿＿＿＿＿＿

4

問1 ① ＿＿＿＿＿＿＿＿＿＿

② ＿＿＿＿＿＿＿＿＿＿

③ ＿＿＿＿＿＿＿＿＿＿

④ ＿＿＿＿＿＿＿＿＿＿

⑤ ＿＿＿＿＿＿＿＿＿＿

⑥ ＿＿＿＿＿＿＿＿＿＿

問2 あ ＿＿＿＿＿＿＿＿＿＿

い ＿＿＿＿＿＿＿＿＿＿

問3 ＿＿＿＿＿＿＿＿＿＿

＿＿＿＿＿＿＿＿＿＿

＿＿＿＿＿＿＿＿＿＿

＿＿＿＿＿＿＿＿＿＿

＿＿＿＿＿＿＿＿＿＿

＿＿＿＿＿＿＿＿＿＿

＿＿＿＿＿＿＿＿＿＿

＿＿＿＿＿＿＿＿＿＿

＿＿＿＿＿＿＿＿＿＿

5

問1 ① ＿＿＿＿＿＿＿＿＿＿

② ＿＿＿＿＿＿＿＿＿＿

③ ＿＿＿＿＿＿＿＿＿＿

④ ＿＿＿＿＿＿＿＿＿＿

⑤ ＿＿＿＿＿＿＿＿＿＿

⑥ ＿＿＿＿＿＿＿＿＿＿

問2 a ＿＿＿＿＿＿＿＿＿＿

b ＿＿＿＿＿＿＿＿＿＿

c ＿＿＿＿＿＿＿＿＿＿

6

問1 ① ＿＿＿＿＿＿＿＿＿＿

② ＿＿＿＿＿＿＿＿＿＿

③ ＿＿＿＿＿＿＿＿＿＿

④ ＿＿＿＿＿＿＿＿＿＿

⑤ ＿＿＿＿＿＿＿＿＿＿

⑥ ＿＿＿＿＿＿＿＿＿＿

⑦ ＿＿＿＿＿＿＿＿＿＿

⑧ ＿＿＿＿＿＿＿＿＿＿

問2 ＿＿＿＿＿＿＿＿＿＿

問3 ＿＿＿＿＿＿＿＿＿＿

15 西ヨーロッパ中世世界
【本誌P.60〜66】

ポイント整理

1

1 ＿＿＿＿＿＿＿＿＿＿

2 ＿＿＿＿＿＿＿＿＿＿

3 ＿＿＿＿＿＿＿＿＿＿

4 ＿＿＿＿＿＿＿＿＿＿

5 ＿＿＿＿＿＿＿＿＿＿

6 ＿＿＿＿＿＿＿＿＿＿

7 ＿＿＿＿＿＿＿＿＿＿

8 ＿＿＿＿＿＿＿＿＿＿

9 ＿＿＿＿＿＿＿＿＿＿

10 ＿＿＿＿＿＿＿＿＿＿

11 ＿＿＿＿＿＿＿＿＿＿

12 ＿＿＿＿＿＿＿＿＿＿

13 ＿＿＿＿＿＿＿＿＿＿

14 ＿＿＿＿＿＿＿＿＿＿

15 ＿＿＿＿＿＿＿＿＿＿

16 ＿＿＿＿＿＿＿＿＿＿

2

1 ＿＿＿＿＿＿＿＿＿＿

2 ＿＿＿＿＿＿＿＿＿＿

3 ＿＿＿＿＿＿＿＿＿＿

4 ＿＿＿＿＿＿＿＿＿＿

5 ＿＿＿＿＿＿＿＿＿＿

6 ＿＿＿＿＿＿＿＿＿＿

7 ＿＿＿＿＿＿＿＿＿＿

8 _____

9 _____

10 _____

11 _____

12 _____

13 _____

14 _____

15 _____

16 _____

17 _____

3

1 _____

2 _____

3 _____

4 _____

5 _____

6 _____

7 _____

8 _____

9 _____

10 _____

11 _____

12 _____

13 _____

14 _____

15 _____

4

1 _____

2 _____

3 _____

4 _____

5 _____

5

1 _____

2 _____

3 _____

4 _____

5 _____

6 _____

7 _____

8 _____

9 _____

10 _____

11 _____

12 _____

6

1 _____

2 _____

3 _____

4 _____

5 _____

6 _____

7 _____

8 _____

9 _____

10 _____

11 _____

12 _____

13 _____

14 _____

15 _____

16 _____

7

1 _____

2 _____

3 _____

4 _____

5 _____

6 _____

7 _____

8

1 _____

2 _____

3 _____

4 _____

5 _____

6 _____

7 _____

9

1 _____

2 _____

3 _____

4 _____

5 _____

6 _____

10

1 _____

2 _____

3 _____

4 _____

5 _____

6 _____

7 _____

8 _____

9 _____

10 _____

11 _____

12 _____

13 _____

14 _____

15 _____

16 _____

17 _____

18 _____

19 _____

20 _____

21 _____

22 _____

演習問題

1

問1 ① _____

② _____

③ _____

④ _____

⑤ _____

⑥ _____

⑦ _____

⑧ _____

⑨ _____

⑩ _____

⑪ _____

2

....

....

....

....

....

....

....

....

3

問1 ① _____

② _____

③ _____

④ _____

⑤ _____

⑥ _____

⑦ _____

⑧ _____

⑨ _____

⑩ _____

⑪ _____

⑫ _____

⑬ _____

⑭ _____

⑮ _____

⑯ _____

⑰ _____

4

問1 ① _____

② _____

③ _____

④ _____

⑤ _____

⑥ _____

---

⑦ _____

⑧ _____

⑨ _____

問2 _____ → _____ → _____ → _____

問3 _____

問4 _____

5

問1 ① _____

② _____

③ _____

④ _____

⑤ _____

⑥ _____

⑦ _____

⑧ _____

⑨ _____

⑩ _____

⑪ _____

⑫ _____

⑬ _____

⑭ _____

世紀別の演習 Ⅱ
【本誌P.67】

1

問1 a _____

d _____

g _____

j _____

k _____

l _____

問2 ①_____

② _____

③ _____

④ _____

問3 ①_____

② _____

問4 _____

問5 _____

問6 _____

問7 _____

問8 _____

問9 _____

問10①_____

② _____

問11_____

問12_____

問13_____

問14①_____

② _____

③ _____

④ _____

問15①_____

② _____

③ _____

問16①_____

② _____

7章 東アジア世界の展開とモンゴル帝国

16アジア諸地域の自立化と宋 【本誌P.68～71】

ポイント整理

❶

1 _____

2 _____

3 _____

4 _____

5 _____

6 _____

❷

1 _____

2 _____

3 _____

4 _____

5 _____

6 _____

7 _____

8 _____

9 _____

10 _____

11 _____

12 _____

13 _____

14 _____

15 _____

16 _____

17 _____

18 _____

19 _____

20 _____

21 _____

22 _____

23 _____

24 _____

25 _____

26 _____

27 _____

28 _____

29 _____

30 _____

31 _____

32 _____

33 _____

34 _____

35 _____

36 _____

❸

1 _____

2 _____

3 _____

4 _____ ・ _____

5 _____

6 _____

7 _____

8 _____

9 _____

10 _____

11 _____

12 _____

13＿＿＿＿＿＿＿＿＿＿

14＿＿＿＿＿＿＿＿＿＿

15＿＿＿＿＿＿＿＿＿＿

16＿＿＿＿＿＿＿＿＿＿

17＿＿＿＿＿＿＿＿＿＿

18＿＿＿＿＿＿＿＿＿＿

19＿＿＿＿＿＿＿＿＿＿

20＿＿＿＿＿＿＿＿＿＿

4

1＿＿＿＿＿＿＿＿＿＿

2＿＿＿＿＿＿＿＿＿＿

3＿＿＿＿＿＿＿＿＿＿

4＿＿＿＿＿＿＿＿＿＿

5＿＿＿＿＿＿＿＿＿＿

演習問題

1

問1①＿＿＿＿＿＿＿＿＿＿

②＿＿＿＿＿＿＿＿＿＿

③＿＿＿＿＿＿＿＿＿＿

④＿＿＿＿＿＿＿＿＿＿

⑤＿＿＿＿＿＿＿＿＿＿

⑥＿＿＿＿＿＿＿＿＿＿

⑦＿＿＿＿＿＿＿＿＿＿

⑧＿＿＿＿＿＿＿＿＿＿

問2＿＿＿＿＿＿＿＿＿＿

問3＿＿＿＿＿＿＿＿＿＿

2

問1①＿＿＿＿＿＿＿＿＿＿

②＿＿＿＿＿＿＿＿＿＿

③＿＿＿＿＿＿＿＿＿＿

④＿＿＿＿＿＿＿＿＿＿

⑤＿＿＿＿＿＿＿＿＿＿

問2ア＿＿＿＿＿＿＿＿＿＿

イ＿＿＿＿＿＿＿＿＿＿

ウ＿＿＿＿＿＿＿＿＿＿

エ＿＿＿＿＿＿＿＿＿＿

オ＿＿＿＿＿＿＿＿＿＿

カ＿＿＿＿＿＿＿＿＿＿

問3 a＿＿＿＿＿＿＿＿＿＿

b＿＿＿＿＿＿＿＿＿＿

c＿＿＿＿＿＿＿＿＿＿

d＿＿＿＿＿＿＿＿＿＿

e＿＿＿＿＿＿＿＿＿＿

3

＿＿＿＿＿＿＿＿＿＿

特集　内陸アジア世界のまとめ　【本誌P.72】

1＿＿＿＿＿＿＿＿＿＿

2＿＿＿＿＿＿＿＿＿＿

3＿＿＿＿＿＿＿＿＿＿

4＿＿＿＿＿＿＿＿＿＿

5＿＿＿＿＿＿＿＿＿＿

6＿＿＿＿＿＿＿＿＿＿

7＿＿＿＿＿＿＿＿＿＿

8＿＿＿＿＿＿＿＿＿＿

9＿＿＿＿＿＿＿＿＿＿

10＿＿＿＿＿＿＿＿＿＿

11＿＿＿＿＿＿＿＿＿＿

12＿＿＿＿＿＿＿＿＿＿

13＿＿＿＿＿＿＿＿＿＿

14＿＿＿＿＿＿＿＿＿＿

15＿＿＿＿＿＿＿＿＿＿

16＿＿＿＿＿＿＿＿＿＿

17＿＿＿＿＿＿＿＿＿＿

17モンゴルの大帝国　【本誌P.73〜75】

ポイント整理

1

1＿＿＿＿＿＿＿＿＿＿

2＿＿＿＿＿＿＿＿＿＿

3＿＿＿＿＿＿＿＿＿＿

4＿＿＿＿＿＿＿＿＿＿

5＿＿＿＿＿＿＿＿＿＿

6＿＿＿＿＿＿＿＿＿＿

7＿＿＿＿＿＿＿＿＿＿

8＿＿＿＿＿＿＿＿＿＿

9＿＿＿＿＿＿＿＿＿＿

10＿＿＿＿＿＿＿＿＿＿

11＿＿＿＿＿＿＿＿＿＿

12＿＿＿＿＿＿＿＿＿＿

13＿＿＿＿＿＿＿＿＿＿

14＿＿＿＿＿＿＿＿＿＿

15＿＿＿＿＿＿＿＿＿＿

16＿＿＿＿＿＿＿＿＿＿

17＿＿＿＿＿＿＿＿＿＿

18＿＿＿＿＿＿＿＿＿＿

19＿＿＿＿＿＿＿＿＿＿

20＿＿＿＿＿＿＿＿＿＿

21＿＿＿＿＿＿＿＿＿＿

22＿＿＿＿＿＿＿＿＿＿

23＿＿＿＿＿＿＿＿＿＿

24＿＿＿＿＿＿＿＿＿＿

25＿＿＿＿＿＿＿＿＿＿

26＿＿＿＿＿＿＿＿＿＿

27＿＿＿＿＿＿＿＿＿＿

28＿＿＿＿＿＿＿＿＿＿

29＿＿＿＿＿＿＿＿＿＿

30＿＿＿＿＿＿＿＿＿＿

31＿＿＿＿＿＿＿＿＿＿

32＿＿＿＿＿＿＿＿＿＿

2

1＿＿＿＿＿＿＿＿＿＿

2＿＿＿＿＿＿＿＿＿＿

3＿＿＿＿＿＿＿＿＿＿

4＿＿＿＿＿＿＿＿＿＿

5＿＿＿＿＿＿＿＿＿＿

6＿＿＿＿＿＿＿＿＿＿

7＿＿＿＿＿＿＿＿＿＿

8＿＿＿＿＿＿＿＿＿＿

9＿＿＿＿＿＿＿＿＿＿

10＿＿＿＿＿＿＿＿＿＿

演習問題

1 正誤でチェック！基礎知識

番号　　正しい語句

A＿＿＿,＿＿＿＿＿＿

B＿＿＿,＿＿＿＿＿＿

C＿＿＿,＿＿＿＿＿＿

2

問1 ①＿＿＿＿＿＿＿

②＿＿＿＿＿＿＿

③＿＿＿＿＿＿＿

④＿＿＿＿＿＿＿

⑤＿＿＿＿＿＿＿

⑥＿＿＿＿＿＿＿

⑦＿＿＿＿＿＿＿

⑧＿＿＿＿＿＿＿

⑨＿＿＿＿＿＿＿

⑩＿＿＿＿＿＿＿

⑪＿＿＿＿＿＿＿

⑫＿＿＿＿＿＿＿

⑬＿＿＿＿＿＿＿

⑭＿＿＿＿＿＿＿

⑮＿＿＿＿＿＿＿

⑯＿＿＿＿＿＿＿

⑰＿＿＿＿＿＿＿

⑱＿＿＿＿＿＿＿

⑲＿＿＿＿＿＿＿

⑳＿＿＿＿＿＿＿

問2＿＿＿＿＿＿＿

3

問1 ①＿＿＿＿＿＿＿

②＿＿＿＿＿＿＿

③＿＿＿＿＿＿＿

④＿＿＿＿＿＿＿

⑤＿＿＿＿＿＿＿

⑥＿＿＿＿＿＿＿

⑦＿＿＿＿＿＿＿

⑧＿＿＿＿＿＿＿

⑨＿＿＿＿＿＿＿

⑩＿＿＿＿＿＿＿

⑪＿＿＿＿＿＿＿

⑫＿＿＿＿＿＿＿

⑬＿＿＿＿＿＿＿

⑭＿＿＿＿＿＿＿

⑮＿＿＿＿＿＿＿

⑯＿＿＿＿＿＿＿

⑰＿＿＿＿＿＿＿

⑱＿＿＿＿＿＿＿

⑲＿＿＿＿＿＿＿

⑳＿＿＿＿＿＿＿

問2 a＿＿＿＿＿＿

b i＿＿＿＿＿

ii＿＿＿＿＿

8章　大交易・大交流の時代

18アジア交易世界の興隆
【本誌P.76・77】

ポイント整理

1

1＿＿＿＿＿＿＿

2＿＿＿＿＿＿＿

3＿＿＿＿＿＿＿

4＿＿＿＿＿＿＿

5＿＿＿＿＿＿＿

6＿＿＿＿＿＿＿

7＿＿＿＿＿＿＿

8＿＿＿＿＿＿＿

9＿＿＿＿＿＿＿

10＿＿＿＿＿＿

11＿＿＿＿＿＿

12＿＿＿＿＿＿

13＿＿＿＿＿＿

14＿＿＿＿＿＿

15＿＿＿＿＿＿

16＿＿＿＿＿＿

17＿＿＿＿＿＿

18＿＿＿＿＿＿

19＿＿＿＿＿＿

20＿＿＿＿＿＿

21＿＿＿＿＿＿

22＿＿＿＿＿＿

23＿＿＿＿＿＿

24＿＿＿＿＿＿

25＿＿＿＿＿＿

26＿＿＿＿＿＿

27＿＿＿＿＿＿

28＿＿＿＿＿＿

2

1＿＿＿＿＿＿

2＿＿＿＿＿＿

3＿＿＿＿＿＿

4＿＿＿＿＿＿

5＿＿＿＿＿＿

6＿＿＿＿＿＿

7＿＿＿＿＿＿

8＿＿＿＿＿＿

9＿＿＿＿＿＿

10＿＿＿＿＿＿

11＿＿＿＿＿＿

12＿＿＿＿＿＿

演習問題

1

問1 ①＿＿＿＿＿

②＿＿＿＿＿

③＿＿＿＿＿

④＿＿＿＿＿

⑤＿＿＿＿＿

⑥＿＿＿＿＿

⑦＿＿＿＿＿

⑧＿＿＿＿＿

⑨＿＿＿＿＿

⑩＿＿＿＿＿

⑪＿＿＿＿＿

⑫＿＿＿＿＿

⑬＿＿＿＿＿

⑭＿＿＿＿＿

⑮＿＿＿＿＿

⑯＿＿＿＿＿

⑰＿＿＿＿＿

⑱＿＿＿＿＿

問2 a＿＿＿＿＿

b┈┈┈┈┈

┈┈┈┈┈

＿＿＿＿＿

19大航海時代
【本誌P.78・79】

ポイント整理

1

1＿＿＿＿＿

2＿＿＿＿＿＿

3＿＿＿＿＿＿

4＿＿＿＿＿＿

5＿＿＿＿＿＿

6＿＿＿＿＿＿

7＿＿＿＿＿＿

8＿＿＿＿＿＿

9＿＿＿＿＿＿

10＿＿＿＿＿＿

11＿＿＿＿＿＿

12＿＿＿＿＿＿

13＿＿＿＿＿＿

14＿＿＿＿＿＿

15＿＿＿＿＿＿

16＿＿＿＿＿＿

17＿＿＿＿＿＿

18＿＿＿＿＿＿

19＿＿＿＿＿＿

20＿＿＿＿＿＿

21＿＿＿＿＿＿

22＿＿＿＿＿＿

23＿＿＿＿＿＿

演習問題

1 **正誤でチェック！基礎知識**

番号　　正しい語句

A＿＿＿,＿＿＿

B＿＿＿,＿＿＿

2

問1 ①＿＿＿＿＿

②＿＿＿＿＿

③＿＿＿＿＿

26

④＿＿＿＿＿＿＿

⑤＿＿＿＿＿＿＿

⑥＿＿＿＿＿＿＿

⑦＿＿＿＿＿＿＿

⑧＿＿＿＿＿＿＿

⑨＿＿＿＿＿＿＿

⑩＿＿＿＿＿＿＿

⑪＿＿＿＿＿＿＿

⑫＿＿＿＿＿＿＿

⑬＿＿＿＿＿＿＿

問2 a＿＿＿＿＿＿

b＿＿＿＿＿＿

9章 アジアの諸帝国の繁栄

20イスラーム諸王朝の繁栄　【本誌P.80〜85】

ポイント整理

❶

1＿＿＿＿＿＿＿

2＿＿＿＿＿＿＿

3＿＿＿＿＿＿＿

4＿＿＿＿＿＿＿

5＿＿＿＿＿＿＿

6＿＿＿＿＿＿＿

7＿＿＿＿＿＿＿

8＿＿＿＿＿＿＿

9＿＿＿＿＿＿＿

10＿＿＿＿＿＿

11＿＿＿＿＿＿

12＿＿＿＿＿＿

13＿＿＿＿＿＿

14＿＿＿＿＿＿

15＿＿＿＿＿＿

16＿＿＿＿＿＿

17＿＿＿＿＿＿

18＿＿＿＿＿＿

19＿＿＿＿＿＿

20＿＿＿＿＿＿

21＿＿＿＿＿＿

22＿＿＿＿＿＿

23＿＿＿＿＿＿

24＿＿＿＿＿＿

25＿＿＿＿＿＿

26＿＿＿＿＿＿

27＿＿＿＿＿＿

28＿＿＿＿＿＿

29＿＿＿＿＿＿

30＿＿＿＿＿＿

31＿＿＿＿＿＿

32＿＿＿＿＿＿

❷

1＿＿＿＿＿＿

2＿＿＿＿＿＿

3＿＿＿＿＿＿

4＿＿＿＿＿＿

5＿＿＿＿＿＿

6＿＿＿＿＿＿

7＿＿＿＿＿＿

8＿＿＿＿＿＿

9＿＿＿＿＿＿

10＿＿＿＿＿＿

11＿＿＿＿＿＿

12＿＿＿＿＿＿

13＿＿＿＿＿＿

14＿＿＿＿＿＿

15＿＿＿＿＿＿

16＿＿＿＿＿＿

17＿＿＿＿＿＿

18＿＿＿＿＿＿

19＿＿＿＿＿＿

20＿＿＿＿＿＿

21＿＿＿＿＿＿

22＿＿＿＿＿＿

❸

1＿＿＿＿＿＿

2＿＿＿＿＿＿

3＿＿＿＿＿＿

4＿＿＿＿＿＿

5＿＿＿＿＿＿

6＿＿＿＿＿＿

7＿＿＿＿＿＿

8＿＿＿＿＿＿

9＿＿＿＿＿＿

10＿＿＿＿＿＿

11＿＿＿＿＿＿

演習問題

1 正誤でチェック！基礎知識

番号　　正しい語句

A＿＿＿，＿＿＿

B＿＿＿，＿＿＿

C＿＿＿，＿＿＿

D＿＿＿，＿＿＿

W世

2

問1 ①＿＿＿＿＿＿＿＿＿＿

② ＿＿＿＿＿＿＿＿＿＿

③ ＿＿＿＿＿＿＿＿＿＿

④ ＿＿＿＿＿＿＿＿＿＿

⑤ ＿＿＿＿＿＿＿＿＿＿

⑥ ＿＿＿＿＿＿＿＿＿＿

⑦ ＿＿＿＿＿＿＿＿＿＿

⑧ ＿＿＿＿＿＿＿＿＿＿

⑨ ＿＿＿＿＿＿＿＿＿＿

⑩ ＿＿＿＿＿＿＿＿＿＿

⑪ ＿＿＿＿＿＿＿＿＿＿

⑫ ＿＿＿＿＿＿＿＿＿＿

⑬ ＿＿＿＿＿＿＿＿＿＿

⑭ ＿＿＿＿＿＿＿＿＿＿

⑮ ＿＿＿＿＿＿＿＿＿＿

⑯ ＿＿＿＿＿＿＿＿＿＿

⑰ ＿＿＿＿＿＿＿＿＿＿

⑱ ＿＿＿＿＿＿＿＿＿＿

⑲ ＿＿＿＿＿＿＿＿＿＿

⑳ ＿＿＿＿＿＿＿＿＿＿

問2 a＿＿＿＿＿＿＿＿＿＿

b＿＿＿＿＿＿＿＿＿＿

3

問1 ①＿＿＿＿＿＿＿＿＿＿

② ＿＿＿＿＿＿＿＿＿＿

③ ＿＿＿＿＿＿＿＿＿＿

④ ＿＿＿＿＿＿＿＿＿＿

問2 ア＿＿＿＿＿＿＿＿＿＿

イ＿＿＿＿＿＿＿＿＿＿

ウ＿＿＿＿＿＿＿＿＿＿

エ＿＿＿＿＿＿＿＿＿＿

オ＿＿＿＿＿＿＿＿＿＿

問3 ＿＿＿＿＿＿＿＿＿＿

問4 人物＿＿＿＿＿＿＿＿＿

王国＿＿＿＿＿＿＿＿＿

4

問1 ①＿＿＿＿＿＿＿＿＿＿

② ＿＿＿＿＿＿＿＿＿＿

③ ＿＿＿＿＿＿＿＿＿＿

④ ＿＿＿＿＿＿＿＿＿＿

問2 ＿＿＿＿＿＿＿＿＿＿

問3 ＿＿＿＿＿＿＿＿＿＿

問4 i ＿＿＿＿＿＿＿＿＿

ii ＿＿＿＿＿＿＿＿＿

問5 ＿＿＿＿＿＿＿＿＿＿

問6 i ＿＿＿＿＿＿＿＿＿

ii ＿＿＿＿＿＿＿＿＿

iii ＿＿＿＿＿＿＿＿＿

21 清代の中国と隣接諸地域 【本誌P.86・87】

ポイント整理

1

1 ＿＿＿＿＿＿＿＿＿
2 ＿＿＿＿＿＿＿＿＿
3 ＿＿＿＿＿＿＿＿＿
4 ＿＿＿＿＿＿＿＿＿
5 ＿＿＿＿＿＿＿＿＿
6 ＿＿＿＿＿＿＿＿＿
7 ＿＿＿＿＿＿＿＿＿
8 ＿＿＿＿＿＿＿＿＿
9 ＿＿＿＿＿＿＿＿＿
10 ＿＿＿＿＿＿＿＿
11 ＿＿＿＿＿＿＿＿
12 ＿＿＿＿＿＿＿＿
13 ＿＿＿＿＿＿＿＿
14 ＿＿＿＿＿＿＿＿
15 ＿＿＿＿＿＿＿＿
16 ＿＿＿＿＿＿＿＿
17 ＿＿＿＿＿＿＿＿
18 ＿＿＿＿＿＿＿＿

2

1 ＿＿＿＿＿＿＿＿＿
2 ＿＿＿＿＿＿＿＿＿
3 ＿＿＿＿＿＿＿＿＿
4 ＿＿＿＿＿＿＿＿＿
5 ＿＿＿＿＿＿＿＿＿
6 ＿＿＿＿＿＿＿＿＿
7 ＿＿＿＿＿＿＿＿＿

演習問題

1 正誤でチェック！基礎知識

番号　　　正しい語句

A_____,_____

B_____,_____

C_____,_____

2

問1 ①_____

　　②_____

　　③_____

　　④_____

　　⑤_____

　　⑥_____

　　⑦_____

　　⑧_____

　　⑨_____

　　⑩_____

　　⑪_____

　　⑫_____

　　⑬_____

　　⑭_____

　　⑮_____

　　⑯_____

問2 a_____

　　b_____

　　c_____

10章　近世ヨーロッパ世界の動向

22ルネサンスと宗教改革
【本誌P.88・89】

ポイント整理

1

1_____

2_____

3_____

4_____

5_____

6_____

7_____

8_____

9_____

10_____

11_____

12_____

13_____

14_____

15_____

16_____

17_____

18_____

19_____

20_____

21_____

2

1_____

2_____

3_____

4_____

5_____

6_____

7_____

8_____

9_____

10_____

11_____

12_____

13_____

14_____

15_____

16_____

17_____

演習問題

1

問1 ①_____

　　②_____

　　③_____

　　④_____

　　⑤_____

　　⑥_____

　　⑦_____

　　⑧_____

　　⑨_____

　　⑩_____

　　⑪_____

　　⑫_____

　　⑬_____

2

問1 ①_____

② _____

③ _____

④ _____

⑤ _____

⑥ _____

⑦ _____

⑧ _____

⑨ _____

⑩ _____

⑪ _____

問2 a ····························

······························

b _____

23 主権国家体制の成立
【本誌P.90〜93】

ポイント整理

❶

1 _____

2 _____

3 _____

4 _____

5 _____

❷

1 _____

2 _____

3 _____

4 _____

5 _____

6 _____

7 _____

8 _____

9 _____

10 _____

11 _____

12 _____

13 _____

14 _____

15 _____

16 _____

17 _____

18 _____

19 _____

20 _____

21 _____

22 _____

❸

1 _____

2 _____

3 _____

4 _____

5 _____

6 _____

7 _____

8 _____

9 _____

10 _____

11 _____

12 _____

13 _____

14 _____

15 _____

16 _____

17 _____

18 _____

19 _____

20 _____

21 _____

22 _____

23 _____

24 _____

25 _____

26 _____

27 _____

28 _____

29 _____

演習問題

1 正誤でチェック！基礎知識

番号　　正しい語句

A ____, _____

B ____, _____

2

問1 ① _____

② _____

問2 _____

問3 A _____

B _____

C _____

問4 _____

問5 _____

問6 _____

3

問1 _____

問2 _____

問3 _____

問4 _____

問5 _____

問6 ┈┈┈┈┈┈┈┈┈┈┈

┈┈┈┈┈┈┈┈┈┈┈

┈┈┈┈┈┈┈┈┈┈┈

_____

王朝・治世年表Ⅱ
【本誌P.94・95】

1 _____

2 _____

3 _____

4 _____

5 _____

6 _____

7 _____

8 _____

9 _____

10 _____

11 _____

12 _____

13 _____

14 _____

15 _____

16 _____

17 _____

18 _____

19 _____

20 _____

21 _____

22 _____

23 _____

24 _____

25 _____

26 _____

27 _____

28 _____

29 _____

30 _____

31 _____

32 _____

33 _____

34 _____

35 _____

36 _____

37 _____

38 _____

39 _____

40 _____

41 _____

42 _____

43 _____

44 _____

45 _____

46 _____

47 _____

48 _____

49 _____

50 _____

51 _____

52 _____

53 _____

54 _____

55 _____

56 _____

57 _____

58 _____

59 _____

60 _____

61 _____

62 _____

63 _____

64 _____

65 _____

66 _____

67 _____

68 _____

69 _____

70 _____

71 _____

72 _____

73 _____

74 _____

世紀別の演習Ⅲ
【本誌P.96・97】

1

国名・王朝名　　　記号

問1 ① _____ , _____

②_____,____

③_____,____

④_____,____

⑤_____,____

問2_____

問3_____

問4①_____

　　②_____

問5①_____

　　②_____

問6_____

問7_____

2

問1 A_____

　　B_____

　　C_____

　　D_____

　　　　人物　　　記号

問2①_____,____

　　②_____,____

　　③_____,____

　　④_____,____

　　⑤_____,____

問3①_____

　　②_____

問4_____

問5①_____

　　②_____

　　③_____

問6_____

問7①_____

②_____

問8_____

24ヨーロッパの海洋進出とアメリカ大陸の変容 【本誌P.98〜101】

ポイント整理

❶

1_____

2_____

3_____

4_____

5_____

6_____

7_____

8_____

9_____

❷

1_____

2_____

3_____

4_____

5_____

6_____

7_____

8_____

9_____

10_____

11_____

❸

1_____

2_____

3_____

4_____

5_____

6_____

7_____

8_____

9_____

10_____

11_____

12_____

13_____

14_____

15_____

16_____

17_____

18_____

19_____

20_____

21_____

22_____

23_____

24_____

25_____

26_____

27_____

28_____

29_____

30_____

31_____

32_____

33 _____

34 _____

35 _____

36 _____

■■■■ 演習問題 ■■■■

1 **正誤でチェック！基礎知識**

番号　　　正しい語句

_____ , _____

2

問1 ① _____

　　 ② _____

　　 ③ _____

問2 _____

3

問1 A _____

　　 B _____

　　 C _____

問2 _____

問3 _____

問4 ·······························

　　 ·······························

　　 ·······························

　　 _____

4

問1 ① _____

　　 ② _____

　　 ③ _____

　　 ④ _____

　　 ⑤ _____

　　 ⑥ _____

　　 ⑦ _____

問2 _____

問3 _____

問4 _____

5

問1 ① _____

　　 ② _____

　　 ③ _____

　　 ④ _____

　　 ⑤ _____

　　 ⑥ _____

問2 A _____

　　 B _____

　　 C _____

　　 D _____

┌─────────────────────┐
│ **25 科学革命と啓蒙思想** │
│ 【本誌P.102〜105】 │
└─────────────────────┘

■■■■ ポイント整理 ■■■■

❶

1 _____

2 _____

3 _____

4 _____

5 _____

6 _____

7 _____

8 _____

9 _____

10 _____

11 _____

12 _____

13 _____

14 _____

15 _____

16 _____

17 _____

18 _____

19 _____

20 _____

21 _____

22 _____

23 _____

24 _____

25 _____

26 _____

27 _____

28 _____

29 _____

30 _____

❷

1 _____

2 _____

3 _____

4 _____

5 _____

6 _____

7 _____

8 _____

9 _____

10 _____

11 _____

12 _____

13＿＿＿＿＿＿＿＿＿＿

14＿＿＿＿＿＿＿＿＿＿

15＿＿＿＿＿＿＿＿＿＿

16＿＿＿＿＿＿＿＿＿＿

17＿＿＿＿＿＿＿＿＿＿

18＿＿＿＿＿＿＿＿＿＿

19＿＿＿＿＿＿＿＿＿＿

20＿＿＿＿＿＿＿＿＿＿

21＿＿＿＿＿＿＿＿＿＿

22＿＿＿＿＿＿＿＿＿＿

23＿＿＿＿＿＿＿＿＿＿

24＿＿＿＿＿＿＿＿＿＿

25＿＿＿＿＿＿＿＿＿＿

26＿＿＿＿＿＿＿＿＿＿

27＿＿＿＿＿＿＿＿＿＿

28＿＿＿＿＿＿＿＿＿＿

29＿＿＿＿＿＿＿＿＿＿

演習問題

1 正誤でチェック！基礎知識

番号　　　　正しい語句

A＿＿＿＿,＿＿＿＿＿＿＿

B＿＿＿＿,＿＿＿＿＿＿＿

2

問1 ①＿＿＿＿＿＿＿＿＿

　　②＿＿＿＿＿＿＿＿＿

　　③＿＿＿＿＿＿＿＿＿

　　④＿＿＿＿＿＿＿＿＿

　　⑤＿＿＿＿＿＿＿＿＿

　　⑥＿＿＿＿＿＿＿＿＿

　　⑦＿＿＿＿＿＿＿＿＿

　　⑧＿＿＿＿＿＿＿＿＿

⑨＿＿＿＿＿＿＿＿＿＿

⑩＿＿＿＿＿＿＿＿＿＿

⑪＿＿＿＿＿＿＿＿＿＿

⑫＿＿＿＿＿＿＿＿＿＿

⑬＿＿＿＿＿＿＿＿＿＿

⑭＿＿＿＿＿＿＿＿＿＿

3

問1＿＿＿＿＿＿＿＿＿＿

問2＿＿＿＿＿＿＿＿＿＿

問3＿＿＿＿＿＿＿＿＿＿

問4＿＿＿＿＿＿＿＿＿＿

問5＿＿＿＿＿＿＿＿＿＿

　　＿＿＿＿＿＿＿＿＿＿

　　＿＿＿＿＿＿＿＿＿＿

　　＿＿＿＿＿＿＿＿＿＿

4

問1＿＿＿＿＿＿＿＿＿＿

問2＿＿＿＿＿＿＿＿＿＿

問3＿＿＿＿＿＿＿＿＿＿

問4＿＿＿＿＿＿＿＿＿＿

問5＿＿＿＿＿＿＿＿＿＿

11章　産業革命と環大西洋革命

26 産業革命
【本誌P.106・107】

ポイント整理

1

1＿＿＿＿＿＿＿＿＿＿

2＿＿＿＿＿＿＿＿＿＿

3＿＿＿＿＿＿＿＿＿＿

4＿＿＿＿＿＿＿＿＿＿

5＿＿＿＿＿＿＿＿＿＿

6＿＿＿＿＿＿＿＿＿＿

7＿＿＿＿＿＿＿＿＿＿

8＿＿＿＿＿＿＿＿＿＿

9＿＿＿＿＿＿＿＿＿＿

10＿＿＿＿＿＿＿＿＿＿

11＿＿＿＿＿＿＿＿＿＿

12＿＿＿＿＿＿＿＿＿＿

13＿＿＿＿＿＿＿＿＿＿

14＿＿＿＿＿＿＿＿＿＿

15＿＿＿＿＿＿＿＿＿＿

16＿＿＿＿＿＿＿＿＿＿

17＿＿＿＿＿＿＿＿＿＿

18＿＿＿＿＿＿＿＿＿＿

19＿＿＿＿＿＿＿＿＿＿

20＿＿＿＿＿＿＿＿＿＿

21＿＿＿＿＿＿＿＿＿＿

22＿＿＿＿＿＿＿＿＿＿

23＿＿＿＿＿＿＿＿＿＿

24＿＿＿＿＿＿＿＿＿＿

25＿＿＿＿＿＿＿＿＿＿

26＿＿＿＿＿＿＿＿＿＿

27＿＿＿＿＿＿＿＿＿＿

28＿＿＿＿＿＿＿＿＿＿

演習問題

1 正誤でチェック！基礎知識

番号　　　　正しい語句

A＿＿＿＿,＿＿＿＿＿＿＿

B＿＿＿＿,＿＿＿＿＿＿＿

C＿＿＿＿,＿＿＿＿＿＿＿

34

2

問1① _____

② _____

③ _____

④ _____

⑤ _____

⑥ _____

⑦ _____

⑧ _____

問2 a ア _____

イ _____

ウ _____

b _____

c ⅰ _____

ⅱ _____

d _____

問3 _____

問4 _____

27アメリカ合衆国の独立と発展 【本誌P.108〜111】

━━━ ポイント整理 ━━━

1

1 _____

2 _____

3 _____

4 _____

5 _____

6 _____

7 _____

8 _____

9 _____

10 _____

11 _____

12 _____

13 _____

14 _____

15 _____

16 _____

17 _____

18 _____

19 _____

20 _____

21 _____

22 _____

23 _____

24 _____

25 _____

26 _____

27 _____

28 _____

29 _____

30 _____

31 _____

2

1 _____

2 _____

3 _____

4 _____

5 _____

6 _____

7 _____

8 _____

9 _____

10 _____

11 _____

12 _____

13 _____

14 _____

15 _____

16 _____

17 _____

18 _____

19 _____

20 _____

21 _____

22 _____

23 _____

24 _____

25 _____

26 _____

27 _____

━━━ 演習問題 ━━━

1 正誤でチェック！基礎知識

番号　　正しい語句

A _____ , _____

B _____ , _____

2

問1① _____

② _____

③ _____

④ _____

⑤ _____

⑥ _____

⑦ _____

⑧ _____

⑨ _____

⑩ _____

問2 a _____

b i _____

ii _____

iii _____

_____

_____

_____

_____

c i _____

ii _____

d ・_____

・_____

3

問1 ① _____

② _____

③ _____

④ _____

⑤ _____

⑥ _____

⑦ _____

⑧ _____

⑨ _____

⑩ _____

⑪ _____

⑫ _____

⑬ _____

⑭ _____

⑮ _____

問2 a _____

_____

_____

_____

_____

b _____

_____

c _____

d _____

e _____

f ・_____

・_____

問3 A _____

B _____

C _____

D _____

28フランス革命とナポレオンの支配
【本誌P.112〜115】

━━ ポイント整理 ━━

1

1 _____

2 _____

3 _____

---

4 _____

5 _____

6 _____

7 _____

8 _____

9 _____

10 _____

11 _____

12 _____

13 _____

14 _____

15 _____

16 _____

17 _____

18 _____

19 _____

20 _____

21 _____

22 _____

23 _____

24 _____

25 _____

26 _____

27 _____

28 _____

29 _____

30 _____

31 _____

32 _____

33 _____

34 _____

35 _____

❷

1 _____

2 _____

3 _____

4 _____

5 _____

6 _____

7 _____

8 _____

9 _____

10 _____

11 _____

12 _____

❸

1 _____

2 _____

3 _____

4 _____

5 _____

6 _____

7 _____

8 _____

❹

1 _____

2 _____

3 _____

4 _____

5 _____

6 _____

7 _____

8 _____

■■■ 演習問題 ■■■

❶

問1 ① _____

② _____

③ _____

④ _____

⑤ _____

⑥ _____

⑦ _____

⑧ _____

⑨ _____

⑩ _____

問2 a _____

b _____

c _____

d _____

❷

問1 ① _____

② _____

③ _____

④ _____

問2 a _____

b _____

c _____

d _____

_____

_____

_____

_____

_____

_____

_____

12章　イギリスの優位と欧米国民国家の形成

29ウィーン体制とヨーロッパの政治・社会の変動【本誌P.116〜119】

■■■ ポイント整理 ■■■

❶

1 _____

2 _____

3 _____

4 _____

5 _____

6 _____

7 _____

8 _____

9 _____

10 _____

11 _____

❷

1 _____

2 _____

3 _____

4 _____

5 _____

6 _____

7 _____

8 _____

9 _____

10＿＿＿＿＿＿＿＿＿＿＿＿＿

11＿＿＿＿＿＿＿＿＿＿＿＿＿

12＿＿＿＿＿＿＿＿＿＿＿＿＿

13＿＿＿＿＿＿＿＿＿＿＿＿＿

❸

1＿＿＿＿＿＿＿＿＿＿＿＿＿

2＿＿＿＿＿＿＿＿＿＿＿＿＿

3＿＿＿＿＿＿＿＿＿＿＿＿＿

4＿＿＿＿＿＿＿＿＿＿＿＿＿

5＿＿＿＿＿＿＿＿＿＿＿＿＿

6＿＿＿＿＿＿＿＿＿＿＿＿＿

7＿＿＿＿＿＿＿＿＿＿＿＿＿

8＿＿＿＿＿＿＿＿＿＿＿＿＿

9＿＿＿＿＿＿＿＿＿＿＿＿＿

10＿＿＿＿＿＿＿＿＿＿＿＿＿

11＿＿＿＿＿＿＿＿＿＿＿＿＿

12＿＿＿＿＿＿＿＿＿＿＿＿＿

13＿＿＿＿＿＿＿＿＿＿＿＿＿

❹

1＿＿＿＿＿＿＿＿＿＿＿＿＿

2＿＿＿＿＿＿＿＿＿＿＿＿＿

3＿＿＿＿＿＿＿＿＿＿＿＿＿

4＿＿＿＿＿＿＿＿＿＿＿＿＿

5＿＿＿＿＿＿＿＿＿＿＿＿＿

6＿＿＿＿＿＿＿＿＿＿＿＿＿

7＿＿＿＿＿＿＿＿＿＿＿＿＿

8＿＿＿＿＿＿＿＿＿＿＿＿＿

9＿＿＿＿＿＿＿＿＿＿＿＿＿

10＿＿＿＿＿＿＿＿＿＿＿＿＿

演習問題

❶ 正誤でチェック！基礎知識

番号　　　正しい語句

A＿＿＿＿,＿＿＿＿＿＿＿＿＿

B＿＿＿＿,＿＿＿＿＿＿＿＿＿

❷

問1 ①＿＿＿＿＿＿＿＿＿＿＿＿

② ＿＿＿＿＿＿＿＿＿＿＿＿

③ ＿＿＿＿＿＿＿＿＿＿＿＿

④ ＿＿＿＿＿＿＿＿＿＿＿＿

⑤ ＿＿＿＿＿＿＿＿＿＿＿＿

⑥ ＿＿＿＿＿＿＿＿＿＿＿＿

⑦ ＿＿＿＿＿＿＿＿＿＿＿＿

⑧ ＿＿＿＿＿＿＿＿＿＿＿＿

⑨ ＿＿＿＿＿＿＿＿＿＿＿＿

問2 a＿＿＿＿＿＿・＿＿＿＿＿

＿＿＿＿＿＿・＿＿＿＿＿

b ⅰ ＿＿＿＿＿＿＿＿＿＿＿

ⅱ ・＿＿＿＿＿＿＿＿＿＿

・＿＿＿＿＿＿＿＿＿＿

c ⅰ ＿＿＿＿＿＿＿＿＿＿＿

ⅱ ＿＿＿＿＿＿＿＿＿＿＿

d ⅰ ＿＿＿＿＿＿＿＿＿＿＿

ⅱ ＿＿＿＿＿＿＿＿＿＿＿

ⅲ ＿＿＿＿＿＿＿＿＿＿＿

＿＿＿＿＿＿＿＿＿＿＿

＿＿＿＿＿＿＿＿＿＿＿

e ＿＿＿＿＿＿＿＿＿＿＿

f ＿＿＿＿＿＿＿＿＿＿＿

g ＿＿＿＿＿＿＿＿＿＿＿

❸

問1 ①＿＿＿＿＿＿＿＿＿＿＿＿

② ＿＿＿＿＿＿＿＿＿＿＿＿

③＿＿＿＿＿＿＿＿＿＿＿＿＿

④＿＿＿＿＿＿＿＿＿＿＿＿＿

⑤＿＿＿＿＿＿＿＿＿＿＿＿＿

⑥＿＿＿＿＿＿＿＿＿＿＿＿＿

⑦＿＿＿＿＿＿＿＿＿＿＿＿＿

⑧＿＿＿＿＿＿＿＿＿＿＿＿＿

⑨＿＿＿＿＿＿＿＿＿＿＿＿＿

問2 a ＿＿＿＿＿＿＿＿＿＿＿＿

b ＿＿＿＿＿＿＿＿＿＿＿＿

c ＿＿＿＿＿＿＿＿＿＿＿＿

❹

問1 ①＿＿＿＿＿＿＿＿＿＿＿＿

② ＿＿＿＿＿＿＿＿＿＿＿＿

③ ＿＿＿＿＿＿＿＿＿＿＿＿

④ ＿＿＿＿＿＿＿＿＿＿＿＿

⑤ ＿＿＿＿＿＿＿＿＿＿＿＿

⑥ ＿＿＿＿＿＿＿＿＿＿＿＿

⑦ ＿＿＿＿＿＿＿＿＿＿＿＿

⑧ ＿＿＿＿＿＿＿＿＿＿＿＿

⑨ ＿＿＿＿＿＿＿＿＿＿＿＿

⑩ ＿＿＿＿＿＿＿＿＿＿＿＿

問2 a ＿＿＿＿＿＿＿＿＿＿＿＿

b ・＿＿＿＿＿＿＿＿＿＿＿

・＿＿＿＿＿＿＿＿＿＿＿

c ＿＿＿＿＿＿＿＿＿＿＿＿

＿＿＿＿＿＿＿＿＿＿＿

＿＿＿＿＿＿＿＿＿＿＿

＿＿＿＿＿＿＿＿＿＿＿

＿＿＿＿＿＿＿＿＿＿＿

30 列強体制の動揺とヨーロッパの再編成 I 【本誌P.120・121】

■ ポイント整理 ■

❶

1 _____

2 _____

3 _____

4 _____

5 _____

6 _____

7 _____

8 _____

9 _____

10 _____

11 _____

12 _____

13 _____

14 _____

15 _____

16 _____

17 _____

18 _____

19 _____

20 _____

21 _____

22 _____

23 _____

24 _____

25 _____

26 _____

27 _____

28 _____

29 _____

30 _____

31 _____

32 _____

33 _____

■ 演習問題 ■

❶

問1 ① _____

② _____

③ _____

④ _____

⑤ _____

⑥ _____

⑦ _____

⑧ _____

⑨ _____

⑩ _____

⑪ _____

⑫ _____

⑬ _____

⑭ _____

問2 _____

❷

問1 ① _____

② _____

③ _____

④ _____

⑤ _____

問2 _____

問3 _____

問4 _____

問5 _____

_____

_____

_____

_____

_____

_____

_____

_____

_____

_____

31 列強体制の動揺とヨーロッパの再編成 II 【本誌P.122～125】

■ ポイント整理 ■

❶

1 _____

2 _____

3 _____

4 _____

5 _____

6 _____

7 _____

8 _____

9 _____

10 _____

11 _____

12 _____

13 _____

14 _____

15_____

16_____・_____

17_____

18_____

19_____

20_____

21_____

22_____

23_____

24_____

25_____

26_____

27_____

28_____

29_____

30_____

31_____

32_____

33_____

34_____

35_____

2

1_____

2_____

3_____

4_____

5_____

6_____・_____

7_____

8_____

9_____

10_____

11_____

12_____

13_____

14_____

15_____

16_____

17_____

18_____

19_____

20_____

21_____

22_____

23_____

24_____

25_____

26_____

27_____

28_____

29_____

30_____

31_____

32_____

33_____・_____

34_____

35_____

36_____

37_____

38_____

39_____

40_____

41_____

42_____

43_____・_____

44_____

45_____

演習問題

1

問1 ①_____

② _____

③ _____

④ _____

⑤ _____

⑥ _____

⑦ _____

⑧ _____

⑨ _____

⑩ _____

問2 a _____

b _____

c _____

2

問1 ①_____

② _____

③ _____

④ _____

⑤ _____

問2 _____

3

問1 ①_____

② _____

③ _____

④＿＿＿＿＿＿＿＿＿＿

⑤＿＿＿＿＿＿＿＿＿＿

⑥＿＿＿＿＿＿＿＿＿＿

⑦＿＿＿＿＿＿＿＿＿＿

⑧＿＿＿＿＿＿＿＿＿＿

⑨＿＿＿＿＿＿＿＿＿＿

問2 a＿＿＿＿＿＿＿＿＿＿

b＿＿＿＿＿＿＿＿＿＿

4

問1 ①＿＿＿＿＿＿＿＿＿＿

②＿＿＿＿＿＿＿＿＿＿

③＿＿＿＿＿＿＿＿＿＿

④＿＿＿＿＿＿＿＿＿＿

⑤＿＿＿＿＿＿＿＿＿＿

⑥＿＿＿＿＿＿＿＿＿＿

⑦＿＿＿＿＿＿＿＿＿＿

⑧＿＿＿＿＿＿＿＿＿＿

⑨＿＿＿＿＿＿＿＿＿＿

⑩＿＿＿＿＿＿＿＿＿＿

⑪＿＿＿＿＿＿＿＿＿＿

問2 a＿＿＿＿＿＿＿＿＿＿

b＿＿＿＿＿＿＿＿＿＿

c＿＿＿＿＿＿＿＿＿＿

d＿＿＿＿＿＿＿＿＿＿

e·····························

·····························

·····························

·····························

＿＿＿＿＿＿＿＿＿＿

32 19世紀欧米文化の展開と市民文化の繁栄
【本誌P.126・127】

ポイント整理

1

1＿＿＿＿＿＿＿＿＿＿

2＿＿＿＿＿＿＿＿＿＿

3＿＿＿＿＿＿＿＿＿＿

4＿＿＿＿＿＿＿＿＿＿

5＿＿＿＿＿＿＿＿＿＿

6＿＿＿＿＿＿＿＿＿＿

7＿＿＿＿＿＿＿＿＿＿

8＿＿＿＿＿＿＿＿＿＿

9＿＿＿＿＿＿＿＿＿＿

10＿＿＿＿＿＿＿＿＿＿

11＿＿＿＿＿＿＿＿＿＿

12＿＿＿＿＿＿＿＿＿＿

13＿＿＿＿＿＿＿＿＿＿

14＿＿＿＿＿＿＿＿＿＿

15＿＿＿＿＿＿＿＿＿＿

16＿＿＿＿＿＿＿＿＿＿

17＿＿＿＿＿＿＿＿＿＿

18＿＿＿＿＿＿＿＿＿＿

19＿＿＿＿＿＿＿＿＿＿

20＿＿＿＿＿＿＿＿＿＿

21＿＿＿＿＿＿＿＿＿＿

22＿＿＿＿＿＿＿＿＿＿

23＿＿＿＿＿＿＿＿＿＿

24＿＿＿＿＿＿＿＿＿＿

25＿＿＿＿＿＿＿＿＿＿

26＿＿＿＿＿＿＿＿＿＿

27＿＿＿＿＿＿＿＿＿＿

28＿＿＿＿＿＿＿＿＿＿

29＿＿＿＿＿＿＿＿＿＿

30＿＿＿＿＿＿＿＿＿＿

31＿＿＿＿＿＿＿＿＿＿

32＿＿＿＿＿＿＿＿＿＿

33＿＿＿＿＿＿＿＿＿＿

34＿＿＿＿＿＿＿＿＿＿

演習問題

1

問1 ①＿＿＿＿＿＿＿＿＿＿

②＿＿＿＿＿＿＿＿＿＿

③＿＿＿＿＿＿＿＿＿＿

④＿＿＿＿＿＿＿＿＿＿

⑤＿＿＿＿＿＿＿＿＿＿

⑥＿＿＿＿＿＿＿＿＿＿

⑦＿＿＿＿＿＿＿＿＿＿

⑧＿＿＿＿＿＿＿＿＿＿

⑨＿＿＿＿＿＿＿＿＿＿

⑩＿＿＿＿＿＿＿＿＿＿

⑪＿＿＿＿＿＿＿＿＿＿

⑫＿＿＿＿＿＿＿＿＿＿

⑬＿＿＿＿＿＿＿＿＿＿

⑭＿＿＿＿＿＿＿＿＿＿

⑮＿＿＿＿＿＿＿＿＿＿

⑯＿＿＿＿＿＿＿＿＿＿

⑰＿＿＿＿＿＿＿＿＿＿

⑱＿＿＿＿＿＿＿＿＿＿

⑲＿＿＿＿＿＿＿＿＿＿

⑳＿＿＿＿＿＿＿＿＿＿

㉑＿＿＿＿＿＿＿＿＿＿

㉒＿＿＿＿＿＿＿

㉓＿＿＿＿＿＿＿

㉔＿＿＿＿＿＿＿

㉕＿＿＿＿＿＿＿

問2＿＿＿＿＿＿＿＿

13章　アジア諸地域の動揺

33アジア地域の変容と植民地化 【本誌P.128〜131】

ポイント整理

❶

1＿＿＿＿＿＿＿
2＿＿＿＿＿＿＿
3＿＿＿＿＿＿＿
4＿＿＿＿＿＿＿
5＿＿＿＿＿＿＿
6＿＿＿＿＿＿＿
7＿＿＿＿＿＿＿
8＿＿＿＿＿＿＿
9＿＿＿＿＿＿＿
10＿＿＿＿＿＿
11＿＿＿＿＿＿
12＿＿＿＿＿＿
13＿＿＿＿＿＿
14＿＿＿＿＿＿
15＿＿＿＿＿＿
16＿＿＿＿＿＿
17＿＿＿＿＿＿
18＿＿＿＿＿＿
19＿＿＿＿＿＿

20＿＿＿＿＿＿＿
21＿＿＿＿＿＿＿
22＿＿＿＿＿＿＿
23＿＿＿＿＿＿＿
24＿＿＿＿＿＿＿
25＿＿＿＿＿＿＿
26＿＿＿＿＿＿＿

❷

1＿＿＿＿＿＿＿
2＿＿＿＿＿＿＿
3＿＿＿＿＿＿＿
4＿＿＿＿＿＿＿
5＿＿＿＿＿＿＿
6＿＿＿＿＿＿＿
7＿＿＿＿＿＿＿
8＿＿＿＿＿＿＿
9＿＿＿＿＿＿＿
10＿＿＿＿＿＿
11＿＿＿＿＿＿
12＿＿＿＿＿＿
13＿＿＿＿＿＿
14＿＿＿＿＿＿
15＿＿＿＿＿＿
16＿＿＿＿＿＿
17＿＿＿＿＿＿
18＿＿＿＿＿＿
19＿＿＿＿＿＿
20＿＿＿＿＿＿
21＿＿＿＿＿＿
22＿＿＿＿＿＿
23＿＿＿＿＿＿

24＿＿＿＿＿＿＿
25＿＿＿＿＿＿＿
26＿＿＿＿＿＿＿
27＿＿＿＿＿＿＿
28＿＿＿＿＿＿＿
29＿＿＿＿＿＿＿
30＿＿＿＿＿＿＿
31＿＿＿＿＿＿＿
32＿＿＿＿＿＿＿

演習問題

❶ 正誤でチェック！基礎知識

番号　　　正しい語句

A＿＿＿,＿＿＿＿
B＿＿＿,＿＿＿＿
C＿＿＿,＿＿＿＿
D＿＿＿,＿＿＿＿

❷

問1 ①＿＿＿＿＿
②＿＿＿＿＿
③＿＿＿＿＿
④＿＿＿＿＿
⑤＿＿＿＿＿
⑥＿＿＿＿＿

問2 a＿＿＿＿＿
b＿＿＿＿＿

❸

問1 ①＿＿＿＿＿
②＿＿＿＿＿
③＿＿＿＿＿
④＿＿＿＿＿
⑤＿＿＿＿＿

⑥＿＿＿＿＿＿＿＿＿＿

⑦＿＿＿＿＿＿＿＿＿＿

⑧＿＿＿＿＿＿＿＿＿＿

⑨＿＿＿＿＿＿＿＿＿＿

４

問1 ①＿＿＿＿＿＿＿＿＿

②＿＿＿＿＿＿＿＿＿＿

③＿＿＿＿＿＿＿＿＿＿

④＿＿＿＿＿＿＿＿＿＿

⑤＿＿＿＿＿＿＿＿＿＿

⑥＿＿＿＿＿＿＿＿＿＿

⑦＿＿＿＿＿＿＿＿＿＿

問2 a＿＿＿＿＿＿＿＿＿

b＿＿＿＿＿＿＿＿＿

問3 ┈┈┈┈┈┈┈┈┈┈

┈┈┈┈┈┈┈┈┈┈

┈┈┈┈┈┈┈┈┈┈

＿＿＿＿＿＿＿＿＿＿

５

問1 ①＿＿＿＿＿＿＿＿＿

②＿＿＿＿＿＿＿＿＿＿

③＿＿＿＿＿＿＿＿＿＿

④＿＿＿＿＿＿＿＿＿＿

⑤＿＿＿＿＿＿＿＿＿＿

⑥＿＿＿＿＿＿＿＿＿＿

⑦＿＿＿＿＿＿＿＿＿＿

⑧＿＿＿＿＿＿＿＿＿＿

⑨＿＿＿＿＿＿＿＿＿＿

問2＿＿＿＿＿＿＿＿＿＿

34 東アジアの激動
【本誌P.132〜135】

ポイント整理

１

1＿＿＿＿＿＿＿＿＿＿

2＿＿＿＿＿＿＿＿＿＿

3＿＿＿＿＿＿＿＿＿＿

4＿＿＿＿＿＿＿＿＿＿

5＿＿＿＿＿＿＿＿＿＿

6＿＿＿＿＿＿＿＿＿＿

7＿＿＿＿＿＿＿＿＿＿

8＿＿＿＿＿＿＿＿＿＿

9＿＿＿＿＿＿＿＿＿＿

10＿＿＿＿＿＿＿＿＿＿

11＿＿＿＿＿＿＿＿＿＿

12＿＿＿＿＿＿＿＿＿＿

13＿＿＿＿＿＿＿＿＿＿

２

1＿＿＿＿＿＿＿＿＿＿

2＿＿＿＿＿＿＿＿＿＿

3＿＿＿＿＿＿＿＿＿＿

4＿＿＿＿＿＿＿＿＿＿

5＿＿＿＿＿＿＿＿＿＿

6＿＿＿＿＿＿＿＿＿＿

7＿＿＿＿＿＿＿＿＿＿

8＿＿＿＿＿＿＿＿＿＿

9＿＿＿＿＿＿＿＿＿＿

10＿＿＿＿＿＿＿＿＿＿

11＿＿＿＿＿＿＿＿＿＿

12＿＿＿＿＿＿＿＿＿＿

13＿＿＿＿＿＿＿＿＿＿

14＿＿＿＿＿＿＿＿＿＿

15＿＿＿＿＿＿＿＿＿＿

16＿＿＿＿＿＿＿＿＿＿

17＿＿＿＿＿＿＿＿＿＿

18＿＿＿＿＿＿＿＿＿＿

19＿＿＿＿＿＿＿＿＿＿

20＿＿＿＿＿＿＿＿＿＿

21＿＿＿＿＿＿＿＿＿＿

22＿＿＿＿＿＿＿＿＿＿

23＿＿＿＿＿＿＿＿＿＿

24＿＿＿＿＿＿＿＿＿＿

25＿＿＿＿＿＿＿＿＿＿

26＿＿＿＿＿＿＿＿＿＿

27＿＿＿＿＿＿＿＿＿＿

28＿＿＿＿＿＿＿＿＿＿

29＿＿＿＿＿＿＿＿＿＿

30＿＿＿＿＿＿＿＿＿＿

31＿＿＿＿＿＿＿＿＿＿

32＿＿＿＿＿＿＿＿＿＿

33＿＿＿＿＿＿＿＿＿＿

34＿＿＿＿＿＿＿＿＿＿

35＿＿＿＿＿＿＿＿＿＿

36＿＿＿＿＿＿＿＿＿＿

37＿＿＿＿＿＿＿＿＿＿

38＿＿＿＿＿＿＿＿＿＿

39＿＿＿＿＿＿＿＿＿＿

40＿＿＿＿＿＿＿＿＿＿

41＿＿＿＿＿＿＿＿＿＿

42＿＿＿＿＿＿＿＿＿＿

３

1＿＿＿＿＿＿＿＿＿＿

2＿＿＿＿＿＿＿＿＿＿＿

3＿＿＿＿＿＿＿＿＿＿＿

4＿＿＿＿＿＿＿＿＿＿＿

5＿＿＿＿＿＿＿＿＿＿＿

6＿＿＿＿＿＿＿＿＿＿＿

7＿＿＿＿＿＿＿＿＿＿＿

8＿＿＿＿＿＿＿＿＿＿＿

9＿＿＿＿＿＿＿＿＿＿＿

10＿＿＿＿＿＿＿＿＿＿

11＿＿＿＿＿＿＿＿＿＿

12＿＿＿＿＿＿＿＿＿＿

13＿＿＿＿＿＿＿＿＿＿

14＿＿＿＿＿＿＿＿＿＿

15＿＿＿＿＿＿＿＿＿＿

16＿＿＿＿＿＿＿＿＿＿

17＿＿＿＿＿＿＿＿＿＿

18＿＿＿＿＿＿＿＿＿＿

19＿＿＿＿＿＿＿＿＿＿

20＿＿＿＿＿＿＿＿＿＿

21＿＿＿＿＿＿＿＿＿＿

22＿＿＿＿＿＿＿＿＿＿

23＿＿＿＿＿＿＿＿＿＿

24＿＿＿＿＿＿＿＿＿＿

演習問題

1 正誤でチェック！基礎知識

番号　　　正しい語句

A＿＿＿,＿＿＿＿＿＿＿

B＿＿＿,＿＿＿＿＿＿＿

2

問1 ①＿＿＿＿＿＿＿＿

　　②＿＿＿＿＿＿＿＿

③＿＿＿＿＿＿＿＿＿＿

④＿＿＿＿＿＿＿＿＿＿

⑤＿＿＿＿＿＿＿＿＿＿

⑥＿＿＿＿＿＿＿＿＿＿

⑦＿＿＿＿＿＿＿＿＿＿

⑧＿＿＿＿＿＿＿＿＿＿

⑨＿＿＿＿＿＿＿＿＿＿

⑩＿＿＿＿＿＿＿＿＿＿

問2＿＿＿＿＿＿＿＿＿

問3＿＿＿＿＿＿＿＿＿

問4＿＿＿＿＿＿＿＿＿

問5＿＿＿＿＿＿＿＿＿

3

問1 ①＿＿＿＿＿＿＿＿

②＿＿＿＿＿＿＿＿＿＿

③＿＿＿＿＿＿＿＿＿＿

④＿＿＿＿＿＿＿＿＿＿

⑤＿＿＿＿＿＿＿＿＿＿

⑥＿＿＿＿＿＿＿＿＿＿

⑦＿＿＿＿＿＿＿＿＿＿

⑧＿＿＿＿＿＿＿＿＿＿

⑨＿＿＿＿＿＿＿＿＿＿

⑩＿＿＿＿＿＿＿＿＿＿

問2＿＿＿＿＿＿＿＿＿

王朝・治世年表Ⅲ
【本誌P.136・137】

1＿＿＿＿＿＿＿＿＿＿

2＿＿＿＿＿＿＿＿＿＿

3＿＿＿＿＿＿＿＿＿＿

4＿＿＿＿＿＿＿＿＿＿

5＿＿＿＿＿＿＿＿＿＿

6＿＿＿＿＿＿＿＿＿＿

7＿＿＿＿＿＿＿＿＿＿

8＿＿＿＿＿＿＿＿＿＿

9＿＿＿＿＿＿＿＿＿＿

10＿＿＿＿＿＿＿＿＿

11＿＿＿＿＿＿＿＿＿

12＿＿＿＿＿＿＿＿＿

13＿＿＿＿＿＿＿＿＿

14＿＿＿＿＿＿＿＿＿

15＿＿＿＿＿＿＿＿＿

16＿＿＿＿＿＿＿＿＿

17＿＿＿＿＿＿＿＿＿

18＿＿＿＿＿＿＿＿＿

19＿＿＿＿＿＿＿＿＿

20＿＿＿＿＿＿＿＿＿

21＿＿＿＿＿＿＿＿＿

22＿＿＿＿＿＿＿＿＿

23＿＿＿＿＿＿＿＿＿

24＿＿＿＿＿＿＿＿＿

25＿＿＿＿＿＿＿＿＿

26＿＿＿＿＿＿＿＿＿

27 _____

28 _____

29 _____

30 _____

31 _____

32 _____

33 _____

34 _____

35 _____

36 _____

37 _____

38 _____

39 _____

40 _____

41 _____

42 _____

43 _____

44 _____

45 _____

46 _____

47 _____

48 _____

49 _____

50 _____

51 _____

52 _____

53 _____

54 _____

55 _____

56 _____

57 _____

58 _____

59 _____

60 _____

61 _____

62 _____

63 _____

64 _____

65 _____

66 _____

67 _____

68 _____

69 _____

14章　帝国主義とアジアの民族運動

35帝国主義・世界分割
【本誌P.138～143】

ポイント整理

❶

1 _____

2 _____

3 _____

4 _____

5 _____

6 _____

7 _____

8 _____

9 _____

10 _____

11 _____

12 _____

13 _____

14 _____

15 _____

16 _____

17 _____

18 _____

19 _____

20 _____

21 _____

22 _____

23 _____

24 _____

25 _____

26 _____

27 _____

28 _____

29 _____

30 _____

31 _____

32 _____

33 _____

34 _____

35 _____

36 _____

37 _____

❷

1 _____

2 _____

3 _____

4 _____

5 _____

6 _____

7 _____

8 _____

9 _____

10 _____

11 _____

12 _____

13 _____

14 _____

15 _____

16 _____

17 _____

18 _____

19 _____

20 _____

3

1 _____

2 _____

3 _____

4 _____

5 _____

6 _____

演習問題

1 正誤でチェック！基礎知識

_____

2

問1① _____

② _____

③ _____

④ _____

⑤ _____

⑥ _____

⑦ _____

⑧ _____

⑨ _____

⑩ _____

3

問1① _____

② _____

③ _____

④ _____

⑤ _____

⑥ _____

⑦ _____

⑧ _____

⑨ _____

⑩ _____

⑪ _____

⑫ _____

⑬ _____

⑭ _____

⑮ _____

⑯ _____

⑰ _____

⑱ _____

問2 i _____

ii _____

iii _____

4

問1① _____

② _____

③ _____

④ _____

⑤ _____

⑥ _____

問2 _____

問3 _____

問4 _____

問5 _____

36アジア諸国の変革と民族運動【本誌P.144〜147】

ポイント整理

1

1 _____

2＿＿＿＿＿	3＿＿＿＿＿	34＿＿＿＿＿
3＿＿＿＿＿	4＿＿＿＿＿	35＿＿＿＿＿
4＿＿＿＿＿	5＿＿＿＿＿	

演習問題

1 正誤でチェック！基礎知識

5＿＿＿＿＿	6＿＿＿＿＿	番号　　　正しい語句
6＿＿＿＿＿	7＿＿＿＿＿	A＿＿＿，＿＿＿
7＿＿＿＿＿	8＿＿＿＿＿	B＿＿＿，＿＿＿
8＿＿＿・＿＿＿	9＿＿＿＿＿	**2**
9＿＿＿＿＿	10＿＿＿＿＿	問1 ①＿＿＿＿＿
10＿＿＿＿＿	11＿＿＿＿＿	②＿＿＿＿＿
11＿＿＿＿＿	12＿＿＿＿＿	③＿＿＿＿＿
12＿＿＿＿＿	13＿＿＿＿＿	④＿＿＿＿＿
13＿＿＿＿＿	14＿＿＿＿＿	⑤＿＿＿＿＿
14＿＿＿＿＿	15＿＿＿＿＿	⑥＿＿＿＿＿
15＿＿＿＿＿	16＿＿＿＿＿	⑦＿＿＿＿＿
16＿＿＿＿＿	17＿＿＿＿＿	⑧＿＿＿＿＿
2	18＿＿＿＿＿	⑨＿＿＿＿＿
1＿＿＿＿＿	19＿＿＿＿＿	⑩＿＿＿＿＿
2＿＿＿＿＿	20＿＿＿＿＿	⑪＿＿＿＿＿
3＿＿＿＿＿	21＿＿＿＿＿	⑫＿＿＿＿＿
4＿＿＿＿＿	22＿＿＿＿＿	⑬＿＿＿＿＿
5＿＿＿＿＿	23＿＿＿＿＿	⑭＿＿＿＿＿
6＿＿＿＿＿	24＿＿＿＿＿	⑮＿＿＿＿＿
7＿＿＿＿＿	25＿＿＿＿＿	⑯＿＿＿＿＿
8＿＿＿＿＿	26＿＿＿＿＿	⑰＿＿＿＿＿
9＿＿＿＿＿	27＿＿＿＿＿	⑱＿＿＿＿＿
10＿＿＿＿＿	28＿＿＿＿＿	問2 a・＿＿＿＿＿
11＿＿＿＿＿	29＿＿＿＿＿	・＿＿＿＿＿
12＿＿＿＿＿	30＿＿＿＿＿	b＿＿＿＿＿
3	31＿＿＿＿＿	c＿＿＿＿＿
1＿＿＿＿＿	32＿＿＿＿＿	d＿＿＿＿＿
2＿＿＿＿＿	33＿＿＿＿＿	

3

問1 ①＿＿＿＿＿＿＿

　　②＿＿＿＿＿＿＿

　　③＿＿＿＿＿＿＿

　　④＿＿＿＿＿＿＿

　　⑤＿＿＿＿＿＿＿

　　⑥＿＿＿＿＿＿＿

　　⑦＿＿＿＿＿＿＿

　　⑧＿＿＿＿＿＿＿

　　⑨＿＿＿＿＿＿＿

　　⑩＿＿＿＿＿＿＿

　　⑪＿＿＿＿＿＿＿

　　⑫＿＿＿＿＿＿＿

問2 a＿＿＿＿＿＿＿

　　 b＿＿＿＿＿＿＿

問3 ＿＿＿＿＿＿＿

　　＿＿＿＿＿＿＿

　　＿＿＿＿＿＿＿

　　＿＿＿＿＿＿＿

　　＿＿＿＿＿＿＿

15章　第一次世界大戦と世界の変容

37 第一次世界大戦とロシア革命 【本誌P.148〜151】

==== ポイント整理 ====

1

1＿＿＿＿＿＿

2＿＿＿＿＿＿

3＿＿＿＿＿＿

4＿＿＿＿＿＿

5＿＿＿＿＿＿＿

6＿＿＿＿＿＿＿

7＿＿＿＿＿＿＿

8＿＿＿＿＿＿＿

9＿＿＿＿＿＿＿

10＿＿＿＿＿＿＿

11＿＿＿＿＿＿＿

12＿＿＿＿＿＿＿

2

1＿＿＿＿＿＿＿

2＿＿＿＿＿＿＿

3＿＿＿＿＿＿＿

4＿＿＿＿＿＿＿

5＿＿＿＿＿＿＿

6＿＿＿＿＿＿＿

7＿＿＿＿＿＿＿

8＿＿＿＿＿＿＿

9＿＿＿＿＿＿＿

10＿＿＿＿＿＿＿

11＿＿＿＿＿＿＿

12＿＿＿＿＿＿＿

13＿＿＿＿＿＿＿

14＿＿＿＿＿＿＿

15＿＿＿＿＿＿＿

16＿＿＿＿＿＿＿

17＿＿＿＿＿＿＿

18＿＿＿＿＿＿＿

19＿＿＿＿＿＿＿

20＿＿＿＿＿＿＿

3

1＿＿＿＿＿＿＿

2＿＿＿＿＿＿＿

3＿＿＿＿＿＿＿

4＿＿＿＿＿＿＿

5＿＿＿＿＿＿＿

6＿＿＿＿＿＿＿

7＿＿＿＿＿＿＿

8＿＿＿＿＿＿＿

4

1＿＿＿＿＿＿＿

2＿＿＿＿＿＿＿

3＿＿＿＿＿＿＿

4＿＿＿＿＿＿＿

5＿＿＿＿＿＿＿

6＿＿＿＿＿＿＿

7＿＿＿＿＿＿＿

8＿＿＿＿＿＿＿

5

1＿＿＿＿＿＿＿

2＿＿＿＿＿＿＿

3＿＿＿＿＿＿＿

4＿＿＿＿＿＿＿

5＿＿＿＿＿＿＿

6＿＿＿＿＿＿＿

7＿＿＿＿＿＿＿

8＿＿＿＿＿＿＿

9＿＿＿＿＿＿＿

10＿＿＿＿＿＿＿

==== 演習問題 ====

1

問1 ①＿＿＿＿＿＿＿

　　②＿＿＿＿＿＿＿

③＿＿＿＿＿＿＿＿＿＿＿＿

④＿＿＿＿＿＿＿＿＿＿＿＿

⑤＿＿＿＿＿＿＿＿＿＿＿＿

⑥＿＿＿＿＿＿＿＿＿＿＿＿

⑦＿＿＿＿＿＿＿＿＿＿＿＿

⑧＿＿＿＿＿＿＿＿＿＿＿＿

⑨＿＿＿＿＿＿＿＿＿＿＿＿

⑩＿＿＿＿＿＿＿＿＿＿＿＿

⑪＿＿＿＿＿＿＿＿＿＿＿＿

⑫＿＿＿＿＿＿＿＿＿＿＿＿

⑬＿＿＿＿＿＿＿＿＿＿＿＿

問2 a＿＿＿＿＿＿＿＿＿＿

b＿＿＿＿＿＿＿＿＿＿

c＿＿＿＿＿＿＿＿＿＿

d i ＿＿＿＿＿＿＿＿

ii ＿＿＿＿＿＿＿＿

iii ＿＿＿＿＿＿＿＿

iv＿＿＿＿＿＿＿＿

e＿＿＿＿＿＿＿＿＿

f ＿＿＿＿＿＿＿＿＿

＿＿＿＿＿＿＿＿＿

＿＿＿＿＿＿＿＿＿

＿＿＿＿＿＿＿＿＿

＿＿＿＿＿＿＿＿＿

g＿＿＿＿＿＿＿＿＿

h＿＿＿＿＿＿＿＿＿

i ＿＿＿＿＿＿＿＿＿

2

問1 ①＿＿＿＿＿＿＿＿＿

②＿＿＿＿＿＿＿＿＿

③＿＿＿＿＿＿＿＿＿

④＿＿＿＿＿＿＿＿＿＿＿＿

⑤＿＿＿＿＿＿＿＿＿＿＿＿

⑥＿＿＿＿＿＿＿＿＿＿＿＿

⑦＿＿＿＿＿＿＿＿＿＿＿＿

⑧＿＿＿＿＿＿＿＿＿＿＿＿

⑨＿＿＿＿＿＿＿＿＿＿＿＿

⑩＿＿＿＿＿＿＿＿＿＿＿＿

問2 a＿＿＿＿＿＿＿＿＿＿

b＿＿＿＿＿＿＿＿＿＿

c＿＿＿＿＿＿＿＿＿＿

38ヴェルサイユ体制下の欧米諸国
【本誌P.152〜157】

＝＝＝＝ ポイント整理 ＝＝＝＝

1

1＿＿＿＿＿＿＿＿＿＿＿＿

2＿＿＿＿＿＿＿＿＿＿＿＿

3＿＿＿＿＿＿＿＿＿＿＿＿

4＿＿＿＿＿＿＿＿＿＿＿＿

5＿＿＿＿＿＿＿＿＿＿＿＿

6＿＿＿＿＿＿＿＿＿＿＿＿

7＿＿＿＿＿＿＿＿＿＿＿＿

8＿＿＿＿＿＿＿＿＿＿＿＿

9＿＿＿＿＿＿＿＿＿＿＿＿

10＿＿＿＿＿＿＿＿＿＿＿＿

11＿＿＿＿＿＿＿＿＿＿＿＿

12＿＿＿＿＿＿＿＿＿＿＿＿

13＿＿＿＿＿＿＿＿＿＿＿＿

14＿＿＿＿＿＿＿＿＿＿＿＿

15＿＿＿＿＿＿＿＿＿＿＿＿

16＿＿＿＿＿＿＿＿＿＿＿＿

17＿＿＿＿＿＿＿＿＿＿＿＿

18＿＿＿＿＿＿＿＿＿＿＿＿

19＿＿＿＿＿＿＿＿＿＿＿＿

20＿＿＿＿＿＿＿＿＿＿＿＿

21＿＿＿＿＿＿＿＿＿＿＿＿

22＿＿＿＿＿＿＿＿＿＿＿＿

23＿＿＿＿＿＿＿＿＿＿＿＿

24＿＿＿＿＿＿＿＿＿＿＿＿

25＿＿＿＿＿＿＿＿＿＿＿＿

26＿＿＿＿＿＿＿＿＿＿＿＿

27＿＿＿＿＿＿＿＿＿＿＿＿

28＿＿＿＿＿＿＿＿＿＿＿＿

2

1＿＿＿＿＿＿＿＿＿＿＿＿

2＿＿＿＿＿＿＿＿＿＿＿＿

3＿＿＿＿＿＿＿＿＿＿＿＿

4＿＿＿＿＿＿＿＿＿＿＿＿

5＿＿＿＿＿＿＿＿＿＿＿＿

6＿＿＿＿＿＿＿＿＿＿＿＿

7＿＿＿＿＿＿＿＿＿＿＿＿

8＿＿＿＿＿＿＿＿＿＿＿＿

9＿＿＿＿＿＿＿＿＿＿＿＿

10＿＿＿＿＿＿＿＿＿＿＿＿

11＿＿＿＿＿＿＿＿＿＿＿＿

12＿＿＿＿＿＿＿＿＿＿＿＿

13＿＿＿＿＿＿＿＿＿＿＿＿

14＿＿＿＿＿＿＿＿＿＿＿＿

15＿＿＿＿＿＿＿＿＿＿＿＿

16＿＿＿＿＿＿＿＿＿＿＿＿

17＿＿＿＿＿＿＿＿＿＿＿＿

18＿＿＿＿＿＿＿＿＿＿

19＿＿＿＿＿＿＿＿＿＿

20＿＿＿＿＿＿＿＿＿＿

21＿＿＿＿＿＿＿＿＿＿

22＿＿＿＿＿＿＿＿＿＿

23＿＿＿＿＿＿＿＿＿＿

24＿＿＿＿＿＿＿＿＿＿

25＿＿＿＿＿＿＿＿＿＿

26＿＿＿＿＿＿＿＿＿＿

27＿＿＿＿＿＿＿＿＿＿

28＿＿＿＿＿＿＿＿＿＿

❸

1＿＿＿＿＿＿＿＿＿＿

2＿＿＿＿＿＿＿＿＿＿

3＿＿＿＿＿＿＿＿＿＿

4＿＿＿＿＿＿＿＿＿＿

5＿＿＿＿＿＿＿＿＿＿

6＿＿＿＿＿＿＿＿＿＿

7＿＿＿＿＿＿＿＿＿＿

8＿＿＿＿＿＿＿＿＿＿

9＿＿＿＿＿＿＿＿＿＿

10＿＿＿＿＿＿＿＿＿

11＿＿＿＿＿＿＿＿＿

12＿＿＿＿＿＿＿＿＿

13＿＿＿＿＿＿＿＿＿

14＿＿＿＿＿＿＿＿＿

15＿＿＿＿＿＿＿＿＿

❹

1＿＿＿＿＿＿＿＿＿＿

2＿＿＿＿＿＿＿＿＿＿

3＿＿＿＿＿＿＿＿＿＿

4＿＿＿＿＿＿＿＿＿＿

5＿＿＿＿＿＿＿＿＿＿

6＿＿＿＿＿＿＿＿＿＿

7＿＿＿＿＿＿＿＿＿＿

8＿＿＿＿＿＿＿＿＿＿

演習問題

❶ 正誤でチェック！基礎知識

番号　　　正しい語句

A＿＿＿,＿＿＿＿＿＿

B＿＿＿,＿＿＿＿＿＿

C＿＿＿,＿＿＿＿＿＿

❷

問1 ①＿＿＿＿＿＿＿＿

② ＿＿＿＿＿＿＿＿

③ ＿＿＿＿＿＿＿＿

④ ＿＿＿＿＿＿＿＿

⑤ ＿＿＿＿＿＿＿＿

⑥ ＿＿＿＿＿＿＿＿

⑦ ＿＿＿＿＿＿＿＿

⑧ ＿＿＿＿＿＿＿＿

⑨ ＿＿＿＿＿＿＿＿

問2 a ＿＿＿＿＿＿＿＿

b ＿＿＿＿＿＿＿＿

c ＿＿＿＿＿＿＿＿

d あ＿＿＿＿＿＿＿

い ＿＿＿＿＿＿＿

う ＿＿＿＿＿＿＿

e i ＿＿＿＿＿＿＿

ii ＿＿＿＿＿＿＿

f ＿＿＿＿＿＿＿

g＿＿＿＿＿＿＿＿＿＿

＿＿＿＿＿＿＿＿＿

＿＿＿＿＿＿＿＿＿

❸

問1 ①＿＿＿＿＿＿＿＿

② ＿＿＿＿＿＿＿＿

③ ＿＿＿＿＿＿＿＿

④ ＿＿＿＿＿＿＿＿

⑤ ＿＿＿＿＿＿＿＿

⑥ ＿＿＿＿＿＿＿＿

⑦ ＿＿＿＿＿＿＿＿

問2 a・＿＿＿＿＿＿＿

・＿＿＿＿＿＿＿

・＿＿＿＿＿＿＿

b ＿＿＿＿＿＿＿

＿＿＿＿＿＿＿＿

＿＿＿＿＿＿＿＿

＿＿＿＿＿＿＿＿

＿＿＿＿＿＿＿＿

＿＿＿＿＿＿＿＿

＿＿＿＿＿＿＿＿

＿＿＿＿＿＿＿＿

＿＿＿＿＿＿＿＿

❹

問1 ①＿＿＿＿＿＿＿＿

② ＿＿＿＿＿＿＿＿

③ ＿＿＿＿＿＿＿＿

④ ＿＿＿＿＿＿＿＿

⑤ ＿＿＿＿＿＿＿＿

⑥ ＿＿＿＿＿＿＿＿

⑦ ＿＿＿＿＿＿＿＿

⑧ ＿＿＿＿＿＿＿＿

⑨_____

⑩_____

⑪_____

問2 aア_____

　　イ_____

　　ウ_____

　　b_____

　　c_____

　　d - - - - - - - - - - - - - - - - -

　　　- - - - - - - - - - - - - - - - -

　　　_____

39 アジア・アフリカ地域の民族運動
【本誌P.158〜161】

ポイント整理

❶

1 _____

2 _____

3 _____

4 _____

5 _____

6 _____

7 _____

8 _____

9 _____

10 _____

11 _____

12 _____

13 _____

14 _____

15 _____

16 _____

17 _____

18 _____

19 _____

20 _____

21 _____

22 _____

23 _____

24 _____

25 _____

26 _____

27 _____

28 _____

29 _____

30 _____

31 _____

32 _____

33 _____

❷

1 _____

2 _____

3 _____

4 _____

5 _____

6 _____

7 _____

8 _____

9 _____

10 _____

11 _____

12 _____

13 _____

14 _____

15 _____

❸

1 _____

2 _____

3 _____

4 _____

5 _____

6 _____

7 _____

8 _____

9 _____

10 _____

11 _____

12 _____

13 _____

14 _____

15 _____

16 _____

17 _____

18 _____

19 _____

20 _____

21 _____

22 _____

演習問題

❶

問1 ① _____

　　② _____

③＿＿＿＿＿

④＿＿＿＿＿

⑤＿＿＿＿＿

⑥＿＿＿＿＿

⑦＿＿＿＿＿

⑧＿＿＿＿＿

⑨＿＿＿＿＿

⑩＿＿＿＿＿

問2 a＿＿＿＿＿

b --------

＿＿＿＿＿

c＿＿＿＿＿

d＿＿＿＿＿

e＿＿＿＿＿

f＿＿＿＿＿

2

問1 ①＿＿＿＿＿

②＿＿＿＿＿

③＿＿＿＿＿

④＿＿＿＿＿

⑤＿＿＿＿＿

⑥＿＿＿＿＿

⑦＿＿＿＿＿

⑧＿＿＿＿＿

⑨＿＿＿＿＿

⑩＿＿＿＿＿

問2 a＿＿＿＿＿

b＿＿＿＿＿

c＿＿＿＿＿

d＿＿＿＿＿

e＿＿＿＿＿

f＿＿＿＿＿

g＿＿＿＿＿

3

問1 ①＿＿＿＿＿

②＿＿＿＿＿

③＿＿＿＿＿

④＿＿＿＿＿

⑤＿＿＿＿＿

⑥＿＿＿＿＿

⑦＿＿＿＿＿

問2 a＿＿＿＿＿

b＿＿＿＿＿

c＿＿＿＿＿

16章　第二次世界大戦と新しい国際秩序の形成

40 世界恐慌とヴェルサイユ体制の破壊
【本誌P.162〜165】

ポイント整理

1＿＿＿＿＿

2＿＿＿＿＿

1

1＿＿＿＿＿

2＿＿＿＿＿

3＿＿＿＿＿

4＿＿＿＿＿

5＿＿＿＿＿

6＿＿＿＿＿

7＿＿＿＿＿

8＿＿＿＿＿

9＿＿＿＿＿

10＿＿＿＿＿

11＿＿＿＿＿

12＿＿＿＿＿

13＿＿＿＿＿

14＿＿＿＿＿

15＿＿＿＿＿

16＿＿＿＿＿

17＿＿＿＿＿

18＿＿＿＿＿

19＿＿＿＿＿

20＿＿＿＿＿

2

1＿＿＿＿＿

2＿＿＿＿＿

3＿＿＿＿＿

4＿＿＿＿＿

5＿＿＿＿＿

6＿＿＿＿＿

7＿＿＿＿＿

8＿＿＿＿＿

9＿＿＿＿＿

10＿＿＿＿＿

11＿＿＿＿＿

12＿＿＿＿＿

13 _____

14 _____

15 _____

16 _____

17 _____

18 _____

19 _____

20 _____

21 _____

22 _____

23 _____

24 _____

25 _____

26 _____

27 _____

28 _____

29 _____

30 _____

31 _____

32 _____

33 _____

34 _____

35 _____

36 _____

37 _____

38 _____

39 _____

❸

1 _____

2 _____

3 _____

4 _____

5 _____

6 _____

7 _____

8 _____

演習問題

❶

問1 _____

問2 _____

問3 _____

問4 ·····························

·····························

·····························

·····························

·····························

·····························

_____

41 第二次世界大戦
【本誌P.166〜169】

ポイント整理

❶

1 _____

2 _____

3 _____

4 _____

5 _____

6 _____

7 _____

8 _____

9 _____

10 _____

11 _____

12 _____

13 _____

14 _____

15 _____

16 _____

17 _____

18 _____

19 _____

20 _____

21 _____

22 _____

23 _____

24 _____

25 _____

26 _____

27 _____

28 _____

29 _____

30 _____

31 _____

32 _____

33 _____·_____

34 _____

35 _____

36 _____

37 _____

38 _____

39 _____

40 _____

41＿＿＿＿＿＿＿

42＿＿＿＿＿＿＿

2

1＿＿＿＿＿＿＿

2＿＿＿＿＿＿＿

3＿＿＿＿＿＿＿

4＿＿＿＿＿＿＿

5＿＿＿＿＿＿＿

6＿＿＿＿＿＿＿

7＿＿＿＿＿＿＿

8＿＿＿＿＿＿＿

9＿＿＿＿＿＿＿

10＿＿＿＿＿＿＿

11＿＿＿＿＿＿＿

12＿＿＿＿＿＿＿

13＿＿＿＿＿＿＿

14＿＿＿＿＿＿＿

15＿＿＿＿＿＿＿

16＿＿＿＿＿＿＿

17＿＿＿＿＿＿＿

18＿＿＿＿＿＿＿

19＿＿＿＿＿＿＿

20＿＿＿＿＿＿＿

21＿＿＿＿＿＿＿

22＿＿＿＿＿＿＿

23＿＿＿＿＿＿＿

24＿＿＿＿＿＿＿

3

1＿＿＿＿＿＿＿

2＿＿＿＿＿＿＿

3＿＿＿＿＿＿＿

4＿＿＿＿＿＿＿

5＿＿＿＿＿＿＿

6＿＿＿＿＿＿＿

7＿＿＿＿＿＿＿

8＿＿＿＿＿＿＿

9＿＿＿＿＿＿＿

10＿＿＿＿＿＿＿

11＿＿＿＿＿＿＿

12＿＿＿＿＿＿＿

13＿＿＿＿＿＿＿

14＿＿＿＿＿＿＿

15＿＿＿＿＿＿＿

16＿＿＿＿＿＿＿

演習問題

1

問1 ①＿＿＿＿＿

② ＿＿＿＿＿

③ ＿＿＿＿＿

④ ＿＿＿＿＿

⑤ ＿＿＿＿＿

⑥ ＿＿＿＿＿

⑦ ＿＿＿＿＿

⑧ ＿＿＿＿＿

⑨ ＿＿＿＿＿

⑩ ＿＿＿＿＿

問2 a ＿＿＿＿＿

b ＿＿＿＿＿

2

問1 ①＿＿＿＿＿

② ＿＿＿＿＿

③ ＿＿＿＿＿

④＿＿＿＿＿

⑤＿＿＿＿＿

⑥＿＿＿＿＿

⑦＿＿＿＿＿

⑧＿＿＿＿＿

⑨＿＿＿＿＿

問2 A＿＿＿＿＿

B＿＿＿＿＿

C＿＿＿＿＿

D＿＿＿＿＿

3

問1 ①＿＿＿＿＿

②＿＿＿＿＿

③＿＿＿＿＿

④＿＿＿＿＿

⑤＿＿＿＿＿

⑥＿＿＿＿＿

⑦＿＿＿＿＿

⑧＿＿＿＿＿

問2 ＿＿＿＿＿

4

42 新しい国際秩序の形成と冷戦の始まり
【本誌P.170～173】

ポイント整理

❶

1 _____

2 _____

3 _____

4 _____

5 _____

6 _____

7 _____

8 _____

9 _____

10 _____

11 _____

12 _____

13 _____

14 _____

15 _____

16 _____

17 _____

18 _____

19 _____

20 _____

21 _____

22 _____

23 _____

24 _____

25 _____

26 _____

27 _____

28 _____

29 _____

30 _____

31 _____

32 _____

33 _____

34 _____

35 _____

36 _____

37 _____

38 _____

39 _____

40 _____

41 _____

42 _____

43 _____

44 _____

45 _____

46 _____

❷

1 _____

2 _____

3 _____

4 _____

5 _____

6 _____

7 _____

8 _____

❸

1 _____

2 _____

3 _____

4 _____

5 _____

6 _____

7 _____

8 _____

9 _____

10 _____

11 _____

12 _____

13 _____

14 _____

❹

1 _____

2 _____

3 _____

4 _____

5 _____

6 _____

7 _____

8 _____

9 _____

10 _____

11 _____

12 _____

13 _____

14 _____

15 _____

16 _____

17 _____

18 ＿＿＿＿＿＿＿＿＿＿＿＿＿

19 ＿＿＿＿＿＿＿＿＿＿＿＿＿

20 ＿＿＿＿＿＿＿＿＿＿＿＿＿

21 ＿＿＿＿＿＿＿＿＿＿＿＿＿

22 ＿＿＿＿＿＿＿＿＿＿＿＿＿

23 ＿＿＿＿＿＿＿＿＿＿＿＿＿

演習問題

1

問1 ① ＿＿＿＿＿＿＿＿＿＿＿

② ＿＿＿＿＿＿＿＿＿＿＿

③ ＿＿＿＿＿＿＿＿＿＿＿

④ ＿＿＿＿＿＿＿＿＿＿＿

問2 ＿＿＿＿＿＿＿＿＿＿＿＿＿

問3 ＿＿＿＿＿＿＿＿＿＿＿＿＿

問4 ＿＿＿＿＿＿＿＿＿＿＿＿＿

問5 ＿＿＿＿＿＿＿＿＿＿＿＿＿

2

問1 ① ＿＿＿＿＿＿＿＿＿＿＿

② ＿＿＿＿＿＿＿＿＿＿＿

③ ＿＿＿＿＿＿＿＿＿＿＿

④ ＿＿＿＿＿＿＿＿＿＿＿

⑤ ＿＿＿＿＿＿＿＿＿＿＿

⑥ ＿＿＿＿＿＿＿＿＿＿＿

⑦ ＿＿＿＿＿＿＿＿＿＿＿

⑧ ＿＿＿＿＿＿＿＿＿＿＿

⑨ ＿＿＿＿＿＿＿＿＿＿＿

⑩ ＿＿＿＿＿＿＿＿＿＿＿

⑪ ＿＿＿＿＿＿＿＿＿＿＿

⑫ ＿＿＿＿＿＿＿＿＿＿＿

⑬ ＿＿＿＿＿＿＿＿＿＿＿

⑭ ＿＿＿＿＿＿＿＿＿＿＿

⑮ ＿＿＿＿＿＿＿＿＿＿＿

3

問1 ① ＿＿＿＿＿＿＿＿＿＿＿

② ＿＿＿＿＿＿＿＿＿＿＿

③ ＿＿＿＿＿＿＿＿＿＿＿

④ ＿＿＿＿＿＿＿＿＿＿＿

⑤ ＿＿＿＿＿＿＿＿＿＿＿

⑥ ＿＿＿＿＿＿＿＿＿＿＿

⑦ ＿＿＿＿＿＿＿＿＿＿＿

⑧ ＿＿＿＿＿＿＿＿＿＿＿

⑨ ＿＿＿＿＿＿＿＿＿＿＿

⑩ ＿＿＿＿＿＿＿＿＿＿＿

⑪ ＿＿＿＿＿＿＿＿＿＿＿

⑫ ＿＿＿＿＿＿＿＿＿＿＿

⑬ ＿＿＿＿＿＿＿＿＿＿＿

⑭ ＿＿＿＿＿＿＿＿＿＿＿

⑮ ＿＿＿＿＿＿＿＿＿＿＿

問2 ＿＿＿＿＿＿＿＿＿＿＿＿＿

問3 ＿＿＿＿＿＿＿＿＿＿＿＿＿

問4 ＿＿＿＿＿＿＿＿＿＿＿＿＿

＿＿＿＿＿＿＿＿＿＿＿＿＿

＿＿＿＿＿＿＿＿＿＿＿＿＿

＿＿＿＿＿＿＿＿＿＿＿＿＿

＿＿＿＿＿＿＿＿＿＿＿＿＿

＿＿＿＿＿＿＿＿＿＿＿＿＿

＿＿＿＿＿＿＿＿＿＿＿＿＿

＿＿＿＿＿＿＿＿＿＿＿＿＿

＿＿＿＿＿＿＿＿＿＿＿＿＿

＿＿＿＿＿＿＿＿＿＿＿＿＿

17章　冷戦と第三世界の台頭

43 冷戦の展開
【本誌P.174〜177】

ポイント整理

1

1 ＿＿＿＿＿＿＿＿＿＿＿＿

2 ＿＿＿＿＿＿＿＿＿＿＿＿

3 ＿＿＿＿＿＿＿＿＿＿＿＿

4 ＿＿＿＿＿＿＿＿＿＿＿＿

5 ＿＿＿＿＿＿＿＿＿＿＿＿

6 ＿＿＿＿＿＿＿＿＿＿＿＿

7 ＿＿＿＿＿＿＿＿＿＿＿＿

8 ＿＿＿＿＿＿＿＿＿＿＿＿

9 ＿＿＿＿＿＿＿＿＿＿＿＿

10 ＿＿＿＿＿＿＿＿＿＿＿

11 ＿＿＿＿＿＿＿＿＿＿＿

12 ＿＿＿＿＿＿＿＿＿＿＿

13 ＿＿＿＿＿＿＿＿＿＿＿

14 ＿＿＿＿＿＿＿＿＿＿＿

15 ＿＿＿＿＿＿＿＿＿＿＿

16 ＿＿＿＿＿＿＿＿＿＿＿

2

1 ＿＿＿＿＿＿＿＿＿＿＿＿

2 ＿＿＿＿＿＿＿＿＿＿＿＿

3 ＿＿＿＿＿＿＿＿＿＿＿＿

4 ＿＿＿＿＿＿＿＿＿＿＿＿

5 ＿＿＿＿＿＿＿＿＿＿＿＿

6 ＿＿＿＿＿＿＿＿＿＿＿＿

7 ＿＿＿＿＿＿＿＿＿＿＿＿

8 ＿＿＿＿＿＿＿＿＿＿＿＿

9＿＿＿＿＿＿＿＿＿＿＿＿＿＿＿

10＿＿＿＿＿＿＿＿＿＿＿＿＿＿

11＿＿＿＿＿＿＿＿＿＿＿＿＿＿

12＿＿＿＿＿＿＿＿＿＿＿＿＿＿

13＿＿＿＿＿＿＿＿＿＿＿＿＿＿

14＿＿＿＿＿＿＿＿＿＿＿＿＿＿

15＿＿＿＿＿＿＿＿＿＿＿＿＿＿

16＿＿＿＿＿＿＿＿＿＿＿＿＿＿

17＿＿＿＿＿＿＿＿＿＿＿＿＿＿

18＿＿＿＿＿＿＿＿＿＿＿＿＿＿

19＿＿＿＿＿＿＿＿＿＿＿＿＿＿

20＿＿＿＿＿＿＿＿＿＿＿＿＿＿

21＿＿＿＿＿＿＿＿＿＿＿＿＿＿

22＿＿＿＿＿＿＿＿＿＿＿＿＿＿

23＿＿＿＿＿＿＿＿＿＿＿＿＿＿

24＿＿＿＿＿＿＿＿＿＿＿＿＿＿

25＿＿＿＿＿＿＿＿＿＿＿＿＿＿

26＿＿＿＿＿＿＿＿＿＿＿＿＿＿

27＿＿＿＿＿＿＿＿＿＿＿＿＿＿

28＿＿＿＿＿＿＿＿＿＿＿＿＿＿

29＿＿＿＿＿＿＿＿＿＿＿＿＿＿

30＿＿＿＿＿＿＿＿＿＿＿＿＿＿

31＿＿＿＿＿＿＿＿＿＿＿＿＿＿

32＿＿＿＿＿＿＿＿＿＿＿＿＿＿

33＿＿＿＿＿＿＿＿＿＿＿＿＿＿

34＿＿＿＿＿＿＿＿＿＿＿＿＿＿

35＿＿＿＿＿＿＿＿＿＿＿＿＿＿

36＿＿＿＿・＿＿＿・＿＿＿

37＿＿＿＿＿＿＿＿＿＿＿＿＿＿

38＿＿＿＿＿＿＿＿＿＿＿＿＿＿

39＿＿＿＿＿＿＿＿＿＿＿＿＿＿

40＿＿＿＿＿＿＿＿＿＿＿＿＿＿

41＿＿＿＿＿＿＿＿＿＿＿＿＿＿

42＿＿＿＿＿＿＿＿＿＿＿＿＿＿

43＿＿＿＿＿＿＿＿＿＿＿＿＿＿

❸

1＿＿＿＿＿＿＿＿＿＿＿＿＿＿

2＿＿＿＿＿＿＿＿＿＿＿＿＿＿

3＿＿＿＿＿＿＿＿＿＿＿＿＿＿

4＿＿＿＿＿＿＿＿＿＿＿＿＿＿

5＿＿＿＿＿＿＿＿＿＿＿＿＿＿

演習問題

❶

問1 ①＿＿＿＿＿＿＿＿＿＿＿

②＿＿＿＿＿＿＿＿＿＿＿

③＿＿＿＿＿＿＿＿＿＿＿

④＿＿＿＿＿＿＿＿＿＿＿

⑤＿＿＿＿＿＿＿＿＿＿＿

⑥＿＿＿＿＿＿＿＿＿＿＿

⑦＿＿＿＿＿＿＿＿＿＿＿

⑧＿＿＿＿＿＿＿＿＿＿＿

⑨＿＿＿＿＿＿＿＿＿＿＿

⑩＿＿＿＿＿＿＿＿＿＿＿

問2 a＿＿＿＿＿＿＿＿＿＿＿

b アメリカ＿＿＿＿＿＿＿

　 ソ連＿＿＿＿＿＿＿＿＿

c＿＿＿＿・＿＿＿＿

d＿＿＿＿＿＿＿＿＿＿＿

e＿＿＿＿＿＿＿＿＿＿＿

f＿＿＿＿＿＿＿＿＿＿＿

g＿＿＿＿＿＿＿＿＿＿＿

h＿＿＿＿＿＿＿＿＿＿＿

i＿＿＿＿＿＿＿＿＿＿＿＿＿

問3 ……………………………

………………………………

………………………………

………………………………

………………………………

………………………………

………………………………

………………………………

………………………………

………………………………

………………………………

＿＿＿＿＿＿＿＿＿＿＿＿＿＿

44 第三世界の台頭と冷戦体制の動揺

【本誌P.178～183】

ポイント整理①

❶

1＿＿＿＿＿＿＿＿＿＿＿＿＿＿

2＿＿＿＿＿＿＿＿＿＿＿＿＿＿

3＿＿＿＿＿＿＿＿＿＿＿＿＿＿

4＿＿＿＿＿＿＿＿＿＿＿＿＿＿

5＿＿＿＿＿＿＿＿＿＿＿＿＿＿

6＿＿＿＿＿＿＿＿＿＿＿＿＿＿

7＿＿＿＿＿＿＿＿＿＿＿＿＿＿

8＿＿＿＿＿＿＿＿＿＿＿＿＿＿

9＿＿＿＿＿＿＿＿＿＿＿＿＿＿

❷

1＿＿＿＿＿＿＿＿＿＿＿＿＿＿

2＿＿＿＿＿＿＿＿＿＿＿＿＿＿

3 _____

4 _____

5 _____

6 _____

7 _____

8 _____

9 _____

10 _____

11 _____

12 _____

13 _____

14 _____

15 _____

16 _____

17 _____

18 _____

19 _____

20 _____

21 _____

22 _____

23 _____

24 _____

25 _____

26 _____

演習問題

1

問1 ① _____

② _____

③ _____

④ _____

⑤ _____

⑥ _____

⑦ _____

⑧ _____

⑨ _____

⑩ _____

⑪ _____

⑫ _____

⑬ _____

問2 a _____

b _____

c ....

....

....

....

....

....

_____

d i _____

ii _____

e ア _____

イ _____

ウ _____

エ _____

f _____

g ア _____

イ _____

ウ _____

エ _____

ポイント整理②

1

1 _____

2 _____

3 _____

4 _____

5 _____

6 _____

2

1 _____

2 _____

3 _____

4 _____

5 _____

6 _____

7 _____

8 _____

9 _____

10 _____

11 _____

12 _____

13 _____

14 _____

15 _____

16 _____

17 _____

18 _____

19 _____

20 _____

21 _____

22 _____

23 _____

24 _____

25 _____

❸

1 ＿＿＿＿＿＿＿＿＿

2 ＿＿＿＿＿＿＿＿＿

3 ＿＿＿＿＿＿＿＿＿

4 ＿＿＿＿＿＿＿＿＿

5 ＿＿＿＿＿＿＿＿＿

6 ＿＿＿＿＿＿＿＿＿

7 ＿＿＿＿＿＿＿＿＿

8 ＿＿＿＿＿＿＿＿＿

9 ＿＿＿＿＿＿＿＿＿

10 ＿＿＿＿＿・＿＿＿

・＿＿＿＿・＿＿＿

・＿＿＿＿

11 ＿＿＿＿＿＿＿＿＿

12 ＿＿＿＿＿＿＿＿＿

13 ＿＿＿＿＿＿＿＿＿

14 ＿＿＿＿＿＿＿＿＿

15 ＿＿＿＿＿＿＿＿＿

❹

1 ＿＿＿＿＿＿＿＿＿

2 ＿＿＿＿＿＿＿＿＿

3 ＿＿＿＿＿＿＿＿＿

4 ＿＿＿＿＿＿＿＿＿

5 ＿＿＿＿＿＿＿＿＿

6 ＿＿＿＿＿＿＿＿＿

7 ＿＿＿＿＿＿＿＿＿

8 ＿＿＿＿＿＿＿＿＿

9 ＿＿＿＿＿＿＿＿＿

10 ＿＿＿＿＿＿＿＿＿

11 ＿＿＿＿＿＿＿＿＿

12 ＿＿＿＿＿＿＿＿＿

13 ＿＿＿＿＿＿＿＿＿

14 ＿＿＿＿＿＿＿＿＿

15 ＿＿＿＿＿＿＿＿＿

16 ＿＿＿＿＿＿＿＿＿

17 ＿＿＿＿＿＿＿＿＿

18 ＿＿＿＿＿＿＿＿＿

19 ＿＿＿＿＿＿＿＿＿

20 ＿＿＿＿＿＿＿＿＿

21 ＿＿＿＿＿＿＿＿＿

演習問題

１

問1 ① ＿＿＿＿＿＿＿

② ＿＿＿＿＿＿＿

③ ＿＿＿＿＿＿＿

④ ＿＿＿＿＿＿＿

⑤ ＿＿＿＿＿＿＿

⑥ ＿＿＿＿＿＿＿

⑦ ＿＿＿＿＿＿＿

⑧ ＿＿＿＿＿＿＿

⑨ ＿＿＿＿＿＿＿

⑩ ＿＿＿＿＿＿＿

⑪ ＿＿＿＿＿＿＿

問2 a ア ＿＿＿＿＿＿

イ ＿＿＿＿＿＿

ウ ＿＿＿＿＿＿

エ ＿＿＿＿＿＿

オ ＿＿＿＿＿＿

b i ＿＿＿＿＿＿

ii ＿＿＿＿＿＿

c ＿＿＿＿＿＿

d ＿＿＿＿＿＿

e ＿＿＿＿＿＿＿＿

＿＿＿＿＿＿＿＿＿

＿＿＿＿＿＿＿＿＿

＿＿＿＿＿＿＿＿＿

＿＿＿＿＿＿＿＿＿

＿＿＿＿＿＿＿＿＿

＿＿＿＿＿＿＿＿＿

＿＿＿＿＿＿＿＿＿

＿＿＿＿＿＿＿＿＿

＿＿＿＿＿＿＿＿＿

問3 i ＿＿＿＿＿＿＿

ii ＿＿＿＿＿＿＿

２

問1 ① ＿＿＿＿＿＿＿

② ＿＿＿＿＿＿＿

③ ＿＿＿＿＿＿＿

④ ＿＿＿＿＿＿＿

⑤ ＿＿＿＿＿＿＿

⑥ ＿＿＿＿＿＿＿

⑦ ＿＿＿＿＿＿＿

⑧ ＿＿＿＿＿＿＿

⑨ ＿＿＿＿＿＿＿

３

問1 ① ＿＿＿＿＿＿＿

② ＿＿＿＿＿＿＿

③ ＿＿＿＿＿＿＿

④ ＿＿＿＿＿＿＿

⑤ ＿＿＿＿＿＿＿

⑥ ＿＿＿＿＿＿＿

⑦ ＿＿＿＿＿＿＿

⑧ ＿＿＿＿＿＿＿

⑨＿＿＿＿＿＿＿＿＿＿＿＿

⑩＿＿＿＿＿＿＿＿＿＿＿＿

⑪＿＿＿＿＿＿＿＿＿＿＿＿

⑫＿＿＿＿＿＿＿＿＿＿＿＿

⑬＿＿＿＿＿＿＿＿＿＿＿＿

⑭＿＿＿＿＿＿＿＿＿＿＿＿

問2 a＿＿＿＿＿＿＿＿＿＿

　　 b＿＿＿＿＿＿＿＿＿＿

　　 c＿＿＿＿＿＿＿＿＿＿

　　 d＿＿＿＿＿＿＿＿＿＿

　　 e＿＿＿＿＿＿＿＿＿＿

18章　冷戦の終結と今日の世界

45 産業構造の変容と冷戦の終結 【本誌P.184・185】

ポイント整理

1

1＿＿＿＿＿＿＿＿＿＿＿＿

2＿＿＿＿＿＿＿＿＿＿＿＿

3＿＿＿＿＿＿＿＿＿＿＿＿

4＿＿＿＿＿＿＿＿＿＿＿＿

5＿＿＿＿＿＿＿＿＿＿＿＿

6＿＿＿＿＿＿＿＿＿＿＿＿

7＿＿＿＿＿＿＿＿＿＿＿＿

8＿＿＿＿＿＿＿＿＿＿＿＿

9＿＿＿＿＿＿＿＿＿＿＿＿

10＿＿＿＿＿＿＿＿＿＿＿

11＿＿＿＿＿＿＿＿＿＿＿

12＿＿＿＿＿＿＿＿＿＿＿

13＿＿＿＿＿＿＿＿＿＿＿

14＿＿＿＿＿＿＿＿＿＿＿

15＿＿＿＿＿＿＿＿＿＿＿

16＿＿＿＿＿＿＿＿＿＿＿

17＿＿＿＿＿＿＿＿＿＿＿

18＿＿＿＿＿＿＿＿＿＿＿

19＿＿＿＿＿＿＿＿＿＿＿

20＿＿＿＿＿＿＿＿＿＿＿

21＿＿＿＿＿＿＿＿＿＿＿

22＿＿＿＿＿＿＿＿＿＿＿

23＿＿＿＿＿＿＿＿＿＿＿

24＿＿＿＿＿＿＿＿＿＿＿

25＿＿＿＿＿＿＿＿＿＿＿

26＿＿＿＿＿＿＿＿＿＿＿

27＿＿＿＿＿＿＿＿＿＿＿

28＿＿＿＿＿＿＿＿＿＿＿

29＿＿＿＿＿＿＿＿＿＿＿

30＿＿＿＿＿＿＿＿＿＿＿

31＿＿＿＿＿＿＿＿＿＿＿

32＿＿＿＿＿＿＿＿＿＿＿

33＿＿＿＿＿＿＿＿＿＿＿

34＿＿＿＿＿＿＿＿＿＿＿

35＿＿＿＿＿＿＿＿＿＿＿

36＿＿＿＿＿＿＿＿＿＿＿

演習問題

1　正誤でチェック！基礎知識

番号　　　正しい語句

A＿＿＿，＿＿＿＿＿＿＿＿

B＿＿＿，＿＿＿＿＿＿＿＿

C＿＿＿，＿＿＿＿＿＿＿＿

D＿＿＿，＿＿＿＿＿＿＿＿

E＿＿＿，＿＿＿＿＿＿＿＿

2

問1 ①＿＿＿＿＿＿＿＿＿＿

　　 ②＿＿＿＿＿＿＿＿＿＿

　　 ③＿＿＿＿＿＿＿＿＿＿

　　 ④＿＿＿＿＿＿＿＿＿＿

　　 ⑤＿＿＿＿＿＿＿＿＿＿

　　 ⑥＿＿＿＿＿＿＿＿＿＿

　　 ⑦＿＿＿＿＿＿＿＿＿＿

問2 a＿＿＿＿＿＿＿＿＿＿

　　 b＿＿＿＿＿＿＿＿＿＿

　　 c＿＿＿＿＿＿＿＿＿＿

46 ソ連の解体とグローバリゼーションの進展 【本誌P.186・187】

ポイント整理

1

1＿＿＿＿＿＿＿＿＿＿＿＿

2＿＿＿＿＿＿＿＿＿＿＿＿

3＿＿＿＿＿＿＿＿＿＿＿＿

4＿＿＿＿＿＿＿＿＿＿＿＿

5＿＿＿＿＿＿＿＿＿＿＿＿

6＿＿＿＿＿＿＿＿＿＿＿＿

7＿＿＿＿＿＿＿＿＿＿＿＿

8＿＿＿＿＿＿＿＿＿＿＿＿

9＿＿＿＿＿＿＿＿＿＿＿＿

10＿＿＿＿＿＿＿＿＿＿＿

11＿＿＿＿＿＿＿＿＿＿＿

12＿＿＿＿＿＿＿＿＿＿＿

13＿＿＿＿＿＿＿＿＿＿＿

14＿＿＿＿＿＿＿＿＿＿＿

15 _____

16 _____

17 _____

18 _____

━━━ 演習問題 ━━━

1 正誤でチェック！基礎知識

　　番号　　　正しい語句

A ____, _____

B ____, _____

C ____, _____

D ____, _____

2

問1 ① _____

　　② _____

　　③ _____

　　④ _____

　　⑤ _____

　　⑥ _____

　　⑦ _____

　　⑧ _____

　　⑨ _____

　　⑩ _____

問2 a _____

　　b _____

　　c _____

問3 _____

　　 _____

　　 _____

　　 _____

　　 _____

_____

_____

47 今日の世界／現代文明の諸相 【本誌P.188〜193】

━━━ ポイント整理 ━━━

❶

1 _____

2 _____

3 _____

4 _____

❷

1 _____

2 _____

3 _____

4 _____

5 _____

6 _____

7 _____

8 _____

9 _____

10 _____

11 _____

12 _____

13 _____

14 _____

15 _____

16 _____

17 _____

18 _____

19 _____

20 _____

21 _____

22 _____

23 _____

24 _____

25 _____

26 _____

❸

1 _____

2 _____

3 _____

4 _____

5 _____

6 _____

7 _____

8 _____

9 _____

10 _____

11 _____

12 _____

13 _____

14 _____

❹

1 _____

2 _____

3 _____

4 _____

5 _____

6 _____

7 _____

8 _____

9 _____

10 _____

5

1 _____

2 _____

3 _____

4 _____

5 _____

6 _____

7 _____

8 _____

9 _____

10 _____

6

1 _____

2 _____

3 _____

4 _____

5 _____

6 _____

7 _____

8 _____

9 _____

10 _____

11 _____

12 _____

13 _____

14 _____

15 _____

16 _____

17 _____

18 _____

19 _____

20 _____

21 _____

22 _____

23 _____

24 _____

25 _____

26 _____

27 _____

28 _____

29 _____

30 _____

7

1 _____

2 _____

3 _____

4 _____

5 _____

6 _____

7 _____

8 _____

9 _____

10 _____

11 _____

12 _____

演習問題

1 正誤でチェック！基礎知識

番号	正しい語句
A____ , _____	
B____ , _____	

C____ , _____

D____ , _____

2

問1 ① _____

② _____

③ _____

④ _____

⑤ _____

⑥ _____

⑦ _____

問2 a _____

b _____

3

問1 ① _____

② _____

③ _____

④ _____

⑤ _____

⑥ _____

⑦ _____

⑧ _____

⑨ _____

⑩ _____

⑪ _____

問2 a _____

b _____

4

問1 ① _____

② _____

③ _____

④ _____

⑤ _____

⑥ _____

⑦ _____

⑧ _____

⑨ _____

⑩ _____

⑪ _____

⑫ _____

⑬ _____

⑭ _____

問2 a ------------------

_____

b ^{中国} _____

インド _____

テーマ史演習
【本誌P.194～204】

テーマ史演習Ⅰ

[朝鮮半島史]

1

問1 ① _____

② _____

③ _____

④ _____

⑤ _____

⑥ _____

⑦ _____

⑧ _____

⑨ _____

⑩ _____

⑪ _____

⑫ _____

⑬ _____

⑭ _____

⑮ _____

問2 a _____

b _____

c _____

d _____

e _____

2

問1 ① _____

② _____

③ _____

④ _____

⑤ _____

⑥ _____

⑦ _____

⑧ _____

⑨ _____

⑩ _____

問2 a _____

b _____

c _____

3

問1 a _____

b _____

c _____

d _____

問2 _→_ _→_ _→_

テーマ史演習Ⅱ

[中国の経済社会史]

1

問1 ① _____

② _____

③ _____

④ _____

⑤ _____

⑥ _____

⑦ _____

⑧ _____

⑨ _____

問2 _____

問3 _____

問4 _____

問5 A ^{語句} _____

^{位置} _____

B ^{語句} _____

^{位置} _____

問6 _____

問7 _____

2

問1 ① _____

② _____

③ _____

④ _____

⑤ _____

⑥ _____

⑦ _____

⑧ _____

⑨ _____

⑩ _____

問2 _____

問3 _____

問4 _____

_____

_____

_____

_____

_____

_____

_____

_____

_____

_____

═══ テーマ史演習Ⅲ ═══

[パレスチナ史・中東情勢]

1

問1① _____

② _____

③ _____

④ _____

⑤ _____

⑥ _____

⑦ _____

⑧ _____

⑨ _____

⑩ _____

⑪ _____

⑫ _____

⑬ _____

⑭ _____

⑮ _____

問2 a _____

b _____

c _____

d _____

e _____

_____

f _____

_____

_____

_____

_____

g _____

h _____

問3 A _____

B _____

2

問1① _____

② _____

③ _____

④ _____

⑤ _____

⑥ _____

⑦ _____

⑧ _____

問2 a _____

b _____

c _____

d _____

e _____

f _____

═══ テーマ史演習Ⅳ ═══

[アフリカ史]

1

問1① _____

② _____

③ _____

④ _____

⑤ _____

⑥ _____

⑦ _____

⑧ _____

問2 a _____

b _____

2

問1① _____

② _____

③ _____

④ _____

⑤ _____

⑥ _____

⑦ _____

問2 i _____

ii _____

═══ テーマ史演習Ⅴ ═══

[トルコ民族史]

1

問1① _____

② _____

64

③_____
④_____
⑤_____
⑥_____
⑦_____
⑧_____
⑨_____
⑩_____
⑪_____

問2 a_____
　　b_____
　　c_____
　　d_____
　　_____
　　e_____
　　f_____
　　g_____
　　h_____

テーマ史演習Ⅵ

［ジェンダー史（女性史）］

１

問1 _____
問2 _____

２

問1 史料A_____
　　史料B_____
　　史料C_____
　　史料D_____
　　史料E_____
問2 _____→_____→_____→
　　_____→_____

テーマ史演習Ⅶ

［日本と世界のつながり］

１

問1 ①_____
　　②_____
　　③_____
　　④_____
　　⑤_____
　　⑥_____
　　⑦_____
　　⑧_____
　　⑨_____
　　⑩_____
　　⑪_____
問2 _____

２

問1 ①_____
　　②_____
　　③_____
　　④_____
　　⑤_____
　　⑥_____
　　⑦_____
　　⑧_____
　　⑨_____
　　⑩_____
　　⑪_____
　　⑫_____
　　⑬_____
　　⑭_____

問2 _____
_____
_____
_____

３

問1 ①_____
　　②_____
　　③_____
　　④_____
　　⑤_____
　　⑥_____
　　⑦_____
　　⑧_____
　　⑨_____
　　⑩_____
問2 _____
問3 _____
問4 _____

４

問1 ①_____
　　②_____
　　③_____
　　④_____

入試対策正誤問題
【本誌P.205〜216】

入試対策正誤問題 １

前近代［ヨーロッパ中心］

　　番号　　　正しい語句

1 _____,_____
2 _____,_____

W世

3 _____ , _____	d _____	3 _____ , _____
4 _____ , _____	24 _____ , _____	4 _____ , _____
5 _____ , _____	25 _____ , _____	5 _____ , _____
6 _____ , _____	26 _____ , _____	6 _____ , _____
7 _____ , _____	27 _____ , _____	7 _____ , _____
8 _____ , _____	28 _____ , _____	8 _____ , _____
9 _____ , _____	29 _____ , _____	9 _____ , _____
10 _____ , _____	30 _____ , _____	10 _____ , _____
11 _____ , _____	31 _____ , _____	11 _____ , _____
12 _____ , _____	32 _____ , _____	12 _____ , _____
13 _____ , _____	33 _____ , _____	13 _____ , _____
14 _____ , _____	34 _____ , _____	14 _____ , _____
15 _____ , _____	35 _____ , _____	15 _____ , _____
16 _____ , _____	36 _____ , _____	16 _____ , _____
17 _____ , _____	37 _____ , _____	
18 _____ , _____	38 _____ , _____	17 _____ , _____
19 _____ , _____	39 a _____	18 _____ , _____
20 a _____	b _____	19 _____ , _____
b _____	c _____	20 _____ , _____
c _____	40 _____ , _____	
d _____		21 _____ , _____
	41 _____ , _____	22 _____ , _____
21 _____ , _____	42 _____ , _____	23 _____ , _____
22① 正誤 _____ , _____	43 _____ , _____	24 _____ , _____
② 正誤 _____ , _____	44 _____ , _____	25 _____ , _____
③ 正誤 _____ , _____	**入試対策正誤問題 2**	26 _____ , _____
	前近代 [アジア中心]	27 _____ , _____
23 a _____	番号　　　正しい語句	28 _____ , _____
b _____	1 _____ , _____	29 _____ , _____
c _____	2 _____ , _____	30 _____ , _____

31 _____ , _____

32 _____ , _____

33 _____ , _____

34 _____ , _____

35 _____ , _____

36 _____ , _____

37 _____ , _____

38 _____ , _____

39 _____ , _____

40 _____ , _____

41 _____ , _____

42 _____ , _____

43 _____ , _____

44 _____ , _____

45 _____ , _____

46 _____ , _____

47 _____ , _____

48 _____ , _____

49 _____ , _____

50 _____ , _____

51 _____ , _____

52 _____ , _____

53 _____ , _____

54 _____ , _____

55 _____ , _____

56 _____ , _____

57 _____ , _____

58 _____ , _____

59 _____ , _____

60 _____ , _____

入試対策正誤問題 3

近現代

番号　　　正しい語句

1 _____ , _____

2 _____ , _____

3 _____ , _____

4 _____ , _____

5 _____ , _____

6 _____ , _____

7 _____ , _____

8 _____ , _____

9 _____ , _____

10 _____ , _____

11 _____ , _____

12 _____ , _____

13 _____ , _____

14 _____ , _____

15 _____ , _____

16 _____ , _____

17 _____ , _____

18 _____ , _____

19 _____ , _____

20 _____ , _____

21 _____ , _____

22 _____ , _____

23 _____ , _____

24 _____ , _____

25 _____ , _____

26 _____ , _____

27 _____ , _____

28 _____ , _____

29 _____ , _____

30 _____ , _____

31 _____ , _____

32 _____ , _____

33 _____ , _____

34 _____ , _____

35 _____ , _____

36 _____ , _____

37 _____ , _____

38 _____ , _____

39 _____ , _____

40 _____ , _____

41 _____ , _____

42 _____ , _____

43 _____ , _____

44 _____ , _____

45 _____ , _____

46 _____ , _____

47 _____ , _____

48 _____ , _____

49 _____ , _____

50 _____ , _____

51 _____ , _____	79 _____ , _____	12 _____ , _____
52 _____ , _____	80 _____ , _____	13 _____ , _____
53 _____ , _____		14 _____ , _____
54 _____ , _____	81 _____ , _____	15 _____ , _____
55 _____ , _____	82 _____ , _____	16 _____ , _____
56 _____ , _____	83 _____ , _____	
57 _____ , _____	84 _____ , _____	17 a _____
58 _____ , _____	85 _____ , _____	b _____
59 _____ , _____	86 _____ , _____	c _____
60 _____ , _____	87 _____ , _____	d _____
	88 _____ , _____	18 a _____
61 _____ , _____	89 _____ , _____	b _____
62 _____ , _____	90 _____ , _____	c _____
63 _____ , _____		d _____
64 _____ , _____	91 _____ , _____	19 a _____
65 _____ , _____	92 _____ , _____	b _____
66 _____ , _____		c _____

入試対策正誤問題 4

最近の傾向

67 _____ , _____	番号　　　正しい語句	d _____
68 _____ , _____	1 _____ , _____	20 a _____
	2 _____ , _____	b _____
69 _____ , _____	3 _____ , _____	c _____
70 _____ , _____	4 _____ , _____	d _____
	5 _____ , _____	21 a _____
71 _____ , _____	6 _____ , _____	b _____
72 _____ , _____	7 _____ , _____	c _____
73 _____ , _____	8 _____ , _____	d _____
74 _____ , _____	9 _____ , _____	
75 _____ , _____	10 _____ , _____	
76 _____ , _____		
77 _____ , _____		
78 _____ , _____	11 _____ , _____	

思考力養成問題
【本誌P.217〜230】

▰▰▰ 思考力養成問題 ▰▰▰

① 史料をもとに考える

問1 _____　　　問2 _____

問3 _____

② 会話文をもとに考える

問1 _____　　　問2 _____

問3 _____

③ 絵画・風刺画をもとに考える

問1 _____　　　問2 _____

問3 _____　　　問4 _____

④ 統計資料をもとに考える

問1 _____

問2 _____

問3 ① _____

② _____

③ _____

④ _____

⑤ _____

⑤ 地図をもとに考える

問1 _____　　　問2 _____

問3 _____

⑥ 学説をもとに考える

問1 _____　　　問2 _____

問3 _____

⑦ グラフと地図から考える

問1 _____　　　問2 _____

問3 _____

⑧ 地図と史料から考える

問1 史料1 _____

史料2 _____

史料3 _____

史料4 _____

史料5 _____

史料6 _____

問2 _____

問3 X _____

Y _____

問4 _____

問5 _____

問6 _____

問7 X _____

Y _____

⑨ 資料から時代整序を考える

問1 _____　　　問2 _____

問3 _____

⑩ 論述問題

1

（150字）

2

（100字）

3

100字

4

120字

5

150字

6

100字

7

150字

8

150字

9

100字

10

200字

11

150字

12

120字

13

120字

14

150字

15

100字

16

150字

17

150字

18

120字

🔲 とうほう

解答・解説 ウィニング コンパス Winning COM.-PASS **世界史の整理と演習2024** 訂正版

1 文明の誕生

P. 4

ポイント整理

❶

1. 旧石器
2. 新石器
3. 猿人
4. アウストラロピテクス
5. 打製石器
6. 原人
7. ジャワ原人
8. 北京原人
9. 火
10. 旧人
11. ネアンデルタール人
12. 埋葬
13. 狩猟
14. 採集
15. 氷期
16. 間氷期
17. 新人
18. クロマニョン人
19. 骨角器
20. 洞穴絵画
21. 磨製
22. 土器
23. 青銅
24. 文字
25. 人種
26. 民族
27. 語族
28. 農耕・牧畜 (順不同)
29. 灌漑
30. 獲得
31. 生産
32. 灌漑
33. 都市
34. 階級
35. 国家
36. 文明
37. 文字

練習しよう！世界史の漢字

れき せっ き
礫石器

まい そう
埋葬

かん ぴょう き
間氷期

こっ かく き
骨角器

P. 5

演習問題

❶

A ②，フランス
B ③，(例) 習慣

❷

問1 ① 直立二足歩行
② 打製
③ 埋葬
④ 剥片
⑤ 骨角器
⑥ 洞穴
⑦ 氷期
⑧ 土器
⑨ 磨製
⑩ 新石器
⑪ 都市
問2 A アウストラロピテクス
B ホモ=エレクトゥス
C ネアンデルタール
問3 a 耕地に必要な水を人工的に供給する農業。(19字)
b 羊・牛などを飼育し，その肉や乳などを得る食料生産手段。(27字)

【解説】**❶**Aラスコー洞窟はドイツではなく，フランスにある遺跡である。2万から1万5000年前の遺跡と考えられており，牛や馬，人間などの約800点の絵画が描かれている。B解答としては，習慣のほかに習俗や心理的特徴，領域などでもよい。皮膚の色といった身体的特徴は，人種による区分の際に着目されるが，現存している人類はすべてホモ=サピエンスに属しており，この人種区分には科学的根拠はない。

❷問1今から約700万年前にアフリカで猿人が，約240万年前に原人が登場した。原人にはホモ=ハビリスやホモ=エレクトゥスが含まれ，ホモ=ハビリスはタンザニアで，ホモ=エレクトゥスはジャワ島や周口店で化石が発掘されている。そして，約60万年前に旧人が，約20万年前に新人が出現する。クロマニョン人は新人段階に属する。問3a灌漑農業とは，河川や湖沼などから耕作地へ人工的に水を導くことによって成立する農業のことである。「人工的な水の移動」に近い表現が書けていればよい。この灌漑の導入によって収穫量が増大し，食料の余剰が生まれ，都市や国家が成立することになる。b飼育する動物，飼育の結果得られる食料が書かれていればよい。飼育動物には羊や牛のほか，ヤギ（山羊）などが入っていてもよいが，食料生産なので毛皮の記述は不適当。

2 古代オリエント文明とその周辺

P.6・7

━━ ポイント整理 ━━

❶ 1．ア
2．エ
3．カ
4．オ
5．キ
6．ク
7．イ
8．ウ
9．ファラオ
10．古王国
11．メンフィス
12．ピラミッド
13．中王国
14．テーベ
15．ヒクソス
16．新王国
17．アメンヘテプ4世（アクエンアテン）
18．テル＝エル＝アマルナ
19．ヘブライ
20．モーセ
21．バビロン
22．海の民
23．フェニキア
24．アラム
25．シドン ┐(順不同)
26．ティルス ┘
27．ダマスクス
28．ヒッタイト
29．鉄製
30．シュメール
31．都市国家
32．アッカド
33．バビロン第1
34．ハンムラビ
35．ミタンニ
36．カッシート
37．アッシリア
38．クシュ
39．メロエ
40．リディア
41．新バビロニア
42．メディア
43．アケメネス
44．ダレイオス1世
45．ペルシア
46．スサ
47．インダス
48．サトラップ
49．駅伝
50．王の道
51．王の目・王の耳
52．セレウコス
53．バクトリア
54．パルティア
55．アルサケス
56．安息
57．ササン
58．シャープール1世
59．ホスロー1世
60．エフタル

❷ 1．楔形文字
2．六十進
3．太陰暦
4．ラー
5．霊魂の不滅
6．死者の書
7．神聖文字
8．ロゼッタ＝ストーン
9．シャンポリオン
10．アルファベット
11．ヤハウェ
12．救世主（メシア）
13．ユダヤ
14．ゾロアスター教

（言語系統の分類）

- ・エジプト語系…古・中・新王国・末期王朝のエジプト人
- ・セム語系　…ヘブライ・ユダ・イスラエル，フェニキア人・アラム人・アッカド・バビロン第1王朝・アッシリア・新バビロニア
- ・インド＝ヨーロッパ語族系
　　…ヒッタイト・（ミタンニ）・リディア・メディア・アケメネス朝ペルシア・パルティア・ササン朝
- ・民族系統不明…シュメール人・カッシート

P.8・9

━━ 演習問題 ━━

❶
A　③，フェニキア人
B　④，エフタル

❷
問1①　ヘロドトス
②　メンフィス
③　ピラミッド
④　テーベ
⑤　ヒクソス
⑥　アメンヘテプ4世（アクエンアテン）
⑦　パピルス
問2 a　テル＝エル＝アマルナに遷都し，多神教を禁じて唯一神アトンだけを信仰する改革を行った。(42字)
b　アマルナ美術
c　ロゼッタ＝ストーン

❸
問1①　ウル
②　シュメール
③　アッカド
④　バビロン第1王朝
⑤　ハンムラビ
⑥　ヒッタイト
⑦　カッシート
⑧　ミタンニ
問2 a　楔形文字
b　「目には目を，歯には歯を」の復讐法の原則だったが，厳格な身分差別があった。

❹
問1①　フェニキア
②　アルファベット
③　アラム
④　ダマスクス
⑤　ヘブライ
⑥　モーセ
問2 a　シドン・ティルス(順不同)
b　バビロン捕囚
c　旧約聖書

❺
問1①　アッシリア
②　リディア
③　メディア
④　アケメネス
⑤　ペルシア
⑥　アレクサンドロス
⑦　セレウコス
⑧　バクトリア
⑨　パルティア
⑩　ササン
⑪　シャープール1世
⑫　エフタル
⑬　ホスロー1世
⑭　突厥
⑮　ゾロアスター
⑯　アヴェスター
⑰　マニ
問2 a　クシュ王国
b　ダレイオス1世が王の目・王の耳と呼ばれる監察官を巡回させた。(30字)
c　安息
d　獅子狩文錦

【解説】**❶**Aシリア・パレスチナ地方で活動したセム語系民族のうち，ダマスクスを中心に内陸都市を結ぶ中継貿易で活躍したのがアラム人，シドン・ティルスを中心に地中海交易をおこなったのがフェニキア人。ヘブライ人はパレスチナの地に定住しバビロン捕囚を経てユダヤ教を確立した。Bホスロー1世の治世である6世紀頃，中央アジアで活動していた遊牧民がエフタル。エフタルはササン朝と対立し，またインドに侵入しグプタ朝滅亡の原因にもなった。大月氏は前2世紀頃に活動した遊牧民で，前漢の時代に張騫が同盟を求めて来訪したことで知られる。
❷問2 a神官団の政治介入を排除するために，テーベからテル＝エル＝アマルナへ遷都したこと，多神教信仰を禁止したことを記述するとよい。
❺問2 b「各州の政治を監察」とあるので，監察官である王の目・王の耳を記述する。サトラップは州知事であるので不可。

3 中国の古代文明

━━ ポイント整理 ━━

1 1．雑穀
2．河姆渡
3．仰韶
4．彩陶
5．竜山
6．黒陶
7．灰陶
8．邑
9．殷
10．夏
11．殷墟
12．甲骨文字
13．青銅器
14．周
15．渭水
16．鎬京
17．封建
18．諸侯
19．宗法
20．春秋
21．戦国
22．犬戎
23．洛邑
24．覇者
25．尊王攘夷
26．春秋の五覇
27．富国強兵
28．戦国の七雄
29．鉄製農具・牛耕 (順不同)
30．青銅
31．儒家
32．孔子
33．孟子
34．墨家
35．道家
36．老子
37．法家
38．韓非子 ┐(順不同)
39．李斯 ┘
40．縦横家
41．黄老

━━ 演習問題 ━━

1
A ①，青銅器
B ②，紀伝体
C ②，日南郡
D ①，張騫

2
問1① 雑穀
② 仰韶
③ 竜山
④ 殷
⑤ 殷墟
⑥ 甲骨
⑦ 邑
⑧ 周
⑨ 鎬京
⑩ 諸侯
⑪ 卿・大夫・士
問2　王朝交代は天命が
　　　革まったことで起こ
　　　るという考え方。

3
問1① 洛邑
② 春秋
③ 尊王攘夷
④ 桓公
⑤ 春秋の五覇
⑥ 楚
⑦ 戦国の七雄
⑧ 鉄
⑨ 刀銭
⑩ 墨家
⑪ 縦横家
⑫ 道家
⑬ 商鞅

【解説】**1**A殷の時代に鉄器は存在せず，青銅器文明であった。中国が鉄器時代に入るのは周の時代。B紀伝体は「本紀」と「列伝」からなる歴史叙述で，司馬遷の『史記』で採用され，これを班固の『漢書』が受け継ぎ，以後は中国の正史はこの形式を踏襲した。編年体は年月を追って歴史を叙述する形態で，『史記』成立以前の『春秋』などがこの形式。のちに北宋の『資治通鑑』に採用された。C大秦王安敦はマルクス＝アウレリウス＝アントニヌス帝と考えられており，この使者が日南郡に到達した。南海郡は秦の始皇帝が遠征軍を送って制圧した地で，現在のほぼ中国広東省にあたる。前漢の武帝が南越国を滅ぼして現ベトナム北部に置いたのが交趾郡，中部に置いたのが日南郡。D西域に派遣された人物をしっかり把握すること。前漢の武帝時代が張騫，後漢の時代が班超である。張騫は匈奴挟撃のために大月氏に派遣された。班超は西域平定のために西域都護に任命された。

2問2易姓革命は，王朝交代を正当化する孟子の思想。その形式は「禅譲」と「放伐」の2つがあり，前者は前王朝から平和的に譲り受けて交代すること，後者は武力によって前王朝を倒して交代することをいう。

4　南北アメリカ文明

P.12

ポイント整理

❶1. オルメカ
2. テオティワカン
3. マヤ
4. アステカ
5. チャビン
6. インカ

❷1. インディオ
2. モンゴロイド
3. 狩猟・採集(順不同)
4. メキシコ
5. トウモロコシ
6. アンデス
7. ジャガイモ

❸1. メキシコ
2. テオティワカン
3. ユカタン
4. 暦法
5. テノチティトラン

❹1. ペルー
2. クスコ
3. キープ（結縄）
4. マチュ＝ピチュ

整理の カギ　1. メキシコ高原とユカタン半島を中心とする**メソアメリカ文明**と，コロンビアからチリにかけてのアンデス山脈の高地地帯を舞台とする**アンデス文明**の二つに分けて，いつ頃，どのような文明が成立するか，特色を整理しよう。
2. 教科書などにでてくる地名を，地図をよく見て確認しよう。

練習しよう！世界史の漢字

かん　がい
灌漑

けつ　じょう
結縄

5　中央ユーラシア―草原とオアシスの世界

P.13

ポイント整理

❶1. カスピ
2. アラル
3. シル
4. アム
5. 天山
6. タリム
7. 陰山

❷1. 中央ユーラシア
2. スキタイ
3. 騎馬遊牧民
4. 遊牧国家
5. 匈奴
6. 冒頓単于
7. 鮮卑
8. フン人
9. 突厥

❸1. 隊商交易
2. オアシスの道
3. 絹の道
（シルク＝ロード）

練習しよう！世界史の漢字

ぼく　とつ　ぜん　う
冒頓単于

とっ　けつ
突厥

たい　しょう　こう　えき
隊商交易

6 秦・漢帝国

ポイント整理

❶1．秦
2．始皇帝
3．咸陽
4．李斯
5．郡県
6．焚書・坑儒
7．貨幣
8．文字 ┐(順不同)
9．長城（万里の長城）
10．匈奴
11．陳勝・呉広
12．項羽
13．劉邦
14．前漢
15．長安
16．郡国
17．呉楚七国
18．武
19．五経博士
20．郷挙里選
21．塩・鉄
22．均輸・平準
23．張騫
24．敦煌
25．大宛
26．楽浪
27．南海
28．新

29．王莽
30．赤眉
31．後漢
32．光武
33．洛陽
34．倭
35．班超
36．甘英
37．大秦王安敦
38．党錮の禁
39．太平道
40．五斗米道
41．黄巾
42．董仲舒
43．訓詁
44．鄭玄
45．司馬遷
46．班固
47．紀伝体

演習問題

❶
問1① 始皇帝
② 李斯
③ 焚書
④ 坑儒
⑤ 郡県
⑥ 項羽
⑦ 劉邦
⑧ 高祖
⑨ 冒頓単于
⑩ 郡国
⑪ 呉楚七国の乱
⑫ 武帝
⑬ 南越国
⑭ 衛氏朝鮮
⑮ 郷挙里選
⑯ 塩・鉄・酒
⑰ 儒家
⑱ 王莽
⑲ 赤眉の乱

⑳ 劉秀（光武帝）
㉑ 党錮の禁
㉒ 黄巾の乱
㉓ 黄老
㉔ 董仲舒
㉕ 春秋
㉖ 訓詁学
問2a ア
　b 支配者層には血脈ではなく実力でなるものだという実力主義の風潮。
　c イ

【解説】❶問1⑤封建制は直轄領以外の土地を諸侯に分与してその土地の実権を握らせる仕組み，郡県制は中央から役人を派遣して地方を統治する中央集権的な仕組みである。これらを組み合わせたのが，郡国制である。⑮郷挙里選は，前漢の武帝が採用した官吏登用法である。地方豪族の子弟が推薦されて中央の官吏となる制度だったが，豪族台頭の要因となり，個人の能力に基づいて採用する官吏登用法とはならなかった。㉖訓詁学は儒教の経典に出てくる字句を研究・解釈する学問。唐の時代には，科挙の発展とともに重視された。問2b「王侯将相」とは王や諸侯などの支配者層のこと，「種」とは家柄・血統のことを意味する。すなわちこの陳勝の言葉は，門閥を否定し，実力主義を唱えている。これはまた，農民である陳勝が秦に反乱するにあたり，その行動を正当化した言葉ともいえる。

7 中国の動乱と変容

P.16・17

━━ ポイント整理 ━━

❶ 1. 後漢
2. 魏
3. 曹丕（文帝）
4. 蜀
5. 成都
6. 劉備
7. 諸葛亮（孔明）
8. 呉
9. 孫権
10. 晋（西晋）
11. 洛陽
12. 司馬炎（武帝）
13. 八王
14. 匈奴
15. 羯・羌・氐・鮮卑
（順不同）
16. 五胡十六国
17. 東晋
18. 建康
19. 司馬睿
20. 北魏
21. 拓跋氏
22. 孝文
23. 漢化
24. 東魏
25. 北周
26. 宋
27. 梁
28. 馬韓
29. 辰韓
30. 邪馬台国
31. 百済
32. 新羅
33. 曹操
34. 洛陽
35. 成都
36. 建業
37. 九品中正（九品官人法）

38. 司馬炎
39. 匈奴
40. 司馬睿
41. 漢
42. 鮮卑
43. 均田
44. 三長
45. 六鎮の乱
46. 西魏
47. 北斉
❷ 1. 蜀
2. 魏
3. 鮮卑
4. 羌
5. 敦煌
6. 竜門
7. 高句麗
8. 百済
9. 新羅
❸ 1. 清談
2. 竹林の七賢
3. 仏図澄
4. 鳩摩羅什
5. 法顕
6. 敦煌
7. 雲崗
8. 竜門
9. 道教
10. 寇謙之
11. 陶淵明
12. 昭明太子
13. 顧愷之
14. 王羲之
❹ 1. 高句麗
2. 楽浪
3. 百済
4. 新羅
5. 邪馬台国
6. ヤマト政権

練習しよう！世界史の漢字

羯（けつ）

拓跋氏（たく ばつ し）

王羲之（おう ぎ し）

P.18・19

━━ 演習問題 ━━

❶
A ①，孝文帝
B ①，六鎮の乱
C ①，北周
❷
問1① 曹丕
② 蜀
③ 呉
④ 司馬炎
⑤ 八王の乱
⑥ 永嘉の乱
⑦ 五胡十六国
⑧ 建康
⑨ 法顕
⑩ 北魏
⑪ 寇謙之
⑫ 神仙
⑬ 鮮卑
⑭ 拓跋
⑮ 北朝
⑯ 宋
⑰ 梁
⑱ 南朝
⑲ 四六駢儷体

⑳ 清談
問2 ウ
問3 エ
問4 門閥貴族が形成された。
❸
問1① 衛氏朝鮮
② 楽浪
③ 帯方
④ 高句麗
⑤ 新羅
⑥ 百済
⑦ 倭
⑧ 邪馬台国
⑨ 魏
⑩ ヤマト政権
⑪ 広開土王碑文（好太王碑文）
⑫ 倭の五王
問2 a ア
b イ
c エ
d イ
問3 奴婢・耕牛も給田の対象となったため。

【解説】❶ A孝文帝が正解。太武帝は華北を統一して五胡十六国時代を終わらせた皇帝。また，道教を国教化して仏教を弾圧した。
❷問3「長恨歌」「琵琶行」は唐代の白居易の作品。「長恨歌」は，唐の玄宗皇帝の妃（楊貴妃）を詠んだ作品で，六朝文化（魏晋南北朝期）の作品ではなく，時代も異なる。問4九品中正は中正官が地方の人材を9段階に分類し，中央政府の官吏に抜擢する制度だが，「上品に寒門なく，下品に勢族なし」といわれたように，有力豪族の門閥世襲化を招き，能力主義による人材登用法とはならなかった。
❸問1②③前漢の武帝が衛氏朝鮮を滅ぼした後，郡県制を敷いて設置したのが楽浪郡（現在の平壌周辺）。後漢時代には，倭の奴国王がここを通じて光武帝に朝貢したことが記されている。3世紀になると，後漢末の混乱の中，楽浪郡の南半分を割いて設置されたのが帯方郡である。これは後漢滅亡後の魏にも引き継がれ，邪馬台国の卑弥呼がこの帯方郡を通じて朝貢している。問2 aはアが正解。百済は7世紀に新羅に滅ぼされた。広開土王碑文には，倭は高句麗と抗争したことが記されているが，服属させたことは記載されていない。卑弥呼は楽浪郡ではなく帯方郡に朝貢した。bはイが正解。cのエは卑弥呼が親魏倭王の称号を得たことは正しいが，倭の五王は5世紀に活躍したヤマト政権の大王のため，順序に誤りがある。d倭の五王が活躍したのは5世紀であり，東アジアで北魏，宋，柔然が並び立つ時代と合致する。魏は3世紀，北周滅亡による隋の成立は6世紀，晋の中国統一は3世紀で，いずれも誤り。

8 東アジア文化圏の形成

P.20〜22

ポイント整理

❶ 1．隋
2．文帝
3．大運河
4．陳
5．均田制
6．租調庸制
7．府兵制
8．科挙
9．煬帝
10．高句麗

❷ 1．唐
2．長安
3．高祖
4．太宗
5．貞観の治
6．律令
7．三省
8．六部
9．御史台
10．高宗
11．都護府
12．則天武后（武則天）
13．周
14．玄宗
15．開元の治
16．節度使
17．募兵制
18．タラス河畔
19．安史
20．ウイグル
21．藩鎮
22．両税法
23．黄巣
24．朱全忠

❸ 1．門下
2．荘園
3．ムスリム
4．揚州 ┐
5．広州 ┘〔順不同〕
6．五経正義
7．李白
8．杜甫
9．白居易
10．韓愈
11．顔真卿
12．呉道玄
13．唐三彩
14．玄奘
15．大唐西域記
16．義浄
17．南海寄帰内法伝
18．鑑真
19．祆教
20．景教

❹ 1．新羅
2．骨品
3．渤海
4．南詔
5．突厥
6．ウイグル
7．イスラーム
8．吐蕃
9．チャンパー
10．カンボジア
11．シュリーヴィジャヤ

❺ 1．後梁
2．五代
3．汴州（開封）
4．石敬瑭
5．燕雲十六州

P.23・24

演習問題

❶

問1 ① 李淵（高祖）
② 唐三彩
③ 玄奘
④ 義浄
⑤ 国風

問2 a ア
b 天平文化
c ア
d イ

❷

問1 ① 則天武后（武則天）
② 開元
③ 楊貴妃
④ 安禄山
⑤ 府兵
⑥ 楊炎
⑦ 黄巣
⑧ 朱全忠

問2 藩鎮

❸

問1 両税法。所有する土地や財産に応じて課税額が決められ，夏と秋の二期に分けて銅銭で納入することとされた。

問2 黄巣。農民に塩を密かに売りさばく闇商人（塩の闇商人）だった。

問3 朱全忠。辺境防備のために設置された地方軍団の長で，募兵の指揮権を与えられていた。

【解説】❶問1②の唐三彩は教科書や図説の写真でおなじみであり頻出事項。③・④の玄奘と義浄は，東晋の法顕（『仏国記』）とともにインドを訪れた中国の僧・三人衆として常識であり，その著作も答えられないといけない。⑤の国風文化は問2 bの天平文化とともに以前なら日本史の領域だろうが，「世界の中の日本」「日本からみた世界」という視点が重視される昨今は世界史探究の問題として出題されても何ら不思議はない。問2 a 西魏の首都が長安だと知らなかったとしても，後漢は洛陽，北宋は開封が首都だというのが常識だから，消去法で正解がえられる。cイ・エのササン朝で国教とされ『アヴェスター』を教典としたのはゾロアスター教，ウのヤハウェを唯一神としたのはユダヤ教，これも消去法で簡単に正解がえられる。

❷問2藩鎮とは要するに軍閥化した節度使のことであり，教科書には節度使（藩鎮）と表記されることがあるが，語句としては覚えておいたほうがよい。

❸問題文にもあるように，両税法が銭納であったために農民が貨幣経済にまきこまれることになったのである。貧窮化した農民が塩を安く売ってくれる黄巣らを頼ったのはある意味必然，その反乱を鎮圧して功を売った朱全忠が最後は唐にとどめをさすのだった。

9 古代インドの変遷とインド世界の成立

P.25・26

■ ポイント整理

1 1．インダス
2．ハラッパー
3．モエンジョ=ダーロ
4．煉瓦
5．牛
6．アーリヤ
7．カイバル
8．パンジャーブ
9．ガンジス
10．鉄
11．バラモン
12．クシャトリヤ
13．ヴァイシャ
14．シュードラ
15．カースト
16．ヴェーダ
17．リグ=ヴェーダ
18．バラモン教
19．マガダ
20．ウパニシャッド
21．ガウタマ=シッダールタ
22．ヴァルダマーナ
23．アレクサンドロス
24．マウリヤ
25．チャンドラグプタ
26．パータリプトラ
27．アショーカ
28．ダルマ
29．仏教
30．仏典
31．クシャーナ
32．カニシカ
33．ローマ
34．サータヴァーハナ
35．ドラヴィダ
36．大乗
37．ガンダーラ
38．グプタ
39．チャンドラグプタ2世
40．マハーバーラタ ┐（順不同）
41．ラーマーヤナ ┘
42．カーリダーサ
43．ゼロ
44．ヒンドゥー教
45．マヌ
46．ナーランダー
47．ヴァルダナ
48．ハルシャ王
　（ハルシャ=ヴァルダナ）
49．法顕
50．玄奘
51．義浄

2 1．インド=ヨーロッパ
2．ヴァルナ
3．ジャーティ
4．コーサラ ┐（順不同）
5．マガダ ┘
6．ウパニシャッド
7．ブッダ（仏陀）
8．不殺生
9．ジャイナ教
10．チャンドラグプタ
11．パータリプトラ
12．アショーカ
13．仏典の結集
14．イラン
15．カニシカ
16．仏像
17．菩薩
18．大乗
19．チャンドラグプタ2世
20．サンスクリット
21．マハーバーラタ
22．ラーマーヤナ
23．ヒンドゥー
24．ヴィシュヌ（ブラフマー）
25．マヌ法典
26．ヴァルダナ朝
27．ラージプート

3 1．ドラヴィダ
2．バクティ
3．海の道
4．エリュトゥラー海案内記
5．チョーラ

P.27・28

■ 演習問題

1
A ①，ガウタマ=シッダールタ
B ①，大乗
C ③，大唐西域記

2
問1 アーリヤ
問2 モエンジョ=ダーロ
　　（またはハラッパー）
問3 バラモン，クシャトリヤ，ヴァイシャ，シュードラからなる身分制度のこと。
問4 リグ=ヴェーダ

3
問1① コーサラ
　　② アレクサンドロス
　　③ チャンドラグプタ
　　④ パータリプトラ
　　⑤ クシャーン
　　⑥ クシャーナ
　　⑦ 大乗
　　⑧ ガンダーラ
問2ア 業（カルマ）
　　イ 梵（ブラフマン）
　　ウ 我（アートマン）

問3 オ
問4 ダルマ（法）
問5 ローマ

4
問1① チャンドラグプタ1世
　　② チャンドラグプタ2世
　　③ バラモン
　　④ エフタル
　　⑤ ハルシャ王（ハルシャ=ヴァルダナ）
　　⑥ ラージプート
　　⑦ カースト
問2 エ
問3 サンスクリット語
問4 バクティ運動

5
問1① 季節
　　② エリュトゥラー海案内記
　　③ サータヴァーハナ
　　④ チョーラ ┐（順不同）
　　⑤ パーンディヤ ┘

【解説】**1** A解答としては，ガウタマ=シッダールタのほかに，ブッダやゴータマ=シッダッタなどでもよい。ヴァルダマーナは仏教ではなく，ジャイナ教を開いた。B小乗仏教というのは，自己のみの悟りを目的とする旧来の仏教に対する大乗仏教からの蔑称である。C『南海寄帰内法伝』を記したのは，玄奘ではなく義浄である。

2 問3「バラモン」「クシャトリヤ」「ヴァイシャ」「シュードラ」の四つの身分があったことが記されていればよい。
問4バラモン教の根本経典となったアーリヤ人の宗教的な文献全体をヴェーダといい，そのなかでも最古の賛歌集が『リグ=ヴェーダ』である。

3 問2業（カルマ）とは，とある結果をもたらす行為のことをいい，善い行為をすれば，善い結果につながり，悪い行為をすれば，悪い結果につながる。この業の思想が輪廻思想と結びつき，前世の業が現世に反映され，現世の業は来世に反映されると考えられるようになった。この永遠に続くこの輪廻から逃れるためには，宇宙の根本原理である梵（ブラフマン）と，個人の根源・本質である我（アートマン）が一体であるとする梵我一如の境地に達する必要があるとウパニシャッド哲学では説かれる。

10 東南アジア世界の形成と展開

■■■ポイント整理■■■

❶ 1．ピュー
2．パガン
3．タウングー（トゥングー）
4．ドヴァーラヴァティー
5．アユタヤ
6．シュリーヴィジャヤ
7．シャイレンドラ
8．マジャパヒト
9．マラッカ
10．マタラム
11．扶南
12．アンコール
13．林邑
14．占城
15．李朝
16．陳朝
17．黎朝
18．ピュー
19．ドヴァーラヴァティー王国
20．チャンパー
21．シュリーヴィジャヤ
22．スコータイ朝
23．アンコール朝
24．陳朝
25．シンガサリ朝
❷ 1．ドンソン
2．扶南
3．チャム
4．林邑
5．占城
6．クメール（カンボジア）
7．ヒンドゥー
8．アンコール
9．アンコール＝ワット
10．ピュー
11．パガン
12．上座部
13．モン
14．ドヴァーラヴァティー
15．スマトラ
16．シュリーヴィジャヤ
17．大乗
18．シャイレンドラ
19．ボロブドゥール
20．クディリ
❸ 1．ジャンク
2．ダウ
3．イタリア
❹ 1．モンゴル
2．クビライ（フビライ）
3．マラッカ
4．陳
5．チュノム
6．ポルトガル
7．マラッカ
8．スペイン
9．オランダ
10．イギリス
11．マタラム

整理のカギ🔍

1．地図を活用して，東南アジアの現代の国と位置，半島，島，海峡などを確認しておこう。
2．ポイント整理❶の8世紀と13世紀の地図のように，他の時代の国・王朝も，地図で位置を確認し，いつ・どこに・どんな国が栄えたかを把握しよう。
3．東南アジアでは，交易を通して各時代・地域ごとに異なる宗教が広まった。それぞれの国・時代にさかんだった宗教やその代表的遺跡を❶の年表に書き加えてみよう。
4．16世紀以降に進出したヨーロッパ勢力の拠点を地図で確認しよう。

■■■演習問題■■■

1
A ①，三仏斉
B ②，マタラム朝
C ①，マラッカ王国
2
問1① シュリーヴィジャヤ
② シャイレンドラ朝
③ 大乗仏教
④ ボロブドゥール
⑤ マハーバーラタ
⑥ ジャワ
⑦ ワヤン
⑧ マジャパヒト王国
⑨ マラッカ王国
⑩ アチェ王国
⑪ マタラム王国
⑫ ポルトガル
⑬ オランダ
⑭ バタヴィア
問2 ムスリム商人の往来と，神秘主義集団が活動したこと。
3
問1① ドンソン
② 南越国
③ 日南郡
④ 李朝
⑤ 陳朝
⑥ 黎朝
⑦ 広南王国
⑧ 西山の乱
⑨ 阮福暎
⑩ 越南
問2 a イ
b チュノム
4
問1① 扶南
② オケオ
③ アンコール朝
④ チャンパー
⑤ 林邑
⑥ ドヴァーラヴァティー王国
⑦ スコータイ朝
⑧ 上座部仏教
⑨ アユタヤ朝
⑩ ピュー人
⑪ パガン朝
問2 a 大理
b エ

【解説】**1** A室利仏逝は，唐僧の義浄が『南海寄帰内法伝』に記したシュリーヴィジャヤのこと。これに対して三仏斉は，宋代に繁栄したマラッカ海峡の港市国家群とされる。かつてはシュリーヴィジャヤと同一視されていたが，近年ではシュリーヴィジャヤの後身勢力と考えられている。Bシャイレンドラ朝は，ジャワ島中部を中心に繁栄した大乗仏教国。マタラム王国には，東南アジアの「インド化」によって成立したヒンドゥー教国の古マタラムと，東南アジアの「イスラーム化」により16世紀に成立したイスラーム教国のマタラム王国があるため注意。Cマラッカ王国は明に朝貢し，鄭和艦隊の寄港地にもなった。永楽帝からマラッカ国王の冊封も受けている。

2 問2ムスリム商人による海上交易の活発化は，やがてインド洋全体に及んだ。これに伴い，南インドや東南アジアにはムスリム商人の居住区が作られ，中国人商人とも活発に取引を行った。このように西アジアと東南アジアが，インド洋交易での経済的結びつきが強くなると，スーフィーなどの宗教指導者の活動範囲も拡大し，各地で改宗が相次ぐようになった。

3 問2 a 大秦王安敦は，ローマ帝国のマルクス＝アウレリウスと比定され，2世紀の五賢帝の一人とされる。彼らはプリンキパトゥス（元首政）の枠組みに基づく政治だった。

4 問2 b チャンパーは，元ではなく大越国黎朝によって滅ぼされた。

11 ギリシア人の都市国家

P.33・34

■ポイント整理

1 1．クレタ
2．クノッソス
3．エヴァンズ
4．ミケーネ
5．シュリーマン
6．線文字B
7．トロイア（トロヤ）
8．ホメロス
9．鉄器
10．イオニア ┐（順不同）
11．アイオリス ┘
2 1．ポリス
2．アクロポリス
3．アゴラ
4．ヘレネス
5．バルバロイ
6．植民市
7．重装歩兵
8．ファランクス(密集隊形)
9．ソロン
10．財産
11．ペイシストラトス
12．クレイステネス
13．陶片追放（オストラキスモス）
14．ペリオイコイ
15．ヘイロータイ（ヘロット）
16．ペルシア
17．マラトン
18．テミストクレス
19．軍艦（三段櫂船）の漕ぎ手
20．プラタイア
21．デロス同盟
22．ペリクレス
23．民会
24．直接民主政
25．ペロポネソス
26．テーベ
3 1．マケドニア
2．フィリッポス（フィリップ）
3．カイロネイア
4．コリントス（ヘラス）
5．アレクサンドロス（アレクサンダー）
6．イッソス
7．ディアドコイ
8．アンティゴノス
9．プトレマイオス
10．アレクサンドリア

11．セレウコス
12．バクトリア ┐
13．パルティア ┘（順不同）
4 1．イリアス
2．ヘシオドス
3．サッフォー
4．ペルシア
5．トゥキディデス
6．アイスキュロス
7．ソフォクレス
8．アリストファネス
9．フェイディアス
10．ミロのヴィーナス
11．タレス
12．ピタゴラス
13．ヘラクレイトス
14．原子
15．プロタゴラス
16．ソクラテス
17．プラトン
18．アリストテレス
19．ストア
20．エウクレイデス
21．アルキメデス
22．エラトステネス

P.35・36

■演習問題

1
A ①，アテネ
B ③，アテネ・テーベ（の連合軍）
C ②，インダス川
2
問1① エーゲ
② クレタ
③ 暗黒時代
④ イオニア
⑤ ドーリア
問2a エヴァンズ
b ヴェントリス
3
問1① アクロポリス
② 集住
③ ドーリア
④ ヘイロータイ
⑤ ソロン
⑥ 財産
⑦ ペイシストラトス
⑧ クレイステネス
問2a デルフォイ

b バルバロイ
c リュクルゴスの国制
d 陶片追放（オストラキスモス）
4
問1① アケメネス
② ミレトス
③ サラミス
④ テミストクレス
⑤ デロス
⑥ ペリクレス
⑦ ペロポネソス
⑧ テーベ
⑨ フィリッポス2世
⑩ アレクサンドロス大王
⑪ アルベラ
⑫ プトレマイオス

朝エジプト
問2a 軍艦の漕ぎ手として戦争に参加したため。
b エ
c エ
5
問1① オリンポス
② ヘシオドス
③ アリストファネス
④ イオニア
⑤ タレス
⑥ ソフィスト
⑦ プロタゴラス
⑧ ソクラテス
⑨ エピクロス
⑩ ストア
問2 パルテノン神殿

【解説】**1**A前490年のマラトンの戦いで、ペルシア軍を打ち破ったのはアテネの重装歩兵軍。スパルタ軍は前480年のテルモピレーの戦いでペルシア軍に奮戦するも全滅した。B前338年のカイロネイアの戦いで，マケドニアのフィリッポス2世に敗れたのはアテネ・テーベの連合軍。この後，フィリッポス2世はスパルタを除く全ギリシアのポリスをコリントス同盟（ヘラス同盟）に集め，それらを支配下に置いた。Cアレクサンドロス大王は前334年から東方遠征を行い，アケメネス朝を倒して，シリア・エジプトからインド西北部のインダス川にいたる大帝国を建設した。ガンジス川はインド北東部にある大河。

2問2bエーゲ文明の文字は線文字Aと線文字Bの二つがあり，線文字Bはイギリスのヴェントリスによって解読された。線文字Aは未解読である。

3問2d陶片追放（オストラキスモス）の制度は，僭主になる恐れのある人物の名を市民たちが陶器の破片（オストラコン）に書いて投票し，全部で6000票以上集まったときに，最多得票者を10年国外追放にする制度である。こうしたクレイステネスの改革により民主政の基礎が確立されたが，陶片追放は後に悪用され，前5世紀末には中止された。

4問2aペルシア戦争，とりわけサラミスの海戦において，無産市民が三段櫂船の漕ぎ手として活躍し，重装歩兵でなくても国防に参加したことを前提に記述するとよい。ちなみにアテネは三段櫂船を200隻建造し，1隻あたり170人の漕ぎ手が必要だったという。bギリシアでは，貧富に関係なく参政権が与えられたが，女性・奴隷・在留外人には参政権がなかった。

5問2ギリシアの建築はおもに柱の様式により，荘厳で力強いドーリア式・優美なイオニア式・華麗なコリント式に分類される。このうちドーリア式神殿の傑作とされるのが，アテネのパルテノン神殿である。

12 ローマと地中海支配

P.37〜39

ポイント整理

1 1．ラテン
2．エトルリア
3．共和
4．貴族
5．平民
6．コンスル
7．元老院
8．護民官
9．平民会
10．十二表法
11．リキニウス・セクスティウス
12．ホルテンシウス
13．重装歩兵
14．エトルリア
15．ギリシア
16．分割

2 1．ポエニ
2．シチリア
3．ハンニバル
4．属州
5．ラティフンディア（大土地所有制）
6．グラックス兄弟

3 1．スラ
2．マリウス
3．スパルタクス
4．ポンペイウス
5．カエサル
6．ガリア
7．クラッスス
8．アントニウス

9．オクタウィアヌス
10．レピドゥス
11．アクティウム
12．クレオパトラ
13．プトレマイオス

4 1．元首政（プリンキパトゥス）
2．アウグストゥス
3．プリンケプス
4．五賢帝
5．トラヤヌス
6．マルクス=アウレリウス=アントニヌス
7．ロンディニウム
8．ウィンドボナ
9．絹
10．カラカラ
11．ゲルマン
12．ササン
13．コロヌス
14．コロナトゥス
15．専制君主
16．ディオクレティアヌス
17．四帝分治制(テトラルキア)
18．コンスタンティヌス
19．ミラノ
20．ニケーア公会議
21．三位一体
22．コンスタンティノープル
23．テオドシウス
24．エトルリア
25．フェニキア(カルタゴ)

26．ギリシア
27．ガリア
28．ゲルマニア

5 1．救世主（メシア）
2．イエス
3．パリサイ
4．隣人愛
5．十字架
6．使徒
7．ペテロ
8．パウロ（順不同）
9．教会
10．新約聖書
11．皇帝崇拝
12．ネロ
13．ディオクレティアヌス
14．ミラノ勅令
15．ニケーア公会議
16．アタナシウス
17．三位一体
18．アリウス
19．テオドシウス
20．エフェソス
21．ネストリウス

6 1．ギリシア
2．コロッセウム
3．万民法
4．ローマ法大全
5．ユリウス
6．キケロ
7．アエネイス
8．ホラティウス
9．ポリビオス
10．リウィウス
11．ガリア戦記
12．タキトゥス
13．対比列伝
14．ストラボン
15．セネカ
16．マルクス=アウレリウス=アントニヌス
17．プリニウス
18．天動説

整理のカギ

1．ローマの領土的拡大と社会・政治の変化は深く関係していることに注意しよう。イタリア半島統一では，平民が重装歩兵として活躍し政治的発言力を増し，貴族と平民が対等になり民主共和政が成立した。ポエニ戦争以後は，広大な海外領土からの富が貧富の差を増大させ，没落した人々を私兵とした有力者たちの権力争いが続いた。

2．帝政時代からキリスト教が帝国内に広まることにも注目し，各皇帝のキリスト教政策をまとめよう。

3．ローマ文化では，ラテン人だけでなくギリシア系の人々も活躍する。確認しておこう。

練習しよう！世界史の漢字

ばつ ぞく は
閥族派

がい せん もん
凱旋門

P.40〜42

【演習問題】

1
A ③，貴族（パトリキ）
B ①，アントニウス
C ①，カラカラ帝

2
問1① エトルリア
② 共和
③ 執政官（コンスル）
④ 重装歩兵
⑤ 護民官
⑥ 平民会
⑦ リキニウス・セクスティウス法
問2a 十二表法
b 平民会の議決が元老院の承認なしに国法となる。

3
問1① カルタゴ
② 属州
③ グラックス
④ スラ
⑤ マリウス
⑥ クラッスス
⑦ ガリア
⑧ ブルートゥス
⑨ アクティウムの海戦
⑩ プトレマイオス
⑪ アウグストゥス（尊厳者）
問2a 分割統治
b ハンニバル
c ラティフンディア

4
問1① プリンケプス
② ローマの平和
③ カラカラ
④ 軍人皇帝
⑤ ササン
⑥ コロナトゥス
⑦ 専制君主政（ドミナトゥス）
⑧ コンスタンティヌス
⑨ テオドシウス
⑩ オドアケル
問2a 元首政（プリンキパトゥス）
b トラヤヌス帝
c ア

5
問1① パレスチナ
② ペテロ
③ パウロ
④ 年代記
⑤ ネロ
⑥ コンスタンティヌス
⑦ ミラノ
⑧ ニケーア
⑨ テオドシウス
問2a カタコンベ
b 三位一体説
c 景教

6
問1① コロッセウム
② タキトゥス
③ 博物誌
④ ウェルギリウス
⑤ アエネイス
⑥ キケロ
⑦ リウィウス
⑧ ストラボン
⑨ プトレマイオス
⑩ マルクス=アウレリウス=アントニヌス
⑪ 自省録
問2a エ
b エ
c 『ローマ法大全』
d ユリウス暦

【解説】**1**Aエトルリア人の王を追放した後共和政となったが，**貴族（パトリキ）**が政治を独占していた。しかし戦争の主体となった重装歩兵の政治的発言力が強まり，重装歩兵部隊を支えた**平民（プレブス）**が，貴族（パトリキ）に対して，自分たちの政治参加を要求するようになった。B第2回三頭政治は，オクタウィアヌス・アントニウス・レピドゥスが同盟を結んで行った。その後アントニウスはクレオパトラと結びオクタウィアヌスと対立したが，**前31年のアクティウムの海戦**でオクタウィアヌスが勝利した。C帝国の全自由人にローマ市民権が与えられたのは，212年のカラカラ帝の治世である。

2問2b平民会の議決が，元老院の承認を得ずとも国法になることを記述するとよい。これにより，平民と貴族との法律上の権利は同等となった。

4問2cディオクレティアヌス帝は軍人皇帝時代の混乱を収拾するため，帝国を東西にわけ，それぞれを正帝と副帝が統治する四帝分治制（テトラルキア）をしいた。また軍の兵員を増やし，徴税の仕組みを新しくするなど諸改革を断行し，帝国の危機を回避した。一方皇帝の権威を強化するため，皇帝を神として礼拝させ，専制君主として支配する**専制君主政（ドミナトゥス）**をしいたため，皇帝崇拝に従わないキリスト教徒に対し大迫害を行った。

5問2cユリアヌス帝はコンスタンティヌス帝がミラノ勅令でキリスト教を公認した後，皇帝となって古来の多神教の復興を企てた人物である。そのためキリスト教会からは「背教者」と呼ばれた。エフェソス公会議やカルケドン公会議で異端とされたネストリウス派は，中国に伝わり景教と呼ばれた。

6問2aエのパルテノン神殿はギリシアのアテネのアクロポリスに建設された守護神アテネの神殿。bローマ帝国は，領土を拡大しながら地中海周辺に数多くのローマ風の都市を残した。ロンドン・パリ・ウィーンなどは現在の首都にもなっている。トラヤヌス帝の時代にローマ帝国の領土は最大になり，ドナウ川の向こう岸のダキアを征服し，一時はメソポタミアも支配したが，ライン川以東のゲルマニアには至らなかった。したがってモスクワにローマ風都市は建設されていない。

世紀別の演習 I [前2～2世紀]

P.43

1

問1 ① アルタイ（山脈）
② モンゴル（高原）
③ 天山（山脈）
④ タリム（盆地）
⑤ 崑崙（クンルン）（山脈）
⑥ パミール（高原）
⑦ ソグディアナ（地方）
⑧ イラン（高原）
⑨ 紅（海）
⑩ アラビア（海）
⑪ インド（洋）
⑫ ベンガル（湾）
⑬ 南シナ（海）

2

問1 ① スキタイ
② 草原の道
③ ソグド
④ 絹の道（シルク=ロード）
⑤ 匈奴
⑥ 冒頓単于
⑦ 月氏
⑧ 武帝
⑨ 安息

⑩ クシャーン
⑪ ガンダーラ
⑫ 大乗仏教
⑬ 班超
⑭ 海の道
⑮ ギリシア
⑯ サータヴァーハナ
⑰ 扶南
⑱ 日南

【解説】**1**問1④タリム盆地は北の天山山脈と南の崑崙山脈に囲まれ中央にタクラマカン砂漠がある乾燥地帯。盆地の周辺にはクチャ（亀茲）・ホータン（于闐）・カシュガル（疏勒）などのオアシス都市が点在し、東西交易の重要な中継地となった。⑦ソグディアナ地方はアラル海にそそぐアム川とシル川の間の地で、サマルカンドやブハラが代表的オアシス都市。東西交易の要地として争奪が繰り返され、アケメネス朝・アレクサンドロス・バクトリア・大月氏・クシャーナ朝・ササン朝・エフタル・突厥・イスラーム勢力へと支配者が変化した。

2問1⑦モンゴル高原西・南部から中央アジアにかけて活躍したイラン系といわれる騎馬民族。前2世紀前半に匈奴によって西に追われ、さらに烏孫の進出でソグディアナ地方に移動し大月氏と称した。前漢の武帝は匈奴を挟撃しようと、張騫を大月氏に派遣した。⑱日南郡は前111年に前漢の武帝が南越を征服して設置した中国最南端の郡。現在のベトナム中部でフエ（ユエ）の辺りになる。後漢末に中国の支配が弱まると林邑（チャンパー）が独立した。

●時代をよみとく ……………………… 前2～2世紀

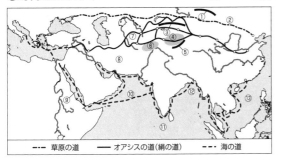

--- 草原の道 ── オアシスの道（絹の道） --- 海の道

【解説】前2～前1世紀には、ユーラシア大陸の東西で、漢（前漢）とローマという、それぞれ強力な大国が成立した。東方の漢は、諸侯を廃して中央集権化を進め、7代武帝の時代に最盛期を迎えた。武帝は朝鮮半島やベトナム北部も支配下に入れ、内陸アジアでは匈奴と対抗し、西域とよばれたオアシス都市国家を支配下に入れた。西方ではローマがカルタゴやヘレニズム諸国を破って地中海一帯を支配する大帝国に発展した。西アジアではイラン系遊牧民パルティアが勢力を伸ばした。このような状況で、中央アジアに点在するオアシス都市国家を結ぶ「オアシスの道」が形成され、光沢のある美しい織物としてローマでも珍重された中国の絹をはじめさまざまな文物が交流した。
1～2世紀には、東方では、草原地帯での匈奴の弱体化もあって、後漢が周辺諸国との朝貢関係による秩序をつくりあげた。西方では、ローマで帝政が開始され、「ローマの平和（パクス=ロマーナ）」とよばれる最盛期を迎えた。両国間の交易はさらに活発化し、「オアシスの道」「海の道」が発達。「オアシスの道」を通じて南アジアのクシャーナ朝からガンダーラ美術や大乗仏教が東アジアに伝わった。「海の道」は季節風を利用したアラビア半島～インドの海上交易ルートと、インドシナ半島の扶南などを拠点としたベンガル湾～南シナ海の海上交易ルートが結びついて成立し、香料・亀甲・象牙・犀角などのぜいたく品が取引された。

●同時代の日本

前2世紀	弥生文化が栄え、小国が分立
前1世紀	日本が初めて史料に現れる
	「楽浪海中に倭人有り、分かれて百余国を為す」（『漢書』地理誌）
57	奴国が後漢の光武帝に朝貢し印綬を受ける（『後漢書』東夷伝）
184頃	卑弥呼が邪馬台国の王となる
239	卑弥呼、魏へ遣いを送り「親魏倭王」の称号を授かる（『魏志』倭人伝）

王朝・治世年表Ⅰ［前6〜6世紀］

P.44・45

1．エトルリア	36．オクタウ（ヴ）ィアヌス
2．共和政	37．ペテロ
3．重装歩兵	38．トラヤヌス
4．重装	39．マルクス=アウレリウス=アントニヌス
5．イオニア自然	40．ローマの平和
6．ペルシア	41．クシャーナ
7．ペロポネソス	42．カニシカ
8．アケメネス	43．サータヴァーハナ
9．ダレイオス1世	44．大乗
10．ガウタマ=シッダールタ	45．王莽
11．ジャイナ	46．劉秀（光武帝）
12．マガダ	47．黄巾の乱
13．春秋	48．軍人皇帝
14．諸子百家	49．ディオクレティアヌス
15．覇者	50．コンスタンティヌス
16．鉄製農具	51．ミラノ勅令
17．戦国	52．ビザンティウム（コンスタンティノープル）
18．戦国の七雄	53．テオドシウス
19．リキニウス・セクスティウス	54．ゲルマン
20．ホルテンシウス	55．ササン
21．ポエニ	56．シャープール1世
22．グラックス兄弟	57．エフタル
23．カエサル	58．グプタ
24．マケドニア	59．チャンドラグプタ2世
25．プトレマイオス	60．柔然
26．セレウコス	61．蜀
27．パルティア	62．司馬炎（武帝）
28．バクトリア	63．五胡十六国
29．大月氏	64．邪馬台国
30．マウリヤ	65．西ゴート
31．アショーカ	66．ビザンツ
32．匈奴	67．ユスティニアヌス
33．秦	68．ホスロー1世
34．高祖（劉邦）	69．突厥
35．武帝	

世紀別Map

◆前2世紀

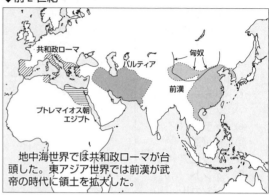

地中海世界では共和政ローマが台頭した。東アジア世界では前漢が武帝の時代に領土を拡大した。

◆2世紀

ユーラシア大陸の東西に後漢とローマ帝国が繁栄した。中央アジアからインドへクシャーナ朝が進出した。オアシスの道・海の道の交易が進展した。

◆5世紀 7世紀 P.27

西ローマ帝国はゲルマン人に滅ぼされた。内陸アジアの遊牧民の活動が活発であり，鮮卑は華北に北魏を建国した。

練習しよう！世界史の漢字

焚書・坑儒（ふんしょ・こうじゅ）

王莽（おうもう）

董仲舒（とうちゅうじょ）

13 イスラーム世界

P.46・47

ポイント整理①

1
1. メッカ
2. ムハンマド
3. アッラー
4. メディナ
5. ヒジュラ
6. ウンマ
7. カーバ
8. カリフ
9. 正統カリフ
10. ニハーヴァンド
11. コーラン(クルアーン)
12. アリー
13. ムアーウィヤ
14. ウマイヤ
15. シーア
16. イベリア
17. トゥール・ポワティエ間
18. アッバース
19. バグダード
20. 後ウマイヤ
21. タラス河畔
22. 製紙法
23. ハールーン=アッラシード
24. ハラージュ
25. ジズヤ
26. マムルーク
27. メッカ
28. メディナ
29. ダマスクス
30. コルドバ
31. サーマーン
32. ファーティマ
33. ブワイフ
34. 大アミール

2
1. セルジューク
2. スルタン
3. ベルベル
4. カイロ
5. アイユーブ
6. サラーフ=アッディーン
(サラディン)
7. アイバク
8. マムルーク
9. グラナダ
10. ガザン=ハン
11. アッバース
12. ファーティマ
13. 後ウマイヤ
14. ブワイフ
15. セルジューク
16. ムラービト
17. ガズナ
18. アイユーブ
19. ムワッヒド
20. ゴール
21. マムルーク
22. ナスル
23. イル=ハン
24. 奴隷

P.48・49

ポイント整理②

1
1. ガズナ
2. ゴール
3. 奴隷王朝
4. デリー
5. デリー=スルタン
6. ジャンク
7. マジャパヒト
8. マラッカ
9. アチェ
10. マタラム
11. クシュ
12. アクスム
13. ガーナ
14. マリ
15. ソンガイ
16. トンブクトゥ
17. ダウ
18. スワヒリ
19. モノモタパ
20. カーリミー

2
1. シャリーア
2. ウラマー
3. モスク
4. バザール
5. スーフィー
6. イクター
7. ギリシア
8. インド
9. ニザーム=アルムルク
10. ガザーリー
11. タバリー
12. イブン=ハルドゥーン
13. ラシード=アッディーン
14. イブン=シーナー
15. イブン=ルシュド
16. フワーリズミー
17. ウマル=ハイヤーム
18. イブン=バットゥータ
19. 千夜一夜物語
20. フィルドゥシー
21. アラベスク
22. 細密画
23. アルハンブラ宮殿

練習しよう！世界史の漢字

啓典の民（けいてんのたみ）

偶像崇拝（ぐうぞうすうはい）

六信五行（ろくしんごぎょう）

喜捨（きしゃ）

隊商宿（たいしょうやど）

整理のカギ

1. イスラーム世界の歴史は，①ムハンマドが存命した時代（～632）②正統カリフ時代（632～661）③ウマイヤ朝時代（661～750）④アッバース朝の隆盛期（750～9世紀前半）⑤それ以降の諸王朝分立期（9世紀前半～）と分けて見ていくとわかりやすい。
2. 偶像崇拝の厳禁や六信五行などイスラーム教の特色をきちんと理解しておこう。
3. ウマイヤ朝（アラブ帝国）とアッバース朝（イスラーム帝国）の相違点をきちんと理解しておこう。
4. イスラーム世界は「分裂しながら拡大していった」が，各世紀・諸地域の情勢をきちんと整理しておこう。

P.50～53

演習問題

1
A ②，メディナ
B ②，アブー=バクル
C ③，シーア派
D ②，ジズヤ
E ①，ファーティマ朝
F ①，13世紀
G ②，グラナダ

2
問1① ササン
　　② アラブ
　　③ ジズヤ
　　④ ハラージュ
問2a 預言者
　　b ヒジュラ（聖遷）
　　c i ムアーウィア
　　　 ii シーア派
　　　 iii アッバース朝
　　　　　は非アラブ人で
　　　　　あってもイス
　　　　　ラーム教徒であ
　　　　　れば，ジズヤを
　　　　　免除した。民族
　　　　　を越えたイス
　　　　　ラーム教徒の平
　　　　　等がはかられた。

3
問1① バグダード
　　② 知恵の館
　　③ サーマーン
　　④ ファーティマ
　　⑤ スルタン
　　⑥ サラーフ=アッ
　　　　ディーン（サラ
　　　　ディン）
　　⑦ カラハン
　　⑧ トルキスタン
問2a 千夜一夜物語
　　b イブン=シーナー
　　c カイロ
　　d イェルサレム
　　e マムルーク
問3 トゥールーン朝

4
問1① デリー=スルタン
　　② ムスリム商人
　　③ ダウ船
問2a アイバク
　　b ア

5
問1 ア
問2 スワヒリ語
問3a イ
　　b マンサ=ムーサ
　　c エ
　　d エ

6
問1① 啓典の民
　　② セルジューク
　　③ ビザンツ帝国
　　④ 十字軍
　　⑤ アイユーブ
問2a 岩のドーム
　　b サラーフ=アッ
　　　　ディーン（サラ
　　　　ディン）

7
問1① イブン=ハルドゥーン
　　② ウラマー
　　③ 数字
　　④ フワーリズミー
　　⑤ ウマル=ハイヤーム
　　⑥ アリストテレス
　　⑦ イブン=ルシュド
　　⑧ イブン=シーナー
　　⑨ 医学典範
　　⑩ フィルドゥシー
　　⑪ イブン=バットゥータ
問2a マドラサ
　　b 知恵の館
問3 スーフィズム
問4 アルハンブラ宮殿
問5 アラベスク

【解説】**2**問2aコーランに記された預言者は，ムハンマドのみではない。アダム，ノア，アブラハム，モーセ，イエスらも特に重要とされる。c iii アッバース朝はウマイヤ朝と比較されることが多い。ウマイヤ朝時代には非アラブ人がイスラーム改宗者（マワーリー）となっても，ジズヤとハラージュが免除されることはなかった。アッバース朝では，税制が整理され，ムスリムはハラージュの支払い義務が徹底されたが，そこに民族の別はなかったことが書けるとよい。

3問2cカイロは，モンゴルに蹂躙されたバグダードにかわってイスラーム世界における交易の中心地となった。最古の学院（マドラサ）である，アズハル=モスクも建設された。問3難問。教科書記述は多くないが，エジプトにおける初の独立王朝として重要。

4問1②ムスリム商人の活躍でイスラーム世界のディーナール金貨がインド洋一帯に流通した。国際的香辛料商人であるカーリミー商人はインド商人とイタリア商人を仲介する役割をになった。市場はスーク（アラビア語）もしくはバザール（ペルシア語）と呼ばれる。問2bアのマジャパヒト王国はヒンドゥー王国。海上交易に積極的であった元の侵攻を退けた。イのマラッカ王国は，15世紀に明が数回にわたって鄭和を遠征した際，重要拠点となったため，国際交易都市となった。

5問2アラビア語と現地のバンドゥー系言語が混交して形成された。

6問1①異教徒はジンミーと呼ばれるが，キリスト教徒，ユダヤ教徒ら「啓典の民」と呼ばれ，イスラーム国家に居住することを許された。問2aムハンマドの魂がそこから昇天したと伝わる「聖なる岩」を守るため691年に建設。イェルサレムはメッカ，メディナに次ぐイスラーム第三の聖地。

7問1②ウラマーはマドラサで学問を修めた知識人。裁判官・教師・礼拝の指導者などとして社会のエリート層である。イスラーム世界には聖職者が存在しないが，彼らが実質的な宗教指導者の役割を担う。⑩のフィルドゥシーは難問。イラン人。問2aマドラサの講義はイスラーム世界全体で共通しており，どの地域でも同じ知識を身につけることができた。そのため，法判断者としてのウラマーの存在がイスラームの政治的分裂に関わらず，世界の一体性を維持できた要因の一つである。また，マドラサやモスク，病院などの公共施設は，ワクフ（信託財産）による収入で維持された。ワクフとは，支配者や裕福な商人らが貸家や貸商店を建設し，公共のために使用した信託財産のことである。

14 東西ヨーロッパ世界の成立

P.54〜56

ポイント整理

1 1．フン
2．ドナウ
3．オドアケル
4．テオドリック
5．アッティラ
6．カタラウヌム
7．東ゴート
8．西ゴート
9．ヴァンダル
10．ブルグンド
11．フランク
12．アングロ=サクソン

2 1．クローヴィス
2．メロヴィング
3．アタナシウス
4．カール=マルテル
5．トゥール・ポワティエ間
6．ピピン（3世）
7．カロリング
8．ランゴバルド
9．ラヴェンナ
10．ローマ教皇領
11．カール大帝
　（シャルルマーニュ）
12．レオ3世
13．カールの戴冠
14．ヴェルダン
15．メルセン
16．西フランク
17．カペー
18．イタリア
19．東フランク

3 1．オットー1世
2．神聖ローマ
3．イタリア
4．ノルマン
5．ヴァイキング
6．ノルマンディー
7．両シチリア
8．キエフ
9．クヌート（カヌート）
10．ウィリアム

4 1．封建的主従(主従，君臣)
2．恩貸地
3．従士
4．賦役
5．貢納
6．農奴
7．不輸不入権
8．領主裁判権

5 1．コンスタンティノーブル
2．ユスティニアヌス
3．ササン
4．ローマ法大全
5．ハギア=ソフィア
6．ビザンツ
7．ギリシア
8．テマ（軍管区）
9．聖像禁止令
10．セルジューク
11．オスマン
12．スラヴ
13．ポーランド
14．チェック（チェコ）
15．ウラディミル1世
16．ツァーリ
17．マジャール
18．ブルガール

P.57〜59

演習問題

1
問1　フン
問2　A　③
　　　B　②
　　　C　①
　　　D　⑨
　　　E　⑧
　　　F　⑤

2
問1①　ユトランド
　　②　ノルマン
　　③　ヴァイキング
　　④　ロロ
　　⑤　両シチリア
　　⑥　サクソン
　　⑦　デーン
　　⑧　クヌート
　　　（カヌート）
　　⑨　ウィリアム
　　⑩　ルーシ
　　⑪　リューリク
　　⑫　キエフ

3
問1①　フン
　　②　メロヴィング
　　③　クローヴィス
　　④　カール=マルテル
　　⑤　カロリング
　　⑥　ランゴバルド
　　⑦　レオ3世

　　⑧　オットー1世
　　⑨　ユーグ=カペー
問2　アルクィン

4
問1①　双務的
　　②　封土
　　③　農奴
　　④　移動
　　⑤　賦役
　　⑥　貢納
問2あ　恩貸地
　　い　従士制
問3　領主は，国王の役
　　人が荘園に立ち入っ
　　たり課税することを
　　拒否できる不輸不入
　　権を持ち，農民を領
　　主裁判権を行使して
　　裁判することで，荘
　　園と農民を自由に支
　　配できた。(76字)

5
問1①　1054
　　②　グレゴリウス7世
　　③　ハインリヒ4世
　　④　1077
　　⑤　カノッサの屈辱
　　⑥　インノケンティ
　　　ウス3世

問2a　叙任権闘争
　　b　ヴォルムス協約
　　c　フランチェスコ
　　　修道会（またはド
　　　ミニコ修道会）

6
問1①　ユスティニアヌ
　　　ス帝
　　②　ホスロー1世
　　③　ローマ法大全
　　④　ハギア=ソフィ
　　　ア聖堂
　　⑤　養蚕技術
　　⑥　ヘラクレイオス
　　　1世
　　⑦　レオ3世
　　⑧　プロノイア
問2　ウ
問3　イ

【解説】**1**ゲルマン諸民族は，用語だけでなく地図上での位置関係も含めておさえておきたい。

2問1⑩のルーシとは「船の漕ぎ手」という意味で，ロシアの語源となっている。

4問3指定語句である「不輸不入権」や「領主裁判権」はいずれも重要である。それぞれの意味や内容をきちんとおさえ，説明できるようにしておこう。

5問1⑤のカノッサの屈辱は叙任権闘争のいわばドイツ版であり，その一応の終結がヴォルムス協約（1122年）である。このあと⑥のインノケンティウス3世は英王・仏王を屈服させ，英版・仏版の叙任権闘争にも勝利する。

6全国をテマ（軍管区）に分け，指揮官に行政権・徴税権を与えたのがテマ（軍管区）制（問3）。ビザンツ皇帝が，直接農民に土地を与えて世襲の農民兵とし，防衛力を充実させたのが屯田兵制。有力貴族に国有地の管理権と徴税権を委ねるビザンツ帝国版封建制なのがプロノイア制（問1⑧）。ビザンツ帝国で採用された統治制度の変遷を復習しておこう。

15 西ヨーロッパ中世世界

P.60〜63

■ ポイント整理

❶ 1. ローマ
2. コンスタンティノープル〔順不同〕
3. 十分の一税
4. レオン3世
5. 聖像禁止令
6. ローマ=カトリック教会
7. ギリシア正教会
8. ベネディクトゥス
9. クリュニー
10. グレゴリウス7世
11. ハインリヒ4世
12. カノッサの屈辱
13. ヴォルムス協約
14. インノケンティウス3世
15. フランチェスコ〔順不同〕
16. ドミニコ

❷ 1. 三圃
2. 東方植民
3. 国土回復運動（レコンキスタ）
4. ウルバヌス2世
5. イェルサレム
6. サラーフ=アッディーン（サラディン）
7. コンスタンティノープル
8. ラテン
9. 国王の権威
10. 地中海
11. 北イタリア
12. ルネサンス
13. ベネディクトゥス
14. セルジューク
15. クレルモン
16. 7
17. 宗教騎士団

❸ 1. 貨幣
2. 遠隔地
3. 特許状
4. 自治
5. 商人ギルド
6. 同職ギルド(ツンフト)

7. ロンバルディア
8. ハンザ
9. ヴェネツィア（フィレンツェ）
10. リューベック
11. フランドル
12. シャンパーニュ
13. ツンフト闘争
14. メディチ家
15. フッガー家

❹ 1. 貨幣
2. ヨーマン
3. 黒死病
4. ジャックリー
5. ワット=タイラー

❺ 1. アナーニ
2. ボニファティウス8世
3. フィリップ4世
4. アヴィニョン
5. 教皇のバビロン捕囚
6. 教会大分裂(大シスマ)
7. 異端審問
8. ウィクリフ
9. 英
10. フス
11. コンスタンツ公会議
12. フス

❻ 1. 身分制議会
2. 全国三部会(三部会)
3. プランタジネット
4. ジョン
5. フィリップ2世
6. 大憲章（マグナ=カルタ）
7. 承認
8. シモン=ド=モンフォール
9. 模範議会
10. ジェントリ
11. カペー
12. フィリップ2世
13. ルイ9世
14. アルビジョワ派
15. フィリップ4世

16. 全国三部会(三部会)

❼ 1. 百年戦争
2. ヴァロワ
3. エドワード3世
4. エドワード黒太子
5. ジャンヌ=ダルク
6. ランカスター〔順不同〕
7. ヨーク

❽ 1. レコンキスタ
2. イサベル
3. フェルナンド
4. スペイン(イスパニア)
5. グラナダ
6. コロンブス
7. ジョアン2世

❾ 1. イタリア政策
2. 大空位時代
3. 金印勅書
4. 教皇党
5. 皇帝党
6. カルマル

❿ 1. 教会
2. 修道院
3. ベネディクトゥス
4. 神学
5. ラテン語
6. アルクイン
7. アンセルムス
8. アベラール
9. トマス=アクィナス
10. ウィリアム=オブ=オッカム
11. ロジャー=ベーコン
12. ボローニャ
13. パリ
14. サレルノ
15. オクスフォード〔順不同〕
16. ケンブリッジ
17. ロマネスク
18. ゴシック
19. 騎士道物語
20. アーサー王物語
21. ニーベルンゲンの歌
22. ローランの歌

練習しよう！世界史の漢字

飢饉（き きん）

郷紳（きょう しん）

金印勅書（きん いん ちょく しょ）

尖頭（せん とう）

武勲（ぶ くん）

吟遊詩人（ぎん ゆう し じん）

整理のカギ
1. ローマ教皇権の確立と衰退を，教会刷新運動や十字軍の遠征と関連づけてまとめよう。
2. 十字軍の遠征を契機に，教皇や諸侯・騎士の力は衰退し，各国王や都市の商工業者が力を伸ばし農民の地位も向上した。この社会変動をなぜ，どのような経過で，に注目してまとめてみよう。

P.64〜66
演習問題

1

問1① クレルモン
② サラーフ=アッ
ディーン（サラ
ディン）
③ リチャード１世
④ ヴェネツィア
⑤ ラテン帝国
⑥ ルイ９世
⑦ ジェノヴァ
⑧ ロンバルディア
⑨ ハンザ
⑩ 神聖ローマ皇帝
⑪ ツンフト

2

教皇は東西両教会統一の主導権を握ろうとし，諸侯や騎士は武勲と領地・戦利品をねらった。また，民衆は免罪や債務帳消しを求め，商人たちは経済的な利益を追求した。（77字）

3

問1① プランタジネット
② 大憲章（マグナ
=カルタ）
③ 模範議会
④ カペー
⑤ フィリップ４世
⑥ ボニファティウ
ス８世
⑦ 全国三部会
⑧ アヴィニョン
⑨ イタリア政策
⑩ 大空位時代
⑪ カール４世
⑫ 金印勅書
⑬ フェルナンド
⑭ イサベル
⑮ スペイン王国
（イスパニア王国）
⑯ グラナダ
⑰ 国土回復運動
（レコンキスタ）

4

問1① エドワード３世
② フランドル
③ クレシー
④ エドワード黒太子

⑤ ジャンヌ=ダルク
⑥ オルレアン
⑦ カレー
⑧ バラ
⑨ テューダー
問2 イ→ア→ウ→エ
問3 ワット=タイラー
の乱
問4 イ

5

問1① アウグスティヌス
② アリストテレス
③ トマス=アクィナス
④ 普遍
⑤ ビザンツ
⑥ ロマネスク
⑦ ピサ
⑧ ゴシック
⑨ ノートルダム
⑩ ケルン
⑪ ローランの歌
⑫ アーサー王物語
⑬ ニーベルンゲンの歌
⑭ 吟遊詩人

【解説】**1**問1⑨貨幣経済が浸透したことで，農奴解放が進んだ西欧では商業が発達し，領主による農奴に対する収奪が再び強まった（封建反動）東欧諸国から農作物などを取引した。その舞台となったのがハンザ同盟を中心としたバルト海沿岸の商業圏である。またイタリアの内陸都市ミラノを中心とする地中海商業圏はアルプス山脈を迂回してフランスのシャンパーニュ地方に商品をもたらし，ヨーロッパ全体に巨大な商業の循環をもたらした。

2十字軍は聖地への巡礼路の確保が当初の目的だったが，巡礼路が交易路に代わることで商人たちの経済的な利益追求に役立ったことをおさえよう。商業的なライバルとの争いという点も，商業が発展した要因となった。民衆が免罪や債務帳消しを求めたという内容は細かいところだが，知っておいて損はない。

4問2出来事を古いものから年代順に並べかえる問題（時代整序問題）は共通テストでも問われやすい。出来事から類推しながら考えてみると並べかえやすくなる。「教皇のバビロン捕囚」をきっかけにローマとアヴィニョンの２か所に教皇が並立するようになったことで教会大分裂が起こる。コンスタンツ公会議の結果，フスが焚刑とされた。問4黒死病（ペスト）の流行により，農業人口が減少したことで，領主は労働力を確保するために，農民の待遇を向上させなければならなかった。また鉄砲などの火器の使用により騎士階級が没落し，封建社会は衰退の一途をたどることになった。

世紀別の演習Ⅱ［7～8世紀］

P.67

1

問1　a　上京竜泉府
　　　d　パレンバン
　　　g　バグダード
　　　j　ダマスクス
　　　k　コンスタンティノープル
　　　l　コルドバ
問2　①　玄奘
　　　②　ヴァルダナ朝
　　　③　義浄
　　　④　ナーランダー僧院
問3　①　安史の乱
　　　②　サマルカンド
問4　広州
問5　突厥
問6　ウイグル
問7　渤海

問8　新羅
問9　南詔
問10　①　シュリーヴィジャヤ
　　　②　ボロブドゥール
問11　メッカ
問12　メディナ
問13　ニハーヴァンドの戦い
問14　①　西ゴート王国
　　　②　トゥール・ポワ
　　　　　ティエ間の戦い
　　　③　カール=マルテル
　　　④　ローマ教皇領
問15　①　タラス河畔の戦い
　　　②　製紙法
　　　③　後ウマイヤ朝
問16　①　テマ（軍管区）制
　　　②　聖像禁止令

関。玄宗時代に設置。広州には自治の認められた外国人居住区"蕃坊"も設けられた。問6キルギスがウイグルを滅ぼしたのは840年。西走したウイグルは中央アジアに定住し、以後その地はトルキスタンと呼称される。問10②スマトラやジャワは7世紀頃からインドとの海上交易がさかんになったため、大乗仏教が伝来。上座部仏教でないことに注意したい。問13イスラームは、正統カリフ時代で2代目ウマルの治世。この戦いで敗れたササン朝は651年に滅亡する。問14①ウマイヤ朝がfのサマルカンドを攻略したのも711年である。②この戦いは、イスラーム側の敗北で終わるが、地中海はイスラームが制圧。その結果、西ヨーロッパ世界ではローマ帝国以来の地中海貿易が衰退し、農業中心の封建国家が成立。問16①テマ（軍管区）制はヘラクレイオス1世により導入された。彼はテマ（軍管区）制の実施以外に、国内のコロヌスを解放し土地を与え、世襲の軍役義務を負わせる屯田兵制も実施。②レオン3世は、テマの総督の1人で、クーデタにより政権獲得。718年、彼はイスラーム勢力によるコンスタンティノープル包囲を破り、カール=マルテル同様、キリスト教世界の守護者となった。

【解説】**1**問2①②ヴァルダナ朝を統治したのは、ハルシャ王（ハルシャ=ヴァルダナ）。カナウジに都をおき、仏教を厚く保護した。玄奘は来印時、王と会見。著書『大唐西域記』の中でヴァルダナ朝の繁栄と王の善政を評価した。③義浄がインドを訪れた時、ヴァルダナ朝はすでになく、分裂期のラージプート時代。著書『南海寄帰内法伝』は、パレンバンで執筆。問4市舶司は、海上交易を司る事務機

●時代をよみとく……………………………… 7～8世紀

【解説】7世紀、東アジアでは唐が最大領域を形成し、8世紀までには周辺諸国を冊封体制に組み入れ、律令、漢字、儒教、仏教などを共有する東アジア文化圏を確立した。朝鮮半島や日本もこの文化圏に所属した。唐の勢力圏が中央アジアへ拡大する中、モンゴル高原から中央アジアにはトルコ系の突厥が広がり、その保護のもとイラン系のソグド人が東西交易に従事した。また、東南アジアではスマトラ島のパレンバンが、港市国家シュリーヴィジャヤの中心として大乗仏教を保護し繁栄した。

7世紀前半、ムハンマドがアラビア半島でイスラームを創始。イスラーム勢力は教団国家を形成し、西アジア・北アフリカを短期間で征服した。651年、ササン朝ペルシアもその中で滅亡した。711年、ウマイヤ朝はイベリア半島を征服した。この王朝を倒したアッバース朝は全ムスリム

の平等を打ち出しイスラーム帝国を現出させた。アッバース朝は中央アジアでの勢力を唐と争い勝利し、以後この地にアラブ人が進出し、ムスリム商人の活動も活発になった。

西方のビザンツ帝国の首都コンスタンティノープルは、商業や絹織物などの手工業がさかんで、貨幣経済が維持され国際交易都市として繁栄した。7世紀前半、イスラームの侵入に対抗するため帝国はテマ（軍管区）制と屯田兵制を設けた。一方、ローマ教会は、イスラームの侵入から西ヨーロッパ世界を守ったフランク王国に接近した。この王国に現れたカール大帝はゲルマン諸国家を征服し、現在の仏独伊にまたがる大国家を形成した。8世紀末、ローマ教皇レオ3世は、カール大帝に西ローマ皇帝の冠を授け、政治的守護者とした。

●同時代の日本

607	聖徳太子が小野妹子を隋に派遣（遣隋使）
630	第1回遣唐使はじまる
7C半ば	大化改新
660	百済滅亡
663	白村江の戦い　日本は新羅・唐連合軍に敗北
701	大宝律令制定
710	平城京へ遷都　奈良時代はじまる
754	唐僧の鑑真入京
784	長岡京遷都
794	平安京遷都　平安時代はじまる

16 アジア諸地域の自立化と宋

P.68・69

ポイント整理

1
1．契丹
2．高麗
3．渤海
4．後晋
5．燕雲十六州
6．大理

2
1．北宋
2．開封
3．太祖
4．趙匡胤
5．殿試
6．文治
7．士大夫
8．官戸
9．形勢戸
10．佃戸
11．太宗
12．澶淵の盟
13．王安石
14．青苗法
15．均輸（法）
16．市易法
17．募役法
18．保甲法
19．保馬法
20．司馬光
21．キタイ（契丹・遼）
22．耶律阿保機
23．二重統治
24．契丹
25．西夏
26．李元昊
27．金

28．完顔阿骨打
29．女真
30．金
31．靖康の変
32．南宋
33．臨安
34．杭州
35．高宗
36．淮河

3
1．商業
2．清明上河図
3．草市
4．交子・会子（順不同）
5．景徳鎮
6．江南
7．市舶司
8．大蔵経
9．金属
10．高麗青磁
11．宋学
12．朱熹
13．四書
14．資治通鑑
15．欧陽脩
16．院体画
17．文人画
18．青磁
19．火薬 ┐
20．羅針盤 ┘（順不同）

4
1．キタイ（契丹・遼）
2．西夏
3．高麗
4．大理
5．金

P.70・71

演習問題

1
問1① 燕雲十六州
② 澶淵の盟
③ 遼
④ 女真
⑤ 完顔阿骨打
⑥ 靖康の変
⑦ 淮河
⑧ 謀克
問2 ④
問3 ③

2
問1① 開封
② 太宗
③ 形勢戸
④ 佃戸
⑤ 王安石

問2 ア　L
イ　D
ウ　K
エ　H
オ　M
カ　C
問3 a　ウ
b　ア
c　ウ
d　イ
e　司馬光

3
従来の科挙に殿試を創設して強化し，皇帝が選抜した文人官僚を重用して皇帝専制・中央集権化を進めた。（48字）

【解説】**1**問2 キタイは宋との関係で問われることが圧倒的に多いが，その二重統治体制については教科書にも具体的に記述されており，近年もよく出題されている。宋からみて北に存在していた遊牧民の国であるため，北面官がその統治を担当したのは道理であり，南面官が南方の燕雲十六州に居住していた農耕民の統治を担当したのも道理である。遊牧民（契丹）には部族制，農耕民（漢族）には州県制という従来からの制度が適用されたのも道理で，地理関係やそれぞれの伝統的制度が頭に入っていれば難なく択一できよう。問3 徽宗・欽宗，秦檜・岳飛は教科書にも登場する。とくにあとの二人は，実際には採用される結果となった和平論の秦檜が今では「売国奴」とされ，実際には獄死した主戦論の岳飛が今では「英雄」とされていることが図説などで大きく取り上げられており，おなじみである。**2**問2 ウの茶は問題文にもあるとおり唐代から庶民に飲まれはじめ，一部の教科書には「宋代には喫茶の習慣も定着した」と紹介されている。あとにつづく陶磁器との関係を考えても正解だと判断できるが，エ・オはどちらが白磁でどちらが青磁か判断しかねるところ。問題文にでてくる産地の中では景徳鎮が受験生にはおなじみだが，「少し青みがかった白磁」（何とも紛らわしい）が有名であることまでは愛好家でなければ知らないだろう。いっぽうカの火薬は，あとにつづく問題文から容易に判断できる。問3 d 容易に正解できるが，日本史絡みの問題は今後増えていくと予想されるので重要。正解以外の菅原道真（遣唐使の停止を訴えた），北条時宗（二度のモンゴル襲来に対応），足利義満（建文帝から日本国王に封ぜられる）も知っておくべき。

3殿試で落第させられる者はいなかったが，皇帝みずからが官僚候補生を試問・採点することにより，両者は堅い師弟関係を結んだことになり，皇帝に対する忠誠心が一層強まった。

特集 ┃ 17 モンゴルの大帝国

P.72
内陸アジア世界のまとめ
1. スキタイ
2. 匈奴
3. 前漢
4. 大月氏
5. 鮮卑
6. エフタル
7. 柔然
8. ウイグル
9. 唐
10. サーマーン
11. カラハン
12. キタイ（契丹・遼）
13. ホラズム=シャー
14. キプチャク=ハン
15. イル=ハン
16. チャガタイ=ハン
17. 元

P.73・74
ポイント整理
1 1. チンギス=カン
2. クリルタイ
3. ホラズム=シャー
4. 西夏
5. オゴデイ
6. 金
7. カラコルム
8. ワールシュタット
9. バトゥ
10. プラノ=カルピニ
11. ルブルック
12. 大理
13. フレグ
14. 高麗
15. クビライ(フビライ)
16. 大都
17. ハイドゥ
18. キプチャク=ハン
19. チャガタイ=ハン
20. イル=ハン
21. ガザン=ハン
22. マルコ=ポーロ
23. 南宋
24. パガン
25. 色目人
26. 漢人
27. 南人
28. ジャムチ
29. 大運河
30. 交鈔
31. 紅巾の乱
32. 朱元璋
2 1. ムスリム
2. 泉州
3. 世界の記述
　（東方見聞録）
4. イブン=バットゥータ
5. パクパ
6. モンテ=コルヴィノ
7. 授時暦
8. 元曲
9. 西廂記 ┐(順不同)
10. 琵琶記 ┘

P.74・75
演習問題
1
A ②，漢人
B ①，ルブルック
C ①，海の道
2
問1① スキタイ
　　② 『歴史』
　　③ 月氏
　　④ 匈奴
　　⑤ 鮮卑
　　⑥ 柔然
　　⑦ 突厥
　　⑧ 唐
　　⑨ ウイグル
　　⑩ 絹馬
　　⑪ キルギス
　　⑫ トルキスタン
　　⑬ マムルーク
　　⑭ カラハン朝
　　⑮ ソグド
　　⑯ ムスリム
　　⑰ 契丹
　　⑱ 燕雲十六州
　　⑲ 女真
　　⑳ カラキタイ
　　　（西遼）
問2　安史の乱

3
問1① ホラズム朝
　　② 西夏
　　③ 金
　　④ ワールシュタット
　　⑤ キプチャク
　　⑥ 大理
　　⑦ フレグ
　　⑧ マムルーク朝
　　⑨ 高麗
　　⑩ ガザン=ハン
　　⑪ 色目人
　　⑫ モンテ=コルヴィノ
　　⑬ ジャムチ
　　⑭ 交鈔
　　⑮ 日元貿易
　　⑯ 郭守敬
　　⑰ 西廂記
　　⑱ マルコ=ポーロ
　　⑲ 『旅行記』（『三
　　　大陸周遊記』）
　　⑳ 黒死病（ペスト）
問2 a　ア
　　 b i　マジャパヒト
　　　　　王国
　　　 ii　陳朝大越

【解説】**1** A金の支配下にあった人々を漢人というが，漢民族そのものを指すわけではない。南宋のもとにいた人々を南人という。Bルイ9世は十字軍としてマムルーク朝と敵対しており，モンゴルとの挟撃を計画してルブルックを派遣した。モンテ=コルヴィノはローマ教皇から派遣されたフランシスコ会修道士で，元の大都の大司教に任命された。C11世紀以降は，中国人商人が東南アジアからインド洋に進出し，ジャンク船によって陶磁器を輸出，ムスリム商人との取引を活発化させた。

3 問2 a エの塩の専売制は気づきにくいが，教科書記載の内容であるので，押さえておきたい。元は商業を重視する一方，支配地域の社会制度はあまり重視せず，科挙も一時中断された。b i ジャワ島のシンガサリ朝が元の侵攻を受け，これに乗じた反乱で国王は殺害され，王朝は滅んだ。しかし，国王の娘婿がマジャパヒト村に逃れ，元と同盟を結んで反乱軍を一掃し，再興したのがマジャパヒト王国である。この王国はヒンドゥー教国であり，16世紀にイスラーム教の国であるマタラム王国によって滅ぼされた。

18 アジア交易世界の興隆

P.76・77
ポイント整理
1 1．紅巾の乱
2．朱元璋
3．中書省
4．賦役黄冊
5．六諭
6．靖難の役
7．永楽帝
8．北京
9．鄭和
10．北虜南倭
11．張居正
12．李自成
13．交鈔
14．南京（金陵）
15．六部
16．魚鱗図冊
17．衛所制
18．靖難の役
19．内閣
20．南海遠征
21．オイラト
22．土木の変
23．タタール
24．倭寇
25．北虜南倭
26．万暦帝
27．一条鞭法
28．豊臣秀吉
2 1．湖広熟すれば
2．景徳鎮
3．特権商人
4．銀
5．一条鞭法
6．西遊記
7．水滸伝
8．三国志演義

9．金瓶梅
10．永楽大典
11．陽明学
12．マテオ＝リッチ

P.77
演習問題
1
問1① 南京
② 中書省
③ 里甲制
④ 賦役黄冊
⑤ 朝貢
⑥ 琉球王国
⑦ 六諭
⑧ 靖難の役
⑨ 永楽帝
⑩ 北京
⑪ 鄭和
⑫ マラッカ
⑬ 漢城
⑭ 訓明正音（ハングル）
⑮ 両班
⑯ エセン＝ハン
⑰ 張居正
⑱ 豊臣秀吉
問2a エ
b 佃戸制と呼ばれる農奴制がさらに拡大したこと。

【解説】**1**問2aこれに対し，宋の時代は「蘇湖（江浙）熟すれば天下足る」という言葉に見られるように，長江下流域が稲作地帯として発達した。明代ではこの穀物地帯が中流域に移動し，下流域ではこれに代わって木綿業，綿織物業が盛んになった。b宋代に発達した佃戸制が拡大し，小作人である佃戸による小作地が拡大したことを表しており，明代の社会における経済格差を読み取ることができる。

19 大航海時代

P.78
ポイント整理
1 1．羅針盤
2．世界の記述（東方見聞録）
3．香辛料
4．世界の一体化
5．商業革命
6．大西洋
7．コンキスタドール
8．コルテス
9．ピサロ
10．エンコミエンダ
11．ラス＝カサス
12．黒人奴隷
13．エンリケ
14．バルトロメウ＝ディアス
15．ヴァスコ＝ダ＝ガマ
16．コロンブス
17．カブラル
18．アメリゴ＝ヴェスプッチ
19．マゼラン（マガリャンイス）
20．世界周航
21．コルテス
22．ピサロ
23．商業革命

P.79
演習問題
1
A ②，ボッカチオ
B ③，ポルトガル
2
問1① エンリケ
② バルトロメウ＝ディアス
③ ヴァスコ＝ダ＝ガマ
④ カリカット
⑤ ゴア
⑥ マカオ
⑦ トスカネリ
⑧ コロンブス
⑨ アメリゴ＝ヴェスプッチ
⑩ マゼラン（マガリャンイス）
⑪ コルテス
⑫ マニラ
⑬ ガレオン
問2a エンコミエンダ制
b 商業革命

【解説】**1**A『デカメロン』を著したイタリアの人文主義者はボッカチオ。ペトラルカはラウラへの愛をうたった『叙情詩集』を著した。Bトルデシリャス条約は1494年にポルトガルとスペインの間で結ばれた条約。スペインとポルトガルが互いの勢力圏を定めるために結んだもので，ローマ教皇によって追認された。
2問2aエンコミエンダ制は，スペインが王令で定めたラテンアメリカにおける土地制度である。この制度をもとに，先住民が鉱山やプランテーションで酷使され，先住民の人口激減につながった。

20 イスラーム諸王朝の繁栄

P.80〜82

ポイント整理

1
1. オスマン
2. アドリアノープル
3. バヤジット1世
4. ニコポリス
5. アンカラ
6. メフメト2世
7. ビザンツ
8. イスタンブル
9. セリム1世
10. スルタン＝カリフ
11. スレイマン1世
12. モハーチ
13. ウィーン
14. カピチュレーション
15. プレヴェザ
16. レパント
17. ミッレト
18. ティマール
19. イェニチェリ
20. ティムール
21. サマルカンド
22. ティムール
23. アンカラ
24. 明
25. ウズベク
26. ミニアチュール
27. サファヴィー
28. イスマーイール（1世）
29. シャー
30. シーア
31. アッバース1世
32. イスファハーン

2
1. ムガル
2. バーブル
3. パーニーパット
4. デリー
5. アクバル
6. アグラ
7. ジズヤ（人頭税）
8. ラージプート
9. タージ＝マハル
10. アウラングゼーブ
11. マンサブダール
12. マラーター
13. シク
14. ウルドゥー
15. ヴィジャヤナガル
16. オスマン
17. サファヴィー
18. ムガル
19. イスタンブル
20. イスファハーン
21. アグラ
22. タージ＝マハル

3
1. マジャパヒト
2. アユタヤ
3. タウングー（トゥングー）
4. マラッカ
5. ポルトガル
6. アチェ
7. マタラム
8. スペイン
9. マニラ
10. メキシコ銀
11. 絹

P.83〜85

演習問題

1
A ③，メフメト2世
B ③，プレヴェザの海戦
C ④，イスファハーン
D ④，アグラ

2
問1① オスマン
（オスマン＝ベイ，オスマン1世）
② アドリアノープル（エディルネ）
③ イェニチェリ
④ コソヴォ
⑤ バヤジット1世
⑥ ニコポリス
⑦ アンカラ
⑧ メフメト2世
⑨ イスタンブル
⑩ トプカプ宮殿
⑪ セリム1世
⑫ サファヴィー
⑬ マムルーク
⑭ スレイマン1世
⑮ モハーチ
⑯ ウィーン
⑰ プレヴェザ
⑱ セリム2世
⑲ レパント
⑳ フランス
問2 a ミッレト
b カピチュレーション

3
問1① イスマーイール（1世）
② アッバース1世
③ イスファハーン
④ ホルムズ
問2ア A
イ D
ウ F
エ C
オ B
問3 サマルカンド
問4 人物 シヴァージー
王国 マラーター王国

4
問1① アンカラ
② バーブル
③ パーニーパット
④ アクバル
問2 フランスの商人に対して帝国内の居住

と通商上の特権を認めた。（29字）
問3 マンサブダール制
問4 i 異教徒（非ムスリム）に課されていたジズヤ（人頭税）を廃止した。
ii 第6代皇帝のアウラングゼーブが異教徒に対するジズヤを復活させたため，ラージプート族などヒンドゥー教徒の反発が強まった。
問5 エ
問6 i アチェ王国
ii マタラム王国
iii マラッカ王国

【解説】**2**問1②のアドリアノープル（エディルネと改称）と④のコソヴォの戦いはやや細かい。また問題文に登場するチャルディラーンの戦い（1514年）はサファヴィー朝の騎馬軍団が鉄砲を用いたオスマン帝国のイェニチェリ軍団に大敗北した戦いで，教科書には載ってないが，イスラームの戦いの大きな転換点となったことで知られる。問2ミッレトとカピチュレーションは頻出事項。簡単に説明できるようにしておくべきである。

3問2ウのチャルディラーンの戦いは覚えておくとよいが，そこで惨敗したサファヴィー朝の騎馬軍団の名称であるイのキジルバシュは難問。問題文にもあるように同王朝の軍隊の中心となったトルコ系の騎兵たちのことで，この戦いに敗れて歴史的役割を終えたとされる。オのアルメニア商人も難問。問題文にもあるようにアッバース1世は彼らを保護し，イスファハーンにジョルファーとよばれる居住区を設けて交易を担わせた。

4問4アクバルによるジズヤの廃止とアウラングゼーブによるその復活は，ムガル帝国で最もよく出題される事項。同国はヒンドゥー教徒が多いインドに成立したイスラーム国家であり，彼らをどう統治していくかがカギだったわけだが，結局はジズヤを復活させイスラームの伝統にこだわったために，彼らの反発を招いていくのだった。問5ムガル帝国の公用語はペルシア語（といっても宮廷ではトルコ語も話されていたようだが）。よく出題されるのはウルドゥー語だが，問題文のようなフェイクにはひっかからないように。ウのシク教の開祖はシヴァージー（マラーター王国の建国者）ではなくナーナク。エ（正解）のヴィジャヤナガル王国ともども，近年よく出題されている。問6マラッカ王国のほか，島嶼部のアチェ，バンテン，マタラムも近年頻出。成立時期・位置を地図で確認しよう。

21 清代の中国と隣接諸地域

ポイント整理

1 1．ホンタイジ
2．呉三桂
3．三藩
4．台湾
5．ネルチンスク
6．軍機処
7．キャフタ
8．乾隆帝
9．満漢併用
10．三藩の乱
11．ピョートル1世
12．軍機処
13．キャフタ
14．文字の獄
15．新疆
16．康熙字典
17．辮髪
18．典礼問題
2 1．南洋華僑
2．行商
3．公行
4．地丁銀
5．アダム=シャール
6．ブーヴェ
7．カスティリオーネ

演習問題

1
A ①，辮髪
B ①，『四庫全書』
C ②，広州

2
問1① ヌルハチ
　② 八旗
　③ ホンタイジ
　④ 呉三桂
　⑤ 康熙帝
　⑥ 台湾
　⑦ 雍正帝
　⑧ 軍機処
　⑨ 乾隆帝
　⑩ 新疆
　⑪ 理藩院
　⑫ 顧炎武
　⑬ 考証学
　⑭ 紅楼夢
　⑮ 典礼問題
　⑯ 円明園
問2 a イ
　b ウ
　c ア

【解説】**1** A辮髪が正解。纏足は女性の足を人為的に小さくする風習で，唐末期から行われていた。B清代の百科事典として『四庫全書』が正解。『四書大全』は，明の永楽帝の命で編纂された四書（儒教の経典）の注釈書。名称が紛らわしいので注意。C乾隆帝は，外国との貿易港を広州に限定し，貿易を統制した。イギリスが求める自由貿易と逆行するこの動きが，のちのアヘン戦争へとつながる。ちなみに広州には，唐〜明代にかけて市舶司が置かれていた。
2問2 a ロシアとの国境確定で重要なのは，17世紀のネルチンスク条約（康熙帝），18世紀のキャフタ条約（雍正帝）である。ここは締結世紀，人物を正確に暗記したい。これらの条約が両国ほぼ対等な内容なのに対し，19世紀のアイグン条約，北京条約は，清の衰退とロシアの優越を示す内容に変化していく。c紅帽派はチベット仏教の旧派で，13世紀以降モンゴルや明に優遇された。しかし，政権の接近は宗派の堕落を招き，ツォンカパの改革によって黄帽派が成立し，こちらが主流となった。この黄帽派の教主がダライ=ラマである。

22 ルネサンスと宗教改革

ポイント整理

1 1．ヒューマニズム
2．万能人
3．メディチ
4．地動説
5．コペルニクス
6．活版印刷術
7．軍事革命
8．ダンテ
9．ボッカチオ
10．エラスムス
11．ラブレー
12．セルバンテス
13．トマス=モア
14．シェークスピア
15．ブルネレスキ
16．ボッティチェリ
17．レオナルド=ダ=ヴィンチ
18．ミケランジェロ
19．ラファエロ
20．ブラマンテ
21．ブリューゲル
2 1．贖宥状
2．九十五カ条の論題
3．万人司祭主義
4．カール5世
5．ドイツ語
6．ドイツ農民
7．アウクスブルク
8．ツヴィングリ
9．予定説
10．長老
11．首長法
12．イギリス国教会
13．統一法
14．イエズス
15．イグナティウス =ロヨラ ┐
　　　　　　　　　　　　　├（順不同）
16．フランシスコ =ザビエル ┘
17．トリエント公会議

演習問題

1
問1① メディチ
　② フィレンツェ
　③ ダンテ
　④ 神曲
　⑤ ボッカチオ
　⑥ ボッティチェリ
　⑦ ミケランジェロ
　⑧ ラファエロ
　⑨ ブルネレスキ
　⑩ エラスムス
　⑪ ファン=アイク
　⑫ ブリューゲル
　⑬ デューラー

2
問1① 贖宥状
　② （マルティン=）ルター
　③ 九十五カ条の論題
　④ カール5世
　⑤ ミュンツァー
　⑥ アウクスブルクの和議
　⑦ カルヴァン
　⑧ 予定
　⑨ ヘンリ8世
　⑩ エリザベス1世
　⑪ 魔女狩り
問2 a 農民が現世の利益のみを求めているとみなしたため。（24字）
　b カトリック改革（対抗宗教改革）

【解説】**2**問2 a ドイツ農民戦争は，領主制・農奴制・十分の一税の廃止などを唱えた農民の一揆。ルター派は最初は農民に同情的だったが，一揆が社会変革を目指して急進化すると，ルターは「現世の利益のみを求めている」と批判し，領主の側に立った。

23 主権国家体制の成立

P.90・91

━━ポイント整理━━

1 1．イタリア
2．常備軍 ┐(順不同)
3．官僚 ┘
4．主権国家
5．絶対王政

2 1．カルロス１世
2．カール５世
3．フェリペ２世
4．レパント
5．無敵艦隊
6．オランダ独立
7．ユトレヒト
8．オラニエ公ウィレム
9．ネーデルラント
10．エリザベス１世
11．統一法
12．神聖ローマ皇帝
13．スペイン ┐(順不同)
14．オーストリア ┘
15．太陽の沈まぬ帝国
16．オランダ独立
17．ゴイセン
18．東インド会社
19．アムステルダム
20．ジェントリ（郷紳）
21．囲い込み
22．毛織物

3 1．ユグノー
2．サンバルテルミ
3．アンリ４世
4．ナントの王令
5．リシュリュー
6．ルイ14世
7．マザラン
8．フロンド
9．三十年
10．ベーメン（ボヘミア）
11．スウェーデン
12．ウェストファリア
13．アウクスブルク
14．オランダ
15．ホーエンツォレルン
16．ユンカー
17．サンバルテルミ
18．ブルボン朝
19．ルイ13世
20．全国三部会（三部会）
21．ベーメン（ボヘミア）
22．ヴァレンシュタイン
23．グスタフ＝アドルフ
24．フランス
25．ウェストファリア
26．アルザス
27．西ポンメルン
28．ドイツ騎士団
29．ブランデンブルク

整理のカギ
1．いずれの国でも宗教政策や宗教対立が主権国家体制の形成と関連していることに注意しよう。
2．スペインではフェリペ２世の旧教政策が、オランダ独立戦争を招き、やがてはスペインの衰退にもつながることがポイント。
3．イギリスでは国教会体制を完成させたエリザベス１世のもとで、絶対王政の全盛期を迎えた。
4．主権国家体制の形成が遅れたドイツでは、三十年戦争の結果、分裂が決定的になった。また、旧教国フランスの新教側への参戦で、戦争の政治的色合いが濃くなったことに注意しよう。

P.92・93

━━演習問題━━

1
A ①，フランス
B ③，リシュリュー

2
問1① ベーメン（ボヘミア）
② フランス王家（ブルボン家）
問2 ア
問3A 子
B スペイン
C カール５世
問4 エ
問5 ベルギー
問6 エ

3
問1 フランソワ１世
問2 ウ
問3 ア
問4 ウ
問5 セルバンテス
問6 フェリペ２世がネーデルラントのカトリック政策を強化したため。（30字）

【解説】**2**問4 三十年戦争の講和条約は1648年に調印されたウェストファリア条約である。この条約によって、ドイツの諸侯は国家主権を獲得し、神聖ローマ帝国は国家として形骸化した。ハプスブルク家はスウェーデンに西ポンメルンを、フランスにアルザスを奪われた。またスイスとオランダの独立が正式に認められた。さらにアウクスブルクの和議が再確認され、宗派の選択権は領主のみが保有するが、選択できる宗派にカルヴァン派も加えられた。問6 オーストリア継承戦争でシュレジエンを獲得したのは、プロイセン国王のフリードリヒ２世。マリア＝テレジアは奪われた側のオーストリアの君主である。サンスーシ宮殿を建設したのもフリードリヒ２世。ヨーゼフ２世はマリア＝テレジアの息子で、啓蒙専制君主として改革を行った。
3問3 ネーデルラント（オランダ）は、スペイン国王フェリペ２世によるカトリック化政策と自治権剥奪に反発して独立戦争を開始した。南部のベルギーは戦争から離脱したが、北部のオランダは1681年に独立を宣言した。ちなみにベルギーが独立を果たしたのは、1830年である。イギリス＝オランダ（英蘭）戦争のきっかけは、審査法ではなく航海法。権利の請願はイギリス議会が議会の同意なき課税や不法逮捕をやめるよう国王チャールズ１世に要求したもので、オランダとは関係がない。問6 オランダ独立戦争の要因は、都市に重税をかけたこと（経済的要因）とネーデルラントの商工業者の間に拡大していたカルヴァン派（ゴイセン）を弾圧したこと（宗教的要因）の２つがあげられる。問題文の条件は後者を答えることである。

王朝・治世年表 Ⅱ [7～12世紀]

練習しよう！世界史の漢字

せいぞうきんしれい	
聖像禁止令	

り ちょうだいえつこく	
李朝大越国	

せん えん めい	
澶淵の盟	

世紀別Map

◆ 7世紀　〈P.14 5世紀〉

西ヨーロッパ世界ではフランク王国が台頭した。イスラーム世界ではウマイヤ朝が勢力を拡大，広大な領土をきずいた。

◆ 10世紀

ヨーロッパ世界ではノルマン人の移動が活発化した。イスラーム世界では3カリフ分立期となった。東アジア世界では唐が滅亡後，動乱期に入った。

◆ 12世紀　〈13世紀 P.40〉

ヨーロッパ世界からイスラーム世界へ向けて，十字軍の遠征がくり広げられた。東アジアでは金が台頭し，華北を占領した。

世紀別の演習Ⅲ [13・15世紀]

P.96・97

1

問1 ① キプチャク=ハン国
（ジョチ=ウルス），C
② イル=ハン国
（フレグ=ウルス），D
③ 奴隷王朝
，E
④ マムルーク朝
，B
⑤ マリ王国
，A

問2 泉州

問3 ワールシュタットの戦い

問4 ① ルイ9世
② モンテ=コルヴィノ

問5 ① コンスタンティノープル
② ヴェネツィア

問6 大憲章（マグナ=カルタ）

問7 大空位時代

2

問1 A モスクワ大公国
B ティムール朝

C マムルーク朝
D オスマン帝国

問2 ① バルトロメウ=ディアス
，オ
② ヴァスコ=ダ=ガマ
，エ
③ コロンブス
，ア
④ アメリゴ=ヴェスプッチ
，イ
⑤ カブラル
，ウ

問3 ① Ⅰ
② トルデシリャス条約線

問4 鄭和

問5 ① アンカラ
② イスタンブル
③ グラナダ

問6 ハプスブルク家

問7 ① 百年戦争
② ジャンヌ=ダルク

問8 訓民正音（ハングル）

【解説】**1**問1②第7代ガザン=ハンがイスラームに改宗し，イラン系住民との融和をはかった。⑤最盛期の王マンサ=ムーサはメッカ巡礼の際にカイロで大量の金を施し，カイロの金相場が大幅に下落したという。トンブクトゥはソンガイ王国の都としても繁栄した。問2このほかに杭州はキンザイ，広州はカンフーなどと紹介されている。問3リーグニッツの戦いともいう。問4①ルイ9世は「聖王」とよばれ，第6回，7回十字軍を実施した。②モンテ=コルヴィノは大都で没し，改宗者は1万人に達したという。**2**問3Ⅱはアレクサンデル6世がコロンブスのアジア到達の報を受けて設定した教皇子午線，Ⅲはサラゴサ条約線。問4一部はアフリカ東岸のマリンディにまで達した。問5③最後の王朝はナスル朝。問5①この戦いでティムールがバヤジット1世を捕虜にした。下って，アンカラは1922年に成立したトルコ共和国では首都とされた。②ビザンティオン，コンスタンティノープル，イスタンブルと呼称がかわった。③1492年はコロンブスの出航の年でもある。問6 1273年から1308年，1438年から1806年まで神聖ローマ皇帝位を世襲し，神聖ローマ帝国滅亡後は1918年までオーストリア帝国の皇帝位にあった。

●時代をよみとく ──────────── 13世紀

【解説】13世紀はモンゴルの世紀であり，モンゴル高原からアジアの大半と，ヨーロッパの一部を手中におさめた。領内には駅伝制が張りめぐらされ，東西交渉が活発になり，「草原の道」や「オアシスの道」をムスリム商人が行き来した。また，ローマ教皇やフランス国王の使節としてプラノ=カルピニやルブルックらがモンゴルに派遣され，詳細な見聞録を記した。帝国はチンギス=ハンの死後，各地にハン国が分立し，それぞれ独自の道を歩むことになる。

一方，ヨーロッパ世界は11世紀から始まった対外膨張が続いており，十字軍，国土回復運動，東方植民が展開されていた。十字軍を提唱したローマ教皇の権威は13世紀初頭のインノケンティウス3世のとき絶頂に達し，次第に衰退して14世紀初めのアナーニ事件で没落が決定的となった。

●時代をよみとく ──────────── 15世紀

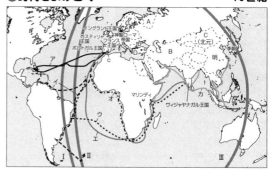

【解説】15世紀は大航海の時代であった。中国では明・永楽帝の命により鄭和が7回にわたる南海大遠征を行った。これに遅れること約半世紀，ポルトガル，スペインの援助によりヨーロッパの大航海時代も本格化し，世界の一体化への道を踏み出した。

ヨーロッパでは百年戦争で勝利をおさめたフランスが国民国家を成立させた。イギリスは敗れたものの，バラ戦争を経て絶対王政の基礎をきずくとともに，毛織物工業が根付き，のちに国民産業へと発展する。ドイツではハプスブルク家が神聖ローマ皇帝の地位を世襲するようになった。一方，オスマン帝国はコンスタンティノープルを占領して繁栄への道を歩んでいた。中国では前期には明朝が永楽帝のもとで繁栄するが，中期には北虜南倭に苦しんだ。

24 ヨーロッパの海洋進出とアメリカ大陸の変容

P.98・99

■ポイント整理■

1
1. ゴア
2. マカオ
3. ブラジル
4. マニラ
5. バタヴィア
6. 東インド会社
7. アンボイナ
8. ニューアムステルダム
9. ケープ

2
1. カルカッタ
2. ヴァージニア
3. 13
4. シャンデルナゴル
5. スペイン
6. ユトレヒト
7. 七年
8. パリ
9. プラッシー
10. クライヴ
11. 黒人奴隷

3
1. 王権神授
2. グロティウス
3. ホッブズ
4. ロック
5. 啓蒙
6. ブルジョワ
7. 世論
8. モンテスキュー

9. ルソー
10. ディドロ
11. ダランベール （順不同）
12. 重商
13. 重農
14. 古典派経済学
15. アダム=スミス
16. 宗教的寛容
17. フランシス=ベーコン
18. デカルト
19. カント
20. レンブラント
21. ワトー
22. ヴェルサイユ
23. サンスーシ
24. バッハ
25. ミルトン
26. スウィフト
27. モリエール
28. ニュートン
29. ラヴォワジェ
30. ジェンナー
31. 科学革命
32. 絶対
33. 戦争と平和の法
34. ホッブズ
35. アメリカ
36. フリードリヒ2世（大王）

整理のカギ
1. ポルトガル，スペインの勢力範囲を，例外的な部分に注意して整理しよう。
2. インドにおける英仏の根拠地の位置と，戦争が行われた地域に注意しよう。
3. 北米での戦争と，ヨーロッパでの戦争の対応関係に注意して整理しよう。
4. ユトレヒト条約，パリ条約の結果生じた領土の変更を区別しよう。特にパリ条約でフランス勢力が北米から駆逐されたことに注意しよう。
5. 政治思想は具体的な政治的事件と関連していることに注意しよう。例）ロックの社会契約説…名誉革命を正当化。

P.100・101

■演習問題■

1
①，プラッシーの戦い

2
問1① 重商
② ユトレヒト
③ ルイジアナ
問2 フレンチ=インディアン戦争

3
問1A イ
B ア
C エ
問2 ウ
問3 エ
問4 フレンチ=インディアン戦争が起こりイギリスの勝利に終わった。（30字）

4
問1① ヘンデル

② モーツァルト
③ 古典
④ ハイネ
⑤ ヴィクトル=ユーゴー
⑥ シューベルト
⑦ ショパン
問2 サンスーシ宮殿
問3 モリエール
問4 ルイ16世

5
問1① バロック
② ルーベンス
③ ベラスケス
④ ファン=アイク
⑤ ロココ
⑥ ワトー
問2A ルイ13世
B チャールズ1世
C ホーエンツォレルン
D ヴォルテール

【解説】**2**問2大西洋では17世紀に三角貿易が盛んになり，アフリカの黒人が奴隷として新大陸に運ばれプランテーションで働かされた。17世紀後半からフランスとイギリスがアメリカ大陸の植民化を巡って激しい戦いを繰り広げた。第2次英仏百年戦争とも呼ばれたこの戦いに決着をつけたのがフレンチ=インディアン戦争で，フランスは北米における全ての領土を失い，イギリスが勝利を収めた。

3問3アジアに最初に進出したヨーロッパ勢力はポルトガルだったが，オランダにアジアの植民地を奪われて衰退してしまった。オランダは東インド会社の根拠地をジャワ島のバタヴィアに置いて，東南アジアの貿易を支配した。アンボイナ事件で東南アジアを追われたイギリスは目標をインドに変え，同じくインド進出を図るフランスや，インドの地方豪族と争った。そして19世紀半ばにパンジャーブ地方のシク王国を征服することで，インドでの覇権を確立した。問4七年戦争と海外における英仏の戦争に関連する問いは，近年多くの大学の論述試験で出題されている。ここでは北米大陸でのことが問われているが，1757年，インドでのプラッシーの戦いも確認しておきたい。さらに七年戦争の講和であるパリ条約において英仏スペイン間でどのような領土のやり取りがなされたのかも確認しておこう。

5問1①バロック様式は豪壮・華麗を特徴とする。問題で聞かれている人物以外には，「夜警」で知られるレンブラント，「受胎告知」を描いたエル=グレコなどが名高い。またルイ14世が建築したヴェルサイユ宮殿は代表的なバロック様式の建築である。ロココ様式は繊細・優美を特徴とする。ワトー以外では「ぶらんこ」を描いたフラゴナールがよく知られている。

25 科学革命と啓蒙思想

P.102・103

ポイント整理

1 1．テューダー
2．ジェームズ1世
3．ステュアート
4．王権神授
5．チャールズ1世
6．権利の請願
7．短期議会
8．長期議会
9．ピューリタン
10．クロムウェル
11．長老
12．水平
13．アイルランド
14．航海
15．重商主義
16．チャールズ2世
17．王政復古
18．審査
19．人身保護
20．トーリ
21．ホイッグ
22．ジェームズ2世
23．名誉
24．ウィリアム3世 ⎤(順不同)
25．メアリ2世 ⎦
26．権利の章典
27．グレートブリテン
28．ジョージ1世
29．ハノーヴァー
30．ウォルポール

2 1．ルイ14世
2．コルベール
3．ヴェルサイユ
4．スペイン継承
5．ユトレヒト
6．ナントの王令
7．ホーエンツォレルン
8．ハプスブルク
9．ドイツ騎士団領
10．カルロヴィッツ
11．フリードリヒ=ヴィルヘルム1世
12．フリードリヒ2世（大王）
13．マリア=テレジア
14．オーストリア継承
15．七年
16．ヨーゼフ2世
17．イヴァン4世
18．ロマノフ
19．ピョートル1世
20．ネルチンスク
21．北方
22．ペテルブルク
23．エカチェリーナ2世
24．プガチョフ
25．ラクスマン
26．啓蒙専制
27．ポーランド
28．選挙王政
29．コシューシコ

整理のカギ
1．議会と王の対立点に注目しよう。
2．議会派と王党派について，宗教面の違い，勢力地域に注意して整理しよう。また，社会階層で明確に分かれるのではないことに注意しよう。
3．議会派内の各派の主張の違いを整理しよう。
4．三十年戦争で戦場とならなかったプロイセンが急速に力をつけ，ハプスブルク家に対抗するようになったことや，外交関係の変化に注意しよう。
5．啓蒙専制主義のもとでは進歩的な政策もとられたが，その目的はあくまでも「上からの近代化」を進め，君主支配を強化するためだった。

P.104・105

演習問題

1
A ③，オーストリア
B ③，人身保護法

2
問1① 王権神授説
② 権利の請願
③ 共和政
④ 議会派
⑤ 独立派
⑥ 護国卿
⑦ 航海法
⑧ オランダ
⑨ スコットランド
⑩ グレートブリテン王国
⑪ ジョージ1世
⑫ ホイッグ党
⑬ 国王
⑭ 議会

3
問1 ルイ14世
問2 コルベール
問3 イ
問4 ヴェルサイユ宮殿
問5 ユグノーの商工業者が大量に亡命し，国内産業の発展が遅れた。(29字)

4
問1 モスクワ大公
問2 カール12世
問3 イ
問4 オ
問5 イ

【解説】**2**問1 ジェームズ1世とチャールズ1世が専制政治を行ったため，議会派と対立して始まったのがピューリタン革命である。議会派はこれに勝利したが，立憲王政を主張する長老派，有産市民による共和政を主張する独立派，無産市民も含めた共和政を主張する水平派に分裂した。独立派のクロムウェルは長老派を議会から追放するとともに，水平派も弾圧して権力を握った。しかし終身の護国卿に就任して独裁政治を行ったため，クロムウェルの死後，処刑したチャールズ1世の子を亡命先のフランスから迎えてチャールズ2世として即位させた。これが王政復古である。**3**問5 宗教改革においてカルヴァンの予定説を中心とする思想は，西ヨーロッパの商工業に従事する新興市民階級に受け入れられた。ユグノーはフランスのカルヴァン派キリスト教徒である。時計職人，毛織物職人に多くのユグノーが存在した。彼らが，信仰の自由を認めた「ナントの王令」廃止を受け，オランダやイギリスに亡命したことをおさえよう。例えばイギリスは，1689年，寛容法を制定し信教の自由を認め，ユグノー受け入れの法的根拠を整えた。**4**問3 北方戦争が始まったのは1700年で，1721年まで続いた。スペイン継承戦争は1701年に始まり1713年まで続いている。三十年戦争とプファルツ継承戦争は17世紀の戦争であり，オーストリア継承戦争と七年戦争は18世紀半ばから後半に行われた戦争である。問4 ベーリングが北極海と太平洋を結ぶ海峡（ベーリング海峡）を発見したのは1728年。エカチェリーナ2世が即位したのは1762年である。エカチェリーナ2世は啓蒙思想に理解を示しヴォルテールとしばしば文通を行い，その助言を受けた。しかしプガチョフの農民反乱の鎮圧後は反動化し，専制政治を強化した。問5 第2回ポーランド分割はロシアとプロイセンが行った。第1回と第3回のポーランド分割はロシア，プロイセン，オーストリアの3か国で行われている。

26 産業革命

P.106

ポイント整理

1 1. 海外市場
2. マニュファクチュア
3. 資本
4. 農業革命
5. 囲い込み
6. ダービー
7. ニューコメン
8. ジョン=ケイ
9. ハーグリーヴズ
10. アークライト
11. ワット
12. クロンプトン
13. カートライト
14. ホイットニー
15. 蒸気機関車
16. フルトン
17. スティーヴンソン
18. マンチェスター ┐(順不同)
19. リヴァプール ┘
20. 資本主義
21. 資本家
22. 機械打ちこわし（ラダイト）
23. 世界の工場
24. 機械
25. 囲い込み
26. 農業革命
27. ダービー
28. ホイットニー

整理のカギ

1. イギリスで最も早く産業革命が始まった3つの条件（市場，資本，労働力）がどのようにもたらされたのか整理しよう。
2. 技術革新が従来の毛織物業ではなく，新しい綿工業であったことに注意しよう。
3. 「必要は発明の母」の言葉どおり，技術革新が織布→紡績→織布と進んだことに注目しよう。
4. 新たに生まれた工業都市，鉄道が敷かれた都市の位置をおさえよう。
5. 労働問題，社会問題の発生から労働運動，社会主義思想が生まれたことに注意しよう。

練習しよう！世界史の漢字

飛び杼（と ひ）

紡績（ぼう せき）

綿繰り機（わた く き）

力織機（りき しょっき）

P.106・107

演習問題

1
A ③，19世紀
B ①，リヴァプール
C ③，ワット

2
問1 ①ジョン=ケイ
②カートライト
③スティーブンソン
④資本家（産業資本家）
⑤第2次囲い込み
⑥労働者
⑦資本主義
⑧機械打ちこわし（ラダイト）運動
問2 a ア　ハーグリーヴズ
イ　アークライト
ウ　クロンプトン
b　コークス製鉄法
c i　マンチェスター
ii　リヴァプール
d　ウ
問3　世界の工場
問4　ベルギー

【解説】世界史探究の教科書では「産業革命期の諸発明や発明家」は，以前ほど大きく取り扱われていない。資本主義社会の発達と世界経済の再編成，交通・運輸の変化などに比重が置かれた感がある。受験対策という点では，諸発明と発明家はおさえておくべきであるが，俯瞰的視点からイギリス社会・世界経済の変化をとらえておくことが必要であろう。

2問1⑤第1次囲い込みは議会で禁止決議が出されるなど，一定の抑止が図られていたが，第2次になると社会的な反対もなくなり，議会が立法によってそれを促進するようになり，資本主義化が一気に加速することになる。公民的視点によれば，同時代にエリザベス1世による救貧法が初の総合的な社会保障制度として登場したことが興味深い。問2 a 紡績機の名称と発明家は混同しがちであるので，整理が必要。b コークス製鉄法は教科書に大きく登場しないことが多い。木炭の大量使用は森林枯渇をもたらしたが，コークスの使用がこれを食い止めた。一方で，これが煤煙による大気汚染を引き起こし，別の環境破壊をもたらした。c リヴァプールは18世紀に奴隷貿易で繁栄した港町。マンチェスターはそこに近く，綿織物業の中心地であった。d オーウェンはスコットランド・ニューラナーク村の紡績工場の経営者であったが，労働条件の改善によってこそ生産効率は向上すると考えた初期の社会学者。彼の経営する工場では附属する小売店や幼稚園などが設けられた。問3産業革命後の1830〜70年代のイギリスを「世界の工場」と表現したのは，イギリスの経済学者スタンレー=ジェヴォンズだとされている。彼は「インドはわがために綿花を作り，オーストラリアはわがために羊毛を剪り，ブラジルはわがために香高き珈琲をつくる。……世界はわが農園，イギリスは世界の工場」と著した。問4イギリスの次はフランスと思われがちだが，フランスよりやや早くベルギーが達成したとされる。ベルギーはフランドル地方の北部を含んでおり，その地は中世以来の毛織物産業の中心地であった。アントワープやガン，ブリュージュなどの商業都市が発達し，資本の蓄積が進んでいた。また，リエージュ付近は石炭資源も豊富であったため，1830年代にイギリスに次いで産業革命を達成することができた。

27 アメリカ合衆国の独立と発展

P.108・109

■ ポイント整理 ■

1 1. ヴァージニア
2. 植民地議会
3. ピューリタン
4. ニューヨーク
5. 13（の）
6. プランテーション（大農園）
7. 1754
8. フレンチ=インディアン
9. パリ
10. カナダ
11. ルイジアナ
12. 印紙
13. 代表なくして課税なし
14. 茶
15. ボストン茶会
16. 大陸会議
17. 1775
18. レキシントン
19. ワシントン
20. トマス=ペイン
21. コモン=センス
22. ジェファソン
23. フランス
24. 武装中立同盟
25. ラ=ファイエット
26. ヨークタウン
27. パリ
28. （アメリカ）合衆国憲法
29. 連邦
30. 州権（反連邦）

31. ワシントン
2 1. ハイチ
2. ボリバル
3. クリオーリョ
4. ジェファソン
5. アメリカ=イギリス（米英）
6. ミズーリ
7. モンロー
8. ジャクソン
9. 保留地
10. 西漸運動
11. アメリカ=メキシコ（南部連合）
12. 共和党
13. リンカン
14. 共和
15. アメリカ連合国
16. 南北
17. ホームステッド
18. 奴隷解放宣言
19. ゲティスバーグ
20. 大陸横断鉄道
21. フロンティア
22. プランテーション
23. 保護関税
24. 自由
25. 連邦
26. 共和
27. 民主

P.110・111

■ 演習問題 ■

1
A ①. 茶法
B ②. 共和党
2
問1 ① ヴァージニア
② パリ
③ ルイジアナ
④ 代表なくして課税なし
⑤ ボストン茶会
⑥ 大陸会議
⑦ ワシントン
⑧ 1776
⑨ ヨークタウン
⑩ パリ
問2 a ホイットニーの綿繰り機の発明。（イギリス産業革命による綿花需要の著しい増加。）
b i イギリス人としての権利の確認。
ii トマス=ペイン
iii フランスは対イギリスで参戦、ロシアは武装中立同盟を結成してイギリスを孤立させた。（40字）
c i ジェファソン
ii ロック
d 連邦共和国 三権分立国家 （順不同）
3
問1 ① ルイジアナ西部

② フロリダ
③ ジャクソン
④ 保留地
⑤ 明白なる運命
⑥ テキサス
⑦ カリフォルニア
⑧ ゴールドラッシュ
⑨ ロシア
⑩ ミズーリ
⑪ 共和
⑫ 連合国
⑬ リッチモンド
⑭ 1869
⑮ フロンティア
問2 a アメリカ合衆国はナポレオン戦争で中立を保ったが、イギリスが海上封鎖で通商を妨害したから。（44字）
b 南北アメリカ大陸とヨーロッパの相互不干渉。
c 民主党
d ホームステッド法
e クー=クラックス=クラン（KKK）
f アイルランド 中国 （順不同）
問3 A ウ
B カ
C エ
D イ

練習しよう！世界史の漢字

藍
（あい）

義勇兵
（ぎ ゆう へい）

西漸運動
（せい ぜん うん どう）

分益小作人
（ぶん えき こ さく にん）

【解説】**2**問1①最初の植民地はヴァージニアであり、最後に成立したのはジョージア植民地。問2 b ii植民地側は独立を目指す愛国派と独立に反対する国王派に分かれており、その数は拮抗していたが、これにより独立の機運が高まった。iiiイギリスの海上封鎖に対しロシア皇帝エカチェリーナ2世が航海と貿易の自由を主張して武装中立同盟を結成した。
3問1④インディアン強制移住法による。⑪共和党は1854年奴隷制反対をスローガンに結成された。問2 a米英戦争に伴いアメリカ経済の自立が促進されたため、第2次独立戦争とも呼ばれる。d解放されたのは南部諸州の奴隷であり、北軍側の奴隷州の奴隷は除外された。e南北戦争直後の1865年にはすでに結成されており、黒人を迫害した。fアイルランドからはジャガイモ飢饉が原因で、また、中国からはアロー戦争後の北京条約で海外渡航の自由が定められた結果、移民が増加した。

28 フランス革命とナポレオンの支配

P.112・113

■■ ポイント整理 ■■

❶ 1. 全国三部会(三部会)
2. 国民議会
3. バスティーユ牢獄
4. 封建的特権
5. 人権宣言
6. ヴァレンヌ逃亡
7. 1791年憲法
8. ラ=ファイエット
9. 立法議会
10. 8月10日事件
11. 国民公会
12. 共和政
13. ルイ16世
14. 対仏大同盟
15. ジャコバン
16. 無償
17. テルミドール
18. ロベスピエール
19. 総裁
20. ナポレオン(=ボナパルト)
21. エジプト
22. 統領体制
23. アミアン
24. ナポレオン法典
25. ナポレオン1世
26. トラファルガー
27. アウステルリッツ
28. ライン同盟
29. 神聖ローマ帝国
30. 大陸封鎖令
31. シュタイン ┐
32. ハルデンベルク ┘(順不同)
33. ロシア
34. ルイ18世
35. ワーテルロー

❷ 1. アンシャン=レジーム
2. ルイ16世
3. ネッケル
4. 財政改革
5. 封建的特権
6. 有償
7. ラ=ファイエット
8. 人権宣言
9. ヴァレンヌ逃亡
10. ジャコバン
11. サンキュロット
12. 8月10日

❸ 1. ロベスピエール
2. 無償
3. テルミドール
4. 立憲君主政
5. 財産制限
6. ジャコバン
7. 男性普通選挙
8. 総裁

❹ 1. エジプト
2. ネルソン
3. トラファルガー
4. ライン同盟
5. 大陸封鎖令
6. ハルデンベルク
7. 農奴解放
8. ライプツィヒ

P.114・115

■■ 演習問題 ■■

❶
問1① ヴァレンヌ
② テュイルリー
③ テルミドール
④ 5
⑤ ブリュメール
⑥ アミアン
⑦ トラファルガー
⑧ アウステルリッツ
⑨ ライン
⑩ ティルジット
問2 a ラ=ファイエット
b コシューシコ
c イ
d バブーフ

❷
問1① ジャコバン
② ダヴィド
③ ネルソン
④ フィヒテ
問2 a 統領政府
b ウ
c ライン同盟
d ヨーロッパ大陸諸国にイギリスとの通商を禁止し,イギリス製品に対抗して大陸をフランス製品の市場として独占することをねらった。(61字)

【解説】**❶**問2 a ラ=ファイエットは義勇兵としてアメリカ独立戦争に参加し,第二身分ではあったが国民議会で立憲王政を目指した。

❷問2 b 女性は夫に従属すると規定され,女性の権利は拡大しなかった。d 大陸封鎖令により,イギリスとの通商を禁止された大陸諸国が苦しむこととなり,穀物輸出を禁止されたロシアが封鎖令を破った。そのため,ナポレオンがロシア遠征を行う結果となった。

29 ウィーン体制とヨーロッパの政治・社会の変動

P.116・117

ポイント整理

1 1．メッテルニヒ
2．オスマン帝国
3．正統主義
4．タレーラン
5．ブルボン
6．ドイツ
7．スリランカ
（セイロン島）
8．神聖同盟
9．アレクサンドル1世
10．四国同盟
11．五国同盟

2 1．ナショナリズム
（国民主義）
2．ブルシェンシャフト
3．カルボナリ
4．デカブリスト
（十二月党）
5．ギリシア
6．クリオーリョ
7．ハイチ
8．ボリバル
9．モンロー宣言
10．イギリス
11．シャルル10世
12．ルイ=フィリップ
13．ベルギー

3 1．選挙法改正
2．腐敗選挙区
3．ブルジョワ
4．工場法
5．チャーティスト運動
6．穀物法
7．航海法
8．社会主義
9．（ロバート=）オーウェン
10．サン=シモン
11．マルクス
12．エンゲルス 〕（順不同）
13．共産党宣言

4 1．産業革命
2．二月革命
3．ルイ=ブラン
4．ルイ=ナポレオン
5．ナポレオン3世
6．諸国民の春
7．三月革命
8．メッテルニヒ
9．ベルリン
10．フランクフルト

P.118・119

演習問題

1
A ④，オランダ
B ③，ナショナリズム運動

2
問1① ナショナリズム
② タレーラン
③ 正統
④ ブルシェンシャフト
⑤ メッテルニヒ
⑥ カルボナリ
⑦ デカブリスト
（十二月党）
⑧ ギリシア
⑨ ルイ=フィリップ
問2 a ロシア，イギリス，
プロイセン，オー
ストリア（順不同）
b i ポーランド
ii ロンバルディア，
ヴェネツィア（順不同）
c i ハイチ
ii トゥサン=ル
ヴェルチュール
d i クリオーリョ
ii ボリバル
iii 自国の工業市場
となることを期待
したため。（20字）
e エ
f アルジェリア
g ベルギー

3
問1① セイロン島
② アレクサンドル1世
③ 神聖同盟
④ 審査法
⑤ カトリック信徒
⑥ 東インド会社
⑦ 穀物法
⑧ 航海法
⑨ 工場法
問2 a オコネル
b 腐敗選挙区
c オーウェン

4
問1① 制限選挙
② ルイ=ブラン
③ 男性普通
④ メッテルニヒ
⑤ フランクフルト
国民議会
⑥ コシュート
⑦ チャーティスト運動
⑧ ルイ=ナポレオン
⑨ 国民投票
⑩ ナポレオン3世
問2 a 諸国民の春
b マルクス
エンゲルス 〕（順不同）
c 市民層や農民は
急進的な社会改革を
望まず，特に農民は
土地を失うことを恐
れたため。（39字）

整理のカギ
1．正統主義とはいうものの，領土について
は大国の利益に応じて変更されている。特
にオーストリア，イギリスの獲得した地域がどのよ
うな意味を持つ場所であるか注意しよう。
2．世界の要所を獲得し，自由主義が進展したイギリ
スがウィーン体制から離脱していくことに注意しよ
う。
3．ウィーン体制に反抗する各地の運動とそれを弾圧
した国がどこであったかを整理しよう。
4．イギリスの参政権の拡大について整理してみよう。

練習しよう！世界史の漢字

せい りょく きん こう
勢力均衡

【解説】**2**問2 a 1818年，対フランス包囲網であった四国
同盟にフランスが加入を認められ，五国同盟となった。b
ii 引き換えに南ネーデルラントがオランダ領となった。c
ii トゥサン=ルヴェルチュールは捕らえられ，フランスで
獄死した。d ii ボリビアはボリバルの名前に由来する。
3問1③イギリス・ローマ教皇・オスマン帝国を除く全
ヨーロッパの君主が参加した。問2 a オコネルは1828年に
下院議員に当選したものの審査法により議員に就任できな
かった。b 新たに新興工業都市に議席が配分された。c
オーウェンはその後アメリカにわたりニューハーモニー村
を設立したが失敗に終わり，帰国して労働組合運動に尽力
した。
4問1⑤フランクフルト国民議会ではプロイセンを中心と
する統一を図る小ドイツ主義が勝利し，憲法も制定された
が，プロイセン王の帝冠拒否により憲法が施行されないま
ま武力で解散させられた。

30 列強体制の動揺とヨーロッパの再編成 Ⅰ

P.120

ポイント整理

1 1. 南下
2. アレクサンドル
3. インテリゲンツィア
4. アレクサンドル
5. 農奴解放
6. ポーランド
7. ナロードニキ
8. 東方
9. ギリシア
10. エジプト=トルコ
11. クリミア
12. パン=スラヴ
13. ロシア=トルコ（露土）
14. サン=ステファノ
15. セルビア
16. ブルガリア
17. ベルリン
18. 東方
19. エジプト=トルコ
20. クリミア
21. アレクサンドル2世
22. 農奴解放令
23. ポーランド
24. ヴ=ナロード
25. ナロードニキ
26. パン=スラヴ
27. ロシア=トルコ（露土）
28. サン=ステファノ
29. ブルガリア
30. セルビア ┐順
31. モンテネグロ ├不
32. ルーマニア ┘同
33. ベルリン

P.121

演習問題

1
問1 ① エジプト=トルコ
② ダーダネルス
③ 南下
④ クリミア
⑤ パリ
⑥ パン=スラヴ
⑦ ロシア=トルコ（露土）
⑧ サン=ステファノ
⑨ ルーマニア
⑩ ブルガリア
⑪ パン=ゲルマン
⑫ ベルリン
⑬ キプロス島
⑭ ボスニア・ヘルツェゴヴィナ
問2 東方問題

2
問1 ① ニコライ1世
② アレクサンドル2世
③ 農奴解放令
④ ポーランド
⑤ テロリズム（暴力主義）
問2 ウ
問3 エ
問4 ナロードニキ（人民主義者）
問5 ロシアの自由主義運動は知識人層であるインテリゲンツィアによって担われ，「ヴ=ナロード」をスローガンに，伝統的な農村共同体（ミール）への啓蒙活動が進められた。

整理のカギ

1. 東方問題は，オスマン帝国の衰退・内部分裂の危機につけこんでイギリス・フランス・ロシア・オーストリアが進出を図ったことから生じた。特にロシアの南下政策と，それが他の国の利害にどのように関係したかに注意して整理しよう。
2. ロシアの南下政策はどのように企てられ，その結果はどうだったのか，整理しよう。
3. クリミア戦争敗北後，ロシアは「上からの近代化」に取り組むとともに，中央アジア，極東方面への進出を図っている。中央アジアでの領土拡大，中国・清朝との条約，国境線などに注目しよう。
4. バルカン半島でのスラヴ民族の独立運動も重要。

【解説】**1**問1①エジプトはムハンマド=アリーにより近代化が進められた。ワッハーブ派の討伐などでオスマン帝国を支えた面もあったが，シリア領有を要求したことから2次にわたる戦争となった。③ロシアは不凍港の獲得と地中海への出口を求めた。④クリミア戦争には英仏のほか，イタリア統一をめざすサルデーニャ王国も参戦し，国際社会での地位を高めた。また，クリミア戦争の敗北で南下政策が再度挫折したロシアは東方への侵略をはかり，アイグン（愛琿）条約，北京条約を結んだ。⑤パリ条約ではモルダヴィア・ワラキア（後のルーマニア）の事実上の独立も認められ，これを支持したナポレオン3世は「民族主義の擁護者」の名声を得た。⑥パン=スラヴ主義は，オーストリアやオスマン帝国の支配に対してスラヴ民族の統一と連合をめざす運動であるが，一方でロシアは勢力拡大のために利用した。⑫ビスマルクは，「誠実な仲買人」と称して調停を行ったが，イギリスの好意を得るために終始イギリスの主張を支持し，1873年以来の三帝同盟は崩壊した。⑬イギリスはスエズ運河防衛の軍事基地としてキプロス島を獲得した。

2問2クリミア戦争の背景には聖地イェルサレムの管理権問題があった（オスマン帝国のスルタンが仏のナポレオン3世に管理権を認めたことに対し，ロシア皇帝は不満をもっていた）。また，イタリア統一をめざすサルデーニャ王国はロシアやトルコと直接的な利害関係をもっていなかったが，国際的地位の向上をはかってクリミア戦争に参戦した。具体的には，トルコ支援にまわった英仏側に参戦し，ここで構築された仏・ナポレオン3世との関係を強化して，その後イタリア統一戦争（1859年）に臨むことになる。問3ロシア=トルコ戦争に勝利したロシアは，サン=ステファノ条約によりいったんは南下の野心を遂げたかに思われたが，イギリス・オーストリアが干渉し，ビスマルクの仲介で結び直されたベルリン条約ではロシアが望むブルガリアの保護国化は認められなかった。このときのビスマルクの狙いは，あらたな戦争に訴えることなくロシアの地中海進出の野望を封じ込めることにあったといえる。

31 列強体制の動揺とヨーロッパの再編成Ⅱ

P.122・123

■ポイント整理■

❶ 1．万国博覧会
2．クリミア
3．都市部の労働者
4．自治領
5．グラッドストン
6．労働組合
7．ディズレーリ
8．スエズ運河
9．農村部の労働者
10．アイルランド
11．ジョゼフ=チェンバレン
12．ルイ=ナポレオン
13．聖地管理権
14．第2次アヘン（アロー）
15．イタリア統一
16．サヴォイア・ニース
　　　　　　（順不同）
17．メキシコ
18．ドイツ=フランス（独仏）
19．パリ=コミューン
20．第三共和国
21．ヴィクトリア
22．万国博覧会
23．パクス=ブリタニカ
24．保守党
25．自由党
26．都市部の労働者
27．グラッドストン
28．労働組合
29．ディズレーリ
30．スエズ運河会社
31．アイルランド
32．ナポレオン3世
33．メキシコ遠征
34．ドイツ=フランス（独仏）
35．パリ=コミューン
❷ 1．関税同盟
2．小ドイツ
3．ヴィルヘルム1世
4．ビスマルク
5．デンマーク
6．シュレスヴィヒ・ホ
　　ルシュタイン（順不同）
7．プロイセン=オーストリア（普墺）
8．北ドイツ連邦
9．ドイツ帝国
10．三帝同盟
11．ベルリン会議
12．社会主義者鎮圧
13．保護関税

14．ユンカー
15．三国同盟
16．オーストリア=ハンガリー
17．ボスニア・ヘルツェゴヴィナ
18．青年イタリア
19．サルデーニャ（サルディニア）
20．イタリア統一
21．ロンバルディア
22．ガリバルディ
23．ヴェネツィア
24．ローマ教皇
25．未回収のイタリア
26．関税同盟
27．ヴィルヘルム
28．ユンカー
29．鉄血
30．プロイセン=オーストリア（普墺）
31．北ドイツ連邦
32．ハンガリー
33．アルザス・ロレーヌ
　　　　　　（順不同）
34．ドイツ帝国
35．文化闘争
36．社会主義者鎮圧
37．マッツィーニ
38．ローマ共和国
39．ヴィットーリオ=エマヌエーレ
40．カヴール
41．クリミア
42．プロンビエール密約
43．サヴォイア・ニース
　　　　　　（順不同）
44．両シチリア
45．イタリア

P.124・125

■演習問題■

1
問1① ヴィクトリア
② 万国博覧会
③ 保守
④ 自由
⑤ 労働組合
⑥ アイルランド
⑦ スエズ運河
⑧ インド
⑨ グラッドストン
⑩ ウラービー（オラービー）
問2a 都市部の労働者
b ディズレーリ
c カナダ（連邦）

2
問1① 第1インターナ
　　ショナル
② 国際赤十字組織
③ オリンピック
④ クーベルタン
⑤ 第三
問2 エ

3
問1① ローマ共和国
② サルデーニャ（サ
　　ルディニア）王国
③ カヴール
④ ナポレオン3世
⑤ ロンバルディア
⑥ ガリバルディ

⑦ 両シチリア王国
⑧ ヴィットーリオ
　　=エマヌエーレ
⑨ ヴェネツィア
問2a 青年イタリア
b ドイツ=フランス
　（独仏）戦争（プロイ
　セン=フランス戦争）

4
問1① ユンカー
② ホルシュタイン
③ デンマーク
④ 北ドイツ
⑤ ナポレオン3世
⑥ ヴェルサイユ
⑦ 皇帝
⑧ 三帝同盟
⑨ ベルリン条約
⑩ 三国同盟
⑪ 再保障条約
問2a 鉄血政策
b オーストリア=
　ハンガリー帝国
c アルザス・ロレーヌ
d 文化闘争
e 社会主義者鎮圧
　法を制定する一方,
　災害・疾病・養老
　保険など社会保険
　制度を実施した。
　（40字）

【解説】1問1①ヴィクトリア女王は1901年まで在位し,その治世は大英帝国の黄金期であった。⑥1649年のクロムウェルの侵略以来, 植民地状態におかれたアイルランドではカトリック信仰の自由と自治を求める運動が展開された。19世紀後半に結成されたアイルランド国民党は自由党のグラッドストン内閣を支持し, 2回にわたって自治法案を提出させたが, いずれも成立しなかった。

2問1①マルクスが「創立宣言」を起草し, 理論的支柱となった。②創設者はスイスのデュナン。④フランスの教育家。問2エパリ=コミューンはナポレオン3世治世（第二帝政）後の1871年3月に成立。

3問1⑨ヴェネツィアはプロイセン=オーストリア戦争に参戦して併合。問2b教皇領はドイツ=フランス戦争でフランス軍が敗れて撤退したのちに併合し, 以後イタリア王国とローマ教皇庁は1929年の和解まで対立を続けた。

4問2bスラヴ人の反抗を抑えるため, マジャール人の協力を必要とした結果, 成立した体制。e3つの保険の名称が出てこなければ,「疾病保険など」とまとめてもよい。

32 19世紀欧米文化の展開と市民文化の繁栄

P.126

■ポイント整理■

❶ 1．写実
2．キオス島の虐殺
3．印象
4．功利
5．ニーチェ
6．リスト
7．ランケ
8．ゲーテ
9．ヴィクトル=ユゴー
10．スタンダール
11．バルザック
12．ドストエフスキー
13．戦争と平和
14．ゾラ
15．ドラクロワ
16．ゴヤ
17．ロダン
18．ルノワール
19．ゴッホ
20．ベートーヴェン
21．シューベルト
22．ショパン
23．カント
24．ヘーゲル
25．ベンサム
26．マルサス
27．マルクス
28．ダーウィン
29．ラジウム
30．レントゲン
31．ファラデー
32．コッホ
33．パストゥール
34．アムンゼン

整理のカギ

1．芸術分野では19世紀前半，自由主義や国民主義運動と結びついたロマン主義がおこり，革命や戦争・恋愛を賛美する作品群が生まれた。19世紀後半，資本主義社会の成長や自然科学の発達から主流となった写実主義や自然主義の作家や，その作品を確認しよう。

2．マルクスの唯物史観が後世の社会主義運動に大きな影響を与えたこと，自由主義経済学や自然法に対し，ドイツではリストが歴史学派経済学を，サヴィニーが歴史法学を主張したことを確認しよう。

3．現代文明を支える発見が物理学，化学，医学，生物学の分野でなされたこと，第2次産業革命が交通網や通信網を整え，世界の一体化を促進したことを確認しよう。

┌ 練習しよう！世界史の漢字 ┐

疾風怒濤（しっぷうどとう）

功利主義（こうりしゅぎ）

唯物史観（ゆいぶつしかん）

P.127

■演習問題■

❶
問1① リヴィングストン
　　② アフリカ
　　③ アムンゼン
　　④ 自由放任
　　⑤ リスト
　　⑥ 関税
　　⑦ 功利
　　⑧ マイヤー
　　⑨ ダイムラー
　　⑩ ベル
　　⑪ エジソン
　　⑫ レントゲン
　　⑬ キュリー夫妻
　　⑭ コッホ
　　⑮ ダーウィン
　　⑯ ロマン
　　⑰ ヴィクトル=ユゴー
　　⑱ 写実
　　⑲ 赤と黒
　　⑳ バルザック
　　㉑ ドストエフスキー
　　㉒ クールベ
　　㉓ 自然
　　㉔ ゾラ
　　㉕ 印象派
問2　最大多数の最大幸福

【解説】**❶**問1①リヴィングストンがナイル川源流の探検で一時消息不明となり，その捜索に向かったのがスタンリー。スタンリーはその後コンゴの探検を行い，レオポルド2世によるコンゴ自由国建国に協力した。⑤リストは経済の発展段階説をとり，後進国のドイツにおける保護貿易政策の必要性を説いた。⑦幸福の大小は快楽の量で決まると考えたベンサムに対し，後のジョン=ステュアート=ミルは質的面を考慮し，社会改良主義に向かった。⑫レントゲンはこの功績で第1回ノーベル賞を受賞した。なお，ノーベルはダイナマイトで莫大な富をなした。⑬キュリー夫妻もノーベル賞の受賞者。⑯問題文中にもあるが普遍的理性に対して，個々の感性と想像力の優越を主張し，古典主義の表現形式の規制を打破して自由な表現を追求しようとしたのがロマン主義である。ロマン主義の叙情と非現実的空想におぼれやすい傾向に対して，著しい進歩を遂げつつあった自然科学や実証主義の影響を受けて写実主義が起こった。さらにその思想を受け継ぎながら現実を支配する自然的・物質的条件を一層重視し，生物学的人間観を強く打ち出した自然主義が起こることになった。

33 アジア地域の変容と植民地化

P.128・129

ポイント整理

1 1．ハンガリー（トランシルヴァニア）
2．ムハンマド=アリー
3．ウラービー（オラービー）
4．ウィーン包囲
5．ハンガリー
6．ワッハーブ
7．サウード
8．ナポレオン
9．ムハンマド=アリー
10．シリア
11．エジプト=トルコ
12．アブデュルメジト1世
13．タンジマート
14．オスマン主義
15．クリミア
16．レセップス
17．スエズ運河
18．ミドハト=パシャ
19．オスマン帝国憲法（ミドハト憲法）
20．ロシア=トルコ（露土）
21．ウラービー（オラービー）
22．ガージャール
23．トルコマンチャーイ
24．バーブ
25．タバコ=ボイコット
26．アフガン

2 1．東インド会社
2．カーナティック

3．プラッシー
4．マイソール
5．マラーター
6．シク
7．地税
8．ザミンダーリー
9．ライヤットワーリー
10．アヘン
11．シパーヒー
12．（インド）大反乱
13．ヴィクトリア女王
14．アンボイナ
15．マタラム
16．強制栽培
17．シンガポール
18．海峡植民地
19．マレー連合州
20．コンバウン
21．ビルマ
22．カトリック
23．阮福暎
24．阮朝
25．越南
26．清仏
27．カンボジア
28．フランス領インドシナ
29．ラオス
30．タイ
31．ラタナコーシン（チャクリ）
32．チュラロンコン

練習しよう！世界史の漢字

はんおうこく	
藩王国	

げんふくえい	
阮福暎	

りゅうえいふく	
劉永福	

かきょう	
華僑	

きょうせいさいばいせいど	
強制栽培制度	

P.130・131

演習問題

1
A ②，イギリス
B ①，ガージャール
C ①，エジプト
D ②，オスマン

2
問1 ① カルロヴィッツ
② エジプト
③ アブデュルメジト1世
④ タンジマート
⑤ ミドハト=パシャ
⑥ アブデュルハミト2世
問2 a クリミア戦争
b ベルリン条約

3
問1 ① オスマン帝国
② マムルーク
③ ワッハーブ
④ ウラービー（オラービー）
⑤ ガージャール
⑥ トルコマンチャーイ
⑦ バーブ教徒
⑧ アフガニスタン
⑨ タバコ=ボイコット

4
問1 ① プラッシー
② ベンガル
③ マラーター
④ シク
⑤ 藍
⑥ 1857
⑦ デリー
問2 a ザミンダーリー制
b シパーヒー
問3 ムガル皇帝を廃し，東インド会社を解散して，インドの直接統治に乗り出した。（36字）

5
問1 ① ジャワ
② アンボイナ
③ シンガポール
④ 海峡植民地
⑤ ゴム
⑥ コンバウン
⑦ 阮福暎
⑧ 天津
⑨ チュラロンコン（ラーマ5世）
問2 強制栽培制度

【解説】**1**Aエジプト南部のスーダンに進出したのはイギリスである。Bコンバウン朝はビルマ最後の王朝。イギリスにより滅ぼされた。

2問1①オスマン帝国とヨーロッパの力が逆転する契機になった条約。④この改革とクリミア戦争の戦費で生じた英仏からの借金が返せず，オスマン帝国は両国からの借り入れを繰り返し，経済進出を招くことになった。⑥戦争勃発のための憲法停止は口実で，専制体制維持のためであった。

3問1⑦サイイド=アリー=ムハンマドがみずから「神が映し出される鏡であるバーブ（門）」を称した。

4問1②ベンガル地方のディーワーニー（徴税権）も獲得した。⑤綿花とともに，その染料である藍が生産された。問2 a 伝統的な領主・地主層を近代的な土地所有者と認定するかわりに地税納入の責任を負わせた。土地保有権を有した農民は単なる小作人に転落し，農村の伝統的関係が破壊された。この制度への反省から，南部では土地耕作者を土地所有者と認定するライヤットワーリー制が導入された。

5問1①ジャワ島には15世紀からイスラーム教が浸透し，16世紀にはマタラム王国が栄えた。⑤ゴムのプランテーションで働く中国人労働者が増えていった。⑧この結果フランスはハノイに総督府をおいてベトナム支配をすすめていった。

34 東アジアの激動

ポイント整理

1　1．東インド会社
2．茶
3．行商
4．広州
5．銀
6．インド
7．アヘン
8．白蓮教徒
9．マカートニー
10．茶
11．銀
12．茶
13．三角貿易

2　1．銀
2．林則徐
3．アヘン
4．南京
5．香港島（香港）
6．虎門寨
7．領事裁判権
8．最恵国待遇
9．不平等
10．望厦
11．黄埔
12．太平天国
13．洪秀全
14．上帝会
15．アロー
16．天津
17．外国使節
18．キリスト教
19．北京
20．九竜半島南部
21．アイグン
22．北京
23．沿海州
24．イリ
25．租界
26．上海
27．郷勇
28．曽国藩
29．淮軍
30．ゴードン
31．西太后
32．洋務
33．李鴻章
34．中体西用
35．総理各国事務衙門
36．林則徐
37．1840

38．1856
39．北京
40．ウラジヴォストーク
41．南京
42．清仏

3　1．ペリー
2．日米和親
3．日米修好通商
4．明治維新
5．大日本帝国
6．議会（国会）
7．樺太・千島交換
8．台湾出兵
9．琉球
10．戊辰戦争
11．西南戦争
12．高宗
13．大院君
14．江華島
15．日朝修好条規（江華島条約）
16．金玉均
17．閔氏
18．壬午軍乱
19．甲申政変
20．甲午農民戦争（東学の乱）
21．日清戦争
22．下関
23．遼東半島
24．三国干渉

演習問題

1
A　①．西南戦争
B　②．遼東半島

2
問1①　白蓮教徒の乱
②　マカートニー
③　広州
④　茶
⑤　インド
⑥　林則徐
⑦　アロー号
⑧　フランス
⑨　同治中興
⑩　総理各国事務衙門
問2　イ
問3　ア
問4　ウ
問5　イ

3
問1①　沖縄県
②　台湾
③　下関条約
④　大院君
⑤　閔氏
⑥　日朝修好条規（江華条約）
⑦　壬午軍乱
⑧　甲申政変
⑨　天津条約
⑩　全琫準
問2　ロシアはアイグン条約を締結して黒竜江以北を獲得，北京条約を締結して沿海州を獲得してウラジヴォストークに港を築いた。さらにイリ条約で通商上の特権を獲得した。（77字）

【解説】**1**A戊辰戦争は1868年から翌69年におこった明治新政府と旧幕府勢力の内戦であり，西南戦争は1877年におこった西郷隆盛を中心とする反政府内乱である。また，幕末から明治時代におけるロシアと日本の国境画定は，1855年に日露和親（通好）条約が締結され，択捉島と得撫島の境が日露国境になり，樺太は両国雑居地となった。その後75年に樺太・千島交換条約が締結され，樺太はロシア領，千島列島は日本領となった。B九竜半島はイギリスの租借地である。1860年の北京条約で半島先端部が割譲され，1898年に半島全体が威海衛とともに租借された。

2問2イ南京条約で開港された5港に澳門は含まれない。開港されたのは上海・寧波・福州・厦門・広州である。問3イ・ウ清とアメリカとの間で締結されたのは望厦条約で，清とフランスとの間で締結されたのは黄埔条約である。エ1845年にイギリスが租界にしたのは北京ではなく，上海である。問4ウ常勝軍はウォードやゴードンら外国人が指揮した軍隊のことで，李鴻章や曽国藩ら漢人官僚が率いた軍隊は義勇軍（郷勇）という。問5イ洋務運動は中体西用を理念とし，西洋技術の導入は推奨されたが，政治・社会制度は旧来の中国的な伝統を重視していたため，体制変革はめざされなかった。

3問2指定語句を漏れなく使い，アイグン条約・北京条約・イリ条約それぞれの内容が記されていればよい。

王朝・治世年表Ⅲ [13〜19世紀]

P.136・137

1. プランタジネット
2. ジョン王
3. 模範
4. 百年戦争
5. 黒死病（ペスト）
6. ワット＝タイラー
7. カペー
8. 全国三部会（三部会）
9. ヴァロワ
10. ジャックリー
11. インノケンティウス
12. バビロン捕囚
13. イル＝ハン
14. オスマン
15. ティムール
16. 奴隷
17. チンギス
18. クビライ（フビライ）
19. 紅巾
20. 洪武
21. テューダー
22. ヘンリ7世
23. 首長法
24. エリザベス1世
25. 統一法
26. ユグノー
27. ブルボン
28. アンリ4世
29. ハプスブルク
30. カール
31. ルター
32. アウクスブルク
33. ビザンツ帝国
34. サファヴィー
35. スレイマン
36. ウィーン
37. アッバース
38. レパント
39. ムガル
40. バーブル
41. アクバル
42. 永楽
43. 張居正
44. 一条鞭
45. チャールズ
46. 権利の請願
47. ジェームズ
48. 権利の章典
49. ハノーヴァー
50. 七年
51. ヴィクトリア
52. ルイ14世
53. フロンド
54. ナポレオン
55. プロイセン
56. 神聖ローマ
57. カルロヴィッツ
58. タンジマート
59. オスマン帝国
60. アウラングゼーブ
61. プラッシー
62. インド大反乱
63. ヌルハチ
64. ホンタイジ
65. 康熙
66. 乾隆
67. アヘン
68. アロー
69. ヴィクトリア

世紀別Map

◆13世紀

P.27 12世紀

　ユーラシア大陸のほとんどをモンゴル帝国が支配し，そのもとで草原の道・オアシスの道・海の道の交易が飛躍的に進展した。「モンゴル＝ネットワーク」とよばれる。

◆15世紀

　ヨーロッパ世界では英仏百年戦争が終結した年，ビザンツ帝国が滅亡した。中央アジアではティムール朝が台頭し，東アジアでは明が永楽帝の時代に最盛期を迎えた。

◆16世紀

　イスラーム世界ではオスマン帝国が大帝国をきずいた。スペイン・ポルトガルが大航海時代をひらき，ヨーロッパ主導の世界の一体化がはじまった。一方アジアでは明・東南アジア諸国の交易が活発化した。

◆17世紀

　ユーラシア大陸には，オスマン帝国，ロシア帝国，ムガル帝国，清の四大帝国が繁栄した。オランダが東南アジアとの香辛料貿易を独占し，覇権をきずいた。

◆19世紀後半

　広大な植民地をもつイギリスの覇権が，ドイツ・アメリカ・日本などの後発の諸国家の台頭によって動揺しはじめた。

35 帝国主義・世界分割

P.138～140

ポイント整理

1 1．石油 ⎫（順不同）
2．電気 ⎭
3．巨大企業
4．移民
5．自由貿易体制
6．スエズ
7．ジョゼフ=チェンバレン
8．南アフリカ（南ア，ブール）
9．労働党
10．議会法
11．アイルランド自治法
12．シン=フェイン
13．ブーランジェ
14．ドレフュス
15．ヴィルヘルム2世
16．世界政策
17．パン=ゲルマン
18．社会民主党
19．ロシア社会民主労働党
20．ボリシェヴィキ
21．メンシェヴィキ
22．エスエル（社会主義者・革命家党）
23．血の日曜日事件
24．ニコライ2世
25．ストルイピン
26．マッキンリー
27．門戸開放
28．セオドア=ローズヴェルト
29．カリブ海政策
30．革新主義
31．ウィルソン
32．カルテル
33．トラスト
34．コンツェルン
35．帝国主義
36．再配分
37．第2インターナショナル

2 1．ウラービー（オラービー）
2．（セシル=）ローズ
3．ファショダ
4．モロッコ
5．イギリス
6．ドイツ
7．アメリカ
8．ディアス
9．メキシコ
10．パン=アメリカ
11．フランス
12．ベルギー
13．イギリス
14．ポルトガル
15．×
16．イタリア
17．スペイン
18．ドイツ
19．横断
20．縦断

3 1．3B政策
2．露仏同盟
3．日英同盟
4．英仏協商
5．英露協商
6．バグダード鉄道

整理のカギ 1．列強国では独占資本と結びついた政治権力が，より多くの利潤を求め非ヨーロッパ地域への経済進出と軍事的侵略を行った。一方，各列強国内では，戦争に反対する社会主義運動が拡大したことを確認しよう。
2．英仏がアフリカ分割を主導した。また，その政策の違いにも着目しよう。ビスマルク引退後のドイツの世界政策を確認し，それが英仏の帝国主義政策にどのような変化をもたらしたかを知ろう。
3．ドイツの世界政策に対し，英・仏・露が三国協商を形成する歴史的経過を各国の進出地域での対立関係を追いながら理解しよう。

42

■■■■■■ 演習問題 ■■■■■■

1
④

2
問1① 電気
② トラスト
③ コンツェルン
④ ドイツ
⑤ 帝国
⑥ ディーゼル
⑦ ダイムラー
⑧ ライト兄弟
⑨ フォード
⑩ モース(モールス)

3
問1① リヴィングストン
② コンゴ
③ ベルギー
④ エチオピア
⑤ リベリア
⑥ ウラービー(オ
ラービー)
⑦ ゴードン
⑧ セシル=ローズ
⑨ 南アフリカ(南
ア，ブール)戦争
⑩ オレンジ自由国
⑪ ケープタウン
⑫ チュニジア
⑬ ファショダ
⑭ カメルーン
⑮ ヴィルヘルム2世
⑯ モロッコ
⑰ イギリス
⑱ オスマン帝国
問2 i ②
ⅱ ④
ⅲ ③

4
問1① セオドア=ロー
ズヴェルト
② 棍棒外交
③ タフト
④ ドル外交
⑤ 宣教師外交
⑥ 善隣外交
問2 ア
問3 エ
問4 ボリシェヴィキは
一部の革命家集団に
よる急進的な革命を
目指すのに対して，
メンシェヴィキは広
く大衆に基礎をおき，
ゆるやかに革命を進
めようとするという
違いがある。(69字)
問5 人為的に引かれた
境界線は，現地の住
民のつながりや交易
網を破壊し，住民を
プランテーションな
どの過酷な労働に従
事させるなど，その
後の発展を阻害する
ことになり，現在も
続く紛争の火種を数
多く残すことになっ
た。(100字)

【解説】**1**本国と植民地の面積を比較した表を使い，該当する国を特定する頻出の問題。ここから経済発展を遂げたドイツが，資源供給地と市場を求め，「世界政策」のもと植民地の再分割を推進して，第一次世界大戦を引き起こす歴史の流れを類推できるとよい。

2問1⑤までは基本的な帝国主義時代の各国の説明であるが，⑥以降は科学上の技術革新をまとめており，この時代の科学者の名と発明を正確に理解しておきたい。

3問1アフリカ分割は，頻出のテーマ。まず地図上でアフリカに進出した各国と進出した地域を正確におさえておくこと。その際に横断政策を推進したフランスと縦断政策を推進したイギリスはしっかり理解したい。特にイギリスは縦断政策で結んだカイロとケープタウンの位置を確認すると同時に，当時イギリスの世界戦略の柱であったインドの都市カルカッタを結ぶ3C政策は，のちにドイツの世界政策との対立を生み，第一次世界大戦へ発展していくことを理解しておくこと。問2は文章の正誤を見分ける問題であるため，この時期のドイツ，イギリス，フランスの歴史の正確な理解が求められる。

36 アジア諸国の変革と民族運動

P.144・145

━━ ポイント整理 ━━

1 1．民族運動
2．康有為
3．戊戌の変法
4．西太后
5．三国干渉
6．東清鉄道
7．膠州湾
8．威海衛・九竜半島（新界）（順不同）
9．ジョン=ヘイ
10．日清戦争
11．三国干渉
12．機会均等
13．洋務運動
14．変法運動
15．光緒帝
16．戊戌の政変

2 1．義和団戦争
2．北京議定書
3．日英同盟
4．ポーツマス条約
5．南満洲鉄道株式会社
6．日露協約
7．日韓協約
8．扶清滅洋
9．日露戦争
10．セオドア=ローズヴェルト
11．ポーツマス
12．韓国併合

3 1．光緒新政
2．科挙
3．孫文
4．三民主義
5．辛亥革命
6．袁世凱
7．宣統帝（溥儀）
8．国民党
9．モンゴル人民共和国
10．ベンガル分割
11．カルカッタ
12．スワデーシ
13．スワラージ
14．全インド=ムスリム連盟
15．ドンズー（東遊）
16．タバコ=ボイコット
17．ウラービー（オラービー）
18．マフディー
19．華僑
20．孫文
21．中国同盟会
22．中華民国
23．宣統帝（溥儀）
24．インド国民会議
25．カルカッタ
26．4綱領
27．イスラーム同盟（サレカット=イスラム）
28．ホセ=リサール
29．ファン=ボイ=チャウ
30．ドンズー
31．アフガーニー
32．ウラービー（オラービー）
33．マフディー
34．トルコ民族主義
35．立憲革命

P.146・147

━━ 演習問題 ━━

1
A ①，義和団戦争
B ②，セオドア=ローズヴェルト

2
問1① 下関条約
② 遼東半島
③ 三国干渉
④ ジョン=ヘイ
⑤ 門戸開放
⑥ 大韓帝国
⑦ セオドア=ローズヴェルト
⑧ ポーツマス条約
⑨ 安重根
⑩ 康有為
⑪ 西太后
⑫ 義和団
⑬ 北京議定書
⑭ 科挙
⑮ 中国同盟会
⑯ 袁世凱
⑰ 宣統帝（溥儀）
⑱ チョイバルサン
問2 a・威海衛
・九竜半島（新界）（順不同）

b 血の日曜日事件
c 韓国併合
d 三民主義

3
問1① 甲午農民戦争（東学の乱）
② アメリカ=スペイン（米西）戦争
③ アギナルド
④ マフディーの反乱
⑤ 孫文
⑥ ファン=ボイ=チャウ
⑦ ドンズー（東遊）運動
⑧ ベンガル分割令
⑨ カルカッタ
⑩ イラン立憲革命
⑪ 青年トルコ革命
⑫ 義兵闘争（武争抗日闘争）
問2 a ウ
b イ
問3 南アフリカ戦争で余裕がなくなり，日本と結ぶことでロシアの南下をおさえたかったため。

【解説】**1**Aは中国の義和団戦争と朝鮮の甲午農民戦争（東学の乱），Bはセオドア=ローズヴェルトとフランクリン=ローズヴェルトの区別をそれぞれしっかりおさえておくこと。

2問1は欧米列強と日本による分割の動きと，それに対する中国・朝鮮の動きを時系列に整理しておくことが重要である。なかでもロシア，イギリス，日本，アメリカの動きは東アジアをめぐる列強それぞれの思惑が交錯して，複雑な国際関係を築いていく。⑱のチョイバルサンは難易度が高いが，モンゴル人民共和国の成立ではよく問われる人名である。

3問1は各国にまたがった問題のため，国ごとに事項を整理することが重要。ポイント整理の表を活用するなどし，用語，人物名を定着させたい。問3日英同盟の結成についてはこの単元の頻出のテーマとなる。中央アジアでの英露の対立を背景に，南アフリカ戦争に莫大な戦費と人員を割かなければならなかったイギリスが，同じく東アジアでロシアとの対立を深める日本に接近する動きは，従来の「光栄ある孤立」という外交方針の転換を示すと同時に，大英帝国の衰退もあらわしている。

37 第一次世界大戦とロシア革命

P.148・149

■ポイント整理■

❶ 1．ヨーロッパの火薬庫
2．ブルガリア
3．ボスニア・ヘルツェゴヴィナ
4．バルカン同盟
5．バルカン戦争
6．パン=スラヴ
7．パン=ゲルマン
8．三国同盟
9．露仏同盟
10．日英同盟
11．英仏協商
12．三国協商

❷ 1．同盟国
2．協商国（連合国）
3．サライェヴォ
4．オーストリア
5．ドイツ
6．ロシア
7．タンネンベルク
8．日本
9．マルヌ
10．塹壕
11．毒ガス
12．イタリア
13．ロンドン条約
14．戦車
15．無制限潜水艦
16．アメリカ合衆国
17．1918
18．十四カ条（の平和原則）
19．ブレスト=リトフスク
20．キール軍港

❸ 1．未回収のイタリア
2．三国同盟
3．フセイン・マクマホン
4．サイクス・ピコ
5．バルフォア宣言
6．総力戦
7．軍備縮小
8．国際平和機構

❹ 1．レーニン
2．メンシェヴィキ
3．ソヴィエト（評議会）
4．三月
5．四月テーゼ
6．臨時政府
7．十一月
8．独裁

❺ 1．（ロシア）共産党
2．コミンテルン
3．対ソ干渉
4．世界革命論
5．赤軍
6．戦時共産主義
7．新経済政策（ネップ）
8．ウクライナ
9．ベラルーシ
10．ソヴィエト社会主義共和国連邦

P.150・151

■演習問題■

❶ 問1① 青年トルコ革命
② ブルガリア
③ ボスニア・ヘルツェゴヴィナ
④ パン=スラヴ
⑤ ヨーロッパの火薬庫
⑥ ベルギー
⑦ 日英同盟
⑧ マルヌ
⑨ タンネンベルク
⑩ キール
⑪ ドイツ革命
⑫ ウィルソン
⑬ ヴェルサイユ

問2a サライェヴォ事件
b 総力戦
c 戦車
d i 未回収のイタリア
ii フセイン・マクマホン協定
iii サイクス・ピコ協定
iv バルフォア宣言

e 挙国一致体制
f ドイツが無制限潜水艦作戦を宣言すると，アメリカ合衆国が連合国側で参戦したから。(39字)
g トロツキー
h ドイツ共和国
i 平和に関する布告

❷ 問1① 二月（三月）
② ニコライ２世
③ ケレンスキー
④ 四月テーゼ
⑤ 十月（十一月）
⑥ ブレスト=リトフスク
⑦ モスクワ
⑧ 新経済政策（ネップ）
⑨ コミンテルン
⑩ ソヴィエト社会主義共和国連邦
問2a ストルイピン
b 評議会（会議）
c スパルタクス団

【解説】**❶**問1③ボスニア・ヘルツェゴヴィナは，1878年のベルリン条約でオーストリアの管理下におかれていた地で，スラヴ系住民の多い地。⑨タンネンベルクの戦いを指揮した独のヒンデンブルク将軍は英雄となり，後にヴァイマル共和国第２代大統領になった。1933年，ヒトラー内閣の組閣命令を出している。⑪この革命でヴィルヘルム２世はオランダへ亡命した。**ホーエンツォレルン朝の滅亡**である。問2b第一次世界大戦は，19世紀までの軍隊と軍隊の戦いではなく，大量の武器弾薬，食料を前線へ送る補給力，工業力，経済力の戦い，国民を総動員しての戦いであった。女性も軍需工場へ動員され，戦後，**女性の社会進出**につながった。c戦車以外の新兵器として**航空機，毒ガス**が投入された。d i 具体的には，南チロルとトリエステ。e労働組合や社会主義政党など，それまで政府を批判していた諸勢力が結束して政府を支持する体制。この動きの中，**第２インターナショナル**も崩壊していった。f「1917年にドイツが行った作戦名」からアメリカ合衆国の参戦と判断できる。合衆国参戦にいたる背景として，ドイツの潜水艦に撃沈され多くの米国人犠牲者も出た，1915年のルシタニア号事件も挙げられる。

❷問1①⑤当時のロシアでは，西欧の暦であるグレゴリウス暦より13日遅れたユリウス暦を使用していたため，ロシアでは二月革命および十月革命と呼ぶ。③ケレンスキーは社会革命党である。⑥この講和条約はドイツの敗戦で無効となった。問2bソヴィエトは1905年の第１次ロシア革命で初めて結成された。c彼女は**カール=リープクネヒト**とともに，蜂起の時に殺害された。

整理のカギ

1．第一次世界大戦の直接の火種は，バルカン半島におけるセルビアの反オーストリア感情であることに注意しよう。
2．パレスチナ帰属をめぐる３つの協定・宣言が，現在のパレスチナ問題を引きおこしていることを理解しよう。
3．フランス・イギリスとドイツの戦線が膠着状態に陥る経過を追い，合衆国の参戦がそれを変えたこと，また参戦理由を確認しよう。
4．三月革命から十一月革命を経てボリシェヴィキ独裁に至る経過をレーニンの行動を中心に追いかけよう。ドイツとの単独講和により大戦を離脱したのち，史上初の社会主義国家ソヴィエト連邦が成立するまでの経過を把握しよう。

38 ヴェルサイユ体制下の欧米諸国

P.152～154

ポイント整理

1
1. パリ講和会議
2. ロイド=ジョージ
3. クレマンソー
4. ヴェルサイユ
5. サン=ジェルマン
6. 国際連盟
7. フィンランド
8. エストニア
9. ラトヴィア
10. リトアニア
11. ポーランド
12. チェコスロヴァキア
13. ハンガリー
14. セルブ=クロアート=スロヴェーン王国
15. 軍備
16. アルザス
17. ロレーヌ
18. ラインラント
19. 賠償金
20. ジュネーヴ
21. アメリカ（合衆国）
22. 委任統治
23. ワシントン会議
24. 四カ国
25. 日英同盟
26. 九カ国
27. （ワシントン）海軍軍備制限
28. ワシントン体制

2
1. 第4回選挙法
2. マクドナルド
3. 第5回選挙法
4. アイルランド自由国
5. エール
6. 労働党
7. ウェストミンスター憲章
8. イギリス連邦
9. エーベルト
10. ヴァイマル
11. 1320億
12. ラパロ
13. ルール（工業地帯）
14. シュトレーゼマン
15. ベルギー
16. 戦債
17. 社会民主党
18. ヴァイマル共和国
19. ルール
20. インフレーション
21. レンテンマルク
22. ドーズ案
23. ヤング案
24. ロカルノ条約
25. 不戦条約
26. ブリアン
27. ケロッグ
28. ロンドン（軍縮）会議

3
1. 北イタリア
2. ファシスト党
3. ローマ進軍
4. フィウメ
5. アルバニア
6. ファシズム
7. ラテラノ条約
8. ピウスツキ
9. 権威主義
10. ユーゴスラヴィア
11. レーニン
12. トロツキー
13. 第1次五カ年計画
14. コルホーズ
15. 第2次五カ年計画

4
1. 債権国
2. 孤立
3. 女性参政権（男女平等選挙権）
4. 高関税
5. ラジオ
6. 大衆
7. 禁酒法
8. 移民法

整理のカギ
1. パリ講和会議では英仏の対独強硬論がウィルソンの十四カ条を形骸化し、ドイツをはじめとする敗戦国が領土縮小、軍備制限などの厳しい講和を強いられながらヴェルサイユ体制が成立したことを確認しよう。また、国際連盟の成立とその問題点を考察しよう。
2. 独墺露の3帝国が崩壊し、ヴェルサイユ体制下、民族自決にもとづき東欧に多数の独立国が生まれたことを確認しよう。東アジアには、日本の拡大を抑えるためにアメリカ合衆国の主導でワシントン体制が構築されたことに注目しよう。
3. 大英帝国がイギリス連邦に変化することを知ろう。ドイツの賠償問題を軸に国際関係を理解し、締結された条約を確認しながら、国際協調進展の過程をたどろう。
4. ソ連の社会主義建設過程を確認しよう。1920年代、アメリカ合衆国が現代につながる生活様式を生み出すことを理解しよう。

練習しよう！世界史の漢字

委任統治

労働党

国際協調

女性参政権

債権国

大衆消費社会

P.155～157

演習問題

1

A ②, フランス

B ①, アメリカ

C ③, ドイツ

2

問1① ウィルソン

　　② 十四カ条

　　③ ラインラント

　　④ 委任統治領

　　⑤ ハーディング

　　⑥ ロカルノ条約

　　⑦ ブリアン

　　⑧ ケロッグ

　　⑨ 不戦条約

問2a ジュネーヴ

　　b アルザス・ロレーヌ

　　c セーヴル条約

　　dあ フィンランド

　　　い リトアニア

　　　う チェコスロヴァキア

　　e i 四カ国条約

　　　ii 九カ国条約

　　f シュトレーゼマン

　　g ネップ。農民や労動者に市場経済を認めた。(20字)

3

問1① ハンガリー

　　② チェコスロヴァキア

　　③ セルビア

　　④ ユーゴスラヴィア

　　⑤ ピウスツキ

　　⑥ ファシスト

　　⑦ ローマ進軍

問2a ウクライナ・ベラルーシ・ザカフカース (順不同)

　　b 1870年教皇領をイタリア王国に併合して以来断絶していた教皇と和解し, ヴァチカン市国を認め, カトリックを国教とした。(56字)

4

問1① 共和

　　② 高関税

　　③ 女性参政権

　　④ クー=クラックス=クラン (KKK)

　　⑤ 移民法

　　⑥ イ

　　⑦ ラジオ

　　⑧ ドーヴァー

　　⑨ ロイド=ジョージ

　　⑩ シン=フェイン

　　⑪ アイルランド自由国

問2aア 価格 (生産コスト)

　　イ フォード

　　ウ (例)流れ作業, ベルトコンベア方式

　　b ヴァイマル憲法

　　c ドーズ案

　　d 男性は21歳以上女性は30歳以上が参政権を得た。

【解説】2問1⑥1920年代国際協調の象徴がロカルノ条約成立である。英・仏・伊・ベルギーと独間で地域安全保障を規定し, ヨーロッパ戦後秩序に転換点をもたらした。翌26年, 独は国際連盟に加入した。さらに28年, ⑨の不戦条約成立にもつながる。問2b1648年のウェストファリア条約から第二次世界大戦終結まで, アルザス・ロレーヌ地方は独仏の係争地であり続けた。1952年のヨーロッパ石炭鉄鋼共同体 (ECSC), さらにEU成立まで視野に入れ学習したい。c現在のシリア, ヨルダンなど中東諸国の国境線はセーヴル条約が基盤になっている。e i 四カ国条約締結により, 日英同盟も解消されている。gロシア革命後のソヴィエト政権は計画経済「戦時共産主義」(1918～21年)を実施した。しかし, 生産力低下から市場経済を取り入れた新経済政策 (ネップ) (1921～28年)に移行する。レーニン死後, ソ連の実権を握ったスターリンにより全面的な社会主義国家のため第1次・第2次五カ年計画 (1928～37年)が推進され, 農業の集団化や重工業化が進んだ。

3問1①⑤大戦後, 東欧諸国はチェコスロヴァキア以外, 農業国で政治も不安定であった。そのため権威主義体制が成立した。その代表がポーランドのピウスツキである。④1990年代に解体したユーゴスラヴィアの成立を理解する。問2bファシズム体制は, 戦後体制への不満から1920年代のイタリアで成立している。ドイツのヒトラー政権が最初ではない。ムッソリーニは1924年フィウメ併合, 26年アルバニア保護国化など対外政策で国民の支持を獲得し, ラテラノ条約で国内統一の妨げであった国家と教皇との対立も解消した。

4問1①民主党ウィルソン大統領の後, 1920年代の合衆国は3人の共和党大統領ハーディング, クーリッジ, フーヴァーが登場する。②1920年代, 合衆国は国内市場を保護するため高関税政策をとった。⑦19世紀後半から欧米では情報通信革命が始まる。その象徴が, 1920年代のラジオである。テレビ放送は60年代, インターネットは1990年代である。⑪アイルランド自由国は独立国ではなくイギリス連邦下の自治領であった。1937年独自憲法制定の下, エール (Aire) となり, 49年イギリス連邦から正式に独立した。問2aフォードは, 生産工程を流れ作業でつなぐ大量生産方式で自動車の低価格化を実現した。問1③・問2d第一次世界大戦中, 戦場の男性に代わり, 女性が軍需工場で兵器生産に従事した。これが戦後, 女性の社会進出につながった。1920年, 合衆国における女性参政権成立とイギリスの第4回選挙法改正はその象徴である。

39 アジア・アフリカ地域の民族運動

P.158・159
━━ ポイント整理 ━━

❶ 1．B
2．E
3．A
4．D
5．C
6．イズミル
7．セーヴル
8．ムスタファ=ケマル
9．アンカラ
10．スルタン制
11．ローザンヌ条約
12．関税自主権
13．トルコ共和国
14．政教分離
15．女性
16．文字改革
17．ローマ字
18．1919年革命
19．エジプト王国
20．スエズ運河
21．アフリカ民族会議
22．パン=アフリカ会議
23．サイクス・ピコ
24．バルフォア
25．イギリス
26．フランス
27．フセイン・マクマホン
28．パレスチナ問題
29．アフガニスタン
30．レザー=ハーン
31．パフレヴィー
32．ワッハーブ派
33．サウジアラビア
❷ 1．ローラット
2．アムリットサール
3．ガンディー
4．非暴力（非協力）
5．インドネシア国民党
6．ラホール
7．ネルー（ネール）
8．プールナ=スワラージ
9．塩の行進
10．英印円卓会議
11．ホー=チ=ミン
12．(新)インド統治
13．全インド=ムスリム
14．タキン
15．タイ
❸ 1．三・一(独立)運動
2．文化政治
3．文学革命
4．北京
5．陳独秀
6．胡適
7．魯迅
8．二十一カ条の要求
9．五・四運動
10．中国共産
11．中国国民
12．国共合作
13．連ソ・容共・扶助工農
14．国民革命軍
15．北伐
16．上海クーデタ
17．浙江
18．南京国民
19．張学良
20．国民政府
21．中華ソヴィエト共和国臨時政府
22．毛沢東

P.160・161
━━ 演習問題 ━━

❶
問1① セーヴル
② ムスタファ=ケマル
③ イズミル
④ 関税自主権
⑤ カリフ
⑥ レザー=ハーン
⑦ イブン=サウード
⑧ フランス
⑨ レバノン
⑩ フセイン・マクマホン
問2 a ローザンヌ条約
b 女性解放の一環で女性参政権を認めた。トルコ語をアラビア文字からローマ字表現に代える文字改革を推進し、太陽暦を採用した。(59字)
c シャー
d サウジアラビア王国
e バルフォア宣言
f シオニズム運動

❷
問1① 国民会議派（インド国民会議）
② 自治
③ ネルー
④ 塩の行進
⑤ (新)インド統治法
⑥ ジンナー
⑦ タキン党
⑧ オランダ
⑨ インドネシア共産党
⑩ フィリピン
問2 a ローラット法
b 非暴力（非協力）
c 完全独立
d パキスタン
e ホー=チ=ミン
f インドネシア国民党
g 立憲君主政

❸
問1① ウィルソン
② 三・一独立
③ 上海
④ 五・四運動
⑤ 孫文
⑥ 国民革命
⑦ 蔣介石
問2 a 第一次国共合作
b 広州
c 南京

【解説】**❶**問1②敗戦国としてオスマン帝国分割の危機に直面し、19世紀以来のオスマン主義、パン=イスラーム主義からトルコ民族主義に依拠し国家建設を進めた。⑦イブン=サウードは、リヤドを拠点とするアラビア半島ワッハーブ派の豪族。⑨レバノンはアラブ人地域であるが、歴史的にキリスト教徒が多数居住していた。翌41年シリアから分離し、43年共和国として独立した。問2 a ローザンヌ条約締結の前年1922年にスルタン制が廃止され、オスマン帝国は滅亡した。問2 b 女性に関しては、一夫多妻制やチャドルの廃止もあるが、イスラーム圏の中でいち早く女性参政権を認めたことを挙げたい。

❷問1④ガンディーは、イギリスによる塩の専売（課税）を植民地支配の象徴ととらえ、インド西海岸ダンディーまで支持者と行進し、みずから塩を生産した。この行進は反英運動の大衆化を体現するものであった。⑩アメリカ合衆国でのフィリピン独立法制定時の大統領はフランクリン=ローズヴェルトである。1943年での独立を予定し準備したが、第二次世界大戦による日本軍の占領で1946年まで独立はずれ込んだ。問2 b サティヤーグラハはガンディーの造語で「非暴力（非協力）」と同義とされる。g 革命時のタイの王朝は、現在まで続くラタナコーシン朝。この革命は立憲革命であり、王政打倒のものではなかった。

❸問1③上海に組織された臨時政府は諸外国から承認を得られなかった。首班は大韓民国初代大統領に就任する李承晩。⑤孫文は五・四運動の全国的な拡大を目の当たりにし、秘密結社中華革命党を大衆政党中国国民党に改組した。⑥中国国民党の軍隊が国民革命軍。一方、孫文の後継者蔣介石による、広州から北京まで軍閥勢力を打倒し、中国を国民政府の下に統合する動きを「国民革命」ともいう。

40 世界恐慌とヴェルサイユ体制の破壊

P.162・163

ポイント整理

1. 1929
2. ニューヨーク株式
■1. フーヴァー=モラトリアム
2. フランクリン=ローズヴェルト
3. ニューディール
4. 農業調整法
5. 全国産業復興法
6. テネシー川流域開発公社
7. ワグナー法
8. ソ連
9. キューバ
10. ブロック経済
11. 金本位
12. オタワ連邦
13. スターリング=ブロック（ポンド=ブロック）
14. 宥和
15. フラン
16. ブルム
17. スターリン
18. 五カ年計画
19. コミンテルン
20. 人民戦線
■2 1. ナチ党
2. ヒトラー
3. 国会議事堂放火
4. 共産
5. 全権委任法
6. ゲシュタポ
7. 総統（フューラー）
8. 徴兵制
9. ザール地方
10. ユダヤ人
11. ラインラント
12. エチオピア

13. スペイン
14. 人民戦線
15. フランコ
16. 枢軸
17. 三国防共協定
18. オーストリア
19. ズデーテン
20. ミュンヘン
21. 柳条湖
22. 満洲事変
23. 溥儀
24. 満洲国
25. リットン調査団
26. 1933
27. 五・一五
28. 紅軍
29. 長征
30. 毛沢東
31. 八・一宣言
32. 通貨（貨幣）
33. 張学良
34. 西安事件
35. 国共合作
36. 盧溝橋
37. 日中戦争
38. 南京
39. 重慶
■3 1. 柳条湖事件
2. 満洲国
3. カ
4. エ
5. ア
6. イ
7. オ
8. 盧溝橋事件

P.164・165

演習問題

■1
問1 イ
問2 ア
問3 ア
問4 外交政策では，カリブ海諸国に対して友好的な善隣外交の方針をとり，経済では，ブロック経済圏であるドル=ブロックを形成した。(60字)

【解説】■1問1スペイン内戦は1936〜1939年で，資料文中には「この10年に満たない数年間」とある。そのためこの2点を参考にすると，イの1932年の満洲国建国が正解。アのノモンハン事件は1939年だが，日本はソ連に敗北した。問2「あらゆる党派の政敵」は共産党。ヒトラーは共産党の伸張に危機感を抱いた保守派に支持された。イの九カ国条約は中国に関する条約であるため，誤り。ウ・エのリビアの併合はイタリア=トルコ戦争の結果であるため，誤り。問3 Xはドイツについての記述のため不適当。Zは軍事力による勢力拡大をおこなったため，不適当。問4アメリカはドル=ブロック形成を目的として，ラテンアメリカ諸国に対して善隣外交を展開した。

練習しよう！世界史の漢字

ゆう わ せい さく
宥和政策 | |

ろ こう きょう じ けん
盧溝橋事件 | |

ふ ぎ
溥儀 | |

41 第二次世界大戦

P.166・167
ポイント整理
1 1．ザール地方
2．ラインラント
3．ズデーテン
4．ミュンヘン会談
5．チェコスロヴァキア
6．ダンツィヒ
7．ポーランド回廊
8．独ソ不可侵
9．ポーランド
10．バルト3国
11．フィンランド
12．ソ連
13．イタリア
14．フランス
15．自由フランス政府
16．バルカン半島
17．独ソ
18．大西洋憲章
19．北アフリカ上陸
20．スターリングラード
21．シチリア島
22．カイロ
23．テヘラン
24．ノルマンディー
25．ヤルタ協定
26．ベルリン
27．創氏改名
28．北部
29．日ソ中立条約
30．南部
31．パールハーバー(真珠湾)
32．シンガポール
33．ジャワ・スマトラ(順不同)
34．ミッドウェー
35．大東亜共栄圏
36．日本本土
37．対日参戦
38．沖縄本島
39．広島
40．ソ連
41．長崎
42．ポツダム宣言
2 1．オーストリア
2．ネヴィル=チェンバレン
3．ミュンヘン会談
4．宥和政策
5．1939
6．独ソ不可侵条約
7．第二次世界大戦
8．ヴィシー

9．ド=ゴール
10．ロンドン
11．チャーチル
12．(例)アウシュヴィッツ
13．強制収容所
14．レジスタンス
15．独ソ戦
16．武器貸与法
17．スターリングラード
18．ムッソリーニ
19．バドリオ
20．ノルマンディー
21．パリ
22．ヤルタ会談
23．ソ連
24．ヒトラー
3 1．フランス領インドシナ
2．日独伊三国
3．1941
4．パールハーバー(真珠湾)
5．アメリカ
6．シンガポール
7．大東亜共栄圏
8．皇民化
9．ミッドウェー海戦
10．ガダルカナル
11．マニラ
12．沖縄
13．ポツダム会談
14．中国
15．ヤルタ協定
16．日ソ中立条約

P.168・169
演習問題
1
問1① オーストリア
② ミュンヘン
③ ズデーテン
④ 独ソ不可侵
⑤ ポーランド
⑥ ド=ゴール
⑦ 独ソ
⑧ スターリングラード
⑨ シチリア
⑩ ノルマンディー
問2a ヴィシー政府
b 自由フランス政府
2
問1① 盧溝橋事件
② 日独伊三国同盟
③ 日ソ中立条約
④ 石油
⑤ ＡＢＣＤ
⑥ 香港
⑦ 大東亜共栄圏
⑧ ミッドウェー
⑨ 沖縄
問2A フランス
B オランダ
C イギリス
D アメリカ

3
問1① 大西洋憲章
② 蔣介石
③ テヘラン
④ ノルマンディー
⑤ ヤルタ
⑥ ポツダム
⑦ 広島
⑧ 長崎
問2 ウ
4
　米は日本の東南アジア進出を牽制して日本への石油供給を停止した。その後，太平洋における平和維持のための交渉が行われたが，行き詰まり，日本が真珠湾を攻撃した。
(77字)

【解説】1問1⑤ドイツのポーランド侵攻に呼応して，ソ連もポーランドに侵攻。その後ソ連は領土割譲を要求してフィンランドと開戦。これによりソ連は国際連盟を除名される。問2aヴィシー政府の成立は，フランスの第三共和政崩壊を意味した。
2問1②③日本が戦線を拡大した順番として，フランス領インドシナ北部に進駐→日独伊三国同盟成立→日ソ中立条約→フランス領インドシナ南部に進駐，は改めて確認しておきたい。
3戦後世界の構想について話し合った会談について，それぞれの会談の内容や出席者を改めてまとめなおした方が良い。特にアメリカ大統領は，ヤルタ会談まではローズヴェルトが健在だったがポツダム会談ではローズヴェルトの死後副大統領から就任したトルーマンが出席している。イギリスの首相もヤルタ会談まではチャーチルだったが，その後の総選挙の敗北による政権交代で首相に就任したアトリーがポツダム会談に出席している。対してソ連はずっとスターリンが中心である。
4日本軍が東南アジア進出を行った目的が，豊富な資源の確保であった点をおさえよう。それに対し，アメリカ政府はよく思っていなかったことから想像すると説明しやすい。

42 新しい国際秩序の形成と冷戦の始まり

ポイント整理

1 1．大西洋憲章
2．ブレトン=ウッズ
3．国際復興開発銀行
（世界銀行）
4．国際通貨基金
5．ダンバートン=オークス
6．拒否権
7．ニューヨーク
8．総会
9．安全保障理事会
10．常任理事国
11．拒否権
12．4
13．ベルリン
14．アトリー
15．重要産業
16．ニュルンベルク
17．鉄のカーテン
18．共和政
19．第四
20．封じ込め
21．コミンフォルム
22．チェコスロヴァキア
23．西ヨーロッパ連合条約
24．ベルリン封鎖
25．ユーゴスラヴィア
26．経済相互援助会議
27．北大西洋条約機構
28．アイルランド
29．アデナウアー
30．アラブ連盟
31．スカルノ
32．ホー=チ=ミン
33．極東国際軍事
34．フィリピン共和国
35．日本国憲法
36．インド連邦
37．パキスタン
38．パレスチナ分割案
39．イスラエル
40．パレスチナ戦争
41．李承晩
42．中華人民共和国
43．毛沢東
44．周恩来
45．蔣介石
46．中ソ友好同盟相互援助
2 1．サンフランシスコ会議
2．国際連合
3．総会

4．常任理事国
5．国際通貨基金
6．関税と貿易に関する
一般協定
7．金・ドル本位制
8．ブレトン=ウッズ
3 1．ポーランド
2．ハンガリー
3．ルーマニア
4．ブルガリア
5．人民民主主義
6．トルーマン=ドクトリン
7．トルコ
8．ギリシア
9．マーシャル=プラン
10．チェコスロヴァキア
11．西ヨーロッパ連合条約
12．ティトー
13．通貨改革
14．西ベルリン
4 1．国共内戦
2．中華人民共和国
3．第1次五カ年計画
4．北緯38度線
5．李承晩
6．大韓民国（韓国）
7．金日成
8．朝鮮民主主義人民共
和国（北朝鮮）
9．ベトナム民主共和国
10．インドシナ戦争
11．ディエンビエンフー
12．ジュネーヴ休戦協定
13．ベトナム共和国
14．北緯17度線
15．アラブ民族
16．アラブ連盟
17．ユダヤ人
18．イスラエル
19．パレスチナ戦争
20．パレスチナ
21．インドネシア共和国
22．フィリピン共和国
23．パキスタン

演習問題

1 問1① サンフランシスコ
② 国際通貨基金
（IMF）
③ ドル（米ドル）
④ 東京
問2 エ
問3 関税と貿易に関す
る一般協定
問4 エ
問5 ニュルンベルク
2 問1① トルーマン
② 封じ込め
③ マーシャル
④ ヨーロッパ経済
協力機構
⑤ 北大西洋条約機
構（NATO）
⑥ コミンフォルム
（共産党情報局）
⑦ コメコン（経済
相互援助会議）
⑧ シューマン
⑨ イタリア
⑩ ヨーロッパ石炭
鉄鋼共同体（ECSC）
⑪ ヨーロッパ共同
体（EC）
⑫ キリスト教民主
同盟
⑬ アデナウアー
⑭ マルロー
⑮ ヨーロッパ自由

貿易連合（EFTA）
3 問1① ホー=チ=ミン
② ベトナム民主共
和国
③ インドシナ
④ バオダイ
⑤ ディエンビエン
フー
⑥ 17
⑦ フィリピン
⑧ イギリス
⑨ イギリス
⑩ マラヤ連邦
⑪ マレーシア
⑫ スカルノ
⑬ オランダ
⑭ 東南アジア条約
機構（SEATO）
⑮ 東南アジア諸国
連合（ASEAN）
問2 ア
問3 ウ
問4 エジプトのナセル
大統領がスエズ運河
の国有化を宣言する
と，イギリスはフラ
ンス，イスラエルと
共にエジプト出兵し
ここに第2次中東戦
争が発生した。しか
し国際世論やアメリ
カが反対したため撤
退した。（93字）

【解説】**3**問3 イスラーム同盟が結成されたのは1911～12年。同盟から共産主義者が分離して結成したのがインドネシア共産党である。両組織とも1920年代にオランダから弾圧を受けて崩壊している。問4 ナセルがスエズ運河の国有化を宣言したのは，アスワン=ハイダムの建設資金の確保が目的だった。これに対してスエズ運河の経営権を持っていたイギリスとフランスが，アラブ諸国と対立していたイスラエルをさそって出兵したのである。国際世論やアメリカ反発で3カ国が撤兵すると，エジプトはアラブ民族主義の指導的地位につくことになった。

43 冷戦の展開

P.174・175

ポイント整理

1
1. 朝鮮戦争
2. サンフランシスコ平和
3. ヨーロッパ石炭鉄鋼共同体
4. 水爆（水素爆弾）
5. アイゼンハワー
6. 自衛隊
7. 北大西洋条約機構（NATO）
8. スターリン
9. ジュネーヴ休戦
10. ワルシャワ条約
11. 朝鮮戦争
12. 国連軍
13. 人民義勇軍
14. 北緯38度線
15. 日米安全保障条約
16. 高度経済成長

2
1. 国際連合（国連）
2. 第五共和政
3. ヨーロッパ経済共同体
4. ヨーロッパ自由貿易連合
5. ニューフロンティア
6. キューバ危機
7. 部分的核実験禁止
8. 公民権
9. 北ベトナム
10. ベトナム戦争
11. ヨーロッパ共同体
12. フルシチョフ
13. ハンガリー
14. 大躍進
15. キューバ
16. ベルリンの壁

17. プロレタリア文化大革命
18. プラハの春
19. アイゼンハワー
20. 共産党第20回大会
21. スターリン批判
22. ポーランド
23. ベルリンの壁
24. 社会主義
25. ケネディ
26. キューバ危機
27. 部分的核実験禁止
28. 核拡散防止
29. ド=ゴール
30. 原子爆弾（原爆，核）
31. アルジェリア
32. スエズ運河国有化
33. イスラエル
34. シューマン
35. ヨーロッパ石炭鉄鋼共同体
36. フランス・西ドイツ・イタリア（順不同）
37. ヨーロッパ原子力共同体
38. ヨーロッパ共同体
39. ニューフロンティア
40. ジョンソン
41. 公民権
42. 北爆
43. ベトナム戦争

3
1. 米州機構
2. バグダード条約機構（中東条約機構）
3. 中央条約機構
4. 東南アジア条約機構
5. 太平洋安全保障条約

練習しよう！世界史の漢字

ちょうせん とく じゅ
朝鮮特需

だい やく しん
大躍進

ぎ ゆう ぐん
義勇軍

P.176・177

演習問題

1
問1① ヤルタ
② マルタ
③ ブレトン=ウッズ
④ 国際通貨基金（IMF）
⑤ 国際復興開発銀行（世界銀行，IBRD）
⑥ 関税と貿易
⑦ コメコン（経済相互援助会議）
⑧ ワルシャワ条約機構
⑨ フルシチョフ
⑩ ジョンソン
問2 a ア
b アメリカ ブッシュ ソ連 ゴルバチョフ
c ア・オ
d ヨーロッパ石炭鉄鋼共同体（ECSC）
e ア
f カストロ
g 部分的核実験禁止条約
h 北爆
i イ
問3 国際連盟の総会における評決方法は全会一致で，制裁は金融・通商などの経済制裁であった。一方，国際連合は総会における評決方法は多数決で，制裁は経済制裁に加えて軍事措置があり，国連軍派遣が可能である。(97字)

【解説】1問2 a イは総会は一国一票の多数決で議決されるため，誤り。ウは日本は国際連盟では常任理事国であったが，安全保障理事会の常任理事国ではない。エは国際連合憲章が採択されたのはサンフランシスコ会議のため，誤り。問3国際連盟は全会一致のため機動的な対応ができないことや，軍事制裁が不可能なことが問題であった。一方，国際連合の問題点は，安全保障理事会が五大国の対立で機能しないことが多い点である。

44 第三世界の台頭と冷戦体制の動揺

P.178
ポイント整理①

1 1．平和五原則
2．アジア=アフリカ会議
3．アフリカの年
4．非同盟諸国首脳会議
5．第三世界
6．周恩来
7．ネルー
8．バンドン
9．ベオグラード
2 1．エジプト革命
2．エジプト共和国
3．アルジェリア戦争
4．ナセル
5．コンゴ動乱
6．アフリカ諸国首脳
7．アフリカ統一機構
8．石油国有化
9．スエズ戦争
10．イスラエル
11．イラク革命
12．中央条約機構
13．パフレヴィー2世
14．パレスチナ解放機構
15．第3次中東戦争
16．リビア
17．スーダン
18．モロッコ
19．チュニジア
20．エンクルマ（ンクルマ）
21．ガーナ
22．1960
23．コンゴ
24．アルジェリア
25．南北
26．国連貿易開発会議
　　（UNCTAD）

P.179
演習問題

1
問1① バンドン
　　② スーダン
　　③ チュニジア
　　④ ガーナ
　　⑤ 1960
　　⑥ アフリカ統一機
　　　 構（OAU）
　　⑦ 自由将校団
　　　 （青年将校）
　　⑧ ネルー
　　⑨ 周恩来
　　⑩ スエズ運河
　　⑪ イスラエル
　　⑫ スエズ（第2次中東）
　　⑬ パレスチナ解放
　　　 機構（PLO）
問2a 平和十原則
　　b アルジェリア
　　c 植民地支配を受
　　　 けた地域の多くは，
　　　 特定の農産物や鉱
　　　 産物の生産と輸出
　　　 に依存するモノカ
　　　 ルチャー経済が形
　　　 成されていたため。
　　d i 非同盟諸国首
　　　　 脳会議
　　　 ii ティトー
　　e ア パキスタン
　　　 イ バグダード
　　　　 （中東）条約機構
　　　 ウ アラブ民族
　　　 エ CENTO
　　f 第3次中東戦争
　　g ア モサッデグ
　　　　 （モサデグ）
　　　 イ 石油国有化法
　　　 ウ パフレヴィー2世
　　　 エ 白色革命

P.180・181
ポイント整理②

1 1．米州機構
2．アルゼンチン
3．グアテマラ
4．キューバ
5．カストロ
6．バティスタ
2 1．ケネディ
2．キューバ危機
3．部分的核実験禁止
4．公民権
5．ブレジネフ
6．公民権法
7．ベトナム反戦
8．ルーマニア
9．ドプチェク
10．プラハの春
11．核拡散防止
12．ブラント
13．東方外交
14．デタント
15．ニクソン
16．戦略兵器制限交渉
17．ドル=ショック
18．中国
19．相互承認
20．国連
21．ウォーターゲート
22．ポルトガル
23．ギリシア
24．フランコ
25．全欧安全保障協力
3 1．ディエンビエンフー
2．ベトナム共和国
3．ゴ=ディン=ジエム
4．南ベトナム解放民族
　　戦線
5．ジョンソン
6．シンガポール
7．九・三〇
8．スハルト
9．ASEAN
10．インドネシア・マ

レーシア・フィリピ
ン・シンガポール・タ
イ（順不同）
11．パリ和平
12．ベトナム（パリ）和
　　平協定
13．ベトナム社会主義共
　　和国
14．ポル=ポト
15．中越戦争
4 1．大躍進
2．人民公社
3．劉少奇
4．チベット
5．中印国境
6．中ソ対立
7．朴正熙
8．開発
9．原子爆弾（原爆）
10．日韓基本条約
11．プロレタリア文化大
　　革命
12．紅衛兵
13．中ソ国境紛争
14．林彪
15．ニクソン
16．沖縄
17．日中国交正常化
18．鄧小平
19．平和友好条約
20．四つの現代化
21．光州

【解説】**1**問題文1行目の「ジャスミン革命」とは，2010年チュニジアでおこった民主化運動。その後，エジプトなどにも波及し，「アラブの春」とよばれている。問1⑥アフリカ（独立）諸国首脳会議で「アフリカは一つ」のスローガンのもとに結成された。南ア共和国とローデシア（現ジンバブエ）はアパルトヘイトを実施していたため除外された。⑧隣国パキスタンの親米路線に対し，ネルーは米ソどちらにも与しない第三世界の形成をめざした。問2bアルジェリアは1830年からフランスが支配。入植者と軍部は同地をフランス本土の一部とみなした。cモノカルチャー経済は植民地支配を受けた地域の多くで形成された。気候や国際価格の変動による影響を受けやすく，深刻な経済危機が生じる。gイイラン石油国有化に対し，国際石油資本（7大メジャー）がイラン原油を市場から排除した。

P.182・183

演習問題

1

問1① ベトナム共和国
② ゴ=ディン=ジエム
③ 南ベトナム解放
　民族戦線
④ 北爆（北ベトナ
　ムへの爆撃）
⑤ ベトナム反戦
⑥ パリ
⑦ ベトナム（パリ）
　和平協定
⑧ ベトナム社会主
　義共和国
⑨ カストロ
⑩ バティスタ
⑪ キューバ危機
問2aア　ラオス愛国戦
　　　　線
　　イ　国際連合
　　ウ　スハルト
　　エ　ポル=ポト
　　オ　マルコス
　b ｉ　ベトナム民主
　　　　共和国
　　ⅱ　ホー=チ=ミン
　c　キング牧師
　d　ニクソン
　e　1963年に米・
　　英・ソが部分的核
　　実験禁止条約に調
　　印した。1968年に
　　は，核拡散防止条
　　約（NPT）が62
　　カ国により調印さ
　　れた。1969年から
　　は，米ソ両国間で
　　第1次戦略兵器制
　　限交渉（SALTI）
　　がはじまった。
問3 ｉ　ケネディ
　　ⅱ　ニューフロン
　　　　ティア政策

2

問1① 部分的核実験禁
　　止条約
② ブレジネフ
③ ルーマニア
④ 石油
⑤ ドプチェク
⑥ プラハの春
⑦ ワルシャワ条約
　機構
⑧ 戦略兵器制限
⑨ 核戦争防止

3

問1① 大躍進
② 人民公社
③ 劉少奇
④ チベット
⑤ インド
⑥ 平和共存
⑦ 1969
⑧ 林彪
⑨ プロレタリア文
　化大革命
⑩ フランス
⑪ 台湾
⑫ ニクソン
⑬ 華国鋒
⑭ 朴正熙
問2 a　紅衛兵
　 b　沖縄
　 c　改革開放政策
　 d　開発独裁
　 e　日韓基本条約

【解説】**1**問2 a イインドネシアの大統領であったスカルノは，1963年に発足したマレーシア連邦と対立した。これはインドネシアの国際的孤立を招き，65年に国連から脱退した。ウ1965年に起きたクーデタ（九・三〇事件）により，陸軍戦略予備軍司令官であったスハルトが軍の実権を握り，スカルノから権力を奪っていった。1966年インドネシアは国連に復帰。オマルコスは1965年に大統領に就任。70年代は反共産主義の立場から，長期の戒厳令を施行し，軍事独裁を維持した。c公民権運動（＝黒人解放運動）は，それまでの権威的な社会に異を唱える**カウンターカルチャー**の運動でもあった。この運動に影響され，女性解放運動やベトナム反戦運動，大学紛争がおこった。さらにヒッピー風俗が1960年代後半以降，若者を中心に世界へ拡大した。d ニクソンは，和平交渉を有利に進めるため，北ベトナムから南の解放戦線への支援ルートを断つ名目で**カンボジア**やラオスにも戦火を拡大し，北爆も再開した。一方で，北ベトナムを支援するソ連と戦略兵器制限交渉で対話をはかり，中国とは1972年の電撃的な訪問で接近をはかった。

2問1①部分的とは大気圏内や宇宙空間，水中での核実験を禁止し，地下実験は残されていた。これに対し開発段階で大気圏内での実験を必要とするフランスと中国が反発した。②ブレジネフは1964～82年の18年間最高指導者の地位にあり，この間，国民生活を犠牲にした軍事優先の国家運営がなされた。⑦チェコスロヴァキアへ軍事介入したのは，ソ連・東ドイツ・ポーランド・ハンガリー・ブルガリアの5カ国軍。ドプチェクら民主化推進者をソ連に連行した。⑧戦略兵器制限交渉では核弾頭を運ぶ**ミサイル本体**の数を制限しようとした。一方，1982年からはじまる戦略兵器削減交渉では，"核弾頭"そのものを減らすことを主眼とし，1991年の**戦略兵器削減条約**に結実した。⑨アメリカのニクソンとソ連のブレジネフが調印した。核戦争の危険を除去することを目的とはしているが，核兵器の不使用を取り決めてはいない。

3問1②1985年，改革開放政策のもと人民公社は解体された。③毛沢東は，国家主席の座を劉少奇に譲ったが，共産党主席の座は保持したままであった。⑥1956年，ソ連の共産党第20回大会でフルシチョフが提案した平和共存をさす。⑨文化大革命による批判の矛先は，劉少奇路線のもと，評価を得ていた知識人や技術者に向けられた。批判された人々は，強制労働へと追放された。⑩原爆保有は米（1945）→ソ連（1949）→英（1952）→仏（1960）→中（1964）の順。水爆は，米（1952）→ソ連（1953）→英（1957）→仏（1966）→中（1967）の順になる。⑪第二次世界大戦中，中国の正当な政府とみなされていたのは蔣介石の**中華民国**であり，国際連合設立の際にも安保理常任理事国の1つになった。1949年，中華人民共和国成立直後，中華民国政府は台湾に逃れた。そのため，ソ連や第三世界の国々からは中華人民共和国を常任理事国に推す動きがみられた。1971年，東欧社会主義圏にあって中国を支持するアルバニアの"中国代表権交代"の提案が国連総会で可決された。台湾を支援してきた米国も，ニクソン政権のもとキッシンジャーを北京に派遣し中国接近をはかっていたため，この提案を認めることになった。

54

45 産業構造の変容と冷戦の終結

P.184

ポイント整理

1
1. ドル=ショック
2. 変動相場制
3. 戦略兵器制限交渉
4. 第4次中東戦争
5. 石油輸出国機構（OPEC）
6. 石油危機
7. 先進国首脳会議
8. カーター
9. ベトナム
10. ホメイニ
11. イラン=イスラーム革命
12. 石油危機（オイル=ショック）
13. アフガニスタン
14. サッチャー
15. 新自由主義的
16. ワレサ
17. 連帯
18. レーガン
19. 新冷戦
20. フォークランド
21. ゴルバチョフ
22. ペレストロイカ
23. チョルノービリ（チェルノブイリ）
24. 中距離核戦力
25. 天安門事件
26. ベルリンの壁
27. 東欧革命
28. 冷戦終結
29. 福祉国家
30. 社会民主主義
31. 公害
32. 国連人間環境会議
33. ゴルバチョフ
34. ペレストロイカ
35. グラスノスチ
36. 市場経済

P.185

演習問題

1
A ⑤，フォード
B ③，第4次
C ④，ブッシュ（父）
D ②，ルーマニア
E ③，シハヌーク

2
問1① ブラント
　　② 東方外交
　　③ シュミット
　　④ ゴルバチョフ
　　⑤ ハンガリー
　　⑥ ベルリン
　　⑦ コール
問2a ヴァイツゼッカー
　　b 第4次中東戦争
　　c ペレストロイカ

整理のカギ
1. 1970年代，アメリカの国力低下と国際社会の多極化が進展する中，米ソによる核軍縮交渉（SALT I）がはじまることに着目しよう。一方，79年のソ連によるアフガニスタン侵攻で米ソの緊張が高まること（新冷戦）も知っておこう。
2. ゴルバチョフの諸改革と89年の東欧革命の関係を考察し，INF全廃条約を経てマルタ会談にいたる経過を把握しよう。さらに，1991年のSTART I調印やワルシャワ条約機構解体，ソ連解体により冷戦が完全に終結したことを確認しよう。

【解説】1 Aカーターはフォードの次の大統領（第39代・民主党）。Cマルタ会談は1989年12月のこと。同年の1月に米大統領はレーガンからブッシュ（父）（第41代・共和党）に代わっていた。**2**問2a1985年の第二次世界大戦終結40周年記念式典で述べたもの。ヴァイツゼッカーは戦争被害国の国民からも「ドイツの良識」とたたえられる。

46 ソ連の解体とグローバリゼーションの進展

P.186

ポイント整理

1
1. ベルリンの壁
2. ドイツ
3. 独立国家共同体
4. アジア太平洋経済協力会議
5. 世界貿易機関
6. ヨーロッパ連合
7. 北米自由貿易協定
8. ユーロ
9. アフリカ連合
10. ベルリンの壁
11. エリツィン
12. ソ連共産党
13. ヨーロッパ共同体
14. マーストリヒト
15. ヨーロッパ連合
16. GATT
17. 世界貿易機関
18. 北米自由貿易協定

C ②，シンガポール
D ①，ウクライナ

2
問1① ゴルバチョフ
　　② ペレストロイカ
　　③ ベルリンの壁
　　④ プラハの春
　　⑤ チャウシェスク
　　⑥ バルト
　　⑦ 独立国家共同体（CIS）
　　⑧ チェチェン
　　⑨ エリツィン
　　⑩ スロヴェニア
問2a ブッシュ（父）
　　b コール
　　c ティトー
問3 ポーランドでは複数政党制による選挙が行われ，自主管理労組「連帯」による連立政権が発足した。この動きは他の東欧諸国にも波及し，共産党政権の崩壊や市場経済の導入へとつながった。

P.187

演習問題

1
A ②，独立国家共同体（CIS）
B ②，ヨーロッパ連合（EU）

整理のカギ
1. ゴルバチョフのペレストロイカによってはじまったソ連の改革と解体の過程を整理しよう。またペレストロイカが東欧に与えた影響に着目し，社会主義体制が崩壊する様子を確認しよう。
2. 貿易の自由化の必要性から，GATTに代わって世界貿易機関（WTO）が発足したことや，ヨーロッパ連合（EU）や東南アジア諸国連合（ASEAN）だけでなく，北米自由貿易協定（NAFTA）やアジア太平洋経済協力会議（APEC）など，世界各地で経済協力のための組織が形成されたり，会議が開かれていることに注目しよう。

【解説】2問1①ゴルバチョフの改革は「ペレストロイカ」（改革）以外に「情報公開」（グラスノスチ），「新思考外交」がスローガンとして使用された。⑤ルーマニアのチャウシェスク大統領は1960年代からソ連の影響力を排除し，西側諸国との関係を改善する独自の外交政策を行っていた。⑥バルト3国はロシア革命後独立を達成していたが，第二次世界大戦勃発直後にソ連に併合され，ソ連の一部となっていた。問2cユーゴスラヴィアでは独立問題をきっかけにユーゴスラヴィア紛争が勃発した。1997年にはじまったコソヴォ紛争ではNATOが軍事介入し，セルビアに対し空爆が行われた。

47 今日の世界／現代文明の諸相

P.188～191

ポイント整理

1 1．ユーゴスラヴィア
2．クロアティア
3．コソヴォ
4．チェチェン
2 1．鄧小平
2．天安門事件
3．香港
4．毛沢東
5．鄧小平
6．天安門
7．香港
8．朴正熙
9．金日成
10．国際連合（国連）
11．金泳三
12．金正日
13．金大中
14．南北首脳会談
15．李承晩
16．朴正熙
17．光州
18．盧泰愚
19．ソ連 ┐
20．中国 ┘（順不同）
21．国連加盟
22．金大中
23．文在寅
24．金日成
25．金正日
26．金正恩
3 1．九・三〇
2．スカルノ
3．スハルト
4．マルコス
5．東南アジア諸国連合
6．ポル=ポト
7．カンボジア内戦
8．アキノ
9．ベトナム
10．ミャンマー
11．カンボジア
12．ポル=ポト
13．ドイモイ（刷新）
14．スハルト
4 1．インド
2．パキスタン
3．インド=パキスタン
4．カシミール
5．バングラデシュ
6．核実験
7．ヒンドゥー

8．イスラーム
9．スリランカ
10．インディラ=ガンディー
5 1．アフリカの年
2．アルジェリア
3．アフリカ統一機構
4．ローデシア
5．ジンバブエ
6．ナイジェリア
7．エチオピア
8．アパルトヘイト
9．マンデラ
10．モノカルチャー
6 1．パレスチナ解放機構
2．アラファト
3．第3次中東
4．第4次中東
5．アラブ石油輸出国機構
6．石油戦略
7．石油危機（オイル=ショック）
8．イラン=イスラーム
9．エジプト=イスラエル平和
10．パレスチナ暫定自治協定
11．パレスチナ暫定自治
12．シャロン
13．サダト
14．キャンプ=デーヴィッド
15．ムバラク
16．ラビン
17．シャロン
18．イラン=イスラーム
19．イラン=イラク
20．湾岸
21．同時多発テロ
22．アフガニスタン
23．イラク
24．イラン=イスラーム
25．イラン=イラク
26．湾岸
27．同時多発テロ
28．ブッシュ（子）
29．アラブの春
30．IS（イスラム国）
7 1．アインシュタイン
2．原子力発電
3．情報技術（IT）
4．地球サミット
5．京都議定書
6．デューイ
7．フロイト
8．ピカソ
9．合理主義

10．ポスト=モダニズム
11．ポスト=コロニアリズム
12．文化多元主義

P.192・193

演習問題

1
A ②，アラファト
B ①，シナイ半島
C ②，ラビン
D ①，シーア
2
問1① セルビア
② クロアティア
③ スロヴェニア
④ ボスニア=ヘルツェゴヴィナ
⑤ モンテネグロ
⑥ コソヴォ
⑦ アルバニア
問2a ティトー
b エ
3
問1① 鄧小平
② 江沢民
③ 胡錦濤
④ 香港
⑤ 朴正熙
⑥ 日韓基本
⑦ 全斗煥
⑧ 国際連合
⑨ 金泳三
⑩ 金大中

⑪ 南北首脳
問2a 光州事件
b 金正日
4
問1① リー=クアンユー
② スカルノ
③ スハルト
④ 中国
⑤ ダライ=ラマ14世
⑥ パレスチナ分割案
⑦ 第1次中東戦争（パレスチナ戦争）
⑧ エジプト
⑨ 第2次中東戦争（スエズ戦争）
⑩ ナセル
⑪ パレスチナ解放機構（PLO）
⑫ アラブ石油輸出国機構（OAPEC）
⑬ エジプト=イスラエル平和条約
⑭ アルジェリア戦争
問2a 工業化に成功したNIES諸国の登場。発展途上国間における産油国と被産油国との格差の発生。
b 中国　周恩来　インド　ネルー

【解説】**1**B第3次中東戦争は，1967年にイスラエルがエジプトに侵攻し，シナイ半島，ガザ地区，ゴラン高原を制圧した。その結果，大量のパレスチナ難民がさらに生まれることになった。Cサダトは1970年代のエジプト大統領であり，第4次中東戦争で攻勢になるも，1979年に米国の仲介により平和条約を締結した。しかし，アラブ強硬派の反発をうけ，1981年に暗殺された。

2問2b非同盟諸国首脳会議はユーゴのティトー，エジプトのナセル，インドのネルーらの提唱により，非同盟主義を基礎とする国際会議であり，第1回はベオグラードで開催された。キューバのカストロ，シリアのアサド，イラクのサダム=フセインが参加し冷戦後も開催されている。

3問1④香港は，大戦後イギリス植民地として工業化が進められたが，1980年代になると鄧小平政権とサッチャー政権のもと交渉が開始された。交渉の結果，社会主義と資本主義を併存させる「一国二制度」による返還に合意した。

テーマ史演習

P.194・195

テーマ史演習Ⅰ

[朝鮮半島史]

1

問1 ① 高句麗
② 金城（慶州）
③ 渤海
④ 高麗
⑤ 李成桂
⑥ 朱子学
⑦ 訓民正音(ハングル)
⑧ 大院君
⑨ 全琫準
⑩ セオドア=ローズヴェルト
⑪ 1910
⑫ 三・一独立
⑬ 文化
⑭ 日中
⑮ 38
問2 a 骨品制
b 李舜臣
c ①
d 金玉均
e 金日成

2

問1 ① 朴正熙
② 日韓基本
③ 韓国併合に関する（日韓併合）
④ ベトナム戦争
⑤ 全斗煥
⑥ 国際連合
⑦ 金泳三
⑧ 金大中
⑨ 金正日
⑩ 南北首脳
問2 a 開発独裁
b 光州事件
c 太陽政策

3

問1 a 日朝修好条規
b 下関条約
c 韓国併合に関する(日韓併合)条約
d 天津条約
問2 a→d→b→c

P.196・197

テーマ史演習Ⅱ

[中国の経済社会史]

1

問1 ① 屯田制
② 均田制
③ 租
④ 調
⑤ 庸
⑥ 両税法
⑦ 賦役黄冊
⑧ 魚鱗図冊
⑨ 地丁銀制
問2 募兵制
問3 天朝田畝制度
問4 景徳鎮
問5 A 語句 蘇湖(江浙)
位置 ③
B 語句 湖広
位置 ②
問6 里甲制
問7 16世紀

2

問1 ① 円銭
② 蟻鼻銭
③ 半両銭
④ 五銖銭
⑤ 海禁政策
⑥ メキシコ
⑦ 三藩の乱
⑧ 鄭
⑨ 金本位制
⑩ 法幣
問2 飛銭
問3 交鈔
問4 イギリスでは中国茶の輸入量が急増し，大量の銀が中国に流出したため，インド産のアヘンを中国に輸出することで，銀の回収を行った。これに対し，清はアヘンの取り締まりを強化したため，イギリスと対立した。(97字)

【解説】
[中国の経済社会史]
2問4(1)イギリスは清から茶を輸入，代わりに銀を輸出していたこと。イギリスはこの銀の流出に対する対策として，(2)インド産のアヘンを清に輸出させ，銀を回収したこと。この結果，清からは逆に銀が流出するようになり，財政難に陥ったため，(3)清はアヘンの取り締まりを強化した。このことがアヘン戦争のきっかけになったこと。以上の3点が書かれていればよい。

P.198・199

テーマ史演習Ⅲ

[パレスチナ史・中東情勢]

1

問1 ① ハーシム
② フセイン・マクマホン協定
③ バルフォア宣言
④ イェルサレム
⑤ 第1次中東戦争（パレスチナ戦争）
⑥ ナセル
⑦ フランス
⑧ 第2次中東戦争（スエズ戦争）
⑨ パレスチナ解放機構
⑩ ガザ
⑪ サダト
⑫ カーター
⑬ ラビン
⑭ アラファト
⑮ オスロ
問2 a サイクス・ピコ協定
b 委任統治領
c シオニズム運動
d アラブ連盟
e スエズ運河国有化を宣言した。
f エジプトはアラブ諸国で初めてイスラエルを承認した。引きかえにイスラエルはエジプトにシナイ半島を返還した。
g インティファーダ
h クリントン（大統領）
問3 A シナイ半島
B ゴラン高原

2

問1 ① 白色
② ホメイニ
③ シーア
④ サダム=フセイン
⑤ 湾岸戦争
⑥ アフガニスタン
⑦ アル=カーイダ
⑧ アラブの春
問2 a 中央条約機構（CENTO）
b モサッデグ
c クウェート
d イラク戦争
e 同時多発テロ事件
f シリア

P.200

テーマ史演習Ⅳ

[アフリカ史]

1

問1 ① クシュ
② 製鉄
③ アクスム
④ マリ
⑤ ソンガイ
⑥ 岩塩
⑦ マンサ=ムーサ（カンカン=ムーサ）
⑧ トンブクトゥ
問2 a アッシリア
b ムラービト朝

2

問1 ① キルワ
② ダウ
③ イブン=バットゥータ
④ スワヒリ
⑤ モノモタパ
⑥ ジンバブエ
⑦ ポルトガル
問2 i 永楽帝
ii 鄭和

P.201

━━━ テーマ史演習Ⅴ ━━━
［トルコ民族史］
1
問1① 突厥
　　② エフタル
　　③ ウイグル
　　④ パミール
　　⑤ トルキスタン
　　⑥ マムルーク
　　⑦ カラハン
　　⑧ ガズナ
　　⑨ トゥグリル=ベク
　　⑩ 青年トルコ
　　⑪ トルコ民族主義
　　　（パン=トルコ主義）
問2 a 柔然
　　 b 絹馬貿易
　　 c スルタン
　　 d オーストリアの
　　　　ウィーンへの進軍。
　　 e ブルガリア
　　 f セーヴル条約
　　 g ムスタファ=ケマル
　　 h 北大西洋条約機構

P.202

━━━ テーマ史演習Ⅵ ━━━
［ジェンダー史（女性史）］
1
問1　エ
問2　③
2
問1 史料A　イ
　　 史料B　ク
　　 史料C　カ
　　 史料D　ア
　　 史料E　キ
問2　E→C→B→A→D

【解説】
［トルコ民族史］

　現在，トルコ人は西アジアのアナトリア半島のトルコ共和国だけでなく，中央ユーラシアのトルクメニスタン，カザフスタン，ウズベキスタン，キルギスタン，タジキスタンと広くユーラシア大陸に分布する。漢文史料では紀元前3世紀頃バイカル湖の南にいた「丁零」や，5世紀にモンゴル高原で活動した「高車」などの遊牧集団もトルコ系民族であったという。6世紀，モンゴル系の柔然衰退後，モンゴル高原に突厥，続いてウイグルが9世紀まで活動する。840年，トルコ系のキルギスにウイグル帝国が滅ぼされた後，ウイグル人は中央ユーラシアのオアシス都市に移住し，先住のイラン系民族と融合し，同地のトルコ化が進み，トルキスタンの呼称が生まれる。トルキスタンは，パミール高原を境に東西トルキスタンに分かれる。同時に751年のタラス河畔の戦い以降，中央ユーラシアにはムスリム商人が往来し，イスラーム化も進む。その中で騎馬での戦闘能力に秀でたトルコ人はマムルークとしてアッバース朝カリフの親衛隊として編成され，イスラーム世界に輸出された。マムルークは，軍功次第では自由身分になることもでき，ガズナ朝，奴隷王朝，マムルーク朝などイスラーム世界各地に軍事政権を創始した。そして，10世紀，東西トルキスタンに初のトルコ系イスラーム王朝カラハン朝が創始され，11世紀にセルジューク朝がバグダードに進出したことがトルコ人の西進を加速させ，アラブ人，イラン人と並ぶ西アジア主要民族の地位を確立させた。

　13世紀末，アナトリアに建国したトルコ系オスマン人のオスマン帝国が西アジア史，さらにはヨーロッパ史を動かしていく。メフメト2世はコンスタンティノープルを攻略，ビザンツ帝国を滅ぼしバルカン半島の領有を拡大した。16世紀，セリム1世は，マムルーク朝を滅ぼし聖都メッカとメディナの保護権を獲得し，続くスレイマン1世は3大陸にまたがる大帝国を築いた。しかし，オスマン帝国は，18世紀半ば以降，工業化を進めるヨーロッパ諸国の経済進出を受け弱体化した。19世紀前半，アブデュルメジド1世によるタンジマート，同世紀後半にはアブデュルハミト2世の宰相ミドハト=パシャによるミドハト憲法制定により，近代化とパン=オスマン主義による国家形成を進めた。しかし，ロシア=トルコ戦争（1877〜78年）の敗北と憲法停止により近代化は挫折し，バルカン半島のスラブ人国家独立を許すことになった。

［ジェンダー史（女性史）］
1問1 「大戦中」は1918年を指すため，第一次世界大戦。アは第二次世界大戦，イは中東戦争，ウは朝鮮戦争の記述。
2問1 史料Aはナポレオン法典の家父長制規定（1804年），Bは魔女裁判のバイブルとされた裁判手引き書である『魔女の鉄槌』（1487年），Cは『魏志倭人伝』，Dはインド憲法（1950年），Eは『プルタルコス英雄伝』のスパルタにおける身体検査の史料である。

P.203・204

━━テーマ史演習Ⅷ━━

[日本と世界のつながり]

1

問1① 日宋貿易
② 占城稲
③ 禅宗
④ 宋学
⑤ 足利義満
⑥ 靖難の役
⑦ 永楽
⑧ 倭寇(前期倭寇)
⑨ 明銭(永楽通宝
など)
⑩ 中山王
⑪ 那覇

問2 ア

2

問1① 石見銀山
② ポトシ銀山
③ 南蛮
④ アカプルコ
⑤ 一条鞭法
⑥ オランダ
⑦ アンボイナ事件
⑧ 朱印船貿易
⑨ アユタヤ
⑩ カトリック
⑪ エカチェリーナ
2世
⑫ フランス
⑬ ナポレオン1世
⑭ ペリー

問2 宗教改革によって
カトリック人口が減
少し,アジアでの信
者獲得を目指した。

3

問1① 魏
② 親魏倭王
③ ササン朝
④ 聖武天皇
⑤ 渤海
⑥ 新羅
⑦ アッバース朝
⑧ スペイン
⑨ 生糸
⑩ フェリペ2世

問2 ウ
問3 イ
問4 ア

4

問1① グプタ
② 鄭成功
③ モネ
④ ジャポニスム

【解説】

[日本と世界のつながり]

1問1⑧前期倭寇は13〜14世紀に活動し,構成員は日本人が主体だった。後期倭寇は15世紀後半〜16世紀に活動し,構成員の大部分は中国人だった。後期倭寇は,豊臣秀吉の海賊取締令によって衰退していった。

2問1①〜④南蛮貿易やアカプルコ貿易で,決済手段として用いられた銀は明や清に集中し,一条鞭法や地丁銀制などの税制改革を実現させたことと関連付けたい。⑩江戸幕府がカルヴァン派(ゴイセン)の多いオランダを貿易相手国として選んだ理由は,カトリック教国と違い,布教と貿易を切り離すことができたからである。

3問2問題文中に,邪馬台国は3世紀であることが記されている。ローマは「3世紀の危機」を境に,前がプリンキパトゥス(元首政),後がドミナトゥス(専制君主政)である。したがって,共和政期のカエサル(ア),元首政期で1世紀末〜2世紀の五賢帝以前のネロ帝(イ),ドミナトゥス期のコンスタンティヌス帝(エ)は,正答から除外される。問3 8世紀の日本はほぼ奈良時代であり,遣唐使を派遣するなど,唐との交流が盛んだった。唐は8世紀に成立したアッバース朝と抗争したため,これと日本の動きを関連付けたい。ビザンツ帝国では8世紀にレオン3世が聖像禁止令を出すことから,ユスティニアヌス帝(ア)はこれ以前の皇帝と判断できる。クレルモン宗教会議(エ)は十字軍の遠征を決定した会議である。8世紀に成立したアッバース朝が弱体化したのち,セルジューク朝がコンスタンティノープルに迫ったことが背景であるため,8世紀以後であると判断できる。オットー1世(ウ)は神聖ローマ皇帝であり,8世紀末の「カールの戴冠」以後の人物であると判断できる。

4問1④ナポレオン3世の招聘を受け,同時友好関係にあった江戸幕府は1867年の第5回パリ万博に初出展した。そこで出品された琳派の絵画,浮世絵はヨーロッパの人々の注目の的となり,印象派のモネやゴッホの画風に影響を与えた。ちなみに,この万博では薩摩藩も出品している。

入試対策正誤問題

P.205・206

入試対策正誤問題 ①

前近代［ヨーロッパ中心］

1　①，アテネ
2　③，アテネ・テーベ
3　②，インダス川
4　③，ムセイオン
5　③，貴族(パトリキ)
6　②，シチリア島
7　③，カロリング朝
8　②，トラヤヌス帝
9　②，毛織物
10　①，カラカラ帝
11　①，テオドシウス帝
12　②，西ローマ皇帝
13　②，ヘロドトス
14　②，カエサル
　　（③，国家論）
15　①，ユスティニアヌス帝
16　①，イエス
17　①，アタナシウス派
18　②，唐
19　②，ギリシア語（コイネー）
20　a　ギリシア正教
　　b　ニケーア公会議
　　c　11世紀
　　d　ルイ9世
21　②，プトレマイオス朝
22　①誤，アヴァール人
　　②誤，ランゴバルド王国
　　③正
23　a　ハドリアヌス帝
　　b　七王国
　　c　デーン人
　　d　ヘンリ2世
24　②，レオン3世
25　②，テマ（軍管区）
26　②，ヘンリ3世
27　②，コンスタンティノープル
28　②，ヴェネツィア
29　③，フッガー家
30　②，リューベック
31　①，ブルガール人
32　③，カルマル同盟
33　①，ヤゲウォ朝
34　②，全国三部会(三部会)
35　①，ボニファティウス8世
36　②，コンスタンツ公会議
37　②，エドワード3世
38　③，規定（制定）
39　a　イギリス
　　b　ヤゲウォ朝
　　c　アナーニ事件
40　③，イェルマーク
41　②，スペイン王国
42　①，エルベ川
43　①，法学
44　②，ニーベルンゲンの歌

【解説】 21オクタウィアヌスは，レピドゥス，アントニウスらとともに共同統治を行った（第2回三頭政治）。しかし，レピドゥス没後，オクタウィアヌスとアントニウスは対立，アントニウスはプトレマイオス朝エジプトのクレオパトラと手を結ぶが，アクティウムの海戦で敗れた。オクタウィアヌスは，のちに元老院から尊厳者（アウグストゥス）の称号を与えられるも，自身ではプリンケプスと名乗り，元首政（プリンキパトゥス）を確立した。30十字軍遠征（11世紀末〜）により，北イタリアの諸都市によって東方貿易（レヴァント貿易）が盛んとなった。北海・バルト海の北方商業圏では，リューベックを盟主とするハンザ同盟が成立。同時期に，北イタリアを中心としたロンバルディア同盟が成立しているが，これは経済的側面が強いハンザ同盟とは異なり，政治的・軍事的目的の都市同盟である。

P.207〜210

入試対策正誤問題 ②

前近代［アジア中心］

1　①，前漢
2　②，大月氏
3　②，北インド
4　①，均田制
5　④，突厥
6　④，陶磁器
7　①，ナーナク
8　②，ササン朝
9　③，モンテ=コルヴィノ
10　②，陳朝
11　③，バグダード
12　③，煬帝
13　②，キタイ（契丹）
14　④，インダス
15　④，北京
16　①，蜀
17　⑤，三長制
18　②，完顔阿骨打
19　④，イスラーム教
20　④，ゴール朝
21　②，サータヴァーハナ
22　①，太宗（李世民）
23　④，朱熹（朱子）
24　②，李成桂
25　③，カスティリオーネ
26　③，仏教
27　③，ギリシア
28　③，ハラージュ（土地税）
29　①，ブワイフ
30　④，カリフ
31　④，テル=エル=アマルナ
32　③，上座部仏教
33　①，大乗仏教
34　③，モンゴル
35　②，渤海
36　③，南人
37　③，前4世紀
38　③，マラケシュ
39　②，建康
40　①，メキシコ
41　③，顧炎武
42　④，スンナ派
43　④，清
44　③，ムワッヒド朝
45　②，トレド
46　①，バラモン教
47　②，編年体
48　④，乾隆帝
49　④，クビライ（フビライ）
50　③，世界史序説
51　①，乾隆帝
52　③，ティムール朝
53　④，アッバース朝
54　④，扶南
55　④，祆教
56　④，ムラービト朝
57　③，明
58　①，メッカ
59.　②，キャラヴァンサライ
60　②，稲作

【解説】 6「蘇湖熟すれば天下足る」宋代の農業地帯が，江南開発とともに長江下流に成立したことを表現する言葉である。明代，農業地帯は長江中流に移動し「湖広熟すれば天下足る」に変化する。長江下流域は綿・絹織物を中心とした工業地帯になった。
52ティムール朝の滅亡後，オスマン帝国，サファヴィー朝，ムガル帝国が成立する。中央ユーラシアには，トルコ系ウズベク人の3ハン国が成立した。19世紀後半，ロシアはここにロシア領トルキスタンを形成した。20世紀，ソ連崩壊を経て，現在のウズベキスタン・トルクメニスタン・キルギスタン・タジキスタン・カザフスタンへと推移している。

P.211〜214
入試対策正誤問題 ③
近現代

1 ②，ボッカチオ
2 ③，ポルトガル
3 ③，マニラ
4 ①，ルター
5 ②，スペイン
6 ②，ユグノー
7 ①，リシュリュー
8 ③，ハノーヴァー朝
9 ①，ブルボン家
10 ①，コルベール

11 ②，ユグノー（プロテスタント）
12 ②，フリードリヒ２世（大王）
13 ②，シュレジエン
14 ②，スウェーデン
15 ④，トルコマンチャーイ
16 ②，ポルトガル
17 ①，ダービー
18 ①，フルトン
19 ②，印紙法

20 ①，ジェファソン

21 ①，ルイ14世
22 ①，第三身分
23 ③，ラ=ファイエット
24 ②，ハイチ
25 ②，勝利した
26 ①，エルバ島
27 ②，クリオーリョ
28 ①，フランス七月革命
29 ②，メッテルニヒ
30 ②，ドイツ連邦

31 ②，敗北した
32 ③，オスマン帝国
33 ①，ビスマルク
34 ①，プロイセン
35 ①，ジャクソン
36 ②，メキシコ
37 ①，アメリカ=スペイン（米西）戦争
38 ③，イギリス
39 ②，パリ
40 ④，ドイツ
41 ③，南極

42 ①，電信機（モールス信号）
43 ①，アブデュルメジト１世
44 ②，インドネシア
45 ③，ヴィクトリア女王
46 ①，オランダ
47 ②，フィリピン
48 ③，南京条約
49 ①，マカートニー
50 ②，甲午農民戦争（東学の乱）

51 ①，康有為（または梁啓超）
52 ②，3C
53 ①，イギリス
54 ②，ニコライ２世
55 ②，オーストリア
56 ①，急進派
57 ①，日本
58 ②，義和団
59 ②，南京
60 ①，ハーグ

61 ②，サパタ
62 ①，ロシア軍
63 ①，ドイツ
64 ②，アルザス・ロレーヌ
65 ②，フセイン・マクマホン協定
66 ②，支援（擁護）した
67 ①，レーニン
68 ①，スターリン
69 ②，サウジアラビア王国
70 ①，インド

71 ②，1918年
72 ①，フランクリン=ローズヴェルト
73 ①，マクドナルド
74 ①，ムッソリーニ
75 ①，ロカルノ条約
76 ②，イギリス・フランス（英・仏）
77 ②，蔣介石
78 ①，ド=ゴール
79 ③，ロンドン

80 ②，ニュージーランド
81 ②，スカルノ
82 ①，ナセル
83 ①，第３次中東戦争
84 ②，ベトナム民主共和国
85 ②，チリ
86 ①，イギリス
87 ①，ドプチェク
88 ③，南アフリカ共和国
89 ④，中国
90 ①，鄧小平

91 ①，ヨーロッパ連合（EU）
92 ①，自由貿易

【解説】19印紙法は「代表なくして課税なし」という有名な言葉とともに理解したい。茶法は「ボストン茶会事件」のきっかけを作った法律。
26ナポレオンは２度流罪になるが最初エルバ島に流され、百日天下後失脚し、セントヘレナ島に流された。
49「18世紀末」とあることから、1816年に嘉慶帝と謁見できなかったアマーストは誤り。
58「扶清滅洋」は義和団のスローガン。上帝会のスローガンは「滅満興漢」。
84北ベトナムではベトナム民主共和国建国（1945）。南ベトナムではベトナム国（1949）、ベトナム共和国（1955）と建国される。

P.215・216
入試対策正誤問題 ④
最近の傾向

1 ②，カンボジア
2 ③，二十進法
3 ②，ムガル帝国
4 ②，マリ王国
5 ④，ウラマー
6 ①，チベット仏教
7 ④，清
8 ③，（南京）国民政府
9 ①，明州
10 ①，重農主義

11 ①，太陽中心説（地球の自転と公転）
12 ①，クック
13 ③，自由党
14 ③，第４回選挙法改正
15 ②，イギリス
16 ③，ナジ

17 a　アメンヘテプ４世（アクエンアテン）
　　b　魏
　　c　コロンブス
　　d　アン女王
18 a　焚書・坑儒
　　b　トリエント公会議
　　c　秘密警察（ゲシュタポ，親衛隊（SS））
　　d　マッカーシー
19 a　後漢
　　b　民衆（都市民衆，下層市民）
　　c　ガリバルディ
　　d　清朝

20 a　ローマ人貴族
　　b　ジョン=ボール
　　c　ミラノ勅令
　　d　ウルバヌス２世
21 a　ペリクレス
　　b　レーガン
　　c　漢城
　　d　アボリジニー

【解説】17ジェンダー平等の動向から頻出のテーマ。歴史上で女性が果たした役割に着目したい。

思考力養成問題

P.217〜230

■思考力養成問題■

① 史料をもとに考える

問1　⑤
問2　③
問3　④

② 会話文をもとに考える

問1　③
問2　⑥
問3　③

【解説】

① 史料をもとに考える

　この大問のテーマは，中国史における「税制」の変遷である。史料Aは，14世紀後半の明成立期の税制を，史料Bは16世紀後半の明の税制を説明している。特に史料Bを読むことで，大航海（大交易）時代を背景に，大量の銀が明に流入した状況を深く理解したい。

問1　アは，唐の律令体制のもとで実施された租調庸である。選択欄にある均田は租調庸を支えた土地制度。8世紀，均田制の崩壊とともに租調庸も機能不全に陥った。そこで780年，宰相楊炎は実際に所有している土地に対して課税する両税法を採用した。史料Aに「楊炎がイ法を作って以後」とあるのでイは両税である。選択欄の均輸は，前漢武帝あるいは王安石がとった物価安定策である。両税法は夏・秋に銅銭による納入を基本とし，唐滅亡後，北宋・南宋・元・明の歴代王朝が採用した税制であった。しかし16世紀後半，明の税制が大きく変化する。財政再建のため首席内閣大学士に就任した張居正が，すでに南方で始まっていた一条鞭法を全国化した。国内には輸出品である絹・陶磁器の代価として大量に銀が流入しており，土地税も丁税（人頭税）も一括銀納させたのが一条鞭法である。その観点からウは一条鞭となる。選択欄の募役は王安石が行った失業対策事業である。

問2　16世紀，明へ銀が大量流入した1つにアカプルコ貿易がある。それを説明したものが③である。スペイン人は，南米産の銀をメキシコの港市アカプルコから出航するガレオン船に積載しマニラにむかった。①の鄭和の南海遠征の目的は，明への朝貢を促すことにあった。②の駅伝制の整備はモンゴル帝国・元である。④のマカオを拠点に日本銀による中継貿易で繁栄したのは，ポルトガル人である。オランダ人は台湾のゼーランディア城を拠点にした。

問3　①・②にある東南アジア・南アジア産の香辛料は，仮説の「ヨーロッパ経由」から誤りと判別がつく。大航海（交易）時代，ヨーロッパ商人が香辛料を求めたのである。よってエには，「アメリカ大陸産のサツマイモ・トウモロコシ」が入る。主にイエズス会士が中国に伝え，山間地で栽培されるようになった。オは地丁銀である。清では，丁税（人頭税）をごまかすために家族の数を隠す違法行為が常態化し，政府による人口把握が困難であった。雍正帝時代，丁税分を土地税と一緒に徴収する地丁銀制が確立し，中国では人頭税が消滅した。法幣は，1935年，蔣介石の国民政府が英・米の援助で通貨統一を実施し発行した紙幣（法定通貨）のことである。

② 会話文をもとに考える

　この大問のテーマは12世紀ルネサンスである。ビザンツ帝国やイスラーム世界に保存されていたギリシア古典がヨーロッパに伝えられた。会話文にもあるように，中世ヨーロッパ文化がのちのルネサンスに連続し，近代的自然観の出発点にもなっている。

問1　アルクィンはラテン語文化を普及した。彼を招いたカール大帝（カール1世）は，ピピンが創始したカロリング朝フランク王国の国王である。そのためこの文化活動をカロリング=ルネサンスという。トマス=アクィナス（ドミニコ派）の著作は『神学大全』である。『神の国』は教父アウグスティヌス（4〜5世紀）の著作である。

問2　研究者の名の正答となるムワッヒド朝のアリストテレス研究者は，うのイブン=ルシュドである。あのウマル=ハイヤームは，セルジューク朝のイラン系文学者・科学者である。文学者として『ルバイヤート』（四行詩集）を著している。いのイブン=シーナーは，サーマーン朝の古代ギリシア医学，アリストテレス研究者である。著書『医学典範』は，17世紀まで西ヨーロッパ世界における医科大学の教科書として使用された。伝播した過程の正文はY。12世紀ルネサンスにおいて，ギリシア古典を吸収した拠点は，シチリア島のパレルモやイベリア半島のトレドであった。そこでギリシア語やアラビア語のギリシア古典をラテン語に翻訳したのである。Xの「知恵の館」は9世紀にバグダードにおかれた翻訳施設である。ここでイスラーム研究者はアリストテレス哲学などのギリシア古典をアラビア語に組織的に翻訳し，イスラームの学問研究に応用した。

問3　③のロジャー=ベーコンは，13世紀，イギリスのイスラーム科学に学んだフランチェスコ派スコラ学者。①のアンセルムス（11〜12世紀）は，実在論を唱えた「スコラ学の父」。文章中の「普遍は思考の中に存在する」は唯名論の説明である。②のアベラール（11〜12世紀）は，フランスの神学者で唯名論を唱えた。④のウィリアム=オブ=オッカム（13〜14世紀）はイギリスのフランチェスコ派神学者で，理性を信仰から分離し唯名論を確立した。しかし，聖書の英訳は行っていない。イギリスの宗教改革の先駆者ウィクリフ（14世紀）の業績である。

③ 絵画・風刺画を
　もとに考える
問1　②
問2　③
問3　④
問4　⑤

③ 絵画・風刺画をもとに考える
　A～Cの絵画・風刺画はいずれも教科書や図説などでおなじみだが，かりに初めて見たものであったとしても，あとにつづく補足文を読めば，どのような歴史的状況を描いたものか容易にわかるはずである。
問1　Aがアヘン戦争に関連した絵画であることは明白だが，注意したいのは補足文の「このあとおこった戦争」という部分。イギリスは，アヘン戦争の講和条約である南京条約で5港開港に成功したものの，綿製品の輸出が期待したほど伸びなかったために次なる機会を窺っていた。そして強行されたのがアロー戦争（1856～60）だが，世界史探究の教科書では第2次アヘン戦争とも表記されていることから，この戦争が先のアヘン戦争の続編であることも意識しておきたい。アヘン貿易が公認されたのは，第2次アヘン戦争の最初の講和条約である天津条約（1858）であり，Aの絵画が描かれたのはそれより前ということになる。
問2　Bは日清戦争（1894～95）の少し前に描かれたビゴー（仏）の風刺画で，日清・日露戦争に連勝した日本が朝鮮半島（韓国）を植民地化していくその後の歴史は常識であり，容易に正解できよう。
問3　Cはポーランド分割（計3次，18世紀後半）の風刺画で，この国を寄ってたかって分割・併合した3国とはオーストリア・プロイセン・ロシアであり，その「主犯格」が左端に描かれているロシアの女帝エカチェリーナ2世である。誤りの選択肢にあるドイツ（19世紀後半に統一）・ソ連・ハンガリー（ともに20世紀前半に成立／独立）は明らかに時代が異なるので，容易に排除できよう。
問4　時代整序問題は苦手とする受験生が多いが，年号を覚える以上に「感覚」が大事。ポーランド分割（C）はヨーロッパの専制君主の時代，アヘン／アロー戦争（A）はイギリスによる世界市場席巻（パクス＝ブリタニカ）の時代，そして日清戦争（B）は帝国主義の時代である。

④ 統計資料をもと
　に考える
問1　Bさん
問2　パネルD
問3　①イ　②ア
　　　③イ　④イ
　　　⑤ア

④ 統計資料をもとに考える
問1　Aさん：資料より，1870年での地域間格差は1000年に比べて5倍程度である。Cさん：「アフリカの年」は1960年。17カ国が独立した。Dさん：資料より，1998年の数値は1973年よりも1400ドル程度減少している。社会主義計画経済を採用した国のほとんどが，1990年を境に経済的な破綻と政治制度の転換を経験した。計画経済から市場経済への移行期には，いずれの国でも厳しい経済の低迷と高率のインフレが発生した。
問2　グラフより，日本のODAの額は2000年以降増えていない。
問3　①第3次中東戦争は1967年。6日間の戦闘でイスラエルは圧勝し，シナイ半島などに占領地を拡大した。②OPEC：石油輸出国機構，METO：バグダード条約機構，1955年トルコ，イラク，イギリス，パキスタン，イラン（アメリカはオブザーバーとして参加）の5カ国がバグダードで結成した安全保障機構。59年にイラクが革命の結果脱退したため，本部をトルコのアンカラに移し名称も中央条約機構（CENTO）と改称した。79年，イラン，トルコが脱退し消滅した。④非同盟諸国首脳会議：1961年にユーゴスラヴィアの首都ベオグラードで開かれた，第三勢力の国々による国際首脳会議。ティトー，ナセルらの呼びかけによって25カ国が参加した。会議はその後も不定期に開催されている。

⑤ 地図をもとに
　考える
問1　④
問2　③
問3　②

⑤ 地図をもとに考える
問1　清とロシアの間で締結されたネルチンスク条約（1689）は，シベリアと満洲の国境を画定した。アルグン川とスタノヴォイ山脈〔外興安嶺〕を国境としたこの条約は，中国の王朝が外国と対等な立場で結んだ初めての条約とされる。また雍正帝の時代には，外モンゴル〔ハルハ〕とシベリアの国境を画定するキャフタ条約（1727）が締結されている。
問2　③が正解。アイグン条約が結ばれたのは，第2次アヘン（アロー）戦争中の1858年。東シベリア総督ムラヴィヨフは，太平天国の乱や第2次アヘン戦争中の清に圧力をかけ，黒竜江以北の領地を獲得した。また第2次アヘン戦争の講和の仲立ちをした見返りとして，ロシアと清は北京条約（1860）を締結する。これによりロシアはウスリー川以東の沿海州を獲得し，不凍港であるウラジヴォストークを建設。極東のロシアの拠点となった。
問3　②が正解。新疆のイリ地方でイスラーム教徒が反乱を起こすと，1871年にロシア軍が出兵しイリ地方を占領した〔イリ事件〕。清は反乱を平定し，ロシア側と交渉した結果，イリ条約（1881）が結ばれ，ロシア軍は撤兵した。①ロシアとトルコマンチャーイ条約（1828）を結んだのはガージャール朝。サファヴィー朝は1736年に滅亡している。トルコマンチャーイ条約締結以前にガージャール朝はカフカス地方を失っていたが，この条約でアルメニアも奪われたうえ，領事裁判権も認めさせられた。③中央アジアに進出したロシアが1876年に征服したのはコーカンド＝ハン国。クリミア＝ハン国は，黒海北岸のクリミア半島に15世紀前半に建国されたイスラーム教国家。15世紀後半にオスマン帝国の保護下に入ったが18世紀後半にロシアに滅ぼされている。④19世紀に二度にわたってアフガニスタンに侵攻したのはイギリス。ロシアがガージャール朝に勝利した後，アフガ

ニスタンにも進出することを警戒したイギリスは，インドの権益を守るためアフガニスタンに侵攻したが敗北した〔第1次アフガン戦争〕(1838～42)。二度目の侵攻で勝利し，外交権を獲得してアフガニスタンを保護下に置いた〔第2次アフガン戦争〕(1878～80)が，第一次世界大戦後の1919年に第3次アフガン戦争を起こし，外交権を回復して完全独立を達成した。

6 学説をもとに考える

問1 a b ともに正しい。ローマ教会の長であるローマ総大司教は使徒ペテロの後継者としてコンスタンティノープル教会に対抗し教皇という称号を用いるようになり，ゲルマン人への布教に努めていった。ゲルマン人諸国はたがいに対立し，内部で王位継承争いを抱えていることも多く，ローマ系住民の支持を得る必要もあり，ゲルマン人の王たちは，東ローマ皇帝から官職を得るなど，その権威を利用して自らの地位を正当化しようとした。

問2 ③が正しい。①イスラーム勢力がシリアとエジプトを奪ったのは正統カリフ時代(632～661年)。ササン朝を滅ぼしイラン高原を征服したのもこの頃である。②ゲルマン人国家ヴァンダル王国は，イスラーム勢力ではなく，東ローマ帝国(ビザンツ帝国)のユスティニアヌス帝に滅ぼされた。④フランク王国に侵入したイスラーム勢力はアッバース朝(750年～)ではなくウマイヤ朝である。732年のトゥール・ポワティエ間の戦いで撃退された。

問3 c 東ローマ帝国(ビザンツ帝国)では，皇帝が神の代理人としてコンスタンティノープル教会の総主教を管轄下においた。726年に皇帝レオン3世が勅令によって聖像画(イコン)を禁止すると，布教に聖像画を用いていたローマ教会との対立が深まった。a 732年のトゥール・ポワティエ間の戦いでは，フランク王国の宮宰カール＝マルテルが侵入したイスラーム勢力を撃退した。b その子ピピンは751年にローマ教皇の承認を得たうえで王位を奪いカロリング朝を開いた。ランゴバルド王国から奪ったラヴェンナ地方を教皇に寄進した(756年)。こうしてローマ教会とフランク王国はつながりを深めていった。

7 グラフと地図から考える

問1 二人の会話とグラフ，地図から □ は②タイだとわかる。

問2 a は誤り。タイは清朝の冊封も支援も受けてはいない。ラーマ4世(モンクット王位1851～68)は，欧米列強と不平等条約を結んで開国したが，東西から迫る仏英の勢力をたくみに牽制させ，緩衝地帯として独立を保つことに成功した。b は正しい。ラーマ5世(チュラロンコン王位1868～1910)は，子供時代に西洋式の教育を受け，王となってからは積極的な近代化を進めた。これをチャクリ改革という。

問3 ①が誤り。ベトナム・カンボジア・ラオスがフランスの植民地となったことは正しいが，当時のベトナムの王朝は陳朝ではなく阮朝である。19世紀初めに西山(タイソン)の反乱を抑えてベトナムを統一した阮福暎は国号を越南とし清朝の冊封を受けた。フランスがベトナムを攻めると，ベトナムに対する宗主権を主張する清朝とも戦争になった(清仏戦争1884～85)。陳朝は13世紀にベトナムを支配した王朝で，三度にわたる元軍の侵入を撃退した。漢字をもとにベトナム独自の文字である字喃(チュノム)もつくられた。

8 地図と史料から考える

問1 史料1は元朝，史料2はシリア，史料3はビザンツ帝国，史料4はトゥグルク朝の成立，史料5はマムルーク朝期のカイロ，史料6はイベリア半島について書かれたもの。14世紀という時期と地名・事実から見当がつく。なお， A はシナ， B はデリー， C にはカイロが入る。

問2 ③が正答。銅銭などは日本などに流出し，貨幣経済の発達を促した。①は誤り。元朝では交鈔が使用されたが，宋代からは手形として発生した交子・会子を紙幣として使用した。②も誤り。交鈔の乱発により，経済が混乱した。④は管理通貨制度の内容のため，誤り。

問3 X：1348年に西ヨーロッパで大流行した黒死病(ペスト)はこの地から波及した。Y：エは正答。凶作や不況，ドイツの三十年戦争に代表される戦争に加え，黒死病も流行した。カも正答。労働力確保のため，農民の待遇が改善され，身分的束縛も緩んだ。とくにイギリス，フランス，西南ドイツで自営農民に成長した。イは誤り。黒死病が流行した結果，農業人口が減少し，労働力の確保を図ったが，隷属化が進んだとは言えない。ウはペトラルカが誤りで，正しくはボッカチオ。

問4 ア スタンブールは現在のイスタンブル。

問5 奴隷王朝に始まるデリー＝スルタン朝の一つ，トゥグルク朝の成立について述べたもの。

問6 A は誤り。マムルーク朝が滅ぼしたのはスンナ派のアイユーブ朝。その前がシーア派のファーティマ朝。B が正答。第5代バイバルスがモンゴル軍を撃退し，滅亡したアッバース朝カリフをカイロで復活させた。

左欄（解答一覧）

6 学説をもとに考える
問1 ①
問2 ③
問3 ⑤

7 グラフと地図から考える
問1 ②
問2 ③
問3 ①

8 地図と史料から考える
問1 史料1 キ
　　史料2 オ
　　史料3 エ
　　史料4 カ
　　史料5 ウ
　　史料6 ア
問2 ③
問3 X 1348年
　　Y アエ
　　　 オカ
問4 ハギア＝ソフィア聖堂
問5 デリー＝スルタン朝
問6 ③

問7　X　西ゴート
　　　　王国
　　　Y　国土回復
　　　　運動（レコ
　　　　ンキスタ）

9 資料から時代整
　序を考える

問1　②
問2　④
問3　①
問4　⑤

問7　X：711年，ウマイヤ朝が西ゴート王国を征服した。Y：8世紀にはすでに始まっていた国土回復運動（レコンキスタ）は1492年に完成する。

9 資料から時代整序を考える

　この大問のテーマは，資料にもとづく時代整序形式の問題である。単純な歴史事象の並び替えだけでなく，資料の内容を理解した上で，当時の歴史の流れに位置づけ，解釈する力が求められる。また，歴史の流れの暗記ではなく，歴史事象の因果関係や背景なども含めた深い理解が必要となる。

問1　地域1は，「イタリア半島と北アフリカとの間」，「今この島はイタリアに属している」などから，シチリア島であることがわかる。地域2は，「ヨーロッパ大陸の近くにある島国の首都」，「フランスの王位をめぐる戦争が有名」（＝英仏百年戦争）などから，ロンドン（イギリス）であることがわかる。地域3は，「イオニア人のポリス」「オリエントの大国との戦争に勝利」（＝ペルシア戦争），「古代には民主政が発展」などから，アテネ（ギリシア）であることがわかる。ポエニ戦争（前264～前202年）によりシチリア島を属州化，前146年にマケドニア・ギリシアを属州化，その後，ハドリアヌス帝によるブリタニア城壁に代表されるようにロンディニウムが建設された。

問2　資料は，1004年に北宋とキタイが結んだ「澶淵の盟」である。資料の「契丹」「宋」から想起したい。ａの事件は「靖康の変」（1126～27年），ｂの殿試を開始したのは北宋を建国した趙匡胤。

問3　Ⅰは，ドラクロワ作『キオス島の虐殺』，オスマン帝国からの独立を目指すギリシア独立戦争（1821～29年）。Ⅱは，普仏戦争のドイツ勝利後，ドイツ帝国の成立（1871年）をヴェルサイユ宮殿「鏡の間」で宣言する様子。Ⅲは，ビゴーが描いた日露戦争（1904～05年）の風刺画。当時，日本は英国と日英同盟を結んでおり，英国が日本を支援する様子は，そのことを描いている。

問4　史料1は，フランス人権宣言，第2条「自由・所有権・安全および圧政への抵抗」，第17条「所有権」から想起したい。人権宣言は，フランス革命（1789年～）勃発直後にラ=ファイエットらによって起草された。史料2は，マルクス・エンゲルスの『共産党宣言』（1848年），「万国のプロレタリア団結せよ！」からわかる。史料3は，アメリカ独立宣言で，「すべての人は平等につくられ」（平等権），「生命，自由および幸福の追求」（生存権，自由権，幸福追求権），「新たな政府を組織する権利」（抵抗権）が規定されている。ジェファソンらによってアメリカ独立戦争（1775年～）時に起草された。

⑩論述問題

```
─── 原稿マス目の使い方の基礎 ───
1  最初の1マス目から書く。作文のように最初の1マス目をあける必要はない。
2  大学入試の論述では「句読点も字数に加える」ことがほとんどである。
   これも作文のように行末，例えば，た。と読点をマス目の外や中へ入れない。次の行の先頭のマスに。と書く。
   句点の場合も同じである。
3  年号を原稿用紙に表記する場合，19 89 のように1マスに2文字まで記入する。アルファベットの略称も同様に，
   例えば，AP EC と表記して良い。ただし，問題文に「ローマ字，数字も1文字として論述せよ」とあれば，その指
   示にしたがって書かなければならない。
4  200字や400字の論述では，論述の途中に改行する必要はない。
```

1 **解答** ディオクレティアヌス帝は四帝分治制をしき皇帝を神として礼拝する専制君主政を行った。これに反発するキリスト教徒に大迫害を加えた。コンスタンティヌス帝はミラノ勅令によりキリスト教を公認し帝国統一をはかり専制君主政を確立した。テオドシウス帝はキリスト教を国教化し，死後帝国を東西に分割し2子に分け与えた。(149字)

【解説】この問題の時間軸は4世紀で，盛り込むテーマは2つである。1つは「帝国統治」，2つめは「キリスト教政策」。扱う皇帝は，ディオクレティアヌス帝，コンスタンティヌス帝，テオドシウス帝である。ディオクレティアヌス帝は在位305年までなのでここでは必ず取り上げる。ユリアヌス帝はミトラ教信仰など古来の多神教復興をはかった皇帝であるが，テーマを考えるとはずして良い。

　　帝国統治の流れをまとめると，ディオクレティアヌス帝による四帝分治制と専制君主政の開始，コンスタンティヌス帝による帝国再統一と専制君主政の完成，テオドシウス帝による帝国の東西分割が基本線になる。キリスト教政策では，ディオクレティアヌス帝によるキリスト教徒の最後の大迫害，コンスタンティヌス帝時代にキリスト教徒が帝国支配層にまで拡大したことからこれを禁じ得ず，313年のミラノ勅令でキリスト教を公認したこと，そしてテオドシウス帝が392年「異教祭儀の禁止令」によってキリスト教以外の宗教を禁じたこと（＝キリスト教の国教化）を論じたい。

　　なお，コンスタンティヌス帝については，帝国統治政策としてコロヌスの土地緊縛令やコンスタンティノープル遷都，キリスト教政策としてはニケーア公会議開催による教義統一策等もあげたいが字数を考えつつ臨機応変に対応したい。

2 **解答** 中国の皇帝は周辺の国々や民族の長に王などの官位を与え，国家間の君臣関係を築いた。こうして形成された東アジアの国際秩序を冊封体制と呼んだ。被冊封国には朝貢を義務づける一方，軍事的援助を行うこともあった。(100字)

【解説】近代ヨーロッパ世界に成立した主権国家体制に対して，古代から中国を中心とした東アジアに存在した冊封体制の理解は不可欠である。日本では，1世紀の倭の奴国王，3世紀の邪馬台国，室町幕府の足利義満はこの冊封下にあった。また琉球は，15世紀以降，明の冊封下で周辺海域諸国との交易で繁栄を誇った。遣隋使，遣唐使は隋・唐への朝貢は行ったが冊封下には入っていない。この冊封体制は，唐代から本格化し大陸の渤海，新羅，南詔が冊封下に入った。16世紀後半，豊臣秀吉の朝鮮出兵に対し明が朝鮮を支援したのも両国間に君臣関係が成立していたからである。しかしこの体制は，19世紀，欧米諸国の進出によって崩壊することになる。

3 **解答** アヘン戦争後の南京条約で開国を要求され，清の朝貢体制は崩れ始めた。清は1860年，アロー戦争でも敗北し，欧米諸国と締結した北京条約で外国公使の北京駐在を認めた。翌年，対等な外交を行う総理衙門が設置された。(100字)

【解説】問題2と対になる問題と考えたい。1757年，清の乾隆帝はヨーロッパ船の来航を広州一港に制限した。産業革命を推進し，自由貿易政策をのぞんだイギリスは清とアヘン戦争に踏みきり，上海・寧波・福州・厦門・広州五港を開港させた。続くアロー戦争は，イギリスの綿製品の販売利益が期待したほどあがらなかったため起こされた。その背景として，清では堅固な綿織物業の地場産業が築かれていたため欧米製綿製品の市場が狭かったからである。アロー戦争に敗北した清は，北京条約によって国際政治上，古来から続く冊封（朝貢）体制が崩壊し欧米の主権国家体制に，経済的には自由貿易体制に組み込まれたのである。主権国家体制を受け入れた象徴として，外国公使の北京駐在と総理各国事務衙門，つまり外務省の設置があるのである。

4 **解答** アッバース朝ではマワーリーに対するジズヤが廃され，アラブ人でも征服地の土地所有者にはハラージュが課せられた。イラン人らのマワーリーも政府の要職についた。民族差別は廃止され，カリフの政治は国内においてシャリーアに基づき実施されるようになった。(120字)

【解説】この問題の解答文を書く際，次のことにまず注意したい。アッバース朝が「イスラーム帝国」と呼ばれることになった由来について，税制上の改革を中心に，と問われている。税制上の違いを比較するために『ウマイヤ朝では…』と書き出したいところである。しかし，問題文の冒頭が「アッバース朝が」であることを熟考し，

解答の主語は「アッバース朝では（は）〜」とすべきである。

また，近年の入試では「共通テスト」も含め，イスラーム史の用語はアラビア語のカタカナ表現で出てくることも多い。解答例では，征服地の新改宗者＝マワーリー，人頭税＝ジズヤ，土地税＝ハラージュ，イスラーム法＝シャリーアとした。

5 　**解答** 西ゴート王国を滅ぼしたウマイヤ朝軍をカール＝マルテルがトゥール・ポワティエ間の戦いで撃退した。これはフランク王国とローマ教皇の接近をもたらし，ピピン3世によるカロリング朝の樹立をローマ教会が承認したことで強化され，800年，カール大帝の西ローマ皇帝戴冠に結実した。これより西ヨーロッパ世界が成立した。（148字）

【解説】問題のテーマは「一連の事件が8世紀以降の西ヨーロッパの歴史に及ぼした影響」であることに注意し論述したい。冒頭の「711年，西ゴート王国を滅ぼした勢力」＝ウマイヤ朝イスラーム勢力であることはすぐに想起したい事項である。

　　8世紀，西ヨーロッパ世界は，政治的にはゲルマン人国家フランク王国が台頭していた。一方，宗教面では，西ヨーロッパ世界のキリスト教徒を統括するローマ教会は，聖像崇拝問題で東方教会の指導者ビザンツ皇帝と対立しながらも軍事的には保護を求めなければならない立場にあった。そこにフランク王国の宮宰カール＝マルテルがイスラーム勢力を撃退し西ヨーロッパのキリスト教世界を守ったのである。ローマ教会は，その子ピピンに接近しカロリング家による王朝創設を認めるに至った。ピピン3世はその返礼にランゴバルド王国を討伐し，イタリア半島北東部のラヴェンナ地方を教皇に寄進し，これが教皇領の起源になった。ピピンの子カール1世は，生涯にわたる征服活動で現在のフランス・ドイツ・イタリア・アドリア海東北岸（現スロヴェニア・クロアティア）を領域に組み込んだ。799年，暴動のためローマを脱した教皇レオ3世が，フランク王国入りしカール1世に救援を求めた。翌800年，軍を率いてローマ入りしたカール1世は，レオ3世にサン＝ピエトロ大聖堂で戴冠され，ローマ皇帝となった。これによってローマ帝国を公式に継承する2つの皇帝権力が，ヨーロッパの東西に並立することになった。そして，西ヨーロッパ世界では，ローマ教会（教皇）がゲルマン人国家フランク王国の軍事的保護を得つつ独自の世界を形成していったのである。

6 　**解答** 三十年戦争は，ハプスブルク家のカトリック強制に対するベーメンのプロテスタント反乱から始まった。後に旧教国フランスが新教勢力と同盟して参戦するなど，当初の宗教戦争から国益を優先する国際戦争へと変化した。（100字）

【解説】問題のテーマは，三十年戦争の開始時と終結時の「戦争の性格の変化」である。

　　1618年，ハプスブルク家出身でベーメン王フェルディナント2世のカトリック政策がベーメンのカルヴァン派の反乱を引き起こし，この弾圧により三十年戦争が始まった。1555年のアウクスブルクの和議は，神聖ローマ帝国内のカトリックかルター派かの信仰選択権は領主にあるとし，さらにカルヴァン派は認められていなかった。このことから戦争の始まりは宗教をめぐる問題から発生している。この反乱は，翌1619年に皇帝に即位したフェルディナント2世とカトリック諸侯・スペインの協力で鎮圧されている。ここまでは宗教的性格がみられる。

　　しかし，フランスの動向で国際戦争の性格を帯びてくる。カトリック国フランスは，15世紀末以降，ヨーロッパでハプスブルク家の神聖ローマ帝国と覇権争いを続けていた。ハプスブルク家勢力拡大に危機感を覚えたフランスは国際社会に訴えた。第2波としてルター派新興国デンマークがプロテスタント支援で帝国内に侵攻したが敗北した。第3波では，ルター派新興国スウェーデンが同様の名目で帝国内に侵攻し帝国軍を追い詰めた。最終的に第4波として宰相リシュリューの指導するフランスが直接介入，さらにスウェーデンの再参戦のなか戦争は1648年のウェストファリア条約で終結した。

　　この戦争の勝者はフランスとスウェーデンであり，フランスはアルザスを獲得し，スウェーデンは北ドイツ沿岸の西ポンメルンなどに領土を得た。敗者はスペインと神聖ローマ帝国であった。スペインはオランダの独立を承認し，神聖ローマ帝国内ではカルヴァン派がルター派と同じ地位を得た。スイスは正式な独立が認められ，各領邦に主権が承認された。多数の国家が調印した国際条約という形で保障されたことで，西ヨーロッパ諸国の主権国家体制が確立された。

7 　**解答** イギリスは1915年にアラブ人とフセイン・マクマホン協定を結び，戦後オスマン帝国からの独立と中東におけるアラブ人国家建設を条件にイギリスへの協力を約束させた。一方1917年にはユダヤ資本の戦費協力を期待し，シオニズム運動に基づくパレスチナでのユダヤ人民族的郷土建設への支持を約束するバルフォア宣言を出した。（149字）

【解説】パレスチナ問題は，第一次世界大戦中のイギリスによる多重外交が遠因になっている。

　　解答例のように，第1はフセイン・マクマホン協定である。同盟国側の一角オスマン帝国を弱体化させるためアラブ人の豪族ハーシム家（イスラーム創始者ムハンマドの家系）フセインと英外交官マクマホンが結んだ密約である。これは，戦後シリア，メソポタミア，パレスチナにアラブ人国家建設を認めるという内容であった。これと矛盾する形で，第2に1917年のバルフォア宣言が存在する。19世紀末以降，ヨーロッパ各地では「ユダヤ教徒の国家建設運動」＝シオニズム運動が盛んとなった。戦争が長期化し，軍事費調達に懸念を抱いたバル

フォア英外相がユダヤ人財閥ロスチャイルド家に，かつてヘブライ王国の存在したパレスチナに"national home（民族的郷土）"の建設を認める内容の書簡を出した。この結果，第一次世界大戦終結後，英委任統治下となったパレスチナにヨーロッパ各地に居住していたユダヤ人の移住が始まった。それまでパレスチナではユダヤ人とアラブ人は平和裏に共存していた。しかし，戦後，移住したユダヤ人は優遇され，一方のアラブ人は土地を失い貧困化した。1930年代後半，ナチ党の迫害によりヨーロッパからユダヤ人の移住が加速すると，両者の武力衝突が始まり，この対立は，第二次世界大戦後に深刻化するパレスチナ問題へとつながっていく。

※イギリス多重外交の1つに，1916年のサイクス・ピコ協定がある。これは，オスマン帝国領を英仏露で分割する内容である。ロシアは，革命により協商国側から抜けたため，中東における分割は英仏中心に行われ，仏はシリアを，英はイラク，ヨルダン，パレスチナを委任統治領とした。解説文中のパレスチナのイギリス委任統治領はこの密約が根拠になっている。

8 **解答** 民主化を求める市民運動「プラハの春」が進展し，共産党書記長ドプチェクも自由化を推進した。ソ連のブレジネフ書記長は，ワルシャワ条約機構軍をプラハに侵攻させこの運動を弾圧した。その際ソ連は，社会主義圏全体の利害の前には一国の主権が制限されることもあり得るとブレジネフ＝ドクトリンを唱え，行動を正当化した。(150字)

【解説】1947年，米大統領トルーマンがトルーマン＝ドクトリンを発表して，米ソ冷戦が本格化した。米国は世界に軍事同盟を構築した。その1つが，1949年に成立した北大西洋条約機構（NATO）である。それに対抗する形でソ連側も，軍事同盟を組織し，1955年のワルシャワ条約機構の結成で米ソだけでなく，ヨーロッパも東西に分かれて対立することになった。

　以降のヨーロッパ社会主義国の自由化運動として以下のことに注意しておきたい。

　1953年，スターリン死去。

　1956年，フルシチョフによるスターリン批判に触発されて，ポーランドではポズナニで民主化を求める反政府反ソ暴動が勃発した。ポーランドはソ連の軍事介入を回避するため共産党指導者にゴムウカを就任させ事態収拾をはかった。同年，ハンガリーでは自由とソ連支配脱却を求める民主化運動が発生した。ナジ首相は複数政党制やワルシャワ条約機構からの脱却を主張したためソ連は軍事介入に踏みきり，親ソ政権が復活した（ハンガリー事件）。

　1961年，東ドイツ，ベルリンの壁構築。

　1964年，フルシチョフ解任。ブレジネフ書記長就任。ブレジネフは，ソ連国内の非スターリン化を抑え，共産党一党支配体制を強化した。一方，1960年代，東ヨーロッパ諸国の中にはソ連圏から離れようとする動きもみられた。1961年，アルバニアは中ソ対立のなか，中国に接近しソ連と国交を断絶している。ルーマニアもチャウシェスク大統領のもと対ソ独自外交を始めた。そのような動きのなか1968年に起こったのが，チェコスロヴァキアの「プラハの春」である。これに対するソ連の行動は，解答例のとおりである。この時の「社会主義圏全体の利害の前には一国の主権が制限されることもあり得る」とするブレジネフの見解は「制限主権論」ともいわれる。

9 **解答** 新ユーゴ内のセルビア共和国コソヴォ地区で多数派を占めるアルバニア系住民が独立運動を展開した。セルビアのミロシェヴィッチ大統領がこの独立運動を弾圧したため，NATO軍は人道危機を理由にセルビアを空爆した。(99字)

【解説】冷戦終結後，多民族国家ユーゴスラヴィアは解体されていった。この問題は，ユーゴスラヴィア解体末期に起こった側面を問うている。ここではユーゴスラヴィア解体過程を概観しておきたい。

　ユーゴスラヴィアは指導者ティトーのもと6つの共和国からなる連邦制をとっていた。ティトー没後の1991年，スロヴェニアとクロアティアは連邦からの独立を宣言しこれを認めないセルビアとの間で内戦になり，翌年ボスニア＝ヘルツェゴヴィナにも内戦は拡大した。背景には宗教問題がある。スロヴェニア・クロアティアはカトリック，ボスニア＝ヘルツェゴヴィナはイスラームとクロアティア系住民のカトリック，対するセルビアはギリシア正教であった。1995年の停戦合意までに，連邦はスロヴェニア，クロアティア，マケドニア（現北マケドニア共和国），ボスニア＝ヘルツェゴヴィナと新ユーゴ（セルビアとモンテネグロで構成）に分離し収束した。コソヴォ紛争はその3年後の1998年から始まった。1999年のNATO軍空爆は国連決議の成立しないまま行われたが，コソヴォからのセルビア軍撤退は実現した。紛争当時大統領であったミロシェヴィッチは2001年人道に対する罪で国際法廷に提訴された。新ユーゴは，2006年，セルビアとモンテネグロに分離した。コソヴォは2008年セルビアからの独立を宣言した。

10 **解答** 8世紀トルコ系ウイグル人はイラン系ソグド人を保護しモンゴル高原に遊牧国家を建設した。ソグド人は東西交易路を支配した。9世紀前半ウイグルが滅亡すると，住民は中央アジアのオアシス地域に移住し同地のトルコ化が進んだ。一方，タラス河畔の戦いでムスリム勢力が唐に勝利した後，中央アジアのイスラーム化も進展しイラン系のサーマーン朝が成立した。この王朝下でイスラーム化したトルコ人は10世紀半ばカラハン朝を創始した。(200字)

【解説】中央アジアのトルコ化は，論述問題に限らず国公立大，私立大の記述式問題にも出題される重要なテーマである。この問題の時間軸は「8世紀から10世紀にかけて」であるため，トルコ系遊牧民のうちウイグルに焦点をあてて記述したい。モンゴル高原に遊牧国家を建設する突厥が活躍するのは6〜7世紀だからである。そして，記述する主眼は，時間軸上における「中央アジアの動向」である。200字のなかで，この間の複雑な動向を詳細に記述することは難しい。そのためある程度のモデル化を念頭に記述する。そのモデル化を示すと以下のようになる。

① 後漢以降，中央アジアの東西交易路の住民はイラン系（インド＝イラン系）が主であった。
② 唐代，そこにイラン系商業民族ソグド人が加わり，イラン系住民の要素が強くなる。
③ （840年トルコ系キルギスの攻撃によって）遊牧国家ウイグルが滅亡する。
④ 住民のトルコ系ウイグル人は，モンゴル高原からオアシスの道＝東西交易路へ移住した。
⑤ 後にトルキスタンと呼ばれる地は，パミール高原を境に東と西に分かれるが，トルコ人の移動定住は東から西に長期間にわたって進む。
⑥ 751年のタラス河畔の戦いにより唐は敗北し，中央アジアの覇権はイスラーム勢力の手に移る。
⑦ ムスリム商人の進出のなか，東西交易路上，イラン系住民の多い西部からイスラーム化は進む。
⑧ その結果，9世紀後半西トルキスタンにイラン系サーマーン朝が成立する。
　※サーマーン朝は中央アジア初のイスラーム政権という側面も持っている。
⑨ 940年頃，サーマーン朝のもとイスラーム化したトルコ人がカラハン朝を創始する。
⑩ 10世紀末，カラハン朝は，サーマーン朝を滅ぼし東西トルキスタンに領域を広げる。

　問題の条件の1つである「唐との関係にふれつつ」は，ソグド人と唐の中継貿易，ウイグルが安史の乱鎮圧に協力したことなど多岐にわたるが，解答例ではタラス河畔の戦いで唐が敗北したことのみにふれた。

11 【解答】フワーリズミーはインド数字を導入しアラビア数学を確立，代数学を発展させた。イブン＝シーナーの著したギリシア医学に基づく『医学典範』はイタリアのサレルノ大学に伝わり西欧医学に寄与した。イブン＝ルシュドはアリストテレス哲学を大成した。彼の研究はラテン語に翻訳され，中世ヨーロッパのスコラ学確立に影響した。（150字）

【解説】イスラームの文化は，『クルアーン』を典拠とする固有の学問と外来の学問から成り立つ。設問は外来の学問の具体例とその影響をテーマとしている。主にギリシアとインドから導入された学問とその研究者をあげながら論じたい。インドからは数字とゼロの概念が伝わり，アッバース朝期フワーリズミーが代数学を発展させた。イブン＝シーナーは，中央アジアのサーマーン朝に仕え，アリストテレス哲学やギリシア医学に精通した。著作『医学典範』は近代初期まで西欧医学の教科書として使用された。ムワッヒド朝に仕えた，コルドバ生まれのイブン＝ルシュドは，12世紀アリストテレス全集の注釈を完成し，12世紀ルネサンスにつながった。

12 【解答】アリストテレスらの著した古代ギリシアやアラビアの学術書が，ビザンツ帝国やイスラーム世界から中世の西ヨーロッパ世界へ伝わった。シチリア島のパレルモやイベリア半島のトレドではそれらがギリシア語，アラビア語からラテン語に組織的に翻訳された。（117字）

【解説】正統カリフ時代にアレクサンドリアがイスラーム世界に編入され，ムセイオンに保管されていた古代ギリシアの学術書もイスラーム圏に渡った。アッバース朝時代のバグダードでは「知恵の館（バイト＝アルヒクマ）」ではそれら文献が組織的にアラビア語に翻訳され，摂取された。11〜12世紀，十字軍，地中海を中心とするヨーロッパ交易権の拡大とともに文化面でも双方の交流を生み，イスラーム世界やビザンツ帝国に保存されていた，古代ギリシアの学問・知識がヨーロッパに見いだされた。ラテン語に翻訳された文献，特にアリストテレスの著作は，トマス＝アクィナスによる『神学大全』に影響を与えスコラ学の大成につながった。

13 【解答】13世紀に形成されたモンゴル帝国により，ユーラシア東西の統合が実現した。帝国では駅伝制を導入，交通路整備や安全保障を実施した。その結果，ムスリム商人による東西交易の発展によってモノの移動や西欧からの商人や宣教師など人の移動が活発化したため。（119字）

【解説】問題文中の「疫病」はペストである。14世紀，ヨーロッパに大流行しヨーロッパ人口の3分の1が死亡したといわれる。もともとペストは，中国四川省から雲南地方にかけての風土病だった。これが13世紀のモンゴル帝国によるユーラシアの一体化と交易路整備により，ヨーロッパ商人が東西交易路の西の発着点の1つである黒海沿岸に持ち込んだといわれている。

14 【解答】ウマイヤ朝成立時に四人目の正統カリフのアリーとその子孫をウンマのイマームと認めるシーア派が成立した。アッバース朝以降，歴代のカリフを認めるスンナ派が多数を占めた。イランはシーア派を国教とする国家である。一方のサウジアラビアはスンナ派のうち預言者ムハンマドへの回帰を主張するワッハーブ派の国家である。（149字）

【解説】シーア派とスンナ派の成立の理解が必要である。シーア派は，解答文中のように最後の正統カリフ，アリーとその子孫のみをイスラーム共同体（＝ウンマ）の指導者（＝イマーム）と認める。アリーはムハンマドの甥，妻はムハンマドの娘ファーティマである。ムハンマドの血筋を重視している。イラン人はサファヴィー朝以来，シーア派（十二イマーム派）を国教としてきた。それに対しスンナ派は歴代カリフを受容してきたが，18世紀，

イスラーム復興運動の中で保守スンナ派としてワッハーブ派が形成された。1932年，アラビア半島の豪族サウード家の支援を受けワッハーブ派の理念の下，サウジアラビアが建国された。

15 **解答** スペイン商人は，アジア植民地フィリピンのマニラに，メキシコのアカプルコからラテンアメリカ産の銀を，太平洋を横断しつつ運んだ。マニラでは，その銀を対価に明の中国商人がもたらす絹織物や陶磁器を交易した。(99字)

【解説】問われているのは「アカプルコ貿易」である。16世紀後半，スペインは領有したフィリピンのマニラに南米産の銀を運び込み，中国商人がマニラに持ち込んだ絹織物や陶磁器と交換した。インドからも綿織物が持ち込まれていた。また，中国商人が持ち帰った銀は明で流通した。さらにポルトガル商人がマカオを拠点に持ち込んだ日本銀とともに，明代中国は銀が主要貨幣となった。そのため，16世紀後半，明では，税制も各種の税や労役を銀で支払う一条鞭法が導入された。

16 **解答** 16世紀，西インド諸島や南アメリカのスペイン植民地では農園や鉱山での酷使と西欧からの伝染病により先住民人口が激減した。労働力としてアフリカから黒人奴隷が輸入された。17世紀，南北アメリカ大陸でさとうきび，タバコ，コーヒーなどのプランテーションが発展し，より多くの黒人奴隷が大西洋三角貿易によって運ばれた。(150字)

【解説】南北アメリカ大陸先住民の減少と大西洋三角貿易を論じる。先住民減少の原因は，スペイン人支配による重労働と彼らが持ち込んだ天然痘などによる病死である。これを聖職者ラス＝カサスは『インディアスの破壊についての簡潔な報告』を著し，虐待を非難した。その結果，先住民の酷使は禁じられたが，それがアフリカからの黒人奴隷輸入を促す要因となった。ヨーロッパからアフリカ大陸ギニア湾沿岸に武器と雑貨を輸出し，捕縛された黒人を奴隷としてアメリカ大陸に運び，プランテーションによる商品作物をヨーロッパに運び込む。これが大西洋三角貿易の概要である。アメリカ大陸における黒人奴隷の輸入と商品作物のヨーロッパ輸出を中心に述べれば良い。

17 **解答** アム川・シル川に挟まれた地域を拠点とするイラン系ソグド人は，中央ユーラシア各地に植民集落を建設し，騎馬遊牧民の保護の下，オアシスの道を通じ東西交易を担った。ゾロアスター教を信仰し，それは唐に伝わり長安には祆教寺院も建設された。また彼らの文字は交易上の共通文字となり，ウイグル文字の形成に影響を与えた。(150字)

【解説】アラル海に注ぎ込むアム川，シル川に挟まれた地域は，ソグド人居住地からペルシア語でソグディアナと呼ばれた。ソグド人は商業民族として，中央ユーラシア一帯に都市国家を営みつつ，遊牧国家と共生関係を得て通商ネットワークをつくりあげた。北朝から隋・唐の時代にかけて中国にも進出した。宗教的には，ゾロアスター教だけでなく，ササン朝滅亡後のイラン人とともにネストリウス派キリスト教やマニ教，大乗仏教を突厥・ウイグル，唐に伝えた。ソグド文字は，ウイグル文字のもととなり，後にはモンゴル文字や満洲文字の成立にも影響を与えた。

18 **解答** 1914年，アイルランド自治法が成立したが，イギリス系人口の多い北アイルランドはこれに反対した。政府が第一次世界大戦勃発を理由に自治法実施を延期すると，独立を求める強硬派はアイルランドのダブリンでイースター蜂起を起こしたが制圧された。(115字)

【解説】17世紀，クロムウェルがアイルランドを征服し，カトリック勢力の土地を奪い，イギリス地主のものとした。1801年，ナポレオン戦争の最中，イギリスはアイルランドを連合国化した。アイルランド産の穀物はイギリスへ輸出され，住民はジャガイモを主食としたが，1840年代伝染病が発生し，100万人以上が餓死するジャガイモ飢饉が起こった。19世紀後半，グラッドストン自由党内閣の下，アイルランド自治法案が提出されたが，北アイルランド地主が多い保守党により否決された。1905年，独立を主張するシン＝フェイン党が結成され，20世紀後半までテロ活動を推進した。解答中，強硬派はシン＝フェイン党でも良い。

19 **解答** シュレジエン奪回をめざすオーストリアのマリアテレジアは，外交革命でフランスと同盟しプロイセンと開戦した。フリードリヒ２世はイギリスと結び七年戦争に勝利した。この間，イギリスはインドでプラッシーの戦い，北米のフレンチ＝インディアン戦争でそれぞれフランスに勝利し，パリ条約で重商主義帝国の基礎を築いた。(149字)

【解説】七年戦争は近代史の中で重要な位置を占めている。第１にヨーロッパでは，新興国プロイセンの台頭に対し，15世紀末から続くフランス王家とオーストリアのハプスブルク家の対立を解消した。勝利したプロイセンは，鉱産資源豊富な工業地帯シュレジエンを領有し，19世紀のドイツ帝国につながる工業力と軍事力の基盤を準備した。第２に海外における第２次英仏百年戦争の展開に対してである。イギリスはプラッシーの戦い勝利でインド覇権を獲得。フレンチ＝インディアン戦争勝利で北米からフランスを一掃した。しかし，1763年のパリ条約後，イギリス本国による，北米13植民地に対する重商主義政策の強行が，アメリカ独立戦争につながったのである。

20 【解答】 ゴルバチョフは，軍拡負担を抑えるため新思考外交を唱えアメリカ合衆国レーガン大統領に対話を呼びかけた。その結果1987年，中距離核戦力全廃条約を締結し，ソ連軍はアフガニスタンから撤退した。また東欧諸国への内政不干渉を表明し東欧革命を容認した。1989年，ブッシュ大統領との会談で冷戦終結宣言がなされた。(146字)

【解説】 1979年のソ連軍アフガニスタン侵攻が，米ソ間にデタントから「新冷戦」への転換をもたらした。レーガン大統領は，対ソ政策では強いアメリカを掲げ，軍備拡張によってソ連と対峙した。一方のソ連はブレジネフ書記長の死後，短命政権が続き，ゴルバチョフ登場が米ソの対話を可能にした。彼は，内政では「グラスノスチ（情報公開）」，「ペレストロイカ（建て直し）」により社会主義体制の改革に着手した。外交では「新思考外交」を唱え，西側との対話から核軍縮へ舵を切った。またブレジネフ以来の東欧への制限主権論を放棄した。その結果，1989年，ベルリンの壁崩壊に象徴される東欧の民主化，冷戦終結宣言へとつながることになった。

21 【解答】 1949年にソ連が原子爆弾開発に成功した。50年代にはイギリスも原爆を保有した。アメリカ合衆国はさらに強大な破壊力を持つ水素爆弾を保有し，ソ連もそれに続き，核開発競争は激化した。その最中，54年にアメリカがビキニ環礁で実施した水爆実験に日本の第五福竜丸が被爆，死傷者も出た。これを受け日本で原水爆禁止運動が起こった。またアインシュタインらの呼びかけで科学者らがカナダのパグウォッシュ会議で核兵器廃絶を求めた。(200字)

【解説】 5大国の原子爆弾保有は，アメリカ合衆国（1945年）→ソ連（1949年）→イギリス（1952年）→フランス（1960年）→中華人民共和国（1964年）。水爆保有は，アメリカ合衆国（1952年），ソ連（1953年）である。問題の時間軸は，核開発競争は1940年代末から，反核運動は1950年代である。そこからソ連，イギリスの核保有と水爆を含めた米ソの核開発競争を論じる。指定語句に「第五福竜丸」があるので，1954年のマーシャル諸島ビキニ環礁におけるアメリカの水爆実験とその被爆，そこから発展した日本の反核運動を論じる。パグウォッシュ会議の呼びかけ人として，数学者・哲学者のバートランド＝ラッセルの名も留意しておきたい。

年　組　番	
年　組　番	

B2XW